Orientalia Biblica et Christiana

Herausgegeben von
Eckart Otto und Siegbert Uhlig

Band 16

2007

Harrassowitz Verlag · Wiesbaden

Guliko Sophia Vashalomidze

Die Stellung der Frau
im alten Georgien

Georgische Geschlechterverhältnisse
insbesondere während der Sasanidenzeit

2007

Harrassowitz Verlag · Wiesbaden

Gedruckt mit Unterstützung der Johanna und Fritz Buch Gedächtnis-Stiftung.

Beratendes Herausgebergremium:
Michael Lattke, Bernard M. Levinson, Peter Nagel, Jean-Marc Rosenstiehl, Udo Rüterswörden, Walther Sallaberger, Jürgen Tubach

Titelvignette: Vergoldetes Glas (Nr. 357)
Vaticanmuseum, Nr. 233, Cat. Moray n. 114
(Durchmesser ca. 100 Millimeter)

Bibliografische Information der Deutschen Nationalbibliothek
Die Deutsche Nationalbibliothek verzeichnet diese Publikation in der Deutschen
Nationalbibliografie; detaillierte bibliografische Daten sind im Internet
über http://dnb.d-nb.de abrufbar.

Bibliographic information published by the Deutsche Nationalbibliothek
The Deutsche Nationalbibliothek lists this publication in the Deutsche
Nationalbibliografie; detailed bibliographic data are available in the internet
at http://dnb.d-nb.de.

Informationen zum Verlagsprogramm finden Sie unter
http://www.harrassowitz-verlag.de

Inhalt

Abbildungsverzeichnis

Tabellenverzeichnis

Abkürzungsverzeichnis

a.a.O.	am angegebenen Ort		Luk.	Lukas
Abb.	Abbildung		Makk.	Makkabäer
Anm.	Anmerkung		Mark.	Markus
Aufl.	Auflage		Matth.	Matthäus
Bd.	Band		Mp.	Mittelpersisch
Bde.	Bände		Mpa.	Mittelparthisch
bzw.	beziehungsweise		n. Chr.	nach Christus
ca.	cirka		Np.	Neupersisch (Farsi)
dass.	dasselbe		Nr.	Nummer
ders.	derselbe		Pa.	Parthisch
d.h.	das heißt		u.a.	und andere
dies.	dieselbe		Übers.	Übersetzung
Diss.	Dissertation		usw.	und so weiter
ebd.	ebenda		v.a.	vor allem
f.	folgende		v. Chr.	vor Christus
ff.	fort folgende		vgl.	vergleiche
FN	Fußnote		Vol.	Volume
Gal.	Galater		z.B.	zum Beispiel
Hrsg.	Herausgeber		o.J.	ohne Jahr
J.	Jahr		o.O.	ohne Ort
Jh.	Jahrhundert		Tab.	Tabelle
Joh.	Johannes		u.ä.	und ähnliches
Kap.	Kapitel		evtl.	eventuel

Vorwort

Die vorliegende Dissertation wurde im Herbst 2004 am Institut für Orientalistik des Fachbereiches Kunst-, Orient und Altertumswissenschaften der Martin-Luther-Universität Halle-Wittenberg vorgelegt.

Ich möchte all jenen Dank sagen, die mich bei der Anfertigung der Arbeit unterstützt haben. Für ihre Hinweise, Korrekturen und hilfreiche Kritik möchte ich zu allererst meinen verehrten Lehrern Herrn Professor Dr. Jürgen Tubach und Herrn Professor Dr. Walter Beltz danken, die meine Arbeit mit Interesse und sachkundigem Rat begleiteten.

Mein Dank gilt der Graduiertenförderungskommission sowie dem Allgemeinen Stiftungsfonds der Martin-Luther-Universität Halle-Wittenberg und der Gertrud-und-Alexander-Böhlig-Stiftung, die mir durch die Gewährung von Stipendien die Anfertigung dieser Arbeit ermöglichten.

Außerdem gilt auch mein Dank der Johanna und Fritz Buch Gedächtnis-Stiftung, die die Drucklegung dieses Bandes ermöglichte sowie insbesondere Herrn Professor Dr. Siegbert Uhlig, der die Veröffentlichung in dieser Reihe beim Verlag Otto Harrassowitz unterstützte, der sich freundlicherweise bereit erklärte, die Dissertation zu drucken.

Für ihre Unterstützung danke ich PD. Dr. Armenuhi Drost-Abgarjan (Halle), Professor Dr. Jost Gippert (Frankfurt), Professor Dr. Stephen H. Rapp (Atlanta), Dr. Ute Pietruschka (Halle) und Dr. Ketevan Salukvadze (Tʿbilisi). Herzlich gedankt sei auch Aynur und Dr. Volker Adam (Halle), Dr. Gunhild Berg (Halle), Shenja und Jörg Bergmann (Salzgitter), Dr. Serena Demaria (Bologna), Annekathrin Genest (Berlin), Lutz Greisiger (Leipzig), Lali Katcheishvili (New Jersey), Marek Keller (Berlin), Antje und Chandana Lenora (Halle), Susanne Marquardt (Berlin), Annette Merbach (Pasewalk), Regina Rademacher (Halle), Ines und Konrad Siegfried (Halle), Hagen Warnke (Krefeld) und Vera Zinser (Halle).

Ein besonders Dank gilt auch meiner Familie in Georgien und meinem Mann, Christian Rademacher, die mich während der Anfertigung der Arbeit mit großem Einfühlungsvermögen und Liebe begleiteten.

Ich widme diese Arbeit meinen Eltern und besonders meinem Vater, der während der Anfertigung meiner Dissertation leider verstarb.

Halle, Winter 2006   G. Sophia Vashalomidze

1. Einleitung

1.1 Kurze Einführung in das Thema

Die hier vorgelegte Dissertation hat zum Ziel, die Stellung der Frau in der altgeorgischen Gesellschaft, vor allem während der Sasanidenzeit, zu rekonstruieren. Die Sasaniden,[1] eine Dynastie, die von 224 bis 651 im Iran herrschte, erlangten zeitweilig auch die Vorherrschaft über Georgien. Das Ende dieser iranischen Dynastie markiert gleichzeitig den Abschluss der Spätantike. Mit der Expansion des Islam beginnt auch im christlichen Orient ein neues historisches Zeitalter. Auf diese Weise stellt die Sasanidenzeit an sich bereits eine sehr interessante Epoche eines tief greifenden geschichtlichen und sozialen Wandels dar. Die Tatsache, dass in diesem Zeitraum auch in Armenien und in Georgien das Christentum als Staatsreligion eingeführt wurde, unterstreicht die bedeutende Stellung der Sasanidenzeit als wichtiges Untersuchungsfeld noch zusätzlich. Für das zeitliche Zusammenfallen von Sasanidenzeit und Christianisierung der nördlichen Nachbarn Persiens kann *ad hoc* kein unmittelbarer kausaler Zusammenhang hergestellt werden. Es handelte sich dabei wohl um ein Phänomen, das unter dem Begriff der Gleichzeitigkeit von Ungleichzeitigem[2] beschrieben werden kann.

Dabei stellt sich in dieser Untersuchung die Frage, welche Auswirkungen diese von außen nach Georgien getragenen Einflüsse auf die georgische Gesellschaft ausgeübt haben und vor allem, ob oder auch wie sie die Entwicklung des sozialen Bildes der Frau in dieser Region veränderten. Es ist anzunehmen, dass sich bestimmte soziale Muster in Bezug auf das weibliche Geschlecht bereits vor der Einführung des Christentums entwickelt haben. Das Problem besteht darin, zum einen diese frühen Muster herauszuarbeiten und zum anderen zu prüfen, ob sich diese kulturellen Codes im weiteren Geschichtsverlauf erhielten oder sehr stark von Elementen fremder Kulturen überformt wurden. Obwohl die vorliegende Arbeit auf diese Weise ein sozial- und kulturhistorisches Forschungsprogramm verfolgt, ist sie dennoch vor allem eine Studie der wissenschaftlichen Orientalistik und das nicht nur aufgrund der Tatsache, dass Altgeorgien ihre Analyseeinheit bildet. Wie bereits Walter Beltz betonte, umfasst die Orientalistik sowohl die Kultur als auch die Geschichte und selbstverständlich auch die Sprachen jener Gebiete, die die Wiege der Weltreligi-

---

1   Zu dieser Dynastie vgl. u.a. z.B. Christensen, Arthur [Emanuel]. L'Iran sous les Sassanides [AMG]. Copenhague/Paris. 1936, 1944[2]. [Reprint: Osnabrück. 1971]; Frye, Richard N[elson]. The History of Ancient Iran. [Handbuch der Altertumswissenschaft III. 7]. München. 1985, 287–339; Schippmann, Klaus. Grundzüge der Geschichte des sasanidischen Reiches. Darmstadt. 1990.

2   Zum Paradox der ungleichzeitigen Gleichzeitigkeit vgl. z.B. Schäffter, Ortfried. Eigenzeiten. In: ders. (Hrsg.): Das Fremde. Erfahrungsmöglichkeiten zwischen Faszination und Bedrohung. Opladen. 1991, 11–42.

onen – Judentum, Christentum und Islam – bildeten, die die Entwicklung Europas
besonders geprägt und beeinflusst haben.[3]

Dass Georgien ebenfalls zu diesen Gebieten gehörte, wird nicht nur dadurch
deutlich, dass es nach Armenien als zweites Gemeinwesen das Christentum zur ver-
bindlichen Staatsreligion[4] erklärte, noch bevor dieser Prozess im römischen Reich
abgeschlossen war. Während des europäischen Mittelalters, vor allem während der
Kreuzzüge, hatte Georgien offenbar einen großen Einfluss auf die westeuropäischen
Kreuzfahrer. Es scheint, dass nicht allein, aber vor allem durch die Vermittlung Georgiens, der Kult des ritterlichen Heiligen Georg in Europa eine erneute Verbreitung
fand. Auch die Tatsache, dass der deutsche Kaiser Barbarossa einen seiner Söhne
mit der georgischen Kronprinzessin T'amar verloben wollte,[5] deutet neben vielem
anderen auf einen starken Austausch zwischen Georgien und den kreuzfahrenden,
europäischen Reichen hin. Allein diese Hinweise zeigen, dass Georgien die Geschichte Europas stärker beeinflusste, als man auf den ersten Blick vermuten würde.
Sehr viele dieser kulturellen Gemeinsamkeiten gerieten im Verlauf der wechsel-
haften Geschichte Georgiens allerdings in Vergessenheit. Daher erscheint es besonders notwendig, mit dieser Studie einen Teil dazu beizutragen, dass solche kulturellen Zusammenhänge erneut rekonstruiert werden können. Die vorliegende Untersuchung versteht sich als explizite Grundlagenforschung auf diesem Gebiet. Außerdem schließt sie insofern eine Forschungslücke, als bisher eine derart umfassende
Analyse der verschiedensten Quellenarten und -gattungen zur Frage der sozialen
Anerkennung von Frauen Altgeorgiens bisher noch nicht vorliegt. Die bislang eher
marginale und randständige Auseinandersetzung mit diesem Thema hat zu Ergebnissen geführt, die so stark auf Vor- bzw. Fehlurteilen basieren, dass eine umfassende Auseinadersetzung mit diesem Problem längst überfällig erschien.

Die Ergebnisse der bisherigen Forschung überraschen jedoch insofern nicht, weil
die vorhandenen schriftlichen Quellen zur georgischen Geschichte des Untersuchungszeitraumes mehr Fragen aufwerfen, als Antworten geben. Da dies so ist, aber
andererseits die verwendeten Quellen auch die Basis der durchgeführten Analysen
bilden, sollen im Anschluss an die Einführung zunächst die verwendeten Quellen
vorgestellt und die sich aus ihnen ergebenden Probleme aufgezeigt werden.

Die vorliegende Studie orientiert sich methodologisch und wissenschaftstheoretisch am kritischen Rationalismus Karl R. Poppers. Das hat aber nicht nur me-

---

3   Beltz, Walter. Religionswissenschaft und Orientalistik. In: ders./Günther, Sebastian (Hrsg.). Er-
    lesenes. Sonderheft der Halleschen Beiträge zur Orientwissenschaft anlässlich des 19. Kongres-
    ses der Union Européenne d' Arabisants et Islamisants. Halle. 1998, 19–29. Hier 19.
4   Staatsreligion ist hier gemeint im Sinne der Religion des regierenden Herrscherhauses. Im 4.
    Jahrhundert hatte der Begriff noch keine territoriale Bedeutung und wäre in diesem Sinn sogar
    anachronistisch.
5   Vgl. Fähnrich, Heinz (Hrsg. und Übers.). Georgische Sagen und Legenden. Blieskastel. 1998,
    12 und ders. Geschichte Georgiens von den Anfängen bis zu Mongolenherrschaft. Aachen.
    1993, 145.

thodische Folgen, sondern auch Auswirkungen auf die inhaltliche Argumentation. Weil sich der kritische Rationalismus stark an der Methodologie der Naturwissenschaften orientiert, sollten nach ihm aufgestellte neue Theorien bereits bestehende Forschungsergebnisse integrieren können. Das heißt, sie müssen in der Lage sein, auch das zu erklären, was bereits vorangegangene Theorien erklären. Erst danach kann analytische Innovation beginnen. Ansonsten würde man nur den ermittelten Ergebnissen andere beigeben. Man kann zwar auch auf diese Weise ein Gesamtbild historischer und kultureller Abläufe erhalten, aber dies gleicht eher einem Puzzle, als einem systematischen Vergleich. In diesem Sinne beschreitet die hier vorliegende Dissertation innerhalb der Orientalistik auch methodisch neue Wege.

Zur deutlichen Abgrenzung des eigenen Forschungsprogramms vom bereits bestehenden Forschungsstand, der durch die geschilderte Vorgehensweise ebenfalls zu einem Fokus der Analyse wird, folgt auf die Quellenübersicht eine Vorstellung des nicht umfangreichen Forschungsstandes zur Rolle der Frau im alten Georgien.

Erst danach werden die sich daraus ergebenden aber selbst entwickelten Hypothesen, das Forschungsprogramm sowie die Methodik und die Anlage der Studie ausführlich besprochen.

1.2 Darstellung der Quellenlage

1.2.1 Georgische Chroniken und Hagiografien

1.2.1.a Das Martyrium der heiligen Šušanik

Die älteste schriftliche Quelle, die für die vorliegende Untersuchung analysiert wurde, stellt die Hagiographie *Camebay cmindisa Šušanikisi* (წამებაჲ წმინდისა შუშანიკისა/*Das Martyrium der heiligen Šušanik*) dar. Sie wird auch allgemein zu den ältesten Stücken der georgischen Originalliteratur gerechnet.[6] Ihr Verfasser, der Priester Jakob C'urtaveli,[7] der im 5. Jahrhundert lebte, dürfte damit der älteste bekannte Schriftsteller sein.[8] Für die vorliegende Untersuchung wurden vor allem die

---

6 Vgl. dazu z.B. Fähnrich, Heinz. Georgische Literatur. Aachen. 1993, 28f.; Aßfalg, Julius. Georgische Literatur. In: ders./Krüger, Paul (Hrsg.). Kleines Wörterbuch des christlichen Orients. Wiesbaden. 1975, 135–137. Hier 135; Deeters, Gerhard. Die Georgische Literatur. In: Spuler, Bertold/Franke Herbert u. a. (Hrsg.) Handbuch der Orientalistik. Der Nahe und der mittlere Osten. Bd. 7: Armenisch und Kaukasische Sprachen. Leiden/Köln. 1963, 129–157. Hier 135 oder Tarchnišvili, Michael/Aßfalg, Julius. Geschichte der kirchlichen georgischen Literatur. Auf Grund des ersten Bandes der georgischen Literaturgeschichte von K[orneli] Kekelije. Città del Vaticano. 1955, 83ff.

7 Jakob aus C'urtavi oder Jakob Xuc'esi (იაკობ ხუცესი/Jakob der Priester) war Priester am Hofe von Šušaniks Ehemann. Vgl. Sardžvelaje, Zurab/Danelia, Korneli u.a. (Hrsg.). Xuc'esi, Iakob: Šušanikis cameba. Merč'ule, Giorgi: Grigol xanjt'elis c'xovreba. T'bilisi. 1999, 51.

8 Nach Angabe des armenischen Hagiographen Koriun soll bereits in der ersten Hälfte des 5. Jahrhunderts ein gewisser Džaġi oder Džaġa als Übersetzer armenischer und griechischer Texte

georgische Ausgabe dieser Quelle von Ilia Abulaje[9] und die neuere textkritische Edition von Zurab Sardžvelaje[10] genutzt. Neben den genannten gibt es auch noch weitere originalsprachliche und übersetzte Ausgaben des *Martyriums der heiligen Šušanik*.[11]

Die heilige Šušanik wurde von ihrem Ehemann, dem georgischen Fürsten Varsk'en zu Tode gefoltert, weil sie sich weigerte, sich von ihm zum Mazdaismus, der persischen Staatsreligion, bekehren zu lassen, der er kurz zuvor selbst erst beigetreten war.[12] Durch Synchronisation mit iranischen und armenischen Quellen, die über Ereignisse berichten, die im *Martyrium der heiligen Šušanik* ebenfalls erwähnt werden, konnte der Zeitpunkt des Todes der Heiligen auf die Zeit zwischen 472 bis 475 eingegrenzt werden.[13] Die Datierung von Paul Peeters, der die Jahre zwischen 482 und 484 als möglichen Zeitraum des Todes der heiligen Šušanik nennt,[14] dürfte dagegen nicht korrekt sein.[15] Aus anderen Quellen ist bekannt, dass der georgische König Vaxtang Gorgasal den Ehemann der Heiligen, den pitiaxši Varsk'en, in derselben Zeit, nämlich zwischen 482 und 484, hinrichten ließ.[16] Allein die Tatsache,

---

in Georgien gewirkt haben. Für sein Leben und Wirken stehen allerdings keine weiteren Belege zur Verfügung. Darüber hinaus war er wohl kein eigentlicher Schreiber, sondern nur Übersetzer fremder Werke. Vgl. Tarchnišvili, Michael/Aßfalg, Julius. a.a.O. 1955, 83 sowie Weber, Simon. Ausgewählte Schriften der armenischen Kirchenväter I. München. 1927, 214.

9 Abulaje, Ilia. Camebay cmindisa šušanikisi dedop'lisay. In: ders. u.a. (Hrsg.). Jveli k'art'uli agiograp'iuli literaturis jeglebi. Bd. 1. T'bilisi. 1963, 11–29.

10 Sardžvelaje, Zurab/Danelia, Korneli u.a. (Hrsg.). a.a.O. 1999.

11 In chronologischer Reihenfolge sind hervorzuheben: Gorgaje, Simon. Šušanikis cameba. T'bilisi. 1917; Abulaje, Ilia u.a. (Hrsg.). Iakob C'urtaveli: Martvilobay Šušanikisi. T'bilisi. 1938. Eine russische Übersetzung enthält Kekelije, Korneli. Pamjatniki drevnegruzinskoj agiografičeskoj literaturi. T'bilisi. 1956; eine englischsprachige Ausgabe bietet Lang, David Marshall. Lives and Legends of the Georgian Saints. In: Ethical and Religious Classics of the East and West 15. London. 1956; eine neuere französische Übersetzung gibt Tsoulaje, Serge. Le martyre de la sainte reine Chouchanik. In: Bedi K'art'lisa 36. Paris. 1978. Eine vollständige deutsche Edition liegt bisher nicht vor, eine recht gute deutschsprachige Zusammenfassung bietet dafür Martin-Hisard, Bernadette. Das Christentum und die Kirche in der georgischen Welt. In: Mayeur, Jean-Marie/Pietri, Charles und Luce u.a. (Hrsg.). Die Geschichte des Christentums. Religion, Politik, Kultur. Bd. 3. Der Lateinische Westen und der Byzantinische Osten (431–642). Freiburg u.a. 2001, 1231–1305. Hier 1261f. Für weitere ältere Ausgabe von Texten zur Heiligen Šušanik vgl. Tarchnišvili, Michael/Aßfalg, Julius. a.a.O. 1955, 83. FN 2.

12 Auf eine ausführlichere Inhaltsangabe wurde hier verzichtet. Vgl. dazu Kap. 4.

13 Martin-Hisard gibt das Jahr 473 als Todesdatum der Heiligen an. Vgl. Martin-Hisard, Bernadette. a.a.O. 2001, 1260. Mixeil T'arxnišvili gibt unterschiedliche Datierungen an und geht selbst vom Jahr 475 als Todeszeitpunkt aus. Vgl. Tarchnišvili, Michael/Aßfalg, Julius. a.a.O. 1955, 85.

14 Vgl. Peeters, Paul. Sainte Shoushanik, Martyre en Arméno-Géorgie († 13 décembre 482/484). In: Analecta Bollandiana 53. Bruxelles. 1935, 5–48. Hier 5.

15 Julius Aßfalg und Mixeil T'arxnišvili führen näher aus, dass und warum die Datierung Peeters' falsch ist. Vgl. Tarchnišvili, Michael/Aßfalg, Julius. a.a.O. 1955, 85. FN 8 und 9.

16 Vgl. z.B. Martin-Hisard, Bernadette. a.a.O. 2001, 1238 und Tarchnišvili, Michael/Aßfalg, Julius. a.a.O. 1955, 85f. Nach der Chronik K'art'lis C'xovreba war es jedoch König Bakur; ein

dass das Werk Jakob Cʻurtavelis zwar den Tod der Heiligen aber nicht die Ermordung ihres Ehemannes erwähnt, lässt darauf schließen, dass die beiden Ereignisse nicht so unmittelbar aufeinander gefolgt sein können, wie Paul Peeters unterstellte. Wie Mixeil Tʻarxnišvili meint, hätte der Hagiograph die Hinrichtung Varskʻens wohl kaum unterschlagen, wenn sie vor der Abfassung seines Textes erfolgt wäre; denn er hätte sie als Akt der göttlichen Gerechtigkeit darstellen und damit seinem Werk ein Ende geben können.[17] Der geschilderte Sachverhalt erlaubt es daher auch, die Entstehungszeit der Hagiographie relativ genau einzugrenzen. Sie muss zwischen der Ermordung der heiligen Šušanik und der Hinrichtung ihres Mannes liegen und ist daher in die Zeit zwischen 472 und 484 zu datieren.[18]

Über das Leben des Autors Jakob Cʻurtaveli ist relativ wenig bekannt. Die einzige Quelle bildet sein eigenes Werk. Danach war er Hauskaplan am Hofe des Fürsten Aršuša,[19] dessen Sohn Varskʻen die heilige Šušanik zur Frau nahm. Jakob war Šušaniks Beichtvater und gab ihr im Schloss und im Gefängnis seelischen Beistand. Jakob Cʻurtaveli berichtete demnach aus eigener Anschauung als Augenzeuge und erzählte selbst Miterlebtes. Er kannte sich ausgezeichnet in der Zeitgeschichte sowie in den Sitten und Gebräuchen des georgischen Volkes aus. Außerdem hatte er offenbar einen guten Einblick in die religiösen und sozialen Anschauungen seiner Epoche, wie auch in die politische Lage des Landes und zeichnete sogar ein zutreffendes Bild der klimatischen Verhältnisse von Cʻurtavi und dessen Umgebung.[20] Sein Stil ist im Gegensatz zu vielen hagiographischen Werken jener Zeit frei von Übertreibungen, übermäßigen Zitaten und überzogener Darstellung heiliger Wunder. In dieser Hinsicht war er wohl selbst späteren georgischen Hagiographen weit voraus. Da das *Martyrium der heiligen Šušanik* qualitativ bereits so hoch entwickelt war, wurde daraus hypothetisch auf eine lange Tradition des Schrifttums im georgischen Kulturkreis geschlossen.[21] Dieser Wert und das Alter der Handschrift macht

---

Nachfolger Vaxtangs in der fünften Generation, der den pitiaxši fangen und erschlagen ließ. Vgl. Džuanšer. Cʻxovreba vaxtang gorgaslisa. In: Qauxčʻišvili, Simon (Hrsg.). Kʻartʻlis Cʻxovreba (Das Leben Kʻartʻlis). Bd. 1. Tʻbilisi. 1955, 139–244. Hier 216 bzw. Dshuanscher. Das Leben Wachtang Gorgasals. In: Pätsch, Gertrud (Hrsg.). Das Leben Kartlis. Eine Chronik aus Georgien (300–1200). Leipzig. 1985, 201–322. Hier 291. Da Vaxtang Gorgasal jedoch von 438 bis 491 in Iberien regierte, dürfte es ich dabei um einen Anachronismus handeln. Zu dieser Datierung (zwischen 475 und 482) vgl. Fähnrich, Heinz. Geschichte Georgiens von den Anfängen bis zur Mongolenherrschaft. Aachen. 1993, 179.

17 Vgl. Tarchnišvili, Michael/Aßfalg, Julius. a.a.O. 1955, 85f. und Tarchnišvili, Michael. Die Legende der Heiligen Nino und die Geschichte des georgischen Nationalbewusstseins. In: Byzantinische Zeitschrift 40. Leipzig/Berlin. 1940, 48–75. Hier 58, v.a. FN 5.

18 Ähnlich datiert auch Heinz Fähnrich (zwischen 475 und 482). Vgl. Fähnrich, Heinz. Georgische Literatur. a.a.O. 1993, 39 sowie ders. Geschichte Georgiens. a.a.O. 1993, 88.

19 Aršuša war nicht nur der Vater, sondern als pitiaxši von Kʻartʻli auch der Amtsvorgänger Varskʻens. Vgl. Martin-Hisard, Bernadette. a.a.O. 2001, 1238 und Sardžvelaje, Zurab/Danelia, Korneli u.a. (Hrsg.). a.a.O. 1999, 5.

20 Vgl. Tarchnišvili, Michael. a.a.O. 1940, 58ff.

21 Vgl. Fähnrich, Heinz. Georgische Literatur. a.a.O. 1993, 39.

es meines Erachtens nur schwer nachvollziehbar, dass der Text bisher in der Regel nur für Exkurse genutzt wurde, um anhand seines Inhaltes eine relativ negative Stellung der Frau im alten Georgien zu zeichnen.[22]

Da diese Hagiographie eine solch randständige Beachtung kaum verdient, wird ihr in der vorliegenden Arbeit ein eigenes Kapitel gewidmet. Dabei soll die Quelle vor allem auf Aspekte der Darstellung Šušaniks als Frau und Mutter und ihrer Religiosität analysiert werden. Das erscheint vor allem deswegen wichtig, weil der Name dieser Heiligen in allen späteren liturgischen Texten und Geschichtsbüchern große Beachtung findet und der Kult dieser Heiligen in Georgien schon sehr lange weite Verbreitung fand.[23] Solche späteren Überlieferungen, die sich aber alle auf den Text von Jakob C'urtaveli stützen, sind in der Quelle *Mok'c'evay K'art'lisay*[24] aus dem 7. Jahrhundert oder in der Chronik *K'art'lis C'xovreba* Džuanšers enthalten,[25] der König Vaxtang Gorgasal im 8./9. Jahrhundert ein literarisches Denkmal setzte. Weitere Bezüge zur Hagiographie Šušaniks stellt ein Brief des georgischen Katholikos Kyrion an Abraham, das Oberhaupt der armenischen Kirche her. Außerdem wird der Kult der Heiligen bei Arsen dem Großen (9. Jahrhundert), im Hymnenbuch des Michael Modrekili, im Heiligenkalender des Johannes Zosima (10. Jahrhundert) und im so genannten *Jerusalemer Kanonar* erwähnt.[26]

Neben dem ursprünglichen Text von Jakob C'urtaveli gibt es noch einen kürzeren georgischen synaxarischen Bericht über Šušanik, der um etwa 940 aus dem Armenischen übernommen wurde.[27] Die längere armenische Heiligenvita, die dafür die Vorlage bildete, ging nach Julius Aßfalg und Mixeil T'arxnišvili, die sich wiederum auf Paul Peeters beziehen, auf das georgische Original von Jakob C'urtaveli zurück. Auf diese Weise sind der georgische sowie der armenische Text identisch und letzterer ist eine Abschrift des georgischen Originals und nicht umgekehrt.[28] Aufgrund der recht unvermittelt beginnenden Einleitung in der Handschrift Jakob C'urtavelis und der darin enthaltenen, bestimmten Formulierung: *„[Šušanik] war, wie wir gesagt*

---

22 Vgl. Synek, Eva M. Heilige Frauen der frühen Christenheit. Zu den Frauenbildern in hagiographischen Texten des christlichen Ostens. [Das östliche Christentum; Bd. 43]. Würzburg. 1994, 108ff. Tarchnišvili, Michael. a.a.O. 1940, 58ff. sowie Rapp, Stephen H. Studies in medieval Georgian Historiography. Early Texts and Eurasian Context. [Corpus Scriptorum Christianorum Orientalum. Vol. 601. Subsidia Tomus 113]. Louvain. 2003, 190, 207, 223ff., 267f. 308, 321, 432 und 462.
23 Vgl. Tarchnišvili, Michael/Aßfalg, Julius. a.a.O. 1955, 84.
24 Vgl. Mok'c'evay K'art'lisay. Abulaje, Ilia u.a. (Hrsg.). Jveli k'art'uli agiograp'iuli literaturis jeglebi. Bd. 1. T'bilisi. 1963, 81–163. Hier z.B. 94.
25 Vgl. Džuanšer. C'xovreba vaxtang gorgaslisa. In: Qauxč'išvili, Simon (Hrsg.). a.a.O. 1955, 139–244. Hier 216f. bzw. Dshuanscher. Das Leben Wachtang Gorgasals. In: Pätsch, Gertrud (Hrsg.). a.a.O. 1985, 201–322. Hier 290f.
26 Vgl. zu dieser Übersicht Tarchnišvili, Michael/Aßfalg, Julius. a.a.O. 1955, 84f.
27 Chachanašvili (Chachanov), Aleksandre (Hrsg.). Materiali po gruzinskoj agiologii. 49–51. Marr, Niko. Iz poezdki na Athon. In: Žurnal ministerstva narodnogo prosveščenija. Bd. 332. Mart. 1899, 18. Vgl. Tarchnišvili, Michael/Aßfalg, Julius. a.a.O. 1955, 86f.
28 Vgl. Tarchnišvili, Michael/Aßfalg, Julius. a.a.O. 1955, 86f.

haben, *gottesfürchtig von Kind auf*",[29] wird angenommen, dass der Autor auch ein Zeugnis über die Jugendjahre der Heiligen verfasste. Dieser Text ist uns jedoch nicht erhalten.[30]

Im *Martyrium der heiligen Šušanik* wird die Lebensgeschichte einer Frau dargestellt, die sich, ungeachtet schwerer Bedrückung, ihren christlichen Glauben erhielt. Diese Hagiographie wird von vielen Historikern und Philologen als herausragende Quelle für das Selbstbewusstsein des frühen Christentums und der Geschichte Georgiens angesehen und diesbezüglich erforscht,[31] weil sie den Widerstand gegen die persische Überfremdung Georgiens sehr ausführlich behandelt. Vor diesem Hintergrund legte Bernadette Martin-Hisard dar, dass es sich um eine Hagiographie besonderer Art handele, die nicht nur den individuellen Leidensweg einer Heiligen, sondern die gesamte religiöse Situation des damaligen östlichen Georgiens und das Spannungsfeld zwischen Mazdaismus auf der einen sowie armenischem und georgischem Christentum auf der anderen Seite zum Thema hatte.[32]

1.2.1.b Die Bekehrung K'art'lis

Eine weitere grundliegende schriftliche Quelle bildet die georgische Handschrift *Mok'c'evay K'art'lisay* (მოქცევაი ქართლისაი/*Die Bekehrung K'art'lis*). Sie besteht aus verschiedenen Textsammlungen unterschiedlichen Alters und unterschiedlicher Herkunft. Die einzelnen Verfasser sind unbekannt.[33] Die einschlägigen Ausgaben der *Mok'c'evay K'art'lisay* basieren auf zwei verschiedenen handschriftlichen Fassungen: Da ist zum einen die ältere Version aus Šatberdi, der sogenannte *Šatberdi-Codex*.[34] Die Endredaktion dieser Version wird allgemein auf das Jahr 973 datiert.[35] Daneben existiert auch die jüngere Handschrift von Čeliši, der sogenannte

---

29 Übersetzung von: „[…] შუშანიკ, მოშიში ღმრთისაი, ვითარცა იგი ვთქუთ, სიჴრმითგან თვისითთ". […] Šušanik, mošiši ġmrt'isai, vit'arca igi vt'k'ut', siqrmit'gan t'visit'. Zitat nach: Abulaje, Ilia. a.a.O. 1963, 11–29. Hier 11. Zur Übersetzung vgl. Tarchnišvili, Michael/Aßfalg, Julius. a.a.O. 1955, 86.

30 Vgl. Tarchnišvili, Michael/Aßfalg, Julius. a.a.O. 1955, 86.

31 Vgl. Džavaxišvili, Mixeil. Geschichte Georgiens. Bd. 1. T'bilisi. 1928, 260f. In: Tarchnišvili, Michael/Aßfalg, Julius. a.a.O. 1955, 84.

32 Vgl. Martin-Hisard, Bernadette. a.a.O. 2001, 1262.

33 Dass es sich dabei um die im Text erwähnten Jünger der heiligen Nino, z.B. die konvertierten Juden Sidonia oder ihren Vater Abithar, handelt, ist sehr unwahrscheinlich.

34 Das Korneli Kekelije Handschrifteninstitut in T'bilisi führt die Originalhandschrift im Katalog: aġceriloba-S der Bibliothek der Gesellschaft für die Verbreitung des Lesen und Schreibens im georgischen Volk unter der Signatur S-1141. Vgl. Rapp, Stephen H. a.a.O. 2003, 35.

35 Zu dieser Datierung vgl. ebd., 35; Tarchnišvili, Michael/Aßfalg, Julius. a.a.O. 1955, 406; T'arxnišvili, Michael. a.a.O. 1940, 49; Taqaišvili, E'kvt'ime (Hrsg.). Opisanie rukopisei občšestva rapastranenja gramotnosti sredi Gruzin. In: Sbornik materialov dlja opisanja mestnostei i plemen Kavkaza 41. Tp'ilisi. 1910, 48–96 und ebd., (Nr. 42. 1912), 1–57.

Čeliši-Codex.[36] Die Zusammenstellung dieser Handschrift stammt wahrscheinlich aus dem 14. oder 15. nachchristlichen Jahrhundert.[37] Es wird vermutet, dass beide Textfassungen auf einer älteren Vorlage basieren, die aber nicht erhalten ist.[38] Unterstützung erhielt diese These durch einen Zufallsfund. Im Jahre 1975 wurden bei einem Brand im St. Katherinen-Kloster auf dem Sinai zwei bis dahin unbekannte Versionen der *Mok'c'evay K'art'lisay* entdeckt, von denen angenommen wird, dass sie auch aus dem 10. Jahrhundert stammen, aber jünger als der *Šatberdi-Text* sind.[39]

Für die vorliegende Arbeit wurden vor allem die georgische kritische Edition Ilia Abulajes[40] und die deutsche Übersetzung von Gertrud Pätsch[41] genutzt. Beide stellen sowohl den *Šatberdi-* als auch den *Čeliši-*Text einander gegenüber. Natürlich gibt es auch von der *Mok'c'evay K'art'lisay* weitere wichtige Ausgaben,[42] die jedoch auch keine anderen Texte enthalten und deren Kommentare teilweise veraltet sind.

Das Anliegen des Gesamtwerkes *Mok'c'evay K'art'lisay* liegt in der Herausarbeitung der Missionierung Georgiens durch die heilige Nino. Die einzelnen Erzähleinheiten werden dabei unterschiedlichen Verfassern zugeordnet. Diese sind wohl kaum mit den Personen identisch, die in der Quelle angegeben sind, weil sie

---

36 Diese Quelle trägt die Signatur H-600 im Katalog: aġceriloba-H des Kekelije Handschrifteninstitutes in T'bilisi und wird im Museum der historisch-ethnografischen Gesellschaft aufbewahrt. Vgl. Rapp, Stephen H. a.a.O. 2003, 35.

37 Zu dieser Datierung vgl. ebd., 35; Pätsch, Gertrud (Übers.). Die Bekehrung Georgiens. Mokcevay Kartlisay. (Verfasser unbekannt). In: Bedi Kartlisa. Revue de Kartvélologie 33. Paris. 1975, 288–337. Hier 288; Lort'k'ip'anije, Mariam. Adrep'eodaluri xanis k'art'uli saistorio mcerloba. T'bilisi. 1966; Džavaxišvili, Ivane. Jveli k'art'uli saistorio mcerloba. T'bilisi.1945; Ingoroqva, Pavle. Jveli k'art'uli matiane 'mok'c'evay k'art'lisay' da antikuri xanis iberiis mep'et'a sia. In: Sak'art'velos saxelmcipo muzeumis moambe. T'bilisi. 1941 und Qubaneišvili, Simon. Mok'c'evay K'art'lisays čelišuri redak'c'ia. In: Universitetis šromebi. T'bilisi. 1940. Sie geht zurück auf Taqaišvili, E'kvt'ime (Hrsg.). a.a.O. 1910, 48–96 sowie ebd., (aber Nr. 42. 1912), 1–57.

38 Vgl. z.B. Pätsch, Gertrud (Übers.). a.a.O. 1975, 289 und Tarchnišvili, Michael/Aßfalg, Julius. a.a.O. 1955, 408f.

39 Diese Handschriften sind katalogisiert als N/Sin.-48 und N/Sin.-50. Sie wurden bisher noch nicht ediert und werden derzeit noch im Kekelije Handschrifteninstitut in T'bilisi bearbeitet. Obwohl hinter Stephen H. Rapp die bekannte internationale Institution Corpus Scriptorum Christianorum Orientalium stand, gelang es ihm dennoch nur ein Faksimile des Textes N/Sin.-50 zu erhalten. Vgl. Rapp, Stephen H. a.a.O. 2003, 35. Das macht wohl verständlich, dass diese Handschriften hier nicht analysiert werden konnten.

40 Mokcevay Kartlisay. In: Abulaje, Ilia u.a. (Hrsg.). a.a.O. 1963, 81–163.

41 Pätsch, Gertrud (Übers.). a.a.O. 1975.

42 Eine ausschließliche Edition der Šat'berdi-Fassung bietet Gigineišvili, Besarion u.a. (Hrsg.). Šat'berdis krebuli X saukunisa. T'bilisi. 1979. Hervorzuheben sind auch die Editionen von Taqaišvili, E'kvt'ime (Hrsg.). a.a.O. 1910, 48–96 sowie ebd., (aber Nr. 42. 1912), 1–57. Eine russische Übersetzung bildet Čchartišvili, Marina S. (Hrsg.). Obraščenie Gruzii. [Istocniki po istorii Gruzii. Bd. 59 bzw. Pamjatniki gruzinskoj istoriceskoj literatury. Bd. 7] Tbilisi. 1989. Eine englischsprachige Edition lieferten Wardrop, Oliver/Conybeare, Frederick C. The life of St. Nino. In: Studia Biblica ecclesiastica. Bd. 5. Oxford. 1900. Für weitere ältere Editionen vgl. Tarchnišvili, Michael/Aßfalg, Julius. a.a.O. 1955, 409f., FN 1–5.

zum Zeitpunkt der Entstehung der Quelle längst verstorben waren. Die ältesten Teile der *Mok'c'evay K'art'lisay* wurden von Ek'vt'ime T'aqaišvili ins 7. Jahrhundert datiert.[43] Diese Datierung (ca. 640–650) übernimmt beispielsweise auch Fairy von Lilienfeld.[44] Die Endredaktion der Handschrift wird von der Mehrzahl der Historiker Georgiens[45] dem 9.–10. Jahrhundert zugeordnet. Für diese Datierung spricht vor allem die Erwähnung der Stadt Bagdad im *Šatberdi-Text*.[46] Diese arabische Stadt wurde bekanntlich erst 762 gegründet und war frühestens ab der Mitte des 9. Jahrhunderts so bedeutend, dass sie in fremden Handschriften erwähnt worden wäre. Die Tatsache, dass der *Čeliši-Codex* an dieser Stelle Babylon erwähnt,[47] wurde anfangs so gedeutet, dass dies eine spätere Korrektur sei, die besser zum weiter geschilderten Siegesfeldzug (628–630) des byzantinischen Kaisers Heraklius gegen Persien gepasst habe. Dieser Annahme wurde aber bereits relativ früh widersprochen.[48] Stattdessen wurde angenommen, dass im ursprünglichen Original Babylon und nicht Bagdad genannt wurde, was wiederum bedeutet hätte, dass mit dem *Čeliši-Text* eine relativ genaue Abschrift der Originalhandschrift vorläge und der *Šatberdi-Codex* eine spätere Überarbeitung darstellt. Diese Vermutung kann nach dem Fund und den ersten Bearbeitungen der im Sinai gefundenen Handschriften mittlerweile als historische Tatsache angenommen werden.[49] Darüber hinaus gibt es inhaltliche und stilistische Hinweise, die für die Datierung verwendet wurden. Relative Einigkeit besteht darüber, dass der Nino-Kult ab dem 9. Jahrhundert begann, sich in Georgien durchzusetzen.[50] Außerdem zeigte Mariam Lort'k'ip'anije im Einzelnen auf, dass der geistige Hintergrund der Quelle ebenfalls dieser Epoche entspräche.[51]

---

43 Taqaišvili, Ek'vt'ime. Sami istoriuli k'ronika. (K'art'lis-mok'c'evisa, sumbatisa bagrationebis šesaxeb da mesxuri davit'nisa). Pirveli nacili k'art'lis c'xovrebisa. Tp'ilisi. 1890, 1.

44 Lilienfeld, Fairy von. Amt und geistliche Vollmacht der heiligen Nino, „Apostel und Evangelist" von Ostgeorgien, nach den ältesten georgischen Quellen. In: Kohlbacher, Michael/Lesinski, Markus (Hrsg). Horizonte der Christenheit, Festschrift für Friedrich Heyer zu seinem 85. Geburtstag. [Oikonomia; Bd. 34]. Erlangen. 1994, 224–249. Hier 233.

45 Wie z.B. Džavachišvili, Ivane. a.a.O. 1945; Lort'k'ip'anije, Mariam. a.a.O. 1966.

46 Vgl. Abulaje, Ilia u.a. (Hrsg.). a.a.O. 1963, 96.

47 Vgl. ebd.

48 Pätsch, Gertrud (Übers.). a.a.O. 1975, 288; Tarchnišvili, Michael/Aßfalg, Julius. a.a.O. 1955, 408f. FN 3; Tarchnišvili, Michael. Les récentes découvertes épigraphiquea et littéraires en géorgien. In: Le Museon 63. Paris. 1950, 250 und ders. Die Widersprüche in den georgischen Geschichtswerken. In: Bedi Kartlisa. Revue de Kartvélologie 19. Paris. 1955, 10–14.

49 Wie Zaza Alek'sije Fairy von Lilienfeld mitteilte, enthält auch der Text N/Sin.-50 an entsprechender Stelle den Name Babylons. Vgl. Lilienfeld, Fairy von. a.a.O. 1994, 230. FN 37 und 233. FN. 71. Da die beiden Textfragmente für älter als die bisher bekannten Handschriften gelten, heißt das, selbst wenn sich bei den weiteren Bearbeitungen herausstellen sollte, dass die neuen Funde nicht die Originale wären, dass der Urtext wohl auf Babylon und nicht auf Bagdad rekurierte.

50 Vgl. Lort'k'ip'anije, Mariam. a.a.O. 1966 und Džavaxišvili, Ivane. a.a.O. 1945 beide nach Pätsch, Gertrud (Übers.). a.a.O. 1975, 288. Vgl. dazu auch Tarchnišvili, Michael. a.a.O. 1940, 71 und Džavaxišvili, Ivane. Geschichte des georgischen Volkes. Bde. 1–2. Tp'ilisi. 1913, 367.

51 Vgl. Lort'k'ip'anije, Mariam. a.a.O. 1966 nach Pätsch, Gertrud (Übers.). a.a.O. 1975, 289.

Die Frage, warum die schriftliche Überlieferung der Missionstätigkeit der heiligen Nino (4. Jahrhundert) erst sehr spät – frühestens im 7. aber eigentlich umfangreich nicht vor dem 9. Jahrhundert und damit erst nach etwa fünf Jahrhunderten – einsetzte, gehört zu den größten Rätseln, die die georgische Nino-Tradition aufgibt. Sie bildet auch die Ausgangsfrage und einen Schwerpunkt dieser Untersuchung und kann daher an dieser Stelle nicht abschließend behandelt werden.[52] An dieser Stelle sei nur bemerkt, dass Mixeil T'arxnišvili annimmt, dass es in Georgien während diesen fünf „dunklen" Jahrhunderten eine umfangreiche, lokale mündliche Tradierung des Lebens und Wirkens dieser heiligen Frau gab.[53] Dies führte dazu, dass der Name und die wirkliche Herkunft der Heiligen im Laufe der Geschichte verloren gegangen sind.[54] Die Tatsache einer so langen vorausgehenden mündlichen Überlieferung machte die georgische Nino-Tradition naturgemäß anfällig für legendarische Züge. Dies führte in der Folge dazu, dass sich eine Vielzahl von Vorbehalten gegen die Heilige in der Forschung herausbildete. So wurde zum Beispiel angenommen, dass die Heilige in Wirklichkeit ein Mann gewesen wäre oder sie wurde gar für gänzlich unhistorisch gehalten.[55] Mittlerweile hat sich die Ansicht etabliert, dass die heilige Nino eine reale historische Persönlichkeit gewesen ist.[56] Besonders externe, vor allem byzantinische Quellen des 5. Jahrhunderts,[57] belegen die Missionierung Georgiens durch eine Frau, die dort allerdings unbenannt blieb.

Für meine Überlegungen zur heiligen Nino ist es zwar irrelevant, in welches Jahrhundert sie genau gehören, aber nicht, ob die schriftlichen Quellen Georgiens als vorrangig historisch oder als eher legendarisch anzusehen sind. Dass sie an das schon von Rufinus bezeugte Zeugnis anschließen, dass das Königshaus von K'art'li (Iberien) und weitere Personen im 4. Jahrhundert von einer Frau zum Christentum geführt wurden, spricht für die historische Glaubwürdigkeit der Überlieferung. Dass sogar einzelne Details, wie beispielsweise die Heilung der Königin oder der Status

52 Vgl. dazu ausführlich die Kap. 3 sowie 12.1 und 12.4.
53 Vgl. Tarchnišvili, Michael. a.a.O. 1940, 56. Eine umfangreiche Studie zur Vorgeschichte der uns erhaltenen verschiedenen Redaktionen der Vita Ninos ist dargelegt in: Č'xartišvili, Mixeil. K'art'uli hagiograp'iis cqarot'mc'odneobit'i šescavlis problemebi. T'bilisi. 1987. In dieser Arbeit wird aber darauf nicht eingegangen. Sie orientiert sich ausschließlich an den Ausführungen Tarchnišvilis.
54 Vgl. Kekelije, Korneli. Die Bekehrung Georgiens zum Christentum. In: Morgenland. Heft 18. Leipzig. 1928, 46.
55 Einen Überblick über die wissenschaftlichen Vorbehalte gegen die heilige Nino liefert Lilienfeld, Fairy von. a.a.O. 1994, 224ff.
56 Vgl. dazu Kap. 3.1.
57 Vgl. Rufinus von Aquileia. Historia Ecclesiastica I. Buch 10. Kap. 11. In: Migne, Jacques-Paul (Hrsg.). Patrologia Latina 21. Paris. 1878, 480–482 [= Die griechischen christlichen Schriftsteller der ersten drei Jahrhunderte 9. Leipzig. 1903, 973–976]; Sozomenos. Historia Ecclesiastica II. 7. In: Die griechischen christlichen Schriftsteller der ersten drei Jahrhunderte 50. Berlin. 1960, 59–61 und Theodoretos von Kyros. Historia Ecclesiastica I. 24. In: Die griechischen christlichen Schriftsteller der ersten drei Jahrhunderte 19. Leipzig. 1911, 74–76.

der Heiligen als Kriegsgefangene sowohl in den externen wie auch in den georgischen Quellen übereinstimmen, weist in dieselbe Richtung.

Dass es nicht unproblematisch ist, eine lang andauernde mündliche Überlieferung von vornherein als unglaubwürdig einzustufen, zeigt ein interessantes Beispiel der Wissenschaftsgeschichte. Relativ lange war davon ausgegangen worden, dass die Ilias von Homer generell ahistorisch sei, weil auch hier zwischen dem darin geschilderten Krieg gegen Troja und seiner Niederschrift etwa fünf Jahrhunderte vergangen waren. Bis die skeptische Fachwelt durch zwei wissenschaftliche Sensationen eines besseren belehrt wurde. Konnte die Ausgrabung Trojas 1873 durch Heinrich Schliemann aufgrund einiger gravierender Fehler,[58] die er als archäologischer Autodidakt begangen hatte, belächelt und angefeindet werden, so war das mit den Ergebnissen des linguistischen Experimentes von Adam Millman Parry nicht ohne weiteres möglich.[59] Diese Ergebnisse sind auch auf Georgien übertragbar.[60] Die Handschrift *Mok'c'evay K'art'lisay* wird ungeachtet der darin enthaltenen Kapitelüberschriften im Allgemeinen in zwei große Abschnitte eingeteilt.[61] Der erste Teil[62] umfasst eine kurze Chronik der georgischen Geschichte, vom angeblichen Einfall Alexanders des Großen in Iberien bis zur Araberherrschaft. In der heutigen georgischen Forschung wird dieser Abschnitt *Kurzchronik* oder einfach *Chronik* genannt, weil er einen kurzen Bericht der Entwicklung des Christentums zur Staatsreligion in Georgien enthält.[63] Im zweiten Teil,[64] der eigentlichen *Bekehrung Georgiens*, geht es um das Leben der heiligen Nino. Diese beiden großen Teile sind jeweils in einzelne Unterkapitel untergliedert (siehe Tab. 1). Interessant ist dabei, dass in der Nummerierung der Kapitel innerhalb der erhaltenen Handschriften Sprünge auftreten: Auf Kapitel 4 folgt Kapitel 6 und an Kapitel 9 schließt sich 11 an.[65] Diese Brüche in der Nummerierung lassen darauf schließen, dass hier bewusste Auslassungen vorgenommen wurden, oder, was wahrscheinlicher ist, dass hier Teile des

---

58 Vgl. Ceram, C[urt] W. [Mit Zeichnungen und einer Vorbemerkung von Heinz Mode]. Götter, Gräber und Gelehrte. Roman der Archäologie. Berlin. 1987³, 60ff.

59 Parry sammelte zu Anfang des 20. Jahrhunderts die Erzählungen serbischer Geschichtenerzähler, die nachweislich Analphabeten waren, über die Schlacht auf dem Amselfeld (15.6.1389). Beim Vergleichen stellte sich heraus, dass die Berichte sowohl untereinander als auch mit schriftlichen Quellen übereinstimmten. Parry schloss daraus, dass sich in einer vorwiegend schriftlosen Gesellschaft die orale Überlieferung historischer Ereignisse über lange Zeiträume sehr gut und realsitisch erhalten kann. Vgl. dazu besonders Parry, Adam Millman. Have we Homer's Iliad? (Kap. 10). In: ders. The Language of Achilles and other papers. [Classical philology. Bd. 1]. Oxford. 1989, 104–140.

60 Zur Glaubwürdigkeit mündlicher Überlieferungen in Georgien vgl. auch Kap. 12.2.1 und 12.4.

61 Vgl. Rapp, Stephen H. a.a.O. 2003, 36. FN 89 oder Tarchnišvili, Michael. a.a.O. 1940, 406f.

62 Abulaje, Ilia u.a. (Hrsg.). a.a.O. 1963, 81–98; Pätsch, Gertrud (Übers.) a.a.O. 1975, 290–301.

63 Vgl. Lilienfeld, Fairy von. a.a.O. 1994, 230.

64 Abulaje, Ilia u.a. (Hrsg.). a.a.O. 1963, 98–106; Pätsch, Gertrud. (Übers.) a.a.O. 1975, 302–304.

65 Gertrud Pätsch weist in ihrer Übersetzung explizit auf diese Sprünge hin. Vgl. dazu Pätsch, Gertrud. (Übers.) a.a.O. 1975, 311. FN 1 und 325. FN 1.

Ursprungstextes bereits vor der Abschrift der vorhandenen Varianten verloren gegangen waren.

Tabelle 1: Komponenten der Mokʻcʻevay Kʻartʻlisay

Teile	Unterkapitel: und deren Inhalte	Datierung	Seiten[66]
1. Bekehrung Kʻartʻlis	a) Frühe Geschichte Kʻartʻlis: Einfall Alexanders des Großen in Iberien	evtl. 7., spätestens 10. Jh.	814–822 [290f.]
	b) Königsliste I: Chronik der georgischen Könige bis zur Bekehrung zum Christentum	9.–10. Jh.	823–831 [291–293]
	c) Bekehrung Kʻartʻlis: Mission der heiligen Nino in Iberien	7. Jh.	832–914 [293–297]
	d) Königsliste II: Geschichte nach der Christiani-sierung, Perserfeldzug des Kaisers Heraklios	9.–10. Jh.	915–963 [297–301]
	e) Königsliste III: Liste der weltlichen und kirchlichen Fürsten bis zum 9. Jh.	9.–10. Jh.	964–982 [301]
2. Das Leben der heiligen Nino	a) 4 Berichte der Salome von Udžarma: Abstammung und Ankunft der Heiligen in Georgien, Zerstörung des Armazi-Standbildes		983–1247 [302–314]
	b) 4 Berichte der Jüdin Sidonia: über die Beziehung der georgischen und hebräischen Juden, Bekehrung der Königin Nana und des Königs Mirian, erster Kirchen-bau, Wunder der lebenden Säule		1248–1447 [315–325]
	c) Bericht des jüdischen Priesters Abiatʻar: über seine eigene Bekehrung und den heiligen Mantel Jesu	9./10. Jh.	1448–1474 [325–328]
	d) Bericht des Priesters Jakob und des Erzbischofs Johannes:über die Errichtung von drei Kreuzen		1475–1520 [328–334]
	e) Vermächtnis des Königs Mirian		1521–1623 [334–337]

Quelle: eigene Zusammenstellung nach: Rapp. 2003;[67] Tarchnišvili/Aßfalg. 1955.[68]

1.2.1.c Das Leben Kʻartʻlis

Die wohl ausführlichste Quelle zur georgischen Geschichte, die in der vorliegenden
Studie untersucht wurde, ist die Chronik *Kʻartʻlis Cʻxovreba* (ქართლის ცხოვ-
რება/*Das Leben Kʻartʻlis*). Sie beschreibt die Geschichte Georgiens seit der Arsa-
kidenzeit und handelt in chronologischer Reihenfolge die Herrschaftszeiten sämtlicher georgischer Könige ab. Die Quelle bildet, wie andere mittelalterliche Chroniken auch, keinen einheitlichen Text, sondern sie ist aus verschiedenen Handschriften

---

66 Die Seitenzahl sind angegeben nach: Mokʻcʻevay Kʻarʻtlisay. In: Abulaje, Ilia u.a. (Hrsg.).
    a.a.O. 1963, 81–163. Die tiefgestellten Zahlen geben dabei die Versnummer an. Die Seitenzah-
    len in eckigen Klammern beziehen sich auf: Pätsch, Gertrud. (Übers.) a.a.O. 1975, 288–337.
67 Rapp, Stephen H. a.a.O. 2003, 57.
68 Tarchnišvili, Michael/Aßfalg, Julius. a.a.O. 1955, 406f.

einzelner Geschichtsschreiber, die zu verschiedenen Zeiten lebten, nach und nach kumulativ zusammengesetzt worden. Die Chronik *K'art'lis C'xovreba*, so wie sie heute vorliegt, besteht aus zwei großen Teilen: einem mittelalterlichen Bericht, der in der Zeit der Mongoleneinfälle um 1250 endet, und dem neueren Teil, der über die Geschichte vom 14. bis zum Ende des 17. Jahrhunderts berichtet.

Diese Unterteilung der Chronik hängt eng mit der Geschichte ihrer verschiedenen erhaltenen Manuskripte zusammen. Die unruhigen Zeitläufe und die wechselhafte Geschichte Georgiens hatten dazu geführt, dass am Ende des 17. Jahrhunderts viele ursprüngliche Texte und ihre mittelalterlichen Abschriften verloren gegangen waren.[69] Daher setzte Vaxtang VI., der von 1703 bis 1714 und von 1719 bis 1723 König von K'art'li war,[70] in der ersten Dekade des 18. Jahrhunderts eine Historikerkommission ein. Diese sollte zum einen anhand der noch vorhandenen Manuskripte den mittelalterlichen Text rekonstruieren. Zum anderen bestand ihre Aufgabe darin, die Chronik anhand späterer Überlieferungen fortzusetzen. Vaxtang VI. wollte mit seiner Ausgabe das Nationalbewusstsein durch die Besinnung auf die heldenhafte Tradition seines Landes stärken; der Kommission ging es, ihrem Auftrag gemäß, daher nicht um eine einheitliche, wissenschaftlich kritische Textausgabe, sondern um die Vervollständigung und die Korrektur der Vorlagen in diesem Sinne. Dass ihr dabei eine Reihe von Fehlern unterlief, lag in der Natur ihres Auftrages.[71] Daher spielen Handschriften und Manuskripte, die erst nach der Redaktion durch die Kommission wieder auftauchten eine wichtige Rolle. In Folge dieser Entwicklung werden die Manuskripte der *K'art'lis C'xovreba* von heutigen Spezialisten in zwei Gruppen unterteilt: Die vor-Vaxtangschen[72] und die Vaxtangschen Ausgaben.[73]

---

69 So berichtete zumindest Vaxtang VI. im Vorwort der von ihm in Auftrag gegebenen Ausgabe. Vgl. Qauxč'išvili, Simon (Hrsg.). a.a.O. 1955, 3 sowie Pätsch, Gertrud (Übers.). a.a.O. 1985, 9.

70 Vaxtang VI., der auch als Husayn-Qulī-Khan bekannt ist, wurde 1675 als Angehöriger der Bagratidendynastie geboren. Er gehört zu den tragischsten Gestalten der georgischen Geschichte. Da er zu Beginn des 18. Jahrhunderts als Herrscher eines Brückenstaates in die Konflikte zwischen Persien und Russland verwickelt wurde, musste er auf Weisung des Šahs zeitweilig am persischen Hof leben, wodurch eine Unterbrechung seiner Regierungszeit zustande kam. Im Jahre 1724 floh er letztlich mit seinen letzten Getreuen ins russische Exil, wo er 1737 in Astrachan starb. Er war nicht nur Herrscher, sondern auch ein bedeutender georgischer Dichter des frühen 18. Jahrhunderts. Vgl. Rapp, Stephen H. a.a.O. 2003, 19; Lort'k'ip'anije, Mariam/Metreveli, Roin (Hrsg.). Sak'art'velos mep'eebi. T'bilisi. 2000, 200ff.; Fähnrich, Heinz. Georgische Literatur. a.a.O. 1993, 70ff. und Pätsch, Gertrud (Übers.). a.a.O. 1985, 8f.

71 Zur Motivation Vaxtangs VI. und zum Auftrag der Kommission vgl. z.B. Pätsch, Gertrud (Übers.). a.a.O. 1985, 8ff.

72 Das älteste Manuskript, das nicht von der Kommission genutzt wurde, ist eine armenische Adaption, die auf den Zeitraum zwischen 1274 bis 1311 datiert wurde. Die älteste georgische Version ist das sogenannte anaseuli, eine Ausgabe für Königin Anna von Kaxet'i. Ein Fürbittgebet des Schreibers für seine Auftraggeber erlaubt eine genauere Datierung des Textes für die Zeit von 1479 bis 1495. Das jüngste Werk dieser Gruppe ist die sogenannte Mc'xet'a-Redaktion aus dem Jahr 1697. Eine Übersicht über die bisher insgesamt fünf Varianten dieser Gruppe mit der jeweiligen Archivnummer bietet: Rapp, Stephen H. a.a.O. 2003, 22.

Da in der vorliegenden Arbeit keine vergleichende textkritische Analyse dieser
Quelle erfolgen sollte und konnte, wurden, trotz aller berechtigten Vorbehalte gegen
die Vaxtangsche-Redaktion, vor allem zwei Editionen genutzt, die auf diese zurückgehen.[74] Als Quellen für den engeren Untersuchungszeitraum, die Sasanidenzeit, kamen natürlich nur die mittelalterlichen Bestandteile der Chronik von Leonti Mroveli
und Džuanšer in Frage. Die übrigen Teile der *K'art'lis C'xovreba* wurden nur als
Basis eines sprachwissenschaftlichen Vergleichs genuin georgischer und aus dem
Iranischen entlehnter Adelsprädikate herangezogen.[75] Leonti Mroveli, dem Erzbischof von Ruisi[76] vor 1072,[77] werden relativ unbestritten die ersten zwei Teile der
K'art'lis C'xovreba zugeschrieben. Der erste Abschnitt: *C'xovreba k'art'velt'a me-*
p'et'a (ცხოვრება ქართველთა მეფეთა/*Das Leben der kartvelischen Köni-*
ge)[78] beschreibt die Geschichte Georgiens von ihren mythischen Anfängen über den
legendenhaften Einfall Alexanders des Großen in Georgien und den legendären
georgischen König P'arnavaz, der gegen den von Alexander eingesetzten Statthalter
Azon gekämpft haben soll,[79] bis kurz vor die Missionierungstätigkeit der heiligen
Nino im 4. Jahrhundert. Der zweite Teil: *Ninos mier k'art'l'is mok'c'eva* (ნინოს

---

73 Zu den sogenannten Vaxtangschen Redaktionen zählen momentan insgesamt 16 verschiedene
    Manuskripte. Der jüngste Text dieser Gruppe, das sogenannte rumianc'eviseuli, entstand zwi-
    schen 1699 und 1709. Das älteste Werk von 1839 ist das sogenannte broseuli. Vgl. dazu die
    Übersicht bei: Rapp, Stephen H. a.a.O. 2003, 28. Einen noch umfassenderen Überblick über die
    verschiedenen Manuskripte der K'art'lis C'xovreba mit einer umfangreichen Bibliographie lie-
    fert: Lort'k'ip'anije, Mariam. Ra aris k'art'lis c'xovreba. T'bilisi. 1989.
74 Der georgische Text wurde entnommen aus: Qauxč'išvili, Simon (Hrsg.). K'art'lis C'xovreba
    (Das Leben K'art'lis). Bde. 1–2. T'bilisi. 1955–1959. Parallel wurde die deutsche Übersetzung:
    Pätsch, Gertrud (Übers.). a.a.O. 1985 herangezogen, die allerdings nur den mittelalterlichen
    Teil enthält. Eine vergleichend- gegenüberstellende Ausgabe der altarmenischen Variante mit
    der Vaxtang-Redaktion besorgte: Abulaje, Ilia u.a. (Hrsg.). K'art'lis C'xovreba. T'bilisi. 1952;
    Die älteste fremdsprachliche Edition bildet unbestritten die französische Übersetzung von
    Brosset, Marie. Introduction à l'Histoire de la Georgie. Bd. 1. Sankt Petersburg. 1858. Für wei-
    tere Ausgaben bis zur Gegenwart vgl. Rapp, Stephen H. a.a.O. 2003, 57ff.
75 Vgl. dazu ausführlich Kap. 8.1.3 und 8.1.4.
76 Das Epitheton Mroveli lässt darauf schließen, dass er dieses Amt an diesem Ort innehatte. Vgl.
    dazu z.B. Fähnrich, Heinz. Georgische Literatur. a.a.O. 1993, 60 sowie Tarchnišvili, Michael/
    Aßfalg, Julius. a.a.O. 1955, 92.
77 Im Allgemeinen wird Leonti Mroveli dem 11. Jahrhundert zugeordnet. Vgl. Rapp, Stephen H.
    a.a.O. 2003, 159; Fähnrich, Heinz. Feorgische Literatur. a.a.O. 1993, 63f. oder Aßfalg, Julius.
    Georgische Literatur. In: ders./Krüger, Paul (Hrsg.). a.a.O. 1975, 135–137. Hier 136. Eine Aus-
    nahme bildet hier Mixeil T'arxnišvili. Er meint, dass das schriftstellerische Werk Mrovelis spä-
    testens in die Zeit vor der zweiten Hälfte des 8. Jahrhunderts fiel. Vgl. Tarchnišvili, Michael/
    Aßfalg, Julius. a.a.O. 1955, 92.
78 In: Qauxč'išvili, Simon (Hrsg.). a.a.O. 1955, 3–71. Siehe auch Leonti Mroweli. Leben der kart-
    welischen Könige. In: Pätsch, Gertrud (Hrsg.). a.a.O. 1985, 51–130.
79 Wie Heinz Fähnrich richtig bemerkt, war Alexander niemals in Transkaukasien. Demzufolge
    kann er dort auch kaum einen Statthalter eingesetzt haben, den P'arnavaz folglich auch nicht
    besiegt haben kann. Vgl. Fähnrich, Heinz. Geschichte Georgiens. a.a.O. 1993, 48.

მიერ ქართლის მოქცევა/*Die Bekehrung K'art'lis durch Nino*)[80] enthält eine, gegenüber der *Mok'c'evay K'art'lisay*, erweiterte Bearbeitung der Geschichte der Christianisierung Georgiens. Dieser Abschnitt der Chronik wurde von Stephen H. Rapp analytisch wiederum in zwei Unterabschnitte verschiedenen Alters aufgegliedert (siehe dazu Tab. 2).

Für den gesamten Teil *Ninos mier k'art'l'is mok'c'eva* schrieb Leonti Mroveli offenbar das Leben der heiligen Nino im 11. Jahrhundert nach Vorlage einer schon bestehenden Redaktion der *Mok'c'evay K'art'lisay* neu.[81] Dass Leonti Mroveli diese Handschrift als Vorlage sowohl für die Vorgeschichte als auch für die Darstellung des Lebens der heiligen Nino verwendete, ist offensichtlich. Erweiterungen, die sein Werk gegenüber dem *Čeliši*- und dem *Šatberdi-Codex* enthält, lassen darauf schließen, dass ihm möglicherweise der Urtext dieser früheren Handschrift als Basis diente.[82] Es ist aber genauso denkbar, dass es sich dabei um literarische Überarbeitungen dieser Inhalte anhand weit verbreiteter, mündlicher Geschichtsüberlieferungen handelte.[83] Im Grunde scheint es wahrscheinlich, dass Leonti Mroveli eher als Endredakteur denn als der eigentliche Schreiber der ihm zugeschriebenen Werke fungierte.[84] Dafür sprechen auch die sich voneinander unterscheidenden Datierungen, der angeblich von ihm verfassten Textteile (siehe dazu Tab. 2).

Ein weiteres Kapitel der Chronik *K'art'lis C'xovreba* das sogenannte *Mep'e k'art'lisa arč'ili* (მეფე ქართლისა არჩილი/*Der König von K'art'li Arč'il*)[85] wird Leonti Mroveli, der gemäß der Vaxtangschen-Ausgabe auch deren Verfasser sein soll, von der philologischen Textkritik hingegen abgesprochen.[86] Da dieser Text für diese Arbeit keine grundlegende Quelle bildet, sei diese Frage der umstrittenen Urheberschaft hier nur am Rande der Vollständigkeit halber erwähnt. Sie kann an dieser Stelle durchaus unbeantwortet bleiben.

Zwischen den beiden ersten Abschnitten der Chronik, die Leonti Mroveli verfasst haben soll, und dem umstrittenen *Mep'e k'art'lisa arč'ili* ist in der Vaxtangschen-Ausgabe ein weiterer Teil eingefügt worden. In diesem *C'xovreba vaxtang*

---

80 In: Qauxč'išvili, Simon (Hrsg.). a.a.O. 1955, 72–138. siehe auch Leonti Mroweli. Die Bekehrung König Mirians und ganz Kartlis durch unsere heilige und selige Mutter, die Apostolin Nino. In: Pätsch, Gertrud (Hrsg.). a.a.O. 1985, 131–199.

81 Vgl. Tarchnišvili, Michael/Aßfalg, Julius. a.a.O. 1955, 92.

82 So vermuteten zumindest Tarchnišvili, Michael/Aßfalg, Julius. a.a.O. 1955, 93 und Kekelije, Korneli. Literarische Quellen von Leonti Mroveli. In: Moambe 3. T'bilisi. 1923, 27–56.

83 Diese Meinung wird z.B. vertreten von: Fähnrich, Heinz. Georgische Literatur. a.a.O. 1993, 64.

84 Vgl. Pätsch, Gertrud (Hrsg.). a.a.O. 1985, 12.

85 In: Qauxč'išvili, Simon (Hrsg.). a.a.O. 1955, 245–248. Siehe auch Leonti Mroweli. Das Martyrium des heiligen und rühmenswerten Blutzeugen Artschil, der König von Kartli war. In: Pätsch, Gertrud (Hrsg.). a.a.O. 1985, 318–322.

86 Stephen H. Rapp hält nicht Leonti Mroveli, sondern einen unbekannten Autor den er Pseudo-Džuanšer nennt bzw. Džuanšer selbst eher für den Autor des Martyriums König Arč'ils. Vgl. dazu Rapp, Stephen H. a.a.O. 2003, 476ff. Dass Leonti Mroveli nicht der Verfasser dieses Textes sein kann meinte u.a. schon: Tarchnišvili, Michael/Aßfalg, Julius. a.a.O. 1955, 92.

gorgaslisa (ცხოვრება ვახტანგ გორგასლისა/*Das Leben Vaxtang Gorga-sals*)[87] schildert ein georgischer Geschichtsschreiber namens Džuanšer die Geschichte vom 5. bis zum 8. Jahrhundert, die sich zwischen den historischen Verläufen ereignete, welche in den Leonti Mroveli – von der Historikerkommission Vaxtangs VI. – zugesprochenen Texten geschildert wurden. Der Bericht Džuanšers beginnt mit dem Leben König Vaxtang Gorgasals und endet mit König Arč'il (ca. 693 bis ca. 748), ohne auf dessen Martyrium näher einzugehen. Der Schreiber widmet sich dabei besonders intensiv der Zeit Vaxtang Gorgasals (447–522),[88] den er als Ideal des Heldenkönigs rühmt.[89] Über Džuanšer selbst ist außer seinem Namen nichts Sicheres bekannt, Stephen H. Rapp nimmt daher an, dass er auch nicht der Verfasser, sondern wenn überhaupt dann ebenfalls nur ein Redakteur der ihm zugeschriebenen Passagen der *K'art'lis C'xovreba* sein kann.[90]

Wie Leonti Mroveli das Leben der heiligen Nino schildert, so beschreibt der Džuanšer zugeschriebene Text das Leben und das Leiden der heiligen Šušanik,[91] die in der Zeit getötet wurde, über die dieser Text berichtet. Die entsprechende Passage in der *K'art'lis C'xovreba* ist allerdings recht kurz, sie umfasst gerade einmal drei Absätze. Was vermuten lässt, dass dem Schreiber die Handschrift *Camebay cmindisa Šušanikisi* von Jakob C'urtaveli nicht als Vorlage zur Verfügung stand, sondern dass er seinen Text nach dem zu seiner Zeit bereits verbreiteten Kult der Heiligen und der damit zusammenhängenden Überlieferung schrieb. Die Passagen der *K'art'lis C'xovreba*, welche die heilige Nino betreffen, stimmen mit der *Mok'c'evay K'art'lisay* im Wesentlichen weitgehend überein. Im Allgemeinen wirkt der Handlungsablauf im *Leben K'art'lis* etwas glatter und enthält weniger Redundanzen als die *Mok'c'evay K'art'lisay*, was eine verstärkte Redaktionstätigkeit Leonti Mrovelis als betreffendem Endredakteur vermuten lässt. Eine noch detailliertere Berücksichtigung aller Textvarianten ist an dieser Stelle der Arbeit nicht notwendig.[92]

---

87 In: Qauxč'išvili, Simon (Hrsg.). a.a.O. 1955, 139–244. Siehe auch Dshuanscher. Das Leben Wachtang Gorgasals. In: Pätsch, Gertrud (Hrsg.). a.a.O. 1985, 201–322.

88 Für die Datierung der Regierungszeiten Vaxtangs und Arč'ils vgl. die Regierungsliste bei: Rapp, Stephen H. a.a.O. 2003, 483ff. (Nach Cyril Toumanoff).

89 Vgl. Pätsch, Gertrud (Hrsg.). a.a.O. 1985, 13.

90 Vgl. dazu Rapp, Stephen H. a.a.O. 2003, 235ff.

91 Vgl. Džuanšer. C'xovreba vaxtang gorgaslisa. In: Qauxč'išvili, Simon (Hrsg.). a.a.O. 1955, 139–244. Hier 216 bzw. Dshuanscher. Das Leben Wachtang Gorgasals. In: Pätsch, Gertrud (Hrsg.). a.a.O. 1985, 201–322. Hier 290f.

92 Im zweiten Teil erfolgt eine intensive Auseinandersetzung mit den Texten unter verschiedenen Fragestellungen.

Tabelle 2: Komponenten der mittelalterlichen K'art'lis C'xovreba

Angeblicher Autor	Bestandteile		Datierung	Seiten[93]
		analytische Untergliederung		
Leonti Mroveli	Das Leben der kartvelischen Könige		um 800	1:3–71 [51–130]
	Die Bekehrung K'art'lis durch Nino	Das Leben Ninos	9./10. Jh.	1:72–130$_{16}$ [131–187]
		Das Leben der Nachfolger Mirians	evtl. 11. Jh.	1:130$_1$–138 [187–199]
Džuanšer	Das Leben Vaxtang Gorgasals	Das Leben Vaxtangs	um 800	1:139–204$_{15}$ [201–273]
		Fortsetzung (Pseudo-Džuanšer)	um 800	1:204$_{16}$–244 [274–318]
Leonti Mroveli	Das Martyrium König Arč'ils		786–11. Jh. evtl. 9. Jh.	1:245–248 [318–322]
anonym	Die Chronik K'art'lis		11. Jh.	1:249–317 [323–394]
Geschichtsschreiber Davids des Erbauers	Das Leben des König der Könige, David (II., der Erbauer)		12. Jh.	1:318–364 [395–445]
anonym	Chronik aus der Zeit Georg Laschas		13. Jh.	1:365–371 [447–457]
Sumbat Davit'is-je (der Sohn Davids)	Leben und Chronik der Bagratiden		um 1030	1:372–386 [459–481]
anonym	Geschichte und Lobeshymnen auf die gekrönten Häupter		13. Jh.	2:1–114
Hofkaplan Basili Ezosmojġvari	Das Leben der großen Königin der Königinnen T'amar		13. Jh.	2:115–150
verschiedene Geschichtsschreiber	Hundertjährige Chronik		14. Jh.	2:151–325

Quelle: eigene Zusammenstellung nach: Rapp. 2003;[94] Pätsch. 1985.[95]

1.2.1.d Weitere schriftliche Quellen und kurze vergleichende Textkritik

Für die weitere Argumentation wurden noch andere historische Quellen herangezogen, die nicht so umfangreich ausgewertet wurden, wie die bisher dargestellten. Sie dienten ausschließlich dazu, aus den anderen Texten herausgearbeitete Aspekte noch stärker belegen zu können. Das älteste dieser zusätzlich genutzten Quellen, das *Martvilobay da mot'minebay cmindisa evstat'i mc'xet'elisay* (მარტვილობაი და

---

93 Die Seitenzahlen sind angegeben nach: Qauxč'išvili, Simon (Hrsg.). a.a.O. 1955–1959. Die tiefgestellten Zahlen geben dabei die Versnummer an. Die Seitenzahlen in eckigen Klammern beziehen sich auf: Pätsch, Gertrud (Übers.). a.a.O. 1985. herangezogen, die allerdings nur den mittelalterlichen Teil enthält.

94 Rapp, Stephen H. a.a.O. 2003, 56.

95 Pätsch, Gertrud (Übers.). a.a.O. 1985.

მოთმინებაჲ წმინდისა ევსტათი მცხეთელისაჲ/*Das Martyri-um des heiligen Eustat'ius von Mc'xet'a*), stammt aus dem 6. Jahrhundert.[96] Erhalten ist es allerdings nur in einer Abschrift des 11. Jahrhunderts. Für die Bearbeitung wurden verschiedene Ausgaben dieses Textes genutzt.[97]

Für die Analyse der Verehrung der heiligen Nino und der damit zusammenhängenden aufwertenden Entwicklung des Frauenbildes in Georgien wurden neben der *Mok'c'evay K'art'lisay* und dem Text *Ninos mier k'art'l'is mok'c'eva* Leonti Mrovelis auch einige spätere mittelalterliche Zeugnisse verwendet. Eine jüngere metaphrastische Bearbeitung der Legende der Heiligen ist wohl die Vita der heiligen Nino aus dem 12. Jahrhundert, die der Arsen Beri[98] unter der Regierung des Königs Demetrius I. (1125–1156) verfasst hat.[99] Von besonderer Bedeutung für diese Arbeit war dabei die Handschrift Arsen Beris: *C'xovrebay da mok'alak'obay da ġuacli cmidisa da ġirsisa dedisa č'uenisa Ninoysi* (ცხოვრებაჲ და მოქალაქობაჲ და ღუაწლი წმიდისა და ღირსისა დედისა ჩუენისა ნინოჲსი/*Leben und Wirken und Beitrag unserer heiligen und würdigen Mutter Nino*)[100] und der anonyme Text *C'xovrebay da mok'alak'obay ġirsisa da moc'ik'ult'a scorisa netarisa Ninoysi* (ცხოვრებაჲ და მოქალაქობაჲ ღირსისა და მოციქულთა სწორისა ნეტარისა ნინოჲსი/*Leben und Wirken der würdigen und den Aposteln ebenbürtigen Nino*).[101]

Die Anerkennung Ninos als Missionarin der Georgier (ca. 325–361) findet schließlich auch in Predigttexten des 8. Jahrhunderts[102] ihren Ausdruck. Die heilige Nino wird dort als die Garantin orthodoxen Glaubens betrachtet. Neben solchen Predigttexten sind auch Homilien über Nino erhalten. Besonders wichtig ist dabei die von dem georgischen Katholikos Nikoloz Gulaberije (1150–1178) im 12. Jahrhundert verfasste: *Sakit'xavi svetisa c'xovelisa, kuart'isa saup'loysa da kat'olike eklesiisay* (საკითხავი სვეტისა ცხოველისა, კუართისა საუფლოისა და

---

96 Zu dieser Datierung vgl. Rapp, Stephen H. a.a.O. 2003, 373.
97 So: Martvilobay da mot'minebay evstat'i mc'xet'elisay. In: Abulaje, Ilia u.a. (Hrsg.). a.a.O. 1963, 11–29; dass. In: Qubaneišvili, Solomon. Jveli k'art'uli literaturis k'restomat'ia. Bd. 1. T'bilisi. 1946, 44–54; dass. In: Simon Kakabaje. Saistorio moambe. Bd. 3. T'bilisi. 1928, 76–94. Als deutsche Übersetzung wurde die Ausgabe Džavaxišvili, Ivane/Harnack, Adolf. Das Martyrium des heiligen Eustatius von Mc'xet'a. In: Sitzungsberichte der Königlich Preußischen Akademie der Wissenschaften 38. Berlin. 1901, 875–902. verwendet.
98 Das heißt soviel wie der Mönch Arsen.
99 Zu dieser Datierung sowie zu weiteren Informationen über Arsen Beri vgl. Tarchnišvili, Michael/Aßfalg, Julius. a.a.O. 1955, 227ff.
100 Genutzt wurde die Ausgabe: Abulaje, Ilia u.a. (Hrsg.). Jveli k'art'uli agiograp'iuli literaturis jeglebi. Bd. 3. T'bilisi. 1971, 7–51.
101 In der Ausgabe: Abulaje, Ilia u.a. (Hrsg.). a.a.O. 1971, 52–83.
102 Anzugeben sind hier z.B. die Ausgaben: Džanašvili, Mixeil. Lesung für die Taufe unseres Herrn Jesus Christus. In: Istoria gruzinskoi zerkvi. Tbilisi. 1898, 86–93 und ders. Homilie unserer hl. Mutter Nino, die in K'art'li Christum, den aus der hl. Jungfrau Maria geborenen, verkündet hat. In: Istoria gruzinskoi zerkvi. Tbilisi. 1898, 80–86.

კათოლიკე ეკლესიისაი/Lesung für die lebendige Säule, den Rock des Herrn und die katholische Kirche).[103]

Weiter authentische auf Nino bezogene Zeugnisse sind, die *C'xovrebay cmindisa mamisa č'uenisa iuvane zedaznelisay* (ცხოვრებაი წმინდისა მამისა ჩუენისა იუვანე ზედაზნელისაი/*Vita des syrischen Vaters* von Ioane Zedazneli),[104] die *C'xovrebay da mok'alak'obay cmindisa da netarisa mamisa č'uenisa petre k'art'velisay* (ცხოვრებაი და მოქალაქობაი წმინდისა და ნეტარისა მა-მისა ჩუენისა პეტრე ქართველისაი/*Vita Petrus des Iberers*)[105] und das *Camebay da ġuacli cmindat'a da didebult'a mocamet'a davit' da kostantinesi* (წამე-ბაი და ღუაწლი წმინდათა და დიდებულთა მოწამეთა დავით და კოსტანტინესი/*Martyrium der Heiligen Davit' und Konstantine*).[106] Diese Texte sind deshalb bemerkenswert, weil hier die Anfänge der christlichen Mission in Georgien ausdrücklich der heiligen Nino zugewiesen werden, wobei auf eine frühere Legende der Missionierung Georgiens durch die Apostel Andreas und Simon Bezug genommen wird. Werden die historischen Quellen in ihrer Gesamtheit miteinander verglichen, so fällt auf, dass außer den Martyrien der heiligen Šušanik und des Eustat'ius von Mc'xet'a keine aus dem eigentlichen Untersuchungszeitraum der vorliegenden Arbeit (4. bis 7. Jahrhundert) stammen. Gleichwohl berichten beispielsweise die *Mok'c'evay K'art'lisay* sowie die Leonti Mroveli und Džuanšer zugeschriebenen Passagen der *K'art'lis Cxovreba* über diese Zeit. Es fällt auf, dass nicht nur die *Mok'c'evay K'art'lisay*, sondern dass auch Leonti Mroveli von Begebenheiten berichtet, die zu seinen Lebzeiten bereits fünf Jahrhunderte in der Vergangenheit lagen. Er soll im 11. Jahrhundert gelebt haben, die ihm zugestandenen Textteile der georgischen Chronik enden aber mit dem 5. Jahrhundert. Was nun den Bruch in der Nino-Tradition angeht, so ist das eine Frage, der sich diese Arbeit in besonders hohem Maße widmet und die aus diesem Grund nicht schon in der Einleitung beantwortet werden kann.[107] Diese geschilderten Brüche in der Historiographie hatten zur Folge, dass in den Texten zwar oft über Kämpfe gegen das sasanidische Persien oder gegen Byzanz berichtet wurde. Die Darstellung dieser Gegner gemahnt in ihrem Stil eher an moslemisch-arabische Eindringlinge, welche der Entstehungszeit der Handschriften auch sehr viel näher standen, als Römer oder mazdaistische Iraner.

An dieser Stelle kann betont werden, dass anhand der chronologischen Diskontinuität zwischen dem Leben Leonti Mrovelis und seinem Werk deutlich wird, das eine Lücke von bis zu fünf Jahrhunderten zwischen einem historischen Ereignis und seiner Niederschrift in der frühen Literaturgeschichte Georgiens durchaus kein ein-

---

103 Enthalten in: Sabinini, Gordon Mixeil. Sak'art'velos samot'xe. St. Petersburg. 1882, 69–118.

104 Nach Abulaje, Ilia u.a. (Hrsg.). a.a.O. 1963, 191–217.

105 Nach Abulaje, Ilia u.a. (Hrsg.). Jveli k'art'uli agiograp'iuli literaturis jeglebi. Bd. 2. T'bilisi. 1967, 213–263.

106 Nach Abulaje, Ilia u.a. (Hrsg.). a.a.O. 1971, 248–263.

107 Vgl. dazu besonders Kap. 3.3, 5 sowie 12.1 und 12.4.

maliges Phänomen darstellt. Was die Texte Leonti Mrovelis anbetrifft so ist es meines Erachtens nicht besonders schwer, dafür eine recht einfache, plausible und
pragmatische Ursache anzugeben. Es handelt sich wie bereits beschrieben wurde um
eine recht aufwendige Überarbeitung und Neuzusammenstellung bereits vorhandenen schriftlichen Materials. Dass ein solcher zusammenhängender, qualitativ
hochwertiger und quantitativ umfangreicher Text nicht früher als im 11. Jahrhundert
entstehen konnte, ergibt sich aus der Tatsache, dass sich die georgische Schrift nicht
vor dem Ende des 4. Jahrhunderts entwickelte.[108] Dass die Georgier nach der Erfindung ihrer Schrift nicht als erstes daran gingen, große historische Werke nieder-
zulegen, dürfte klar und einsichtig sein. Vor diesem Hintergrund können auch die
verschiedensten Hypothesen zurückgewiesen werden, die auf der Basis des überlieferten Inhaltes für ein höheres Alter der von Leonti Mroveli genutzten Vorlagen
plädieren und den Text vom Leben des P'arnavaz sogar bis ins 2. Jahrhundert zu-
rückdatieren wollen.[109] Meines Erachtens ist es grundsätzlich problematisch, allein
aus dem Inhalt das mögliche Alter einer Quelle erschließen zu wollen.[110]

Es ist auch nicht zu vermuten, dass die georgischen Schreiber mit ihren Werken
bewusst an frühere Ereignisse anschließen wollten, um damit bestimmte Wirkungen,
beispielsweise die Schaffung nationaler Werte oder ähnliches, zu erreichen. Dies
war wohl offenbar die Motivation der Vaxtangschen-Edition des 18. Jahrhunderts.
Für das frühe Mittelalter hätte eine solche Strategie meines Erachtens einen Anachronismus dargestellt. Zum einen ist es nicht wahrscheinlich, dass die altgeorgischen Schreiber sich derartiger Wirkungen literarischer Texte bereits im 11. Jahrhundert bewusst waren. Zum anderen hätte eine solche Strategie in einer weitgehend
schriftlosen Gesellschaft kaum einen Sinn ergeben. Da in der damaligen Zeit in Georgien wohl nur eine sehr kleine Elite lesen und schreiben konnte, wurden traditionelle und moralische Werte wohl eher mündlich überliefert anstatt in schriftlicher
Form wiedergegeben zu werden.

---

108   Zwar wird legendarisch behauptet, dass der georgische König P'arnavaz die georgische
      Schrift bereits im 4. vorchristlichen Jahrhundert erfunden habe. Vgl. dazu Leonti Mroveli.
      C'xovreba k'art'velt'a mep'et'a. In: Qauxč'išvili, Simon (Hrsg.). a.a.O. 1955, 3–71. Hier 26
      sowie Leonti Mroweli. Leben der kartwelischen Könige. In: Pätsch, Gertrud (Hrsg.) a.a.O.
      1985, 51–130. Hier 77. Auser dieser Textstelle gibt es dafür jedoch keine weiteren Belege.
      Im Gegenteil die frühesten erhaltenen georgischen Schriftproben bilden Bauinschriften aus
      der Mitte des 5. nachchristlichen Jahrhunderts. Vgl. Aßfalg, Julius. Georgische Inschriften.
      In: ders./Krüger, Paul (Hrsg.). a.a.O. 1975, 121f. Es ist unwahrscheinlich, dass alle Spuren
      verloren gegangen sind, sollte in Georgien bereits davor geschrieben worden sein.
109   Vgl. Baramije, Revaz. Die Anfänge der georgischen Literatur. („Das Leben des Parnawas").
      In: Georgica 10. Jena/T'bilisi. 1987, 39–43.
110   Methodisch besser arbeitet dagegen z.B. Rapp, Stephen H. a.a.O. 2003.

1.2.2 Quellen der georgischen Alltagsgeschichte

1.2.2.a Das Visramiani als Quelle für den Alltag der georgischen Oberschicht

Aus den bisher dargelegten historischen Quellen lassen sich natürlich eher Rückschlüsse auf die alltäglichen Verhältnisse an den altgeorgischen Fürsten- und Königshöfen, als auf die der durchschnittlichen Bevölkerung ziehen. Dass auch die mittelalterliche georgische Geschichtsschreibung eher eine Geschichte der Macht und der Mächtigen darstellte, darf insofern nicht verwundern, als das dies ein Phänomen ist, welches auch in der europäischen Welt bis in die Gegenwart bekannt ist. Berichte über Herrscher, die die Errichtung berühmter Bauwerke anordneten, oder über Heerführer, die große Schlachten lenkten, erschienen eben schon immer interessanter, als die Darstellung der Bauleute, die die Arbeiten verrichteten, oder der Soldaten, die in diesen Kriegen litten und starben.

Neben den historischen Quellen liefert aber auch die schöngeistige Literatur Georgiens Hinweise auf die alltäglichen Lebensverhältnisse des dortigen Adels. Besonders gut zeigt das georgische *Visramiani* (ვისრამიანი/*Vis und Ramin*), die Übersetzung einer verlorenen mittelpersischen Vorlage, die kulturellen Kontakte, die zwischen den Oberschichten Persiens und Georgiens bestanden.

Die erhaltene poetische Version des romantischen persischen Liebesepos *Vīs u Rāmīn* wurde im 11. Jahrhundert von dem Dichter Gurgānī verfasst.[111] Dabei handelt es sich nach den Angaben des Autors um kein eigenes, sondern um die Nachdichtung eines viel älteren Werkes. Das Original, das wohl in der mittelpersischen Schriftsprache Pahlavī geschrieben wurde, sowie die ebenfalls von Gurgānī erwähnte unzureichende vorherige Übersetzung ins Neupersische, auf die er sich auch stützte, sind im Laufe der Zeit verloren gegangen.[112] Das Alter der Pahlavī-Fassung ist heute kaum mehr ermittelbar.

Bereits Geo Widengren nutzte neben anderen Quellen auch den Text Gurgānīs für seine vergleichende Untersuchung des altiranischen Feudalismus.[113] Demzufolge kann das persische Epos als akzeptable Quelle für die Sitten am altpersischen Königshof angesehen werden, obwohl es um so vieles jünger ist als die Zeit, über die es berichtet.

---

111 So ist der Name auch bei Gippert, Jost. Towards an automatical analysis of a translated text and its original. The Persian epic of Vīs u Rāmīn and the Georgian Visramiani. In: Studia Iranica, Mesopotamica et Anatolica 1. Prag. 1994, 21–59. Vgl. dazu auch Deeters, Gerhard. a.a.O. 1963, 138.

112 Vgl. Erb, Elke. Nachwort zu: dies. (Hrsg.). Wis und Ramin. Roman einer verbotenen Liebe im alten Persien. (Aus dem Georgischen übersetzt von Amaschukeli, Nelly/Chuzischvili, Natella). Leipzig. 1991, 361–388. Hier 373.

113 Vgl. Widengren, Geo. Der Feudalismus im alten Iran. Männerbund – Gefolgswesen – Feudalismus in der iranischen Gesellschaft im Hinblick auf die indogermanische Verhältnisse. In: Arbeitsgemeinschaft für Forschung des Landes Nordrhein-Westfalen. Geisteswissenschaften 40. Köln. 1969, 17, 40, 80, 171.

Bei zahlreichen Editionen des persischen *Vīs u Rāmīn* und bei der Suche nach dem Originaltext wurde häufig übersehen, dass mit dem *Visramiani* auch eine relativ alte georgische Version des Textes existierte. Nach Jost Gippert wurde diese Tatsache nur von der kritischen Edition Alekʻsandre Gvaxarias und Magali Tʻoduas berücksichtigt.[114] Dabei stellten die beiden georgischen Philologen fest, dass das georgische *Visramiani* eine relativ genaue Übersetzung des Pahlavī-Urtextes ist und rekonstierten so das verloren gegangene Original.[115]

Wenn dem Schreiber[116] des georgischen Textes eine Abschrift des ursprünglichen Pahlavī-Originals vorlag, dann war dieses in Georgien gegen Ende des 12. Jahrhunderts so weit verbreitet und beliebt, dass eine neue georgische Übersetzung gewünscht wurde. Ein Beleg für die Popularität dieser Liebesgeschichte in Georgien ist darin zu erkennen, dass Šotʻa Rustʻaveli an einigen Stellen seines berühmten Epos *Vepʻxistqaosani* (ვეფხისტყაოსანი/*Der Recke im Tigerfell*) Bezug auf Vis und Ramin nimmt.[117] Dies spricht dafür, dass die persische Originalversion in Georgien lange vor dem 12. Jahrhundert bekannt war. Jedenfalls lassen sich analog zum *Vīs u Rāmīn* auch aus dem *Visramiani* verschiedene soziale Sachverhalte herausarbeiten, die auf eine kulturelle Nachahmung persischer Hofsitten durch die Georgier schließen lassen, die aber weiter zurückliegen als die tatsächliche Niederschrift des Textes.

Allerdings gibt es in der persischen oder der georgischen Mythologie keine Sage, auf die der Inhalt von Vis und Ramin zurückgeführt werden könnte. Aufgrund erstaunlicher Ähnlichkeiten mit der Geschichte von Tristan und Isolde wird ein gemeinsamer Ursprung beider Erzählstränge vermutet.[118] Für die Bearbeitung dieser Quelle wurden verschiedene original- und deutschsprachige Editionen verwendet.[119]

---

114   Aini, Kamal S. (Hrsg.). Vīs va Rāmīn of Fakhr al-dīn Gorgānī. Persian critical text composed from the Persian and Georgian oldest manuscripts by Magali A. Todua and Alexander A. Gwakharia. Tehran. 1970.

115   Vgl dazu Guram Lebanije Artikel in der Prawda vom 13.2.1970, 12 [Wiederabgedruckt in: Erb, Elke (Hrsg.). a.a.O. 1991, 16. sowie Gippert, Jost. a.a.O. 1994, 21ff.

116   Es wird angenommen, dass es sich dabei um Sargis Tʻmogveli handelt, ohne dass aber bisher belegen zu können. Vgl. z.B. Deeters, Gerhard. a.a.O. 1963, 138.

117   Vgl. Ilia Čavčavajes Einleitung zum Vorwort der ersten georgischen Ausgabe (Čavčavaje, Ilia/Saradžišvili, Alekʻsandre/Umikašvili, Pavle. Visramiani. Tpʻilisi. 1884.) auf Deutsch abgedruckt in: Erb, Elke (Hrsg.). a.a.O. 1991, 12f. Hier 12.

118   Zur philologischen Diskussion der Parallelen zum irischen Tristan und Isolde vgl. Kap. 8.2.1.

119   Genutzt wurden: Gvaxaria, Alekʻsandre/Tʻodua, Magali (Hrsg.). Visramiani. Tʻbilisi. 1964 sowie Erb, Elke (Hrsg.). a.a.O. 1991 und Neukomm, Ruth/Tschchenkeli, Kita (Hrsg.). Wisramiani oder die Geschichte der Liebe von Wis und Ramin. Übertragung aus dem Georgischen. Zürich. 1989.

1.2.2.b Volkstümliche Quellen für den Alltag der Unterschichten

In dieser Arbeit soll auch auf die Stellung und das Bild der Frau in den unteren Bevölkerungsschichten des alten Georgiens eingegangen werden. Die umfangreiche Folklore bietet sich als Quelle der georgischen Mentalitätsgeschichte förmlich an.

Die frühesten auf uns überkommenen Aufzeichnungen georgischer Folklore stammen aus dem 17. Jahrhundert und sind mit dem italienischen Missionar Bernarde von Neapel verbunden.[120] Eine weitere frühe Sammlung georgischer Märchen stellt das Werk des georgischen Universalgelehrten, Diplomaten und Mönches Sulxan-Saba Orbeliani *Sibrjne sic'ruisa* (სიბრძნე სიცრუისა/*Die Weisheit der Lüge*) dar, die in die folgende Analyse mit aufgenommen wurde.

Allerdings erfolgte die systematische Sammlung georgischer Volksmärchen wie in Deutschland so auch in Georgien erst ab dem 19. Jahrhundert.[121] Sie ist untrennbar mit den Namen der georgischen Schriftsteller Ilia Čavčavaje (1837–1907), Akaki Ceret'eli (1840–1901) und dem Folkloristen Pavle Umikašvili (1838–1904) verbunden.[122] Die wichtigsten wissenschaftlichen Märchensammler des 20. Jahrhunderts sind dagegen die Georgier Mixeil Čik'ovani,[123] K'senia. Sixarulije,[124] Elene Virsalaje[125] und Aleksandre Ġlonti[126] sowie die Deutschen Robert Bleichsteiner[127] und Adolf Dir.[128] Der Übersetzer deutschsprachiger Editionen des 20. und 21. Jahrhunderts dürfte dagegen anerkanntermaßen Heinz Fähnrich[129] sein, dessen Ausgaben in dieser Arbeit ausgiebig analysiert wurden.

---

120 Vgl. Čikovani, Michail J./Ġlonti, Alexandr. Georgier. In: Brednich, Rolf W. (Hrsg.). Enzyklopädie des Märchens. Handwörterbuch zur historischen und vergleichenden Erzählforschung. Bd. 5. Göttingen. 1987, 1040–1050. Hier 1042 sowie T'amarašvili, Mixeil. Istoria katolikobisa k'art'velta šoris. T'bilisi. 1902.

121 Vgl. dazu Čikovani, Michail J./Ġlonti, Alexandr. a.a.O. 1987, 1043; Virsalaje, Elene. Skazka. In: dies. (Hrsg.). Gruzinskoe narodnoe poėtičeskoe tvorčestvo. Tbilisi. 1972, 228–267. Hier 237ff.; Čikovani, Michail. Kratkaja istorija sobiranija i izučenija gruzinskogo narodnogo poėtičeskogo tvorčestva. In: ebd., 43–114.

122 Vgl. Čikovani, Michail J./Ġlonti, Alexandr. a.a.O. 1987, 1043.

123 Čik'ovani, Mixeil. K'art'uli xalxuri zġaprebi. Bd.1. T'bilisi. 1938 und ders. Xalxuri sitqviereba. Bde. 2–5. T'bilisi. 1952–1956.

124 Sixarulije, K'senia. Xalxuri zġaprebi. T'bilisi. 1938; dies. Sabavšvo p'olklori. T'bilisi. 1939 und dies. K'art'uli sitqvierebis k'restomatia. T'bilisi. 1956.

125 Virsalaje, Elene. Rčeuli k'art'uli xalxuri zġaprebi. Bde. 1 und 2. T'bilisi. 1949 und 1958.

126 Ġlonti, Alek'sandre. Guruli p'olklori. Bd. 1. T'bilisi. 1937; ders. K'art'uli zġaprebi da legendebi. T'bilisi. 1948; ders. Gruzinskie narodnye novelly. Stalinir. 1956; ders. K'art'uli zġaprebi. T'bilisi. 1974 und ders. Xalxuri sibrjne. Bde. 1 und 2. Tbilisi. 1963 und 1964.

127 Bleichsteiner, Robert. Kaukasische Forschungen. Bd. 1: Georgische und Mingrelische Texte. Wien. 1929.

128 Dirr, Adolf. Kaukasische Märchen. [Märchen der Weltliteratur]. Jena. 1922. Zu dieser Aufzählung vgl. auch Čikovani, Michail J./Ġlonti, Alexandr. a.a.O. 1987, 1044.

129 Fähnrich, Heinz (Hrsg. und Übers.) Mingrelische Märchen. Jena. 2001; ders. (Hrsg. und Übers.). a.a.O. 1998; ders. (Hrsg. und Übers.). Mingrelische Sagen. Jena. 1997; ders. (Hrsg. und Übers.). Lasische Märchen und Geschichten. Aachen. 1995; ders. (Hrsg. und Übers.). Märchen aus Georgien. München. 1995; ders. (Hrsg. und Übers.). Märchen aus Swanetien.

Eine komplette Auseinandersetzung mit allen vorhandenen folkloristischen Quellen konnte in dieser Arbeit nicht bewältigt werden. Daher beschränkte sich die Untersuchung auf solche Quellensammlungen, die in deutschsprachigen Editionen Heinz Fähnrichs vorliegen. Durch einen überblicksartigen Vergleich mit anderen Sammlungen stellte sich heraus, dass Fähnrich typische Stücke georgischer Folklore für seine Editionen ausgewählt hatte. Daher war nicht zu erwarten, dass die Nutzung anderer Sammlungen wesentlich andere Ergebnisse für die angestrebte Typologisierung weiblicher Figuren und Darstellungen in der volkstümlichen georgischen Literatur erbracht hätte. Außerdem lag der Nutzung der Werke nur eines Herausgebers die Überlegung zugrunde, dass dessen kaum zu kontrollierenden und nicht nachprüfbaren Auswahlkriterien unter diesen Umstände sicher weit weniger differieren würden, als wenn Ausgaben unterschiedlicher Provenienz verwendet worden wären.

Die Verwendung ausschließlich deutscher Ausgaben erhöht außerdem die Transparenz der Analysen, weil ihre Ergebnisse so auch für Orientalisten jenseits der Kaukasiologie nachvollziehbar und überprüfbar sind. Trotzdem wurde ein Vergleich zwischen den Editionen Heinz Fähnrichs und seinen georgischen Quellen vorgenommen, um Fehler ausschließen zu können. Da sich solche aber genauso wenig, wie andere Typologisierungen ergaben, wird in dieser Arbeit auf eine Darstellung dieses Vergleiches verzichtet.

1.2.2.c Weitere Quellen zur georgischen Mentalitätsgeschichte

Aufgrund der weitreichenden sozial- und kulturgeschichtlichen Fragestellung dieser Arbeit erschien es sinnvoll, sie auf eine möglichst breite Quellenbasis zu stellen. Neben literarischen wurden daher sowohl archäologische als auch ethnografische wie architektonische Quellen herangezogen, um ein differenziertes Bild der georgischen Mentalitätsgeschichte rekonstruieren zu können.

Es ist evident, dass für die Studie keine eigene ethnologische Expedition, archäologische Ausgrabung oder Untersuchung bekannter Bauwerke und Baustile vorgenommen werden konnte. Stattdessen erfolgte eine umfassende Reanalyse der einschlägigen Fachliteratur. Diese ist aus zwei Gründen ebenfalls als Quellen zu betrachten. Zum einen berichtet sie über Funde, Gebäude und Artefakte, die bis heute greifbar sind. Zum anderen präsentiert sie die Artefakte, ohne allgemeine Zusammenhänge zum altgeorgischen Frauenbild herzustellen. Bei den archäologischen Studien sind das jüngste Werk Ot'ar Lort'k'ip'anijes[130] und eine Studie Konstantin

---

Konstanz. 1992; ders. (Hrsg. und Übers.). Der Sieg von Bachtrioni. Sagen aus Georgien. Leipzig/Weimar. 1984; ders. (Hrsg. und Übers.) [unter Mitarbeit von Heinz Mode]. Georgische Märchen. Leipzig. 1980 sowie ders. (Hrsg. und Übers.). Sulchan-Saba Orbeliani: Die Weisheit der Lüge. Berlin. 1973.

130 Lordkipanidse, Otar. Archäologie in Georgien. Von der Altsteinzeit zum Mittelalter. [Quellen und Forschungen zur prähistorischen und provinzialrömischen Archäologie. Bd. 5]. Weinheim. 1991.

P'ic'xelauris[131] hervorzuheben. Zum Überblick über georgische Baudenkmäler wurden architekturgeschichtliche Werke genutzt,[132] wie die *„Zehn Bücher über Architektur"* des Vitruv aus dem 1. Jahrhundert, welche die erste Beschreibung georgischer Wohnhäuser enthalten.[133] Das georgische Brauchtum sowie religiöse Kulte und Rituale, die sich aus der vorchristlichen Periode bis in die Gegenwart erhalten haben und in denen Frauen oft eine tragende Funktion innehaben, konnten unterschiedlichen Darstellungen[134] und insbesondere Heinz Fähnrichs Lexikon der georgischen Mythologie[135] entnommen werden. Nur aufgrund dieser umfangreichen Grundlage war es möglich der Frage nachzugehen, wie sich das gesellschaftliche Bild der Frau in Georgien während der Sasanidenzeit, die auch mit der Periode der Durchsetzung des dortigen Christentums zusammenfällt, entwickelte.

	idealtypische Quellen	realtypische Quellen		höfische Literatur (Chroniken, Visramiani)
Adel	• Hagiographien (heilige Nino,	• archäologische und	• ethnographische	
Unterschicht	heilige Šušanik)	architektonische Artefakte	Sekundärliteratur	• Märchen, Sagen, Legenden

Abbildung 1: Typologie der verwendeten Quellen
Quelle: eigene Darstellung.

---

131 P'ic'xelauri, Konstantin N. Jungbronzezeitliche bis ältereisenzeitliche Heiligtümer in Ost-Georgien [Materialien zur Allgemeinen und Vergleichenden Archäologie Bd. 12]. München. 1984.

132 Ležava, Giorgi. Antikuri xanis sak'art'velos ark'itek'turuli jeglebi. T'bilisi. 1978; Nickel, Heinrich L. Kirchen, Burgen, Miniaturen. Armenien und Georgien während des Mittelalters. Berlin. 1974 oder Mšvenieraje, Domenti. M. Stroitelnoe delo v drevnej Gruzii. Tbilisi. 1952.

133 Fensterbusch, Curt (Hrsg. und Übers.). Vitruv: Zehn Bücher über Architektur. Bd. 2. Berlin, 1964.

134 Wichtig und aufschlussreich waren hierbei: Ivelašvili, T'ina. Sak'orcino ces-č'veulebani sak'art'veloši. T'bilisi. 1999; Watschnadse, Natela/Lortkipanidse, Mariam. Heidentum im christlichen Georgien. In: Georgica 16. Jena/T'bilisi. 1993, 57–63; Očiauri, T'inat'in/Očiauri, Alek'sandre. K'art'uli dġesascaulebi aġmosavlet' sak'art'velos mt'ianet'ši. K'ut'aisi. 1991; Bardavelije, Vera. Aġmosavlet' sak'art'velos mt'ianet'is tradic'iuli sazogadoebriv-sakulto jeglebi. P'šavi. Bd. 1. T'bilisi. 1974; Pätsch, Gertrud. Über georgisches Heidentum. In: Bedi Kartlisa. Revue de Kartvélologie 31. Paris. 1973, 207–224.; Luzbetak, Louis J. Marriage and the Family in Caucasia. A contribution to the Study of North Caucasian Ethnology and Customary Law. Wien. 1951 und Wesendonk, Otto G. von. Über georgisches Heidentum. Leipzig. 1924.

135 Fähnrich, Heinz. Lexikon georgische Mythologie. [Kaukasienstudien – Caucasian Studies. Bd. 1]. Wiesbaden. 1999.

1.3 Forschungsstand

In der Einleitung können selbstverständlich nicht sämtliche wissenschaftlichen Studien wiedergegeben und analysiert werden, die für die vorliegende Arbeit herangezogen wurden. Ein Überblick über solche Untersuchungen, die sich der Problematik der sozialen Stellung der Frauen im alten Georgien widmeten möge an dieser Stelle genügen.[136]

Besonders hervorzuheben ist die Studie Mixeil T'arxnišvilis zur Legende der heiligen Nino und dem Erwachen des georgischen Nationalbewußtseins.[137] Darin bemüht sich der Autor unter anderem die Frage zu klären, warum zwischen Leben und Wirken der heiligen Nino und der Niederschrift der Ereignisse ein Bruch von nahezu fünf Jahrhunderten liegt. Dazu entwirft er zunächst ein sehr schlechtes Bild von der sozialen Situation der georgischen Frau in der vorchristlichen Periode. Weiter geht er davon aus, dass die Christianisierung diese Lage zuerst leicht verbessert habe, dann sei man in alte Verhaltensmuster zurückgefallen. Erst die Abspaltung von der armenischen Kirche im 7. Jahrhundert und die Entwicklung einer georgischen Nationalidentität in der Reaktion auf die Repressionen durch die arabische Fremdherrschaft hätten ab dem 9. Jahrhundert dazu geführt, dass sich die Georgier alter Traditionen erinnerten und die heilige Nino als weibliche Apostelin ihres Landes anerkannten. In der Folge habe eine Reihe von kirchlichen Schriften, die dazu dienen sollten die Heilige in ihrer Eigenschaft als Frau zu rehabilitieren, dazu geführt, dass es zu einer allmählichen Aufwertung des weiblichen Teiles der Gesellschaft gekommen sei. Diese hätte sich letztlich in der Zeit der legendären Königin T'amar zu einem Zustand gesteigert, der als eine annähernde Emanzipation – im Sinne einer Gleichheit der Geschlechter – bezeichnet werden kann.

Der Hauptschwachpunkt seiner Argumentation besteht darin, dass er die Ausgangssituation, der unterdrückten und rechtlosen Lage der altgeorgischen Frau als Prämisse in seine Analyse einführt, ohne sie genauer zu untersuchen. Dabei hatte eine fast fünfzehn Jahre ältere Darstellung der vorchristlichen Religion Georgiens[138] bereits einige Ergebnisse erbracht, die dieser ad hoc Annahme T'arxnišvilis diametral entgegenstanden. Allerdings ging auch Wesendonk nur implizit auf das Thema der sozialen Anerkennung georgischer Frauen ein. Es scheint so als habe T'arxnišvili diese Untersuchung nicht gekannt oder, was allerdings unwahrscheinlich ist, sie bewusst ignoriert. Fest steht, dass T'arxnišvili für seine Analyse nur schriftliche Quellen anerkannte, die allerdings, wie in der Quellendarstellung gezeigt wurde, alle weit nach der Christianisierung Georgiens entstanden.

Die Möglichkeit, den Text Wesendonks nicht gekannt zu haben, die T'arxnišvilis Annahmen noch einigermaßen rechtfertigen kann, gilt nicht für die weitere west-

---

136   Auf den Forschungsstand zu spezifischen Fragestellungen, die für diese Untersuchung wichtig sind, wird in den jeweiligen Teilen des Textes gesondert eingegangen.
137   Tarchnišvili, Michael. a.a.O. 1940, 48–75.
138   Wesendonk, Otto G. von. a.a.O. 1924.

europäische kaukasiologische Forschung. Hier ist zu vermerken, dass die einschlägigen Untersuchungen zur heiligen Nino und zur Christianisierung Georgiens seine Argumentation weitgehend unkritisch übernahmen.[139] Besonders problematisch ist dies bei der Studie Eva Maria Syneks, die als Standardwerk auf dem Gebiet der Nino-Forschung gilt.[140] Die Entwicklung der sozialen Stellung der Frau, die T'arxnišvili am Rande seiner Untersuchung herausarbeitete, die er an ihrem Ausgangspunkt auch nicht beweisen kann, weil er diese als Prämisse in seine Studie einführt und der sich in der Folge alle europäischen Kaukasiologen weitgehend anschlossen, lässt sich am besten anhand einer Grafik verdeutlichen (siehe Abb. 1). Dazu wurde die Bandbreite der sozialen Stellung der Frau in drei Bereiche eingeteilt: niedrig, mittel und fast gleichberechtigt.[141] Außerdem kann durch den Abtrag verschiedener historischer Ereignisse – von der Christianisierung bis zur Regierung der Königin T'amar – die zeitliche Entwicklung des Frauenbildes in Georgien abgelesen werden, wie Tarchnišvili sie sich vorstellte.

Den niedrigsten und unterdrücktesten Stand soll das weibliche Geschlecht Tarchnišvili zufolge in der vorchristlichen Zeit inne gehabt haben. Durch die Übernahme des Christentums habe es dann eine leichte Erholung von dieser Repression gegeben, um anschließend wieder auf das alte Niveau zurückzufallen. Erst mit der Entwicklung des Nationalbewusstseins sei eine allgemeine Aufwertung der Frau einhergegangen. Erkennbar ist auch, dass die Argumentation T'arxnišvilis zwei große Brüche erkennen lässt, auf die er nicht näher eingeht. Diese Brüche, aber auch zahlreiche Widersprüche, lassen seine Argumentation, trotz aller ihr inne wohnenden Plausibilität, doch recht unwahrscheinlich erscheinen.

---

139 Insbesondere gilt das für Synek, Eva M. a.a.O. 1994 und Hauptmann, Peter. Unter dem Weinrebenkreuz der heiligen Nino. In: Stupperich, Robert u.a. (Hrsg.). Kirche im Osten. Studien zur osteuropäischen Kirchengeschichte und Kirchenkunde. Bd. 17. Göttingen. 1974, 9–41. Etwas differenzierter argumentieren u.a.: Martin-Hisard, Bernadette. a.a.O. 2001, 1231–1305; Gippert, Jost. Marginalien zur Nino-Tradition. In: Stimme der Orthodoxie. Sonderheft: Festschrift für Fairy von Lilienfeld. 3. Berlin. 1997, 126–130 oder Lilienfeld, Fairy von. a.a.O. 1994, 224–249. Allerdings übernehmen sie T'arxnišvilis Geschichtsbild weitgehend.

140 So stützt sich Ekkart Sauser z.B. in seinem Artikel zur heiligen Nino im Biographisch-Bibliographischen Kirchenlexikon auf die Ausführungen Syneks. Vgl. Sauser, Ekkart. Nino, hl. In: Bautz, Friedrich Wilhelm (Hrsg.). Biographisch-Bibliographisches Kirchenlexikon [BBK] (fortgeführt von Traugott Bautz). Bd. XIV. Herzberg. 1998, 1322–1324.

141 Ausführlicher wird darauf in Kap. 1.4.2 bei der Darstellung der Methodik eingegangen.

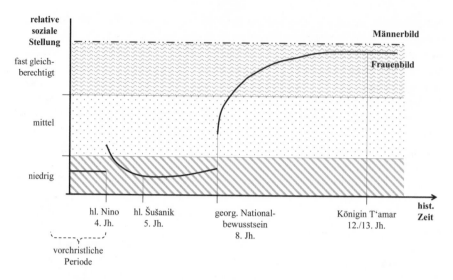

Abbildung 2: Entwicklung des Frauenbildes nach Mixeil T'arxnišvili
Quelle: eigene Grafik nach den Ausführungen in: T'arxnišvili. 1940.[142]

Vor diesem Hintergrund erscheint es noch weniger verständlich, dass seine Thesen in der europäischen Kaukasiologie so lange Zeit, unwidersprochen blieben, obwohl ihr nicht nur die älteren Ergebnisse Wesendonks, sondern auch modernere ethnografische Untersuchungen widersprechen.

Hervorzuheben sind dabei die Studien des Amerikaners Louis Luzbetak[143] und der Georgierin T'ina Ivelašvili[144] zur Heiratstradition und dem alltäglichen Eheleben im alten Georgien. Beide Autoren versuchen dabei, die Entwicklung georgischen Brauchtums von seinen Ursprüngen an nachzuzeichnen und kommen zu dem Schluss, dass das Leben der Frauen im vorchristlichen Georgien durchaus nicht so schlecht und rechtlos war, wie Tarchnišvili und andere Kaukasiologen meinen. Besonders Luzbetaks Analysen gehören dabei trotz ihres Alters von mittlerweile mehr als fünfzig Jahren zu den einschlägigsten Arbeiten auf diesem Gebiet.

Die unzutreffenden Prämissen Eva Maria Syneks sind insofern nachvollziehbar, weil sie die Darstellung heiliger Frauen in Hagiographien und Synaxaren untersuchte. Deshalb stützte sie sich wie Tarchnišvilis auf Quellen mit einem christlich-kirchenrechtlichen Hintergrund. Meiner Ansicht nach sind diese aber nur bedingt geeignet um ein Gesamtbild der sozialen Situation der altgeorgischen Frauen zu entwickeln, da sie nur die Einstellung der kirchlichen und möglicherweise auch der

---

142   Tarchnišvili, Michael. a.a.O. 1940, 48–75.
143   Luzbetak, Louis J. a.a.O. 1951.
144   Ivelašvili, T'ina. a.a.O. 1999.

weltlichen Elite wiedergeben. Sicher hat auch im frühmittelalterlichen Georgien die Religion eine bedeutende Rolle im Alltag der Menschen gespielt, aber sie war mit Sicherheit nicht allein bestimmend für die damals herrschenden Sitten und Gebräuche. Für einen umfassenden Einblick in die altgeorgische Gesellschaft sind daher unbedingt noch andere, von den Hagiographien völlig verschiedene Zeugnisse heranzuziehen.

Neben den europäischen Forschungsarbeiten, die, wie gesagt, auf das gesellschaftliche Bild der Frau in Altgeorgien nur am Rande eingehen, sind noch einige georgische Studien anzuführen, welche sich explizit dem weiblichen Teil der alt ihr georgischen Gesellschaft zuwandten.[145] Diese Arbeiten basieren zwar auf einer breiteren Quellenbasis, vor allem volkstümliche und alltagsbezogene Zeugnisse werden herangezogen. Die Schwächen dieser Untersuchungen resultieren aus anderen Problemen, denn die genannten georgischen Autoren unterlagen wohl generell einem historisierenden Fehlurteil. Sie gingen von zu ihrer Lebenszeit herrschenden Vorstellungen und Idealen aus und rekonstruierten die soziale Situation im alten Georgien von diesem Hintergrund aus. Vor allem die jüngere Analyse von Lilija Čʻinčʻalaje zeigt sich als sehr stark vom marxistisch-leninistischen Geschichtsbild beeinflusst, was für Historiker sowjetischer Provenienz nicht ungewöhlich ist. Dies führte dazu, dass ihre Studie unvollständig und recht oberflächlich blieb. Auch die Analyse volkstümlicher Quellen durch Davitʻ Kʻorije ist sehr sprunghaft und seine kurze Darstellung über die Frauen in der altgeorgischen Gesellschaft kann wohl kaum als eine vollständige Untersuchung betrachtet werden. Aus diesem Grunde flossen diese georgischen Werke zur Stellung der Frau nur in sehr geringem Maße in die vorliegende Arbeit ein.

1.4. Konzeption des Forschungsprogramms

1.4.1 Fragestellungen und Hypothesen

Nach der Methodologie des kritischen Rationalismus ist es notwendig, am Anfang der Analyse Ausgangsfragen und Erklärungshypothesen zu entwickeln. Letztere werden dann im Verlauf der Untersuchung deduktiv überprüft. Zur Ermittlung des Frauenbildes im alten Georgien ist es nicht möglich, eine bestimmte soziale Stellung des weiblichen Geschlechtes vorweg zu postulieren, wie das Mixeil Tʻarxnišvili tat. Wenn *ex ante* schon festgelegt wird, was erst untersucht werden soll, besteht die Gefahr eines hermeneutischen Zirkels, weil es bereits als Prämisse in die Analyse eingeflossen ist.

---

145 In chronologisch aufsteigender Reihenfolge sind dabei als besonders wichtig hervorzuheben: Bakʻraje, Dimitri. Kʻartʻveli kʻalebi. Istoriuli mimoxilva. Tpʻilisi. 1891; Kʻorije, Davitʻ. Kʻartʻveli kʻalebi ujvelesi droidan XIX saukunemde. Tʻbilisi. 1976 sowie Čʻinčʻalaje, Lilija. Kʻalisadmi pativiscʻemis kʻartʻuli tradicʻia. In: Tradicʻia da tʻanamedroveoba 26. Tʻbilisi. 1990, 3–52.

Da alle bisherigen, historischen und philologischen Forschungen zur sozialen
Situation von Frauen im alten Georgien von den Umständen der Christianisierung
ausgingen, schien es sinnvoll, die damit zusammenhängenden Probleme ebenfalls
zum Ausgangspunkt der vorliegenden Studie zu machen. Die wichtigste Fragestellung, die sich daraus ergibt, lautet: Wie ist der historische Bruch zwischen Leben
und Werk der heiligen Nino, der Apostelin Georgiens, und der Niederschrift dieser
Ereignisse fast 500 Jahre später zu erklären?

Die wichtigsten Hypothesen zur Beantwortung dieser Frage lauten:
Erstens: die Entwicklung der sozialen Stellung der Frau im alten Georgien war sehr
viel komplexer, als T'arxnišvili unterstellte (siehe Abb. 1). Dies kann postuliert
werden, weil die Argumentation T'arxnišvilis einige Widersprüche enthält und weitere Fragen aufwirft. Wenn die Stellung der Frau in Georgien der der Sklaven entsprach, wie T'arxnišvili behauptete, wie ist dann zu erklären, dass die heilige Nino
in ihrer Eigenschaft als Frau einen derartigen Einfluss auf die georgische Elite erzielen konnte? Nimmt man an, dass T'arxnišvilis Ausgangsprämisse richtig gewesen
wäre, dann müßte man erwarten, dass die ausländische Frau mit ihren neuen, fremden Ideen ein Opfer der herrschenden sozialen Verhältnisse geworden wäre. Die
heilige Nino wäre auf diese Weise zu einer christlichen Märtyrerin, aber nicht zur
Missionarin geworden. Daraus ergibt sich zweitens, dass die Ausgangssituation der
Frauen in der vorchristlichen Zeit besser gewesen sein muss, als die kaukasiologische Forschung bislang vermutete.

Ein weiteres Problem, das sich aus der Argumentation T'arxnišvilis ergibt, besteht darin, dass er annahm, die Legende der heiligen Nino sei über die „dunklen
fünf Jahrhunderte des Schweigens der schriftlichen georgischen Quellen" mündlich
tradiert worden. Wenn sich die Abwertung der Frau auch nach der Christianisierung
aber so fortsetzte, wie T'arxnišvili meinte (siehe Abb. 1), wer sollte dann der Träger
einer solchen Überlieferung gewesen sein? Wer hätte in einer frauenverachtenden
Gesellschaft ein Interesse daran gehabt, die Erinnerung an die weibliche Bekehrerin
wach zu halten? Daraus ergibt sich drittens, dass auch die generelle gesellschaftliche
Abwertung von Frauen nach der Christianisierung, wie sie anhand des Martyriums
der heiligen Šušanik herausgearbeitet wurde, in der altgeorgischen Gesellschaft
nicht gleichermaßen vorhanden gewesen sein kann. Daran schließt sich viertens die
Hypothese an, dass es eine schichtspezifisch unterschiedliche Sicht auf das weibliche Geschlecht gab. Dazu wird angenommen, dass die herrschende georgische
Oberschicht, der auch die heilige Šušanik angehörte, eine negativere Einstellung zu
Frauen entwickelte als die unteren Bevölkerungsschichten. Letztere kämen dann als
Träger der mündlichen Tradition der Legende der heiligen Nino in Betracht. Hier
gilt es Faktoren zu ermitteln, die die unterschiedliche Einstellung gegenüber dem
weiblichen Geschlecht in der Schicht des herrschenden Adels und der Bevölkerung
erklären. Beim Adel kamen dabei Überformungen durch soziale Sitten und Gebräuche durch verschiedene Großmächte in Betracht, die gewisse Nachahmungsprozesse
hervorrufen konnten. Für die Unterschichten ist dagegen zu vermuten, dass sie kul-

turelle Codes aus der Periode vor der Christianisierung bewahrten und deshalb eine derart starke Abwertung der Frau wie im Adel bei der Bevölkerung nicht erfolgte.

Die Aufwertung der Frau im 12./13. Jahrhundert bis hin zu einer annähernden Gleichberechtigung (siehe Abb. 1) ist historisch sehr viel besser bezeugt als die anderen Ergebnisse Tʻarxnišvilis. Aus diesem Grund und auch weil dieser Prozess außerhalb des angesetzten Untersuchungszeitraumes liegt, wird dieses Resultat hier nicht in Frage gestellt.

1.4.2 Methodik

Zur Umsetzung dieses Forschungsprogramms wurde zunächst versucht, aus den vorhandenen Quellen typische Frauendarstellungen herauszuarbeiten.[146] Dabei sollte auf die Begrifflichkeit Max Webers, der von Ideal- und Realtypen sprach,[147] zurückgegriffen werden. Diese Vorgehensweise stellte sich jedoch im Laufe der Bearbeitung als wenig praktikabel heraus. Dennoch sollte die Terminologie Webers nicht gänzlich fallen gelassen werden. Sie dient nur zur Grobgliederung der einzelnen Teile, die sich nach dem genutzten Quellenmaterial und den darin enthaltenen Darstellungen von Frauen ausrichtet.

Die hagiographischen Quellen und ihre Bilder heiliger Frauen werden dabei als Idealtypen bezeichnet, weil diese Darstellungen die handelnden weiblichen Personen zum einen sehr stark stilisieren und idealisieren. Zum anderen ist anzunehmen, dass diese Werke mit der Motivation geschrieben wurden, den christlichen Gläubigen auch die zur Zeit ihrer Niederschrift gängigen Idealvorstellungen von einer guten christlichen Frau darzulegen. Sie vermitteln somit zeitgenössische Leitideen.[148] Als realtypische weibliche Darstellungen werden dagegen die in eher säkularen Zeugnissen, der Chronik *Kʻartʻlis Cʻxovreba* und dem *Visramiani* sowie den Volksepen und -sagen, enthaltenen Frauenbilder betrachtet. Die darin enthaltenen Hinweise stehen der sozialen Wirklichkeit und den individuellen Schicksalen der altgeorgischen Frauen sehr viel näher. Es wird dabei zwischen zwei verschiedenen Formen von Realtypen unterschieden. Zum einen existieren Realtypen des weiblichen Lebens im georgischen Adel,[149] zum anderen Realtypen des Frauenalltags in den unteren Schichten.[150]

Diese verschiedenen Typen sind aber analytisch schwer voneinander zu trennen. Einerseits stehen die hagiographischen Idealtypen nicht im freien Raum, sondern tragen selbstverständlich auch Bezüge zur damaligen sozialen Realität in sich. Diese

---

146 Zur Methode der Typologisierung in der historischen Mediävistik vgl. z.B. Goetz, Hans-Werner. Proseminar Geschichte: Mittelalter. Stuttgart. 1993, 292f. oder Schieder, Theodor. Der Typus in der Geschichtswissenschaft. In: ders. Staat und Gesellschaft im Wandel unserer Zeit. Studien zur Geschichte des 19. und 20. Jahrhunderts. München. 1970, 172–185.

147 Vgl. Weber, Max. Gesammelte Aufsätze zur Wissenschaftslehre. Tübingen. 1985, 190ff.

148 Vgl. dazu Teil I.

149 Vgl. dazu Teil II.

150 Vgl. dazu Teil III.

Tatsache macht sie ja auch für historische Analysen geeignet. Es wurde ja bereits betont, dass die Hagiographien in der Frühzeit der georgischen Literaturgeschichte, vor der Entstehung der eigentlichen Geschichtsschreibung, die Funktion einer besonderen Form der Historiographie übernahmen. Andererseits sind natürlich auch die als realtypisch klassifizierten Quellen nicht frei von idealisierenden Bildern und Wertungen. Dieses Problem der wechselseitigen Vermischung der Charakteristika der Darstellungen und die Tatsache, dass das Quellenmaterial, welches für den Untersuchungszeitraum zur Verfügung steht, nicht besonders umfangreich ist,[151] machten es unmöglich, eine eigene Typologisierung vorzunehmen. Es konnten nur die in den schriftlichen Zeugnissen selbst enthaltenen typischen Frauendarstellungen herausgearbeitet und klassifiziert werden.

Die Herauskristallisierung der beiden Konstrukte war nur durch ein ausführliches Quellenstudium möglich. Dabei mussten die vorhandenen Quellen zum großen Teil konsequent quer zur bestehenden Sekundärliteratur analysiert werden, weil es notwendig war, sie unter neuen Gesichtspunkten auszuwerten. Außerdem erschien es notwendig, nicht nur ein neues, von Tʿarxnišvili unabhängiges Entwicklungsmodell zu entwerfen, sondern dieses nach Möglichkeit auch sozial- und kulturgeschichtlich zu begründen. Nicht nur der Titel der Arbeit, sondern auch die Tatsache, dass die südkaukasischen und die persischen Regionen im Untersuchungzeitraum einen gemeinsamen Kulturraum bildeten, legten es nahe, den iranisch-sasanidischen höfischen Kultureinfluss als Hauptfaktor für die postulierte Entwicklung anzusehen. Dem liegt die systemtheoretische Vorstellung zu Grunde, dass das Sasanidenreich das kulturelle Zentrum des gemeinsamen Kulturraums bildete, das eine nicht zu unterschätzende Vorbildwirkung auf seine kulturelle Peripherie ausübte, zu der damals eben auch Georgien gehörte.

Deshalb war es notwendig, dass wegen der spezifischen staats- und völkerrechtlichen Situation des damaligen Georgiens nicht nur altgeorgische Quellen ausgewertet wurden, sondern auch altiranische. Insbesondere muss der Stellenwert der jeweiligen Quellen geklärt werden, da im damaligen Georgien mehrere Glaubensrichtungen parallel existierten und sich gegenseitig beeinflussten und durchdrangen: vorchristlicher Volksglaube, mazdaistische Religion (durch die altiranische Fremdherrschaft), polytheistische Kulte (welche gleichfalls iranisch beeinflusst waren, zumindest nach der Onomastik) und die christliche Religion.[152]

Um die soziale Stellung der Frau im alten Georgien rekonstruieren zu können, wurde die Überlegung angestellt, dass die sozialgeschichtliche Stellung eines Geschlechtes nur relativ zum jeweils anderen zu ermitteln sei. Meines Erachtens kann die absolute Stellung der beiden Geschlechter weder untersucht noch herausgearbeitet werden. Aus Vergleichszwecken wurde daher die soziale Stellung der altgeor-

---

151 Dieses Problem ist auch für das westeuropäische frühe Mittelalter bekannt, das aufgrund der wenigen Zeugnisse und nicht wegen der damals herrschenden Grausamkeit als dunkles Mittelalter bezeichnet wird.

152 Vgl. dazu v.a. Wesendonk, Otto G. von. a.a.O. 1924.

gischen Männer als stabil angenommen (siehe Abb. 1). Dass dies den historischen
Realitäten entspricht, ist zwar sehr unwahrscheinlich, denn Ereignisse wie verlorene
Kriege und daraus resultierende Fremdherrschaft waren wohl auch geeignet, das
Selbstbewußtsein der Männer zu schwächen. Es scheint jedoch ebenfalls evident zu
sein, dass die soziale Stellung eines der beiden Geschlechter nur im Spiegel des jeweils anderen deutlich wird. Das bedeutet, dass die soziale Stellung der Frauen in
der altgeorgischen Gesellschaft sich vor allem daraus ableiten lässt, welche Frauenbilder in den Zeugnissen, die den Untersuchungszeitraum betreffen, entwickelt wurden. Da die vorhandenen schriftlichen Quellen jedoch alle von Männern angefertigt
wurden, ist es so nur möglich, das Bild, das sich diese von Frauen machten, herauszuarbeiten. Die Erforschung einer Entwicklung des männlichen Selbstbewußtseins
könnte anhand dieser Quellen nur spekulativ erfolgen, da es eine weibliche Geschichtsschreibung oder Literatur im frühmittelalterlichen Georgien nicht gegeben
zu haben scheint. Jedenfalls sind uns keine diesbezüglichen Werke von Frauen oder
auch nur Hinweise darauf erhalten.

Weiterhin wurde angenommen, dass die Stellung der Frau im alten Georgien
immer eine dem Mann untergeordnete war (siehe Abb. 1). Die Frage dabei war
allerdings, wie stark diese Unterordnung in verschiedenen Zeitabschnitten ausgeprägt war. Um dies ermitteln zu können, wurde der Raum zwischen der niedrigsten
bekannten sozialen Stellung der Frau, wie sie aus dem Martyrium der heiligen Šušanik aufscheint, und dem sozialen Rang des Mannes in drei Rangstufen unterteilt:
Eine niedrige, eine mittlere und eine Stellung annähernder Geschlechtergleichheit
(siehe Abb.1). Die Zuordnung in diese Stufen kann jedoch nur weitgehend intuitiv,
allerdings aber auf Basis der Quellendiskussion, erfolgen. Eine genaue Zurechenbarkeit zu einer der drei Kategorien ist jedoch nicht möglich. Mit welcher Maßein-
heit könnte die soziale Anerkennung der georgischen Frau auch angegeben werden?
Diese Einteilung nach Rangfolgen, verbietet es auch den Abstand zwischen dem jeweiligen sozialen Rang der Männer und der Frauen anders als inhaltlich zu interpre-
tieren. Ein genauer Abstand zwischen den Geschlechtern kann natürlich nicht angegeben werden. Auch hier fehlt naturgemäß der Maßstab.[153] Da zwischen Männern
und Frauen keine dritte biologische Möglichkeit existiert, entfällt ein *tertium com-
parationis*, das heißt, ein Vergleichspunkt, von dem aus die Entwicklung der sozialen Anerkennung beider Geschlechter verfolgt werden könnte. Auch aus diesem
methodischen Grund bleibt die Entfaltung der männlichen Stellung der alten Georgier ein blinder Fleck dieser Untersuchung. Beide Geschlechter können, um es
nochmals zu betonen, unter der hier vorliegenden Problemstellung nicht gleichzeitig
betrachtet und analysiert werden.

---

153 Zu diesen methodischen Problemen vgl. Thome, Helmut. Grundkurs Statistik für Historiker.
    Teil 1: Deskriptive Statistik. [Historical Research – Historische Sozialforschung. An Inter-
    national Journal for the Application of Formal Methods to History. Supplement/Beiheft. No.
    2 (1989)]. Köln. (Neudruck im Dezember) 1995, 5ff.

1.4.3 Anlage der Arbeit

Die Argumentation der vorliegenden Arbeit orientiert sich nicht an den historischen Abläufen, sondern an den zu Grunde gelegten Fragestellungen und Hypothesen. Die einzelnen Teile der Arbeit sowie auch die darin enthaltenen Unterkapitel sind nach Möglichkeit inhaltlich und logisch in sich abgeschlossen. Dadurch wird es möglich, sie auch in einer anderen als der abgedruckten Reihenfolge zu lesen.[154] Für den ersten Zugriff ist jedoch zu empfehlen, die vorgegebene Reihenfolge des Textes einzuhalten, da die Argumentationsketten dennoch aufeinander aufbauen.

1.4.3.a Kurze Inhaltsangabe der einzelnen Teile

I. Teil: Idealtypen weiblichen Lebens in Georgien anhand hagiographischer Texte
Die hagiographischen Texte „Das Leben der heiligen Nino" und „Das Martyrium der heiligen Šušanik" werden von mir als Grundlagentexte für das idealtypische Frauenbild Altgeorgiens betrachtet. Als Arbeitsgrundlage lese ich diese beiden Texte als Darstellungen verschiedener Lebensformen von Frauen im alten Georgien. Darüber hinaus erfolgt in diesem Teil der Arbeit eine kritische Auseinandersetzung mit den Thesen der traditionellen Forschung auf diesem Gebiet. Dabei werden die in ihr auftretenden Probleme und Widersprüche benannt und bearbeitet.

Am Ende dieses Teils wird ein vorläufiges eigenes Modell der zyklischen Entwicklung des Frauenbildes in Georgien erarbeitet, das die Grundlage für die weiteren Auseinandersetzungen bildet.

II. Teil: „Realtypen weiblichen Lebens im georgischen Adel
   unter sasanidischem Einfluss"
In diesem Teil meiner Arbeit wird auf die kulturellen Gemeinsamkeiten der sasanidischen und der georgischen Oberschichten eingegangen. Dabei stehen die Fragen im Vordergrund, ob und wie es zu erklären ist, dass es in der Zeit der sasanidischen Vorherrschaft über Georgien zu einer gesellschaftlichen Abwertung der Frauen kam und welche Rolle dabei die Übernahme kultureller Muster aus Persien gespielt haben könnte. Das Problem der recht einseitigen kulturellen Beeinflussung, das dieser Teil der Arbeit behandelt, wird vor allem anhand von linguistischen Phänomenen untersucht. Dabei geht es um Entlehnungen persischer Adelsprädikate im Georgischen und ihre Verwendung in semantischer Konkurrenz zu genuin georgischen Begriffen der gleichen Art.

Das vorrangige Forschungsinteresse dieses Abschnitts bestand jedoch nicht darin, die allgemeine kulturelle Vernetzung im Untersuchungsraum zu analysieren, sondern diese Zusammenhänge nur insofern zu betrachten, als sie Auswirkungen auf die soziale Stellung der Frauen im alten Georgien hatten. Deshalb war es weiter

---

154 Wer chronologische Darstellung bevorzugt, kann mit dem Kap. 11 beginnen und dann zum II. Teil zurückspringen und dort weiterlesen. Es sind aber auch andere Varianten möglich.

notwendig, zunächst die Stellung der Frau in der sasanidischen Oberschicht aufzu-decken, um von dieser Ausgangsbasis aus, die Entwicklungen in Georgien interpre-tieren zu können.

Das Visramiani als Übersetzung eines mittelpersischen Vorbildes eignet sich als Quelle, um gemeinsame Sitten und Gebräuche des persischen und georgischen Hochadels vorzustellen und zu analysieren.

III. Teil: „Realtypen weiblichen Lebens in Georgien nach volkstümlichen Quellen"

Hier erfolgte eine verstärkte Konzentration auf philologische Quellen, wobei beson-ders georgische Legenden, Mythen, Märchen und Sagen in Betracht kamen. Die schriftlichen Quellen sind zwar weitaus jünger, als der Untersuchungszeitraum, den-noch erlauben sie gewisse Rückschlüsse auf diese Zeit. Außerdem stehen kaum an-dere Quellen zur georgischen Mentalitätsgeschichte zur Verfügung. Der große Um-fang georgischer Folklore machte es notwendig, sich in dieser Hinsicht einzuschrän-ken und eine Auswahl zu treffen. Im Gegensatz zum vorigen Teil soll hier die ge-sellschaftliche Stellung georgischer Frauen nicht im Adel, sondern innerhalb der Durchschnittsbevölkerung rekonstruiert werden. Zuerst wird der Frage nachgegan-gen, welche Hinweise sich darauf identifizieren lassen, dass die gesellschaftliche Anerkennung der Frau im vorchristlichen Georgien nicht so schlecht war, wie in tra-ditionellen Forschungen zur Christianisierung Georgiens vermutet wird. So kann die These eines schichtspezifischen Frauenbildes während der sasanidischen Vorherr-schaft in Georgien bestätigt werden.

Zusammenfassung

In der Zusammenfassung wird auf der Basis der bis dahin erfolgten Diskussion das eigene vorläufige historische Verlaufsmodell vom Ende des ersten Teils in seine endgültige und argumentativ abgesicherte Form transformiert.

Außerdem soll ein inhaltlicher Ausblick zum einen explizit auf noch vorhandene Defizite der Arbeit hinweisen, die sich selbst als Grundlagenforschung auf dem so-zialhistorischen Gebiet der Geschlechterforschung Georgiens versteht. Andererseits geht es darum, weitere mögliche Forschungsfragen aufzuwerfen, die sich aber nur interdisziplinär – z.B. in verstärkter Zusammenarbeit mit dem Fachbereich der Ori-entarchäologie – aufklären lassen. Dabei ist vor allem daran zu denken, wie sich das dezidiert günstigere Frauenbild der vorchristlichen Periode noch stärker untermau-ern und auch mit den Mitteln der prähistorischen Forschung begründen lässt. Weiter ist auch danach zu fragen, wie sich das georgische Frauenbild nach dem Unter-suchungszeitraum weiterentwickelte.

Dies ist eine Frage die *expressis verbis* aus dieser Studie von vornherein ausge-schlossen war. Die vorliegende Untersuchung bietet demnach nicht nur Stoff zur wissenschaftlichen Auseinandersetzung mit ihr, sondern soll auch als Anregung für weitere Forschungen in diesem Bereich verstanden werden.

1.4.3.b Technische Hinweise

Für die Wiedergabe von georgischen Begriffen und originalen Textpassagen gilt generell die Reihefolge,

- im Text: Umschrift, danach (georgischer Text/und deutsche Übersetzung);
- bei georgischen Zitaten: deutsche Übersetzung im Text, der georgische Text und seine Transkription wird vor der Quellenangabe in den Fußnoten angegeben.

Weiter ist zu bemerken, dass es bei georgischen Autoren zu Abweichungen zwischen der Schreibung ihres Namens im Text und in den angegebenen Literaturhinweisen kommen kann. Das liegt daran, dass im Text die latinisierte Umschrift des georgischen Namen verwendet wurde, während in den Fußnoten die Schreibung der genutzten Literatur angegeben ist, die häufig der Schreibung des Erscheinugslandes angepasst wurde.[155]

Tabelle 3: Verwendete georgische Transkription

ა	ბ	გ	დ	ე	ვ	ზ	თ	ი
a	b	g	d	e	v	z	t'	i
კ	ლ	მ	ნ	Ⴧ[156]	ო	პ	ჟ	რ
k	l	m	n	y	o	p	ž	r
ს	ტ	უ	ფ	ქ	ღ	ყ	შ	ჩ
s	t	u	p'	k'	ġ	q	š	č'
ც	ძ	წ	ჭ	ხ	ჯ	ჰ		
c'	j	c	č	x	dž	h		

Quelle: eigene Darstellung.

Für die Wiedergabe alt- und neupersischer Passagen wurde auf die Transkription von Iris Colditz[157] zurückgegriffen. Zur Transkription armenischer Textstellen wurde die entsprechende Umschrift von Stephen H. Rapp herangezogen.[158] Auf die Transkription griechischer Worte wurde jedoch verzichtet

---

155 Am deutlichsten wird das wohl am Beispiel von Otʿar Lortʿkʿipʿanije, dessen letztes umfangreiches Werk wie folgt erschien: Lordkipanidse, Otar. a.a.O. 1991.

156 Dieser Buchstabe wird im modernen Georgischen nicht mehr verwendet.

157 Vgl. Colditz, Iris. Zur Sozialterminologie der iranischen Manichäer: Eine semantische Analyse im Vergleich zu den nichtmanichäischen iranischen Quellen. [Iranica. Bd. 5]. Wiesbaden. 2000, 25ff.

158 Vgl. Rapp, Stephen H. a.a.O. 2003, 47.

Teil I: Idealtypen weiblichen Lebens in Georgien
anhand hagiographischer Texte

2. Historischer Kontext

2.1 Die Christianisierung Georgiens

In der Frühzeit des Christentums fand die neue Religion auch in Georgien, dessen beide Landesteile Kolxis und Iberien im Jahre 65/64 v. Chr. durch Pompeius in römische Abhängigkeit geraten waren, ihre Verbreitung. Da die georgischen Volksstämme unter verschiedenen kulturgeschichtlichen Bedingungen lebten, drang das Christentum zu verschiedenen Zeiten und aus verschiedenen Quellen zu ihnen vor. Nach Westgeorgien kam das Christentum vor allem aus Griechenland, die letzten Einflüsse dieser Missionierung lassen sich in der ersten Hälfte des 6. Jahrhunderts nachweisen.[1]

In Westgeorgien, in Kolxis, hatten sich schon im 6. Jahrhundert v. Chr. griechische Siedler niedergelassen und sich mit der einheimischen Bevölkerung weitgehend vermischt. Wenn auch der christliche Glaube bis zum 4. Jahrhundert noch nicht in alle ländlichen Gebiete vorgedrungen war, so gab es doch zu jener Zeit in den Städten schon christliche Gemeinden. Im Vertrag zwischen Kaiser Theodoros I. und dem sasanidischen König Šapur III. von 384 blieb Kolxis, welches die Byzantiner nach dem bei Trapezunt siedelnden Stamm der Lazen nun Lazika nannten, unter oströmischer Herrschaft, während das östliche Iberien als Königreich K'art'li[2] persischer Vasallenstaat wurde. Armenien und Lazika waren für Byzanz Gegenden der Verbannung. So wurde Johannes Chrysostomos, Erzbischof von Konstantinopel, 404 nach Kukussos in Armenien verbannt, von wo aus er die Missionierung der benachbarten Völker plante.[3]

Das Konzil von Chalkedon (451) unterstellte in seinem 28. Kanon Thrakien, Kleinasien und die pontischen Gebiete, zu denen die westgeorgische Eparchie (Kirchenprovinz) Phasis (heute P'ot'i), und das Erzbistum Dioskurias (Soxumi)[4] gehörten, dem Bischof von Neu-Rom am Bosporus. Damit gehörte die westgeorgische Kirche für Jahrhunderte zum Patriarchat von Konstantinopel. Unter den Kaisern Justinos I. (518–527) und Justinianos (527–565) wurde die Christianisierung der westgeorgischen Stämme abgeschlossen. Die Zugehörigkeit Westgeorgiens zur Kirche von Byzanz war nicht ohne Bedeutung für die Hinwendung aller Georgier zur

---

1 Vgl. Heiser, Lothar. Die georgische orthodoxe Kirche und ihr Glaubenszeugnis. Trier. 1989, 16.

2 K'art'li hat im Georgischem einen unterschiedlichen Inhalt: a) als Bezeichnung für das alte Königreich Ostgeorgien (Iberien); b) als verallgemeinerte Bezeichnung für ganz Georgien; c) als Name einer ostgeorgischen Provinz und d) als Name des Königreichs, das auf dem Boden dieser Provinz entstand. Vgl. Fähnrich, Heinz (Hrsg.).Georgische Sagen und Legenden. Blieskastel. 1998, 304.

3 Heiser, Lothar. a.a.O. 1989, 16f.

4 P'ot'i und Soxumi sind Städte an der georgischen Schwarzmeerküste.

Orthodoxie um das Jahr 600. Während der kriegerischen Auseinandersetzungen zwischen Byzantinern und Sasaniden im 6. und 7. Jahrhundert und nach der arabischen Invasion 643 war ganz Georgien katastrophalen Zerstörungen und starken Leiden ausgesetzt; Byzanz verlor in der Folge seine Oberhoheit auch über Westgeorgien. Im 10. Jahrhundert unterstellten sich die Christen in Lazika dem Katholikos von K'art'li, und um 1008 wurden die beiden Landesteile durch König Bagrat III. (975 – 1014) auch politisch geeint.[5]

Es gab aber neben dem west- auch einen ostgeorgischen Missionierungsstrang. Die christliche Mission gelangte auf dem Landweg von Antiochien aus über Kleinasien nach Ostgeorgien, Iberien und in das Königreich K'art'li. Die Metropole Kaisareia in Kappadokien vermittelte die christliche Lehre zunächst den Armeniern. Deren König Trdat (Tiridates) III. erhob um das Jahr 301 das Christentum dank des Wirkens Gregors des Erleuchters und seiner Missionare zur Staatsreligion.[6] Diesem Bischof und seinen Nachfolgern ist es zuzuschreiben, dass das Christentum auch bei den Iberern bekannt wurde, zumal die Siedlungsgebiete beider Völker ineinander übergingen.

Nach der kirchlichen Trennung Georgiens von Armenien um 610 wurde jedoch immer stärker die Missionstätigkeit einer Kriegsgefangenen aus dem griechischen Kappadokien, die in der späteren Überlieferung Nino genannt wird, als Leitbild der Christianisierung[7] herausgestellt. Zu Beginn des 4. Jahrhunderts weilte sie der Überlieferung nach in K'art'li (der Hauptstadt Mc'xet'a) und gewann das Königshaus für den christlichen Glauben. Unter König Mirian und seiner Frau Nana habe sie um 324/325[8] mit ihrer Missionstätigkeit begonnen.[9] Ihr Wirken in Zentralgeorgien wurde später auf das ganze Land übertragen, so dass sie als die Erleuchterin Georgiens verehrt wird.

„Zunächst berichten wir vom Leben unserer heiligen und seligen Mutter und Erleuchterin ganz K'art'lis, der Apostelin Nino […]".[10]

---

5 Aßfalg, Julius. Georgien. In: Höfer, Josef/Rahner, Karl (Hrsg.). Lexikon für Theologie und Kirche 4. Freiburg. 1957–1965, 697.

6 Vgl. Aßfalg, Julius. Armenisch-orthodoxe Kirche. In: ders./Krüger, Paul (Hrsg.). Kleines Wörterbuch des christlichen Orients. Wiesbaden. 1975, 48–50. Hier 48.

7 Abulaje, Ilia u.a. (Hrsg.). Jveli k'art'uli agiograp'iuli literaturis jeglebi. Bd. 1. T'bilisi. 1963, 106.

8 Dieses Datum wird von der Mehrheit der Forscher (wie z.B. Mixeil T'arxnišvili, u.a.) angenommen.

9 Tarchnišvili, Michael/Aßfalg, Julius. Geschichte der kirchlichen georgischen Literatur. Auf Grund des ersten Bandes der georgischen Literaturgeschichte von K[orneli] Kekelije. Città del Vaticano. 1955, 92f.

10 Eigene Übersetzung von: „პირველად ვახსენოთ ცხოვრება წმიდისა და ნეტარისა დედისა ჩუენისა და ყოვლისა ქართლისა განმანათლებლისა ნინო მოციქულისა, […]."
Pirvelad vaxsenot' c'xovreba cmindisa da netarisa dedisa č'uenisa da qovlisa k'art'lisa ganmanat'leblisa nino moc'ik'ulisa, […]." Zitat nach: Leonti Mroveli. Ninos mier k'art'l'is mok'c'eva.

Ninos Einfluss auf die Königin wird zugeschrieben, dass der König um die Mitte des 4. Jahrhunderts das Christentum zur Staatsreligion erhob. König Mirian, nach den kirchlichen Darstellungen aus dem 6. Jahrhundert, der erste georgische König aus sasanidischem Herrscherhaus, suchte bei Kaiser Konstantin, seinem Oberherrn, um einen Bischof und um Priester nach. Wie die griechischen Geschichtsschreiber des 5. Jahrhunderts berichten, hat Bischof Alexander von Konstantinopel (314–337) Johannes (Joanna, 335–363) zum ersten Oberhirten für Iberien geweiht. Obwohl Georgien aufgrund alten Gewohnheitsrechtes, das vom 1. und 2. Ökumenischen Konzil im Kanon 6 bzw. 2 bestätigt wurde, zum Einflussgebiet der Missionsmetropole Antiochien gehörte, trat Iberien auch in enge Beziehungen zu Konstantinopel, die für die spätere Entscheidung der georgischen Kirche zugunsten der Orthodoxie von Bedeutung werden sollten. So zählen die Georgier nach den Armeniern zu den ältesten christlichen Völkern der Welt.[11] Durch die „Bekehrung von oben" wurde die Position des Königshauses erheblich gestärkt und die verschiedenen iberischen Stammesverbände unter einer Krone vereinigt.

In den großen Geschichtswerken *Die Bekehrung Georgiens* und darin vor allem *Das Leben der heiligen Nino* aus dem Jahr 973, die beide auf Leonti Mroveli[12] zurückgehen, ist alles zusammengetragen, was im Laufe der Zeit an Legenden über Nino und König Mirian entstand.[13] Allerdings lässt sich für jene Zeit ein König namens Mirian nicht nachweisen. Doch um 360/361 bemühte sich Kaiser Konstantius, einen iberischen König mit dem gräzisierten Namen Meribanes mit reichen Geschenken von der Hinwendung zu den Persern abzuhalten. Der Form Meribanes entspricht georgisch Mirvan, woraus schließlich Mirian wurde. Demzufolge wäre die Bekehrung Iberiens nicht um 325, sondern erst zwischen 350 und 356 anzusetzen. Dass spätere Chronisten eine Rückdatierung vornahmen, hängt wohl damit zusammen, dass sie die Ehre, Georgien für das Christentum gewonnen zu haben, nicht dem arianischen Häretiker Konstantius (337–361), sondern dem „apostelgleichen" Konstantin († 337) zukommen lassen wollten.[14]

Die Christianisierung wurde nach der gängigen Überlieferung erst im 6. Jahrhundert unter der Regierung des Königs P'arsman VI. (542–557) durch die *Dreizehn*

In: Qauxč'išvili, Simon (Hrsg.). K'art'lis C'xovreba (Das Leben K'art'l'is). Bd. 1. T'bilisi. 1955, 72–138. Hier 72. Zur Übersetzung vgl. Leonti Mroweli. Die Bekehrung König Mirians und ganz Kartlis durch unsere heilige und selige Mutter, die Apostolin Nino. In: Pätsch, Gertrud (Hrsg.). Das Leben Kartlis. Eine Chronik aus Georgien (300–1200). Leipzig. 1985, 131–199. Hier 131.

11   Vgl. Müller, C[aspar] Detlef G[ustav]. Geschichte der orientalischen Nationalkirchen. In: Moeller, Bernd (Hrsg.). Die Kirche in ihrer Geschichte. Ein Handbuch. Bd. 1. Göttingen. 1981, D 361.

12   Er war Bischof von Ruisi (ein alter Bischofssitz an der Mtkvari, westlich von Mc'xet'a) in der Mitte des 8. Jahrhunderts. Vgl. Tarchnišvili, Michael/Aßfalg, Julius. a.a.O. 1955, 92.

13   Tarchnišvili, Michael/Aßfalg, Julius. a.a.O. 1955, 406–410.

14   Markwart, Josef. Die Bekehrung Iberiens und die ältesten Dokumente der iberischen Kirche, In: Caucasica 7. Leipzig. 1931, 112; 119f.

syrischen Väter (Johannes, Abib, Josef, Stephan, Šio, David, Zenon, Thaddeus, Isidor, Pyrr, Michael)[15] vollendet. Die syrischen Väter (um 550) stammten aus Mesopotamien. Sie werden in der georgischen Literaturgeschichte Asurebi (ასურები/ Syrer, Assyrer)[16] genannt. Man kann sie als Aufklärer Georgiens bezeichnen und muss sie der heiligen Nino als Apostelin gegenüberstellen.

Der Mönch Johannes Zedazneli mit seinem Diakon Elias und seine zwölf Gefährten kamen aus dem syrischen Zweistromland und aus Antiochien und wirkten auf allen Gebieten kirchlichen und religiösen Lebens.[17] Sie festigten die junge Kirche und reformierten das bei den Georgiern bereits bekannte und beliebte monastische Leben. Das bis dahin vom Einsiedlertum bestimmte mönchische Klosterleben hoben sie auf die Höhe einer gemeinschaftlichen Lebensgestaltung. Sie verliehen ihm damit Impulse, die weit über Georgien hinaus in das Byzantinische Reich ausstrahlen sollten. Die syrischen Väter ließen in der zweiten Hälfte des 6. Jahrhunderts neue Kirchen errichten und Klöster erbauen, einige übernahmen sogar Bischofssitze. Durch ihr asketisches Leben und ihre Predigten bekämpften sie die altgeorgischen vorchristlichen Religionen und Riten, die sich in vielen Gebirgsregionen erhalten hatten, und auch den persischen Mazdaismus[18] mit seinem Feuerkult. Durch diese Missionare aus Syrien wurde der christliche Glaube fest im georgischen Volk veran-

---

15 P'eraje, G[iorgi]. Die Anfänge des Mönchtums in Georgien. In: Zeitschrift für Kirchengeschichte. Bd. 46. Gotha. 1927, 34–75. Der Katholikos Arsen II. von K'art'li verfasste eine Anzahl Viten der syrischen Väter, die das Klosterleben in Georgien begründeten. Seine Werke lassen gut erkennen, wie die Klostergründungen erfolgten, wie sich diese Stätten allmählich zu Kultur- und Bildungszentrum entwickelten und wie sich die ideologische Situation wandelte. Hervorzuheben sind vor allem die Viten von Ioane Zedazneli, Šio Mġvimeli, Davit' Garedželi, Abibo Nekreseli, Anton Martqop'eli, Ise Cilkneli und Ioseb Alaverdeli. Zwischen dem 10. und 12. Jahrhundert wurden daraus metaphrasierende Fassungen gebildet, die in vielen Handschriften belegt sind. (Vgl. dazu auch Fähnrich, Heinz. Georgische Literatur. a.a.O. 1993, 47). Natürlich haben den Verfassern der erwähnten Redaktionen andere, noch viel ältere schriftliche Nachrichten über die syrischen Väter vorgelegen; denn es ist fast undenkbar, dass Leben und Werk so berühmter Mönche, deren Einfluss auf das gesamte religiös-kirchliche Leben Georgiens kaum überschätzt werden kann, bis zum 9./10. Jahrhundert keinen schriftlichen Niederschlag gefunden haben sollten. Für die Existenz älterer schriftlicher Nachrichten sprechen zahlreiche Andeutungen, die sich in späteren Texten finden. Vgl. Tarchnišvili, Michael/Aßfalg, Julius. a.a.O. 1955, 411.

16 Vgl. Fähnrich, Heinz. Geschichte Georgiens von den Anfängen bis zur Mongolenherrschaft. Aachen. 1993, 38, 40f, 50.

17 Vgl. Džuanšer. C'xovreba vaxtang gorgaslisa. In: Qauxč'išvili, Simon (Hrsg.). a.a.O. 1955, 139–244. Hier 207–215. Zur Übersetzung vgl. Dshuanscher. Das Leben Wachtang Gorgasals. In: Pätsch, Gertrud (Hrsg.). a.a.O. 1985, 201–322. Hier 276–290.

18 Der Mazdaismus (altiranische Religion) geht auf die Glaubensstiftung Zarathustras (lebte wahrscheinlich 630–553 v. Chr.) zurück. Vgl. Hinz, Walter. Mazdaismus. In: Ziegler, Konrat/ Sonntheimer, Walther (Hrsg.). Der Kleine Pauly. Lexikon der Antike. Bd. 3. München. 1997, 1119–1121; Tubach, Jürgen. Im Schatten des Sonnengottes. Der Sonnenkult in Edessa, Ḥarrān und Ḥaṭrā am Vorabend der christlichen Mission. Wiesbaden. 1986, 88f. und Mesxia, Šot'a. Sak'art'velos istoriis narkvevebi (Erzählungen der georgischen Geschichte). Bd. 2. T'bilisi. 1973, 84. Siehe zum Mazdaismus auch Kap. 2.3.

kert. Das geistige Haupt dieser Väter, den Mönchsbischof Johannes, bezeichnen die Georgier wie die heilige Nino mit dem Ehrentitel *Erleuchter K'art'lis*.[19]

Hatte sich das Christentum im 6. Jahrhundert in den Hauptsiedlungsgebieten allgemein durchgesetzt, so gestaltete sich die Christianisierung der Gebirgstäler weit im Norden des Kaukasus jedoch schwieriger und langwieriger, und selbst dort, wo die königliche Zentralgewalt im 11. und 12. Jahrhundert mit militärischem Einsatz den neuen Glauben erzwang, hielt sich bis in die Neuzeit heidnisches Brauchtum und lebten die alten Gottheiten unter christlichem Gewand weiter.[20]

2.2 Die Legendenbildung

Die eindrucksvolle Legendenbildung, mit der die Georgier die Christianisierung ihres Landes ausgeschmückt haben, gründet vor allem darin, dass sie im Gegensatz zu allen anderen Völkern ihr neues Glaubensbekenntnis einer Frau – und außerdem noch einer Kriegsgefangenen – zuschrieben. Schon für den lateinischen Historiker Rufinus scheint das Geschlecht der weiblichen Missionarin ein Problem gewesen zu sein. Denn er betont in seinem Bericht, dass der König „zum Apostel seines Volkes" wurde, obwohl er noch nicht getauft war, da eine Frau, Nino, diese Taufe nicht übernehmen durfte.[21] Erst im 8. Jahrhundert hat sich die Geschichtsschreibung zur weiblichen Vermittlung des Christentums an die Georgier bekannt.

Nikolaus Gulaberije, von 1150–1178 Katholikos, erklärte den Georgiern in seiner Schrift *Lesung für die Lebendige Säule, den Rock des Herrn und die katholische Kirche*, warum Gott ihnen eine Frau als Apostel geschickt habe.[22]

Das eigene Bild von der Christianisierung gehört zur Identität der Georgier gegenüber den Syrern, Armeniern und Griechen, die die georgische Kirche als ihre jeweilige Tochterkirche in der Vergangenheit zu vereinnahmen trachteten. Von Konstantinopel übernahmen die Georgier die Legende, der Apostel Andreas habe ihre Kirche gegründet, und von den Armeniern die Behauptung, ihre Kirche gehe auf Christus selbst zurück.

Die Kirche von Byzanz sah sich, nachdem sie die Jurisdiktion über Asien angetreten hatte, als Erbin des Bischofsstuhles von Ephesus, wo der Apostel Johannes gewirkt hatte. Außerdem kursierte seit dem 8. Jahrhundert eine Legende, nach der Andreas, Bruder des Petrus und Erstberufener unter den Aposteln, im Gebiet der

---

19 Vgl. Džuanšer. C'xovreba vaxtang gorgaslisa. In: Qauxč'išvili, Simon (Hrsg.). a.a.O. 1955, 139–244. Hier 207.

20 Fähnrich, Heinz (Hrsg.). Sieg von Baxtrioni. In: Die Sagen aus Georgien. Weimar. 1984, 297ff.

21 Rufinus von Aquileia. Historia Ecclesiastica I. Buch 10. Kap. 11. In: Migne, Jacques-Paul (Hrsg.). Patrologia Latina 21. Paris. 1878, 480–482 [= Die griechischen christlichen Schriftsteller der ersten drei Jahrhunderte 9. Leipzig. 1903, 973–976]; Ins Deutsche übersetzt von Reißner, Ilma. Georgien. Geschichte – Kunst – Kultur. Freiburg/Basel/Wien. 1989, 24–26.

22 Tarchnišvili, Michael/Aßfalg, Julius. a.a.O. 1955, 235f.

Skythen nördlich des Schwarzen Meeres, wo es jüdische Gemeinden gab, in den unteren Donauländern und schließlich in Griechenland missioniert habe. Er soll auch Stachys, einen Mitarbeiter des Apostels Paulus (Röm 16,9), zum ersten Bischof von Byzanz bestellt haben. Vom 10. Jahrhundert an wurde diese Legende in Byzanz gegen den päpstlichen Primatsanspruch verwendet. Der Ökumenische Patriarch habe sich dem Papst nicht unterzuordnen, da sein Bischofssitz von dem Erstberufenen der Apostel gegründet sei.[23] Auch die Armenier führten ihr Christentum auf die Missionstätigkeit von zwei Aposteln, nämlich Thaddäus und Bartholomäus, zurück. Wenn sich aber die Kirchen von Rom, Konstantinopel und Armenien auf zwei Apostel berufen konnten, warum sollten die Georgier ihnen nachstehen? Andreas, der erstberufene Jünger, so berichtet *Das Leben der k'art'velischen Könige,*[24] habe auf Mirians Geheiß nicht nur an den Gestaden des Schwarzen Meeres, sondern in allen georgischen Regionen die christliche Botschaft verkündet. Der Apostel Simon der Eiferer aus Kana sei sein Begleiter gewesen. Im 11. Jahrhundert meinte Epʿrem Mcʿire (Ephrem der Kleine), das es Bartholomäus[25] war, der als Mitapostel in Georgien wirkte. Diese Legende von der Missionstätigkeit der Apostel in Georgien konnte vom 9. Jahrhundert an stärker als jedes andere Argument die Autokephalie der georgischen Kirche gegenüber den Patriarchaten von Antiochien und Konstantinopel legitimieren. Die Reformsynode von Ruis-Urbnisi hat 1103 die Missionstätigkeit des Apostels Andreas kanonisch verankert und damit den Anspruch der georgischen Kirche auf Autokephalie untermauert. Wie in Byzanz wurde dem erstberufenen Apostel Andreas größte Gewichtigkeit zugesprochen, und die georgische Kirche hat sich ihre Zuneigung zu ihm bis heute bewahrt.

2.3 Das Christentum unter verschiedenen Fremdherrschaften

Georgien, das zunächst zum altpersischen, dann zum seleukidischen Machtbereich gehörte, wurde im Jahr 65 v. Chr. von Pompeius als Klientelstaat gegenüber den Persern dem Römischen Reich unterstellt. Die religiöse Toleranz der Römer tastete die alten Kulte der Georgier, die Geister, Ahnen und Naturgottheiten verehrten, nicht an, falls nur Loyalität gegenüber dem Reich bzw. dem Kaiser als seinem Repräsentanten durch entsprechende Akte bekundet wurde. Während der Römerherrschaft fand auch das Christentum seinen Weg nach Georgien und dort seine schnelle Verbreitung. Die Situation änderte sich aber schlagartig, als nach dem misslungenen Perserfeldzug, in dem Kaiser Julian (361–363) den Tod fand, sein Nachfolger Jovian

---

23 Dvornik, Francis. Byzanz und die römische Primat. Stuttgart. 1966, 95–101.
24 Vgl. Leonti Mroveli. Cʿxovreba kʿartʿveltʿa mepʿetʿa. In: Qauxčʿišvili, Simon (Hrsg.). a.a.O. 1955, 3–71. Hier 35–43. Vgl. dazu auch Leonti Mroweli. Leben der kartwelischen Könige. In: Pätsch, Gertrud (Hrsg.). a.a.O. 1985, 51–130. Hier 88–101.
25 In der frühen Kirche wurden Bartholomäus, Nathanael aus Kana und Simon der Eiferer zuweilen gleichgesetzt.

(363–364) sich dem Diktat des persischen Großkönigs Šapur II. (309–379) beugen und die römischen Ostgebiete (Iberien, Ostarmenien und Mesopotamien) an die Perser abtreten musste. Nur Westgeorgien, Lazika, blieben unter römischer Herrschaft. Šapur II. verfolgte in seinem Reich alle nichtpersischen Religionsgemeinschaften, besonders grausam aber die Christen, die er als Parteigänger Roms betrachtete. Er wollte ihnen die persische Staatsreligion, den Mazdaismus aufzwingen. Nach dieser Glaubensüberzeugung, der volkstümlich abgewandelten Lehre Zarathustras, stehen sich im dualistischen Kampf, umgeben von Untergöttern, der gute Gott Ormazd, Schöpfer und Richter der Welt, und der böse Geist Ahriman, Schöpfer des Bösen in der Welt, gegenüber. Dieser Kampf findet seinen erfahrbaren Ausdruck in den Menschen und ihren guten und bösen Neigungen. Den guten Gott identifizierte das Volk zudem mit dem altpersischen Gott Mithras und verehrte ihn wie diesen im Zeichen der Sonne und des Feuers, die seine sichtbaren Personifizierungen waren; die Dienstgötter sah man in Naturelementen und Gestirnen gegenwärtig. Eine mächtige Priesterkaste, die „Weisen", feierte diese Anschauungen in kultischen Festen und Opfern; besonders das ewige Feuer wurde von ihnen als Vergegenwärtigung des Gottes Ormazd in Tempeln gepflegt und verehrt.

Um in dieser Zeit der politischen Unfreiheit und der religiösen Unterdrückung überleben zu können, schloss sich die iberische Kirche dem ostsyrischen Katholikat an, das ebenfalls unter persischer Herrschaft stand. Erst der König von Kʻartʻli (Iberien) Vaxtang (431–491)[26] mit dem Beinamen Gorgasal, was auf persisch Wolfshaupt bedeutet,[27] lehnte sich um 483 gegen den persischen Großkönig auf und konnte, obwohl Vaxtang nach langen erbitterten Kämpfen sein Leben verlor, seinem Volk und der georgischen Kirche in gewissem Umfang zur Autonomie verhelfen. Das ganze 6. Jahrhundert war gekennzeichnet durch die Kriege zwischen Ostrom und Persien. Nur gegen hohe Tributleistungen an die Perser konnte Kaiser Justinian (527–565) Lazika für Byzanz erhalten, während Iberien wieder unter persische Herrschaft geriet.[28]

Der kulturelle und religiöse Niedergang war so allseitig, dass das georgische Volk – von wenigen Ausnahmen abgesehen – die Namen seiner zahlreichen Märtyrer bewahrte und die georgische Kirche in ihrer Frühzeit vornehmlich armenische, griechische und syrische Heilige verehrte.

Die älteste, heute noch bekannte Märtyrerin der georgischen Kirche ist Šušanik. Nach dem *Martyrium der heiligen Šušanik*,[29] einem Werk des Priesters Jakob aus

---

26 König von Iberien, Vaxtang Gorgasal lebte etwa von den vierziger Jahren des 5. Jahrhunderts bis 502. Vgl. Fähnrich, Heinz (Hrsg.). Geschichte Georgiens. a.a.O. 1993, 179.

27 Der Helm von König Vaxtang Gorgasal war mit einem Wolfshaupt geschmückt. Vgl. Xalxuri gadmocʻema vaxtang gorgasalze. In: Sixarulije, Kʻsenia (Hrsg.). Kʻartʻuli xalxuri saistorio sitqviereba. Bd. 1. Tʻbilisi. 1961, 55–57. Siehe auch Fähnrich, Heinz (Hrsg.). a.a.O. 1998, 29.

28 Vgl. Heiser, Lothar. a.a.O. 1989, 17.

29 Abulaje, Ilia u.a. (Hrsg.). Martvilonay šušanikisi. Tʻbilisi. 1978. Siehe auch Camebay cmindisa šušanikisi dedopʻlisay. In: Abulaje, Ilia u.a. (Hrsg.). a.a.O. 1963, 11–29.

C'urtavi,[30] das dieser um 482 bald nach dem Tod der Heiligen verfasst hat, war Šu-šanik eine Tochter des armenischen Feldherrn Vardan, kam als Kind nach Georgien und heiratete den Fürsten Varsk'en.[31] Als dieser jedoch zum persischen Feuerkult abfiel, gab Šušanik jede Gemeinschaft mit ihm auf. Varsk'en, darüber schwer empört, misshandelte seine Frau grausam, ließ ihren wunden Leib durch Straßenkot und Dorngestrüpp schleifen und, mit einer Kette um den Hals, ins Gefängnis werfen. Von Würmern angefressen, fand sie dort nach sechs Jahren um 475 den Tod. So will es die Legende.

Auch einer der *Dreizehn syrischen Väter* gehört zu den frühen Märtyrern des georgischen Christentums. Der heilige Abibos, Bischof von Nekresi, wagte es, auf das ewige Feuer in einem persischen Tempel Wasser zu gießen und es zu löschen. Nach dem *Martyrium des Abibos*, das an der Wende zum 7. Jahrhundert entstanden ist, wurde der Heilige auf Befehl des persischen Statthalters in Mc'xet'a gesteinigt. Sein Leichnam wurde den wilden Tieren vor den Toren der Stadt zum Fraß vorgeworfen; da sie ihn nicht anrührten, begruben die Christen ihn heimlich.[32]

Die militärische Überlegenheit der Perser war so gewaltig, dass sie unter König Chosrau II. (Abharwez der Siegreiche 590–628) Syrien und Palästina, wo sie 614 das heilige Kreuz aus Jerusalem raubten, und sogar Ägypten den Byzantinern entrissen und dem Perserreich einverleibten. Erst Kaiser Herakleios konnte sie 627 bei Ninive entscheidend schlagen und im Jahr darauf mit Kovrad-Široe, dem Sohn und Thronfolger des gestürzten Chosrau, einen Friedensvertrag schließen, der die Rückgabe aller einst byzantinischen Gebiete und die Aushändigung des heiligen Kreuzes beinhaltete, das der Kaiser im Frühjahr 630 feierlich wieder in Jerusalem aufstellte. Schon 624 hatte Herakleios bei der Eroberung Georgiens den persischen Feuertempel zu Gandzak zerstören lassen. Doch eine wirtschaftliche Erholung und kulturelle Erneuerung war Georgien wie auch den oströmischen Provinzen nicht vergönnt. Durch den jahrhundertelangen Krieg waren sowohl Ostrom wie Georgien durch Persien ausgeblutet und wurden so in der ersten Hälfte des 7. Jahrhunderts leichte Beute der sie hart bedrängenden arabisch-islamischen Heere. Unter dem 2. Kalifen 'Umar (634–644) drangen die Araber über Palästina nach Syrien vor und eroberten einen Großteil Persiens. Die Vorhut ihrer Armeen stand 640 in Armenien und um 642 erschienen sie plündernd in Iberien. Sie eroberten 645 T'bilisi, wo sie ein Emirat errichteten, das bis 1121 bestand. Da die volle Unterwerfung Georgiens zunächst nicht gelang, überzogen sie das Land achtzig Jahre lang mit Krieg, raubten und machten Sklaven. Erst 717 glückte ihnen die Eroberung Ostgeorgiens, das von nun an von arabischen Militärgouverneuren in T'bilisi verwaltet wurde.

---

30 Es wird angenommen, dass sich C'urtavi zwischen Bolnisi und Rust'avi (Ostgeorgien) befand. Vgl. Abulaje, Ilia u.a. (Hrsg.). a.a.O. 1978, 53ff.

31 Vgl. Džuanšer. C'xovreba vaxtang gorgaslisa. In: Qauxč'išvili, Simon (Hrsg.). a.a.O. 1955, 139–244. Hier 216.

32 Tarchnišvili, Michael/Aßfalg, Julius. a.a.O. 1955, 411ff.

Die Perser waren 642 unter arabische Herrschaft geraten. Weil der Mazdaismus als Staatsreligion stark an das untergegangene sasanidische Königshaus gebunden war, verlor er nach der arabischen Eroberung rasch an Bedeutung und die islamische Religion setzte sich in wenigen Generationen im ehemaligen sasanidischen Iran durch. Um 697 unterwarf sich auch das byzantinische Lazika den Arabern. Damit stand ganz Georgien für vier Jahrhunderte unter arabisch-islamischer Herrschaft. Bis ins 11. Jahrhundert hatten die Christen unter dem Joch und dem Steuerdruck der Araber zu leiden, wenn man der georgischen christlichen Historiographie folgen will. Obwohl Dörfer und Städte gebrandschatzt wurden und die Bevölkerung in abgelegenen Gebirgstälern Zuflucht suchte, stellten sich die georgischen Fürsten immer wieder der überlegenen arabischen Macht entgegen. Beim zweiten Vorstoß der Araber (dreißiger Jahre des 8. Jahrhunderts) nach Georgien nahm ihr Heerführer Marwān, den die Georgier Murvan Qru (Murvan den Tauben) nannten, weil er in seiner Grausamkeit keiner Bitte zugänglich war, die georgischen Fürsten David und Konstantin nach hartem Kampf gefangen und ließ sie um 741 ihrer Glaubenstreue wegen zu Tode martern.[33] Ihre Leiber werden in dem im 8. Jahrhundert errichteten und noch heute bestehenden Kloster Mozametʻa in der Nähe von Gelatʻi verehrt. König Arčil begab sich um 787 zum arabischen General und Eroberer Cicʻum mit der Bitte, das Land vor weiteren Plünderungen zu bewahren. Der Muslim war bereit, diese Bitte zu erfüllen, wenn der König zum Islam übertrete. Doch wegen seiner Treue zu Christus setzte ihn der arabische Statthalter des Sultans zunächst gefangen und ließ ihn dann enthaupten.[34] Die georgische Kirche verehrt König Arčil als einen ihrer großen Glaubenszeugen.

Anfang des 11. Jahrhunderts stabilisierte sich die Situation in Georgien. Der einsetzende Aufbau für die notwendigen Reformen wurden dadurch unterstützt, dass der Klerus in steter Verbindung mit Byzanz und der Orthodoxie geblieben war und dass von dorther neue Impulse zur Restauration von Kultur und Religion nach Georgien kamen. Gleichzeitig begann im 11. Jahrhundert die klassische Phase der georgischen Historiographie, die bestrebt war, den politisch geeinten Georgiern ein sie auch einigendes Geschichtsbild zu sichern.

---

33 Vgl. Džuanšer. Cʻxovreba vaxtang gorgaslisa. In: Qauxčʻišvili, Simon (Hrsg.). a.a.O. 1955, 139–244. Hier 234.

34 Vgl. Leonti Mroveli. Mepʻe kʻartʻlisa arčʻili. In: Qauxčʻišvili, Simon (Hrsg.). a.a.O. 1955, 245–248. Zur Übersetzung vgl. Leonti Mroweli. Das Martyrium des heiligen und rühmenswerten Blutzeugem Artschil, der König von Kartli war. In: Pätsch, Gertrud (Hrsg.). a.a.O. 1985, 318–322.

3. Die heilige Nino

3.1 Die heilige Nino als historische Persönlichkeit

Die heilige Nino wird in der einschlägigen Studie von Eva Maria Synek zu den wenigen großen Frauengestalten des frühen Christentums im Allgemeinen und natürlich der georgischen Kirchengeschichte im Besonderen gezählt.[35] Dass Nino sowohl nach der einheimischen Überlieferung als auch nach außergeorgischen Quellen eine besondere Stellung bei der Bekehrung Georgiens einnimmt, wird in zahlreichen einschlägigen kirchengeschichtlichen Handbüchern gewürdigt.

So stellt z.B. Henri-Irenèe Marrou zur Bekehrung der Iberer fest, dass diese Bekehrung auf eine Frau zurückging. Dabei verweist er darauf, dass die Überlieferung ihres Namens strittig sei, man sie aber unter dem Namen der heiligen Nino verehre. Bei Marrou wird sie als Sklavin eingeführt, die durch ihre mit Gebeten bewirkten Heilungen und ihre Frömmigkeit Eindruck auf die georgische Königsfamilie machte. Nachdem sich der König und mit ihm das Volk bekehrt hatte, wurden in Konstantinopel Bischof und Priester erbeten, wonach sich relativ schnell eine autonome Kirche herausbildete.[36] Ähnlich äußert sich auch Karl Baus in dem von Hubert Jedin herausgegebenen Handbuch der Kirchengeschichte, indem er schreibt:

> „Dem 4. Jahrhundert (ca. 325–361) gehört auch die Bekehrung der Georgier an den Südhängen des Zentral-Kaukasus an, die eingeleitet wurde durch eine christliche Gefangene (später Nino genannt) und den durch sie bekehrten König Mirian, der griechische Missionare (wohl aus Antiochien) in sein Land kommen ließ. Am Beginn des 5. Jahrhundert hat die georgische Kirche bereits eine gewisse Autokephalie gewonnen [...].“[37]

Hermann Tüchle und Karl Bihlmeyer erwähnen Nino in ihrer Kirchengeschichte ebenfalls. Allerdings stellen sie darin aber ihre Historizität in Frage.[38] Nach allgemeiner Überzeugung steht innerhalb der neueren Forschung fest, dass der entscheidende Schritt des iberischen Königshauses zur Annahme des Christentums dem Einfluss einer Frau zu verdanken ist, die bei Rufinus als *Captiva* erscheint.[39] Besonders

---

35 Vgl. Synek, Eva M. Heilige Frauen der frühen Christenheit. Zu den Frauenbildern in hagiographischen Texten des christlichen Ostens. [Das östliche Christentum; Bd. 43]. Würzburg. 1994, 80.

36 Vgl. Marrou, Henri-Irenèe. Die Ausbreitung des Christentums außerhalb der römischen Welt. In: Rogier, Ludwig Jakob u.a. (Hrsg.). Geschichte der Kirche. Von der Gründung der Kirche bis zu Gregor dem Großen. Bd. 1. Einsiedeln. 1963, 293.

37 Jedin, Hubert (Hrsg.). Handbuch der Kirchengeschichte. Bd. II/1. Freiburg. 1985, 198.

38 Vgl. Bihlmeyer, Karl/Tüchle, Hermann. Kirchengeschichte. Bd. 1. Paderborn. 1966, 22.

39 Vgl. dazu Šiolašvili, N[ikoloz]. Cminda ninos namdvili saxelis carmošobis sakit'xisat'vis. In: Lort'k'ip'anije, G[iorgi] (Hrsg.). Kultiris, istoriisa da t'eoriis sakit'xebi. Bd. 9. T'bilisi. 2000,

hervorzuheben ist dabei das eindeutige Bekenntnis von Julius Aßfalg zu Ninos historischer Realität. Er schließt nach ausführlicher Diskussion der einschlägigen Literatur:

> „[...] So ist an der Bekehrung Ostgeorgiens durch die Heilige Nino festzuhalten. Auf Ninos Rat hin bat König Mirian Kaiser Konstatin I. um einen Bischof und Priester. Bald darauf ist Georgien nach Armenien das zweite Land mit dem Christentum als Staatsreligion."[40]

Nino wird im ältesten Zeugnis im Jahre 403/4 in Tyrannius Rufinus' „Verängerung" von Eusebs Kirchengeschichte[41] als „mulier quaedam captiva"[42], vorgestellt. Als lateinische Bearbeitung entstammt sein Bericht offenbar der zuvor griechisch verfassten, doch nur in Fragmenten erhaltenen Kirchengeschichte des Gelasios von Kaisareia in Palästina (gestorben 395). Ihre Kenntnisse verdanken Gelasios und Rufinus einem georgischen Fürsten Bakur (lateinisch Bakurius bzw. georgisch Bak'ur), der um 393 als Offizier der römisch-kaiserlichen Garde an der palästinensisch-arabischen Grenze Dienst tat. Von Rufinus wird mitgeteilt, dass Bak'ur ein Angehöriger der Königsfamilie (rex) von Iberien und Chef römischer Elite-Truppen in Palästina-Syrien war.[43] In späterer georgischer Überlieferung erscheint er unter dem Namen Bakar als Sohn und Nachfolger des ersten christlichen Königs Mirian und soll als Geisel am byzantinischen Kaiserhof gelebt haben.[44]

Der Bericht des Rufinus, etwa 50 Jahre nach der Bekehrung des georgischen Königs und Volkes verfasst, erzählt: „Damals haben auch die Iberer, die am Pontischen Meer leben, die Verheißungen des göttlichen Wortes und den Glauben an das künftige Gottesreich angenommen, Den Anlass für dieses große Geschenk hat ihnen eine kriegsgefangene Frau gegeben, die bei ihnen geblieben war."[45]

66. Synek, Eva M. a.a.O. 1994, 80ff.; Aßfalg, Julius. Georgien. In: Balz, Horst Robert/Hall, Stuart G. u.a. (Hrsg.). Theologische Realenzyklopädie. Bd. XII. Berlin/New York.1984, 390 und Lang, David Marshall. A Modern History of Georgia. London. 1962, 11. Letzterer gibt den Kern der alten Ninotradition wieder.

40 Aßfalg, Julius. a.a.O. 1984, 390; Vgl. dazu auch die dortige Diskussion der einschlägigen Literatur und die ausführliche Bibliographie 394ff.

41 Schwartz, Eduard (Hrsg.). Eusebius, Werke Bd. 2. Die Kirchengeschichte. Darin: Mommsen, Theodor. lateinische Übersetzung des Rufin. Leipzig. 1908, 973–976.

42 Rufinus von Aquileia. Historia Ecclesiastica I. Buch 10. Kap. 11. In: Migne, Jacques-Paul (Hrsg.). a.a.O. 1878, 480–482 = Die griechischen christlichen Schriftsteller der ersten drei Jahrhunderte 9. Leipzig. 1903, 973–976.

43 Vgl. dazu Peeters, Paul. Les débuts du christianisme en Géorgie d'après les sources hagiographiquues. In: Delehaye, Hippolytus u.a. (Hrsg.). Analecta Bollandiana: revue critique d'hagiographie 50. Bruxelles. 1932, 30–38.

44 Vgl. Leonti Mroveli. C'xovreba k'art'velt'a mep'et'a. In: Qauxč'išvili, Simon (Hrsg.). a.a.O. 1955, 3–71. Hier 70. Vgl. dazu auch Leonti Mroveli. Leben der kartwelischen Könige. In: Pätsch, Gertrud (Hrsg.). a.a.O. 1985, 55–130. Hier 129.

45 Deutsche Übersetzung von Reißner, Ilma. a.a.O. 1989, 24 nach Rufinus von Aquileia. Historia Ecclesiastica I. Buch 10. Kap. 11. In: Migne, Jacques-Paul (Hrsg.). a.a.O. 1878, 480.

In dieser ältesten Quelle wird der Name der Missionarin Georgiens nicht überliefert. Rufinus erzählt, wie die Gefangene in Christi Namen ein krankes Kind und
die Königin geheilt hat. Der König bekehrte sich bald darauf während einer Jagd, wo
er bei einer plötzliche Finsternis das Gelübde ablegte, in Zukunft den Gott der Gefangenen zu verehren, sollte ihm dieser aus der Not helfen. Der Geschichtsschreiber
berichtet, wie sich zuerst der König und seine Frau[46] durch die Gefangene bekehren
ließen, die daraufhin ihr ganzes Volk christianisierten. Kaiser Konstantin, der um die
ersten Geistlichen für das neu bekehrte Land gebeten worden sein soll, wird na-
mentlich erwähnt. In der Rufinerzählung wird weiterhin auch über Kirchenbauten
berichtet. König und Königin begannen auf den Rat Ninos eine Kirche zu errichten.

Die Captiva, die Rufinus für diese Bekehrung verantwortlich macht, wird in altgeorgischen Quellen als tqve/tque (ტყვე/ტყუჱ)[47] bezeichnet, was entweder Sklavin oder auch nur Kriegsgefangene bedeuten könnte[48] und damit Rufinus' „Mulier
captiva" entspricht. In der Literatur wird darauf verwiesen, dass Sklaverei in Armenien und Georgien zur Zeit des Hellenismus üblich war und es auch nach Annahme
des Christentums und dem Übergang zu einer mittelalterlichen Gesellschaft blieb.[49]
Man kann über die Bedeutung des Wortes tqve darüber hinaus nicht viel mehr sagen, als dass es gerade in den ältesten Quellen ein Synonym zu georgisch Mari und
Uc'xo bildet, die beide soviel wie Fremdling, Ausländer, Zugewanderter bedeuten.[50]
Das ist insofern plausibel, als die Worte Captiva und Tque auch als „im Fremdland
wandernde, asketisch lebende Frau" übersetzt werden.[51]

Es bleibt an dieser Stelle also festzuhalten, dass der soziale Status der georgischen Apostelin nicht eindeutig geklärt werden kann. Er war aber zweifellos gering. Wobei es zweitrangig ist, ob sie nun Sklavin, Kriegsgefangene oder einfach nur
eine Fremde war. Auch die Frage, ob die Captiva des Rufinus wirklich Nino gehei-
ßen hat oder von den Georgiern so genannt worden ist, kann nicht endgültig entschieden werden.

---

46 Das in der späteren Überlieferung Mirian und Nana genannte Königspaar bleibt hier namenlos.
47 Im Georgischen ist tqve, tque/ტყვე, ტყუჱ ein nicht gerade übliches Wort für Sklave oder
     Kriegsgefangener. Vgl. Č'ik'obava, Arnold/Abašije, Irakli u.a. (Hrsg.). K'art'uli enis ganma-
     rtebit'i lek'sikoni (Lexikon der georgischen Sprache). Bd. 2. T'bilisi. 1990, 921.
48 Zu dieser Bedeutung dieses Ausdrucks („Kriegsgefangene") schreibt auch Kekelije, Korneli.
     Die Bekehrung Georgiens zum Christentum. In: Morgenland. Heft 18. Leipzig. 1928, 46.
49 Vgl. Toumanoff, Cyrille. Studies in Christian Caucasian History. Washington. 1963, 95f.
50 Vgl. Melikišvili, G[iorgi]. Istorija Gruzii (Geschichte Georgiens). Bd. 1. Tbilisi. 1968, 42ff.
51 Sie können auch eine, die altmonastische ξενιτεία übende Frau bezeichnen. Vgl. Lilienfeld,
     Fairy von. Amt und geistliche Vollmacht der heiligen Nino, „Apostel und Evangelist" von Ost-
     georgien, nach den ältesten georgischen Quellen. In: Kohlbacher, Michael/Lesinski, Markus
     (Hrsg). Horizonte der Christenheit, Festschrift für Friedrich Heyer zu seinem 85. Geburtstag.
     Oikonomia. Bd. 34. Erlangen. 1994, 224–249. Hier 226.

3.2 Der Name der heiligen Nino

Es wurde bereits angedeutet, dass der Name der Bekehrerin Georgiens umstritten ist. Der heute gebräuchliche Name lautet Nino. Er wird aber in den verschiedenen Quellen ganz unterschiedlich wiedergegeben. Korneli Kekelije nimmt sogar an, dass er für die Geschichtsschreibung vollständig verloren ging.[52]

Da sehr viel dafür spricht, dass der Apostelin Georgiens der Eigenname Nino erst später beigegeben wurde, erscheint es sinnvoll, auf die verschiedenen Namensnennungen der Heiligen einzugehen. Es gibt bereits eine kontinuierliche wissenschaftliche Diskussion zu dieser Namensfrage. Obwohl sie letztlich wohl für immer ungeklärt bleiben wird – insofern ist Kekelije durchaus zuzustimmen – steht fest, dass sich eine bestimmte Namensgebung in der georgischen Tradition durchgesetzt hat. Es stellt sich dabei die Frage, wie dies geschah und warum.

Der Aussage von Eva Maria Synek, dass die Benennung der Heiligen mit einem Namen für die Entwicklung und die Wirkungsgeschichte ihrer Legende nicht entscheidend sei,[53] ist nicht zuzustimmen. Meines Erachtens steht die Namensgebung der Heiligen in engem Zusammenhang mit dem Bild, dass man im alten Georgien von ihr hatte oder vielleicht auch haben sollte. Aus diesem Grunde halte ich es für sinnvoll, zunächst die wissenschaftliche Diskussion noch einmal nachzuzeichnen, um ihm in Bezug auf die Quellen eine eigene Interpretation entgegenzustellen.

Zunächst begegnen wir der später so genannten heiligen Nino als einer namenlosen Christin. In der ältesten Quelle, dem Bericht von Rufinus, ist der Name der Missionarin Georgiens nicht überliefert. Sie erscheint hier, wie oben bereits erwähnt, als *captiva* – als Gefangene. Auch den griechischen Kirchenhistorikern, die Rufinus folgen, ist der Name der Missionarin anscheinend nicht bekannt. Daher bleibt die Heilige bei Sokrates[54] (um 380 bis ca. 450), Sozomenos[55] (324 bis 439) und Theodoretos[56] (393–466) namenlos. Der georgische Historiker Džuanšer (8./9. Jahrhundert) nennt sie in seiner Chronik über den König Vaxtang Gorgasal schlicht „eine römische Frau."[57] Die moderne Kirchengeschichte spricht teilweise ebenfalls von einer namenlosen Gefangenen. So führt z.B. Heinzgerd Brakmann im *Lexikon für Theologie und Kirche* unter dem Stichwort Nino aus:

52 Vgl. Kekelije, Korneli. a.a.O. 1928, 46.
53 Vgl. Synek, Eva M. a.a.O. Würzburg. 1994, 84.
54 Sokrates. Historia Ecclesiastica I. 20. In: Migne, Jacques-Paul (Hrsg.). Patrologia Graeca 67. Paris. 1877–1866, 129–134.
55 Sozomenos. Historia Ecclesiastica II. 7. In: Die griechischen christlichen Schriftsteller der ersten drei Jahrhunderte 50. Berlin. 1960, 59–61.
56 Theodoretos von Kyros. Historia Ecclesiastica I. 24. In: Die griechischen christlichen Schriftsteller der ersten drei Jahrhunderte 19. Leipzig. 1911, 74–76.
57 Vgl. Džuanšer. C'xovreba vaxtang gorgaslisa. In: Qauxč'išvili, Simon (Hrsg.). a.a.O. 1955, 139–244. Hier 197. Siehe auch. Dshuanscher. Das Leben Wachtang Gorgasals. In: Pätsch, Gertrud (Hrsg.). a.a.O. 1985, 201–322. Hier 266.

„Die Bekehrerin Iberiens (Ost-/Georgien), [...] historisch eine namenlose Ge-
fangene aus dem röm[ischen] Reich, die angeblich unter Konstantin d[em]
Gr[oßen], wahrscheinlicher unter Constantius II., den Iberer-K[öni]g, in der
Legende Mirian gen[annt] für das Christentum gewann."[58]

Für die Tatsache, dass die Missionarin Georgiens in den frühen lateinischen und
griechischen Überlieferungen namenlos bleibt, liefert Šot'a Č'idžavaje zwei verschiedene Begründungen. Zum einen nennt er ihre niedrige gesellschaftliche Stellung als Sklavin oder zumindest Kriegsgefangene, die dazu geführt hätte, dass Rufinus ihren Namen verschweigt.[59] Diese Argumentation scheint jedoch nur auf den
ersten Blick stichhaltig, denn während sie den Umstand der Namenlosigkeit der
Heiligen erklären kann, versagt sie vollständig vor der Tatsache, dass außer Kaiser
Konstantin I. und dem Gewährsmann Bakur (bzw. Bakurius) alle anderen handelnden Personen ebenfalls unbenannt bleiben. Annehmbarer scheint demgegenüber die
zweite Hypothese, die Č'idžavaje im Anschluss an Ivane Džavaxišvili vertritt. Sie
geht davon aus, dass sich der Schreiber des Berichts – nach den Angaben Bakurs –
nur für den Ablauf der Ereignisse interessierte und nicht für die Personen, die ihm
ohnehin unbekannt waren und die aus diesem Grunde auch alle unbenannt bleiben.[60]

Im Gegensatz zu den frühesten Quellen ihres Wirkens, in denen die Heilige unbenannt bleibt, legt ihr die byzantinische Tradition den Namen Θεογνώστα[61] bei.[62]
Dieser Tradition folgen auch arabische Geschichtsschreiber im Gefolge äthiopischer,
syrischer und koptischer Autoren,[63] wie Synek in der Untersuchung der verschiedenen Synaxare nachgewiesen hat.[64] Nach diesen Quellen war eine Theognosta am
Anfang des 5. Jahrhunderts zur Zeit der Imperatoren Honorius und Arkadius, also
nicht im 4. Jahrhundert, in Tiberien und eben nicht in Iberien – nach dem äthiopi-
schen und dem arabischen Synaxar auch in Indien – tätig. Ähnlichkeiten im Inhalt

---

58 Brakmann, Heinzgerd. Nino. In: Kasper, Walter/Baumgartner, Konrad u.a. (Hrsg.). Lexikon für
    Theologie und Kirche. Bd. 7. Freiburg/Basel/Rom/Wien. 1998, 877.

59 Vgl. Tarchnišvili, Michael. Die Legende der Heiligen Nino und die Geschichte des georgischen
    Nationalbewusstseins. In: Byzantinische Zeitschrift 40. Leipzig/Berlin. 1940, 48–75.

60 Vgl. Č'idžavaje, Šot'a. Ert'i istoriul-mxatwruli personažis namdvili saxelis sakit'xisat'vis. In:
    Iakob gogebašvilis saxelobis t'elavis saxelmcip'o pedagogiuri institutis šromebi. Bd. 2. T'bili-
    si. 1957, 315 mit Bezug auf Džavaxišvili, Ivane. K'art'veli eris istoria. (Geschichte des georgi-
    schen Volkes). Bd. 1. T'bilisi. 1951, 232.

61 Dobschütz verknüpft den Namen Theognosta mit Theognosia/Gotteserkenntnis, da die Ge-
    schichte der Bekehrung der Georgier in dem Synaxarium der Konstantinopeler Kirche (Dele-
    haye, Hippolyti. Synaxarium Ecclesiae Constantinopolitanae e codice Sirmondiano nunc Bero-
    linensi adiectis synaxariis selectis. Brüssel. 1902, 167–170.) folgende Überschrift hat: Διήγησις
    περ̀ τῶν Ἰβήρων ὅπως ἦλθον εἰς Θεογνοσᾶν (Bericht, wie die Iberer zur Gotteserkenntnis
    kamen). Der Name Theognostos ist außerdem als Beiname und als Titel bezeugt.

62 Vgl. Synek, Eva M. a.a.O. 1994, 82; Kekelije, Korneli. a.a.O. 1928, 46f. und Lemm, Oscar
    von. Zur Geschichte der Bekehrung der Iberer zum Christentum. Mitteilungen der Akademie
    der Wissenschaft. Bd. 10. Nr. 5. Berlin. 1899.

63 Vgl. Tamarati, Michel. L'Église géorgienne des origines jusqu` à nos jours. Rom. 1910, 165ff.

64 Vgl. Synek, Eva M. a.a.O. 1994, 82, 132ff. Zu den dort verwendeten Quellen vgl. ebd., 225ff.

werden damit erklärt, dass die Autoren, als sie ihre Sage über eine Theognosta überlieferten, die bereits vorliegende Legende über die iberische Kriegsgefangene benutzten. Es ist vermutet worden, dass sie diese Geschichte nicht von Gelasios oder Rufinus übernahmen, sondern durch ihren Verkehr und ihre Beziehungen mit Georgien gekannt haben dürften.[65]

Wie schon Korneli Kekelije dargelegt hat, bedeutet das griechische Wort Theognosta: „die von Gott Anerkannte" oder „die von Gott Gesuchte." Diese symbolträchtige Bezeichnung soll die Beziehung dieser Frau zu Gott ausdrücken.[66] Demnach handelt es sich wohl eher um einen Symbolnamen. Ebenso wenig ist Theognosta der Name der ersten Missionarin Georgiens gewesen, wie Oscar Lemm aufgrund arabischer koptischer und äthiopischer Synaxare vermutet hat.[67] Da diese Namensgebung mit Nino keinerlei Gemeinsamkeit aufweist, später und in einer anderen Region entstanden ist, wird sie hier auch nicht weiter verfolgt.

Eine weitere Namensgebung für die Bekehrerin Georgiens liefert die spätere lateinische Tradition. Danach soll sich die Bezeichnung Christiana – im Sinne von (namenloser) Christin – zu dem Eigennamen Christiana entwickelt haben. Das römische Martyrologium nennt sie einfach „sancta Christiana ancilla"[68] und vermerkt zu ihrem Gedenken den 15. Dezember.[69] Diese lateinische Tradition vertritt unter anderem auch Albert Sleumert in seinem kirchenlateinischen Wörterbuch[70]:

> „[S. Chrīstīānă] wurde als junges Mädchen von Iberern am Schwarzen Meere geraubt; da sie im Christentum gefestigt wahr, setzte sie zum Staunen der Iberer ihre Andachtsübungen fort. Sie nahm die Gelegenheit wahr, den Heiden von der Erlösung zu erzählen; auch heilte sie auf wunderbare Weise ein krankes Kind. Demzufolge bekehrten sich viele. Ihr Ruf wuchs so, daß der todkranke König selbst von ihr Hilfe erbat, die sie mit Erfolg gewährte, nachdem er Christ geworden war. Er schloß mit Konstantin dem Großen ein Bündnis ab und erbat sich einen katholischen Bischof, der mit seinen Gehilfen das Werk Christianas fortsetzte."[71]

---

65 Vgl. Kekelije, Korneli. a.a.O. 1928, 46f. FN 6.

66 Vgl. ebd., 46f.

67 Vgl. Lemm, Oscar von. a.a.O. 1899.

68 „Apud Iberos, trans Pontum Euxinum, sanctae Christianae ancillae, quae miraculorum virtute gentem illam, tempore Constantini, ad Christi fidem perduxit". Vgl. Synek, Eva M. a.a.O. 1994, 83. FN 12. Siehe auch T'amarašvili, Mixeil. K'art'uli eklesia dasabamidan dġemde. In: ders. K'art'uli eklesiis istoria. Masalebi da gamokvlevebi. Bd. 3. T'bilisi. 1995, 231f.

69 Die Georgier feiern ihr Fest nach Julianischem am 14. Januar und nach Gregorianischem Kalender am 27. Januar. Vgl. T'amarašvili, Mixeil. a.a.O. 1995, 232. Siehe auch Brakmann, Heinzgerd. Nino. In: Kasper, Walter/Baumgartner, Konrad u.a. (Hrsg.). Lexikon für Theologie und Kirche. Bd. 7. Freiburg/Basel/Rom/Wien. 1998, 877.

70 Zu Christiana als „Christin" vgl. Rogier, Ludwig Jakob u.a. (Hrsg.). a.a.O. 1963, 293.

71 Sleumer, Albert. Kirchenlateinisches Wörterbuch. Hildesheim/Zürich/New York. 1990, 207.

Die allgemeine Bezeichnung für Christin wäre demnach zum Eigennamen Christiana geworden, den die Georgier dann im Laufe der Zeit von der georgischen Form Chrischona zu Nina bzw. Nino verkürzt hätten.[72] Dass der Name Christiana als *Christiana ancilla* nur im *Römischen Martyrologium* auftaucht, spricht jedoch dafür, dass dieser Zusammenhang zwischen Nino und Christiana erst im Nachhinein aus Sicht der Westkirche konstruiert worden ist.

Spätere georgische Texte und Überlieferungen sind sich über den Namen einig, der einhellig als Nino überliefert ist. Zieht man jedoch auch die frühesten Quellen heran, ergibt sich ein anderes Bild. Demnach ist der überlieferte Name Nino eine Schöpfung der späteren Geschichtsschreibung, dem im Laufe der Zeit auf die eine oder andere Weise eine tiefer gehende Bedeutung und Begründung zugewiesen wurde. Über den Beginn der Tradition, die den Namen der Heiligen als Nino wiedergibt, herrscht in der Fachwelt weitgehend Übereinstimmung. Man geht davon aus, dass diese Benennung erstmals in der *Geschichte Armeniens* des armenischen Historikers Moses von Choren (Movsēs von Chorenacʻi)[73] auftritt.[74] Von ihm wird die Missionarin Georgiens Nune genannt:

> „Ein Weib Namens Nune, eine der zerstreuten heiligen Gefährtinnen der Ripsime, kam auf der Flucht ins Land der Iberier nach Medschitha ihrer [der Georgier] Hauptstadt."[75]

Vahan Inglisian weist dieses Werk dem 9. Jahrhundert zu.[76] Die spätere armenische und georgische Tradition behielt diese Namensgebung bei. So wird der Name der Missionarin in den Schriftensammlungen *Das Leben der Könige* und *Die Bekehrung K'artʻlis*[77] mit Nino angegeben. Auch in der armenischen Übersetzung der georgischen Chronik *Patmowtʻiwn vracʻ*[78] kommen die Namen teilweise in der armenischen Form Nownē/Nowni, aber ebenfalls in der dem Georgischen näher stehenden Form Ninaw/Ninay vor. Dies deutet auf unterschiedliche einheimische Überlieferungen hin.

---

72 Das meint zumindest Reißner, Ilma. a.a.O. 1989, 26f.
73 Movsēs Chorenacʻi widmet der Bekehrung der Georgier (vracʻ) durch Nownē in seiner Patmowtʻiwn hayocʻ ein ganzes Kapitel Ačaryan, Hračʻya. Hayocʻ anjnanownneri baṙaran. Erevan. 1948, 90f. Eine deutsche Übersetzung bietet: Lauer, Max (Übers.). Moses von Chorene. Geschichte Gross-Armeniens. Die selige Nune, wie sie die Ursache der Erlösung der Iberer geworden ist. Kap. 86. Regensburg. 1869, 146ff.
74 Vgl.dazu auch u.a. Šiolašvili, N[ikoloz]. a.a.O. 2000 und Synek, Eva M. a.a.O. 1994, 83.
75 Lauer, Max (Übers.). a.a.O. 1869, 146. Eine französische Übersetzung des Textes: Tamarati, Michel. a.a.O. 1910, 171f.
76 Vgl. Inglisian, Vahan. Die Armenische Literatur. In: Spuler, Bertold/Franke, Herbert (Hrsg.). Handbuch der Orientalistik. Bd. 7. Armenisch und kaukasische Sprachen. Leiden/Köln. 1963, 177ff.
77 Sie wird Leonti Mroveli zugewiesen, der in der Mitte des 8. Jahrhunderts Bischof von Ruisi (westlich von Mcʻxetʻa) war.
78 Patmicʻ, Jowansêr. Hama·rôt patmowtʻiwn vracʻ (Kurze Geschichte Georgiens). In: Matenagrowtʻiwnkʻ naxneacʻ. Venetik. 1884.

Korneli Kekelije geht davon aus, dass auch der Name Nino/Nunē, mit dem die georgischen bzw. armenischen Quellen die Missionarin benennen, kein Eigenname gewesen sein kann.[79] Daraus ergibt sich aber die Aufgabe, nicht nur die Herkunft, sondern auch den tieferen Sinn dieser Namenstradition zu erklären. Auch hier treten unterschiedliche Deutungen zu Tage. Zunächst muss auf eine Anschauung hingewiesen werden, die den Namen Nino auf die lateinische Gattungsbezeichnung Nonna, was auf Deutsch Nonne, Asketin bedeutet,[80] zurückführt. Nach Kekelije geht diese Perspektive auf Marie Brosset zurück.[81] Synek weist darauf hin, dass auch im *Dictionnaire de la théologie catholique* von Raymond Janin unter dem Stichwort Georgien (*Géorgie*) die Ableitung von Nonne[82] nahe gelegt wird. In neueren Standardwerken findet sich diese Herleitung. So gibt etwa Henri-Irenée Marou in der von Ludwig Rogier herausgegebenen Kirchengeschichte an:

> „Diesmal ging die Bekehrung auf eine Frau zurück: es ist nicht sicher, ob die Geschichte ihren wahren Namen überlieferte; man verehrte sie unter dem Namen der heiligen Nino (d. h. wahrscheinlich der ‚Nonne') oder einfach der Christiana, der ‚Christin'."[83]

In einem Satz werden hier zwei Perspektiven wiedergegeben, die sich sehr stark ähneln. Die Annahme, dass der Name Nino sich aus dem Gattungsbegriff für Nonne entwickelt hätte, gleicht der oben dargestellten „Verwandlung" einer „unbekannten Christin" in eine „heilige Christiana", die anschließend zu einer „heiligen Nino" verkürzt wird, nur dass hier eine „Nonne" ohne Umwege direkt zur „Nino" wird. Josef Markwart polemisiert in seinem Artikel über die Bekehrung Iberiens[84] gegen diese simplifizierte phonetische Erklärung, da sie für Armenien, wo dieser Name erstmalig auftauchte, eher unwahrscheinlich sei.[85] Auch Korneli Kekelidje verwirft die Herleitung des Namens von der Bezeichnung Nonne. Er führt dazu aus, dass, selbst wenn Rufinus' unbenannte Kriegsgefangene eine Nonne gewesen wäre, es nur schwer vorstellbar sei, dass sie einen lateinisch inspirierten Namen erhalten hätte, weil sie doch so weit vom „christlichen Westland" entfernt war.

Diese Argumente von Josef Markwart und Korneli Kekelije sind akzeptabel. Die Erklärungen, dass der Name entweder von einer nicht näher bestimmten Nonne oder

---

79 Vgl. Kekelije, Korneli. a.a.O. 1928, 47.

80 Nach anderen Deutungen ist nonnă/Nonne eine ägyptische Bezeichnung für die unversehrte Jungfrau; Nŏnă/die Nŏn, ein Teil des Kirchlichen Offiziums, die vierte der kleinen Horen des Breviers; Nonnŭs könnte der Mönch oder der Großvater sein. Im Italienischen heißt sie il nonno. Vgl. Sleumer, Albert. a.a.O. 1990, 550f.

81 Vgl. Kekelije, Korneli. a.a.O. 1928, 47. FN 2 mit Verweis auf Brosset, Marie. Introduction à l'Histoire de la Georgie. Bd. 1. Sankt Petersburg. 1858, 90, Anm. 2. Der Ursprung dieser Annahme findet sich so auch bei Lilienfeld, Fairy von. a.a.O. 1994, 226f. FN 14.

82 Vgl. Synek, Eva M. a.a.O. 1994, 83.

83 Rogier, Ludwig Jakob u.a. (Hrsg.). a.a.O. 1963, 293.

84 Markwart, Josef. a.a.O. 1931, 110–167.

85 Vgl. dazu auch Synek, Eva M. a.a.O. 1994, 83.

von einer namenlosen Christin hergeleitet sein soll, erscheinen als zu abwegig, zu umständlich und zu unwahrscheinlich. Es ist schwer zu erklären, wie aus der lateinischen Nonna oder möglicherweise auch vom griechischen νόννα die georgische bzw. die armenische Namensform Nino bzw. Nunē zustande gekommen sein soll. Zunächst sind die Unterschiede im Vokalismus der georgischen Nino vom armenischen Nunē und vom lateinischen Nonna wie auch dem griechischen νόννα zu betonen. Eine direkte Zurückführung der georgischen Lautung auf die lateinische bzw. griechische scheint mir fast ausgeschlossen.[86] Auch die Entwicklung des Namens aus der griechischen Bezeichnung für Nonne scheint westeuropäisches Gedankengut zu sein.

Eine andere mögliche Erklärung für die Namensgebung in der georgischen und armenischen Tradition ist, dass ein in der Zeit und der Region der Niederschrift der Überlieferung üblicher Frauenname, Nino, mit Vorbedacht zum Vorbild für die Benennung einer bedeutenden – bis dahin aber namenlosen – georgischen Heiligen genommen wurde, um sie und damit auch ihre Religion im noch nicht vollständig christianisierten Volk populärer zu machen. Das Wort νόν(ν)α kommt im Griechischen der Alten Kirche nicht nur im Sinne von „alte Frau", „Greisin", sondern auch als Eigenname vor. Die Mutter des heiligen Gregor von Nazianz hieß „Nonna".[87] Nina und Nino sind dieser Auffasung gemäß georgisch umgeänderte Formen des Eigennamens Nonna, welcher in Kappadokien verbreitet war. Allerdings ist es schwierig, die Namen Nino oder Nunē darauf zurückzuführen, wie oben schon beim lateinischen Nonna und beim griechischen νόννα gezeigt wurde. Außerdem ist die Behauptung, dass Nino aus Kappadokien stammte, bis heute unbewiesen und umstritten. Korneli Kekelije, nimmt an, sie sei eine Georgierin gewesen, weil sonst ihre Predigten für die Adressaten unverständlich gewesen wären. Er merkt dazu an, dass man Nino keinen kappadokischen Namen zuschreiben dürfe. Sie sei nicht eindeutig mit Kappadokien in Verbindung zu bringen, denn im 4. nachchristlichen Jahrhundert existierte dort keine georgische Bevölkerung mehr.[88]

Auch im Syrischen gibt es den weiblichen Eigennamen Nunē. Man könnte demnach auch annehmen, dass diese syrische Namensform mit Nino bzw. Nune in die georgischen und armenischen Überlieferungen in ungleicher Weise eingegangen wäre. Eine solche syrische Namensgebung für die Heilige ist allerdings nicht belegt, stattdessen ist in dem in der Chronik von Michael dem Syrer enthaltenen Bericht über die Bekehrung der Georgier,[89] der auf der von Rufinus begründeten Tradition fußt, kein Name genannt. Auch in einem anderen syrisch geschriebenen Original

---

86 Zu derselben Schlussfolgerung kam auch Jost Gippert. Vgl. dazu Gippert, Jost. Marginalien zur Nino-Tradition. In: Stimme der Orthodoxie. Sonderheft: Festschrift für Fairy von Lilienfeld. 3. Berlin. 1997, 126–130. Hier 127.

87 Vgl. Lilienfeld, Fairy von. a.a.O. 1994, 226.

88 Vgl. Kekelije, Korneli. a.a.O. 1928, 46f.

89 Chabot, Jean Baptiste. Chronique de Michel le Syrien Patriarche Jacobite d'Antioche (1166–1199). Bd. 4. Buch 7. Kap. 3. Paris. 1910, 132.

einzelner Teile der Nino-Legende treten die gleichen Unterschiede im Vokalismus auf. Daher möchte ich die Annahme einer innergeorgischen mündlichen Tradition nicht gänzlich aufgeben. So vermutet auch Mixeil T'arxnišvili, es handele sich um einen bodenständigen Eigennamen. Dieser sei der namenlosen Gefangenen aber nicht von Moses von Choren (Movsēs von Chorenac'i) einfach zugeeignet worden, wie dies Josef Markwart vermutet hat.[90] Stattdessen geht T'arxnišvili davon aus, dass der Name aus der georgischen Tradition stammt und von dem armenischen Hagiographen daraus übernommen wurde.[91]

Eine weitere Möglichkeit, die Etymologie des Namens der Heiligen zu erklären, ergibt sich aus einem religionsgeschichtlichen Zusammenhang, der in die Zeit vor Ausbreitung des Christentums zurückgreift. Nach Angaben der ältesten Geschichtsschreiber der Armenier (z.B. Agathangelos) wurde von den Armeniern eine Göttin angebetet, welche sie Nane[92] nannten und für „Armas' Tochter"[93] hielten.[94] Kekelije meint, dass sicher auch die Iberer diese Nane gekannt und ihren Namen möglicherweise mit dem der Kriegsgefangenen verknüpft haben. Dies sei umso denkbarer, als König Mirian die Heilige geradeheraus fragt: „[…] oder bist du Armas' Tochter?."[95] Weiter führt Kekelije an, dass bei den vorchristlichen Iberern zwei Göttinnen, Ainina und Nina, eine besondere Bedeutung hatten. Letztere scheint durch die Namensähnlichkeit geradezu dafür vorbestimmt zu sein, für die spätere Benennung der Bekehrerin Georgiens als Vorbild gedient zu haben. Die Hypothese von Niko Marr, dass wir es in diesem Falle mit derselben iranischen Göttin zu tun hätten, welche Anahita bzw. Anahida heißt, in der georgische Sprache aber zu Ainina geworden sei, ist meines Erachtens genauso wenig überzeugend wie die Annahme Davit' Karič'švilis, dass damit die Göttinnen Juno und Diana wiedergegeben seien. Beide Hypothesen wurden auch von Kekelije verworfen.[96] Er führt die beiden georgischen auf die sumerischen Göttinnen Inina und Nina zurück, die in einer Inschrift des sumerischen Königs Gudea (2600 J. v. Chr.) genannt werden:

---

90 So Markwart Josef. a.a.O. 1931, 118.

91 Vgl. Tarchnišvili, Michael. a.a.O. 1940, 56f., 72.

92 Die in Elam und Sumerien bezeugte Göttin Nanā, die in babylonischer Zeit mit Ištar gleichgesetzt wird, erscheint in Armenien als Nanē. Vgl. Wesendonk, Otto Günther von. Über georgisches Heidentum. Leipzig. 1924, 16.

93 Armas müsste dann als eine Kurzform von Ahura Mazda bzw Ohrmozd, des Obergottes der persischen Religion, angesehen werden. Vgl. Emin, Mkrtič'ean. Izsledovanija i statii N. O. Emina po armjanskoj mifologii, archeologii, istorii i istorii literatury (Forschungen und Artikel aus der armenischen Mythologie, Archäologie, Geschichte und Literaturgeschichte). Moskau. 1896, 21.

94 Chalatjantz, Grigor. Armenisches Epos in der Geschichte Armeniens von Moses von Chorene. Moskau. 1896, 292.

95 Vgl. Kekelije, Korneli. a.a.O. 1928, 48.

96 Vgl. Kekelije, Korneli. a.a.O. 1928, 48. FN 2.

„[…] und kam er zu der Göttin Nina und flehte sie an: Königin Nina, Quelle der wertvollen Gedanken! Königin… Du bist Vermittlerin, Weltkönigin, Mutter, Auslegerin der Träume."[97]

Hieraus ist ersichtlich, dass die in der Inschrift genannte Nina für eine Göttin, Königin und Mutter gehalten wurde. Die Iberer könnten geglaubt haben, dass die Gefangene Wunderdinge unter ihnen vollzogen hätte, infolgedessen sie sie für die Verkörperung der genannten Göttin hielten und ihr ihre Namen beilegten, die in der georgischen Sprache zu Nina oder Nino wurden. Nach Überlieferung des Hagiographen redet Mirian, erstaunt über die Wundertaten der Kriegsgefangenen, sie an:

„Ei, Frau, mit welchen Gottes Macht hast du diese Leute geheilt oder bist du Armas Tochter oder Saden's Kind?."[98]

Auch der Name Nana kommt häufig als Personenname in Kleinasien und als Lallwort für „Mutter", übertragen auf die kleinasiatische Muttergottheit, vor.[99] Nana hieß die Königin Iberiens, die – um 332 von Nino bekehrt – die Einführung des Christentums veranlasst haben soll. Im Georgischen ist Nana/Nanasi (ნანა/ნანასი) eine Kurzform von iavnana (იავნანა). Nana kann in der kindlichen Lallsprache mit Schlafen in Verbindung gebracht werden.[100]

---

97 Swanije, A[lek'sandre]. K'art'uli ģmert'ebi – Ainina da Nina (Georgische Göttinnen – Ainina und Nina). In: Ganat'leba 3. T'bilisi. 1914, 205ff.

98 Nach: Kekelije, Korneli. a.a.O. 1928, 48.

99 Schwenn, Friedrich. Nana. In: Wissowa, Georg/Kroll, Wilhelm (Hrsg.). Paulys Real-Encyclopädie der classischen Altertumswissenschaft. Bd. 16. Stuttgart. 1935, 1672. Hier Beispiele für Muttergottheit: Nana- phryg. Muttergöttin, die als Tochter des Flussgottes Sangarios und Mutter des Frühlingsgottes Attis gilt. Sie wird von der Frucht eines Mandelbaumes (Agdistis) schwanger, die sie in ihren Schoss legt, und gebiert dann den Attis; Nana– als Beiname der Kybéle als Mutter der Attis; Nana – armenische Gottesmutter und Siegesgöttin mit dem Beinamen. „große Mutter". Sie gilt als Tochter des Aramazd und Schwester des Mihr. Nana gleicht der griechischen Athene; Nanāja/Nanai – sumerische und akkadische Göttin des Geschlechtslebens und des Krieges, sie ist die Tochter des An und Gattin des akkad. Nabū. In der Bibel (2 Makk. 1, 13.15) werden ihre Tempelpriester erwähnt. Vgl. Bellinger, Gerhard J. Knaurs Lexikon der Mythologie. Über 3000 Stichwörter zu den Mythen aller Völker. Augsburg. 2000, 349. Nănā/Nănaeă/Nănnă/Nănēā (Nanaea, Nan(n)a, Ναναία- Nanea), eine in Elymais oder Persien verehrte Göttin, verschieden von Ištar, wohl identisch mit der in Babylonien verehrten Göttin Nana, die als Gattin des Nabu galt; vielleicht ist sie auch mit der persisch-armenischen Göttin Anaitis (Αναιτις), der Artemis oder Diana zu vergleichen (2. Mach. 1, 13–16). Vgl. Sleumer, Albert. a.a.O. 1990, 537.

100 Das georgische Schlaflied heißt Iavnana. Es findet sich bei Kotetišvili, Vaxtang (Hrsg.). Xalxuri poezia. T'bilisi. 1937, 16 und Umikašvili, Petre (Hrsg.). Xalxuri Sitqviereba. Bd. 1. T'bilisi. 1937, 201f. Die Mutter singt dem Kind die Nana (nana) Vgl. dazu auch Č'ik'obava, Arnold/Abašije, Irakli u.a. (Hrsg.). a.a.O. Bd. 2. 1990, 772.

Die Namen Nino und Nana gehören demnach vielleicht zu einer georgischen Lallnamensippe und haben Entsprechungen in verschiedenen anderen Sprachen,[101] z.B. Νάννακος aus dem griechischen Sprichwort: τα Ναννάκου κλαίω (wie Nannakos weinen).[102]

Νάννας/νέννος kommen auch als Lallworte unbekannten Ursprung vor, die auf Lateinisch Nānus (französisch Nain usw.) lauten.[103] Νέννος könnte mütterlicher Großvater (νόννος/μήτρως) – νάνναν τὸν τῆς μητρὸς ἤ τοῦ ρατρὸς ἀδελφόν οἱ δέ τὴν τούτων ἀδελφήν. νάννη μητρὸς ἀδελφή – (auch νίν(ν)η/etwa Großmutter, Schwiegermutter?) sein.[104] Νέννος/νάννος/νέννα/νάννα/αίννα sind Kinderlallworte, genauso wie altindisch Nanā Mutter, Mütterchen. Auch lateinisch Nannus/Nonna (Deutsch würdige Mutter, Großmutter) gehören in eine solche Aufzählung. Außerdem sind auch noch albanisch – Nane (Mutter) und auch lateinisch – Ninnium bzw. neugriechisch – νινί (Kind, Pupille und νάνος) zu nennen.[105] Besonders bedeutsam ist die Tatsache, dass die Namen Nana und Nina in iberokaukasischen Sprachdialekten – z.B. im Mingrelischen, Udischen und Čanischen – die Bedeutung Mutter haben.[106] Es ist sicher anzunehmen, dass sowohl der Name der Missionarin wie der der Königin – im Zusammenhang mit der Christianisierung Georgiens – erst in der Folge der Überlieferung nach und nach in die Hagiographien geraten sind.

Im Anschluss an Tʿarxnišvili kann die Ansicht abgelehnt werden, dass diese Benennung auf die Phantasie Moses' von Chorene zurückzuführen sei. Vielmehr ist eine ausgeprägte georgische Lokaltradition anzunehmen, da Moses eine Vielzahl von Ereignissen anführt, die in den älteren Berichten vor allem bei Rufinus unbekannt sind. Moses von Chorene hätte dann in seiner armenischen Chronik den Namen auf die armenische Nane zurückführen können, wodurch sich die unterschiedliche Phonologie in der armenischen und der georgischen Tradition erklären ließe. Bei der fortschreitenden Christianisierung des Landes musste diese Rückführung jedoch verloren gehen. Wie Tʿarxnišvili meint, hatten im Zuge der Christianisierung die alten Götter zu weichen.[107] Dass sich die Namenstradition dennoch weiter erhalten hat, kann meines Erachtens darauf zurückgeführt werden, dass es sich bei Nino auch um einen populären Eigennamen der damaligen Zeit und der Region handelte.

101 Siehe: Zgusta, Ladislav. Kleinasiatische Personennamen. Prag. 1964, 360–367. Hier werden unter anderem die zusammengehörigen einheimischen kleinasiatischen Personennamen (griechische und römische Epoche) zusammengestellt und in Sippen zusammengefasst.

102 Kaegi, Adolf (Hrsg.). Benselers Griechisch-Deutsches Wörterbuch. Mit einem alphabetischen Verzeichnis zur Bestimmung seltener und unregelmäßiger Verben. Leipzig. 1990, 529.

103 Vgl. Frisk, Hjalmar. Griechisches Etymologisches Wörterbuch. Bd. 2. Heidelberg. 1970, 287.

104 Vgl. ebd., 304.

105 Vgl. Hofmann, Johann Baptist (Hrsg.). Etymologisches Wörterbuch des Griechischen. München. 1930, 214.

106 Vgl. Džavaxišvili, Ivane. Kʿartʿuli da kavkasiuri enebis tʿavdapirveli buneba da natʿesaoba. Tʿbilisi. 1937, 230.

107 Vgl. Tarchnišvili, Michael. a.a.O. 1940, 55.

Dieser hatte aber, wie gezeigt wurde, einerseits auch einen starken Rückbezug zu alten Muttergottheiten und war andererseits vor allem auch ganz im Allgemeinen mit dem Begriff Mutter assoziiert.

Genauso annehmbar wäre auch, dass ein georgischer Klosterschreiber nach dem vergeblichen Versuch ein im Original unleserlich oder unverständlich gewordenes Wort in der Abschrift durch seine eigenen unzulänglichen Buchstabierungsbemühungen ersetzte. Dass diese neue Namensgebung dann beibehalten wurde, ist deshalb möglich, weil sie zum einen an kindliches Gestammel erinnerte, das beim Leser wie beim Hörer kindliche Gefühle gegenüber einer (Über-) Mutter – Nino – des georgischen Volkes wecken konnte. Außerdem gab es darüber hinaus dieselben Namensähnlichkeiten mit den vorchristlichen kaukasischen Muttergottheiten. Diese Namensgleichheit konnte sich ebenfalls positiv auf die Verbreitung christlicher Missionierung und die Benennung der Apostelin auswirken.

Ob nun von vornherein eifernde, missionarische Überlegungen oder eher ein Zufall bei der Abschrift vorlag, kann von mir im Nachhinein ohne Einblick in die Originalhandschriften, die größtenteils verloren sind, nicht entschieden werden. Als relativ sicher kann angenommen werden, dass es sich auch bei der Namensgebung Nino um einen symbolischen Namen handelt, dessen Bedeutung mit der Zeit verloren ging. Wenn, wie gezeigt wurde tatsächlich ein enger semantischer Zusammenhang zwischen dem Eigennamen Nino und dem Begriff Mutter besteht, dann erscheint sie als Erleuchterin Georgiens auch als Mutter des ganzen Volkes. Einer der ihr beigelegten Ehrenbezeichnungen, Mutter Georgiens, würde dann schon durch ihren Namen repräsentiert. Die Wendung – deda nino (დედა ნინო/Mutter Nino) – wäre im Sinne von Mutter-Mutter als Tautologie aufzufassen. Auch die Tatsache, dass eine Frau, die, soweit wir wissen, niemals selbst Mutter war, durch den ihr zugeeigneten Namen zur Mutter einer ganzen Nation stilisiert wurde, weist in diese Richtung. Im Gegensatz zu der Auffassung Mixeil Tʿarxnišvilis, dass wir über keinerlei Belege des vorchristlichen Frauenbildes verfügen,[108] geht diese Arbeit davon aus, dass es in dieser Epoche einen komplexen und tiefgehenden Mutterkult im alten Georgien gab.[109] Im Sinne einer Geschichte der sehr langen Zeitabläufe, die auch als „longue durée“[110] bezeichnet werden, kann die Bezeichnung der heiligen Nino als Mutter Georgiens als Phänomen einer solchen *longue durée* interpretiert werden, denn bei diesen Phänomenen handelt es sich um alte kulturelle und auch sprachliche

---

108   Vgl. ebd., 58.

109   Ausführlicher dazu vgl. den letzen Abschnitt dieses Kapitels sowie den Schluss dieser Arbeit.

110   Braudel, Fernand. Geschichte und Sozialwissenschaften – Die „longue durée" (aus dem Französischen von B. Classen). In. Wehler, Hans-Ulrich (Hrsg.). Geschichte und Soziologie. Königstein. 1984, 189–215. [Französische Originalfasung: Histoire et Sciences Sociales. La Longue Durée. In: Annales 13. Paris. 1958, 725–753]. Den Ansatz der longue durée hat Burkhard Gladigow in seinem Vortrag im Rahmen des Leucorea-Kolloquiums 2003: „Gemeinsame kulturelle Codes bei koexistierenden Religionsgemeinschaften" für die Religionswissenschaft aufgegriffen. Vgl. dazu Gladigow, Burkhard. Elemente einer Longue Durée in der mediterranen Religionsgeschichte.

Codes, die in neuen Konnotationen immer wieder auftauchen. In unserem Fall hätte die vorchristliche Mutterverehrung in der Charakterisierung der christlichen Heiligen als Mutter Georgiens wieder aufgelebt. Darüber hinaus ist es wichtig, nochmals darauf hinzuweisen, dass die Singularität einer weiblichen „Bekehrerin" ein wichtiges Indiz für die herausragende Stellung der Frau in Georgien ist.

3.3 Entwicklung der Nino-Überlieferung

Das Hauptproblem bei der Entwicklung der georgischen Ninotradition liegt vor allem darin, dass das Wirken der Missionarin von der historischen Überlieferung in Georgien lange Zeit verschwiegen wurde. Mixeil T'arxnišvili bringt es auf den Punkt, dass es über einige Jahrhunderte in der georgischen Geschichte keine Belege ihrer Bekehrungstätigkeit gibt, obwohl sie als historische Realität unbestreitbar ist.[111] Die Rufinüberlieferung zur Christianisierung Georgiens kann zumindest in ihren Grundgedanken weitgehend für authentisch gehalten werden. Stattdessen wurde Gregor, der Apostel Armeniens, eine Zeitlang sowohl in den armenischen als auch in den georgischen Quellen als Erleuchter der Iberer anerkannt. Wozu Kekelije bemerkt: „[…] es galt bis zum X. Jahrh[undert] nicht nur für Armenier, sondern auch für Georgier als unerschütterlicher Glaube, daß Gregor die Georgier bekehrt hätte."[112]

Eva Maria Synek weist darauf hin, dass einige Historiker[113] daher vermuteten, dass Georgien erst durch die Vermittlung ausländischen Schrifttums von seiner tatsächlichen Kirchengründerin erfahren hat. Paul Peeters war überzeugt, die Ninoüberlieferung sei den Georgiern erst durch den Armenier Moses von Chorene bekannt geworden.[114] T'arxnišvili fasst die Argumentation Paul Peeters' wie folgt zusammen:

> „Um 394 teilte in Palästina der georgische Prinz Bakur dem römischen Schriftsteller Rufinus die Geschichte von der Bekehrung Iberiens durch eine mulier captiva mit. Rufinus nahm sie in seine Kirchengeschichte auf, die er im Jahre 403 verfasste. Bald darauf haben sie, der Reihe nach, Sokrates, Sozomenos, Theodoret, Gelasios von Kyzikos, Theophanes benutzt […] Im Jahre 686 wurde Sokrates' Kirchengeschichte von dem orthodoxen Philon von Tirach ins Armenische übersetzt. Moses von Chorene, der im 8.–9. Jahrhundert lebte, benutzte diese Übertragung, verknüpfte die darin enthaltene

---

111 Vgl. Tarchnišvili, Michael. a.a.O. 1940, Hier 48.
112 Kekelije, Korneli. a.a.O. 1928, 18.
113 Hier sind v.a. Simon Kakabaje, Paul Peeters und Korneli Kekelije zu nennen. Vgl. dazu Tarchnišvili, Michael. a.a.O. 1940, 50ff.
114 Vgl. Peeters, Paul. Les débuts du christianisme en Géorgie d'après les sources hagiographiquues. In: Delehaye, Hippolytus u.a. (Hrsg.). Analecta Bollandiana: revue critique d'hagiographie 50. Bruxelles. 1932, 5–58.

Bekehrung Iberiens mit der Armeniens und übertrug sie in seine 'Geschichte Großarmeniens'. Erst aus diesem Werk lernten die Georgier ihre Erleuchterin kennen."[115]

Die Vermutung, Ninos Apostolat sei erst über Umwege in Georgien bekannt geworden, zweifelt Tʻarxnišvili jedoch in höchstem Maße an. Denn schon kurz nach ihrer Entstehung Anfang des 5. Jahrhunderts erreichte die Kirchengeschichte des Rufinus rasch große Popularität. Innerhalb von kaum fünfzig Jahren sei die Geschichte der kriegsgefangenen Missionarin in der gesamten byzantinischen Kirche bekannt gewesen. Dass Georgien über Jahrhunderte von dieser Überlieferung ausgeschlossen gewesen sein soll, hält Tʻarxnišvili für unwahrscheinlich.[116] Schon im 5. Jahrhundert habe es georgische Mönche und Klöster in Palästina gegeben. Außerdem bestanden neben kirchlichen Beziehungen – Georgien hing vom antiochenischen Patriarchat ab – auch enge politische Beziehung, weil Westgeorgien bis zum 8. Jahrhundert zum byzantinischen Reich gehörte.[117]

Eine Gegenüberstellung der Überlieferungen von Rufinus und Moses von Chorene liefert Tʻarxnišvili weitere Begründungen für die Unhaltbarkeit der These Peeters': „Moses von Chorene weicht in vielen Punkten von Rufinus bzw. Sokrates ab […]."[118] Der armenische Chronist ist zunächst vor allem darum bemüht, die Bekehrungen Georgiens und Armeniens miteinander zu verbinden. Nino wird bei ihm zur Gefährtin der armenischen Märtyrerinnen Ripsime und Gaiane, mit deren Tod die Durchsetzung des Christentums in Armenien verknüpft ist. Erst nach dem Martyrium ihrer beiden Begleiterinnen sei Nino nach Georgien gekommen, um dort ihrerseits ebenfalls die christliche Religion zu verbreiten. Synek weist darauf hin, dass diese Vermischung armenischer und georgischer Überlieferung auch in die georgische Ninotradition Eingang gefunden hat.[119]

Eine weitere Abweichung zwischen Rufinus und Moses von Chorene besteht darin, dass die bei Rufinus unbenannten Hauptpersonen bei Moses von Chorene die Namen erhalten, die auch die georgische Legende ihnen beilegt, wie im vorigen Abschnitt ausführlich dargestellt wurde. Darüber hinaus berichtet Moses von der Zerstörung des Götzenbildes des Armaz und die Errichtung eines Kreuzes auf einem Hügel bei Mcʻxetʻa durch Nino. Diese beiden Elemente sind wichtige Bestandteile der georgischen Ninotradition, werden von Rufinus und griechischen Geschichtsschreibern jedoch nicht überliefert. Das Kreuz bei Mcʻxetʻa ist aber in der Kirchen-

---

115 Vgl. Tarchnišvili, Michael. a.a.O. 1940, 52.

116 Zur Ablehnung der These, dass die heilige Nino den Georgiern bis zum 9. Jahrhundert unbekannt gewesen sei vgl. auch Tarchnišvili, Michael/Aßfalg, Julius. a.a.O. 1955, 408.

117 Vgl. Tarchnišvili, Michael. a.a.O. 1940, 53; ders. Die heilige Nino, Bekehrerin von Georgien. In: Analecta Ordinis S. Basilii Magni. Series 2. Sectio 2. Vol. 1/4. Rom. 1953, 578ff.

118 Tarchnišvili, Michael. a.a.O. 1940, 54.

119 Vgl. Synek, Eva M. a.a.O. 1994, 104.; Pätsch, Gertrud (Übers.). Die Bekehrung Georgiens. Mokcevay Kartlisay. (Verfasser unbekannt). In: Bedi Kartlisa. Revue de Kartvélologie 33. Paris. 1975, 288–337. Hier 293f.; Abulaje, Ilia u.a. (Hrsg.). a.a.O. 1963, 84.

geschichte Georgiens gut bezeugt. Im Martyrium des heiligen Eustathios[120] wird erwähnt, dass dieser das Kreuz anbetete, als er von den Persern fortgeführt wurde. T'arxnišvili meint sogar, dass die Verehrung dieses Kreuzes mit dem Ursprung des Christentums in Georgien zusammenfallen könnte.[121]

Andere Hauptelemente der georgischen Tradition, wie das Wunder der lebenden Säule oder auch der gesellschaftliche Status der Missionarin, die beide von Rufinus erwähnt werden, fehlen bei dem armenischen Geschichtsschreiber völlig. Dass die Bergbewohner Ninos Mission abgelehnt haben[122] und die Heilige in Bodbe beigesetzt wurde,[123] wird dagegen nur von den georgischen Quellen überliefert Die Abwesenheit zentraler Elemente der Ninotradition spricht aber nach T'arxnišvili entschieden gegen die These von Peeters, die Georgier hätten erst durch die armenische Vermittlung durch Moses von Chorene von der Missionarin ihres Volkes erfahren. Stattdessen geht T'arxnišvili von einer eigenständigen georgischen Lokaltradition aus, auf die auch die Besonderheiten bei Moses von Chorene zurückzuführen seien.[124] Dafür sprächen nicht nur die Unterschiede zwischen der georgischen Tradition sowie zwischen den Überlieferungen von Rufinus und Moses von Chorene, sondern vor allem auch die Existenz der aus dem 6. Jahrhundert stammenden Kathedrale von Nino-Cminda und die nur wenig jüngere Džvari-Kirche bei Mc'xet'a, welche ebenfalls eng mit der Legende der Heiligen verbunden ist.[125]

Wenn es jedoch nicht zutrifft, dass Georgien vom Apostolat Ninos erst sehr viel später und durch externe Vermittlung erfahren hat, dann muss die merkwürdige Tatsache, dass die frühen georgischen Quellen über ihr Wirken schweigen darüber, auf andere Weise erklärt werden. T'arxnišvili führt das Geschlecht und den sozialen Status der Heiligen als Gründe dafür an, und dass das Nationalgefühl der Georgier noch nicht stark genug gewesen sei, von diesen „Mängeln" ihrer Bekehrerin abzu-

---

120 T'arxnišvili gibt eine Entstehungszeit um 600 an. Vgl. Tarchnišvili, Michael. a.a.O. 1940, 55.

121 Vgl. ebd.

122 Vgl. Leonti Mroveli. Ninos mier k'art'lis mok'c'eva. In: Qauxč'išvili, Simon (Hrsg.). a.a.O. 1955, 72–138. Hier 124ff. Vgl. dazu auch Leonti Mroveli. Die Bekehrung König Mirians und ganz Kartlis durch unsere heilige und selige Mutter, die Apostolin Nino. In: Pätsch, Gertrud (Hrsg.). a.a.O. 1985, 131–199. Hier 181ff.

123 Vgl. dazu Leonti Mroveli. Ninos mier k'art'l'is mok'c'eva. In: Qauxč'išvili, Simon (Hrsg.). a.a.O. 1955, 72–138. Hier 128. Vgl. dazu auch Leonti Mroveli. Die Bekehrung König Mirians und ganz Kartlis durch unsere heilige und selige Mutter, die Apostolin Nino. In: Pätsch, Gertrud (Hrsg.). a.a.O. Leipzig. 1985, 131–199. Hier 184.

124 Vgl. Tarchnišvili, Michael. a.a.O. 1940, 54ff.

125 Die Kathedrale von Nino-Cminda liegt etwa vierzig Kilometer östlich von T'bilisi und gehört nach dem Baustil ins 6. Jahrhundert, während die džvris eklesia/Kreuz-Kirche um die Wende vom 6. zum 7. Jahrhundert gebaut wurde. Vgl. Beridse, Wachtang/Neubauer, Edith. Die Baukunst des Mittelalters in Georgien vom 4. bis zum 18. Jahrhundert. Berlin. 1980, 24f. Heinrich Nickel berichtet, dass die Džvari-Kirche zwischen 586 und 604 um das erwähnte auf Nino zurückgehende Kreuzheiligtum errichtet worden sei. Vgl. Nickel, Heinrich L. Kirchen, Burgen, Miniaturen. Armenien und Georgien während des Mittelalters. Berlin. 1974, 49. Vgl. auch Tarchnišvili, Michael. a.a.O. 1940, 56f.; Synek, Eva M. a.a.O. 1994, 106.

sehen.[126] Diese Begründungen hängen zwar sehr stark miteinander zusammen, müssen aber analytisch deutlich voneinander getrennt werden. Einmal heißt das, dass Nino als Kirchengründerin in Georgien inakzeptabel gewesen sei, weil sie eine Frau war und Frauen im alten Georgien einen geringen gesellschaftlichen Status gehabt hätten. Schon Tʿarxnišvili muss allerdings zugeben, dass es für die vorchristliche Zeit Georgiens keine Belege für eine sozialen Trennung zwischen Mann und Frau gibt.[127] Dafür konstruieren sowohl Tʿarxnišvili als auch im Anschluss an ihn Synek ein sehr negatives Bild von der gesellschaftlichen Stellung der Frau im frühchristlichen Georgien anhand des Martyriums der heiligen Šušanik, auf das an späterer Stelle noch näher einzugehen ist. Es sei nur soviel vorweggenommen, dass darin eine Fürstin in einer praktisch rechtlosen Stellung und der Willkür ihres Mannes unterworfenen Situation dargestellt wird. Was Tʿarxnišvili zu der Frage veranlasst:

> „Wenn das Los einer Fürstin so traurig war, wie wird erst die Stellung einer einfachen Frau, einer Kriegsgefangenen ausgesehen haben?"[128]

Tʿarxnišvili und Synek halten die Unterdrückung der Šušanik durch ihren Ehemann nicht für einen Einzelfall, sondern als generalisierbar für die georgische Gesellschaft des 5. Jahrhunderts. Weitere Belege für den untergeordneten Status georgischer Frauen sieht Tʿarxnišvili darin, dass es mit Ausnahme der heiligen Šušanik keine eigenständigen Lebensbeschreibungen oder Kulte heiliger Frauen in Altgeorgien gegeben habe. Außerdem weist er darauf hin, dass im Altgeorgischen viele Monate nach christlichen Festen und Heiligen benannt wurden, keiner jedoch nach einer Frau – mit Ausnahme von Maria, der Mutter Gottes.[129] Auch die altgeorgische Philologie dient ihm zum Nachweis des geringen Ranges der Frau im alten Georgien. Er verweist darauf, dass das Wort Eltern im Altgeorgischen durch die Zusammenziehung der Begriffe Vater und Mutter mama-deda (მამა-დედა/Vater-Mutter) gebildet wird. Die georgische Bibel verwendet diese Konstruktion durchweg zur Übersetzung des griechischen Begriffes γυνείς und auch in der kirchlichen Literatur hat sich diese Form bis ins 11. Jahrhundert erhalten. Zu diesem Zeitpunkt begann sich die umgekehrte Form ded-mama (დედ-მამა/Mutter-Vater) durchzusetzen, die heute im Neugeorgischen ausschließlich üblich ist.[130]

---

126 Vgl. Tarchnišvili, Michael. a.a.O. 1940, 58ff.
127 Ebd., 58.
128 Ebd., 60.
129 Z.B. Januar: gancʿxadebis-tʿve (განცხადების-თვე/Epiphanie-Monat); Juni: ivanobistʿve (ივანობისთვე/Johannes-Monat); November: georgobistʿve (გეორგობისთვე/Georgs-Monat); Dezember: kʿristešobistʿve (ქრისტეშობისთვე/Geburt-Christi-Monat) aber August: mariamobistʿve (მარიამობისთვე/Marien-Monat). Vgl. ebd., 61. FN 6.
130 Vgl. Tarchnišvili, Michael. a.a.O. 1940, 62. Vgl. dazu auch Hauptmann, Peter. Unter dem Weinrebenkreuz der heiligen Nino. In: Stupperich, Robert u.a. (Hrsg.). Kirche im Osten. Studien zur osteuropäischen Kirchengeschichte und Kirchenkunde. Bd. 17. Göttingen. 1974, 9–41. Hier 18.

Hier ist anzumerken, dass es sich bei der Begründung, Nino sei von den frühen georgischen Geschichtsschreibern verschwiegen worden, weil sie eine Frau war, um einen klassischen Zirkelschluss handelt, wenn man auch bemüht ist, die These durch weiteres Quellenmaterial zu untermauern. Diese These besticht zwar durch ihre Einfachheit und wäre an sich durchaus gut in der Lage zu erklären, wie die lange Geheimhaltung der Heiligen zustande kam. Sie hat aber meiner Ansicht nach zwei entscheidende Fehler. Wenn zum ersten die soziale Lage der Frauen im alten Georgien tatsächlich derart katastrophal gewesen sein sollte, wie Mixeil Tʻarxnišvili und Eva Maria Synek meinen, wie sollte es dann ausgerechnet einer weiblichen Kriegsgefangenen gelungen sein, sich und ihrer fremden Religion in einer solchen Weise Gehör, Respekt und Anerkennung zu verschaffen. Stattdessen müsste man logischerweise dann doch eher annehmen, dass die fremde Frau mit ihren neuen religiösen Vorstellungen nicht nur auf Ablehnung gestoßen wäre, sondern dass man sie ganz einfach aus dem Weg geräumt hätte, wenn Frauen an sich völlig rechtlos und unterprivilegiert gewesen wären. Wie sich die Tʻarxnišvilis georgische Lokaltradition der Ninolegende erhalten sollte, bleibt dann auch weitgehend unerklärlich. Sie musste sich ja unzweifelhaft um eine weibliche Apostelin ranken. Wäre diese aber aufgrund ihres Geschlechtes in der georgischen Gesellschaft weitgehend abgelehnt worden, so wäre höchstwahrscheinlich auch die mündliche Überlieferung im Laufe der Jahrhunderte verdrängt worden.

Fairy von Lilienfeld zeigt im Gegenzug dazu auf, dass die asketische Wanderschaft – ξενιτεία/Fremdlingschaft –, von der die Darstellung des Lebens der heiligen Nino berichtet, auch für Frauen im christlichen Orient des 3. und 4. Jahrhunderts nicht unüblich gewesen sei.[131]

> „Die Frauen Ostgeorgiens scheinen nach unserer Quelle selbstständig zu reisen, normalerweise in weiblicher Gesellschaft [...]."[132]

Dass sich Nino allerdings alleine auf den Weg nach Georgien machen muss, wird damit begründet, dass sie vom Märtyrertod, den Ripsime und ihre Gefährtinnen am armenischen Königshof erlitten, verschont blieb.[133] Auch Nino tritt uns in der *Bekehrung Kʻartʻlis* in einem solchen christlich asketischen Frauenmilieu entgegen. In diesem Milieu las man nach Fairy von Lilienfeld gemeinsam in der Bibel und belehrte sich gegenseitig. Die Welt der Männer wurde respektiert, man hielt jedoch Abstand zu ihr und stellte sie nicht in Frage.[134] Auch wenn in der Argumentation von Lilienfeld die soziale Trennung zwischen Mann und Frau beibehalten wird, ist hier jedoch nichts von der Rechtlosigkeit und Unterdrückung der Frau zu spüren, wie sie von Synek und Tʻarxnišvili vertreten wird. Auch Fairy von Lilienfeld meint

---

131 Ganz explizit werden Kappadokien, Syrien sowie Armenien genannt und auch in Georgien soll die Situation ähnlich gewesen sein. Vgl. Lilienfeld, Fairy von. a.a.O. 1994, 236.

132 Ebd., 246.

133 Vgl. Abulaje, Ilia u.a. (Hrsg.). a.a.O. 1963, 84.; Pätsch, Gertrud (Übers.). a.a.O. 1975, 293f.

134 Vgl. Lilienfeld, Fairy von. a.a.O. 1994, 246.

jedoch, dass die Tatsache, dass eine Frau „Apostelin" und „Evangelistin"[135] ihres
Landes war, den Georgiern zu schaffen machte. Sie geht aber davon aus, dass dies
erst im Nachhinein geschah, als die alte Institution der (auch weiblichen) Wander-
apostel längst in Vergessenheit geraten war.[136] Es besteht also immerhin die Möglichkeit, dass die Problematik ihres Geschlechtes und damit die Ablehnung einer
weiblichen Apostelin erst ex post zu elementaren Bestandteilen der georgischen Kirchengeschichte wurden. Es ist durchaus vorstellbar, dass die Verschwiegenheit der
frühen georgischen Quellen nicht auf die Sozialstruktur Altgeorgiens, sondern auf
kirchliche Vorurteile gegenüber Frauen zurückzuführen ist. Dafür spricht, dass es
bereits für Rufinus, Ninos ersten nichtgeorgischen Hagiographen, nicht selbstverständlich war, das Apostolat einer Frau uneingeschränkt anzuerkennen. Rufinus bemühte sich, Ninos Wirken mit neutestamentarischen Lehrverboten zu harmoni-
sieren.[137] Letztlich widerspricht diese These auch nicht den Indizien, die T'arxnišvili
für eine allgemeine Unterdrückung der Frau in Altgeorgien angeführt hat, sondern
wird von ihnen vielmehr noch unterstützt. Es sei noch einmal an die Abwesenheit
weiblicher Hagiographien und christlicher Monatsbezeichnungen nach heiligen
Frauen in Georgien erinnert. Auch seine philologische Begründung, den Gebrauch
des Begriffes mama-deda (მამა-დედა/Vater-Mutter), bezieht er explizit auf die
georgische Bibelübersetzung und die kirchliche Literatur bis zum 11. Jahrhundert.
Statt also anzunehmen, die soziale Stellung der Frau im alten Georgien sei von voll-
ständiger Abhängigkeit und Unterdrückung geprägt gewesen, was dazu geführt hat,
dass die heilige Nino aus der frühen Kirchengeschichte ausgeblendet wurde, ist es
sehr viel sinnvoller, dieses Phänomen nur auf die Ablehnung und Vorurteile gegen
Frauen seitens der Kirche zurückzuführen. Dies löst auch die Probleme in der Argumentation von Synek und T'arxnišvili auf, denn es macht verständlich, dass die
Mission einer Frau in Georgien zunächst doch angenommen werden konnte, denn
die angeführten Vorurteile wären ja erst während bzw. nach der Christianisierung in
die Vorstellungen und die Lebenswelt der Georgier eingedrungen. Zum anderen
wäre dann auch erklärbar, dass sich unterhalb des kirchlichen Überbaus in der georgischen Gesellschaft durchaus Tendenzen einer relativ stärkeren Akzeptanz gegenüber Frauen erhalten hätten, die dann dazu führten, dass sich einerseits die Lokaltradition um Nino über fast fünf Jahrhunderte erhielt und zum anderen die Anerkennung der Heiligen so viel später überhaupt erst möglich machte. Es wäre allerdings
falsch, anzunehmen, dass in der vorchristlichen Zeit in Georgien eine Art von
Gleichberechtigung zwischen den Geschlechtern geherrscht hätte. Das ist aufgrund
fehlender Quellen nicht nachweisbar. Meiner Ansicht nach gab es durchaus eine
klare geschlechtsspezifische Trennung, aber so negativ, wie Synek[138] und

---

135 Vgl. Abulaje, Ilia u.a. (Hrsg.). a.a.O. T'bilisi. 1963, 90, 297. Siehe auch Pätsch, Gertrud
      (Übers.). a.a.O. 1975, 297 und 335.
136 Vgl. Lilienfeld, Fairy von. a.a.O. 1994, 247.
137 Vgl. Synek, Eva M. a.a.O. 1994, 87. Siehe auch Hauptmann, Peter. a.a.O. 1974, 17f.
138 Synek, Eva M. a.a.O. 1994, 108ff.

T'arxnišvili[139] angenommen haben, kann die Lage der georgischen Frauen letztlich nicht gewesen sein.

Das zweite Problem, das den Georgiern bei der Anerkennung der Heiligen zu schaffen gemacht hat, war der niedrige gesellschaftliche Rang Ninos. Mit Ausnahme von Moses von Chorene, der diese Angelegenheit völlig übergeht, stimmen, bei Rufinus angefangen, alle Quellen darin überein, dass die Heilige eine Kriegsgefangene war. Dieser Befund veranlasste bereits Kekelije, diesen Umstand als historische Tatsache zu akzeptieren.

> „Die übereinstimmende Kunde der georgisch-byzantinischen Quellen, dass diese Frau eine Gefangene war, ist annehmbar."[140]

Die Ablehnung der heiligen Nino erfolgte nach der einhelligen Meinung von Synek[141] und T'arxnišvili[142] nicht nur, weil sie eine Frau, sondern weil sie nicht einmal eine Freie war. In der Erzählung von Ninos Tod in Bodbe in der *Bekehrung K'art'lis* wird folgendes berichtet:

> „Es sprachen die Herrinnen Salome von Užarma und Perožavri von Sivniet'i, und mit ihnen fragten alle Edlen und sagten:' Wer bist du und wie gelangst du in unser Land, um uns zu erlösen, oder wo bist du aufgewachsen, Herrin? Berichte uns deine Sache! Warum sprichst du von Gefangenschaft, Befreien der Gefangenen, Selig zu preisende, denn dieses haben wir von dir gelernt, dass zuerst Propheten gewesen sind vor der Herabkunft des Sohnes zur Erde und danach zwölf Apostel und wiederum zweiundsiebzig, und zu uns hat Gott niemand gesandt außer dir [...]."[143]

Hierin tritt das Problem deutlich zu Tage, zuerst gab es Propheten, dann zwölf Apostel und darauf zweiundsiebzig Jünger und die Georgier bekommen keinen anderen Bekehrer als eine Landfremde und Kriegsgefangene.[144] Auf der anderen Seite enthält dieses Zitat auch eine zusätzliche Bestätigung der These, das Christentum habe zumindest vorübergehend zu einer teilweisen gesellschaftlichen Abwertung der Frau in Georgien geführt, denn die Georgier haben ja erst von Nino gelernt, dass es höherwertige Verkünder des Glaubens gab.

Außerdem ist auffällig, dass die gesamte Ninolegende in ihren weitschweifigen Erzählungen die Gefangennahme und damit die Ursache für ihren niederen sozialen Rang als Sklavin mit keinem Wort erwähnt. Synek sieht darin nicht nur Verlegenheit gegenüber ihrem Sklavenschicksal, sondern deutet dies auch als Ausdruck eines schlechten Gewissens, dass man die spätere Erleuchterin zunächst einmal mit Ge-

---

139 Tarchnišvili, Michael. a.a.O. 1940, 58ff.
140 Kekelije, Korneli. a.a.O. 1928, 46.
141 Synek, Eva M. a.a.O. 1994, 108ff.
142 Tarchnišvili, Michael. a.a.O. 1940, 58ff.
143 Abulaje, Ilia u.a. (Hrsg.). a.a.O. 1963, 105. Siehe Pätsch, Gertrud (Übers.). a.a.O. 1975, 303.
144 Vgl. Synek, Eva M. a.a.O. 1994, 121.

walt festgenommen hatte.[145] Insgesamt gesehen wird Nino in der georgischen Tradition nur sehr selten als Gefangene bezeichnet, was nach Synek ebenfalls darauf hindeutet, dass die Georgier mit diesem Stand sehr große Schwierigkeiten hatten.[146]

Während man sich also der Bekehrung durch eine christliche Sklavin schämte, galt der aus edlem Geschlecht stammende Gregor den Georgiern also zunächst als eher akzeptabler Glaubensbote.

> „Gregor (Grigor), der als Kind vornehmer (parthischer oder armenischer) Herkunft im kappadokischen Cäsarea christlich erzogen worden war und in den letzten Jahren des 3. oder zu Beginn des 4. Jahrhundert den armenischen König Trdat (Tiriidates) III. selbst für den christlichen Glauben gewann."[147]

T'arxnišvili führt die enge kirchliche Bindung Georgiens an Armenien als Grund dafür an, dass die Georgier Nino gegenüber Gregor zurücksetzten. Was umso wahrscheinlicher ist, als er auch annimmt, dass sich das Christentum in den iberischen Grenzgebieten durch armenische Missionare verbreitet hat.[148] Außerdem war Georgien in den ersten Jahrhunderten nach seiner Christianisierung politisch zerrissen und unter verschiedene Fremdherrschaften und Protektorate aufgeteilt, wie in der Darstellung des historischen Hintergrundes bereits beschrieben wurde. Damit einher ging auch ein kultureller Tiefstand, der sich vor allem im religiösen und kultischen Bereich auswirkte. Daher war Georgien genötigt, sich auf diesen Gebieten an seine Nachbarvölker und dabei hauptsächlich an Armenien zu halten, welches einerseits eine gewisse politische Einheit aufwies und andererseits auch einen bedeutenden kulturellen Vorsprung verzeichnete. Es war der syrischen wie der byzantinischen Welt geographisch näher und war zudem auch früher christianisiert worden. T'arxnišvili fasst zusammen: „Wollte nun Georgien an den Kulturwerten von Jerusalem, Antiocheia, Byzanz teilnehmen, so war es gezwungen, den Weg dorthin über Armenien zu nehmen, es sogar als Vermittlungsorgan zu beanspruchen."[149] Die Beziehungen beider Kirchen verstärkten sich am Anfang des 6. Jahrhunderts sogar noch weiter, als um 506 armenische, albanische und vierundzwanzig georgische Bischöfe – von insgesamt dreiunddreißig – in Dwin das Henotikon Kaiser Zenons annahmen. Das erhöhte die Abhängigkeit der georgischen von der armenischen Kirche erheblich. Darauf setzte eine erhebliche Reaktion ein, die ein Jahrhundert später zum religiösen Bruch mit Armenien führte, da sich die georgische Kirche nun zu dem Konzil von Chalkedon bekannte. Mixeil T'arxnišvili ersieht die Triebkraft zu

---

145 Vgl. Synek, Eva M. a.a.O. 1994, 125.
146 Vgl. ebd., 120ff.
147 Hage, Wolfgang. Armenien. In: Müller, Gerhard/Balz, Horst u.a. (Hrsg.). Theologische Realenzyklopädie. Bd. 4. Berlin. 1979, 42.
148 Vgl. Tarchnišvili, Michael. a.a.O. 1940, 72f. Eine ähnliche Auffassung findet sich auch bei Kekelije, Korneli. a.a.O. 1928, 49ff.
149 Tarchnišvili, Michael. a.a.O. 1940, 68.

diesem Paradigmenwechsel hauptsächlich im Wirken der dreizehn syrischen Väter und anderer orthodoxer Mönche in Georgien.[150]

Genauso berechtigt ist es jedoch, anzunehmen, dass die Georgier, als kleines Volk, allmählich, der Abhängigkeit und Gängelung durch die Armenier überdrüssig, auf ihre religiöse Eigenständigkeit drangen. T'arxnišvili verweist ebenfalls darauf, dass zwischen dem 8. und dem 11. Jahrhundert – also bereits während der Araberherrschaft – ein politischer Einigungsprozess einsetzte, der die kulturelle und religiöse Eigenständigkeit zusätzlich unterstützte. Dabei wären die Georgier nahezu von selbst dazu gekommen, sich dem tatsächlichen Ursprung ihrer Kirche bewusst zu werden und ihn unmittelbar auf Jerusalem, die Mutter aller Kirchen zurückzuführen.[151] Solange sie jedoch die guten Beziehungen zwischen armenischer und georgischer Kirche währten, war es nahe liegend, Gregor den Parther als gemeinsamen Bekehrer anzuerkennen. Nach der Kirchenspaltung und dem vom Katholikos Abraham 607/8 über die georgische Kirche verhängten Anathema musste dieser Ursprung des Christentums in Georgien als Häresie angesehen werden und eine andere eigenständige Tradition entwickelt bzw. wieder entdeckt werden. Das könnte zu einer Renaissance der lokal begrenzten Ninotradition geführt haben.

In seiner Geschichte des georgischen Volkes schreibt Ivane Džavaxišvili dazu: „Die Entdeckung (der apostolischen Bedeutung Ninos), sowie die würdige Einschätzung der Predigt der h[ei]l[igen] Nino hat die damaligen Georgier überzeugt, dass ihre Ahnen einen eigenen, von Armenien und Gregor unabhängigen Erleuchter gehabt hätten, der ihnen die Lehre Christi aus Jerusalem gebracht, die Geistlichkeit aber, die sie taufen sollte, aus Griechenland entboten habe."[152] So wie also zunächst Gregor Nino verdrängt hatte, musste der Erleuchter Armeniens immer mehr hinter der wieder entdeckten Missionarin zurücktreten.[153]

Erst als Georgien im 8.–10. Jahrhundert wieder begann, zu einem starken Staat aufzusteigen, dessen Zentrum K'art'li werden sollte, besann man sich auf die christliche Legitimierung des einstigen Königshauses von Mc'xet'a und damit des ganzen georgisch sprechenden Landes und der Dynastie der Bagrationi, die nun herrschte. Und diese Tradition band man an eine Frau. Endgültig habe sich der Nino-Kult dann im 9. Jahrhundert durchgesetzt, meint Gertrud Pätsch im Anschluss an Mariam Lort'kip'anije und Ivane Džavaxišvili.[154]

Wenig später fand die staatliche Entwicklung des mittelalterlichen Georgien ihren Höhepunkt unter der Regierung einer Frau, der Königin T'amar (1184–1213). Synek meint, die Rezeptionsgeschichte der Ninotradition hätte auf die gesellschaftlichen Verhältnisse einen beachtlichen Einfluss ausgeübt. Die allmähliche Anerkennung der Heiligen hatte dabei Rückwirkungen auf die georgische Sozialstruktur,

---

150 Vgl. ebd., 69.
151 Vgl. Tarchnišvili, Michael. a.a.O. 1940, 71.
152 Džavaxišvili, Ivane. K'art'veli eris istoria. Bd. 1. T'bilisi. 1913, 404.
153 Vgl. T'arxnišvili, Mixeil. Die Legende der heiligen Nino. T'bilisi. 1955, 67f.
154 Vgl. Pätsch, Gertrud (Übers.). a.a.O. 1975, 288.

weil mit der Anerkennung Ninos in Georgien insgesamt eine Würdigung der Frau eingesetzt hätte. Dies kann und soll nicht bestritten werden. Es muss aber noch einmal entschieden betont werden, dass die Ausgangssituation nicht so nachteilig gewesen sein kann, wie Synek und T'arxnišvili behauptet haben. Die Brüche in der geschichtlichen Entwicklung und der soziale Wandel innerhalb der georgischen Tradition wären sonst zu groß und nicht erklärbar.

Die Möglichkeit, dass die Frau als religiös gleichberechtigt behandelt wurde, hat sich im Leben von Nino, aber auch in dem mancher anderen Frau, gegenüber der in der Alten Kirche herrschenden Vorstellung vom Platz der Frau in der Gesellschaft angekündigt. Darum kann wohl auch für Nino, die faktisch in Georgien am Ende ihres Lebens eine geistig-geistlich führende Stellung einnahm, der Titel „königlich, herrschaftlich"[155] gelten, obgleich sie den geringen Status einer „Gefangenen" in der georgischen Gesellschaft innehatte. Es wurde auch möglich, dass zu Ehren der Königin T'amar – also einer Frau – ein Epos entstehen konnte, in dem der Verfasser, Šot'a Rust'aveli, die Gleichstellung von Mann und Frau mit folgenden Versen besang:

> „Ein junger Löwe ist dem anderen gleich, sei er männlichen oder weiblichen Geschlechts."[156]

3.4 Rechtfertigungen und Idealisierungen der heiligen Nino

Weil Nino als Apostelin der Georgier rehabilitiert wurde, sahen sich die Hagiographen vor die Aufgabe gestellt, Ninos soziale Stellung gewissermaßen hoffähig zu machen. Dabei waren zwei Probleme zu bewältigen: Ninos Sklavenschicksal und ihr Geschlecht. Die Hagiographen bemühten sich auf verschiedenste Art, die Weiblichkeit ihrer Glaubensbotin im Nachhinein zu legitimieren. Im einschlägigsten Fall wird eine Vision als Rahmen für einen ausführlichen Schriftbeweis benutzt, der Ninos Apostolat in Georgien vom Hintergrund der Bibel her legitimiert, und darüber hinaus jegliche Abneigungen gegenüber Frauen unter Verweis auf Galater 3, 28 grundsätzlich für unangebracht erklärt. Im Čeliši-Manuskript der Bekehrung wird erzählt, dass Nino vor ihrer Ankunft in Mc'xet'a sehr niedergeschlagen war, worauf ihr im Traum ein alter Mann erschienen sei.

> „[...] und er gab mir ein gedrucktes Buch und sprach zu mir: ‚Stehe auf und bringe dies eilends nach Mc'xet'a zu dem König der Heiden' und ich [...] sagte: ‚Herr, ich bin eine landfremde und unwissende Frau, wenn ich hingehe, weiß ich nicht einmal, in welcher Sprache ich mit den fremden Stäm-

---

155 Vgl. Abulaje, Ilia u.a. (Hrsg.). a.a.O. 1963, 90, 121ff. Siehe auch Pätsch, Gertrud (Übers.). a.a.O. 1975, 297 und 313.
156 Zitat nach: Tarchnišvili, Michael. a.a.O. 1940, 62.

men reden soll.' Da öffnete er das Buch und gab es mir zu lesen [...] Zehn
Sprüche waren aufgeschrieben, wie vordem auf den Steintafeln.[157] [...], Erster Spruch: ‚Wo immer diese Heilsbotschaft verkündigt wird, da wird man
auch von dem, was diese Frau getan hat, zum ehrenden Gedächtnis für sie erzählen'. (Matth. 26, 13.) 2. ‚Da gibt es nicht mehr Mann und Weib: nein, ihr
seid allesamt Einer [oder eine Einheit]'. (Gal. 3, 28.) 3. ‚Gehet hin und macht
alle Heiden zu Jüngern und tauft sie in den Namen des Vaters, des Sohnes
und des heiligen Geistes hinein'. (Matth. 28, 19.) 4. ‚Ein Licht zur Erleuch-
tung der Heiden und zur Verherrlichung deines Volkes Israel'. (Luk. 2, 32.)
5. ‚überall wo diese Heilsbotschaft in der Welt verkündigt werden wird, da
wird man auch sprechen'. (Matth. 26, 13; Mark. 14, 9.) 6. ‚Wer euch aufnimmt, nimmt mich auf, und wer mich aufnimmt, nimmt den auf, der mich
gesandt hat'. (Matth. 10, 40.) 7. ‚Sehr liebte Maria den Herrn, sodass sie im-
merdar seiner wahrhaftigen Weisheit zuhören wollte'. (Luk. 10, 38–42.) 8.
‚Fürchtet euch nicht vor denen, die wohl euer Fleisch töten, aber die Seele
nicht zu töten vermögen'. (Matth. 10, 28.) 9. ‚Jesus sagte zu Maria Magdalena: ‚Geh hin, Weib, und verkündige meinen Brüdern das Evangelium'.
(Mark. 16, 9; Joh. 20, 17.) 10. ‚Wo auch immer ihr predigt im Namen des
Vaters und des Sohnes und des heiligen Geistes'. Und als ich das gelesen
hatte, begann ich, zu Gott zu beten. Und ich erkannte, dass die Erscheinung
vom Himmel war. Und ich erhob meine Augen zum Himmel und pries ihn
hoch und erbat von ihm Hilfe in meinen Nöten. Und ich hielt mich an den
Durchfluss des Sees und folgte ihm."[158]

Mit diesen zehn Verweisen auf die Bibel wird in der Erzählung Nino ermutigt, ihr
Apostolat anzunehmen. Auf der anderen Seite wird das durchaus Außerordentliche
einer weiblichen Apostelin vor den Lesern und Hörern der Geschichte begründet, da
sich der erste, zweite und siebte Spruch direkt auf die weibliche Rolle im Christentum und der neunte sogar – mit Verweis auf Maria Magdalena – auf das weibliche
Apostolat beziehen. Darüber hinaus wird im sechsten Spruch unter Verweis auf
Matth. 10, 40 hervorgehoben, dass der, der einen Apostel oder auch eine Apostelin
aufnimmt, den Herrn selbst aufnimmt. Eine Geringschätzung Ninos wegen ihres Geschlechts käme demnach einer Ablehnung Christi, ja des Vaters selber, gleich.
Durch diese Vision erscheint die heilige Nino als vom Herrn selbst zur Verkündigung seiner Botschaft berufen.

Visionen und Träume werden in der Bekehrung Georgiens noch mehrfach verwendet, um die Sendung Ninos als gottgewollt zu legitimieren. Als ihre armenische
Herrin Ripsime mit ihren Begleiterinnen getötet worden war, sieht Nino in einer Vi-

---

157 Hierbei handelt es sich um einen bewussten Verweis auf den alttestamentarischen Dekalog.
158 Zitat nach: Abulaje, Ilia u.a. (Hrsg.). a.a.O. 1963, 117ff. Siehe auch Taqaišvili, Eꞌkvtꞌime
     (Hrsg.). Axali varianti cm[inda] ninos cꞌxovrebisa anu meore nacili kꞌartꞌlis mokꞌcꞌevisa.
     Tpꞌilisi. 1891, 17f und Pätsch, Gertrud (Übers.). a.a.O. 1975, 309f. Anm. 10.

sion einen Diakon zusammen mit himmlischen Heerscharen vom Himmel herabstei-
gen. Als sie sich bei ihm beklagt, allein zurückgelassen worden zu sein, antwortet
dieser:

> „Du aber stehe auf und gehe fort von Osten, wo die Ernte groß ist, aber der
> Arbeiter wenig."[159]

Auch hier wird ihre weibliche Sendung direkt durch göttliches Eingreifen vor den
Gläubigen begründet. In diese Reihe visionärer Legitimationen gehört sicher auch
die Traumdeutung durch die Jüngerin Ninos, Sidonia. Die Hagiographen berichten
von einem mehrmals wiederholten Traum Ninos. Darin befindet sie sich in einem
Garten, in dem ihr Vögel freundlich zurufen, als ob es ihr eigener Garten wäre.[160] Sidonia, die Tochter des jüdischen Priesters Abiatar, deutet, als Nino ihr davon erzählt,
den Traum so:

> „Jerusalem, Jerusalem, wie du deine Kinder ausgebreitet hast und die Völker
> aus allen Himmelsrichtungen unter deine Flügel versammelst. Siehe, auch
> nach hier ist diese Frau gekommen und wird das ganze Gesetz dieses Landes
> ändern [...] Dein Traum bedeutet, dieser Ort des Gartens wird durch dich ein
> Garten zur Verherrlichung Gottes [...]."[161]

Ein weiteres Stilmittel um die Weiblichkeit Ninos positiv erscheinen zu lassen, besteht darin, sie in der *Bekehrung* in Analogie mit herrlichen und großartigen Tieren
zu vergleichen. Die Hagiographen legen dazu der armenischen Miapora, bei der
Nino nach der Trennung vom Vater dient, folgende Worte in den Mund:

> „Ich sehe, mein Kind, deine Kraft, [ist] wie die Kraft des Löwenweibchens,
> das seine Stimme über alles Vierfüßige erhebt, oder wie die Kraft des Adler-
> weibchens, das sich höher als das Männchen in die Lüfte erhebt und in sei-
> nem Augapfel, der klein ist wie eine Perle, die ganze Erde umfasst und über-
> blickt, es prüft seine Speise feuergleich, schätzt sie ab, breitet rauschend die
> Flügel aus und stürzt sich auf sie. So wird dein Leben sein unter der Führung
> des heiligen Geistes."[162]

Im Gegensatz zu den üblichen Bildern, die den männlichen Löwen und Adler in den
Vordergrund stellen, werden hier die Kraft des Löwen- und des Adlerweibchens
hervorgehoben. Wobei der Naturbeobachtung entsprechend besonders betont wird,
dass gerade der weibliche Adler sich höher in die Lüfte erhebt als das Männchen.

---

159 Abulaje, Ilia u.a. (Hrsg.). a.a.O. 1963, 117ff und Taqaišvili, E'kvt'ime (Hrsg.). a.a.O. 1891,
     17. Siehe auch Pätsch, Gertrud (Übers.). a.a.O. 1975, 309.
160 Vgl. Abulaje, Ilia u.a. (Hrsg.). a.a.O. 1963, 124.; Pätsch, Gertrud (Übers.). a.a.O. 1975, 314.
161 Abulaje, Ilia u.a. (Hrsg.). a.a.O. 1963, 124. Siehe Pätsch, Gertrud (Übers.). a.a.O. 1975, 314.
162 Abulaje, Ilia u.a. (Hrsg.). a.a.O. 1963, 110f.; Pätsch, Gertrud (Übers.). a.a.O. 1975, 306f.

Der Patriarch Jobenal sendet dagegen mit den Worten des Hagiographen Nino wie einen echten Mann aus,[163] obwohl sie eine Frau war. Vergleichbare Formulierungen finden sich auch in georgischen Hymnen wieder:

„Wenn auch von Natur ein Weib, ward sie durch Christi Gnade über alle Männer erhoben; die Selige stand allerdings hinter den Apostelfürsten sehr weit zurück, allein durch Gnade und Wunder hat Gott sie ihnen gleichgestellt."[164]

Im 12. Jahrhundert verfasste der georgische Katholikos-Patriarch Nikoloz Gulaberije (1150–1178) eine Lesung für die lebendige Säule, den Rock des Herrn und die katholische Kirche (Sakit'xavi suetisa c'xovelisa, kuart'isa saup'loysa da kat'olike eklesiisay).[165] Darin stellte er die Frage, warum Gott eine Frau und keinen Mann nach Georgiern sandte, um das Evangelium zu verkünden. Nikoloz Gulaberije beantwortete sie selbst unter der Angabe von drei Gründen: „1. Gott hat uns eine Frau zugesandt, weil Georgien ein 'Erbteil der Muttergottes war'.[166] 2. Weil dies Geschlecht (der Georgier) das grausamste und wildeste unter allen Geschlechtern war, so schickte (Gott) eine Frau zu uns, damit seine Gottheit Macht umso klarer erstrahle und damit sich keine Menschenzunge erdreiste, in eitler Wortfechterei böswillig zu behaupten: der Mut, das kluge Philosophieren oder das Rednertalent eines Mannes hätten ihre (der Georgier) Tollwut beschwichtigt [...]. Aus diesem Grunde beugte Gott die Hartnäckigkeit von unbeugsamen und ungeschlachten Menschen durch die schwache Natur eines Weibes. 3. Der dritte Beweggrund liegt in der hohen Würde der Frau, wie dies aus dem Neuen Testament erhellt. Es war ja eine Frau, Maria Magdalena, die gewürdigt ward, den auferstandenen Heiland als erste zu schauen. 'Verstummen soll darob, 'ruft der Autor aus, 'der frecheile Mund, welcher die (evangelische) Verkündigung und unsere Bekehrung durch die weibliche Natur bösartig herabsetzt."[167] Bei seiner Antwort greift er auf bereits kursierende Legenden zurück. Eigentlich sei Maria der Missionsauftrag für Georgien zugefallen. Auf Christi ausdrücklichen Wunsch habe sie aber Nino als ihre Vertreterin gesandt. Das wilde und grausame Volk der Georgier sollte nicht durch den Mut eines Mannes, sondern durch die Schwäche einer Frau bekehrt werden;[168] denn gerade in der neu-

163 Vgl. Abulaje, Ilia u.a. (Hrsg.). a.a.O. 1963, 118.; Pätsch, Gertrud (Übers.). a.a.O. 1975, 311.
164 Vgl. Tarchnišvili, Michael. a.a.O. 1940, 66.
165 Sabinini, Gordon [Mixei]. Sak'art'velos samot'xe. St. Petersburg. 1882, 69–118.
166 Diese Meinung fußt auf einer Legende, wonach bei der Aufteilung der Welt unter die Apostel Georgien als Missionsgebiet der Gottesmutter zufiel. Maria wollte selbst nach Georgien kommen und dort die Lehren ihres Sohnes verkünden, aber „ihr Sohn hielt sie von diesem Begehren ab" und entsandte „auf Bitten und Vermittlung seiner Mutter" die heilige Nino zur Bekehrung der Georgier. Vgl. Lilienfeld, Fairy von. a.a.O. 1994, 247. FN 163.
167 Übersetzung nach Lilienfeld, Fairy von. a.a.O. 1994, 247f. Siehe auch Kekelije, Korneli/Baramije, Aleksandre. Jveli k'art'uli literaturis istoria. (Geschichte der altgeorgischen Literatur). T'bilisi. 1969, 94f.
168 Lilienfeld, Fairy von. a.a.O. 1994, 247f. Vgl. dazu auch Kap. 3.4.

testamentlichen Botschaft komme der Frau eine hohe Würde zu. Nach der Legende
der heiligen Nino hat Maria ihre Vertreterin zur Mission dadurch beauftragt, dass sie
ihr im Traum ein Weinrebenkreuz zeigte, das mit Ninos Haaren zusammen geflochten
war. Beim Erwachen fand die Missionarin dieses Weinrebenkreuz neben sich.
Sie habe es mit nach Georgien genommen und durch die Berührung mit ihm viele
Kranke geheilt.[169] Heute wird dieses Weinrebenkreuz als Kleinod und Reliquie in
der Sionskathedrale[170] zu T'bilisi verehrt.

Ebenfalls im 12. Jahrhundert nimmt der Mönch Arsen in seiner *Vita der heiligen
Nino* die Legende von der Stellvertreterrolle für die Gottesmutter auf, die er jedoch
mit der Andreaslegende in Verbindung setzt:

> „Nach der Himmelfahrt des Herrn und der Erleuchtung der Apostel durch den
> H[ei]l[igen] Geist bestimmten die Apostel in Anwesenheit der Allheiligen
> Mutter Gottes durch das Los, wer von ihnen in welchem Land die Lehre
> Christi verbreiten sollte. Dabei fiel Georgien der Mutter Gottes selbst zu.
> Aber die Allheilige Mutter Gottes, ihr nahendes Ende fühlend, berief an ihrer
> Stelle Andreas, den Erstberufenen und Simon von Kana. Deshalb wird Geor-
> gien […] als Land der Mutter Gottes bezeichnet."[171]

Eine andere Version dieser Legende besagt, dass die Gottesmutter nicht Andreas
und Simon, sondern Nino zur Erleuchterin Georgiens bestimmt habe, weil sie das
Land durch eine Frau bekehrt wissen wollte. T'arxnišvili geht davon aus, dass die
Bezeichnung Ninos als von der Gottesmutter persönlich ausgesuchte Missionarin
Georgiens ein Versuch war, das Geschlecht der Heiligen für die Gläubigen annehm-
bar zu machen.[172] Wenn jedoch die im Zusammenhang mit dem Namen der Heiligen
aufgestellte These zutrifft, dass es einen semantischen Zusammenhang zwischen
Nino und Mutter gibt und man sich zusätzlich ins Gedächtnis ruft, dass Nino auch
als Mutter Georgiens bezeichnet wird, dann kann die Legende auch auf andere
Weise entstanden sein. Nino wird von den Georgiern als Mutter angerufen. Der Titel
Mutter ist im Altgeorgischen die ehrende Anrede für Frauen adeliger Abstammung.[173] Er wird nur in der jüngeren Überlieferungsschicht auf Nino angewendet.
Als Beispiel hierfür können die Worte von König Mirian dienen: „Ich will meine
Seele meiner heiligen Mutter Nino anempfehlen. Die Heilige aber empfahl ihre
sündlose Seele in die Hände ihres Schöpfers, denn sie hatte alle Gebote Gottes und
den Auftrag ihres heiligen Mutterbruders, unseres Vaters Patriarchen, erfüllt."[174] In

---

169   Vgl. Fähnrich, Heinz. Geschichte Georgiens. a.a.O. 1993, 77–80.
170   Eine der Hauptkirchen des heutigen T'bilisi und Wirkungsstätte des Katholikos-Patriarch –
      des Oberhauptes der georgisch-orthodoxen Kirche.
171   Biedermann, Hermenegild Maria. 1500 Jahre Autokephalie Georgiens. Vortrag von Michael
      T'arxnišvili. In: Ostkirchliche Studien 33. Würzburg. 1984, 315–328. Hier 316.
172   Vgl. Tarchnišvili, Michael. a.a.O. 1940, 66.
173   Ebd., 73 sowie Synek, Eva M. a.a.O. 1994, 132.
174   Abulaje, Ilia u.a. (Hrsg.). a.a.O. 1963, 160f. Siehe Pätsch, Gertrud (Hrsg.). a.a.O. 1975, 336.

den älteren Teilen des Legendenzyklusses ist einfach vom „Weib Nino" die Rede.[175] Die inhaltliche Übereinstimmung der jungfräulichen Mutter Gottes mit einer Mutter Georgiens, die uns ebenfalls nur als Jungfrau bzw. unverheiratet entgegentritt, ist so bestechend, dass es für die Georgier nahe gelegen haben kann, Nino als Stellvertreterin Marias zu sehen und auch zu akzeptieren.

Das interessanteste Stilmittel innerhalb der Ninotradition, um das Problem der Weiblichkeit der Missionarin zu entschärfen, besteht darin, dass was eigentlich ungewöhnlich und unerhört erscheinen konnte, zum Normalfall zu stilisieren. Dazu treten neben einer Handvoll Männern übermäßig gehäuft Frauen in bedeutenden Rollen auf, wie Eva Maria Synek sehr schön herausgearbeitet hat.[176] Schon in der Kindheitsgeschichte Ninos spielen Frauen eine wesentliche Rolle.[177] In der Erziehungsgeschichte von Nino wird die Bedeutung der Mutter stark hervorgehoben.

> „Und meine Mutter erzog mich in ihrem eigenen Inneren Tag und Nacht unermüdlich zum Dienst an den Armen."[178]

Das Leben Kʻartʻlis erzählt:

> „Die heilige Nino, die Predigerin Kʻartʻlis, wurde ihnen als einziges Kind geboren. Und ihre Mutter Sosana erzog sie im Dienst der Armen."[179]

In der *Bekehrung Georgiens* wird die Armenierin Miapora erwähnt, bei der Nino zwei Jahre lang diente. Von ihr hat Nino die christliche Lehre empfangen, die sie dem georgischen Volk weitergegeben hat. Nino spricht zu ihrer Herrin und Lehrerin: „Sende mich und ich will hintreten vor die Königin Helena, vielleicht lässt sie mich vor sich hinkommen, um über das Christentum zu reden."[180] Ninos Kontaktpersonen

---

175 Vgl. Tʻarxnišvili, Michael. a.a.O. 1940, 73.

176 Vgl. Synek, Eva M. a.a.O. 1994, 116ff.

177 Die Miapʻora Sara, bei der Ninos Mutter Susanna Dienerin ist, arrangiert die Ehe zwischen Ninos Eltern. Vgl. Abulaje, Ilia u.a. (Hrsg.). a.a.O. 1963, 106f. Siehe auch Pätsch, Gertrud (Übers.). a.a.O. 1975, 304.

178 Abulaje, Ilia u.a. (Hrsg.). a.a.O. 1963, 109. Siehe Pätsch, Gertrud (Übers.). a.a.O. 1975, 306.

179 Eigene Übersetzung von: „ესე წმინდა ნინო, მოძღუარი ჯართლისა, მათგან იშვა ოდენ მხოლოდ, თვინიერ სხვასა შვილსა. და აღზარდა დედამან მისმან სოსანა მსახურებასა შინა გლახაკთასა."
Ese cminda nino, mojġuari qartʻlisa, matʻgan išva oden mxolod, tʻvinier sxvasa švilsa. da aġzarda dedaman misman sosana msaxurebasa šina glaxaktʻasa. Zitat nach: Leonti Mroveli. Ninos mier kʻartʻlis mokʻcʻeva. In: Qauxčʻišvili, Simon (Hrsg.). a.a.O. 1955, 72–138. 76. Zur Übersetzung vgl. Leonti Mroweli. Die Bekehrung König Mirians und ganz Kartlis durch unsere heilige und selige Mutter, die Apostolin Nino. In: Pätsch, Gertrud (Hrsg.). a.a.O. 1985, 131–199. Hier 134.

180 Abulaje, Ilia u.a. (Hrsg.). a.a.O. 1963, 113. Siehe Pätsch, Gertrud (Hrsg.). a.a.O. 1975, 308.

sind meist jüdische[181] Frauen, wie Sidonia, die Tochter des jüdischen Priesters Abiatar, sowie achtzehn weitere Frauen, die mit ihr in Mc'xet'a beten.

Das zweite große Problem, das die Hagiographen bewältigen mussten, war Ninos niedrige soziale Stellung als Gefangene und Sklavin. Um diesen Makel auszugleichen und sie sozusagen salonfähig zu machen, geben ihr die Hagiographen im Nachhinein eine edle Herkunft. Diese wird meist mit Kappadokien verbunden. Wenn wir aber davon ausgehen, dass sie tatsächlich aus dieser Region kam, so ist in diesem Zusammenhang auch der georgische Heilige „Georg der Kappadokier" zu nennen.[182] Von Ninos Vater Zabulovn ist bei Ilja Abulaje überliefert, dass er als Feldherr die Branžen[183] besiegt, dann aber als Christ die gefangenen Krieger, Edle und das ganze Volk, bekehrt habe. Er lehrte die Branžen „das ganze Gesetz Christi."[184] In der Stadt Kolasta[185] heiratet er Ninos Mutter Sosana. Nach zwölf Jahren gingen sie nach Jerusalem.[186] Nino wird in *die Bekehrung K'art'lis* in ihrer missionarisch-asketischen Tradition ihrem Vater folgend dargestellt. Ninos Mutter Suzanna gibt an Nino die kirchliche Tradition weiter.[187] In der Kindheitsgeschichte wird außerdem erzählt, dass die Heilige die Verwandte eines Bischofs gewesen sei. Juvenal, der Patriarch von Jerusalem, habe seine Nichte Nino ausdrücklich zur Missionarin bestimmt:

> „Er aber rief mich, mein heiliger Vater Patriarch, der Bruder meiner Mutter, und er stellte mich auf die Stufen des Altars und legte mir seine Hände auf die Schultern und seufzte zum Himmel und sprach: ‚Herr Gott der Väter und der Jahrhunderte, in deine Hände befehle ich diese Waise, das Kind meiner Schwester, und ich sende sie, deine Göttlichkeit zu predigen und dass sie deine Auferstehung verkündet, wo immer du Gefallen an ihrem Lauf haben wirst. Sei, Christus, ihr der Weg, der Gefährte, der Hafen, der Lehrer in der Sprachenkunde, wie denen, die vordem deinen Namen fürchteten.' Und er

---

181 „Vielleicht haben auch jüdische Gemeinden eine gewisse Rolle gespielt". Aßfalg, Julius. Georgien. In: Balz, Horst Robert/Hall, Stuart G. u.a. (Hrsg.). Theologische Realenzyklopädie. Bd. XII. Berlin/New York. 1984, 390.

182 Abulaje, Ilia u.a. (Hrsg.). a.a.O. 1963, 106. Siehe Pätsch, Gertrud (Übers.). a.a.O. 1975, 304.

183 Nach der Mehrzahl der Forscher sind damit Franken gemeint, die unter Einfluss eines christlich arabischen Milieus standen. Vgl. Lilienfeld, Fairy von. a.a.O. 1994, 238. FN 98. Jost Gippert vermutet dagegen hinter den Branžen eher die Phryger. Vgl. Gippert, Jost. a.a.O. 1997, 128f.

184 Abulaje, Ilia u.a. (Hrsg.). a.a.O. 1963, 106. Siehe Pätsch, Gertrud (Hrsg.). a.a.O. 1975, 304.

185 Dieser geographische Name ist bisher nicht geklärt. Er kommt als „Kolosae" vor in: Abulaje, Ilia u.a. (Hrsg.). a.a.O. 1963, 109. Vgl. Lilienfeld, Fairy von. a.a.O. 1994, 238. FN 100.

186 Vgl. Moc'ik'ult'a scori cminda nino da misi č'amosvla sak'art'veloši. In: Suxitašvili, Dimitri (Hrsg.). Kvart'i k'ristesi. T'bilisi. 1999, 52–54. Hier 52.

187 Die Legende über die Heilige Nino wird auch erzählt in: Sak'art'velos eklesiis kalendari. Cminda nino. T'bilisi. 1979, 53–58. Deutsche Übersetzung bietet Fähnrich, Heinz (Hrsg.). Die heilige Nino. In: Ders. a.a.O. 1998, 24–28.

schied mich von meiner Mutter und gab mir das Kreuz und den Segen auf den Weg."[188]

Immer wieder kommt in den Hagiographien vor, dass Nino vor allem bei hochadeligen Persönlichkeiten missionarisch wirkte. Von Nino wird die aus königlichem Geschlecht stammende Ripsime getauft,[189] ebenso Königin Nana und König Mirian und auch den Verwandten der Königin, den persischen Edlen Xuara, hat sie geheilt und bekehrt.[190] Im *K'art'lis C'xovreba* heißt es außerdem, der König sei „unter ihrer Hand" getauft worden.[191] Dagegen spricht sich allerdings das *Čeliši*–Manuskript aus, dem zufolge Nino als „sündige Frau" nicht würdig gewesen sei, andere zu taufen.[192] Der Katholikos Bessarion, ein Theologe des 18. Jahrhunderts, verwendet Nino als Kronzeugin dafür, dass Frauen nicht die Taufe spenden dürfen.[193] Eines ist auch in der georgischen Überlieferung ausführlich herausgearbeitet: Nino tauft nicht, bevor der Kontakt zur Großkirche hergestellt ist. Es wird zwar betont, dass Nino eine katechetische Tätigkeit entwickelt habe,[194] doch von Taufen ist erst nach der Ankunft des Bischofs, der Priester und der Diakone die Rede. Es heißt aber auch:

> „[…] sie verkündigte den Glauben an Christus [...] und sie taufte die Ercu-Tianer [in Ostgeorgien]."[195]

Nach diesem Text liegt die Initiative demnach eindeutig bei Nino.[196]

---

188 Pätsch, Gertrud (Übers.). a.a.O. 1975, 308.
189 Vgl. Abulaje, Ilia u.a. (Hrsg.). a.a.O. 1963, 113.; Pätsch, Gertrud (Übers.). a.a.O. 1975, 308.
190 Vgl. Pätsch, Gertrud (Hrsg.). a.a.O. 1985, 162.
191 Vgl. Leonti Mroveli. Ninos mier k'art'lis mok'c'eva. In: Qauxč'išvili, Simon (Hrsg.). a.a.O. 1955, 72–138. Hier 116. Siehe auch Leonti Mroveli. Die Bekehrung König Mirians und ganz Kartlis durch unsere heilige und selige Mutter, die Apostolin Nino. In: Pätsch, Gertrud (Hrsg.). a.a.O. 1985, 131–199. Hier 171.
192 Vgl. Abulaje, Ilia u.a. (Hrsg.). a.a.O. 1963, 130.; Pätsch, Gertrud (Hrsg.). a.a.O. 1975, 321.
193 Vgl. Tarchnišvili, Michael/Aßfalg, Julius. a.a.O. 1955, 259. Anm. 2.
194 Vgl. Abulaje, Ilia u.a. (Hrsg.). a.a.O. 1963, 136.; Pätsch, Gertrud (Übers.). a.a.O. 1975, 322.
195 Abulaje, Ilia u.a. (Hrsg.). a.a.O. 1963, 89. Siehe Pätsch, Gertrud (Übers.). a.a.O.1975, 296.
196 „Sie taufte". Vgl. Abulaje, Ilia u.a. (Hrsg.). a.a.O. 1963, 89. Im zweiten Teil der Bekehrung (Leben Ninos) wird berichtet, dass die aus Konstantinopel gesandten Priester die Taufe vornahmen. Vgl. a.a.O. 137 (Čeliši-Text). Siehe auch Pätsch, Gertrud (Übers.). a.a.O. 1975, 321 (Anm. 3 gibt nur eine kurze Inhaltsangabe). Doch auch Text A (Šatberdi-Hanschrift) berichtet (nach Zaza Alek'sije in Übereinstimung mit Sin 50), dass Nino „durch die Hände des Priesters Jakob und des Archiediakons Prosila einige Söhne der Edlen getauft" habe. Vgl. Abulaje, Ilia u.a. (Hrsg.). a.a.O. 1963, 146. Siehe Pätsch, Gertrud (Übers.). a.a.O. 1975, 327.

4. Das Martyrium der heiligen Šušanik

Im Gegensatz zur Überlieferung über die heilige Nino stehen für das Leben der heiligen Šušanik nicht so viele Quellen unterschiedlicher Herkunft zur Verfügung. Aus diesem Grund kann der Šušanik-Überlieferung im Gegensatz zur heiligen Nino in dieser Untersuchung nicht so breiter Raum eingeräumt werden. Andererseits gebieten Inhalt und Art der Quelle, sie auch in einem eigenen Kapitel zu würdigen. Dies gilt vor allem vor dem Hintergrund der Fragestellung dieser Arbeit nach der Stellung der Frau in Georgien während der Zeit der Sasaniden zwischen dem 5. und 7. nachchristlichen Jahrhundert. *Das Martyrium der heiligen Šušanik*[197] führt uns ins 5. Jahrhundert, eine Zeit, in der die Sasaniden als Herrscher Persiens eine aggressive Politik gegenüber Ostgeorgien (Iberien/K'art'li) betrieben. Sie waren bereit, um den persischen Einfluss im Land zu vergrößern, die Unabhängigkeit in diesen Regionen Georgiens einschränken. Der Inhalt des *Martyriums der heiligen Šušanik* reflektiert historische Begebenheiten jener Zeit.

Šušanik heiratete den georgischen Fürst Varsk'en[198], der in K'art'li als Pitiaxši[199] unter sasanidischem Einfluss stand. Sie war eine Armenierin vornehmer Herkunft und stammte aus der Familie der Mamikonianen.[200] Die Mamikonianen hatten in Armenien eine sehr privilegierte Stellung. Sie waren Sparapeten, die im aufkommenden Feudalismus Lehnsleute der persischen Krone waren, die als Provinzstatthalter und auch als Oberkommandierende eingesetzt wurden.[201] Der armenische Titel Spa-

---

197 Als Primärquellen habe ich die Ausgabe Camebay cmindisa Šušanikisi dedop'lisay (Das Martyrium der heiligen Prinzessin Šušanik). In: Abulaje, Ilia u.a. (Hrsg.). Abulaje, Ilia u.a. (Hrsg.). a.a.O. 1963, 11–29 und die neuere Ausgabe von Iakob Xuc'esi. Camebay cmindisa šoušanikisi dedop'lisay (Jakob Xuc'esi. Das Martyrium der heiligen Prinzessin Šušanik). In: Sardžvelaje, Zurab u.a. (Hrsg.). Iakob Xuc'esi. Šoušanikis cameba. Giorgi Merč'ule. Grigol xanjt'elis c'xovreba (Jakob Xuc'esi. Das Martyrium von Šušanik. Giorgi Merč'ule. Das Leben von Gregor Xanjt'eli). T'bilisi. 1999, 5–40. verwendet.

198 Varsk'en war Regent, Pitiaxši, von K'art'li. Vgl. Asat'iani, Nodar. Sak'art'velos istoria ujvelesi droidan XIX saukunemde. T'bilisi. 2001, 86. Der Name Varsk'en wird in der Literatur sowohl als Varsken aber manchmal auch als Vasken, Vazgen bzw. Warsken oder ähnlich wiedergegeben. Bei Zitaten wird die jeweilige Schreibweise übernommen. Zweifelsfrei handelt es sich aber um ein und dieselbe Person.

199 Vgl. Iakob Xuc'esi. Camebay cmindisa šoušanikisi dedop'lisay. In: Sardžvelaje, Zurab u.a. (Hrsg.). a.a.O. 1999, 6. Der persische Begriff pitiaxš ist gleichbedeutend mit dem georgischen erist'avi. Beide waren Lehnsleute der Krone, die als Provinzstatthalter eingesetzt wurden. Zur Verwendung beider Titel am georgischen Hof vgl. Kap. 8.

200 Vgl. Camebay cmindisa Šušanikisi dedop'lisay. In: Abulaje, Ilia u.a. (Hrsg.). a.a.O. 1963, 11. Siehe auch Iakob Xuc'esi. Camebay cmindisa šoušanikisi dedop'lisay (Jakob Xuc'esi. Das Martyrium der heiligen Prinzessin Šušanik). In: Sardžvelaje, Zurab u.a. (Hrsg.). a.a.O. 1999, 5–40. Hier 5.

201 Vgl. Sardžvelaje, Zurab/Giunašvili, Elene. Iakob Xuc'esi da misi t'xzuleba – gamokvleva (Iakob Xuc'esi und sein Werk – Untersuchung). In: Sardžvelaje, Zurab u.a. (Hrsg.). a.a.O.

rapet wird im Georgischen mit dem Lehnwort Spaspet wiedergegeben, was inhaltlich seinerseits dem früher in Georgien gebräuchlichen Erist'avi entspricht.[202] Der
Vater von Šušanik, Vardan Mamikonian (388/391–451), war ein armenischer Feldherr, der historisch gut belegt ist.[203] Er war seit 422 der Oberkommandierende der
armenischen Streitkräfte und kämpfte als solcher auf der Seite der Sasaniden gegen
die Kušan. Als 449 der persische Großkönig Jezdegerd II. unter dem Einfluss seines
Wezirs Mihr Narsēh beschloss, Armenier und auch andere Christen seines Macht-
bereiches zur Annahme des Mazdaismus zu zwingen, konvertierte Vardan zum
Schein. Er widerrief jedoch nach seiner Rückkehr in die Heimat und führte den armenischen Aufstand von 450/51. Obwohl sich Vardan mit den Iberern und Albanern
verbündet hatte sowie außerdem in Byzanz um Unterstützung nachsuchte, endete der
Aufstand in einer Katastrophe. In der Schlacht von Avarayr wurde 451 der größte
Teil des armenischen Adels einschließlich ihres Heerführers getötet.[204] Im Anschluss daran wurde Vardan von der armenischen Kirche als Märtyrer und Heiliger
verehrt und zu einem Symbol für Patriotismus bzw. Vaterlandsliebe.[205] Außerdem
hatte Vardan familiäre Beziehungen zum armenischen Klerus, er war ein Enkel von
Šahak, dem armenischen Katholikos aus Taron. Aufgrund dieser edlen Herkunft
wird Šušanik im ersten Drittel ihrer Hagiographie sechsmal als dedop'ali (დედო-
ფალი/Prinzessin) bezeichnet.[206]

1999, 41–80. Hier 58. Unter Verweis auf Džanašia, Nikoloz (Hrsg.). Šušanikis cameba. Bd.
1. T'bilisi. 1980, 55f., 59.

202 Georgisch spaspeti/სპასპეტი; persisch spabad: Oberkommandierender, zumeist der erist'a-
vi/ერისთავი von K'art'li/ჯართლი (wörtlich „Herzog", Bedeutungswandel vom Stammesführer zum Feudalfürsten).

203 Vgl. Tarchnišvili, Michael/Aßfalg, Julius. a.a.O. 1955, 83.

204 Der armenische Aufstand von 450/51 ist das Hauptthema zweier armenischer Quellen: Łazar
P'arpec'i. Patmut'iwn Hayo' (Geschichte Armeniens). Hrsg. von Tēr-Mkrtč'ean, Galowst/
Malxaseanc', Step'an. Tiflis. 1913. Englische Übersetzung von Thomson, Robert, W. Łazar
P'arpec'i. History of Armenia. Atlanta. 1991. Sowie: Ełišē. Ełišēi vasn Vardanay ew Hayoc'
paterazmin. (Über Vardan und den Krieg der Armenier). Hrsg. von Tēr-Minasean, E. Erevan.
1957. Englische Übersetzung von Thomson, Robert, W. Elishē. History of Vardan and the
Armenian War. Cambridge, M.A. 1982. Sie seien hier jedoch nur der Vollständigkeit halber
genannt und ansonsten soll auf sie an dieser Stelle nicht weiter eingegangen werden. Sie bilden jedoch neben den georgischen Quellen wichtige Belege für die Herkunft der heiligen Šušanik. Vgl. dazu außerdem Cowe, Peter S. Vardan Mamikonian. In: Kasper, Walter/Baum-
gartner, Konrad u.a. (Hrsg.). Lexikon für Theologie und Kirche. Bd. 10. Freiburg/Basel/Rom/
Wien. 2001, 535f.; Garsoïan, Nina. Armenien. In: Mayeur, Jean-Marie/Pietri, Charles und
Luce u.a. (Hrsg.). Die Geschichte des Christentums. Religion, Politik, Kultur. Bd. 3. Der Lateinische Westen und der Byzantinische Osten (431–642). Freiburg u.a. 2001, 1187–1230.
Hier 1202f.

205 Vgl. Cowe, Peter S. a.a.O. 2001, 536. Der Vater Šušaniks ist auch als heiliger Verdan bekannt. Vgl. dazu auch Prosopographische Frauenliste des christlichen Ostens, 12.02.2004,
http://www1.ku-eichstaett.de/KTF/KiGe/s_doku.htm.

206 Vgl. Camebay cmindisa Šušanikisi dedop'lisay. In: Abulaje, Ilia u.a. (Hrsg.). a.a.O. 1963,
11–29. Hier 11–16. Siehe auch Iakob Xuc'esi. Camebay cmindisa šoušanikisi dedop'lisay.

Weiter berichtet die Darstellung ihres Martyriums über sie:

„Von väterlicher Seite [war] ihr Name – Vardan – und ihr Kosename [war] – Šušanik."[207]

Der Name Šušanik[208] war demnach eigentlich ein Beiname, der möglicherweise von Susanna (hebräisch: Lilie) abgeleitet ist.[209] Ihr wirklicher Vorname lautete aber Vardanūhi nach Vardan, dem Namen ihres Vaters.[210]

Šušanik kam bereits als Kind nach Cʻurtavi an den Hof des georgischen Fürsten Aršuša,[211] der mit den Mamikonianen verschwägert war. Seine Frau, Anušvram Arcruni, die Mutter Varskʻens, war die Schwester von Vardans Schwägerin Cuik[212] und

---

In: Sardžvelaje, Zurab u.a. (Hrsg.). a.a.O. 1999, 5–40. Hier 5–13. Die übrigen Textteile, die sich auf das konkrete Vorgehen ihres Mannes gegen sie beziehen, bezeichnen Šušanik dagegen nur noch einheitlich als Heilige.

207   Eigene Übersetzung von: „მამისაგან სახელით – ვარდან – და სიყვარულით სახელი მისი – შუშანიკ."
      Mamisagan saxelitʻ – vardan – da siqvarulitʻsaxeli misi – šušanik. Zitat nach: Camebay cmindisa Šušanikisi dedopʻlisay. In: Abulaje, Ilia u.a. (Hrsg.). a.a.O. 1963, 11–29. Hier 11. Siehe auch Iakob Xucʻesi. Camebay cmindisa šoušanikisi dedopʻlisay. In: Sardžvelaje, Zurab u.a. (Hrsg.). a.a.O. 1999, 5–40. Hier 5.

208   Das armenische Šoušanik entspricht dem syrischen Šōšan und dem griechischen Σουσάννα/ Σουσάννα/Σωσάννα. In armenischen literarischen Quellen sind die Namensformen seit dem 5. Jahrhundert belegt und sind bist heute in Gebrauch. Sie kommen in den Formen wie Šušan, Šušanik, Šušik vor. Vgl. Ačaryan, Hračʻya. Hayocʻ anjnanownneri baŕaran. Bd. 4. Erevan. 1948, 179.

209   Vgl. Henning, Kurt (Hrsg.). Jerusalemer Bibellexikon. Neuhausen/Stuttgart. 1990, 847. Ähnliche Herleitungen des Namens: Susanna – hebräisch šōšanna/Lilie. Lehnwort aus dem Ägyptischen sššn/ssn (Lotosblume). Vgl. Engel, Helmut. Susanna, biblische Personen. In: Kasper, Walter/Baumgartner, Konrad u.a. (Hrsg.). Lexikon für Theologie und Kirche. Bd. 9. Freiburg/Basel/Rom/Wien. 2000, 1141 – 1143. Hier 1141. Susanna – hebr[äisch] „Lilie". Vgl. Bocian, Martin/Kraut Ursula u.a. (Hrsg.). Lexikon der biblischen Personen. Mit ihrem Fortleben in Judentum, Christentum, Islam, Dichtung, Musik und Kunst. Stuttgart. 1989, 487–492. Hier 487. „Susanna – gr[iechisch] Sousánna, von hebr[äisch] schūschan ,Lilie'." Kamlah, Ehrhard. Susanna. In: Reicke, Bo/Rost, Leonhard (Hrsg.). Biblisch-Historisches Handwörterbuch. Bd. 3. Göttingen. 1966, 1896.

210   Vardanūhi (Šušanik)/Šūšan (Susanna)- Tochter des Vardan und Gattin des Wazgēn; Sūsanek – persische Ableitung von Sūsan, hebräisch Šūšannah (Schwertlilie). Vgl. Justi, Ferdinand. Iranisches Namenbuch. Marburg. 1895, 318; 353. Der Name Vardan wird im Armenischen und im Georgischen von Vardi abgeleitet, was Rose bedeutet. Vgl. Čʻikʻobava, Arnold/Abašije, Irakli u.a. (Hrsg.). a.a.O. Bd. 1. 1990, 494.

211   Vgl. Peeters, Paul. Sainte Šoušanik. Martyre en Arméno-Géorgie. In: Analecta Bollandiana 53. Bruxelles. 1935, 268–280. Zu Aršuša siehe dort vor allem 271–279.

212   Zu diesen etwas komplexen Verwandtschaftsverhältnissen vgl. Martin-Hisard, Bernadette. Das Christentum und die Kirche in der georgischen Welt. In: Mayeur, Jean-Marie/Pietri, Charles und Luce u.a. (Hrsg.). Die Geschichte des Christentums. Religion, Politik, Kultur. Bd. 3. Der Lateinische Westen und der Byzantinische Osten (431–642). Freiburg u.a. 2001, 1231–1305. Hier v.a. 1238. FN 57.

entstammte ebenfalls einer armenischen Adelsfamilie.[213] Nach dem Tod ihrer Eltern, wurde Šušanik dort als Waise mit den Kindern des Fürsten erzogen und später mit Aršušas Sohn Varsk'en verheiratet.[214] Die Hintergründe dieser Eheschließung sind etwas unklar. Die These von Bernadette Martin-Hisard, dass es sich um eine Heirat aus dynastischen Gründen gehandelt habe, um die Verbindungen zwischen dem Gebiet des iberischen Pitiaxšen Aršuša und Persarmenien auszubauen,[215] hat zwar einiges für sich. Allerdings ist dazu anzumerken, dass die Waise eines abtrünnigen und getöteten armenischen Heerführers kaum geeignet gewesen sein dürfte, eine solche Vermittlerrolle zu übernehmen. Eine Liebesheirat könnte zwar möglich sein, schließlich dürfte das gemeinsame Aufwachsen am gleichen Fürstenhof eine gewisse Vertrautheit zwischen den beiden späteren Eheleuten erzeugt haben, selbst wenn man eine getrennte Erziehung der männlichen und weiblichen Kinder annimmt. Allerdings sprechen die späteren Ereignisse relativ eindeutig gegen diese Möglichkeit.

Anhand der vorliegenden Quellen kann aber auch vermutet werden, dass Varsk'ens Vater Aršuša mit dieser Eheschließung durchaus politische Ziele verfolgte. Zum einen hätte er damit die Tradition, enge familiäre Bindungen zu den Mamikonianen zu unterhalten, aufrechterhalten. Zum anderen kann die Heirat seines Sohnes und Nachfolgers mit der Tochter eines aus persischer Sicht aufständischen Apostaten bei aller Abhängigkeit vom Hof des persischen Großkönigs doch eine gewisse Eigenständigkeit von diesem unterstrichen haben. Sollte diese Hypothese zutreffen, dann gelang es Varsk'en jedoch nicht, dieses politische Erbe zu nutzen.

Šušanik und Varsk'en waren anfangs beide Christen. Er begab sich jedoch im achten Regierungsjahr[216] des Perserkönigs Peroz (459–484) nach Persien, wo er vom Christentum zum Mazdaismus konvertierte.

Im Leben Georgiens berichtet der Geschichtsschreiber Džuanšer darüber:

> „In Somxit'i war ein Mann, ein Fürstensohn, mit Namen Varsk'en. Und er hatte eine Frau, eine Fürstentochter, die hieß Šušanik, eine Tochter Vardans. Varsk'en aber war vom Teufel besessen, und er hatte das Vorhaben, sich dem Feuerdienst zuzuwenden. Er trat vor den König der Perser und sagte sich von der Religion Christi los und wurde Feueranbeter. Der König der Perser aber sandte ihn mit [seiner] großer Begabung als Erist'av nach Rani."[217]

---

213 Vgl. Sardžvelaje, Zurab/Giunašvili, Elene. Iakob Xuc'esi da misi t'xzuleba - gamokvleva. In: Sardžvelaje, Zurab u.a. (Hrsg.). a.a.O. 1999, 41–80. Hier 65.

214 Vgl. Tarchnišvili, Michael/Aßfalg, Julius. a.a.O. 1955, 83. Siehe auch Tarchnišvili, Michael. a.a.O. 1940, 59.

215 Vgl. Martin-Hisard, Bernadette. a.a.O. 2001, 1238.

216 Nach Garsoïan Liste der Sasanidenkönige hätte dieses Ereignis zwischen 466 und 467 stattgefunden. Vgl. Garsoïan, Nina. Persien: a.a.O. 2001, 1180. Siehe zu dieser Datierung auch Martin-Hisard, Bernadette. a.a.O. 2001, 1261.

217 Eigene Übersetzung von: „იყო სომხითის კაცი ერთი, შვილი მთავართა, სახელით ვარსქენ. და ესუა მას ცოლი, მთავართა შვილი, რომელსა ერქუა შუშანიკ,

Im Martyrium Šušaniks wird dagegen ausführlicher berichtet:

> „Als er [Varskʿen] vor dem Perserkönig erschien, versprach er, nicht um Ruhm und Ehre zu erlangen, sondern als Gabe für den König, zur Feueranbeterei überzutreten und sich damit von Christus abzuwenden. Aber der Arme [Varskʿen] bat den König der Perser um eine Gattin, damit der König seine Ehre noch erhöhe. Und sagte zu ihm: ‚Wie ich, werde ich auch meine natürliche Ehefrau und meine Kinder zu deiner Religion bekehren.' Das predigte er, der nichts von Šušanik in der Hand hatte. Das erfreute den König so, dass er befahl, ihm seine Tochter zur Frau zu geben."[218]

Die vorliegenden christlich-hagiographischen Quellen stellen die Geschehnisse so dar, dass Varskʿen bei einem Aufenthalt in Persien den Glauben der Perser annahm, um sich beim Šah beliebt zu machen. Varskʿen versprach darüber hinaus, auch seine erste Frau Šušanik und seine Kinder[219] zum Mazdaismus zu bekehren. Dafür gab

---

ასული ვარდანისი. ხოლო ამას ვარსქენს ეუფლა ეშმაკი და განიზრახა მიქცევა ცეცხლის-მსახურებად: წარვიდა წინაშე სპარსთა მეფისა, და დაუტევა სჯული ქრისტესი, და იქმნა ცეცხლისმსახურ. ხოლო სპარსთა მეფემან წარმოგზავნა იგი ნიჭითა დიდითა ერისთავად რანისა."
Iqo somxitʿs kacʿi ertʿi, švili mtʿavar tʿa, saxeli tʿ varskʿen. Da esua mas cʿoli, m tʿavar tʿa švili, romelsa erkʿua šušanik, asuli vardanisi. xolo amas varskʿens eupʿla ešmaki da ganizraxa mikʿcʿeva cʿecʿxlis-msaxurebad: carvida cinaše sparstʿa mepʿisa, da dauteva sdžuli kʿristesi, da ikʿmna cʿecʿxlismsaxur. Xolo sparstʿa mepʿeman carmogzavna igi ničitʿa diditʿa eristʿavad ranisa. Zitat nach: Džuanšer. Cʿxovreba vaxtang gorgaslisa. In: Qauxčʿišvili, Simon (Hrsg.). a.a.O. 1955, 139–244. Hier 216. Zur Übersetzung vgl. Dshuanscher. Das Leben Wachtang Gorgasals. In: Pätsch, Gertrud (Hrsg.). a.a.O. 1985, 201–322. Hier 290.

218 Eigene Übersetzung von: „რაჟამს წარსდგა იგი წინაშე სპარსთა მეფისა, არა თუ პატივისა მიღებისათვის, არამედ ძღუნად თვისსა შესწირვიდა მეფისა მის მიმართ უვარის-ყოფითა ჭეშმარიტისა ღმრთისაითა და თაყუანის-სცემდა ცეცხლსა, რამეთუ ყოვლით კერძოვე თავი თვისი ქრისტეისგან განაგდო, ხოლო საწყალობელი ესე ცოლსა ითხოვდა სპარსთა მეფისაგან, რაითამცა სათნო ეყო მეფესა, და ესრეთ ეტყოდა, ვითარმედ: ‚რომელი-იგი ბუნებითი ცოლი არს და შვილნი, იგინიცა ესრევე მოვაქციე შენსა შჯულსა, ვითარცა-ესე მე'. ამას უქადებდა, რომელ-იგი არა აქუნდა ხელთა შუშანიკისგან. მაშინ განიხარა მეფემან და ბრძანა ცოლად მისა ასული მეფისაი."
Ražams carsdga igi cinaše sparstʿa mepʿisa, ara tʿu pativisa miġebisatʿvis, aramed jġunad tʿvissa šescirvida mepʿisa mis mimartʿ uvaris-qopʿitʿa češmaritisa ġmrtʿisaitʿa da tʿaquanis-scʿemda cʿecʿxlsa, rametʿu qovlitʿ kerjove tʿavi tʿvisi kʿristeisgan ganagdo, xolo sacqalobeli ese cʿolsa itʿxovda sparstʿa mepʿisagan, raitʿamcʿa satʿno eqo mepʿesa, da esretʿ etqoda, vitʿarmed: ‚romeli-igi bunebitʿi cʿoli ars da švilni, iginicʿa esreve movaġcie šensa šdžulsa, vitʿarca-ese me'. amas ukʿadebda, romel-igi ara akʿunda xeltʿa šušanikisgan. mašin ganixara mepʿeman da brjana cʿolad misa asuli mepʿisay. Zitat nach: Camebay cmindisa Šušanikisi dedopʿlisay. In: Abulaje, Ilia u.a. (Hrsg.). a.a.O. 1963, 11–29. Hier 11f. Siehe auch Iakob Xucʿesi. Camebay cmindisa šoušanikisi dedopʿlisay. In: Sardžvelaje, Zurab u.a. (Hrsg.). a.a.O. 1999, 5–40. Hier 5.

219 Nach dem Martyrium hatten Varskʿen und Šušanik vier Kinder: eine Tochter und drei Söhne. Ihre Namen und andere nähere Angaben sind von ihnen nicht überliefert. Vgl. Sardžvelaje,

ihm der Šah eine seiner Töchter zur Frau. Darüber hinaus erlaubt das Martyrium den Schluss, dass Peroz, der persische Großkönig, ganz besonders darüber erfreut war, dass Varskʻen auch den Übertritt Šušaniks zur persischen Staatsreligion versprach. Die Hand der persischen Prinzessin war dafür die entsprechende Belohnung. Daraus kann man schließen, dass der Šah ein enormes Interesse daran gehabt haben muss, dass auch und vor allem Šušanik Mazdaistin würde. Dafür können wiederum verschiedenste Gründe angenommen werden: Erstens ist sehr wahrscheinlich, dass der Übertritt der Tochter des bekannten Apostaten und aufständischen Vardan für den Šah eine persönliche Genugtuung gewesen wäre, gewissermaßen ein Sieg über dessen Tod hinaus. Zweitens wäre die Konversion Šušaniks aus demselben Grunde auch ein positives Zeichen für den Sieg des Mazdaismus über das Christentum im persischen Einflussbereich gewesen. Drittens hätte die vollständige Durchsetzung der persischen Staatsreligion am Hofe des iberischen Pitiaxši dessen Abhängigkeit von den Sasaniden wieder erhöht. Vor diesem Hintergrund ist auch die Ehe mit der persischen Prinzessin als durchaus zweischneidig zu betrachten. Sie war sicher nicht nur eine Belohnung für die Konversion des Vasallen, sondern sollte dessen Abhängigkeitsverhältnis durch familiäre Bande noch vertiefen. Varskʻen war zwar schon verheiratet, aber das christliche Verbot der Bigamie galt für ihn nach seinem Übertritt zum Mazdaismus ja nicht mehr, denn die persische Religion erlaubte die Polygamie. Daher gehört diese Textstelle auch zu den einschlägigsten Hinweisen darauf, dass es unter persischem Einfluss auch in den gehobenen Kreisen Georgiens üblich wurde, sich mehrfach zu verheiraten. Ich werde darauf später noch einmal zurückkommen.

Šušanik wurde demnach zum Spielball politischer Interessen zwischen dem persischen Großkönig und ihrem Ehemann. Doch sie spielte das Spiel nicht mit, denn als sie von der Konversion ihres Mannes erfuhr, mied sie ihn und lebte im Schloss Cʻurtavi für sich allein.

> „Als er zurückkehrte und seine Frau Šušanik erfuhr, dass ihr Gatte sich von der Religion Christi losgesagt hatte, hielt sie die ehegattliche Gemeinschaft nicht aufrecht. Und sie vergaß die Liebe zu ihrem Gatten und folgte Christus von ganzem Herzen, um seine Gebote zu erfüllen."[220]

Zurab/Giunašvili, Elene. Iakob Xucʻesi da misi tʻxzuleba – gamokvleva. In: ders. u.a. (Hrsg.). a.a.O. 1999, 41–80. Hier 66.

220 Eigene Übersetzung von: „ვითარ მიგიღა და ცნა ცოლმან მისმან შუშანიკ ქმრისა მისისაგან დატევება ქრისტეს სჯულისა, არღარა ერცდა იგი ცოლებად. და დაივიწყა სიყვარული ქმრისა თჳსისა , და ყოვლითა გულითა შეუდგა იგი ქრისტესა აღსრულებად მცნებათა მისითა."
Vitʻar mivida da cʻna cʻolman misman Šušanik kʻmrisa misisagan dateveba kʻristes sǯulisa, arġara ercʻda igi cʻolebad. da daivicqa siqvaruli kʻmrisa tʻwsisa, da qovlitʻa gulitʻa ʻeudga igi kʻristesa aġsrulebad mcʻnebatʻa misitʻa. Zitat nach: Džuanšer. Cʻxovreba vaxtang gorgaslisa. In: Qauxčʻišvili, Simon (Hrsg.). a.a.O. 1955, 139–244. Hier 216.; Vgl. Dshuanscher. Das Leben Wachtang Gorgasals. In: Pätsch, Gertrud (Hrsg.). a.a.O. 1985, 201–322. Hier 290f.

Šušaniks Verhalten empfand Varsk'en als Schmach. Dabei spielte sicher nicht nur die Tatsache, dass er vor seiner Frau das Gesicht verlor, sondern auch seine Furcht vor dem persischen König eine Rolle. Schließlich konnte er sein Versprechen, seine Frau zum Übertritt vom Christentum zum Mazdaismus zu bewegen, nicht durchsetzen. Diese Ängste Varsk'ens werden in einem Vorwurf deutlich, den er in der Überlieferung des Martyriums gegen seine Frau erhebt:

> „Du hast meinen Thron gestürzt, mein Bett mit Asche überschüttet, du hast deinen Platz verlassen und bist fort gegangen."[221]

Wie anders hätte aber Šušaniks Weigerung die Ehe aufrechtzuerhalten, den Thron Varsk'ens stürzen können, wenn dieser nicht aufgrund ihres Verhaltens Sanktionen von Seiten seines neuen persischen Schwiegervaters hätte befürchten müssen.

Vor diesem Hintergrund sind auch die weiteren Ereignisse besser zu verstehen. Varsk'en beschimpfte, schlug und quälte Šušanik dreimal fürchterlich und ließ sie dann ins Gefängnis werfen, wo sie nach sechsjähriger Gefangenschaft und nach furchtbaren Leiden im siebenten Jahr starb.[222] Die Chronik vom Leben Georgiens fasst diese Ereignisse knapp zusammen:

> „Da wandte Varsk'en allerlei Mittel an, zuerst mit Schmeicheln und Bitten und Schenken, danach unterwarf er sie großen Folterqualen von solchem Ausmaß, dass wir die Verdienste der heiligen Šušanik in ihrem ganzem Umfang nicht beschreiben können. Und ihr Gatte Vask'en, der Erist'av von Rani, tötete sie."[223]

---

221   Eigene Übersetzung von: „ვითარმედ შენ ხატი ჩემი დაამხუე, და საგებელსა ჩემსა ნაცარი გარდაასხ, და შენი ადგილი დაგიტევებია და სხუად წარსრულ ხარ".
Vit'armed šen xati č'emi daamxue , da sagebelsa č'emsa nac'ari gardaasx, da šeni adgili dagitevebia da sxuad carsrul xar. Zitat nach: Camebay cmindisa Šušanikisi dedop'lisay. In: Abulaje, Ilia u.a. (Hrsg.). a.a.O. 1963, 11–29. Hier 15. Siehe auch Iakob Xuc'esi. Camebay cmindisa šoušanikisi dedop'lisay. In: Sardžvelaje, Zurab u.a. (Hrsg.). a.a.O. 1999, 5–40. Hier 11. Vgl. zur deutschen Übersetzung dieses Satzes Tarchnišvili, Michael. a.a.O. 1940, 59.
222   Vgl. Fähnrich, Heinz. Geschichte Georgiens. a.a.O. 1993, 87f.
223   Eigene Übersetzung von: „მაშინ ვასკენ შეუდგა მრავალღონედ, პირველად ლიქნითა და ვედრებითა, და ნიჭისა მიცემითა; შემდგომად შეაგდო სატანჯველთა შინა დიდთა, რომელ სიგრჯისაგან ვერ დავწერენ ღუაცლნი ცმინდისა შუშანიკისნი. და მოკლა იგი ქმარმან მისმან ვარსქენ, ერისთავმან რანისამან."
Mašin vask'en šeudga mravalġoned, pirvelad lik'nit'a da vedrebit'a, da ničisa mic'emit'a; šemdgomad šeagdo satandžvelt'a šina didt'a, romel sigrjisagan ver davceren ġuaclni cmindisa šušanikisni. da mokla igi k'marman misman varsk'en, erist'avman ranisaman. Zitat nach: Džuanšer. C'xovreba vaxtang gorgaslisa. In: Qauxč'išvili, Simon (Hrsg.). K'art'lisvgl. Dshuanscher. Das Leben Wachtang Gorgasals. In: Pätsch, Gertrud (Hrsg.). a.a.O. 1985, 201–322. Hier 291.

Die Darstellung über die Behandlung Šušaniks erscheint sehr authentisch. Jakob erzählt, dass Šušanik, als sie die Rückkehr zu ihrem Gatten ablehnte, von diesem gewalttätig misshandelt und schließlich eingekerkert worden sei.[224] Varsk'en wandte aber nicht nur physische sondern auch psychische Gewalt gegen seine Frau an. So ließ er ihr ihre gemeinsamen Kinder, die er zwischenzeitlich zum Mazdaismus geführt hatte, in die Gefängnishaft schicken. Šušanik weigerte sich aber ihre abtrünnigen Kinder zu sehen.[225]

Einige Šušanik zugeschriebene Aussprüche werden von Mixeil T'arxnišvili und Eva Maria Synek dahingehend interpretiert, dass es mit der Stellung vornehmer Frauen Altgeorgiens wohl nicht zum Besten stand.[226] Bei einem Gastmahl, dass Varsk'en organisiert, um sie zurück zu gewinnen und an dem außer den beiden getrennten Gatten nur noch sein Bruder und dessen Frau teilnehmen, lehnt Šušanik jegliche Speise und selbst ein ihr angebotenes Glas Wein mit den Worten ab:

> „Wann ist es bis heute geschehen, dass Väter und Mütter gemeinsam gegessen haben."[227]

T'arxnišvili und im Anschluss an ihn auch Synek halten diesen Satz für so „bezeichnend"[228] für die damalige soziale Stellung der Frau in der georgischen Gesellschaft, dass sie es nicht für notwendig halten, dies noch weiter zu erläutern oder zu analysieren. Beide nehmen damit implizit an, dass es zu dieser Zeit in Georgien nicht üblich war, dass Männer und Frauen gemeinsam aßen. Aus der Hagiographie erfahren wir aber, dass Jakob, Šušaniks Beichtvater, sie mit seiner eigenen Hand gefüttert hat, als sie krank war.[229] Außerdem erscheint es nicht sehr sinnvoll, eine Versöhnung, die dieses Essen ja eigentlich herbeiführen sollte, durch einen Tabubruch einzuleiten. Da ja auch Džodžiks Frau, die Šušaniks Schwägerin war, ebenfalls an dem Essen teilnahm, hätte es sich sogar um einen doppelten Tabubruch gehandelt. Daher

---

224 Eine vollständige Darstellung der Leiden Šušaniks würde letztlich auf eine Edition ihres Martyriums hinauslaufen, die innerhalb dieser Arbeit weder geleistet werden soll noch kann. Außerdem würde sie meines Erachtens zu weit von der eigentlichen Aufgabenstellung wegführen. Für eine Übersicht vgl. Martin-Hisard, Bernadette. a.a.O. 2001, 1260ff.

225 Vgl. Camebay cmindisa Šušanikisi dedop'lisay. In: Abulaje, Ilia u.a. (Hrsg.). a.a.O. 1963, 11–29. Hier 23. Siehe auch Iakob Xuc'esi. Camebay cmindisa šoušanikisi dedop'lisay. In: Sardžvelaje, Zurab u.a. (Hrsg.). a.a.O. 1999, 5–40. Hier 27.

226 Vgl. Synek, Eva M. Heilige a.a.O. 1994, 109f. und Tarchnišvili, Michael. a.a.O. 1940, 59ff.

227 Eigene Übersetzung von: „ოდეს ყოფილ არს აკამომდე, თუმცა მამათა და დედათა ერთად ეჭამათ პური?!"
Odes qop'il ars ak'amomde, t'umc'a mamat'a da dedat' ert'ad ečamat' puri?! Zitat nach: Camebay cmindisa Šušanikisi dedop'lisay. In: Abulaje, Ilia u.a. (Hrsg.). a.a.O. 1963, 11–29. Hier 17. Siehe auch Iakob Xuc'esi. Camebay cmindisa šoušanikisi dedop'lisay. In: Sardžvelaje, Zurab u.a. (Hrsg.). a.a.O. 1999, 5–40. Hier 15.

228 Tarchnišvili, Michael. a.a.O. 1940, 60 und Synek, Eva M. a.a.O. 1994, 109.

229 Vgl. Camebay cmindisa Šušanikisi dedop'lisay. In: Abulaje, Ilia u.a. (Hrsg.). a.a.O. 1963, 11–29. Hier 18. Siehe auch Iakob Xuc'esi. Camebay cmindisa šoušanikisi dedop'lisay. In: Sardžvelaje, Zurab u.a. (Hrsg.). a.a.O. 1999, 18.

möchte ich berechtigterweise annehmen, dass ein prinzipielles gesellschaftliches Verbot des gemeinsamen Essens von Mann und Frau in Georgien nicht bestand. Man muss vielmehr annehmen, dass sich der Ausspruch Šušaniks als Form des Protestes allein auf ihren Mann bezog, weil er zu einer anderen Religion übergetreten war. Möglicherweise weisen die Worte Šušaniks ihren Gatten darauf hin, dass das gemeinsame Einnehmen des Essens nicht den Sitten seiner neuen Religion entspricht.

Eine andere Textstelle wird als aussagekräftiger Beleg für eine allgemeine Zurücksetzung der Frau in Georgien angesehen. Gegen Ende ihres Lebens fleht Šušanik:

> „Ich und Pitiasch Varsk'en sollen dort gerichtet werden, wo es kein Ansehen (der Person) gibt, vor dem Richter der Richter und dem König der Könige, wo zwischen Mann und Frau kein Unterschied besteht, wo ich und er gleiches Wort [Recht] vertreten werden, vor unserem Gott, Jesus Christus. Der Herr möge es ihm so vergelten, wie er vor der Zeit meine Frucht gepflückt, mein Licht ausgelöscht, meine Blüte zum Welken gebracht, die Schönheit meiner Wohlgestalt verdunkelt und meine Ehre niedergetreten hat."[230]

Zumeist wird aus dieser Textstelle eine allgemein niedrige Stellung der Frau in Altgeorgien abgeleitet.[231] T'arxnišvili meint sogar, dass Šušanik damit das Verhalten ihres Mannes ihr gegenüber prinzipiell für gerechtfertigt halte.[232] Meiner Ansicht nach lässt sich aus dieser Aussage nur generalisieren, dass es in der altgeorgischen Gesellschaft einen Unterschied zwischen Mann und Frau gab, denn Šušanik sehnt sich in einer Art christlicher Utopie nach einem Ort, an dem dieser Unterschied aufgehoben sein wird. Eine allgemeine Rechtlosigkeit und Unterdrückung der Frau kann daraus jedoch nicht geschlussfolgert werden. Die weiteren Ausführungen dieser Textstelle sind meines Erachtens eher individueller Natur. Dass vor dem Ange-

---

230 Eigene Übersetzung von: „განვისაჯჯეთ მე და ვარსქჯენ პიტტიახშში მუნ, სადა-იგი არა არს თუალღღების წწინააშშე უფფლისა ჩჩუენისა იესუ ჯქრისტეისა; მიაგოს მას უფფალმან, ვითარ მან უჯამოდ ნაყყოფფნი ჩჩემნი მოისთთულნა და სანთთელი ჩჩე-მი დააშშრიტა და ჯკუავილნი ჩჩემი დააჭჭკნო, შშუენიერების სიჯკეთისა ჩჩემისაი დააბნელა და დიდების ჩჩემი დაამდაბლა."
Ganvisadžet' me da varsk'en pitiaxši mun, sada-igi ara ars t'ualġebai cinaše up'lisa č'uenisa iesu k'risteisa; miagos mas up'alman, vit'ar man užamod naqop'ni č'emni moist'ulna da sant'eli č'emi dašrita da quavilni č'emi daačkno, šuenierebai siket'isa č'emisai daabnela da didebai č'emi daamdabla. Zitat nach: Camebay cmindisa Šušanikisi dedop'lisay. In: Abulaje, Ilia u.a. (Hrsg.). a.a.O. 1963, 11–29. Hier 26. Siehe auch Iakob Xuc'esi. Camebay cmindisa šoušanikisi dedop'lisay. In: Sardžvelaje, Zurab u.a. (Hrsg.). a.a.O. 1999, 5–40. Hier 34. Zur deutschen Übersetzung vgl. dieses Satzes Tarchnišvili, Michael. a.a.O. 1940, 61.

231 Vgl. Kekelije, Korneli/Baramije, Aleksandre. Jveli k'art'uli literaturis istoria. (Geschichte der altgeorgischen Literatur). T'bilisi. 1969, 67; Džavaxišvili, Ivane. K'art'veli eris istoria. (Geschichte des georgischen Volkes). Bd. 1. T'bilisi. 1951, 233 und Tarchnišvili, Michael. a.a.O. 1940, 61.

232 Vgl. Tarchnišvili, Michael. a.a.O. 1940, 61.

sicht Gottes die Ehegatten gleiches Recht vertreten werden, bezieht der Hagiograph durch die Wendung „er und ich" ganz explizit auf Varsk'en und Šušanik. Ansonsten hofft Šušanik auf die göttliche Vergeltung an ihrem Ehemann, für das, was er ihr persönlich angetan hat. Die Textstelle verdeutlicht demnach die Spannung zwischen dem christlichen Ideal von der Einheit der Geschlechter – nach Galater 3,28 – sowie Šušaniks individueller, ganz persönlicher Situation und nicht der allgemeinen „traurigen Realität in Georgien"[233] wie etwa Synek meint. Die These T'arxnišvilis, wir hätten es bei dem *Martyrium der heiligen Šušanik* mit den „damals allgemein herrschenden Zuständen zu tun",[234] muss demnach abgelehnt werden. Die unmenschliche Behandlung der Heiligen durch ihren Ehemann, kann durchaus ein Einzelfall gewesen sein. Obwohl die Sympathien ihres Biographen ganz offensichtlich auf der Seite Šušaniks liegen, fällt doch auf, dass Jakob an keiner Stelle des Martyriums weder explizit noch implizit darauf eingeht, dass das Vorgehen des Pitiaxšis Varsk'en gegenüber seiner Ehefrau angemessen war bzw. den Sitten und Gebräuchen seiner Zeit entsprach. Wenn man die Quelle insgesamt betrachtet, so kommt man im Gegenteil zu dem Schluss, dass Jakob das Verhalten des Fürsten als im höchsten Masse ungewöhnlich und abartig beschreibt. Selbst T'arxnišvili muss eingestehen, dass die Überlieferung des Martyriums eine Ausnahme darstellt, da, wie bereits mehrfach angesprochen wurde, keine weiteren Hagiographien weiblicher georgischer Märtyrerinnen vorliegen. T'arxnišvili erklärt diesen Ausnahmestatus der Quelle „aus der Stellung, Herkunft und den außerordentlichen Leiden der Heiligen"[235] – letztlich also ebenfalls aus ihrer individuellen Lebenssituation heraus. Hier liegt ein klarer Widerspruch in T'arxnišvilis Argumentation vor. Einerseits unterstreicht er die Besonderheit der Quelle und führt sie auf Šušaniks einzigartige persönliche Lage zurück. Auf der anderen Seite meint er aus eben dieser einzigartigen Lage, die damalige soziale Lage der Frauen und die sozialen Zustände Altgeorgien verallgemeinern zu können. Dadurch überdehnt er meiner Ansicht nach in Ermangelung weiterer Quellen die Aussagefähigkeit des Martyriums.

Das trifft auch auf eine weitere Textstelle zu. Nach dem Bericht Jakobs klagt Šušanik:

> „Herr und Gott, unter den Priestern fand sich keiner, der sich meiner erbarmt hätte, auch kein Mann unter dem Volk, sondern alle haben mich dem Gottesfeind Vasken ausgeliefert, um mich zu töten."[236]

---

233 Synek, Eva M. a.a.O. 1994, 109.
234 Tarchnišvili, Michael. a.a.O. 1940, 61.
235 Ebd., FN 5.
236 Eigene Übersetzung von: „უფალო ღმერთო, არცა მღდელთაგანი ვინ იპოვა მო-
წყალ, არცა ერისა კაცი ვინ გამოჩნდა შორის ერსა ამას, არამედ ყოველთა
მე სიკუდილდ მიმითუალეს მტერსა ღმრთისასა ვარსქენს."
Up'alo ġmert'o, arc'a mġdeltagani vin ipova mocqal, arca erisa kac'i vin gamoč'nda šoris ersa amas, aramed qovelt'a me sikudild mimit'uales mtersa ġmrt'isasa varsk'ens. Zitat nach:

Das bedeute nach Tʿarxnišvili jedoch nicht, dass die handelnden Personen bewusst Varskʿens Partei ergriffen. Man sei im Gegenteil durchaus liebevoll um Šušanik besorgt gewesen. In ihrem Leiden wird Šušanik nicht nur von ihrem Seelsorger und Biographen Jakob unterstützt, sondern auch von anderen Persönlichkeiten, wie dem Hofbischof Apʿot,[237] dem die sterbende Šušanik ihren Hausgeistlichen Jakob anempfiehlt. Auch „das Haupt der Bischöfe Samuel",[238] der Bischof Johannes, der Bruder des Pitiaxšen Varskʿen, Džodžik und dessen Frau standen der Heiligen zur Seite. Jedoch sei keiner von ihnen bereit gewesen, sie Varskʿens Mißhandlungen zu entreißen.[239] Tʿarxnišvili sieht die Ursache für diese Passivität darin, dass die im Martyrium erwähnten Menschen „den Eindruck [machen], als ob nach ihrer eigenen Anschauung Vasken wenigstens prinzipiell das Recht zustehe, gegen seine Frau derart zu verfahren."[240] Dem ersten Teil dieser Interpretation kann durchaus zugestimmt werden. Meiner Ansicht nach muss jedoch die Zurückhaltung der weiteren Handlungsträger Varskʿen gegenüber nicht auf das damals herrschende Gewohnheitsrecht zurückgeführt werden, stattdessen lässt sich mit der uneingeschränkten Befehlsgewalt des iberischen Fürsten gegenüber seinen Untergebenen dafür ein sehr viel einfacherer und einleuchtender Grund angeben. Die Textstelle lässt demnach Rückschlüsse auf die Sitten und Gebräuche im damaligen Georgien zu. Diese beziehen sich jedoch nicht auf die Rechtsstellung der Frau im Allgemeinen, sondern auf die Machtposition des georgischen Fürsten und damit wiederum auf die besondere Situation Šušaniks. Die Tragik der Heiligen besteht darin, dass sie mit dem Pitiaxši verheiratet ist, dem sich keiner zu widersetzen wagt. Diese Annahme wird auch durch ein anderes Ereignis untermauert, dass ebenfalls im Martyrium beschrieben ist. Dabei nutzt Šušanik die Abwesenheit ihres Mannes, der an einem Kriegszug teilnimmt, um sich eine gewisse Erleichterung ihrer Lage zu verschaffen und lässt sich in einer Zelle bei der Kirche nieder. Als Varskʿen zurückkehrt, ist er darüber stark aufgebracht. Er beschimpft den Bischof Apʿot und verlangt von ihm herrisch die Herausgabe seiner Frau, die der Bischof ihm nicht verweigern kann.[241] Dies unterstreicht nochmals die Machtstellung des iberischen Fürsten.

Camebay cmindisa Šušanikisi dopʿlisay. In: Abulaje, Ilia u.a. (Hrsg.). a.a.O. 1963, 11–29. Hier 16. Siehe auch Iakob Xucʿesi. Camebay cmindisa šoušanikisi dedopʿlisay. In: Sardžvelaje, Zurab u.a. (Hrsg.). a.a.O. 1999, 5–40. Hier 14. Vgl. zur deutschen Übersetzung dieses Satzes Tarchnišvili, Michael. a.a.O. 1940, 60.

237 Im Armenischen hieß er Apʿocʿ. Er war Hofbischof um das Jahr 480. Vgl. Ačaryan, Hračʿya. Hayocʿ anjnanownneri baṙaran. Bd. 4. Erevan. 1948, 180.

238 Samoel Kathokilos wird georgisch Episkopostʿa tʿavi/ებისკოპოსთა თავი genannt. Vgl. Tʿarxnišvili, Mixeil. Die Entstehung und Entwicklung der kirchlichen Autokephalie Georgiens. In: Kyrios V. Tʿbilisi. 1940–1941, 180.

239 Vgl. Tarchnišvili, Michael. a.a.O. 1940, 60f.

240 Ebd., 61.

241 Vgl. Camebay cmindisa Šušanikisi dedopʿlisay. In: Abulaje, Ilia u.a. (Hrsg.). a.a.O. 1963, 19. Siehe auch Iakob Xucʿesi. Camebay cmindisa šoušanikisi dedopʿlisay. In: Sardžvelaje, Zurab u.a. (Hrsg.). a.a.O. 1999, 5–40. Hier 20.

In ihrem Martyrium wird Šušanik durchgehend als eine sehr starke Frau dargestellt, die für ihre Religion und ihre Überzeugungen bis ans Ende ihres Lebens gekämpft hat. Šušanik selbst wollte kein Mitleid von ihren Mitmenschen. Diejenigen,
die Šušanik ins Gefängnis brachten, waren dabei sehr traurig und weinten. Šušanik
verbat ihnen zu weinen und Mitleid zu haben. Trotz der Unterdrückung durch ihren
Mann und dem ihr zugefügten Leid, war sie bemüht, ihre eigene Meinung zu vertreten.

Dass eine solch eigensinnige, widerspenstige und trotzige Frau von der noch relativ jungen georgischen Kirche als Heilige und als Märtyrerin verehrt wurde,
spricht dafür, dass der eigene Wille und die Eigenständigkeit der Frauen in Georgien
zu dieser Zeit und der christliche Glauben als Idealtypos gelten. Hätten georgische
Frauen eine vergleichsweise stark untergeordnete Stellung gehabt, so hätte man
Šušanik die Äußerungen, in denen vor allem ihre Haltung gegenüber ihrem Mann
deutlich werden, in ihrer Vita kaum in den Mund gelegt. Es scheint auf den ersten
Blick zwar abwegig zu sein, die Geschichte einer Frau, die wegen ihrer Religion
vom eigenen Ehemann verfolgt, unterdrückt, misshandelt und ermordet wurde, als
Idealtypus eines hohen sozialen Status von Frauen in Georgien heranzuziehen. Es ist
aber zu bedenken, dass Hagiographien und christliche Überlieferungen nicht frei von
dahinter stehenden Zielen und Zwecken geschrieben werden. Die lang anhaltende
Popularität und die Wertschätzung, die dieser trotzigen Heiligen auch heute noch in
Georgien entgegengebracht wird, spricht zugegebenermaßen ganz im Gegensatz
zum Inhalt ihrer Lebensgeschichte für den Respekt, den Šušanik unter Berufung auf
ihre christliche Mission beanspruchen konnte.

5. Die Stellung der Frau in Altgeorgien anhand der dargestellten idealtypischen Heiligenlegenden

Nach der bisherigen Darstellung des Quellenmaterials sollen im Folgenden die Idealtypen weiblichen Lebens in Georgien, die sich aus dem Leben der heiligen Nino
und dem Martyrium der heiligen Šušanik sowie der damit zusammenhängenden georgischen Tradition ableiten lassen, zusammengefasst und verglichen werden.

Wenn man die heilige Nino und die heilige Šušanik nebeneinander stellt, wird
deutlich, dass die in den Hagiographien präsentierten Frauenbilder in den seltensten
Fällen den Charakter historischer Tatsachenberichte haben. Zwischen dem, wie eine
Frau der frühen Kirche faktisch gelebt hat, und der Weise, wie ihr Lebenszeugnis
später tradiert wurde, gab es mit Sicherheit erhebliche Abweichungen. Die beiden
hagiographischen Frauenbilder können als Vorbilder weiblichen christlichen Lebens
aufgefasst werden. Die hagiographischen Texte erzählen vom Leben und Wirken
zweier begabter Frauen. Es liegt auf der Hand, dass das Frauenbild im alten Geor-

gien keineswegs homogen war, wie es auf Grund dieser christlichen Überlieferungen scheint. Beim Vergleich ihrer Viten ergeben sich einige Gemeinsamkeiten im Leben der beiden Heiligen. Sie waren sowohl Glaubens- wie Geschlechtsgenossinnen. Außerdem waren beide, wenn man den Quellen Glauben schenkt, keine gebürtigen Georgierinnen.[242]

An dieser Stelle beginnen jedoch bereits die wesentlichen Unterschiede der beiden Zeugnisse ins Auge zu fallen. Während von Šušanik eindeutig überliefert ist, dass sie einer bedeutenden armenischen Familie entstammte, bleibt die Herkunft der heiligen Nino dagegen dunkel und unklar. Das einzige, worüber sich die Quellen in dieser Hinsicht einig sind, ist, dass sie eine landfremde Frau war. Die edle, kappadokische Herkunft der heiligen Nino, die die Handschriften überliefern, ist eindeutig eine nachträgliche Konstruktion der Hagiographen, um ihr Ansehen und ihre Autorität aufzuwerten. Die Heilige kann auf keinen Fall die Nichte des Patriarchen Juvenalios (Jobenal) aus Jerusalem gewesen sein, da dieser erst hundert Jahre nach ihr gelebt hat.[243] Das dürfte in ähnlicher Weise auch auf ihre angeblichen Eltern zutreffen. Weder Ninos Mutter Suzanna noch ihr Vater Zabulovn konnten trotz vielfältiger Versuche bisher historisch identifiziert werden. Für Jost Gippert ist das gerade für den Vater umso erstaunlicher, als er gegen die so genannten Branžen auf dem p'it'ilanischen Feld eine wichtige Schlacht gewonnen und im Anschluss daran das besiegte Volk zum Christentum bekehrt haben soll.[244] Sowohl die Identität seiner angeblichen Gegner als auch der Ort seines Sieges ist bis heute umstritten. Gleiches gilt auch für die Stadt Kolasta in der Ninos Eltern gelebt haben sollen.[245] Meines Erachtens beruhen alle bisherigen vergeblichen Beiträge zur Klärung der Herkunft Ninos bzw. ihrer Eltern auf der Fehlannahme, dass es dabei historisch etwas zu klären gäbe. Es liegt jedoch die Vermutung nahe, dass es sich bei diesem ganzen Element der Ninotradition um eine reine Fiktion des Hagiographen handelt. Aber selbst wenn diese These nicht zutreffend sein sollte, kann man feststellen, dass uns das Martyrium der Šušanik sehr viel mehr über die Persönlichkeit der Heiligen mitteilt, als das bei Nino der Fall ist.

Dieser inhaltliche Gegensatz ist meines Erachtens vor allem auf den Unterschied in der Art und Weise der Überlieferung zurückzuführen. Das Martyrium der heiligen Šušanik ist relativ zeitnah zu den darin geschilderten Ereignissen und außerdem von Jakob, dem Hofgeistlichen und geistlichem Beistand der Heiligen, also einem betei-

---

242 Wenn man von der Auffassung Korneli Kekelijes absieht, der in der heiligen Nino eine Georgierin aus Gugarkh sieht, um die Sprachbarriere zwischen ihr und ihren ersten Anhängern zu entschärfen. Diese Meinung kann jedoch vernachlässigt werden, da sie nur auf Plausibilitätsannahmen beruht und ansonsten den Quellen widerspricht, was Kekelije sogar selbst einräumt. Vgl. dazu Kekelije, Korneli. a.a.O. 1928, 46.

243 Vgl. dazu Lilienfeld, Fairy von. a.a.O. 1994, 238. FN 101.

244 Vgl. Gippert, Jost. a.a.O. 1997, 128f.

245 Fairy von Lilienfeld hat in Abweichung von den Quellen, die eindeutig Bezug auf Kappadokien nehmen, dahinter die Stadt Kollosae in Phrygien vermutet. Vgl. Lilienfeld, Fairy von. a.a.O. 1994, 238. FN 100.

ligten Augenzeugen aufgezeichnet worden. Dagegen ist die schriftliche georgische Ninoüberlieferung erheblich jünger, als die von ihr festgehaltenen Geschehnisse. Diese zeitliche Lücke zwischen dem Wirken und der schriftlichen Rezeption dieser Heiligen bildet ein breites Einfallstor für eine reichhaltige Legendenbildung über sie. Dieser Umstand wurde durch die mündliche Tradierung ihres Lebens, die Mixeil T'arxnišvili für diese Zwischenzeit der Geschichte ihrer Überlieferung annimmt, noch zusätzlich verstärkt. Dabei ist jedoch zu betonen, dass sich aller legendarischen Ausschmückungen, Idealisierungen und Veränderungen durch die späteren Hagiographen zum Trotz mittlerweile die Anerkennung der heiligen Nino als historische Persönlichkeit wissenschaftlich weitgehend durchgesetzt hat.

Wie ausführlich dargestellt wurde, erklärt T'arxnišvili die Tatsache, dass die heilige Nino als Apostelin in der historischen Überlieferung Georgiens fast fünf Jahrhunderte lang verschwiegen wurde, vor allem mit einer untergeordneten, um nicht zu sagen, unterdrückten sozialen Stellung der Frau in dieser Gesellschaft.[246] In dieser Argumentation sind ihm bisher zahlreiche Orientalisten gefolgt.[247] Der Erfolg dieser Erklärung liegt sicher in ihrer Plausibilität begründet, erscheint doch ein negatives Bild der gesellschaftlichen Stellung der Frau für eine patriarchalisch geprägte Gesellschaft, wie sie möglicherweise auch das frühchristliche Georgien darstellte, am wahrscheinlichsten. Ob die plausibelste Interpretation historischer Quellen auch richtig ist, kann begründet bezweifelt werden, wenn so viele Fragen ungeklärt bleiben, wie bei der Argumentation T'arxnišvilis.

Wenn die soziale Stellung der Frauen im alten Georgien derartig marginalisiert und unterdrückt war, wie es von T'arxnišvili und anderen bisher angenommen wurde, wie ist dann zu erklären, dass:

– eine Frau, die die heilige Nino ja unzweifelhaft war, einen derartigen Einfluss auf das georgische Königshaus, das Volk und die Gesellschaft gewinnen konnte, dass man ihr religiöses Bekenntnis als das eigene übernahm;

– trotz aller Bemühungen der offiziellen Geschichtsschreibung, das Gedenken an diese Frau zu tilgen, ihr Wirken im Volk über einen langen Zeitraum tradiert,[248] so dass

– in der Zeit eines ansteigenden georgischen Nationalbewusstseins und der Abspaltung von der armenischen Kirche, die Ursprünge des Christentums wieder mit dieser Frau verknüpft werden konnten;[249]

---

246 Vgl. Tarchnišvili, Michael. a.a.O. 1940.

247 Zuletzt Hauptmann, Peter. a.a.O. 1974 und Synek, Eva M. a.a.O. 1994.

248 Diesem Argument T'arxnišvilis ist durchaus zuzustimmen.

249 Was umso bemerkenswerter ist, als gerade in der Übergangszeit neben dem armenischen Erleuchter Gregor zahlreiche andere Heilige, wie z.B. die syrischen Väter, mit Nino um die Ehre konkurrierten, Georgien bekehrt zu haben. Es hätte also durchaus männliche Alternativen gegeben, auf die man die Einführung des Christentums hätte zurückführen können, wenn man eine Frau für a priori ungeeignet gehalten hätte.

– die verspätete Anerkennung dieser Heiligen zu einer allgemeinen Verbesserung der sozialen Situation von Frauen in Georgien führte.

Ein weiteres Problem der Argumentation T'arxnišvilis besteht darin, dass er darin die vorchristliche Periode Georgiens unberücksichtigt lässt, weil, wie er schreibt, „aus der heidnischen Epoche keine Belege dafür zur Verfügung stehen."[250] Was schriftliche Quellen anbetrifft, so ist dieser Befund zweifellos richtig. Andererseits hat sich das Christentum vor allem in den Bergregionen Georgiens nicht ohne weiteres gegenüber der alten Naturreligion durchgesetzt. Es entstand ein Synkretismus, „in dem das vorchristliche Element deutliches Übergewicht"[251] besaß und bis heute besitzt. Fähnrich wies zu recht daraufhin, dass in Form von Folklorewerken, Riten und Kultbauten von den vorchristlichen Glaubensvorstellungen der Georgier vieles bis heute erhalten geblieben ist.[252] Im letzten Kapitel dieser Arbeit wird darauf noch näher eingegangen werden. Im Zusammenhang mit der Stellung der Frau im vorchristlichen Georgien ist hier neben den bereits im Zusammenhang mit dem Namen der heiligen Nino erwähnten Muttergottheiten Nina und Ajnina[253] auch auf die Jagdgöttin Dali[254] und auf den Kult der Ortsmutter (ადგილის დედა/adgilis deda)[255] hinzuweisen.

Außerdem kann darauf verwiesen werden, dass die tragende Säule im traditionellen darbazi-Haus[256] als Muttersäule (დედა-ბოჯი/deda-boji) bezeichnet wurde und wird. Diese Muttersäule bildet nicht nur das architektonische Zentrum des traditionellen georgischen Wohnhauses, sondern ist als Sitz der schützenden Hausgottheit auch der religiöse Mittelpunkt der Familie, was sich unter anderem in reichen Verzierungen solcher Säulen ausdrückt. Aufgrund dieser Indizien lässt sich an dieser Stelle bereits festhalten, dass das vorchristliche Georgien offenbar eine Vielzahl komplexer Mutterkulte kannte. Das Vorhandensein solcher religiöser Vorstellungen ist an sich noch kein Beleg für eine soziale Gleichstellung von Mann und Frau im alten Georgien vor der Christianisierung, aber es genügt an dieser Stelle meiner An-

---

250 T'arxnišvili, Michael. a.a.O. 1940, 58.

251 Fähnrich, Heinz. Lexikon georgische Mythologie. [Kaukasienstudien – Caucasian Studies. Bd. 1]. Wiesbaden. 1999, 13.

252 Vgl. ebd.

253 Vgl. ebd., 28.

254 Vgl. ebd., 72f.

255 Die Ortsmutter ist eine lokale Schutzgöttin und Herrin eines Ortes, der bis heute Tieropfer dargebracht werden. Sie wird um Kindersegen, Wohlstand und Mehrung des Besitzes angefleht und ist zuständig für die Fruchbarkeit der Felder und der Herden. In christlicher Zeit kam es häufig zu einer Verknüpfung mit der Muttergottes und sogar zur Gleichsetzung mit der Königin T'amar. Heinz Fähnrich identifizierte 47 derartige Kultstätten im heutigen Georgien. Eine Zahl die an sich bereits beeindruckend ist, in früheren Jahrhunderten aber mit Sicherheit noch weitaus größer war. Vgl. Fähnrich, Heinz. a.a.O. 1999, 21ff.

256 Die Architektur des Darbazi-Hauses als georgisches Wohnhaus geht offenbar auf uralte Traditionen zurück. Die erste erhaltene Beschreibung architektonischer Einzelheiten liefern die „Zehn Bücher über Architektur" des Vitruv aus dem ersten vorchristlichen Jahrhundert. Vgl. Nickel, Heinrich L. Kirchen, a.a.O. 1974, 45.

sicht nach vollauf, um die These Mixeil T'arxnišvilis von einer absoluten Abwertung der Frau in der georgischen Gesellschaft dieser Zeit zu entkräften.[257] Im Gegenteil kann die Tatsache, dass der übliche Ehrentitel adliger Frauen im Altgeorgischen gewöhnlich Mutter (დედა/deda) lautet,[258] so gedeutet werden, dass die Ehrungen, welche den Muttergottheiten entgegengebracht wurden, auch auf sozial hochstehende Frauen übertragen wurden und so gewissermaßen in die Gesellschaft diffundierten.

Diese Hypothesen erlauben auch eine genauere Reflektion der Entwicklung der Namensgebung der Heiligen in der georgischen Tradition. Es ist vorstellbar, dass der ursprüngliche Name der heiligen Nino zunächst verloren ging. Die volkstümliche Überlieferung der Zwischenzeit bis zu ihrer Wiederentdeckung hätte in Ermangelung eines Eigennamens leicht auf die Namen von Muttergottheiten der vorchristlichen Epoche zurückgreifen können, was ja schon Korneli Kekelije vermutet hat.[259] Somit hätte die Heilige einen Symbolnamen erhalten, der eine große semantische Nähe zum Begriff Mutter hatte. Da dies gleichzeitig, wie erwähnt, eine Ehrenbezeichnung darstellte, konnte sich die Namensgebung erhalten, obwohl die vorchristlichen religiösen Bezüge nach und nach verdrängt oder von der Kirche bewusst unterdrückt wurden. Allmählich entwickelte sich die symbolische Benennung der Heiligen zu einem Eigennamen, wodurch auch ihr semantischer Inhalt in Vergessenheit geriet. Das die frühen Texte der georgischen Ninoüberlieferung die Titulatur der Heiligen mit *Nino* ober auch *Weib Nino* wiedergeben, während sie in den jüngeren Berichten als *heilige, selige, Königin, Mutter Nino* wiedergegeben wird, muss dann nicht mehr als eine allmähliche Aufwertung der Bekehrerin gedeutet werden wie bei T'arxnišvili.[260] Stattdessen kann angenommen werden, dass den Schreibern der frühen Texte der semantische Zusammenhang von Nino und Mutter noch durchaus vertraut war, weshalb sie auf die Bezeichnung *Mutter Nino* (დედა ნინო/deda Nino) verzichteten, da sie für sie gewissermaßen eine Tautologie dargestellt hätte. Wenn im Laufe der Zeit jedoch der semantische Inhalt des Namens in Vergessenheit geriet, wären für spätere Hagiographie die ursprünglichen Bezeichnungen *Nino* oder gar *Weib Nino* nahezu einem Sakrileg gleichgekommen.

Als weiterer Beleg für den niedrigen gesellschaftlichen Rang von Frauen in Altgeorgien wird außerdem immer wieder die Vita der heiligen Šušanik angeführt. Im Martyriumsbericht dieser Heiligen wird eine Fürstin in einer praktisch rechtlosen Stellung und der Willkür ihres Mannes unterworfen dargestellt. Das vorrangige Problem dieses Berichtes im Zusammenhang mit der Frage nach der Stellung der Frau in Georgien besteht darin, ob die dargestellten Inhalte dieser Hagiographie für die gesamte Gesellschaft generalisierbar sind, oder ob es sich eher um einen Einzelfall handelt. Obwohl Mixeil T'arxnišvili und Eva Maria Synek die Leiden der heili-

---

257 Vgl. Tarchnišvili, Michael. a.a.O. 1940, 58.
258 Darauf weißt bereits Mixeil T'arxnišvili hin. Vgl. ebd., 73.
259 Vgl. Kekelije, Korneli. a.a.O. 1928, 47.
260 Vgl. Tarchnišvili, Michael. a.a.O. 1940, 72ff.

gen Šušanik für ein Abbild der traurigen weiblichen Realität im georgischen Alltag halten, kann diese Meinung nach meiner Ansicht so nicht aufrecht erhalten werden. Auch hier treten Widersprüche in der Argumentation T'arxnišvilis deutlich zu Tage. Er weist darauf hin, dass es keine eigenständigen Lebensbeschreibungen heiliger Frauen in der georgischen Hagiographie gegeben habe, was für ihn ein weiteres Indiz dafür ist, dass Frauen in Altgeorgien nicht hoch ihn Ehren standen.[261] Das Martyrium der heiligen Šušanik gilt für ihn als die bestätigende Ausnahme von der Regel, die für ihn „aus der Stellung, Herkunft und den außerordentlichen Leiden der Heiligen erklärlich"[262] ist. Es ist nicht leicht einzusehen, dass einerseits die Sonderstellung der Quelle aus ihren inhaltlichen Besonderheiten erklärt wird, aber andererseits bei der Interpretation der Quelle dieselben Besonderheiten als für die Gesamtgesellschaft typisch generalisiert werden. Mit anderen Worten: Wenn die Unterdrückung der eigenen Ehefrau, wie sie im Martyrium der Heiligen geschildert wird, gewissermaßen die Normalität weiblichen Lebens in Georgien widerspiegeln würde, dann bleibt fraglich, warum gerade diese Vita einer heiligen Frau als Sonderfall der Hagiographie entstanden sein soll. Schließlich gehört der Martyriumsbericht zu den ältesten Stücken der georgischen Traditionsliteratur und T'arxnišvili selbst sieht in ihrem Verfasser den ersten und ältesten georgischen Schriftsteller überhaupt.[263] Auch für Bernadette Martin-Hisard ist das Martyrium der heiligen Šušanik ein Bericht der besonderen Art. Sie hebt hervor, dass die Heilige nicht gestorben sei, weil sie sich weigerte zum Zoroastrismus überzutreten, sondern weil sie ihren Ehemann verstieß.[264] Obwohl dieser Umstand wahrscheinlich höchst ungewöhnlich für die georgische Gesellschaft war, stellt der Schreiber, Jakob aus C'urtavi, eher das Verhalten ihres Ehemannes Varsk'en als abstoßend und ungewöhnlich heraus. Dagegen wird eine Kritik am Handeln der Fürstin an keiner Stelle des Martyriums deutlich. Zwar liegen die Sympathien des Hagiographen naturgemäß auf der Seite der Heiligen, dennoch könnte man erwarten, dass er es nicht so vollständig hätte übergehen können, wenn sie deutlich von geltenden gesellschaftlichen Normen abgewichen wäre.

Anhand des bisher Ausgeführten lässt sich ein differenzierteres und komplexeres Bild der sozialen Stellung der Frau im alten Georgien und auch ihrer dynamischen Entwicklung entwerfen, das gleichzeitig in der Lage ist, Antworten auf die angeführten offenen Fragen zu geben. Im Sinne eines sehr langen Zeitverlaufs, den Fernand Braudel auch als *longue durée* bezeichnet hat,[265] muss dazu über den eigentlichen Untersuchungszeitraum dieser Arbeit hinausgegriffen werden.

---

261 Vgl. ebd., 61.
262 Vgl. ebd., FN 5.
263 Vgl. Aßfalg, Julius. Georgische Literatur. In: ders./Krüger, Paul (Hrsg.). a.a.O. 1975, 135–137. Hier 135. Siehe auch Tarchnišvili, Michael/Aßfalg, Julius. a.a.O. 1955, 83.
264 Vgl. Martin-Hisard, Bernadette. a.a.O. 2001, 1262.
265 Braudel, Fernand. Geschichte und Sozialwissenschaften – Die „longue durée". In. Wehler, Hans-Ulrich (Hrsg.). Geschichte und Soziologie. Königstein. 1984, 189–215. [Französische

Nach meiner Auffassung kann festgehalten werden, dass die Frau in der Gesellschaft während der vorchristlichen Zeit in Georgien in erheblichen Ehren stand, wofür die angesprochenen Mutterkulte ein erstes Indiz sind. Dadurch bestand ein soziales Klima, dass es der heiligen Nino als landfremder Frau oder als Kriegsgefangener ermöglichte, für sich und ihre Mission eine breite Akzeptanz und eine enorme Wirkung zu erzielen. Im Gefolge der Christianisierung kam es im Zeitraum vom 5. bis zum 9. Jahrhundert zu einer Abwertung des weiblichen Geschlechts. Diese erfasste aber nicht die gesamte georgische Gesellschaft, sondern offenbar nur die Oberschicht. Während die oberen Schichten, die mit Sicherheit einen stärkeren Einfluss auf die offizielle Geschichtsschreibung hatten, dafür sorgten, dass diese Erinnerung in den Hintergrund gedrängt wurde, hielt zum anderen die volkstümliche Überlieferung in dieser Zeit die Erinnerung an die Heilige aufrecht, was darauf schließen lässt, dass sich dort die Vorstellungen der vorchristlichen Epoche erhalten haben. So wird dann auch erklärlich, dass die heilige Nino im Zuge des politischen Einigungsprozesses und dem damit einhergehenden Erwachen des georgischen Nationalbewusstseins als Bekehrerin des Landes wieder akzeptabel wurde, weil man bewusst an die im Volk tradierten kulturellen Werte des alten vorchristlichen Georgiens anknüpfte. Auf diese Weise kann man die eigene Aufwertung der Frau, die zeitgleich mit der Anerkennung der heiligen Nino einsetzte,[266] gewissermaßen als eine Renaissance traditioneller georgischer Werte deuten. Allerdings würde es sich dabei nicht um einen kausalen Zusammenhang handeln, bei dem die Anerkennung der Heiligen der allgemeinen Aufwertung des weiblichen Geschlechts voranging, sondern beide Entwicklungen hätten sich in einem emergenten Prozess wechselseitig bedingt, beeinflusst und unterstützt. Das dieser gesellschaftliche Wandel sich langsam und allmählich und nicht schlagartig vollzog, wird dadurch deutlich, dass sich die heilige Nino nicht nur gegen den armenischen Erleuchter Gregor, sondern auch gegen andere männliche Konkurrenten als georgische Apostelin durchsetzen musste und konnte. Letztlich gipfelte die steigende Akzeptanz gegenüber Frauen in Georgien in der Herrschaft der Königin Tʻamar und damit in der kulturellen Hochblüte Georgiens im so genannten Goldenen Zeitalter des 12. Jahrhunderts.[267] In diesem Zusammenhang muss noch einmal darauf hingewiesen werden, dass die Zwischenzeit der begrenzten gesellschaftlichen Abwertung von Frauen auch von einem allgemeinen kulturellen Niedergang Georgiens begleitet war.

Originalfasung: Histoire et Sciences Sociales. La Longue Durée. In: Annales 13. Paris. 1958, 725–753].

266   Vgl. Synek, Eva M. a.a.O. 1994, 111.

267   Die Zeit zwischen 1089 bis 1213, die mit der Regierung des georgischen Königs Davitʻ IV. (1089–1125) beginnt und mit der Regierung der Königin Tʻamar (1184–1213) endet, wird in der Geschichte Georgiens gern als das „goldene Zeitalter" bezeichnet, weil das Land in dieser Zeit zu seiner kulturellen Hochblüte fand und seine größte territoriale Ausdehnung erreichte. Vgl. dazu Fähnrich, Heinz. Geschichte Georgiens. a.a.O. 1993, 129ff. Siehe auch Džanašia, Simon/Berjenišvili, Nikoloz (Hrsg.). Sakʻartʻvelos istoria. Sakitʻxavi cigni. Tʻbilisi. 1980, 121.

Mixeil T'arxnišvilis These, dass die vorchristliche Auffassung von der Minderwertigkeit der Sklaven und der Frauen die heilige Nino eine Zeitlang verdrängt hat, das erwachende religiös-nationale Selbstbewusstsein sie und mit ihr das „Goldene Zeitalter" des 12. Jahrhunderts zurückgebracht habe,[268] muss modifiziert werden. Wahrscheinlicher ist, dass die Anerkennung, die Frauen im vorchristlichen Georgien genossen, das Werk der heiligen Nino erst möglich gemacht hat. Das sich ausbreitende Christentum hat dann diese kulturellen Auffassungen vom Wert der Frau zurückgedrängt. Dadurch wurde es wiederum möglich, dass weitere fremde kulturelle Werte der ebenfalls nichtchristlichen Gesellschaft Persiens die Vorstellungswelt der georgischen Oberschicht, die offenbar am stärksten von Persien beeinflusst war, zu überformen begann. Diese Einflüsse konnten erst später zurückgedrängt werden, wobei die christliche Lehre von Menschengleichheit und Frauenwürde mit den ursprünglichen und im Volk tradierten Auffassungen von der Stellung der Frau miteinander verschmolzen. Dieses führte letzten Endes zu der nicht nur im christlichen Orient einzigartigen hohen gesellschaftlichen Anerkennung von Frauen in Georgien, die im 12. Jahrhundert in der säkulären Verherrlichung der Gleichberechtigung von Mann und Frau durch Šot'a Rust'aveli gipfelte.

Das hier entworfene sozialgeschichtliche Verlaufsmodell einer zyklischen Entwicklung der sozialen Stellung der Frau in Georgien ist in der Lage, die Fragen, die die Argumentationen von T'arxnišvili und Synek offen lassen, zu beantworten, ohne dabei in einen eklatanten Widerspruch zu ihren Ergebnissen zu treten. Es bleibt noch die Frage zu klären, welche Faktoren dazu geführt haben, dass es zwischen dem 4. und dem 9. Jahrhundert zu einer zeitweisen kulturellen Überformung der georgischen Gesellschaft im Sinne des vorgestellten Modells kam.

Es wurde bereits angedeutet, dass die Christianisierung selbst zu den dargelegten Prozessen geführt haben kann. Bedenkt man die viel untersuchte ambivalente Haltung des frühen Christentums und das zeitliche Zusammenfallen der Christianisierung mit der geschilderten vorübergehenden Abwertung von Frauen in Georgien, so liegt es nahe, hier einen Zusammenhang zu vermuten. Allerdings kann es sich dabei nur um einen sehr untergeordneten Faktor handeln, denn die Georgier waren und blieben ja Christen, auch und gerade zu der Zeit als sich die Wiederentdeckung der heiligen Nino und der traditionellen Bewertung des weiblichen Geschlechts wieder durchzusetzen begann. Die religiösen Vorurteile des Christentums gegenüber Frauen waren demnach überwindbar. Außerdem ist das Christentum, wenn wir den Quellen Glauben schenken wollen, nicht auf die georgische Oberschicht und den Adel beschränkt gewesen. Aus diesem Grund wird dieser Erklärungsansatz in dieser Arbeit nicht weiter verfolgt. Die Ursachen für die zyklische Entwicklung des Frauenbildes in Georgien sind daher an anderer Stelle zu suchen. Die territoriale Zerrissenheit, der kulturelle Niedergang und der Einfluss des sasanidischen Hofstaates auf die geho-

---

268   Vgl. Tarchnišvili, Michael. a.a.O. 1940, 75.

benen Stände Georgiens, wie er auch aus dem Martyrium Šušaniks[269] heraustritt, bieten sich Erklärungsmuster an. Daher sollen im folgenden Kapitel die kulturellen Einflüsse Persiens auf die gehobenen Schichten Georgiens aufgezeigt werden, während im anschließenden Kapitel noch einmal Indizien für die These einer vorchristlichen gesellschaftlichen Ehrung der Frauen und für die Tradierung dieser Codes zusammengetragen werden. Auf diese Weise soll das anhand der beiden weiblichen hagiographischen Idealtypen Georgiens entwickelte Modell durch weitere Belege untermauert werden.

---

269 Ihr Ehemann Varsk'en war ja ein Vasall des persischen Großkönigs und stand offenbar stark unter kulturellen und religiösen Einflüssen aus Persien.

Teil II: Realtypen weiblichen Lebens im georgischen Adel
unter sasanidischem Einfluss

6. Kulturhistorischer Hintergrund

In diesem Teil meiner Arbeit soll auf die kulturellen Gemeinsamkeiten der sasanidischen und der georgischen Oberschichten eingegangen werden. In diesem Zusammenhang stehen die Fragen im Vordergrund, ob und wie es zu erklären ist, dass es in der Zeit der sasanidischen Vorherrschaft über Georgien zu einer gesellschaftlichen Abwertung der Frauen kam und welche Rolle dabei die Übernahme kultureller Muster aus Persien gespielt haben könnte. Ein Überblick über den kulturhistorischen Hintergrund beider Regionen zur damaligen Zeit bietet einen Einstieg in die Auseinandersetzung mit diesen Problemstellungen. Dazu sind aber zunächst noch einige inhaltliche Bemerkungen zwingend erforderlich.

Zuerst einmal wäre es anachronistisch anzunehmen, dass das Sasanidenreich und Altgeorgien in der Zeit zwischen dem 3. und dem 7. Jahrhundert bereits vollständig konstituierte Nationalstaaten gewesen wären. Nicht nur der Begriff, sondern auch das Phänomen der Nationenbildung vollzog sich nicht nur, aber eben auch, in diesem Raum frühestens im 18. Jahrhundert. Damit entfällt aber die Möglichkeit einer klaren Grenzziehung im Sinne einer Staatsgrenze für den hier relevanten Untersuchungszeitraum. Beide Territorien waren, wie noch zu zeigen sein wird, in dieser Zeit vor allem feudalistisch organisiert. Das bedeutet, dass es beispielsweise keine nationalstaatliche Armee gab, sondern dass untereinander um, aber auch gegen die jeweilige Zentralgewalt rivalisierende Fürstengeschlechter die militärischen Kontingente stellten. Es kann allerdings davon ausgegangen werden, dass der Organisationsgrad im sasanidischen Großreich erheblich höher gewesen sein muss, damit dieses Reich auch solange betehen konnte, als in dem im Verhältnis dazu relativ kleinen Georgien. Dieser höhere Organisationsgrad des sasanidischen Persien kann meines Erachtens aus seiner stärkeren Zentralisierung und der früheren Kodifizierung rechtlicher Normen abgelesen werden.

Außerdem bildeten der persische und der südkaukasische Raum – einschließlich Armeniens und Georgiens – im Untersuchungszeitraum einen gemeinsamen Kulturraum, in dem sich die dort lebenden Völker kulturelle Codes[1], das heißt, religiöse Vorstellungen und andere kulturelle Werte, soziale Institutionen – im Sinne von formellen und informellen Normen und Regeln – und damit zusammenhängend auch

---

1   Zum Begriff des kulturellen Codes in der Religionswissenschaft und Orientalistik vgl. Beltz, Walter. Gemeinsame kulturelle Codes in koexistierenden Religionsgemeinschaften, dargestellt und untersucht an Beispielen der Messiasdiskurse in den Reisetagebüchern des Institutum Judaicum et Muhammedicum J.H. Callenbergs. In: ders./Pietruschka, Ute/Tubach, Jürgen (Hrsg.). Sprache und Geist. Peter Nagel zum 65. Geburtstag. [Hallesche Beiträge zur Orientwissenschaft, 35]. Halle. 2003, 1–29 und ders. Systemtheoretische Ansätze in der Religionswissenschaft. Anmerkungen zum Thema regionale Systeme koexistierender Religionsgemeinschaften. In: ders./Tubach, Jürgen (Hrsg.). Regionale Systeme koexistierender Religionsgemeinschaften. [Hallesche Beiträge zur Orientwissenschaft, 34]. Halle. 2002, 99–112.

vorstaatliche wie auch vorchristliche Begrifflichkeiten, teilten. Aus diesem Grund empfiehlt es sich meiner Ansicht nach auch nicht, eine analytische Grenzziehung vorzunehmen und dabei auf den Begriff der Sinngrenzen bei Niklas Luhmann[2] Bezug zu nehmen, da es solche Sinngrenzen ja eben kaum gab, wie bereits ausgeführt wurde.

Trotz der gemeinsamen kulturellen Ausgangsbasis Armeniens, Georgiens und des Sasanidenreiches ähneln die drei genannten Regionen einander nur. Sie stehen aber gleichzeitig auch in einer klaren hierrarchischen Beziehung zueinander. Der höhere Organisationsgrad des sasanidischen Persiens lässt darauf schließen, dass es kulturell sehr viel weiter entwickelt war als seine direkten geographischen Nachbarn. Aus diesem Grund scheint es mir sinnvoll, davon auszugehen, dass das Sasanidenreich (einschließlich der vorangegangenen Arsakiden- und Achämenidenreiche) in dem gemeinsamen Kulturraum das kulturelle Zentrum darstellte, das auf seine kulturelle Peripherie[3] eine große Ausstrahlungskraft ausübte und dessen Verhaltensweisen als Ausgestaltungsformen der gemeinsamen kulturellen Werte dort auch gern übernommen wurden. Das muss nicht heißen, dass diese Vorbildwirkung im sasanidischen Iran auch so beabsichtigt war, sie wurde sicher nur als nicht selbst steuerbarer, aber dennoch steuernder Einfluss in den angrenzenden Regionen gern in Kauf genommen. Wenn im Folgenden also davon die Rede sein wird, dass der sasanidische Adel Einfluss auf die georgische Oberschicht hatte, so ist damit eben nicht gemeint, dass die Perser diesen Einfluss gezielt ausüben wollten, sondern dass sie ihn besaßen und er aus ihrer kulturellen Überlegenheit emergierte. Das heißt aber gleichzeitig vor allem, dass es keine direkte kulturelle Abhängigkeit Georgiens vom Sasanidenreich gegeben hat, sondern dass parallele Entwicklungen indirekt zu einer solchen führten.

Um dies aber genauer untersuchen zu können, ist dennoch eine Abgrenzung der Untersuchungsgebiete a priori notwendig. Die einzige Unterscheidung, die dies sinnvoll erlaubt, sind sprachliche Grenzen, das heißt, dass das Kriterium darin besteht, welche Sprache im jeweiligen Territorium vorrangig gesprochen wurde.[4] Aus diesem Grund werden die Probleme der einseitigen kulturellen Beeinflussung, die in diesem Teil der Arbeit behandelt werden sollen, vor allem anhand von linguistischen Phänomenen untersucht. Da das vorrangige Forschungsinteresse dieses Abschnitts meiner Arbeit nicht darin besteht, die allgemeine kulturelle Vernetzung im Untersuchungsraum zu analysieren, sondern diese Zusammenhänge nur insofern betrachtet werden, als sie Auswirkungen auf die soziale Stellung der Frauen im alten Georgien hatten, ist es weiter notwendig, zunächst die Stellung der Frau in der sasanidischen Oberschicht aufzudecken, um von dieser Ausgangsbasis aus die Entwicklungen in

---

2   Vgl. dazu v.a. Luhmann, Niklas. Soziale Systeme. Grundriß einer allgemeinen Theorie. Frankfurt am Main. 1996[6], 95f. und 265ff.
3   Zur der systemtheoretischen Unterscheidung zwischen Zentrum und Peripherie vgl. ebd., 261.
4   Der Begriff Landessprache wird hier bewusst vermieden, da eine solche mangels eines abgrenzbaren Staatsgebietes damals eben noch nicht vorhanden war.

Georgien interpretieren zu können. Aus forschungspragmatischen Gesichtspunkten wurde das gesellschaftliche Ansehen der Frauen persischer Adliger jedoch nicht selbst aus den dazu vorhandenen Quellen erschlossen, sondern es erfolgte eine Reanalyse der bereits vorhandenen umfangreichen wissenschaftlichen Auseinandersetzungen auf diesem Gebiet[5] vor dem Hintergrund meiner eigenen Fragestellungen.

6.1 Das Sasanidenreich und Altgeorgien – geschichtlicher Abriss und historischer Vergleich

In hellenistischer Zeit teilte sich das heutige Georgien in einen westlichen Landesteil, Egrisi – unter den Griechen als Kolxis bekannt – und in einen östlichen Teil, Iberia. Westgeorgien stand machtpolitisch unter selukidischem, Ostgeorgien hingegen unter parthischem Einfluss. Im Jahre 65 v. Chr. eroberte Pompeius Magnus sowohl West- wie auch Ostgeorgien und stellte beide Landesteile unter römisches Protektorat. In diesem Zeitraum bildeten in der Kolxis die Städte Dioskurias (Soxumi), Phasis (Potʻi), Dityus (Picʻunda) und Vani die wirtschaftlichen und kulturellen Zentren Westgeorgiens. Mcʻxetʻa galt dagegen als Metropole des östlichen iberischen Königreiches. Ausgrabungen belegen, dass sie eine vermögende Kaufmanns-

---

5   Vor allem im Zusammenhang mit der Frau im sasanidischen Recht sind folgende Arbeiten von Christian Bartholomae hervorzuheben: Über ein sasanidisches Rechtsbuch. In: Sitzungsberichte der Heidelberger Akademie der Wissenschaften, Philosophisch-Historische Klasse 11. Heidelberg. 1910, 1–25; ders. Beiträge zur Kenntnis des sasanidischen Rechts. In: Wiener Zeitschrift für die Kunde des Morgenlandes 27. Wien 1913, 347–374; ders. Zum sasanidischen Recht I–V. In: Sitzungsberichte der Heidelberger Akademie der Wissenschaften, Philosophisch-Historische Klasse. Heidelberg. I, 1918. II, 1918. III, 1920. IV, 1922. V, 1923; ders. Die Frau im sasanidischen Recht. (Rede, gehalten beim Stiftungsfest der Heidelberger Akademie der Wissenschaften am 11. Mai 1924). In: Kultur und Sprache. Bd. 5. Heidelberg. 1924; Macuch, Maria. Das sasanidische Rechtsbuch „Mātakdān ī hazār dātistān". Teil II. Wiesbaden. 1981; dies. Rechtskasuistik und Gerichtspraxis zu Beginn des siebenten Jahrhunderts in Iran. Die Rechtssammlung des Farroḫmard i Wahrāmān. Wiesbaden. 1993; dies. Herrschaftskonsolidierung und sasanidisches Familienrecht. Zum Verhältnis von Kirche und Staat unter den Sasaniden. In: Reck, Christiane/Zieme, Peter (Hrsg.). Iran und Turfan. Beiträge Berliner Wissenschaftler, Werner Sundermann zum 60. Geburtstag gewidmet. In: Iranica 2. Wiesbaden. 1995, 149–167; dies. Die Konstruktion der Wirklichkeit im sasanidischen Recht. In: Proceedings of the Second European Conference of Iranian Studies held in Bamberg, 30th September to 4th October 1991, by the Societas Iranologica Europaea. Rom. 1995, 415–424; Perikhanian, Anahit. Sasanidskij Sudebnik. Kniga sudebnyx rešenij (Mātakdān ī hazār dātastān) (Sasanidisches Recht. Buch der Rechtsentscheidungen). Erevan. 1973; dies. Iranian Society and Law. In: Cambridge History of Iran. Vol. 3 (2). Cambridge. 1983, 627–680; dies. Obščestvo i pravo Irana v pafjanskij i sasanidskij periody (Gesellschaft und Recht Irans in der Parther- und Sasanidenzeit). Moskva. 1983; dies. The book of a thousand judgements. (a Sasanian law book). Costa Mesa, CA u.a. 1997.

und Handwerkerstadt mit hohem Bildungsniveau gewesen sein muss.[6] Im 1. Jahrhundert stieg in Westgeorgien das Adelsgeschlecht der Lazen auf und begründete
das Königreich Lazika, das unter starkem römischen Einfluss stand. Die Römer
konnten bis zum 3. Jahrhundert ihre Dominanz bis nach Iberia ausweiten, da das
späte Partherreich von Instabilität geprägt war. Im 3. Jahrhundert trat in Georgien
schließlich das persische Sasanidenreich an die Stelle des geschwächten Parther-
reiches.

Die Sasaniden übernahmen unter Ardašir I. im Jahre 224 n. Chr. die Herrschaft
über Persien von den Parthern, und ihr Herrscher Šapur I. (242–271) konnte die römische Vorherrschaft in Ostgeorgien zurückdrängen. Armenien und Iberien waren
vom Expansionsdrang der Perser direkt betroffen. Armenien wurde persisches Herrschaftsgebiet und im ostgeorgischen Iberien wurde der persisch-sasanidische Einfluss zunehmend spürbar. Beide Länder erkannten, dass das unmittelbar benachbarte
Persien für sie eine größere Gefahr darstellte als das Römische Reich, und sie gaben
ihrer Politik eine deutlich prorömische Ausrichtung, um sich der Unterstützung
Roms im Kampf gegen Persien zu versichern.

Diese romfreundliche Einstellung bildete aber nur die generelle außenpolitische
Orientierung Ostgeorgiens, von der es im Einzelfall durchaus erhebliche Abweichungen gab. Heinz Fährich weist in diesem Zusammenhang auf den iberischen König Amazasp[7] hin, dem er ein generell gutes Verhältnis zu Persien und seinen religiösen Vorstellungen bescheinigt.[8] Gegen Ende seiner Regierungszeit kämpfte er sogar im Bündnis mit den Persern gegen die Römer, auf deren Seite neben Armeniern
und Osseten[9] auch die Truppen Westgeorgiens standen.[10] Die Beziehungen, die das
iberische Königshaus sowohl zum Perserreich als auch zum römischen Imperium
unterhielt, deren Einflusssphären ständig bedingt durch gegnerische Übergriffe
fluktuierten,[11] waren also durchaus ambivalent.

Als im 4. Jahrhundert ganz Ostgeorgien unter die Herrschaft der Sasaniden geriet, gelang es gleichzeitig auch Rom, seine Herrschaft im Orient weiter auszubauen,
so dass es Georgien ebenfalls als seine Einflusssphäre betrachtete. In den darauf fol-

---

6 Vgl. Aßfalg, Julius. Georgien. In: Balz, Horst Robert/Hall, Stuart G. u.a. Theologische Realen-
    zyklopädie. Bd. XII. Berlin/New York. 1984, 390.

7 Amazasp war in den 40er Jahren des 3. Jahrhunderts König von Kʻartʻli/Iberien, damit fällt sei-
    ne Regierungszeit in etwa mit der Šapurs I. (242–271) zusammen. Vgl. Lortʻkʻipʻanije, Mari-
    am/Metreveli, Roin (Hrsg.). Sakʻartʻvelos mepʻeebi. Tʻbilisi. 2000, 29.

8 Vgl. Fähnrich, Heinz. Geschichte Georgiens von den Anfängen bis zur Mongolenherrschaft.
    Aachen. 1993, 72.

9 Bei dem Volk, das bei Fähnrich durchgehend als Osseten wiedergegeben wird, handelt es sich
    offenbar um die Alanen. Während der Begriff Osseten zumindest für die betreffende Zeit etwas
    anachronistisch erscheint. Vgl. Lortʻkʻipʻanije, Mariam/Metreveli, Roin (Hrsg.). a.a.O. 2000,
    29 und Fähnrich, Heinz. Geschichte Georgiens. a.a.O. 1993, 73f.

10 Vgl. Fähnrich, Heinz. Geschichte Georgiens. a.a.O. 1993, 74.

11 Vgl. Georgien, Georgier. In: Cancik, Hubert (Hrsg.). Der neue Pauly. Enzyklopädie der Antike.
    Bd. 4. Altertum. Stuttgart. 1998, 941f.

genden Kämpfen zwischen Rom und Persien, in denen Iberien häufig zwischen den Fronten stand, musste es, um seine Unabhängigkeit zu bewahren, eine Wahl zwischen den beiden großen Gegnern treffen, um sich mit Hilfe des einen der Gewalt des anderen zu erwehren. Iberien wählte meist das weiter entfernte Rom als Bündnispartner gegen das unmittelbar seine Grenzen bedrohende Persien.

Die Christianisierung Georgiens erfolgte, wie bereits im vorigen Kapitel ausführlich erörtert wurde, während der sasanidischen Herrschaft.[12] Zu Beginn des 5. Jahrhunderts bekämpften die Iraner die georgische Kirche. Sie zerstörten Kirchenbauten und bemühten sich, ihre Staatsreligion, den Mazdaismus, zu verbreiten.

In der Regierungszeit des iberischen Königs Vaxtang Gorgasal (438–491[13]) wurden die Landesgrenzen befestigt und der innerpolitische Frieden hergestellt. Vaxtang verlegte die Hauptstadt von Mcʻxetʻa nach Tiflis, wobei jedoch Mcʻxetʻa religiöses Zentrum blieb. Die in jener Zeit entstandene frühfeudale und geistliche Literatur, vor allem Hagiographien, verherrlichte den christlichen Glauben und den Kampf gegen den Mazdaismus und später gegen den Islam sowie den Kampf um die Freiheit und Selbständigkeit Georgiens. Die Entwicklung der georgischen klerikalen Literatur setzte nach der Erfindung der georgischen Schrift im 5. Jahrhundert ein.[14]

Im 6. Jahrhundert brachen erneut Kämpfe zwischen dem byzantinischen und dem sasanidischen Reich um Georgien aus. Schließlich gelang dem byzantinischen Kaiser Herakleios im Jahre 622 die Eroberung der georgischen Hauptstadt Tiflis. Durch die anhaltenden byzantinisch-sasanidischen Fehden waren die militärischen Kräfte der Byzantiner in Ostgeorgien und die der Sasaniden im Süden so weit geschwächt worden, dass die Araber Mitte des 7. Jahrhunderts dort einfallen konnten. Westgeorgien dagegen blieb fest in byzantinischer Hand, auch nachdem das Königreich Lazika untergegangen war. Die neue Dynastie der Bagratiden (armenisch Begarat; georgisch Bagrat; griechisch Παγκράτειος/Παγκράτιος[15]), die sich die Herrschaft ab Mitte des 8. Jahrhunderts sichern konnte, ließ den byzantinischen Einfluss in Westgeorgien schwinden.

---

12 Fähnrich, Heinz. Geschichte Georgiens. a.a.O. 1993, 74f.

13 Für die Regierungszeit Vaxtang Gorgasals werden unterschiedliche Daten angegeben: nach Vaxušti (439–499); Gorgaje, Simon (443–503); Džavaxišvili, Ivane (442–502); Toumanov, Cyrril (435–522); Goliaje, Vaxtang (438–491). Er lebte etwa von den vierziger Jahren des 5. Jahrhunderts bis 502. Er regierte sein Reich von seiner Residenz Udžarma aus. Sein Name ist eng mit dem Kampf Georgiens um Befreiung von der persischen Vorherrschaft verbunden. Er gewann die Kontrolle über die Kaukasuspässe zurück und verhinderte, dass Alanen (Osseten) und Xazaren nach Süden auf georgisches Territorium vorstießen. In einer Schlacht gegen die Perser von einem Pfeil in die Lunge getroffen, starb er später an dieser Verwundung und wurde im Sveticʻxoveli-Dom zu Mcʻxetʻa beigesetzt. Den Beinamen Gorgasal (Wolfshaut) verliehen ihm die Perser, weil auf seinem Helm ein Wolf abgebildet war. Vgl. dazu Lortʻkʻipʻanije, Mariam/ Metreveli, Roin (Hrsg.). a.a.O. 2000, 40ff. sowie Fähnrich, Heinz. Geschichte Georgiens. a.a.O. 1993, 83ff.

14 Aßfalg, Julius. Georgische Literatur. In: ders./Krüger, Paul (Hrsg.). Kleines Wörterbuch des christlichen Orients. Wiesbaden. 1975, 135–137.

15 Ferdinand, Justi. Iranisches Namenbuch. Marburg. 1895, 57f.

6.2 Gesellschaftsstruktur im Sasanidenreich

Die Geschichte der sasanidischen Gesellschaft war durch zwei sich diametral gegen-
überstehende Prinzipien bestimmt. Zum einen durch die Zentralgewalt, verkörpert
durch den Šahan šah, König der Könige, der versuchte, seine Macht zu stärken, und
zum anderen durch die großen Vasallen sowie zeitweise die Generäle, die eine zu
große Machtfülle des Königs verhindern bzw. gegebenenfalls ihre Macht zu Lasten
des Königs erweitern wollten.

Klaus Schippmann bemerkt hierzu: „Hinsichtlich der Entwicklung der sasani-
schen Gesellschaft erscheint mir eine Zweiteilung bei der Betrachtung in die Zeit bis
Kavad I. (531) und ab Chosroe I. erforderlich und nützlich, denn unter diesem zuletzt genannten Herrscher wurde die sasanidische Gesellschaftsstruktur doch sehr
deutlich verändert."[16] Über die jeweilige Stellung der verschiedenen Stände in der
sasanidischen Gesellschaft während der Frühphase des Reiches gibt es innerhalb der
Iranistik gewisse Unstimmigkeiten. So geht beispielsweise Arthur Christensen von
vier Ständen aus: nämlich an erster Stelle den Priestern, gefolgt von den Kriegern
und dann an dritter Stelle der Verwaltung, die Schreiber, denen dann der Stand des
Volkes nachfolgt.[17] Dagegen nennt Geo Widengren für die Zeit Ardašrs und Šāpūrs
die Großvasallen, den Adel und die Krieger an erster Stelle, Schreiber und Priester
an zweiter und dritter Stelle. Der Stand der Bauern fehlt bei ihm.[18] Perikhanian greift
die Vierteilung Christensens wieder auf, meint jedoch, dass sie erst ab dem 5. Jahrhundert, nicht aber für die erste Hälfte der sasanidischen Periode nachweisbar sei.[19]
Nach Schippmann und Widegren änderte sich die Gesellschaftsstruktur in der ersten
sasanidischen Periode gegenüber den parthischen Vorgängern hinsichtlich der Stän-
deeinteilung nur wenig. Neu sei eigentlich nur das Entstehen eines sasanidischen
Staatskultes, besonders im 3. Jahrhundert unter dem Großpriester Karder. Eine solche Institution mit dieser Machtfülle habe es in parthischer Zeit nicht gegeben. Die
Anfänge des sasanidischen Staates sind demnach für Schippmann durch zwei Tendenzen gekennzeichnet: die Zentralisierung der Herrschaftsgewalt sowie das Erste-
hen des iranischen Staatskultes.[20]

---

16 Schippmann, Klaus. a.a.O. 1990, 80.
17 Vgl. Christensen, Arthur. L' Iran sous les Sassanides. Copenhague. 1936, 98ff.
18 Vgl. Widengren, Geo. Iran der große Gegner Roms: Königsgewalt, Feudalismus, Militärwesen.
    In: Temporini, Hildegard/Haase, Wolfgang (Hrsg.). Aufstieg und Niedergang der Römischen
    Welt. Geschichte und Kultur Roms im Spiegel der neueren Forschung II. Bd. 9: Principat. (1.
    Halbband: Provinzen und Randvölker: Mesopotamien, Armenien, Iran, Südarabien, Rom und
    der ferne Osten). Berlin/New York. 1976, 219–306. Hier 246.
19 Vgl. Perikhanian, Anahit. Iranian Society and Law. a.a.O. 1983, 632ff.
20 Vgl. Schippmann, Klaus. a.a.O. 1990, 81. und Widengren, Geo. a.a.O.1976, 219–306.

Der Mazdakitenaufstand[21] entmachtete den Adel weitgehend und Chosroe I. stellte den ursprünglichen Zustand nicht wieder her, sondern führte umfangreiche Reformen durch. Schippmann geht davon aus, dass er ein völlig neues Staatswesen schuf, indem er das Heer, den Adel und das Steuerwesen reorganisierte.[22] Von besonderem Interesse für diese Arbeit sind seine Reformen, die die Re- und Neuorganisation des Adels betreffen. Zunächst erhielt der „alte" Adel auf Anordnung des Königs seinen Besitz zurück oder wurde für erlittene Verluste während der mazdaistischen Unruhen entschädigt. Dafür musste der Adel aber als Gegenleistung bestimmte Einschränkungen seiner vorherigen Souveränität hinnehmen. Er war gezwungen, eine zentrale Steuererhebung durch den König zu dulden, und wurde zum Kriegsdienst verpflichtet. Um die partikularistischen Bestrebungen des Adels, unter dem sasanidische Herrscher seit Šapur II. häufig zu leiden hatten,[23] weiter zu beschränken, bildete Chosroe I. gegenüber den großen Vasallen zwei weitere Gegengewichte. Zum einen schuf er eine Form von Dienst- bzw. Amtsadel, indem er die durch den Mazdakitenaufstand verwaisten Kinder von Adligen adoptierte und standesgemäß untereinander verheiratete, wodurch er sie zusätzlich an den Königshof band. Die jungen Adligen blieben am Hof und übernahmen Ämter in Heer und Verwaltung. Des Weiteren wurde durch Landzuweisung und wirtschaftliche Unterstützung unterhalb des Amtsadels eine Schicht kleiner Landadliger, die so genannten Dekhane geschaffen. Diese beiden Adelsformen bildeten ein Gegengewicht zu den großen Vasallen, da sie nur der königlichen Zentralgewalt verpflichtet waren, die sie neu geschaffen hatte.[24]

Aber auch die unteren Bevölkerungsschichten waren von den Maßnahmen Chosroes betroffen. Zum einen kam es unter Chosroe zu einem Rückgang der Sklaverei bzw. zum Abnehmen der Anzahl der Sklaven. Außerdem wurde auch ein Teil der Landbevölkerung formell frei, da sie ihre Abgaben nicht mehr dem lokalen Groß-

---

21 Die Anhänger von Mazdak i Bambadan, dem Oberhaupt einer gnostisch-manichäischen Sekte, der um 500 eine Religion mit stark sozial-revolutionärem Charakter verbreitete, wandten sich gegen die Adlige Oberschicht. Der Aufstand, der vor allem von den Bauern ausging, wurde durch Hungersnöte und forcierte Ausbeutung verstärkt. Šah Kavad I. (488–531), der Vater von Chosroes I., unterstützte die Aufständischen anfangs, was zu einer weiteren Verstärkung und einer gezielten Wirkung der Erhebung führte. Nachdem Kavad die Bewegung zunächst zur Stärkung seiner eigenen Machtposition und Schwächung des Hochadels genutzt hatte, kehrte er sich letztlich doch von ihr ab und ließ sie blutig niederwerfen. Im Nachgang der Aufstände nahm die soziale Differenzierung im sasanidischen Reich weiter zu, was zur verstärkten Ausbildung feudaler Eigentumsformen führte. Vgl. dazu Klima, Otakar. Ruhm und Untergang des Alten Iran. Leipzig. 1975, 223f.; Zu . Mazdak Vgl. auch ders. Mazdak. Geschichte einer sozialen Bewegung im sasanidischen Persien [Sekce Jazyka a Literatury: Monografie orientálniho ústavu 17]. Praha 1957 [Mazdak. Geschichte einer sozialen Bewegung im sasanidischen Persien (Ancient Economic History). New York 1979] und ders., Beiträge zur Geschichte des Mazdakismus (Dissertationes Orientales 37). Praha. 1977.

22 Vgl. Schippmann, Klaus. a.a.O. 1990, 52.

23 Vgl. ebd., 53.

24 Vgl. ebd., 82ff.

grundbesitzer abliefern mussten, sondern jetzt ebenfalls der zentralen königlichen Steuerverwaltung direkt unterstellt waren.[25] In Zeugnissen, wie dem *kārāmag*/Taten-buch des Chusrō I. Anōširvān, das, im 7. Jahrhundert verfasst, in Teilen in Ibn Miskawaihs *Tağārib al-umam* (10./11. Jahrhundert) enthalten ist, wird die Fürsorge des Königs für die rā'īya/Untertanen, d.h. die ländliche Bevölkerung, betont. Als besondere Anweisung erwähnt das *Tatenbuch* noch die Auflage an jeden gāḍi (arabisch Richter), die Steuerpflichtigen ohne Wissen des Eintreibers der Grundsteuer (arabisch 'ummāl) und der Grundherren zusammenzurufen, nach Ungerechtigkeiten zu forschen und diese in einem vom gāḍi und den Bauern bestätigten Bericht aufzu-führen. Dieser sollte dann vor den Großen (arabisch 'uẓamā'), den Königen (arabisch mulūk) des Landes, den Richtern und Vornehmen (arabisch aḥrār, ašrāf), also den wuzurgān[26] (den Großen, den Magnaten, den šahrdārān und dehkānān der iranischen Zeugnisse), verlesen werden.

Sowohl die Einführung feudaler Lehns- und Abhängigkeitsverhältnisse sowie der Rückgang der Sklaverei, führen Schippmann in Anlehnung an Altheim zu der Erkenntnis, dass das Sasanidenreich erst ab Chosroe I. „von einem wirklichen Feudalstaat sprechen kann, egal welche Definition man dabei zugrunde legt."[27]

Der Wandel der sasanidischen Gesellschaft zum Feudalismus, von dem Schippmann ausgeht, und den er, vor allem an den Reformen Chosroes I. verankert, macht es eigentlich nicht möglich, von nur einer sasanidischen Gesellschaft zu sprechen. Viel mehr müsste man eher von zwei verschiedenen Gesellschaften, einer vor-feudalen vor und einer feudalen nach Chosroe I. ausgehen. Dennoch wird diese Arbeit im Folgenden von einer einheitlichen Gesellschaft ausgehen, dabei handelt es sich jedoch nicht so sehr um einen Rückfall hinter bereits bestehende Erkenntnisse, sondern um eine Reduktion von Komplexität. In dieser Arbeit steht ja nicht so sehr der Wandel der Sozialstruktur des sasanidischen Reiches, sondern die Struktur der georgischen Gesellschaft im Vordergrund. Von Interesse ist in diesem Zusammenhang wie letztere auf erstere eingewirkt hat. Da wir über die sozialen Beziehungen im alten Georgiern im Vergleich zum Sasanidenreich nur rudimentär informiert sind, würde eine zu differenzierte Betrachtung der persischen Gesellschaft in der Analyse zu einem starken Übergewicht der sasanidischen Kultur führen, die weder im Sinne dieser Arbeit ist, noch den historischen Abläufen entspricht. Dabei ist davon auszu-

---

25 Vgl. ebd., 85f.
26 Mp. wazurgān; Syrisch raurbānē, armenisch mecameck' (die Reduplikation einer Silbe impliziert eine Intensivierung, was im armenischen mecameck' deutlich zum Ausdruck kommt, das „sehr groß" bedeutet. Vgl. Jensen, Hans. Altarmenische Grammatik. Heidelberg. 1959, § 126. Die syrische Form ist im Prinzip ein Reduplikationsplural (rabrab>rabrab>rawrab), der aber seine Bedeutung verloren hat, da nochmals die alte, aber verblasste Pluralendung –ān angehängt ist und zusätzlich noch die normale Pluralendung –ē für Maskulina).
27 Schippmann, Klaus. a.a.O. 1990, 85. Vgl. dazu auch Altheim, Franz/Stiehl, Ruth. Ein asiatischer Staat. Feudalismus unter den Sasaniden und ihren Nachbarn. Wiesbaden. 1954, z.B. 156, 168, 174 und 254.

gehen, dass die Georgier nicht die gesamten sozialen und kulturellen Verhältnisse ihrer Nachbarn übernahmen, sondern nur einige Teilaspekte.

Trotz aller Veränderungen im sasanidischen Reich sind verschiedene soziale Kontinuitäten auszumachen: Zusammen mit dem König verfügte der Adel über nahezu den gesamten Grundbesitz. Die Grundbesitzer waren in mehrere Stufen unterteilt: Mitglieder des Herrschergeschlechts, Magnaten, Vasallenregenten, Ritter, Landedelleute. Der Adel stellte in der Armee die schwere Reiterei. Der niedere Adel bekleidete die Dorfämter. Die Edelleute waren zumeist Richter und Steuereinnehmer. Jedoch war er seit Chosroe I. politisch entmachtet worden. Es gab einen Amtsadel, vorwiegend militärischen Charakters, der über der niederen Adelsschicht stand. Zu den Freizeitbeschäftigungen der Könige und Edelleute gehörten Bogenschießen und Pferdepolo.

Ein arabischer Text weiß vom Leben eines parthischen Königs zu berichten, dessen Lebenshaltung wohl auch dem sasanidischen Adel beider Perioden entsprach:

> „Frühmorgens ritt er auf die Jagd, mittags kehrte er heim, stärkte sich mit einem Frühstück, wobei ihn seine hübschen Sklavinnen mit Gesang, Düften und Blumen zerstreuten und unterhielten. Dann tafelte er und amüsierte sich im Kreise seiner Freunde. Spätabends begab er sich in seinen Harem, von dem aus er morgens wieder zur Jagd aufbrach. Und so pflegte er sich täglich seine Zeit zu vertreiben.“[28]

Trotz eines relativen Niederganges unter bzw. nach Chosroe I. blieb auch die Institution der Sklaverei bis zum Ende des Sasanidenreiches in Kraft.[29] Neben den Begriffen bandag, einer Bezeichnung für die freien Untertanen,[30] und tan/Körper, einem Wort, das einen körperlich haftenden Schuldner ebenso bezeichnen kann wie eine Person mit beschränkter Rechtsfähigkeit, wird vor allem das Wort anšahrig/Ausländer für die Sklaven benutzt.[31] Es weist damit auf die Kriegsgefangenschaft als wichtigster Quelle und Ursache der Sklaverei, hin. Neben scheint es im Laufe der Zeit zu einer Änderung in der Rechtsauffassung gekommen zu sein, da zunächst der Status des Vaters und dann der der Mutter über den des Kindes entschied. Obgleich als xwāstag/Sache[32] aufgefasst, wurde der Sklave doch auch als menschliche Person definiert, was ihn von anderem Besitz unterschied und ihn zugleich vor willkürlicher Behandlung schützte.

Als „Sklaven“ erscheinen auch Personen, die mit einem lateinischen Ausdruck eher als *glebae adscripti,* das heißt als schollengebundene Arbeitskräfte, bezeichnet

---

28 Klima, Otakar. a.a.O. 1975, 152.
29 Vgl. Schippmann, Klaus. a.a.O. 1990, 86.
30 Vgl. Colditz, Iris. Zur Sozialterminologie der iranischen Manichäer: Eine semantische Analyse im Vergleich zu den nichtmanichäischen iranischen Quellen. [Iranica. Bd. 5]. Wiesbaden. 2000, 68.
31 Vgl. ebd., 34.
32 Wuzurg-xwāstag/sehr edler Mann und „von großem Reichtum, überaus reich". Vgl. ebd., 265.

werden. Sie werden zusammen mit dem Land (dastgird), das sie bebauen, veräußert. Sklaven, die dem zoroastrischen Glauben anhingen, konnten aber nicht an „Ungläubige" verkauft werden. Sklaven konnten als Zeugen, aber auch als Ankläger und Verteidiger vor Gericht erscheinen. Durch eine schriftliche Bestätigung/āzād hišt wurden die Freigelassenen freie „Untertanen des Königs der Könige."

Das Sasanidenreich kannte „Tempelsklaven", wobei die ātachš-bandag[33] bzw. ādurān-bandag, Freie, die vom König zum Dienst im Heiligtum verpflichtet werden konnten, von den anšahrig ātachš, den unfreien Arbeitskräften auf den Gütern eines Feuerheiligtums zu unterscheiden sind.

6.3 Gesellschaftsstruktur in Altgeorgien

Infolge allmählicher ethnischer Vermischung, durch Kriege und Veränderung der territorialen Strukturen, Verschuldung und fortlaufender Aufteilung des Bodens traten auch in Georgien ethnische Unterschiede zugunsten sozialer Differenzierung in den Hintergrund. Da das mepʻoba (მეფობა/Königtum) erblich war, wollten georgische Großadlige ihren Besitz und ihren Titel, das eristʻavoba (ერისთავობა/eristʻaven-[bzw. Fürsten]-tum), ebenfalls an ihre Erben weitergeben können. Sie wollten also gleichberechtigt zur Königswürde auch den niederen Erbadel durchsetzen.[34]

Den Adligen gegenüber stand die glexi[35] (გლეხი/arme [Schicht]), die auch qma, qma-glexi[36] (ყმა, ყმა-გლეხი/Sklave [Sklavenschicht]) genannt wurde.[37] Ein Großteil der georgischen Familien ging in dieser abhängigen, unfreien Klasse der Bauern und der städtischen Schichten (niedere Beamte, Händler, Handwerker) auf. Höher gestellte Bedienstete wurden im Georgischen didmoxele (დიდმოხელე) genannt.[38]

Über die Mittelschichten des georgischen Reiches wissen wir recht wenig. Anhand der historischen und literaturgeschichtlichen Quellen bereits des 5. Jahrhunderts lässt sich in der sozialen Struktur der georgischen Feudalgesellschaft aber eine

---

33 Termini für die Kategorie der Auditores/Nichtmanichäer: Mp. bannag, Mpa. bandag/Diener, Sklave. Weltliche Personen, Ungläubige: Mp. iškōh, Mpa. iskōh/arm, Mp. bannag, Mpa. bandag/Sklave. Vgl. ebd., 135.

34 Asatʻiani, Nodar. Sakʻartʻvelos istoria. Ujvelesi droidan XIX saukunemde. Tʻbilisi. 2001, 74f.

35 Im Alt- sowie auch im Neugeorgischen, heißt glexi/glaxaki (გლეხი/გლახაკი/ arm, Bettler). Vgl. Asatʻiani, Nodar/Lortʻkʻipʻanije, Mariam. Sakʻartʻvelos istoria. Tʻbilisi. 1988, 59.

36 Georgisch qma/ყმა kommt von qrma/ყრმა und bedeutet der Junge. Es wurde von ihm erwartet, dem Vater gehorsam zu sein. Vgl. Čʻikʻobava, Arnold. Kʻartʻuli enis ganmartebitʻi lekʻsikoni. Bd. 2. Tʻbilisi. 1990, 1014.

37 Vgl. Berjenišvili, Niko. Dokumentebi sakʻartʻvelos socʻialuri istoriidan. Bd. 2. Tʻbilisi. 1963, 106. und Asatʻiani, Nodar. a.a.O. 2001, 75.

38 Vgl. Klarji, Giorgi. Cminda sakʻartʻvelos žamtʻaaġcera. Tʻbilisi. 2001, 49.

soziale Schicht ermitteln, deren Mitglieder msaxuri (მსახური/Diener[39]) genannt wurden. In der georgischen Geschichtsforschung gibt es Unstimmigkeiten darüber, zu welcher Gruppe der Gesellschaft sie gehörten, ob sie entweder die niedrigste Stufe des Feudaladels bildeten oder zur armen Schicht der Gesellschaft gehörten. Die Mehrzahl der Historiker meint, dass sie eine mittlere Übergangstellung zwischen beiden Schichten innehatten.

Für Ivane Džavaxišvili bildeten die msaxuri eine unabhängige und allein stehende Ranggruppe, die keiner anderen einheitlichen und gleichberechtigten Schicht zuzurechnen ist.[40] Nach Simon Džanašia waren die georgischen msaxurni Personen, die aus den unteren Gesellschaftsschichten kamen und eine transitive Stellung zwischen diesen und den Adligen bildeten.[41] Der Begriff msaxurni hat daher bei ihm, dieselbe Bedeutung wie das Wort tajreulni (ტაძრეულნი/[die Leute] aus dem Schloss[42]), der gewissermaßen das Hofgesinde bezeichnete. Nikoloz Berjenišvili vertritt dagegen die Meinung, dass die msaxurni eine Schicht der feudalistischen Gesellschaft Georgiens darstellten, die unter den aznauren standen. Weil sie sich vorwiegend mit der Landwirtschaft beschäftigten, seien sie der glexi, der armen Schicht, ähnlich.[43] Nach Ratiani gehörten die msaxurni wiederum zur feudalen Schicht der Gesellschaft. Im Gegensatz zu anderen georgischen Historikern behauptet er, dass es die msaxuri-Institution nur im 11. und 12. Jahrhundert in Georgien gegeben habe.[44] Die Quellen lassen aber kaum einen Zweifel daran zu, dass es diese Schicht bereits früher in Georgien gab. So werden msaxuri schon im *Martyrium der heiligen Šušanik*, also in der altgeorgischen Literatur des 5. Jahrhunderts, erwähnt. Dort fungieren sie als Diener des pitiaxš Varsk'en, die an seinem Hof für Ordnung sorgen. Sie bilden dort also die privilegierte Dienerschaft, die beim Zusammentreffen der feudalen Adligen anwesend ist oder diese begleitet. Als beispielsweise Varsk'en vom Šah zurückkehrt, gibt er den Befehl, dass die aznauren, seine Jungen und seine msaxurni (Diener) ihn empfangen sollten.[45] Solche Diener kommen auch im *Martyrium des heiligen Eustatius von Mc'xet'a,*[46] das aus dem 6.

---

39 In der altgeorgischen feudalen Gesellschaft als msaxuri/mosamsaxure wird angestellte Person genannt, der jemanden Aufgaben erfüllt, oder jemanden bedient. Vgl. Č'ik'obava, Arnold. a.a.O. 1990, 749.

40 Vgl. Džavaxišvili, Ivane. K'art'uli samart'lis Istoria. Bd. 1. T'bilisi. 1928, 35.

41 Vgl. Džanašia, Simon. Šromebi. Bd. 1. T'bilisi. 1949, 279.

42 Im Altgeorgien waren tajreulni (kommt von tajari/ტაძარი – die Kathedrale) dem König nahe stehende Personen, hier in dem Königshaus wohnende Personen. Vgl. Č'ik'obava, Arnold. a.a.O. Bd. 2. 1990, 911.

43 Berjenišvili, Nikoloz. Sak'art'velos istoriis narkvevebi. Bd. 3. 1979, 134–138.

44 Vgl. Ratiani, Zurab. Msaxurt'a klasobrivi vinaobis gagebisat'vis. Ders. In: Mac'ne. Istoriis seria 5. 1974. T'bilisi, 139–152.

45 Vgl. Camebay cmindisa šušanikisi dedop'lisay. In: Abulaje, Ilia u.a. (Hrsg.). Jveli k'art'uli agiograp'iuli literaturis jeglebi. Bd. 1. T'bilisi. 1963, 11–29. Hier 12.

46 Vgl. Martvilobay da mot'minebay cmindisa evstat'i mc'xet'elisay. In: Abulaje, Ilia u.a. (Hrsg.). a.a.O. 1963, 30–45.

Jahrhundert stammt, und im *Martyrium von Habo*,[47] aus dem 8. Jahrhundert, häufig vor. Auch die *K'art'lis C'xovreba* erwähnt diese Titel an verschiedenen Stellen. Darin sind sie nicht nur Diener am Königshof,[48] sondern auch der Kirche und werden in diesem Zusammenhang als džvaris-msaxuri[49] (ჯვარის-მსახური/Kreuz-Diener) bezeichnet.

Im feudalen Georgien gab es zwei Formen des Eigenturms. Die erste hieß saert'o (საერთო/Gemeinsam, Gemeingut, Allmende), die auch als saert'o-sagvareulo (საერთო-საგვარეულო/gemeinsam-verwandtschaftlich) bezeichnet wurde, wobei das verwandtschaftliche Eigentum der feudalen Adligen oftmals auch als sajmo (საძმო/das Bruderschaftliche) benannt wurde. Die zweite Form war das sat'avist'avo (სათავისთავო/für sich selbst). Sie war mit dem saup'lisculo (საუფლისწულო/privaten) oder saxaso (სახასო/Eigentum) gleichgesetzt.[50] Im georgischen Schrifttum wird dem Konflikt zwischen den Vermögenden und den besitzlosen, zwischen den ġaribebi (ღარიბები/Armen) und den batonebi (ბატონები/Herren) bzw. den patroni (პატრონი/Herrn) große Bedeutung zugemessen. Die Volkserhebungen am Ende des 5. und zu Beginn des 6. Jahrhunderts sind ein Beweis für die sozialen Spannungen im georgischen Reich.

In der *K'art'lis C'xovreba* erfahren wir wenig vom Leben der Bauern, der Entwicklung der Städte und vom Aufkommen der Leibeigenschaft. Fest steht jedoch, dass sich auf Grund unterschiedlichen Besitzes innerhalb des Volkes soziale Differenzierungen entwickelten. Zum einen gab es die carč'inebulni (წარჩინებულნი/Privilegierten), denen das cvrili eri (წვრილი ერი/dünne, arme Volk) gegenüberstand, welches so arm war, dass es die Steuern und Abgaben nicht mehr bezahlen konnte. Es bildeten sich also zwei Schichten heraus: Einerseits die Privilegierten, zu denen die erist'aven und aznauren gehörten und andererseits, die weitgehend besitzlose Bevölkerung, die später glexi genannt wurde.[51]

Im Gegensatz zur georgischen erwähnt die armenische Geschichtsschreibung den Stand der Bauern (armenisch ŕamik, altiranisches Lehnwort) relativ häufig. Der armenische Historiker Moses Chorenaci beschreibt in seiner Chronik das Begräbnis des Königs Artašes so:

---

47 Vgl. Camebay haboysi, romeli icama k'art'lsa šina, k'alak'sa tp'iliss, gamost'k'umuli iovane jisa sabanisi. In: Abulaje, Ilia u.a. (Hrsg.). a.a.O. 1963, 46–81.
48 Vgl. Qauxč'išvili, Simon (Hrsg.). a.a.O. 1955, u.a. 102, 104 sowie 134.
49 Vgl. ebd., u.a. 160, 191, 280 sowie 375.
50 Vgl. Gogolaje, Dermiša. Sat'avados p'eodaluri sakut'rebis p'ormebis sakit'xisat'vis. In: Dumbaje, Mixeil/Č'xatareišvili, Ket'evan u.a. (Hrsg.). Sak'art'velos p'eodaluri xanis istoriis sakit'xebi V. T'bilisi. 1986, 39–44. Hier 42f.
51 Vgl. Asat'iani, Nodar. Sak'art'velos istoria. Ujvelesi droidan XIX saukunemde. T'bilisi. 2001, 74–76 und Asat'iani, Nodar/Lort'k'ip'anije, Mariam. Sak'art'velos istoria. T'bilisi. 1988, 59f.

„[…] An der Spitze des Zuges schmetterten Trompeten, die Prozession beschlossen schwarz gekleidete junge Mädchen, Tränen vergießende Frauen
und schließlich die leibeigenen Bauern."[52]

Im georgischen Feudalismus wurde die bäuerliche Bevölkerung in drei Schichten
unterteilt. Die erste besaß eigene, freie Äcker und war in ländliche Gruppen und
gleichzeitig nach Landesteilen gegliedert. Sie bildeten die Schicht, die als eri
(ერი/das Volk) bezeichnet wurde. Zur zweiten Schicht gehörten die der königlichen
Familien verbundenen samep'o monebi (სამეფო მონები/Königssklaven), diese
waren eher privilegierte Abhängige. Die dritte Schicht setzte sich aus den einfachen
Sklaven zusammen, die dagegen sehr schwer am königlichen und an anderen Adels-
höfen arbeiten mussten.[53]

Der überwiegende Teil der Bevölkerung in K'art'li waren t'avisup'ali
met'emeebi (თავისუფალი მეთემეები/Freie). Ein großer Teil der bäuerlichen
Bevölkerung war jedoch nicht nur durch die Höhe der Abgaben und die Art und
Weise der Steuererhebung belastet, sondern verharrte auch in feudaler Abhängigkeit
vom Grundadel. Außerdem war die Sklaverei in Georgien genauso bekannt, wie im
Sasanidenreich. Ein mona (მონა/Sklave[54]) konnte verkauft, vermietet oder ver-
schenkt, als Sicherheit eingesetzt und auch von mehreren Personen „besessen" werden. Die vom ihm erwirtschafteten Güter gehörten seinem Besitzer. Als Wege in die
Unfreiheit sind der Verkauf von Kindern durch ihre Väter sowie die Abstammung
von Sklaven bekannt. Das Sklaventum war also auch in Georgien erblich.

7. Die Frauen und ihr Bild innerhalb des sasanidischen Adels

7.1 Die sasanidische Adelsfamilie

Die Familienstruktur des persischen Adels im Allgemeinen und damit auch die des
sasanidischen im Besonderen war wie die des römischen Senatsadels mehrfach untergliedert. Zunächst treten uns auf der höchsten Gliederungsebene die größeren ag-

---

52 Vgl. Asat'iani, Nodar. a.a.O. 2001, 74–76 und Asat'iani, Nodar/Lort'k'ip'anije, Mariam.a.a.O.
    1988, 59f.
53 Vgl. Asat'iani, Nodar. a.a.O. 2001, 74.
54 Vgl. Asat'iani, Nodar/Lort'k'ip'anije, Mariam. a.a.O. 1988, 59.; Widengren, Geo. Der Feuda-
    lismus im alten Iran. Männerbund – Gefolgswesen – Feudalismus in der iranischen Gesell-
    schaft im Hinblick auf die indogermanische Verhältnisse. In: Arbeitsgemeinschaft für For-
    schung des Landes Nordrhein-Westfalen. Geisteswissenschaften 40. Köln. 1969, 31.

natischen Verbände[55] entgegen, in die die eigentlichen Familien eingebunden waren. Die sieben größten und wichtigsten dieser Familienverbände sind nach der Auffassung von Klaus Schippmann in der bereits erwähnten Inschrift Šapurs I. unter der Bezeichnung vašpuran bzw. višpuran zusammengefasst, die in der dort wiedergegebenen sozialen Hierarchie nach der Klasse der Könige (šahrdarān) den zweiten Rang einnahm.[56] Die vašpurān sind die Prinzen, die Söhne der šahrdarān, was im Syrischen als bar malkā/Königssohn wiedergegeben wird. Der soziale Rang einer Person war demnach davon abhängig, welchem jeweiligen agnatischen Verband und welcher Schicht sie angehörte.[57]

Diese Gentilverbände erfüllten darüber hinaus sowohl religiöse wie auch juristische Aufgaben. Sie pflegten die Erinnerung an die gemeinsamen Ahnen sowie den jeweiligen Ahnherren durch gemeinsame Feste und Zeremonien und regelten auch, die in ihnen auftretenden Familien-, Erb- und Vormundschaftsangelegenheiten.[58] Wiesehöfer beschreibt, dass männliche Angehörige mit fünfzehn Jahren durch die feierliche Verleihung von Gürtel und Gewalt als rechtsmündige (tuvānīg) Mitglieder zeremoniell in solche Familienverbände aufgenommen wurden.[59]

Um die biologische und ökonomische Reproduktion der Gentilverbände zu sichern, hatte sich in vorsasanidischer Zeit eine Vielzahl informeller insitutioneller Regelungen herausgebildet. So bildeten die engeren agnatischen Verwandten innerhalb dieser Verbände (hamnāfān, xvēšāvadān, āzādān) lange Zeit auch einen Heiratsverband, wodurch Ehen zwischen Blutsverwandten[60] (avestisch xvaētvadaθa/Ehe

---

55 Wiesehöfer gibt an, dass diese Verbände, deren Größe durchaus variieren konnte, mit den Begriffen nāf, tōm und gōhr bezeichnet wurden und vergleicht sie mit dem griechischen gšnoj bzw. der lateinischen „Gens". Vgl. Wiesehöfer, Josef. Das antike Persien. Zürich. 1993, 240. Ins Armenische und Syrische wurde die parthische Form tōhm als tohm und ṭōhmā übernommen. Vgl. Widengren, Geo. Iranisch-semitische Kulturbegegnung in parthischer Zeit. In: Arbeitsgemeinschaft für Forschung des Landes Nordrhein-Westfalen. Geisteswissenschaften 70. Köln/Opladen. 1960, 103.

56 An der Spitze dieser Klasse stand natürlich die Familie der Sasaniden. Vgl. Schippmann, Klaus. a.a.O. 1990, 82 und Christensen, Arthur. a.a.O. 1936, 100ff.

57 Für Wiesehöfer ist es daher auch nicht verwunderlich, dass sich der Terminus āzād, dem er eine Verwandtschaft mit dem lateinischen agnatus attestiert, als Bezeichnung des Adels durchsetzte. Vgl. Wiesehöfer, Josef. a.a.O. 1993, 241 sowie Schippmann, Klaus. a.a.O. 1990, 82.

58 Ein Gremium der erwachsenen Männer, dem wiederum ein so genannter Ältestenrat vorstand, war anwesend, wenn Hochzeiten gefeiert oder Rechtsfälle innerhalb des Gentilverbandes verhandelt wurden. Vgl. dazu Wiesehöfer, Josef. a.a.O. 1993, 1993, 240.

59 Vgl. Mazaheri, Aly. La famille Iranienne aux temps anté-islamiques. Paris. 1938, 168f.; Wiesehöfer, Josef. a.a.O. 1993, 240.

60 Zur Verwandtenehe vgl. u.a. Widengren, Geo. Die Religionen Irans. In: Die Religionen der Menschheit. Bd. 14. Stuttgart. 1965, 288ff.; Klima, Otakar. a.a.O. 1957, 93f. und 96; Sidler, Nikolaus. Zur Universalität des Inzesttabu. Eine kritische Untersuchung der These und der Einwände. Stuttgart. 1971, 86–149; Hinz, Walter. Altiranische Funde und Forschungen. Berlin. 1969, 124, 126, 139f. und 147; Henninger, Joseph. Neue Forschungen zum Problem der Polyandrie in Arabien. [Meqor Hajjim. Festschrift für Georg Molin zu seinem 75. Geburtstag. Herausgegeben von Irmtraut Seybold]. Graz. 1983, 127–153 bes.133–136.

zwischen Agnaten, Mp. xvēdōdah) zu einer üblichen Form der Heiratspraxis wurden.[61] Außerdem waren die Mitglieder eines Gentilverbandes gehalten, ihren Besitz nur an Mitglieder der eigenen Gens zu veräußern.[62]

Analog zum Familienverband fasst Josef Wiesehöfer die eigentliche sasanidische Kernfamilie nicht als Familie im heutigen Sinne, sondern eher als Haushalt, ähnlich wie im antiken Griechenland oder im alten Rom, auf.[63] Dem Pater familias der römischen Tradition entsprach im Iran der kadag-xvāday/Herr des Hauses, seine Ehefrau wurde als kadag-bānūg bezeichnet.[64] Ebenso wie im agnatischen Familienverband bildeten die Mitglieder des Hauses eine Kultgemeinschaft, einen ökonomischen Produktions- und Konsumtions- sowie auch einen Rechtsverband. Sie waren untereinander durch eine Vielzahl rechtlich festgelegter Bestimmungen und Pflichten verbunden. So gab es Haushaltsmitglieder „eigenen Rechts" (der „Hausherr" und seine erwachsenen Söhne und Enkel) sowie „fremden Rechts" (die Frauen und die Minderjährigen).[65]

Sowohl die Kernfamilie als auch der Gentilverband gewissermaßen als „erweiterte" Familie werden im Mittelpersischen mit den Begriffen dūdag/Rauch und kadag/Haus bezeichnet.[66] Aus sozioökonomischer Sicht repräsentiert die geschilderte zweifache Gliederung der Familienstruktur gewissermaßen eine doppelt geschlossene Hauswirtschaft. Das bedeutet, was innerhalb der Kernfamilie nicht entschieden, geregelt oder hergestellt werden konnte, wurde im Rahmen des agnatischen Verbandes verhandelt und erst wenn auch dieser nicht in der Lage war, die anfallenden Probleme zu lösen, wurden diese in die Gesellschaft hinausgetragen. Vor diesem Hintergrund sind auch die von Klaus Schippmann so hervorgehobenen institutionellen Reformen unter Chosroe I. noch einmal neu zu bewerten. Die weitgehende Zerschlagung der bisher geschilderten gewachsenen Familien- und Gentilstrukturen durch die Mazdakitenaufstände hat diese Reformen eben nicht nur ermöglicht, sondern vor allem auch erst nötig gemacht. Meines Erachtens muss davon ausgegangen werden, dass die sozialen Ordnungsfunktionen, die die Familien als Haushalt und als Familienverband auf religiösem, juristischen und durch Zuweisung des sozialen Ranges auch auf sozialstrukturellem Gebiet erfüllten, so nachhaltig gestört waren, dass sie nicht ohne weiteres wieder hergestellt werden konnten.[67]

---

61 Vgl. Wiesehöfer, Josef. a.a.O. 1993, 240. Diese Verwandtenehe ist innerhalb der Iranistik als soziale Besonderheit des alten Iran anerkannt und auch religiös legitimiert. Vgl. z.B. Klima, Otakar. a.a.O. 1975, 156.

62 Vgl. Wiesehöfer, Josef. a.a.O. 1993, 240.

63 Vgl. ebd., 239.

64 Vgl. ebd.

65 Vgl. Wiesehöfer, Josef. a.a.O. 1993, 239.

66 Vgl. ebd., 239f.

67 Die Mazdakitenaufstände stellten nicht nur eine hinreichende Bedingung für die Reformen Chosroes I. dar, wie Schippmann meint, sondern waren, aufgrund der durch sie hervorgerufene Zerstörung der traditionellen Familienstrukturen, auch eine notwendige Voraussetzung dafür.

7.2 Die Frau im sasanidischen Recht

Bereits Otakar Klima hat darauf hingewiesen, dass die überlieferten Texte uns nur selten von den damals bestehenden Familienverhältnissen berichten, andererseits hebt er das Fragment des Buches der tausend Entscheidungen (*Mādayān ī hazār dādestān*[68]) als Quelle mit einer Fülle von Anmerkungen über die Rechte der Frau hervor.[69] Dieses Rechtsbuch wird aufgrund seiner komplizierten und detaillierten Kasuistik, seiner genauen juristischen Terminologie und der Darstellung der verschiedenen Expertenmeinungen gewissermaßen für eine Orientierungs- und Entscheidungshilfe der damaligen Rechtsgelehrten gehalten.[70] Diese und noch weitere Quellen[71] des sasanidischen Rechtes sind bereits mehrfach Gegenstand wissenschaftlicher Untersuchungen geworden.

Für die Frage nach der gesellschaftlichen und rechtlichen Stellung der Frau im sasanidichen Reich ist darüber hinaus der Vortrag von Christian Bartholomae[72] von besonderem Interesse. Darin führt er aus, dass sich fast alles, was das *Mādayān* über die Stellung der Frau enthält, auf die Frauen und Töchter der Oberschicht bzw. der „besitzenden Klassen" bezieht. Darunter fasst er den Handelsstand, den er als Mittelstand bezeichnet, außerdem den Stand der Priester, der dem ersteren dem Vermögen nach nahe gestanden habe und vor allem den reichen Adel zusammen. Dagegen enthalte die Quelle jedoch keinerlei Informationen über die sozialen Verhältnisse der unteren, vermögenslosen Volksschichten. Christian Bartholomae geht davon aus, dass das Vorhandensein von Vermögen Grundlage und Voraussetzung für die juristischen Entscheidungen bildet, die im *Mādayān* gesammelt wurden.[73] Für die hier verfolgte Frage stellt das jedoch weder ein inhaltliches noch ein methodisches Problem dar, geht es doch auch hier um das Frauenbild innerhalb der sasanidischen Oberschicht.

Zur Rechtsstellung der Frau im alten Iran entwirft Bartholomae ein recht pessimistisches Bild: „Nach altüberkommenem Recht war die Frau im Sasanidenreich nicht Subjekt, sondern Objekt des Rechts, nicht Person, sondern Sache, also streng genommen rechtlos. [...] Nicht selten finden wir, dass über Frauen und Sklaven in einer Entscheidung und völlig gleichmäßig erkannt wird"[74]. Diese Ansicht wird innerhalb der Iranistik weitgehend geteilt.[75] Die Frau war lebenslang der Gewalt ihres jeweiligen Hausherrn bzw. dem Inhaber der Familiengewalt unterworfen, wobei sie

---

68 So transliteriert bei Wiesehöfer, Josef. Wiesehöfer, Josef. a.a.O. 1993, 238.
69 Vgl. Klima, Otakar. a.a.O. 1975, 156.
70 Vgl. Wiesehöfer, Josef. ebd. unter dortigem Verweis auf Maria Macuch.
71 Einen Überblick bietet z.B. Wiesehöfer, Josef. a.a.O. 1993, 238f.
72 Bartholomae, Christian. a.a.O. 1924.
73 Vgl. ebd., 7f.
74 Ebd., 7.
75 Vgl. z.B. Klima, Otakar. a.a.O. 1975, 156; Macuch, Maria. a.a.O. 1981, 6f. oder Wiesehöfer, Josef. a.a.O. 1993, 241.

zunächst als Haustochter dem Vater oder dem Bruder und später als Frau dem Ehemann oder nach dessen Tod dessen Stellvertreter in der Familiengewalt in jeder Beziehung unterstand. Dabei meint Bartholomae, dass diese Familiengewalt kaum einer Beschränkung unterworfen war, dem Hausherrn gehörte alles, was seine Frau oder die Kinder geschenkt erhielten oder erwarben, genau wie der Verdienst eines Sklaven, außerdem soll er das Recht besessen haben, seine Kinder auszusetzen oder als Sklaven zu verkaufen.[76] Dagegen verweist Maria Macuch darauf, dass es eine der römischen „patria potestas" vergleichbare Institution, welche die Frauen und Kinder einschließlich der Sklaven eines Hauses der völligen Willkür des „pater familias" unterwarf, im sasanidischen Recht nicht gegeben habe. Stattdessen waren dem sardār (Gewaltinhaber, Vormund) gesetzliche Beschränkungen auferlegt, deren Übertretung mit Bußgeldern geahndet wurde.[77]

Damit stehen wir vor einem inhaltlichen Problem, welches die Quelle selbst aufwirft: Da der Kompilator des *Mādayān* zu dem jeweiligen Rechtsfall heranzog, was ihm gerade wichtig erschien, kommt es häufig zu widersprüchlichen Entscheidungen, ohne dass sich der Verfasser dazu äußert.[78] Für die Stellung der Frau im sasanidischen Recht ergaben sich daraus verschiedene Perspektiven. So ging Christian Bartholomae beispielsweise von einer linear-evolutionären, positiven Entwicklung in dieser Hinsicht aus. Für ihn befanden sich Frauen und Kinder, wie auch die Sklaven während des Sasanidenreiches gewissermaßen auf einem Weg nach oben, der sie aus dem früheren Zustand der leiblichen und geistigen Knechtschaft zur Selbständigkeit führen sollte.[79] Am Ende seines Vortrags sprach er sogar ganz eindeutig von einem Weg der Emanzipation, auf dem sich die Frau im Sasanidenreich bewegte und auf dem sie bereits weit vorangeschritten war, bis der Sieg der Araber diese Fortschritte zunichte machte.[80] Die Widersprüche des Rechtsbuches deutet er dahingehend, dass der Herausgeber alte und neue Rechtsgrundsätze bei den einzelnen Entscheidungen unkommentiert nebeneinander gestellt hätte. Dazu führt er weiter aus:

> „Das alte Recht besteht wohl in der Theorie weiter, aber es wird in der Praxis der jüngeren Generation nicht mehr angewendet oder aber durch anderwärtige Bestimmungen seiner Wirksamkeit entkleidet, und ein Familiengewalthaber, der die alten Rechte für sich in Anspruch genommen und geltend gemacht hätte, würde in schroffen Gegensatz zu dem Rechtsempfinden seiner Mitbürger geraten sein."[81]

---

76 Vgl. Bartholomae, Christian. a.a.O. 1924, 7.
77 Vgl. Macuch, Maria. a.a.O. 1981, 6.
78 Vgl. Bartholomae, Christian. a.a.O. 1924, 6f.
79 Vgl. ebd., 7.
80 Vgl. ebd., 18.
81 Vgl. ebd., 7.

Diese Auffassung einer fortschrittlichen Entwicklung und Aufwertung der Stellung der Frau wird von der Mehrzahl der modernen Iranisten geteilt.[82] Maria Macuch verfolgt dagegen eine andere Herangehensweise. Bei ihrer kritischen Textedition stehen Fragen der Rechtsentwicklung nicht im Vordergrund,[83] außerdem führt sie die behandelten Entscheidungen zu einer eigenen Systematik zusammen,[84] was meines Erachtens dazu führt, dass die Widersprüchlichkeiten der Quelle als zeitgleiche und gleichberechtigte, aber sich teilweise wechselseitig widersprechende Rechtsauffassungen gedeutet werden. Dadurch können generalisierende Aussagen zur Entwicklung des Frauenbildes, wie beispielsweise bei Christian Bartholomae, nur schwer getroffen werden.

Der Einblick in kulturelle Entwicklungen tritt wie der historische Überblick hinter einer differenzierten Betrachtung der juristischen Fragen zurück, die zwangsläufig eine Vielzahl von Ausnahmen und Sonderregelungen berücksichtigen muss. Otakar Klima stellt dagegen die These Bartholomaes vom Fortschritt der rechtlichen und moralischen Stellung der Frau gewissermaßen auf den Kopf. Er meint, ohne das allerdings näher zu begründen oder gar belegen zu können, „dass sie ursprünglich einen würdigeren und geachteteren Platz eingenommen haben"[85] und erst unter der Sasanidenherrschaft unter die gänzliche Abhängigkeit des Mannes gerieten.

Welche dieser konkurrierenden Perspektiven und methodischen Herangehensweisen die bessere ist, kann und soll hier nicht entschieden werden. Es ist aber meiner Ansicht nach wichtig, darauf hinzuweisen, dass es nicht ohne weiteres möglich ist, aus dem *Mādayān* ein Bild der sozial- und familiengeschichtlichen Zusammenhänge des sasanidischen Iran zu entwickeln. Für die weitere Arbeit wurde daher ein methodischer Kompromiss eingegangen: Da um einen Überblick über die soziale Stellung der Frau unter den Sasaniden zu gewinnen, wurde die generalisierende Perspektive Bartholomaes beibehalten und mit den Ergebnissen Maria Macuchs begleitend kontrastiert.

7.2.1 Kindererziehung

Von Christian Bartholomae erfahren wir, dass die Kinder bis zum Ende des fünften Lebensjahres fast allein der Betreuung der Frauen im Haus anvertraut waren.[86] Bis dahin waren sie also vor allem der mütterlichen Erziehung unterworfen. Geo Widengren ist sich über das Ende dieses Zeitraums weniger sicher. Er gibt unter Hinweis auf verschiedene auch nichtiranische Quellen sowohl das Alter von fünf als auch von sieben Jahren als Ende dieser Erziehungsperiode an, wobei es jedoch so scheint, als gehöre die höhere Altersangabe der parthischen also vorsasanidischen

---

82 Vgl. z.B. Wiesehöfer, Josef. a.a.O. 1993, 238ff.
83 Vgl. Macuch, Maria. a.a.O. 1981, 5.
84 Vgl. ebd., 4.
85 Klima, Otakar. a.a.O. 1975, 156f.
86 Vgl. Bartholomae, Christian. a.a.O. 1924, 8.

Zeit an.[87] Daher können wir annehmen, dass unter den Sasaniden mit dem sechsten Lebensjahr die eigentliche Erziehung im Sinne von Bildung und Ausbildung begann.

Durch die Arbeit Geo Widengrens sind wir darüber unterrichtet, dass sich die weitere Erziehung zumindest der adligen Nachkommen,[88] aber auch der Priesterschaft,[89] außerhalb des väterlichen Hauses vollzog. Dazu wurden die Kinder der Obhut eines Pflegevaters bzw. ‚Nährvaters' (dâyak[90]) übergeben, der neben den Aufgaben eines Ausbilders und Lehrmeisters auch die Vormundschafts-, die Ernährer- sowie die Beschützerrolle für das Kind übernahm. So erwähnt Widengren exemplarisch, dass Kavād, der Neffe Chosroes I., von seinem Erzieher Ādurgundād gerettet wurde, als sein Onkel ihn töten lassen wollte.[91] Demzufolge besteht ein inniges Vertrauensverhältnis zwischen Zögling und Erzieher über den Zeitraum des Aufenthaltes in der Pflegefamilie hinaus. Widengren führt dazu an, dass ein königlicher Zögling üblicherweise versuchte, seinem Ernährer eine höhere Stellung zu verschaffen, sobald er den Thron bestiegen hatte.[92] Demnach nimmt er an, dass der Erzieher in der Regel einem niedrigeren Adelsstand angehörte als sein Zögling. Das erklärt auch, warum diese Erziehungsinstitution vorrangig auf die höheren und höchsten Adelskreise beschränkt blieb. Ab einer bestimmten Stufe in der Hierarchie gab es einfach keine standesgemäßen potentiellen Erzieher unterhalb des väterlichen Adelsranges. Nach allem, was bereits über die Bedeutung der agnatischen Verbände ausgeführt wurde, ist weiterhin anzunehmen, dass der Zögling wahrscheinlich einem rangniedern Mitglied des eigenen Familienverbandes zur Erziehung übergeben wurde. Auch wenn Widengren darauf hinweist, dass nichts darauf hindeutet, dass der Erzieher der mütterlichen Familie angehören musste.[93] Obwohl sich Widengren vorrangig der militärisch-sozialen Erziehung[94] und damit den männlichen Nachkommen widmet, nimmt er dennoch an, dass die Institution der Erziehung außerhalb des väterlichen Hauses auch für die adligen Töchter gültig war.[95]

---

87 Vgl. Widengren, Geo. a.a.O. 1969, 92ff.
88 Vgl. ebd., 73ff.
89 Vgl. ebd., 91f.
90 Vgl.: Christensen, Arthur. a.a.O. 1936, 107f. FN 3.; Widengren, Geo. a.a.O. 1969, 69ff. und Ders. Iran der große Gegner Roms: Königsgewalt, Feudalismus, Militärwesen. In: Temporini, Hildegard/Haase, Wolfgang (Hrsg.). Aufstieg und Niedergang der Römischen Welt. Geschichte und Kultur Roms im Spiegel der neueren Forschung II. Bd. 9: Principat. (1. Halbband: Provinzen und Randvölker: Mesopotamien, Armenien, Iran, Südarabien, Rom und der ferne Osten). Berlin/New York. 1976, 219–306. Hier 252, 268f.
91 Vgl. Widengren, Geo. a.a.O. 1969, 74.
92 Vgl. ebd., 81.
93 Dabei geht es ihm aber darum einen muterrechtlichen Ursprung dieser Institution auszuschließen. Vgl. ebd., 81.
94 Vgl. ebd., Kap. III, 64–95.
95 Vgl. ebd., 81.

Den Inhalt der männlichen Erziehung fasst Christian Bartholomae unter Bezug auf eine sasanidische Quelle[96] recht anschaulich zusammen. Dabei war die Erziehung der adligen Söhne vielseitig aber auch durchaus ambivalent. Sie erstreckte sich von religiöser Ausbildung über die Kenntnis wissenschaftlicher und schöner Literatur sowie der Astrologie bis hin zur Rhetorik. Ein weiteres wichtiges Erziehungsziel war selbstverständlich die militärische Ausbildung im Reiten, Sperwurf, Bogenschießen und Nahkampf. Darüber hinaus wurden die adligen Söhne auch darin unterrichtet, andere, aber vor allem auch sich selbst zu unterhalten. Dazu gehörten neben der Jagd als Lieblingsbeschäftigung des Adels, verschiedene sportliche Betätigungen, wie zum Beispiel das Pferdepolo, auch verschiedene Brettspiele wie Schach oder Puff, aber auch die musische Ausbildung als Sänger, Dichter und Musiker. Abgerundet wurde diese Schulung durch die Vermittlung von Kenntnissen über modische Bekleidung und kulinarische Genüsse.[97] Das ideale Ziel der männlichen Ausbildung bestand demnach darin, sowohl gebildete wie kriegerische Vertreter einer Oberschicht heranzuziehen.

Die männliche Ausbildung vollzog sich in mehreren Phasen, die durch bestimmte Zäsuren gekennzeichnet waren. Die erste war das bereits erwähnte Verlassen des väterlichen Hauses und der Übertritt in die Pflegefamilie im Alter von fünf Jahren, die nächste die ebenfalls angesprochene zeremonielle Aufnahme in den Familienverband mit fünfzehn Jahren. Ihren Abschluss fand die Erziehung indem der Zögling mit zwanzig Jahren vor dem Ältestenrat seines Familienverbandes eine Schlussprobe ablegte.[98] Aufgrund dieser klaren Abfolge kommt Widengren mit einigen Vorbehalten zu einer Einteilung in drei Altersklassen, die sich jedoch teilweise überschneiden: Von fünf bis zu fünfzehn Jahren war man kōtak (klein) oder rētak (Page). Zwischen fünfzehn und zwanzig Jahren war man yuvān mart (Jüngling). Darüber hinaus war man von fünf bis zu zwanzig Jahren apurnāk oder apurnāyīk (minderjährig).[99] Volljährig wird der Mann demnach erst im Alter von zwanzig Jahren. Das deckt sich mit der Aussage von Bartholomae, dass die jungen Männer ab diesem Alter als heiratsfähig gelten.[100] Maria Macuch führt jedoch an, dass der freie Mann bereits mit fünfzehn Jahren mündig und voll geschäfts- und prozessfähig wurde,[101] Wiesehöfer meinte, daran anschließend, der Mann sei mit fünfzehn Jahren ehemündig gewesen,[102] in dem er Rechts- und Ehefähigkeit in eins setzte. Man kann aber von einer klaren Trennung der beiden Sachverhalte ausgehen, so dass die jun-

---

96 Unvala, Jamshedji M. (Hrsg.). Der Pahlavi-Text „Der König Husrav und sein Knabe" (Husrau-i-Kavatan v retake). Wien. 1917.
97 Vgl. dazu Bartholomae, Christian. a.a.O. 1924, 8.
98 Vgl. Widengren, Geo. a.a.O. 1969, 94. Widengren führt diese Art Prüfung auf einen prähistorischen kriegerischen Initiationsritus zurück. Vgl. ebd., 17. FN 36.
99 Vgl. ebd., 92ff.
100 Vgl. Bartholomae, Christian. a.a.O. 1924, 10.
101 Vgl. Macuch, Maria. a.a.O. 1981, 6.
102 Vgl. Wiesehöfer, Josef. a.a.O. 1993, 241.

gen Männer zuerst mündig, das heißt, symbolisch in den Kreis der waffenfähigen Gemeinschaft aufgenommen und erst später volljährig wurden, wodurch sie die erst volle juristische Rechtsfähigkeit erreichten.[103] Danach kehrten die iranischen Männer entweder in den Haushalt ihres Vaters zurück oder gründeten, was sicher häufiger der Fall gewesen sein dürfte, ihren eigenen. Gleichzeitig blieben sie aber immer Glieder des Clanverbandes.

Die Erziehungsziele und -inhalte der adligen Töchter sind uns dagegen kaum überliefert. Bartholomae nimmt an, dass sie eher auf den häuslichen Bereich zugeschnitten waren, da die Mädchen auf ihre spätere Rolle als Hausherrinnen vorbereitet werden mussten. Aufgrund einer einzelnen Textstelle des *Mādayān* schließt er jedoch eine literarische und wissenschaftliche Ausbildung der adligen Töchter nicht vollständig aus.[104] Es liegt jedoch in der Natur der Sache, wenn man annimmt, dass die Erziehung der jungen adligen Mädchen nicht so ausgerichtet war, wie die ihrer männlichen Altersgenossen, denn jemand musste die komplexen und anspruchsvollen Familienstrukturen ja aufrecht erhalten.. Außerdem ist anzunehmen, dass auch die Erziehung der Mädchen nicht so weit untergliedert war, wie die der Jungen. Bartholomae geht davon aus, dass die Töchter mit fünfzehn Jahren erwachsen und auch heiratsfähig waren,[105] demnach entfällt für sie mit großer Sicherheit die gewissermaßen höhere Ausbildung, wie sie uns bei den Männern ab diesem Lebensjahr begegnete. Es bleibt demnach festzuhalten, dass zu den vorrangigsten Aufgaben der Frauen innerhalb der Familien während der Sasanidenzeit die Erziehung der im Haushalt befindlichen Kinder und Jugendlichen gehörte. Was sowohl die eigenen Kinder als auch die aufgenommenen Zöglinge betraf, für die die Frauen die Ersatzmutterrolle übernahmen, wie ihre Männer die Pflegevaterschaft.

Die Grundvoraussetzung für die Kindeserziehung bildete jedoch vorher erst einmal deren Geburt. Die vorrangigste Aufgabe der Frau war demnach, für den biologischen Fortbestand der Familie zu sorgen. Die Erhaltung des Geschlechts und des Familienvermögens war für die alten Iraner so bedeutend, dass sie sie sogar religiös begründeten. Die Seele eines Mannes, der keinen erbberechtigten Sohn hinterließ, sollte die Činvat-Brücke, die zum Paradies führt, nicht überqueren können.[106] Um dieses Dilemma zu vermeiden, wurde eine Vielzahl von Regelungen getroffen. So liegt es auf der Hand, dass die Vielehe, die in der persischen Oberschicht weit verbreitet war, vorrangig darauf zurückzuführen ist. Blieben die Frauen kinderlos bzw. gebaren sie keine männlichen Nachkommen, dann durften die Männer eben mehrere Frauen gleichzeitig haben. Brachte auch diese Maßnahme nicht den gewünschten Erfolg, also blieb der Hausherr erbenlos, so konnte er dem Mangel zum einen durch

---

103 Da sie somit moderne Personenstandsregelungen schon frühzeitig vorwegnahmen, waren die alten Iraner ihrer Zeit gewissermaßen weit voraus.

104 Vgl. dazu Bartholomae, Christian. a.a.O. 1924, 8f.

105 Vgl. ebd., 10.

106 Vgl. ebd., 8.

Adoption abhelfen.[107] Zum anderen gab es aber auch im *Mādayān* spezielle rechtliche Regelungen zu Eheformen, die einzig darauf ausgerichtet waren, den Hausherrn gewissermaßen postum mit einem männlichen Nachkommen zu versorgen.
Auf diese und andere Probleme der Polygynie soll in den folgenden Abschnitten
noch näher eingegangen werden.

7.2.2 Hauptfrauen und Nebenfrauen

Über die persischen also auch sasanidischen Oberschichten wird berichtet, dass Könige und andere hohe Würdenträger große Harems besaßen, die außer ihnen niemand betreten durfte.[108] Christian Bartholomae schreibt dazu:

> „Die Zahl der Frauen, die sich jemand nehmen konnte, war an sich an keine
> Grenze gebunden; in der Praxis aber richtete sie sich nach den Neigungen des
> Mannes, vor allen Dingen aber nach seinen Vermögensverhältnissen."[109]

Da die Frauen eines Haushalts das juristische Anrecht auf einen angemessenen Unterhalt hatten, konnte sich nur die wohlhabende Oberschicht eine große Zahl von
Ehefrauen halten,[110] während sich der arme Mann mit nur einer Frau begnügen
musste oder sogar gänzlich leer ausging. Denn die Ballung von Frauen in den Harems der reicheren Kreise hatte einen Frauenmangel zur Folge, so dass Frauen häufig als Sklavinnen aus dem Ausland eingeführt werden mussten. Otakar Klima ur-
teilt dazu:

> „Durch das Haremswesen wurde das Volk zahlreicher Mädchen beraubt, was
> das soziale und Wirtschaftsgefüge stark ins Wanken brachte."[111]

Ferner führte er an, dass Chosroe II. dem byzantinischen Kaiser die jährliche Liefe-
rung von zweitausend Mädchen zur Bedingung auferlegte, als dieser mit ihm um
Frieden verhandelte.[112] Eine der wesentlichsten Folgen dieses Haremswesens für das
familiäre Zusammenleben war, dass es in den vornehmen Häusern der Sasanidenzeit
sowohl Haupt- als auch Nebenfrauen und damit also zwei verschiedene Klassen von
Gattinnen gab.[113] Als besonders bemerkenswert führt Christian Bartholomae an,
dass es in einer Familie durchaus mehrere Hauptfrauen gleichzeitig geben konnte.
So schreibt auch Otakar Klima: „Der Mann durfte eine oder zwei Hauptfrauen besitzen […]."[114] Dazu kam es meist dann, wenn die zuerst geheiratete Hauptfrau ohne
Kinder blieb, es kam aber auch sonst vor. Allerdings betraf dies nur die wirklich Be-

---

107 Vgl. ebd., 9.
108 Vgl. Klima, Otakar. a.a.O. 1975, 156.
109 Vgl. Bartholomae, Christian. a.a.O. 1924, 12.
110 Bartholomae geht von Hunderten von Frauen in solchen Harems aus. Vgl. ebd., 12.
111 Klima, Otakar. a.a.O. 1975, 157.
112 Vgl. ebd.
113 Vgl. Bartholomae, Christian. a.a.O. 1924, 12; ders. a.a.O. 1918/I., 31ff.
114 Klima, Otakar. a.a.O. 1975, 156.

güterten und damit die höchsten Adelskreise, denn es „gehörten schon größere Mittel dazu, da eine solche Mehrheit von Hauptfrauen auch eine Mehrheit von Haushaltungen erforderte."[115] Die Frauen der Hauptehe hatten nämlich besondere Rechte und waren immer die Herrinnen des Hauses.[116] Zu ihren Pflichten gehörte es beispielsweise, alle internen Angelegenheiten der Familie zu ordnen und für die Kindeserziehung zu sorgen. Außerdem hatten die Hauptfrauen das Recht, den übrigen Frauen im Haus wie den Haussklaven ihre Aufgaben zuzuweisen;[117] denn, wie Otakar Klima meint: „[...] die übrigen [Frauen des Hauses] galten als dienende Gattinnen, Dienstfrauen. Zu ihnen zählten auch Sklavinnen und Kriegsgefangene."[118] Daher ist die Erkenntnis von Christian Bartholomae, dass die Hauptfrauen im Regelfall aus der gleichen sozialen Schicht kamen wie ihre Ehemänner, gar nicht verwunderlich. So stammte zum Beispiel die Frau eines Adeligen ebenfalls aus adeliger Familie, während die Nebenfrauen eher einem niedrigeren Stand angehörten.[119] Da sich auf diese Weise die gesellschaftliche in der familiären Hierarchie widerspiegelte, wurden wahrscheinlich viele innerfamiliäre Konfliktfälle vermieden, weil es so kaum dazu kam, dass sich eine gesellschaftlich höher stehende Frau in der Ehe bzw. im Haushalt des Mannes einer ranggleichen oder gar rangniederen Gattin unterwerfen musste.

Darüber hinaus genossen die Hauptfrauen auch ökonomische Vorteile. Nur sie hatten einen lebenslangen Anspruch auf einen standesgemäßen Unterhalt durch ihren Ehemann. Außerdem waren nach den Bestimmungen des *Mādayān* nur sie und ihre Söhne oder, auch die einer weiteren Hauptfrau nach dem Tod des Mannes voll erbberechtigt. Die unverheirateten Töchter der Hauptehe erhielten nur einen halben Erbanteil, die verheirateten hatten ihren Anteil bereits bei ihrer Eheschließung als Mitgift zu erhalten. Die Nebenfrauen und ihre Kinder gingen dagegen leer aus.[120] Sie erhielten von ihrem Mann bei der Hochzeit lediglich eine Morgengabe, welche selbstverständlich auch den Hauptfrauen zustand und die im Scheidungsfall an sie ausgezahlt werden musste, wenn nicht die Frau der schuldige Teil war.[121] Im Übrigen standen den Nebenfrauen wie allen Familienangehörigen Wohnung, Kleidung und Nahrung zu. Darüber hinaus gehenden Unterhalt erhielten sie von ihrem Ehemann nur, solange sie als arbeitsfähig galten, wenigstens aber bis zu ihrem siebzigsten Lebensjahr.[122]

---

115 Bartholomae, Christian. a.a.O. 1924, 12. Vgl. dazu auch ders. a.a.O. 1918/I., 35f., 49.

116 Vgl. Bartholomae, Christian. a.a.O. 1924, 12; ders. a.a.O. 1918/I., 31 sowie auch Klima, Otakar. a.a.O. 1975, 156.

117 Vgl. Bartholomae, Christian. a.a.O. 1924, 12.

118 Vgl. Klima, Otakar a.a.O. 1975, 156.; Bartholomae, Christian. a.a.O. 1924, 13.

119 Vgl. Bartholomae, Christian. a.a.O. 1924, 13.

120 Vgl. Bartholomae, Christian. a.a.O. 1924, 13; ders. a.a.O. 1923, 14 sowie Macuch, Maria. a.a.O. 1981, 7ff.

121 Vgl. Bartholomae, Christian. a.a.O. 1924, 10 und 13.

122 Vgl. ebd., 13 sowie ders. a.a.O. 1923, 29.

Christian Bartholomae meint jedoch, dass es häufig vorkam, dass eine Nebenfrau vom Hausherrn in die Rechte einer Hauptfrau eingesetzt wurde. Dazu kam es zum Beispiel, wenn seine vorige Hauptfrau verstorben war oder weil diese kinderlos blieb, aber auch aus beliebigen anderen Gründen. Das brachte zum einen ihr selber wesentliche Vorteile ein, denn damit wurde sie zur Hausherrin und erhielt so die häusliche Befehlsgewalt. Aber vor allem ihre Kinder wurden dadurch bei der Aufteilung des Erbes als Hauptehekinder voll erbberechtigt, während sich gleichzeitig die Erbansprüche anderer Hauptfrauen und ihrer Kinder dementsprechend verringerten.[123] Dass eine Hauptfrau innerhalb des Haushalts zur Nebenfrau degradiert wurde, scheint jedoch nicht möglich gewesen zu sein.

Neben den Haupt- und Nebenehen gab es noch eine weitere bemerkenswerte Eheinstitution, die die niedrige soziale Stellung der Frau im Sasanidenreich besonders deutlich zum Ausdruck bringt und die Christian Bartholomae als Interims- bzw. als Zwischenehe bezeichnet hat.[124] Dabei handelte es sich um die zeitweise vertragliche Überlassung der Ehefrau. Der Ehemann war demnach berechtigt, sowohl Neben- als auch Hauptfrauen auch ohne deren Zustimmung an einen anderen zu verleihen, wenn beispielsweise dessen Frau verstorben war, es aber noch unmündige Kinder in seinem Haushalt gab.[125] Dabei ging der Besitz der Frau, also Mitgift und Aussteuer, jedoch nicht an den Beliehenen über. Außerdem blieben auch die Nachkommen, die die Frau während der Zwischenehe zur Welt brachte, Eigentum des Hauptehemannes. Die Gewalthaberschaft (sardārīh) ging allerdings an den Zwischenehemann über, denn man ging davon aus, dass eine Ehe ohne Mundgewalt nicht denkbar war.[126] Als Gegenleistung musste der Interimsgatte für den vollen Unterhalt der geliehenen Frau aufkommen. Die Dauer einer solchen Ehe war allein Sache der vertragsschließenden Männer.

Da die einschlägige Stelle des Rechtsbuches einen karitativen Grund, nämlich den Tod der Mutter, angibt, schließt Christian Bartholomae, dass sich diese Zwischenehen zunächst vorwiegend im Mittelstand ergaben, wo aus finanziellen Gründen die Einehe vorherrschte. Für reiche Männer, die sich ja mehrere Frauen leisten konnten, kamen solche Beweggründe, sich eine Frau zu leihen, dagegen wohl kaum in Betracht. Dennoch nimmt Bartholomae an, dass es solche Zwischenehen auch in adeligen Kreisen gab. Weil für die Partner einer solchen Ehe sogar besondere Namen existierten,[127] hielt er die Zwischenehe sogar für allgemein üblich. Die anscheinende Häufigkeit solcher Ehen lag nach Ansicht Bartholomaes darin, dass damit eine bequeme Möglichkeit zu gelegentlichem Frauentausch gegeben war.[128] Wäh-

---

123   Vgl. Bartholomae, Christian. a.a.O. 1924, 13.
124   Vgl. Bartholomae, Christian. a.a.O. 1924, 14f. Vgl. auch ders. a.a.O. 1918/I., 29ff., 36ff.
125   Vgl. Bartholomae, Christian. a.a.O. 1924, 14.
126   Vgl. ebd., 15 sowie ders. a.a.O. 1910, 14.
127   Vgl. Bartholomae, Christian. a.a.O. 1918/I., 37.
128   Vgl. Bartholomae, Christian. a.a.O. 1924, 15.

rend Bartholomae von für die Frauen beleidigenden Eheverhältnissen schreibt,[129] geht Otakar Klima in diesem Zusammenhang sogar von einem „moralischen und physischen Verfall der Perser"[130] aus. Sicher sind diese Aussagen stark von den sittlich-moralischen Vorstellungen der jeweiligen Zeit überfärbt, dennoch muss festgehalten werden, dass gerade diese Institution der Zwischenehe und damit die relativ beliebige Verleihbarkeit, die allein im Ermessen der vertragsschließenden Männer lag, die Vermutung nahe legt, dass die Ehefrauen als persönliches Eigentum ihrer Ehemänner und damit fast als Sklaven betrachtet wurden.

7.2.3 Verschiedene Eheformen

Die geschilderten familiären Rangunterschiede der Ehefrauen schlugen sich auch in der juristischen Terminologie des Familienrechtes nieder. Nach Maria Macuch wurde im *Mādayān* zwischen drei verschiedenen Eheformen unterschieden,[131] der Pādixšayīh-, der Čakar- und der Xvasrāyūn-Ehe.[132]

Die höchste und anerkannteste Eheform war dabei die Pādixšayīh-Ehe.[133] Frauen, die eine solche Ehe eingingen, wurden die Hauptfrauen und Herrinnen des Haushalts. Dadurch wurden sie zur Mutter der legitimen Nachkommen, Leiterin des Haushalts und Teilnehmerin am Hauskult und nur ihre Kinder, erbten den Namen, das Vermögen und den sozialen Rang des Vaters, aber auch seine kultischen und wirtschaftlichen Pflichten. Dafür unterlagen die Pādixšayīh-Gattinnen als Gewaltunterworfene (framānburdārī) immer der Vormundschaft (sadarih) ihres Ehemannes. Dazu brach sie bei ihrem Wechsel in den neuen Haushalt alle rechtlichen Verbindungen zu ihrer alten Familie ab. Aus diesen Gründen wurde die Pādixšayīh-Ehe auch mit der römischen Manus-Ehe verglichen.[134]

Die Čakar-Ehe[135] galt dagegen als eine Art Hilfsehe, die der Hausherr mit seinen Nebenfrauen einging. Der Begriff wurde jedoch auch noch anderweitig angewendet. Verstarb ein Hausherr ohne mit seiner Pādixšayīh-Frau einen Agnaten, einen männlichen Nachfolger, gezeugt zu haben, so musste die Frau nach dem Tode des Mannes die Čakar-Ehe mit dessen nächstem Angehörigen eingehen, wie bei der alttesta-

---

129 Vgl. ebd., 16.
130 Vgl. Klima, Otakar. a.a.O. 1975, 157.
131 Maria Macuch führt an, dass in neupersischen Rechtsbüchern (Rivāyats) zwischen insgesamt fünf verschiedenen Eheformen unterschieden wurde. Da die zwei hinzukommenden Varianten weder für die Sasanidenzeit belegt sind und außerdem nach Macuch scheinbar auf Missverständnissen in der weiteren Überlieferung beruhen, werden sie hier nicht weiter berücksichtigt. Vgl. dazu Macuch, Maria. a.a.O. 1981, 8.
132 Vgl. ebd., 104ff.
133 Vgl. Wiesehöfer, Josef. a.a.O. 1993, 241. Zur Pādixšayīh-Ehe vgl. auch Macuch, Maria. a.a.O. 1981, 6ff. sowie noch ausführlicher dazu Perikhanian, Anahit. a.a.O. 1983, 84–94.
134 So z.B. bei Wiesehöfer, Josef. a.a.O. 1993, 241. Vgl. auch Macuch, Maria. a.a.O. 1981, 7.
135 Zur Čakar-Ehe vgl. Macuch, Maria. a.a.O. 1981, 7ff. und ausführlicher dazu Perikhanian, Anahit. a.a.O. 1983, 94–99.

mentlich bezeugten Leviratsehe.[136] Sie blieb dabei gleichzeitig Pādixšayīh-Witwe des Toten mit allen damit verbundenen Rechten auf dessen Besitz, wobei die Kinder die aus der Čakar-Ehe hervorgingen als legitime Nachfolger des ersten Pādixšayīh-Ehemannes angesehen wurden. Waren die Witwen für eine solche Verbindung bereits zu alt, so gab es nach iranischem Recht noch eine weitere Möglichkeit postum einen männlichen Erbfolger zu erhalten. Dazu erfand man die Institution der so genannten „Erbtochter."[137] Dazu wurde eine bruderlose Tochter aus einer Pādixšayīh-Verbindung zur Erhaltung des väterlichen Hauses mit einem Verwandten des Vaters aus einer Čakar-Ehe verheiratet, auch wenn dazu die Auflösung einer bereits bestehenden Ehe notwendig wurde. Kinder aus dieser neuen Verbindung galten als legitime Kinder und Erben des mütterlichen Großvaters. Daraus wird erkennbar, dass eine wesentliche Aufgabe der Frauen in sasanidischer Zeit darin bestand, den Ehemann oder in Ausnahmefällen sogar den Vater auch postum mit männlichem Nachwuchs zu versorgen.

Demgegenüber steht jedoch die Xvasrāyūn-Ehe.[138] Diese gehen Mädchen eigenmächtig, ohne Zustimmung des Vaters, Bruders oder Vormunds, ein. Hatte die Frau zum Zeitpunkt einer solchen Eheschließung keinen šardar zum Beispiel, wenn sie Pādixšayīh-Witwe war, konnte die eheliche Gewalt auch an den Xvasrāyūn-Gatten übertragen werden. Die Xvasrāyūn-Ehe konnte auch auf Zeit geschlossen werden, in diesem Fall blieb einer Tochter ihr väterlicher Erbteil erhalten. Wenn sie jedoch das Xvasrāyūn-Eheverhältnis aufrecht erhielt und diese Verbindung für immer einging, dann trat eine Verkürzung des Erbes ein.[139] Maria Macuch geht davon aus, dass auch die Čakar-Ehe auf Zeit eingegangen werden konnte,[140] was wiederum mit der Interims- und Zwischenehe bei Christian Bartholomae korrespondiert.

Die Vielzahl von Termini und Regelungen zur Eheschließung deuten darauf hin, dass die Ehe- und Familienverhältnisse immer komplizierter wurden. So schreibt Bartholomae, dass im _Mādayān_ mehrfach von Streitfällen berichtet wird, in denen es hauptsächlich darum geht, wem das Verfügungsrecht auf eine Frau nun eigentlich zustehe.[141] Der beschriebene Frauenmangel[142] dürfte also als Rechtssache angesehen wurden.

---

136 Vgl. dazu auch Wiesehöfer, Josef. a.a.O. 1993, 242.
137 Vgl. Wiesehöfer, Josef. a.a.O. 1993, 242.
138 Zur Xvasrāyūn-Ehe vgl. Macuch, Maria. a.a.O. 1981, 8f. sowie wiederum ausführlicher dazu Perikhanian, Anahit. a.a.O. 1983, 104–113. Ohne den Begriff selbst zu gebrauchen, gibt auch Bartholomae, Christian. a.a.O. 1924, 11 einige wertvolle Hinweise darauf.
139 Vgl. Bartholomae, Christian. a.a.O. 1924, 11 sowie ders. a.a.O. 1923, 4ff.
140 Vgl. Macuch, Maria. a.a.O. 1981, 8.
141 Vgl. Bartholomae, Christian. a.a.O. 1924, 11; ders. a.a.O. 1910, 17; ders. a.a.O. 1913, 365.
142 So z.B. bei Klima, Otakar. a.a.O. 1975, 157.

7.2.4 Die Hochzeit

Im Folgenden soll auf einige Regelungen und Bräuche der Eheschließung näher eingegangen werden. Zunächst ist festzuhalten, dass der eigene Wille der Töchter bei der Heirat nicht völlig übergangen werden durfte, das heißt der jeweilige Hausherr war nicht berechtigt, eine Tochter des Hauses mit einem Mann zu verheiraten, den sie nicht wollte.[143] Christian Bartholomae schreibt dazu, dass eine Tochter ihrem Vater oder sonstigem jeweiligen Vormund erklären konnte, dass sie sich weigere, die von ihm gewünschte Ehe einzugehen, und dieser musste sich das gefallen lassen. Er wäre nicht berechtigt gewesen, das Mädchen dafür ökonomisch beispielsweise durch Verminderung ihrer Erbschaft oder auch anderweitig zu strafen.[144]

Im Allgemeinen war es die verbindliche Aufgabe des Vaters oder sonstigen Familienvorstandes, den Töchtern der Familie ab dem fünfzehnten Lebensjahr zu einem passenden und ihnen angenehmen Ehemann zu verhelfen.[145] Die Initiative konnte aber auch von den zukünftigen Gatten ausgehen.[146] In diesem Fall wendete sich der Freier an einen Mittelsmann, welcher dem Vater bzw. Vormund des Mädchens die Werbung vortrug und, falls der Bewerber akzeptiert wurde, auch den Ehevertrag aushandelte.[147] Josef Wiesehöfer zufolge war in sasanidischer Zeit die Abfassung von Eheverträgen, in denen Bräutigam und Vormund ihre jeweiligen Ansprüche und Verpflichtungen festlegten, allgemein üblich geworden.[148] Eine zentrale Rolle spielte dabei die Festsetzung der Mitgift, denn, wenn eine Tochter heiratete, so schloss sie sich damit von der künftigen Familienerbschaft aus. Daher wurde darauf geachtet, dass die Braut bei ihrer Heirat eine möglichst große Mitgift gewissermaßen als Vorauserbe erhielt.[149] Auf der anderen Seite war der Freier verpflichtet, seiner Frau eine Morgengabe zu weihen. Die Höhe von Mitgift und Morgengabe wurde nur zwischen Bräutigam und Vormund ausgehandelt und vertraglich festgehalten. Die Bräute hatten darauf keinen Einfluss. Jedoch war der Ehemann idealtypischerweise nur Verwalter und Treuhänder für das Heiratsgut, das er seiner Frau im Scheidungsfall wieder auszahlen musste,[150] aber nur, wenn sie dieses rechtlich durchsetzen konnte.

---

143 Vgl. dazu z.B. Wiesehöfer, Josef. a.a.O. 1993, 241; Perikhanian, Anahit. a.a.O. 1983, 53 oder auch Klima, Otakar. a.a.O. 1975, 156.
144 Vgl. Bartholomae, Christian. a.a.O. 1924, 10f. sowie ders. a.a.O. 1923, 10f., 27f., 38.
145 Vgl. Bartholomae, Christian. a.a.O. 1924, 10.
146 Zur Brautwerbung vgl. auch Bartholomae, Christian. a.a.O. 1923, 14 sowie ders. Der Verbalkontrakt im sasanidischen Recht. In: Zur Kenntnis der mitteliranischen Mundarten 2. (Sitzungsberichte der Heidelberger Akademie der Wissenschaften, Philosophisch-Historische Klasse 4). Heidelberg. 1917, 3–15. Hier 5.
147 Vgl. Bartholomae, Christian. a.a.O. 1924, 10.
148 Vgl. Wiesehöfer, Josef. a.a.O. 1993, 241.
149 Vgl. Bartholomae, Christian. a.a.O. 1924, 10. Zum Erbvorschuss oder so genannten „Voraus" vgl. auch ders. a.a.O. 1923, 3–41 und insbesondere 19.
150 Vgl. Wiesehöfer, Josef. a.a.O. 1993, 241 sowie Bartholomae, Christian. a.a.O. 1924, 10.

Wenn der jeweilige Hausherr einer Tochter jedoch keinen ordnungsgemäßen und legitimen Ehemann verschaffte, dann war es nicht ungewöhnlich, dass die Tochter, ohne die Erlaubnis des Vaters einzuholen, eine Xvasrāyūn-Ehe nach ihrer eigenen Neigung einging. Christian Bartholomae meint, dass dies offenbar recht häufig vorkam, weil es im *Mādayān* Bestimmungen darüber gibt, wie mit Kindern aus solchen Ehen zu verfahren sei.[151] Diese Kinder führten den Namen „Götterbotenkinder"[152] und wuchsen meist unter Obhut der Mutter im Hause des Großvaters auf, wobei dieser für den Unterhalt von Mutter und Kind aufkam.[153] Bei Töchtern aus vornehmen Häusern sind keine Alimentationsverpflichtungen des Kindsvaters überliefert. Bartholomae vermutet, dass man die Angelegenheit wahrscheinlich sehr diskret behandelte, um Aufsehen zu vermeiden.[154] Besaß das Mädchen jedoch nicht genug, um sich und das Kind zu ernähren, dann musste der Kindsvater für Mutter und Kind bis zu dessen Volljährigkeit aufkommen.[155] Die beschriebenen Freizügigkeiten bei der Eheschließung scheinen jedoch ausschließlich auf die noch unverheirateten Töchter beschränkt gewesen zu sein. Dass sie für verheiratete Gattinnen nicht zutrafen, geht aus den oben behandelten Bestimmungen zur Zwischenehe hervor, die, wie dort bereits dargelegt wurde, auch ohne Zustimmung der Frau geschlossen werden konnte.[156]

Noch komplexer wurden die Ehe- und Erbschaftsverhältnisse der Sasanidenzeit durch die Institution der Blutsverwandtenehe. So berichtet Christian Bartholomae davon, dass zum Beispiel ein Vater eine seiner Frauen seinem ältesten Sohn zur Ehe gab oder auch von einem Erbschaftsfall, der sich dadurch komplizierte, dass sich die Erben, Sohn und Tochter des Erblassers, untereinander heiraten.[157] Weiter führt er dazu aus:

> „Geschwisterehen waren damals, vor allem bei den Großen des Lands, eine geläufige Erscheinung und galten als eine Gott besonders wohlgefällige Einrichtung."[158]

Dagegen warnt Josef Wiesehöfer davor, inzestuöse Verbindungen vorschnell zu postulieren, räumt aber gleichzeitig ein, dass die Blutsverwandtenehe so verbreitet war, dass die christlichen wie römischen staatlichen Autoritäten sie ihren Untertanen in den angrenzenden Gebieten verboten.[159]

---

151 Vgl. Bartholomae, Christian. a.a.O. 1924, 11.
152 Nach ebd.
153 Vgl. Bartholomae, Christian. a.a.O. 1923, 30f.
154 Vgl. Bartholomae, Christian. a.a.O. 1924, 11.
155 Vgl. dazu Klima, Otakar. a.a.O. 1975, 156 sowie Bartholomae, Christian. a.a.O. 1923, 7.
156 Siehe oben Kap. 7.2.2. Vgl. dazu auch Bartholomae, Christian. a.a.O. 1924, 14f. sowie ders. a.a.O. 1918/I., 29ff., 36ff.
157 Vgl. Bartholomae, Christian. a.a.O. 1924, 16; ders. a.a.O. 1923, 17f.
158 Vgl. Bartholomae, Christian. a.a.O. 1924, 16.
159 Vgl. Wiesehöfer, Josef. a.a.O. 1993, 240f.

7.2.5 Ehescheidung

Christian Bartholomae weist darauf hin, dass die Ehescheidung noch weniger Umstände erforderte, als die Hochzeit. Weiter weist er darauf hin, dass das einschlägige Kapitel des *Mādayān* sich nur mit den Hauptfrauen also den Pādixšayīh-Gattinen beschäftigt. Daraus schließt er, dass die Nebenfrauen in den weiteren Eheformen in diesem Zusammenhang keinen juristischen Schutz gehabt zu haben scheinen.[160]

Weiter führt er dazu aus, dass die Frau, gleichviel welcher Art, ihrem Mann in allen Stücken untertan sowie zu unbedingtem Gehorsam verpflichtet war und dass jede Unbotmäßigkeit dem Gatten das Recht zur Verstoßung der Frau gab.[161] Dennoch geht Bartholomae davon aus, dass die Ehen meist in beiderseitigem Einverständnis gütlich gelöst wurden, damit jeder der beiden Partner eine neue Ehe eingehen konnte. Das Recht des Manns, die Frau wegen Unbotmäßigkeit zu verstoßen, soll dagegen nur in Ausnahmefällen angewandt worden sein, da die Frau dafür den gerichtlichen Nachweis verlangen konnte.[162] Ähnlich urteilte auch Josef Wiesehöfer, dass die Scheidung von beiden Parteien jedoch nur mit der Zustimmung der jeweils anderen betrieben werden konnte, wobei die Zustimmung der Gattin sich erübrigte, wenn sie keine Kinder zur Welt gebracht hatte oder ihr ein Vergehen nachgewiesen werden konnte.[163] Das diese Rechtssicherheit nicht sehr ausgeprägt war, geht aus den Ergebnissen Maria Macuchs hervor. Sie geht davon aus, dass nur dem Mann das Scheidungsrecht zustand, wobei ein Scheidungsbegehren der Frau bereits als Unbotmäßigkeit galt, die dem Mann das Recht zu ihrer Verstoßung gab.[164]

Darüber hinaus war erwiesener Ehebruch durch die Frau ein unumstrittener Scheidungsgrund, wobei Bartholomae zufolge von dem beteiligten Mann juristisch eine Geldbuße erzwungen werden konnte, die sich dann erhöhte, wenn er, was gelegentlich vorkam, die Frau entführt hatte.[165] Außerdem meint Bartholomae, dass die vermögensrechtlichen Auseinandersetzungen die Hauptschwierigkeit bei allen Ehescheidungen bildeten.[166] Aus diesem Grunde wurden Scheidungen, wie Hochzeiten, öffentlich bekannt gegeben und außerdem durch eine Scheidungsurkunde (hilišn-nāmag) bestätigt, die die Rückgabe der Mitgift und anderen Ehegutes regelte.[167]

Dass Ehescheidungen wahrscheinlich nicht übermäßig häufig vorkamen, lag nicht nur an den damit zusammenhängenden finanziellen Problemen, sondern mit Sicherheit vor allem auch daran, dass mit den angesprochenen Institutionen der Zwischenehe und der Ehe auf Zeit für die Männer in sasanidischer Zeit relativ günstige

---

160   Vgl. Bartholomae, Christian. a.a.O. 1924, 18.
161   Vgl. ebd., 16.
162   Bartholomae, Christian. 1918/I., 27f. (gegenüber 3, 6); 2, 38.
163   Vgl. Wiesehöfer, Josef. a.a.O. 1993, 241f.
164   Macuch, Maria. a.a.O. 1981, 9.
165   Vgl. Bartholomae, Christian. a.a.O. 1924, 18.
166   Vgl. ebd.
167   Vgl. Wiesehöfer, Josef. a.a.O. 1993, 242.

Bedingungen herrschten, sich auch ohne umständliche, zeitaufwendige und teure offizielle Scheidung von einer ungeliebten Gattin zu trennen.

7.3 Die Stellung der Frauen des sasanidischen Adels

Aus dem sasanidischen Rechtsbuch der tausend Entscheidungen *(Mādayān ī hazār dādestān)* lässt sich, wie eingangs betont wurde, nur sehr bedingt ein generelles Bild über die Stellung der Frau in der sasanidischen Gesellschaft gewinnen. Dennoch können einige allgemeine Aussagen aus dem bisher ausgeführten abgeleitet werden. Grundsätzlich galten die Frauen der Oberschicht, gleichgültig ob sie Töchter, Gattinnen oder Witwen waren, als dem jeweiligen Hausherrn unterworfen. Sie waren vermögens-, geschäfts-, prozess- und rechtsunfähig. Dabei gab es jedoch eine Vielzahl von Ausnahme- und Sonderregelungen, die vor allem die Geschäfts- und Vermögensfähigkeit betrafen.

Einige der genannten ehelichen Institutionen, wie die Möglichkeit, seine Frau auch gegen ihren Willen in einer Interimsehe zu verleihen, oder die allgemeine Reduktion der Ehefrauen auf die Aufgabe, männliche Nachfolger zur Erhaltung der Familie und ihrer Erbmasse bereitzustellen, deuten daraufhin, dass den Frauen ein verhältnismäßig geringer Status eingeräumt wurde. Demnach waren sie nicht völlig rechtlos, wie Christian Bartholomae in Bezug auf das von ihm so genannte „Alte Recht" meint. Im *Mādayān* finden sich nämlich zahlreiche juristische Regelungen zum Schutz der weiblichen Interessen.

Andererseits weist Josef Wiesehöfer[168] darauf hin, dass vor allem archäologische Zeugnisse, wie Inschriften, Reliefs und Münzen, bereits für das 3. nachchristliche Jahrhundert ein hohes Maß an Aufmerksamkeit und Achtung für die weiblichen Angehörigen des Königshauses andeuten. Für ihr Seelenheil und ihren Nachruhm sollte an eigens für sie errichteten Feuern geopfert werden. Einige der Frauen der königlichen Familie trugen Titel. So wurde die Tochter Šapurs I., Ādur-Anāhīd, als „Königin der Königinnen" oder seine Ehefrau Xōrānzēm als „Königin des Reiches" bezeichnet. Beide werden in der Opferreihe vor den Söhnen des Königs genannt. Als weitere wichtige Frauen des frühen Reiches wurden Dēnag, die Mutter Pabags und Großmutter Ardašīrs, Rōdag, seine Mutter, und Dēnag, die Schwester Ardašīrs I., die ebenso als „Königin der Königinnen" bezeichnet wurde, erwähnt. Der Titel „Königin der Königinnen" wurde nach Wiesehöfer häufig im Sinne einer Heiratsbeziehung mit dem „König der Könige" interpretiert und auf diese Weise für Šāpur I. eine Vater-Tochter-, für Ardašīr I. eine Schwester-Bruder-Ehe festgestellt. Wiesehöfer zufolge weist nichts auf diese Bedeutung hin. Der Titel zeige vielmehr den besonderen Rang dieser Frauen auf. Dieser ergäbe sich in diesen speziellen Fällen allein aus ihrer Abkunft und könne nicht als Zeichen der von den sasanidischen Köni-

---

168   Vgl. ebd., 232f.

gen ansonsten durchaus häufig überlieferten Ehe zwischen Blutsverwandten ersten Grades interpretiert werden.[169] Gegen Ende des sasanidischen Reiches konnten Frauen sogar den Thron besteigen, wie Pūrān (629–630)[170] oder ihre Schwester Āzarmīgduxt (um 630), was Wiesehöfer allerdings auf den Mangel an männlichen Alternativkandidaten zurückführte. Die Einstellung gegenüber den Frauen der sasanidischen Oberschicht muss demnach als relativ komplex angesehen werden. Einerseits waren diese Frauen generell nicht besonders hoch geachtet, andererseits erhielten sie als Angehörige des Königshauses bzw. des allerhöchsten Adels offenbar doch eine beträchtliche Anerkennung. Auf der einen Seite waren sie selbst grundsätzlich nur beschränkt rechtsfähig, andererseits wurden eigens für sie zahlreiche rechtliche Regelungen geschaffen, die ihre Rechte schützen sollten, welche sie aber selbst nicht einklagen konnten, sondern nur ihre Familie. Später wird zu zeigen sein, was es für Folgen hatte, wenn der georgische Adel die Einstellungen gegenüber Frauen von seinen sasanidischen Vorbildern übernahm, ohne dass gleichzeitig dieselben, nach und nach entstandenen, begleitenden und kontrastierenden juristischen Rahmenbedingungen in Georgien vorhanden waren, die im Sasanidenreich der völligen Unterdrückung der Frau gewissermaßen die Waage hielten.[171]

8. Indizien für die kulturelle Beeinflussung der georgischen durch die sasanidische Adelsschicht

8.1 Die sasanidischen und georgischen Adelsprädikate

8.1.1 Konzeptionelle Überlegungen

Die georgische Sprache gehört schon anderthalb Jahrtausende zu einer der Hauptsprachen des südlichen Kaukasusgebietes. Wie Heinz Fähnrich feststellte, weckten vor allem die Reiseberichte von Johann Anton Güldenstedt (1745–1781)[172] und

---

169 Vgl. ebd.
170 Zum Münzporträt vgl. Ghirshman, Roman. Iran. Parther und Sasaniden. München. 1962, 251. Abb. 327 und siehe dazu auch Göbl, Robert. Sasanian Numismatics [Manuals of Middle Asian Numismatics. Vol. 1]. Braunschweig. 1971 [Sasanidische Numismatik. (Handbücher der mittelasiatischen Numismatik. Bd. 1)]. Braunschweig. 1968, 54. Tafel 15, Nr. 228f.
171 Siehe dazu auch Kap. 9.
172 Güldenstädt, Johann Anton. Reisen durch Russland und im caucasischen Gebürge. [Hrsg. von S[imon] P[eter] Pallas]. Teil 1 und 2. Sankt Petersburg. 1787 und 1791. Siehe auch Güldenstädt, Johann Anton. Giuldenstedtis mogzauroba sak'art'veloši. [Gelašvili, G. (Hrsg. u. Übers.). Uc'xouri cqaroebi sak'art'velos šesaxeb 14]. T'bilisi. 1960–1964.

Heinrich Julius von Klaproth (1783–1835)[173] in Mittel- und Westeuropa ein lebhaftes Interesse an Georgien und seiner Sprache, so dass das Georgische von da an immer wieder zum Inhalt sprachwissenschaftlicher Untersuchungen wurde.[174] In der vergleichenden Sprachwissenschaft stand dabei anfangs der genealogische Aspekt[175] im Vordergrund des Interesses.[176] So versuchte beispielsweise Franz Bopp (1791–1867),[177] das Georgische noch als ein Glied einer von ihm aufgestellten indogermanischen Sprachfamilie zu bestimmen. Mittlerweile hat sich jedoch die Erkenntnis durchgesetzt, dass das Georgische zu den kaukasischen Sprachen[178] zu zählen ist. Heute wird es gemeinsam mit dem Megrelischen (oder Mingrelischen), Lazischen (oder Čanischen) und Svanischen, die jedoch im Gegensatz zum Georgischen keine erwähnenswerten schriftlichen Traditionen besitzen, der so genannten südkaukasischen oder k'art'velischen Sprachgruppe zugeordnet und bildet den Gegenstand einer eigenständigen Disziplin innerhalb der historisch-vergleichenden Sprachwissenschaft.[179]

Anfang der achtziger Jahre versuchten T'amaz Gamqrelije und Vjaceslav Ivanov, die Begründer der so genannten Glottaltheorie,[180] in ihrer monographischen

---

173   Klaproth, [Heinrich] Julius von. Reise in den Kaukasus und nach Georgien: unternommen in den Jahren 1807 und 1808, auf Veranstaltung der Kaiserlichen Akademie der Wissenschaften zu St. Petersburg, enthaltend eine vollständige Beschreibung der kaukasischen Länder und ihrer Bewohner. 1 und 2. Halle/Berlin/Leipzig. 1812 und 1814.

174   Vgl. Fähnrich, Heinz. Kurze Grammatik der georgischen Sprache. Leipzig u.a. 1993, 13f.

175   Dabei ist der Nachweis genetischer Verwandtschaft einzelner kaukasicher Sprachen oder auch der drei unterscheidbaren Sprachgruppen (süd-, west- und ostkaukasische Sprachen) untereinander nach wie vor problematisch. Auch die häufig angenommene Verwandtschaft mit dem Baskischen, Etruskischen, Vorgriechischen bzw. Pelasgischen, Hattischen, Hurritischen bzw. Urartäischen und anderen gilt bislang als nicht gesichert. Vgl. Boeder, Winfried. Kaukasische Sprachen. In: Glück, Helmut (Hrsg.). Metzler Lexikon Sprache. (Elektronische Ausgabe der zweiten, überarbeiteten und erweiterten Auflage; Digitale Bibliothek. Bd. 34). Berlin. 2000, 4641f. Hier 4641.

176   Vgl. Gippert, Jost. Iranica Armeno-Iberica. Studien zu den iranischen Lehnwörtern im Armenischen und Georgischen. Philosophisch-historische Klasse Sitzungsberichte 606. Wien. 1993, V.

177   Bopp, Franz. Über das Georgische in sprachverwandtschaftlicher Beziehung. Berlin. 1848. In: Die Kaukasischen Glieder des Indoeuropäischen Sprachstammes; gelesen in der Akademie der Wissenschaften 11. Dezember 1842. Berlin. 1847.

178   Winfried Boeder fasst unter diesem Begriff etwa vierzig autochtone Sprachen des Kaukasusgebietes zusammen, wobei das Georgische die einzige alte Schriftsprache darstellt. Vgl. Boeder, Winfried. a.a.O. 2000, 4641f.

179   Vgl. Gippert, Jost. a.a.O. 1993, V. Diese Auffassung wird auch von Julius Aßfalg geteilt, der jedoch im Gegensatz zu Gippert das Mingrelisch-Lasische zu einem gemeinsamen sanischen Dialekt (bei Gippert Čanisch) zusammenfasst. Vgl. dazu Aßfalg, Julius. Georgische Sprache. In: ders./Krüger, Paul (Hrsg.). a.a.O. 1975, 138f. Hier 138.

180   Die Glottaltheorie setzt der klassischen Dreiteilung indogermanischer Verschlusslaute in Tenues, Mediae und Mediae aspiratae ein System von aspirierten Tenues, glottalisierten Tenues und Mediae entgegen. Damit rückt sie die urindogermanische Grundsprache typologisch in die Nähe der kaukasischen und damit auch der k'art'velischen Sprachen, denn deren Konso-

Untersuchung[181] für die urindogermanische Grundsprache enge nachbarschaftliche Kontakte mit den südlichen Kaukasussprachen nachzuweisen, diese sollten das von ihnen rekonstruierte Modell einer Sprachbunderscheinung zusätzlich begründen. Eine Liste von übereinstimmenden oder ähnlichen Wurzelansätzen, die sie als Entlehnungen aus dem Urindogermanischen in die urkʿartʿvelische Grundsprache auffassten, bildete dabei die Basis für ihre Hypothesen, wobei die Autoren bei ihren Analysen auch auf ältere Manuskripte zurückgriffen.[182]

Eine der ausführlichsten Untersuchungen, in der iranisches Wortmaterial mit armenischem und georgischem verglichen wird, stellt die Arbeit von Jost Gippert[183] dar, die ebenfalls sprachwissenschaftlich ausgerichtet ist. Im Anschluss daran kann festgehalten werden, dass das Georgische offenbar von indogermanischem Sprachgut durchdrungen ist, woraus ein reger und kontinuierlicher Kontakt mit indogermanischen Nachbarsprachen geschlussfolgert werden kann. Gippert führt dazu zwei verschiedene Strata an, die seit dem Beginn der georgischen schriftlichen Überlieferung im 5. Jahrhundert[184] auftreten und auf eine intensive kulturelle Beeinflussung hinweisen. Dabei handelt es sich nach Gippert erstens um die zahlreichen griechischen Elemente, die im Zuge der Christianisierung der Georgier in deren Sprache eindrangen und wahrscheinlich eher auf literarische Enflüsse als auf direkte sprachliche Kontakte zurückzuführen sind. Zweitens betrifft dies auch eine große Anzahl von Begriffen, die sich aufgrund ihrer Struktur als iranisch nachweisen lassen, wobei Gippert dabei nochmals zwei historische Perioden unterscheidet: Eine ältere Stufe, die er mit der Machtausübung iranischer Herrscher über das südliche Kaukasusgebiet in arsakidischer und sasanidischer Zeit in Zusammenhang bringt und eine jüngere, die er durch eine neuerliche Orientierung Ostgeorgiens nach Iran ab dem

---

nantensystem ist auch so strukturiert. Vgl. dazu Gippert, Jost. Glottaltheorie. In: Glück, Helmut (Hrsg.). Metzler Lexikon Sprache. (Elektronische Ausgabe der zweiten, überarbeiteten und erweiterten Auflage; Digitale Bibliothek). Bd. 34. Berlin. 2000, 3535. Ders. a.a.O. 1993, V. Aufschlussreich zur Glottaltheorie sind auch: Kammerzell, Frank. Glottaltheorie. Sprachkontakte und Verwandtschaftsmodelle. In: Indogermanische Forschungen 104. 1999, 234–271; Gippert, Jost: Rezension: Thomas V. Gamkrelidze – Vjačeslav V. Ivanov. Indo-European and the Indo-Europeans. A Reconstruction and Historical Analysis of a Proto-Language and a Proto-Culture. Berlin/NewYork. 1995. In: Beiträge zur Namensforschung. 33/1. 1998, 39–54 sowie ders. Die Glottaltheorie und die Frage urindogermanisch-kaukasischer Sprachkontakte. In: Rasmussen, Jens Elmegård (unter Mitwirkung von Benedicte Nielsen) (Hrsg.). In honorem Holger Pedersen. Kolloquium der Indogermanischen Gesellschaft vom 26. bis 28. März 1993 in Kopenhagen. Wiesbaden. 1994, 107–123.

181 Gamqrelije, Tʿamaz/Ivanov, Vjačeslav. Indoevropuli ena da indoevropelebi. Bd. 1–2. Tʿbilisi. 1984. (Russisch: Indoevropejskij jazyk i indoevropejcy; Englisch: Indo-European and The Indo-Europeans).

182 Vgl. dazu auch Gippert, Jost. a.a.O. 1993, Vf.

183 Ebd.

184 Zu den Anfängen der georgischen Schrift im 5. Jahrhundert vgl. auch Aßfalg, Julius. Georgische Inschriften. In: ders./Krüger, Paul (Hrsg.). a.a.O. 1975, 120f., ders. Georgische Schrift. In: ebd. 137f. sowie ders. Georgische Sprache. In: ebd. 138f.

Beginn der „klassischen Periode" im 12. Jahrhundert gekennzeichnet sieht.[185] Unter Rückgriff auf diese Einteilung von Jost Gippert muss für die vorliegende sprachwissenschaftliche Analyse folgendes festgehalten werden: Zunächst wird bewusst auf eine Untersuchung der griechischen Entlehnungen im Altgeorgischen verzichtet, da am Ende des vorigen Kapitels die Übernahme des Christentums als vorrangiger Erklärungsfaktor für die darin geschilderte Entwicklung des Frauenbildes in Georgien bereits ausgeschlossen wurde und die griechischen Einflüsse nach Gippert ja gerade in einem engen Zusammenhang mit der Christianisierung Georgiens stehen. Da außerdem die „neueren" Entlehnungen aus dem Persischen im Rahmen der „klassischen Periode" ab dem 12. Jahrhundert weit außerhalb des hier zugrunde liegenden Untersuchungszeitraums liegen, sollen stattdessen nur „ältere" Entlehnungen aus dem Iranischen in das Georgische während der Sasanidenzeit untersucht werden. Jost Gippert hat den Status des Mittelpersischen im Georgischen ebenfalls bereits untersucht, allerdings auf einer breiteren Basis und unter einer allgemeineren linguistischen Perspektive;[186] meine Untersuchung beschränkt sich dagegen auf die im alten Georgien gebräuchlichen Adelsprädikate, die meines Erachtens für den prägenden kulturellen Einfluss der sasanidischen auf die georgische Oberschicht am wichtigsten und am aussagekräftigsten sind.

In diesem Zusammenhang muss darauf hingewiesen werden, dass von den vierundvierzig iranischen Lehnworten, die Jost Gippert für die entsprechende Periode seiner eigenen Einteilung identifiziert hat, vierzehn Begriffe der zivilen Verwaltung und Gerichtsbarkeit, acht weitere dem militärischen Bereich und wiederum fünf der Architektur zuzuordnen sind. Da außerdem drei weitere Lehnworte verschiedene Schmuckgegenstände bezeichnen, ist davon auszugehen, dass mit insgesamt dreißig Entlehnungen der überwiegende Teil eindeutig der Lebenswelt des georgischen Adels oder zumindest der begüterten Oberschicht zuzurechnen ist. Von den übrigen vierzehn Entlehnungen bezeichnen drei Begriffe aus dem Tierreich, weitere sieben bezeichnen Alltagsgegenstände bzw. Berufe und die letzten vier stellen abstrakte Begriffe oder Redewendungen dar.[187] Allein dieses semantische Ungleichgewicht in der Zuordnung der Begriffe wäre hinreichend, um die These einer stärkeren Beeinflussung der georgischen durch die persische Oberschicht zu unterstreichen.

Darüber hinaus ist auch von Interesse, wie weit bzw. wie tief dieser sasanidische Einfluss tatsächlich reichte. Daher kann nach meiner Auffassung auf weitere sprachwissenschaftliche Untersuchungen der entlehnten persischen und ursprünglich georgischen Adelsbezeichnungen nicht verzichtet werden. Dabei lieferten verschiedene Arbeiten, die ebenfalls eine ähnliche Problematik behandeln, zum Beispiel von Mixeil Baxtaje,[188] Tʻeo Čʻxeije,[189] Konstantine Ceretʻeli,[190] Tʻamar Gamsaxurdia,[191]

---

185 Vgl. dazu Gippert, Jost. a.a.O. 1993, VI.
186 Vgl. Gippert, Jost. Zum Status des Mittelpersischen im südlichen Kaukasus, 18.04.2003, <http://titus.fkidg1.uni-frankfurt.de/personal/jg/pdf/jg1992b.pdf>.
187 Vgl. dazu Gippert, Jost. a.a.O. 1993, 348f.
188 Baxtaje, Mixeil. Erisʻtavobis instituti sakʻartʻveloši. Tʻbilisi. 2003.

Giorgi Axvlediani[192] sowie Giorgi Ceret'eli[193] wertvolle Anregungen. Dabei ist jedoch noch der weitere Hinweis von Jost Gippert zu beachten, dass eine Beurteilung der älteren, vorklassischen Elemente im Georgischen nicht ohne Heranziehung des Armenischen erfolgen kann, das als direkter Nachbar des Georgischen seinerseits einen deutlichen Einfluss auf dieses ausgeübt hat.[194] Seit den Arbeiten von Heinrich Hübschmann[195] hat sich in der sprachwissenschaftlichen Literatur die Ansicht durchgesetzt, dass die große Anzahl von iranischen Lexemen, die im Armenischen vertreten sind, eine Vergleichsgrundlage für die sprachliche Situation im Georgischen bildet und das die überwiegende Zahl von Iranismen im Georgischen eher mehr über das Armenische eingedrungen sind als auf direktem Wege. Diese Theorie vertrat auch Hrac'ya Ačaṙyan in seinem *Armenischen Wurzelwörterbuch,*[196] worin georgische Wortformen generell als „Entlehnungen" ihrer armenischen Entsprechungen aufgeführt werden. Noch Anfang der 90er Jahre wurde diese Sichtweise als ein valider methodologischer Prozess bezeichnet.[197]

Aufgrund der Tatsache, dass im Altarmenischen eine größere Anzahl von Iranismen festzustellen ist, erschient die Auffassung einer indirekten Entlehnung über das Armenische ins Georgische durchaus berechtigt, jedoch weist Jost Gippert auch darauf hin, dass eine solche einseitige Übernahme aus dem Armenischen bereits frühzeitig in Frage gestellt worden war.[198] Schon Michel Riabinin war in dieser Hinsicht skeptisch und wies darauf hin, dass aufgrund der fast identischen Struktur des armenischen und georgischen Alphabets bei Lehnwörtern auch identische Formen auftreten müssten.[199] Analog dazu bezeichnete auch Oliver Wardrop im Vorwort zu seiner Übersetzung des *Visramiani*, der aus dem 12. Jahrhundert stammenden georgischen Version des persischen Romans *Vis und Ramin* die Perspektive der einseitigen Entlehnung aus dem Armenischen als voreilig.[200] Mixeil T'arxnišvili ging darüber hinaus davon aus, dass bei einer ausschließlichen einseitigen Entlehnung von

---

189   Č'xeije, T'eo. Termin pitiaxšis šesaxeb. In: C'k'itišvili, O'tar/Vač'naje, Nat'ela u.a. (Hrsg.). Axlo aġmosavlet'i da sak'art'velo II. T'bilisi. 1999.

190   Ceret'eli, Konstantine. Šenišvnebi armazis bilingvis arameul textze. T'bilisi. 1992.

191   Gamsaxurdia, T'amar. Pitiaxšis institutis sakit'xisat'vis. In: Mac'ne 6. T'bilisi. 1970.

192   Axvlediani, Giorgi. Zogadi p'onetikis šesavali. T'bilisi. 1956.

193   Ceret'eli, Giorgi. Armazskaja bilingva. Dvuchjazičnaja nadpis, naidennaja pri archeologičeskich raskopkach v Mccheta – Armazi. T'bilisi. 1941.

194   Vgl. Gippert, Jost. a.a.O. 1993, VI.

195   Hübschmann, Heinrich. Armenische Grammatik. Bd. 1. Armenische Etymologie. Leipzig/Darmstadt/Hildesheim. 1897, 1962, 1972 und 1992.

196   Ačaṙyan, Hrac'ya. Hayerēn Armatakan Baṙaran. Erewan. 1971–1979.

197   Nach Greppin, John A. C. im Abstract zu seinem Vortrag: On the Theory of Armeniam Loans in the Caucasian Languages. Anlässlich des V. Caucasian Colloquium in London, 25.–30.6.1990; so zitiert in: Gippert, Jost. a.a.O. 1993, VII.

198   Vgl. ebd.

199   Vgl. Riabinin, Michel. Notes de lexicographie géorgienne. Examen du matériel emprunté. In: Mémoires de la Société de Linguistique 10. Paris. 1897, 12–23. Hier 16.

200   Wardrop, Oliver. Visramiani. The Story of the Loves of Vis and Ramin. London. 1914, VIIf.

Iranismen über das Armenische auch eine größere Zahl armenischer Lehnwörter im Georgischen auftreten müsste.[201] Auch Ilia Abulaje lehnte die Vorstellung einer einseitigen Entlehnung über Armenien ab. In seiner Untersuchung über die literarischen Beziehungen zwischen dem Georgischen und dem Armenischen im 9. bis 10. Jahrhundert[202] übernahm er zwar den von Niko Marr eingeführten Terminus einer Kategorie von „Wörtern gemeinsamen Gebrauchs im Armenischen und Georgischen", den Niko Marr selbst noch mit „lexikalischen Armenismen"[203] gleichgesetzt hatte, wobei Abulaje lautliche Divergenzen jedoch als Anzeichen einer direkten Entlehnung aus dem Mitteliranischen (Pahlavī) ins Altgeorgische einstufte.

An Abulaje anschließend legte Mzia Andronikašvili einen monographischen Aufsatz über altgeorgische Iranismen[204] vor. Darin werden etwa 300 altgeorgische Vokabeln von ihr als direkte iranische Entlehnungen gedeutet und durch jeweilige Belegstellen der Interpretation zugänglich gemacht. Nach diesem Buch erfolgte ein Umdenken innerhalb der Iranistik, fortan wurde die direkte Entlehnung aus dem Mittelpersischen ins Georgische vor allem unter zwei Bedingungen akzeptiert: wenn entweder, das georgische Lehnwort im Armenischen selbst nicht nachzuweisen war oder wenn es zu lautlichen Divergenzen zwischen der georgischen und der armenischen Entlehnung kam, musste das auf verschiedene iranische Quellen hindeuten.[205]

Dass diese Unterscheidungszeichen allein jedoch nicht genügen, um das Georgische im Ganzen zu beurteilen, stellte Roland Bielmeier so heraus:

> „Der georgische Lehnwortschatz ist sowohl hinsichtlich der gebenden und der vermittelnden Sprachen als auch hinsichtlich des Alters der einzelnen Entlehnungen nicht weniger vielschichtig als der des Armenischen. […] Erforderlich wäre eine umfassende Untersuchung des gesamten georgischen, armenischen und iranischen Materials unter Berücksichtigung des Griechischen und der relevanten semitischen Sprachen."[206]

Auch Jost Gippert schätzt die Untersuchung von Mzia Andronikašvili als nicht abschließend und endgültig ein, weil sich die Autorin vor allem auf hagiographische Texte stützt, die als ursprünglich Altgeorgisch gelten. Für die Frage nach dem Entlehnungsweg seien diese Belege aber belanglos. Für die Aufgabe, die Verankerung eines entlehnten Wortes in der aufnehmenden Sprache darzustellen, hält Gippert

---

201 Tarchnišvili, Micheil. À propos de la plus ancienne version géorgienne des Actes des Apôtres. In: Le Muséon 69. Louvain. 1956, 347–368. Hier 365f.

202 Abulaje, Ilia. Kʻartʻuli da somxuri literaturuli urtʻirtʻoba IX–X saukuneebši. Tʻbilisi. 1944.

203 Marr, Niko. Lexiceskie armenizmi. Sanktpeterburg. 1904, XXXIII.

204 Andronikašvili, Mzia. Narkvevebi iranul-kʻartʻuli enobrivi urtʻiertʻobidan. Bd. 1. Tʻbilisi. 1966.

205 Vgl. Gippert, Jost. a.a.O. 1993, VIII.

206 Bielmeier, Roland. Zu iranischen Lehnwörtern im Georgischen und Armenischen. In: Sprachwissenschaftliche Forschungen. Festschrift für Johann Knobloch. Innsbruck. 1985, 33–42. Hier 33.

diese Herangehensweise jedoch ausdrücklich für legitim.[207] Der hier vorliegende Abschnitt dieser Arbeit dreht sich allerdings ausdrücklich um das zuletzt angesprochene Problem. Außerdem ist es meines Erachtens relativ nebensächlich für die Beantwortung der Frage, ob und wie stark die persische die georgische Oberschicht kulturell beeinflusst hat, auf welche Weise diese Beeinflussung erfolgte. Gleichgültig ob der kulturelle Kontakt direkt oder indirekt über die Vermittlung Armeniens zustande kam, in beiden Fällen wäre es ein externer Einfluss auf Georgien gewesen. Darüber hinaus würde das umfassende Forschungsprogramm, das Bielmeier fordert, den Rahmen dieser Untersuchung sprengen, geht es hier doch nur um einen einzelnen Teilaspekt im Gesamtumfang dieser Arbeit.[208] Es ist mir darum umso wichtiger darauf hinzuweisen, dass die Tatsache, dass ich mich bei der Auswahl des zu untersuchenden Materials vorrangig auf georgische Quellen konzentriere, wobei das Vorgehen von Mzia Andronikašvili als Vorbild dient, keinen Rückfall hinter den Stand der wissenschaftlichen Diskussion bedeutet, sondern einem anderen Forschungsinteresse dieser Arbeit geschuldet ist.

In diesem Abschnitt wird im Sinne der Überlegungen Gipperts, der sich gegen eine ausschließlich armenische Vermittlung ausspricht, vorrangig eine unmittelbare Übernahme aus dem Mitteliranischen angenommen. Weil in diesem Kapitel der kulturelle Einfluss des sasanidischen auf den georgischen Adel herausgearbeitet werden soll, konzentriert sich meine Analyse auf die Semantik und den Gebrauch der entlehnten Begriffe im Vergleich zu den genuin georgischen Adelstiteln. Zuvor soll aber auch kurz auf die entsprechende sprachliche Situation im Sasanidenreich eingegangen werden, um später nachvollziehen zu können, warum und wie einige der dort gebräuchlichen Adelsbezeichnungen ins Georgische entlehnt wurden, andere dagegen nicht.

8.1.2 Der Terminus āzād[209] und spezielle Funktionsinhaber am sasanidischen Hof

Josef Wiesehöfer konstatiert eine sprachliche Verwandtschaft zwischen dem lateinischen Begriff agnatus und dem persischen Wort āzād. Für ihn ist es daher nicht verwunderlich, dass der Terminus zur Bezeichnung für die persische Aristokratie wurde, bei dem, wie oben bereits ausgeführt wurde, die agnatischen Familienverbände einen hohen Stellenwert besaßen.[210] Im Übrigen blickt das Wort auf eine län-

---

207 Vgl. Gippert, Jost. a.a.O. 1993, IX.

208 Jost Gippert hielt diese umfassende Forderung Bielmeiers für nicht erfüllbar. Vgl. ebd., X.

209 Einen Überblick über die verschiedenen Bedeutungsfelder; Etymologie und Anwendungskontexte des Begriffes sowie eine Diskussion des aktuellen Forschungsstandes auf diesem Gebiet liefert Colditz, Iris. a.a.O., 53–107.

210 Vgl. Wiesehöfer, Josef. a.a.O. 1993, 241. Ähnlich auch Colditz, Iris. a.a.O. 2000, 59; Benveniste, Emile. Indoeuropäische Institutionen: Wortschatz, Geschichte, Funktionen. (Original. Le vocabulaire des institutions indoeuropéennes. Aus dem Französischen von Bayer, Wolfram. Hrsg. von Zimmer, Stefan). Frankfurt/New York. 1993, 258f.

gere Vergangenheit zurück, als āzātā wurde es bereits in avestischen Quellen[211] mit der Bedeutung „edel, vornehm" in Bezug auf die Herkunft verwendet, was nach Iris Colditz dem Altpersischen āmāta/edel, edel geboren, adlig zwar nicht in etymologischer dafür aber in semantischer Hinsicht entspricht.[212]

Nach Iris Colditz wurde das Wort āzād nicht immer einheitlich und konsequent entweder als „frei"[213] oder als „edel", „adlig, vornehm" übersetzt.[214] Diese beiden Bedeutungsfelder, „edel" und „frei", wurden häufig miteinander identifiziert, wahrscheinlich deshalb, weil der Angehörige des Adels ja faktisch auch frei war. Adlige genossen zum Beispiel eine größere persönliche Bewegungsfreiheit. Trotzdem hat Anahit Perikhanian gegen die vereinfachende Gleichsetzung von āzād im Sinne von edel und āzād in der Bedeutung von frei gestritten, in dem sie die beiden Bedeutungen in ihrer Homonymtheorie in zwei gleichlautenden Homonymen gegenüberstellte.[215]

Nach Iris Colditz gab es die verschiedensten Versuche, jeweils eine dieser Bedeutungen als primär und die andere als Ableitung daraus zu erklären. Sie spricht sich dafür aus, dass beide Bedeutungen auf einen ursprünglich ethnisch und später sozial bestimmten Terminus zurückführbar sind, der einen „im Clan Geborenen" bezeichnete. Mit diesem Begriff waren Geburtsrechte und –Privilegien verbunden. Dadurch bezeichnete der Begriff die Zugehörigkeit zu einer bestimmten Gemeinschaft bzw. zu einem Familienverband und ermöglichte so auch die Abgrenzung sowohl von gleichartigen als auch von anderen sozialen Gruppen.[216] Daneben führt sie für die alt- wie mitteliranische Periode drei verschiedene Bedeutungen des Begriffes an:

„1. ‚Angehöriger des Adels' als sozialer Status, 2. ‚edel, wohlgeboren' mit einer Tendenz zur Verwendung des Begriffes als Epitheton, 3. an der Schwelle zur mitteliranischen Sprachstufe gilt ‚frei' [ausgehend von ‚einem

---

211   Āzātā erscheint beispielsweise in der Darius-Inschrift von Behistun (um 520 v. Chr.) als Eigenschaft der Abstammung von der königlichen Familie. Vgl. Mayrhofer, Manfred. Etymologisches Wörterbuch des Altindoarischen. Heidelberg. 1986, 568.

212   Vgl. Colditz, Iris. a.a.O. 2000, 54f. Vgl. dazu auch Christensen, Arthur. a.a.O. 1936, 111ff.

213   Das syrische „bar ḥērē" entspricht dem iranischen āzād/Freier (ἐλεύθερος/ἐλεύθερα u.a. in den Manichaica aus Ägypten). Vgl. Widegren, Geo. Der Iranische Hintergrund der Gnosis. In: Zeitschrift für Religions- und Geistesgeschichte IV. Heft 2. Leiden/Heidelberg. 1952, 97–114. Hier 108 und Ders. a.a.O. 1960, 30 sowie Colditz, Iris. a.a.O. 2000, 34 und Demaria, Serena. Die griechischen Entlehnungen in den koptischen manichäischen Texten: [Phil. Diss. bisher unveröffentlicht]. Halle/Bologna. 1993, 239f. Zur Übersetzung von āzād als frei vgl. auch Bartholomae, Christian. Altiranisches Wörterbuch. Strassburg. 1904, 343.

214   Vgl. Colditz, Iris. a.a.O. 2000, 53.; Chaumont, Marie-Louise. Āzād. In: Yarshater, Ehsan (Hrsg.). Encyclopaedia Iranica. Vol. 3: Ātaš-Bayhaqī. London/New York. 1989, 169f.

215   Vgl. Perikhanian, Anahit. Notes sur lexique iranien et arménien. In: Revue des Études Arméniennes 5. Paris. 1968, 10–30. Insbesondere 10–16. Vgl. dazu auch dies. a.a.O. 1983, 6, 14ff., 22, 26, 179, 211, 224 und 302.

216   Vgl. dazu und zur Diskussion der semantisch-etymologischen Herleitungen Colditz, Iris. a.a.O. 2000, 59.

durch Geburt Verwandten gleichgestellt'] als Bezeichnung eines Rechtsstatus."[217]

Für die hier vorliegende Untersuchung sind jedoch nur die ersten beiden Bedeu-
tungsebenen von Interesse, da hier der sasanidische Adel bzw. die Oberschicht im
Vordergrund steht, kann meines Erachtens der Rechtsstatus des Freien bzw. auch
Freigelassenen vernachlässigt werden. Im Prinzip ist der Terminus eine allgemeine
Bezeichnung der adligen Oberschicht, die im Armenischen als Lehnwort (azat) und
im Syrischen als Lehnübersetzung (ḥērā/frei) vorkommt.

Dazu ist weiter zu bemerken, dass die āzādān als Adlige bei der Wahl der sasanidischen Könige, die vor allem wohl eine rituelle Bestätigung der vom vorigen König getroffenen Wahl des Thronfolgers darstellte, scheinbar eine wichtige Rolle gespielt haben.[218] Sie waren dem König direkt unterstellt, der sie, wie alle anderen Bewohner seines Reiches, als seine „Untertanen"[219] bezeichnen konnte. So hatten sie
dem Großkönig gegenüber beispielsweise die Pflicht sowie das Privileg, militärische
Dienste in der Reitertruppe oder in der königlichen Leibgarde zu leisten. Dieser gewissermaßen ritterlichen Stellung hatte große Bedeutung, die durch die erwähnten
Reformen Chosroes I. noch zusätzlich verstärkt wurde.[220]

Aus der Inschrift Šapurs I. in *Hadschjiabad* kennen wir eine soziale Rangordnung, die allerdings nur die obersten privilegierten Schichten, wie wazurgān, betrifft.[221] An erster Stelle spricht Šapur in dieser Inschrift von den šahrdārān. Der jeweilige Šahrdār war in seiner jeweils eigenen Provinz ein königlicher Herrscher oder
gewissermaßen ein Vizekönig, der Thron und Krone besaß. Aus Sicht des Großkönigs war er allerdings nur ein Statthalter, den er, nach Belieben ablösen konnte.[222]
Daher konnte sich der sasanidische Großkönig[223] selbst als „König der Könige"[224]
bezeichnen, der über allen, also auch über den šahrdārān, stand demnach der Allein-

---

217 Ebd.
218 Vgl. ebd., 67f.; Schippmann, Klaus. a.a.O. 1990, 82f. Geo Widengren hält die Existenz einer
     Wahlversammlung in sasanidischer Zeit für sicher. Vgl. Widengren, Geo. a.a.O. 1969, 122.
219 Termini für die Kategorie der Auditores/Nichtmanichäer: Mp. iškōh, Mpa. iskōh/niedrig ge-
     boren, untertan. Vgl. Colditz, Iris. a.a.O. 2000, 68.
220 Vgl. ebd.
221 Vgl. Christensen, Arthur. a.a.O. Copenhague. 1936, 98ff.
222 Vgl. ebd., 103.
223 Mpa. šāh wuzurg/großer König bzw. Mpa. wuzurg šahrδār, šahrδār wuzurg/großer Herrscher.
     Vgl. Colditz, Iris. a.a.O. 2000, 247.
224 Mp. MLK'n MLK'/Mpa. MLKYN MLK' (šāhānšāh), „König der Könige", auch Großkönig,
     ähnliche Bildungen treten jedoch schon in parthischer Zeit auf, wie Mpa. bānbišnān bānbišn/
     σατράπης των σατράπων/Königin der Königinnen/Satrap der Satrapen. Vgl. Widengren,
     Geo. a.a.O. 1960, 42f. FN 150. Siehe Back, Michael. Die sassanidischen Staatsinschriften.
     Studien zur Orthographie und Phonologie des Mittelpersischen der Inschriften zusammen mit
     einem etymologischen Index des mittelpersischen Wortgutes und einem Textcorpus der be-
     handelten Inschriften [Acta Iranica 18]. Téhéran-Liège/Leiden. 1978, 20.

herrscher als der König der Könige, mit der Stellung eines Gottes. In der Inschrift Šapurs I. ist dazu zu lesen:

„Ich [bin] die Mazda-verehrende Göttlichkeit Schapur, König der Könige der Arier und Nicht-Arier, der von Göttern abstammt, Sohn der Mazda-verehrenden Göttlichkeit Ardascgir, König der Könige der Arier, der von Göttern abstammt, der Enkel der Göttlichkeit Papaks, des Königs.“[225]

An zweiter Stelle in der sozialen Rangordnung standen die wāspuhrān bzw. wispuhrān.[226] Klaus Schippman versteht unter dieser zweiten Klasse die sieben großen Adelsfamilien mit ihren Angehörigen, an deren Spitze er die Familie der Sasaniden sieht.[227] Iris Colditz meint hingegen, dass der Titel von wispuhr[228]/Prinz, Fürst abgeleitet sei. Daraus schließt sie, dass in dieser Klasse die potentiellen Thronfolger sowohl des Großkönigs wie auch der Fürsten bzw. šahrdārān zusammengefasst seien.[229]

Der Stufe der wāspuhrān folgte an dritter Stelle die Adelsklasse der wuzurgān[230], darunter fasst Schippmann einfach die nächstniedrigen Adeligen zusammen.[231] Dagegen führt Iris Colditz aus, dass die soziale Stellung dieser Klasse bisher nicht eindeutig geklärt sei.[232] Während Anahit Perikhanian die wuzurgān als Oberhäupter der alten Adelsgeschlechter deutet[233] und damit die Definition Schippmanns von den wāspuhrān/wispuhrān auf die Klasse der wuzurgān verschiebt. Auch Arthur Christensen versteht die wuzurgān als Oberbefehlshaber und obersten Verwaltungsleiter des Reiches.[234] Dieser Begriffsbestimmung schließt sich Colditz an, wenn sie

---

225 Vgl. Henning, Hans v. d. Osten. Die Welt der Perser. Essen. 1999, 102. Siehe auch dazu Back, Michael. Die sassanidischen Staatsinschriften. Studien zur Orthographie und Phonologie des Mittelpersischen der Inschriften zusammen mit einem etymologischen Index des mittelpersischen Wortgutes und einem Textcorpus der behandelten Inschriften [Acta Iranica 18]. Téhéran-Liège/Leiden. 1978, 284.
226 Titel für die adlige Oberschicht: wāspuhrān – Mp. Königlicher/fürstlicher Erbe, Prinz (Mp./Pa./Mpa. wispuhr) Sohn des Hauses. Widuxtān heißt Prinzessinnen, Mp./Pa. wisduxt, Mp. duxš./Prinzessin. Griechisch οἱ ἐκ τοῦ βασιλέων bzw. wispuhrān, bedeutet Angehörige des Herrscherhauses bzw. einen kleinen, aber mächtigen Kreises dynastischer Familien. Vgl. Colditz, Iris. a.a.O. 2000, 58, 333ff.; Christensen, Arthur. a.a.O. 1936, 99ff. Siehe auch dazu Back, Michael. a.a.O. 1978, 15.
227 Vgl. Schippmann, Klaus. a.a.O. 1990, 82.
228 Plural: wispuhragān nach Colditz, Iris. a.a.O. 2000, 333.
229 Vgl. ebd., 341.
230 Termini für die Kategorie der Electi im Manichäismus (einschließlich Ämter in der kirchlichen Hierarchie) und himmlischen Wesen: Mp./Mpa wuzurg/groß, der Große Magnat/die Häupter der wichtigsten Adelsgeschlechter, vor allem der parthischen Sūrēn und Kārīn, sowie weitere Angehörige des Hochadels. Vgl. ebd., 34 sowie 254ff.
231 Vgl. Schippmann, Klaus. a.a.O. 1990, 82.
232 Vgl. Colditz, Iris. a.a.O. 2000, 55.
233 Vgl. Perikhanian, Anahit. a.a.O. 1968, 13.
234 Vgl. Christensen, Arthur. a.a.O. 1936, 111.

wuzurgān als „Würdenträger, Honoratioren, Exzellenzen, Regierungsbeamte"[235] übersetzt. Im Prinzip bilden die wuzurgān den Hochadel. Die „Srarken" oder raur-bānē/Großen, wie sie in der syrischen Lehnübersetzung heißen, sind die Magnaten. Wichtige Ämter im Staat werden Angehörige des Hochadels vergeben.

Den vierten und damit untersten Adelsrang bildete dann schließlich die Klasse der āzādān, was als Bezeichnung für die breite Schicht des niederen Adels weitgehend anerkannt ist.[236] Während die Rangfolge der Adelstitel in der sozialen Rangordnung des sasanidischen Reiches also relativ sicher ist, ist jedoch die Semantik der jeweiligen Bezeichnungen noch nicht vollständig geklärt und umstritten.

8.1.3 Adelsprädikate und Funktionen ihrer Träger im georgischen Hofstaat

8.1.3.a Soziale Lehnbegriffe im Georgischen

Nodar Asat'iani und Mariam Lort'k'ip'anije halten den, schon in vorchristlicher Zeit im Georgischen gebräuchlichen Begriff aznauri (აზნაური/Adel) für eine Lehnkomposition. Bei der aus dem altpersischen Wort āzād der georgische Wortstamm azna/აზნა gebildet wurde. Beispiele sind aznauri, didaznauri (აზნაური, დიდ-აზნაური/Adel, Ritterschaft, großer Adel[237]). Das georgische Suffix -uri weist daneben zusätzlich auf die Herkunft aus einer oder die Zugehörigkeit zu einer bestimmten sozialen Gruppe hin.[238] Gertrud Pätsch meint, dass aznauri ursprünglich die Freien und später den Adel bzw. die Ritterschaft bezeichnete.[239] Demnach hätte der Begriff auch eine ähnliche Entwicklung genommen, wie das persische āzād. Das Wort āzād wurde wahrscheinlich über das Armenische (āzat [k'] āzā und āzātk) ins Georgische (aznaur [n]) übernommen und bezeichnete den niederen Adel.[240] In der Chronik K'art'lis C'xovreba wird der Begriff vor allem im Sinne von Adel, Adliger bzw. vornehm verwendet.

P'arnavaz, der Begründer der nach ihm benannten P'arnavazidendynastie, war nach dem Geschichtsschreiber Leonti Mroveli zur Wende vom 4. zum 3. Jahrhundert v. Chr. der erste König von K'art'li (Iberien) in Ostgeorgien. Er soll mit Hilfe

---

235   Colditz, Iris. a.a.O. 2000, 257.

236   Vgl. z.B. ebd., 66 oder auch Schippmann, Klaus. a.a.O. 1990, 82.

237   Didaznauri (დიდაზნაური/großer Adel) war eine Schicht erhabener aznauren. Vgl. Asat'iani, Nodar/Lort'k'ip'anije, Mariam. Sak'art'velos istoria. T'bilisi. 1988, 59. Sie sind funktional und semantisch äquivalent mit den raurbānē/Großen im Syrischen.

238   Vgl. Asat'iani, Nodar/Lort'k'ip'anije, Mariam. a.a.O. 1988, 59f.

239   Vgl. Pätsch, Gertrud (Hrsg.) a.a.O. 1985, 489.

240   Vgl. Belke, Klaus/Soustal, Peter (Hrsg.). Die Byzantiner und ihre Nachbarn: Die ‚De administrando imperio' genannte Lehrschrift des Kaisers Konstantinos [VII] Porphyrogennetos für seinen Sohn Romanos. In: Byzantinische Geschichtsschreiber. Bd. 19. Wien. 1995, 219. FN 482. Vgl. auch Toumanoff, Cyrill. Āzād. In: Yarshater, Ehsan (Hrsg.). Encyclopaedia Iranica. Vol. 3: Ātaš-Bayhaqī. London/New York. 1989, 169f. Hier 170.

griechischer Überläufer den König Azon besiegt haben,[241] einen angeblichen Verwandten Alexanders des Großen, den dieser in Iberien als Herrscher einsetzte, nachdem er es erobert hätte. Nach gewonnener Schlacht soll P'arnavaz seinen griechischen Hilfstruppen sehr dankbar gewesen sein „und er verlieh ihnen den Titel aznauri."[242]

Wie Heinz Fähnrich richtig bemerkt, war Alexander nie in Transkaukasien.[243] Demzufolge kann er dort auch kaum einen Herrscher eingesetzt haben, den P'arnavaz mit Hilfe griechischer Deserteure besiegte. Daher wäre es wohl auch falsch anzunehmen, dass der Begriff aznauri ursprünglich für eine neu geschaffene Adelsschicht aus fremden Hilfstruppen eingeführt wurde. Die Quelle liefert so eigentlich nur einen Hinweis auf ein relativ hohes Alter dieses Wortes in Georgien.

Nach seinem Sieg über Azon soll P'arnavaz außerdem sein Reich neu organisiert haben. Dazu teilte er sein samep'o (სა메ფო/Königreich) in sieben saerist'avo (საერისთავო/Fürstentum; wörtlich eigentlich Volksreich[244]) auf. Über den erist'avs setzte er einen spaspeti/სპასპეტი[245] ein, dem er als Herrschaftsgebiet, sasaspeto (სასასპეტო), das Gebiet um T'bilisi[246], das so genannte Inner-K'art'li zuteilte. Die Chronik berichtet dazu weiter:

> „Und dieser spaspeti war als nächster vor dem König, und an Befehlsgewalt überragte er alle erist'avs."[247]

---

241 Eine Zusammenfassung der sagenhaften Ereignisse anhand der georgischen Quellen liefert Fähnrich, Heinz. Geschichte Georgiens. a.a.O. 1993, 48ff.

242 Eigene Übersetzung von: „და უწოდა მათ სახელად აზნაურნი."
Da ucoda mat' saxelad aznaurni. Zitat nach: Leonti Mroveli. C'xovreba k'art'velt'a mep'et'a. In: Qauxč'išvili, Simon (Hrsg.). a.a.O. 1955, 3–71. Hier 25.; Vgl. Leonti Mroweli. Leben der kartwelischen Könige. In: Pätsch, Gertrud (Hrsg.) a.a.O. 1985, 51–130. Hier 77.

243 Vgl. Fähnrich, Heinz. Georgische Literatur. a.a.O. 1993, 48.

244 Nach Heinz Fähnrich Verwaltungsdistrikte ähnlich wie im Perserreich. Vgl. Fähnrich, Heinz. Geschichte Georgiens. a.a.O. 1993, 51. Zu den erist'avi siehe auch Abschnitt 3.1.3.2, da es sich dabei um einen genuin georgischen Titel handelt.

245 Nach Gertrud Pätsch Oberkommandierender und später meist auch gleichzeitig erist'avi von Kartli. Vgl. Pätsch, Gertrud (Hrsg.) a.a.O. 1985, 489. Ähnlich argumentiert auch Nodar Asat'iani, nach ihm waren die spaspeti (georgisch სპასპეტი; persisch spabad) Oberkommandeure. Vgl. Asat'iani, Nodar. Sak'art'velos istoria. Ujvelesi droidan XIX saukunemde. T'bilisi. 2001, 49.

246 Die Erwähnung von T'bilisi in der Quelle wirkt sehr anachronistisch, da die Stadt der Überlieferung nach erst von Vaxtang Gorgasali in der zweiten Hälfte des 5. nachchristlichen Jahrhunderts also gut 850 Jahre später gegründet wurde, was wiederum einen Hinweis darauf gibt, die Quelle für die historischen Abläufe nicht buchstäblich zu interpretieren.

247 Eigene Übersetzung von: „და ესე სპასპეტი იყო შემდგომადვე წინაშე მეფისა, მთავრობით განაგებდის ყოველთა ერისთავთა ზედა."
Da ese spaspeti iqo šemdgomadve cinaše mep'isa, mt'avrobit' ganagebdis qovelt'a erist'avt'a zeda. Zitat nach: Leonti Mroveli. C'xovreba k'art'velt'a mep'et'a. In: Qauxč'išvili, Simon (Hrsg.). a.a.O. 1955, 3–71. Hier 24f. Zur Übersetzung vgl. Leonti Mroweli. Leben der kartwelischen Könige. In: Pätsch, Gertrud (Hrsg.) a.a.O. 1985, 51–130. Hier 75.

Meines Erachtens handelt es sich bei dem Titel spaspeti um eine georgische Lehn-übersetzung. Das Amt könnte auf den altpersischen hazārapati, den Kommandanten des achämenidischen Tausend-Mann-Garde-Korps, zurückgehen, der in griechi-schen Quellen χιλίαρχος genannt wurde und der ebenfalls der Erste nach dem König war. Dieser Titel war noch in parthischer Zeit gebräuchlich und erscheint auch in sa-sanidischen Inschriften als hazāruft.[248] Nach Heinrich Hübschmann existierte er auch als das armenische Lehnwort hazarapet.[249] Hier wäre also das klassische Ein-dringen über das Armenische in das Georgische denkbar. Genauso gut wäre aber auch eine direkte Entlehnung aus dem Iranischen möglich. Bei Geo Widengren heißt es beispielsweise, dass der spätere König Vaxtang Gorgasal von dem spaiapet Sai-urmag erzogen wurde. Widengren gibt dazu den iranischen Ursprung mit spāδapat und auch die dazu gehörige armenische Entlehnung mit sparapet an[250]. So übersetzt Iris Colditz den Titel ērān spāhbed als Marschall von Iran.[251] Außerdem existiert auch im Pahlavī der Begriff spāh-pat im Sinne von General oder Heerführer.[252]

In semantischer Hinsicht entspricht der georgische Titel spaspet zweifellos dem altpersischen hazārapati. Darauf deutet auch die Quelle hin, die uns vermittelt:

„So ordnete Pʻarnavaz alles ähnlich dem Königreich der Perser."[253]

Das trifft auch auf eine weitere Reform zu, die die Chronik K'art'lis C'xovreba ebenfalls auf Pʻarnavaz zurückführt. Dabei soll er den acht verschiedenen eristʻavs jeweils Heerführer, so genannte spasalarni (სპასალარნი) und atʻasistʻavni (ათა-სისთავნი/Tausendschaftsführer) unterstellt haben.[254] Der Titel spasalari oder auch amirspasalari (ამირსპასალარი; arabisch amir/Befehlshaber) wird als Heerführer gedeutet.[255] Damit steht er sowohl semantisch als auch morphologisch dem bereits

---

248 Vgl. Colditz, Iris. a.a.O. 2000, 260f.
249 Vgl. Hübschmann, Heinrich. a.a.O. 1897, 174 und 512.
250 Vgl. Widengren, Geo. a.a.O. 1969, 73.
251 Vgl. Colditz, Iris. a.a.O. 2000, 347.
252 Vgl. Nyberg, Henrik S. A Manual of Pahlavi II. Ideograms, Glossary, Abbreviations, Index, Grammatical Survey, Corrigenda to Part I. Wiesbaden. 1974, 177.
253 Eigene Übersetzung von: „ესრეთ განაწყვსა ესე ყოველი ფარნავაზ მიმსგავსებუ-ლად სამეფოსა სპარსთასა."
    Esret' ganacesa ese qoveli p'arnavaz mimsgavsebulad samep'osa sparst'asa. Zitat nach: Le-onti Mroveli. C'xovreba k'art'velt'a mep'et'a. In: Qauxč'išvili, Simon (Hrsg.). a.a.O. 1955, 3–71. Hier 25. Zur Übersetzung vgl. Leonti Mroveli. Leben der kartwelischen Könige. In: Pätsch, Gertrud (Hrsg.) a.a.O. 1985, 51–130. Hier 76.
254 „Den eristʻavs unterstellt, ernannte er an den einzelnen Orten spasalare und Tausendschafts-führer [...]." Eigene Übersetzung von: „ხოლო ამათ ერისთავთა ჭუეშე, ადგილთა და ადგილთა, განაჩინნა სპასალარნი და ათასისთავნი [...]."
    Xolo amat' erist'avt'a queše, adgilt'a da adgilt'a, ganač'inna spasalarni da at'asist'avni [...]. Zitat nach: Leonti Mroveli. C'xovreba k'art'velt'a mep'et'a. In: Qauxč'išvili, Simon (Hrsg.). a.a.O. 1955, 3–71. Hier 25. Zur Übersetzung vgl. Leonti Mroveli. Leben der kartwelischen Könige. In: Pätsch, Gertrud (Hrsg.) a.a.O. 1985, 51–130. Hier 75.
255 So z.B. bei Pätsch, Gertrud (Hrsg.) a.a.O. 1985, 489.

angesprochenen spaspeti nahe. Man kann wohl davon ausgehen, dass es sich bei einem spasalari im Gegensatz zum spaspeti um einen untergeordneten militärischen Führungsgrad handelte. Dafür spricht auch, dass er mit dem Tausendschaftsführer in einem Zusammenhang genannt wird. Entweder sind beide Begriffe synonym verwendbar oder ein spasalari befehligte mehrere solcher Tausendschaften, was meines Erachtens wahrscheinlicher ist.

Am deutlichsten tritt der kulturelle Einfluss des persischen und auch des sasanidischen Reiches auf die georgische Oberschicht in denjenigen Titeln hervor, die von den Persern eingesetzte Amtsinhaber bezeichneten. Dabei ist zunächst der Begriff marzapani (მარზაპანი/Statthalter des Königs[256]) anzuführen. Die persischen Könige sollen nach der Chronik *K'art'lis C'xovreba* schon frühzeitig solche Statthalter in Georgien eingesetzt haben. Als König Mirian, unter dem die heilige Nino im 4. Jahrhundert das Christentum eingeführt hat, gegen seinen jüngeren Bruder Bartam, der in Persien zum König eingesetzt wurde, militärisch vorging, weil er auch den Thron dort für sich beanspruchte, sollen die persischen Statthalter schlichtend eingegriffen haben. In der Chronik lesen wir:

> „Und als die Ältesten und marsapani von Persien sahen, wie sie das Schwert gegeneinander zogen, traten sie als Sprecher und Schiedsrichter zwischen sie und unterwarfen beide Könige ihrem Urteil."[257]

Dass die Statthalter zu Bartams Gunsten interveniert haben sollen, sei hier nur am Rande erwähnt, denn diese Passage der Chronik mutet legendenhaft an. Zum einen wurde bereits im ersten Kapitel angeführt, dass ein König Mirian für das 4. Jahrhundert in Georgien historisch nicht sicher belegt ist. Zum anderen ist es unwahrscheinlich, dass ein georgischer König um die persische Thronfolge kämpfte. Viel interessanter scheint, dass der Geschichtsschreiber den Statthaltern so große Macht einräumte, dass sich auch die Thronanwärter ihrem Schiedsspruch unterwarfen. Das Wort marzapani kann meines Erachtens direkt aus dem persischen ins Georgische übernommen worden sein. Im Pāhlavi ist beispielsweise marzpān im Sinne von Markgraf bzw. Grenzgouverneur als Kompositum aus dem mittelparthischen mrz/Grenzgebiet und pān/Protektor mit der armenischen Entlehnung marzapan überliefert.[258] Fraglich ist dagegen zu welchem Zeitpunkt die Entlehnung erfolgte. Iris Colditz führt an, dass die Titel marzbān oder marzbānān in persischer Verwen-

---

256 So übersetzt ebd., 490.

257 Eigene Übersetzung von: „და ვითარცა იხილეს მოხუცებულთა და მარზაპანთა სპარსეთისათა, ვითარმედ მახვილი დაეცემის ურთიერთას, აღდგეს მათ შორის მოციქულად და ბჭე, და დასჯერდეს ორნივე მეფენი ბჭობასა მათსა." Da vit'arc'a ixiles moxuc'ebult'a da marzapant'a sparset'isat'a, vit'armed maxwili daec'emis urt'iert'as, aġdges mat' šoris moc'iqulad da bče, da dasdžerdes ornive mep'eni bčobasa mat'sa. Zitat nach: Leonti Mroveli. C'xovreba k'art'velt'a mep'et'a. In: Qauxč'išvili, Simon (Hrsg.). a.a.O. 1955, 3–71. Hier 67. Zur Übersetzung vgl. Leonti Mroweli. Leben der kartwelischen Könige. In: Pätsch, Gertrud (Hrsg.) a.a.O. 1985, 51–130. Hier 125.

258 Vgl. Nyberg, Henrik S. a.a.O. 1974, 127.

dung erst im Jahr 430 nach der Einreihung Armeniens unter die Provinzen des sasanidischen Reiches in Kaukasien gebräuchlich wurden.[259] Für einen noch späteren
Zeitpunkt der Entlehnung nämlich im 6. Jahrhundert, sprechen sich Nodar Asat'iani
und Mariam Lort'k'ip'anije aus.[260] Es wäre aber auch möglich, dass der Begriff
schon früher in das Georgische aufgenommen wurde, da Georgien schon vor der Sasanidenzeit zum Herrschaftsgebiet des antiken Persiens gehörte und somit die Erwähnung der marsapani im Zusammenhang mit König Mirian nicht völlig anachronistisch wäre.

Nach Iris Colditz lautete die ursprünglich georgische Bezeichnung für die Markgrafen der Grenzprovinzen Armeniens und Georgiens pitiaxši, patiaxši und im Armenischen bdeašx, was sie auf das parthische bidašx[261] zurückführte. Später wurde
ihrer Meinung nach im Georgischen der Titel marzapani gebräuchlich.[262] So stellte
auch Jost Gippert fest, dass nach dem *Martyrium der heiligen Šušanik* von Jakob
C'urtaveli vom Ende des 5. Jahrhunderts und dem *Martyrium des heiligen Evstat'i
von Mc'xet'a* aus der Mitte des 6. Jahrhunderts sowie nach der georgischen Königs-
chronik, die in der *Bekehrung Georgiens* aus dem 7. Jahrhundert[263] enthalten ist und
somit nach den ältesten hagiographischen Originaltexten der Georgier, pitiaxši der
Titel der von den Sasanidenkönigen eingesetzten Statthalter in Georgien und Armenien war. Die armenischen Paralleltexte, soweit sie vorliegen, verwenden den Titel
bdeašx[264], mit dem das georgische pitiaxši gleichzusetzen ist.[265]

Nach einer ausführlichen Diskussion des sprachwissenschaftlichen Forschungsstandes, kommt Jost Gippert weiter zu dem Schluss, dass das georgische Wort pitiaxši als direkte Entlehnung aus dem Iranischen aufgefasst werden kann.[266] Varlam

---

259 Vgl. Colditz, Iris. a.a.O. 2000, 335.
260 Vgl. Asat'iani, Nodar/Lort'k'ip'anije, Mariam. Sak'art'velos istoria. T'bilisi. 1988, 74.
261 Der Bidyahš war ein Großwürdenträger, der zur Achämenidenzeit als „Auge des Königs" ge-
fürchtet wurde. Vgl. Hinz, Walter. a.a.O. 1969, 150–153. Zu diesem Titel vgl. auch Christensen, Arthur. a.a.O. 1936, 22f und Č'xeije, T'eo. Termin pitiaxšis šesaxeb. In: C'k'itišvili,
O'tar/Vač'naje, Nat'ela u.a. (Hrsg.). a.a.O. 1999, 195–202. Hier 197.
262 Vgl. Colditz, Iris a.a.O. 2000, 335.
263 Vgl. Tarchnišvili, Michael/Aßfalg, Julius. a.a.O. 1955, 21f., 85.
264 Das armenische Wort bdeašx bedeutet Statthalter. Vgl. Hübschmann, Heinrich. Armenische
Grammatik. Bd. 1. Hildesheim. 1962, 119f. Im Armenischen wurde für bdeašx synonym
auch mecameck'/Magnaten bzw. Große (des Königs) oder auch tantikon/Oberhaupt (Rangbezeichnung) verwendet. Vgl. C'k'itišvili, Ot'ar/Vač'naje, Nat'ela. a.a.O. 1999, 202. Als weitere Entsprechungen existieren im Lateinischen: vitaxa; Mp. bthšay/pātaxšah; Np. Pādišāh;
Pa. bythš; Griechische Varianten sind: ἀνθύπατος, βιτάξης, πιτιάξης sowie im Syrischen:
p̄ṭaxšā. Vgl. dazu Henning W[alter] B. Mitteliranisch. In: Spuler, Bertold/Franke, Herbert
u.a. (Hrsg.). Handbuch der Orientalistik. Band. 4. Iranistik. Linguistik. Leiden-Köln. 1958,
62 sowie Brockelmann, Carl. Lexicon Syriacum. Editio secunda aucta et emendata. Hildesheim. 1982, 564.
265 Vgl. Gippert, Jost. a.a.O. 1993, 207.
266 Vgl. ebd., 216 und auch Musxelišvili, Levan. Samšvildis sionis carcerebi da ašenebis t'arigi.
In: Enimkis moambe 13. T'bilisi. 1942, 85–106.

Tʿopʿuria postulierte, dass alle georgische Wörter, die die Lautgruppe -xš- aufweisen, aus dem Iranischen ins Georgische entlehnt sind.[267] Allerdings weist Gippert auch auf den von Giorgi Ceretʿeli entdeckten zweisprachigen Grabstein einer mit 21 Jahren verstorbenen jungen Frau hin. Diese griechisch-aramäische Bilingue aus Armazi bezeichnet den Vater der Verstorbenen sowohl auf Griechisch als πιτιάξης als auch auf Aramäisch mit bṭḫš, was wohl den Ausdruck bitiyaxša[268] wiedergeben soll. Den gleichen Rang besaß auch ihr Schwiegervater, bei dem das griechische Wort πιτιάξης allerdings mit dem aramäischen Begriff rb trbṣ/Meister des Hofes wiedergegeben ist. So ein Meister des Hofes soll auch der Gatte der verstorbenen Frau gewesen sein, was der griechische Text jedoch durch ἐπίτροπος übersetzt. Diese Wechsel des griechischen und aramäischen Ausdrucks lassen vermuten, dass mit den Termini bṭḫš und πιτιάξης, rb trbṣ und ἐπίτροπος dasselbe Amt gemeint ist.[269] Wichtiger ist, dass Jost Gippert aufgrund der Bilingue nicht ausschließen will, dass der georgische Titel möglicherweise durch die griechische Form πιτιάξης beeinflusst wurde.[270]

Außerdem gibt es im Georgischen neben didi pitiaxši (დიდი პიტიახში/großen pitiaxši) auch mcʿire pitiaxši (მცირე პიტიახში/niedere pitiaxši). Mcʿire pitiaxši weist in Georgien auf das Alter des Amtsinhabers hin, im Vergleich zum Armenischen, wo es eine Rangbezeichnung ist.[271] Im vorigen Kapitel hat uns der Titel des pitiaxši vor allem im Zusammenhang mit Varskʿen, dem Ehemann der heiligen Šušanik, beschäftigt, der in den georgischen Quellen auch als aznauri bzw. didaznauri im Sinne von Feudalfürst oder genauer als kʿartʿlis pitiaxši (ქართლის პიტიახში/pitiaxši von Kʿartʿli) oder als eristʿavi bezeichnet wird. Dass der Gatte der heiligen Šušanik den georgischen Titel pitiaxši bzw. den armenischen bdeašx getragen hat, wird unter anderem durch das *Martyrium des heiligen Evstatʿi* belegt:

> „Als dieser marzapani auf (das Pferd) stieg, erhoben sich die Oberhäupter Kʿartʿlis und Samoel, der Katholikos von Kʿartʿli, und Grigol, der mamasaxlisi von Kʿartʿli, und Aršuša[272], der pitiaxes von Kʿartʿli, und die anderen Fürstenkinder und sprachen zu dem marzapan [...].“[273]

---

267 Vgl. Tʿopʿuria, Varlam. Pʿonetikuri dakvirvebani kʿartʿvelur enebši. p̌da x sibilant-aprikatebtʿan mezoblobaši 3. In: Sakʿartʿvelos arkʿivi 2. Tʿbilisi. 1927, 175–186.

268 Giorgi Ceretʿeli hat auch auf weitere georgische Inschriften hingewiesen, die πιτιάξης und bṭḫš bestätigen. Vgl. Ceretʿeli, Giorgi. Armazskaja bilingva. Dvuchjazičnaja nadpis, naidennaja pri archeologičeskich raskopkach v Mccheta – Armazi. Tbilisi. 1941, 21.

269 Vgl. Altheim, Franz/Stiehl, Ruth. Geschichte Mittelasiens im Altertum. Berlin. 1970, 52.

270 Vgl. Gippert, Jost. a.a.O. 1993, 215.

271 Vgl. Ceretʿeli, Konstantine. Šenišvnebi armazis bilingvis arameul tekʿstze. Tʿbilisi. 1992, 10 ff. und Čʿxeije, Tʿeo. Termin pitiaxšis šesaxeb. In: Cʿkʿitišvili, Oʿtar/Vačʿnaje, Natʿela u.a. (Hrsg.). Axlo aġmosavletʿi da sakʿartʿvelo II. Tʿbilisi. 1999, 200.

272 Der hier erwähnte pitiaxši Aršuša kann nicht mit dem gleichnamigen Vater Varskʿens identisch sein, da das zugrunde liegende Martyrium des heiligen Evstatʿi von Mcʿxetʿa etwa fünfzig Jahre jünger ist als das Martyrium der heiligen Šušanik. Nach Jost Gippert könnte es sich

Im Martyrium der heiligen Šušanik lesen wir dazu außerdem:

„[…] begab sich an den Königshof Varsk῾en, der pitiaxes […]"[274] oder auch „Und ebenfalls zu seiner Zeit [wörtlich: auf ihn] war Varsk῾en der pitiaxes."[275]

Allerdings wird die Stellung des pitiaxši in den georgischen Texten häufig uneinheitlich verwendet. , das gilt auch für. In der Chronik Džuanšers wird Varsk῾en, der Ehemann der heiligen Šušanik, als erist῾avi bezeichnet:

„Der Perserkönig aber sandte ihn [Varsk῾en] mit großer Gunst als erist῾avi nach Rani."[276]

Der armenische Paralleltext behält dagegen die Bezeichnung bdeašx bei[277]. Im Georgischen hatte das persische Lehnwort pitiaxši und der genuin georgische Begriff erist῾avi offenbar die gleiche Bedeutung, außerdem scheint die Entsprechung bdeašx im Armenischen viel stärker verankert gewesen zu sein als ihr Pendant im Georgischen. Das zeigt auch ein weiterer Beleg.

In der armenischen Übersetzung Džuanšers ist zu lesen:

---

um einen in direkter Erbfolge stehenden Nachfahren des Vaters von Varsk῾en handeln. Vgl. Gippert, Jost. a.a.O. 1993, 207.

273 Eigene Übersetzung von: „რაჟამს ამხედრდებოდა მარზაპანი იგი, აღდგეს მთავარნი ქართლისანი და სამოელ ქართლისა კათალიკოზი და გრიგოლ ქართლისა მამასახლისი და არშუშა ქართლისა პიტიახში და სხუანი სეფეწულნი და მარზაპანსა ჰრკუეს."
Ražams amxedrdeboda marzapani igi, aġdges mt῾avarni k῾ar῾lisani da samoel k῾art῾lisa kat῾alikozi da grigol qart῾lisa mamasaxlisi da aršuša k῾art῾lisa pitiaxši da sxuani sepeculni da marzapansa hrk῾ues. Zitat nach: Džavaxišvili, Ivane/Harnack, Adolf. Das Martyrum des heiligen Eustatius von Mc῾xet῾a. Sitzungsberichte der Königlich Preußischen Akademie der Wissenschaften 38. Berlin. 1901, 34. Diese Textstelle ist auch ein zusätzlicher Beleg für den Gebrauch des Titels marzapani in Georgien.

274 Eigene Übersetzung von: „[…] მეფისასა კარად სამეფოდ წარემართა ვარსქჯენ პიტიახში, […]." […] mep῾isasa karad samep῾od caremart῾a varsk῾en pitiaxši […].
Zitat nach: Abulaje, Ilia. Martvilobay šušanikisi. T῾bilisi. 1938, 11.

275 Eigene Übersetzung von: „და მისა ზევე ვარსქჯენ პიტიახში იყო."
Da misa zeve varsk῾en pitiaxši iqo. Zitat nach: Gigineišvili, Bak῾ar/Giunašvili, Elene. Šatberdis krebuli X saukunisa (Russisch: Šatberdskj sbornik X veka). Mok῾c῾evay K῾art῾lisay. Bd. 1. T῾bilisi. 1979, 326, 9f.

276 Eigene Übersetzung von: „ხოლო სპარსთა მეფემან ჩარმოგზავნა იგი ნიჭითა დიდითა ერისთავად რანისა."
Xolo sparst῾a mep῾eman carmogzavna igi ničit῾a didit῾a erist῾avad ranisa. Zitat nach: Džuanšer. C῾xovreba vaxtang gorgaslisa. In: Qauxč῾išvili, Simon (Hrsg.). a.a.O. 1955, 139–244. Hier 216.; Dshuanscher. Das Leben Wachtang Gorgassals. In: Pätsch, Gertrud (Hrsg.). a.a.O. 1985, 201–322. Hier 290.

277 Vgl. Abulaje, Ilia. Martvilobay Šušanikisi/Vkayabanowt῾iwn Šowšankay (georgische und armenische Texte von Martvilobay Šušanikisay). T῾bilisi. 1978, 11.

> „Und es war in der Zeit der Herrschaft der Perser ein gewisser bdeašx des Landes der Georgier, dessen Name Vazgen (war), der Sohn des bdeašx Aršowšay, [...].“[278]

In der georgischen Quelle steht dagegen im Zusammenhang mit Varskʿen der Titel mtʿavari (მთავარი/Oberhaupt, Fürst[279]), wogegen der Verweis auf seinen Vater Aršowšay/Aršuša dort völlig fehlt.[280] Dass die georgische Bibelübersetzung den Begriff pitiaxši nicht enthält, wohingegen das Wort bdeašx in der armenischen Ausgabe mehrfach vorkommt, spricht ebenfalls dafür, dass er im Georgischen keinen so festen Stellenwert hatte, wie seine armenische Entsprechung.[281]

Auch in der altgeorgischen, hagiographischen Übersetzungsliteratur findet sich der Titel pitiaxši nur selten. Nach Jost Gippert ist der einzige Beleg der *Vita Antoni* des Athanasius Alexandrinus zu entnehmen, wo ein gewisser Nestor, den das Original ὁ ἔπαρχος bzw. praefectus τῆς Αἰγύπτου nennt, in beiden georgischen Redaktionen als pitiaxši bezeichnet wird.[282] Festzuhalten bleibt an dieser Stelle jedoch die Gleichsetzung des Griechischen ἔπαρχος mit dem Georgischen pitiaxši.

In der georgischen Geschichtsschreibung wurde der Titel pitiaxši häufig synonym mit genuin georgischen Adelstiteln verwendet, oder gar vollständig durch diese ersetzt. So schreibt Džuanšer:

> „Und alle mtʿavari und patiaxšen, die Geschlechter der eristʿavis und der Würdenträger flohen in den Kaukasus und verbargen sich in Wäldern und Schluchten.“[283]

Leonti Mroveli teilt uns weiter mit:

> „Darauf sandte der König der Perser einen eristʿavi mit großem Heer gegen die Armenier und Georgier, um Tribut zu erheben.“[284]

---

278 „Ew elew i žamanaks tʿagaworow tʿean Parsicʿ bdeašx omn ašxarhin Vracʿ, oroy anownn Vazgen, ordi Ašowšay bdeašxi, […].“ Zitat nach: Abulaje, Ilia. a.a.O. 1978, 11.

279 Zur Verwendung und Bedeutung des Titels mtʿavari vgl. Kap. 8.1.3.2.

280 Vgl. Džuanšer. Cʿxovreba vaxtang gorgaslisa. In: Qauxčʿišvili, Simon (Hrsg.). a.a.O. 1955, 139–244. Hier 216 sowie auch Dshuanscher. Das Leben Wachtang Gorgasals. In: Pätsch, Gertrud (Hrsg.). a.a.O. 1985, 201–322. Hier 290.

281 Vgl. Gippert, Jost. a.a.O. 1993, 208.

282 Ebd., 209.

283 Eigene Übersetzung von: „და ყოველნი მთავარნი და პატიახშნი, ნათესავნი ერისთავთა და წარჩინებულთანი შეიმეოთნეს კავკასიად, და დაიმალნეს ტყეთა და ღრეთა.“
Da qovelni mtʿavarni da patiaxšni, natʿesavni eristʿavtʿa da carčʿinebultʿani šeimeotʿnes kavkasiad, da daimalnes tqetʿa da ġretʿa. Zitat nach: Džuanšer. Cʿxovreba vaxtang gorgaslisa. In: Qauxčʿišvili, Simon (Hrsg.). a.a.O. 1955, 139–244. Hier 234. Zur Übersetzung vgl. Dshuanscher. Das Leben Wachtang Gorgasals. In: Pätsch, Gertrud (Hrsg.) a.a.O. 1985, 201–322. Hier 306.

Da der persische König nur den Posten des pitiaxši, nicht aber den des erist'avi vergab, ist davon auszugehen, dass an dieser Stelle zwar der erste Titel gemeint war, aber durch den zweiten ausgetauscht wurde. Außerdem können wir aus dieser Textstelle schließen, dass ein pitiaxši in Kriegszeiten auch als Heerführer fungieren konnte, demnach wäre die vorliegende Ersetzung durch einen Fehler des Historiographen entstanden, der diese Doppelfunktion falsch interpretierte und den Begriff erist'avi eher mit einer militärischen Führungsposition in Verbindung brachte, als den für ihn mehr zivilen pitiaxši. Diese These lässt sich auch durch eine andere Textstelle von Leonti Mroveli belegen, dort schreibt er:

„Da rief der König der Perser, voll der Betrübnis, die mt'avart'a der Ländereien, die patiaxšen und die erist'avt'a der Ländereien herbei [...]."[285]

Hier stellt Leonti Mroveli patiaxši und erist'avi einander gegenüber, demzufolge bezeichnen sie für ihn Amtsträger mit unterschiedlichen Funktionen.[286] Die von sasanidischen König eingesetzten Statthalter der Provinzen werden von ihm als pitiaxši des Perserkönigs, aber auch als m'tavar-ni sop'lebisa-ni (მთავარნი სოფლები- სანი/Oberhäupter der Ländereien) und als erist'avni sop'lebisani (ერისთავნი სოფლებისანი/Feldherren der Ländereien) bezeichnet. Dass der Begriff pitiaxši häufig durch die Worte m'tavari, erist'avi oder andere genuin georgische Adelstitel ersetzt wurde, deutet darauf hin, dass das Wort im Georgischen immer ein Fremdwort blieb.[287] Auf der anderen Seite hat sich das Wort geographisch in Georgien verankert. So gab es in T'rialet'i beispielsweise den Ort sapitiaxšo.[288]

Dass sich die Entlehnung in Georgien nicht in dem Maße durchsetzen konnte, wie in Armenien, kann auch daran liegen, dass sie von Anfang an in semantischer Konkurrenz mit georgischen Begriffen stand. So weist Abulaje darauf hin, dass es in Georgien, bevor das Wort pitiaxši in der Sasanidenzeit eingeführt wurde, neben den bereits genannten Begriffen auch den provinc'iis gamgebeli (პროვინციის გამგე- ბელი/Provinzhalter), den mmart'veli (მმართველი/Führer) sowie einen mep'is nac'vali (მეფის ნაცვალი/Vertreter des Königs) gab.[289]

---

284 Eigene Übersetzung von: „ამის-ზე გამოგზავნა სპარსთა მეფემან ერისთავი სპი- თა დიდითა სომეხთა და ქართველთა ზედა ხარკისა დადებად."
Amis-ze gamogzavna sparst'a mep'eman erist'avi spit'a didit'a somext'a da k'art'velt'a zeda xarkisa dadebad. Zitat nach: Leonti Mroveli. Ninos mier k'art'lis mok'c'eva. In: Qauč'išvi- li, Simon (Hrsg.). a.a.O. 1955, 72–138. Hier 136. Zur Übersetzung vgl. Leonti Mroweli. Die Bekehrung König Mirians und ganz Kartlis durch unsere heilige und selige Mutter, die Aposto- lin Nino. In: Pätsch, Gertrud (Hrsg.) a.a.O. 1985, 131–199. Hier 196.

285 Vgl. Baxtaje, Mixeil. Eris'tavobis instituti sak'art'veloši. T'bilisi. 2003, 70.

286 Vgl. ebd.

287 Vgl. Gippert, Jost. a.a.O. 1993, 209.

288 Der Georgische Präfix sa- bedeutet „für", also lautet der Name des Ortes im Deutschen: Ort der pitiaxšen. Vgl. Č'ik'ovani, T'amar. K'art'uli xalxuri sac'xovrebeli. T'bilisi. 1960, 11.

289 Vgl. Abulaje, Alek'sandre (Hrsg.). Somxet'is istoria. Eine Übersetzung aus dem Armeni- schen: Xorenač'i, Moses. T'bilisi. 1984, 87f.

8.1.3.b Genuine altgeorgische Adelsbezeichnungen

Im vorigen Abschnitt wurde bereits deutlich, dass es neben den aus dem Persischen entlehnten Adelstiteln auch genuin georgische Titel gab. Die Chronik *K'art'lis C'xovreba* enthält eine sagenhafte Erzählung über die Einführung der Institution des Königtums in Georgien. Dabei werden verschiedene kaukasische Völker auf den gemeinsamen Urvater T'argamos zurückgeführt, der als Urenkel Japhets ein direkter Nachkomme Noahs gewesen wäre.[290]

T'argamos hatte acht heldenhafte Söhne: Haos, K'art'los, Bardos, Movakan, Lek, Heros, Kavkas und Egros. Mit ihnen ließ er sich in Kaukasien nieder, wobei jeder der Söhne sein eigenes Siedlungsgebiet beanspruchte. Die Namen der Söhne dienen dazu, die Etymologie verschiedener Landschaften und Volksstämme zu erklären.[291] Haos erhielt den besten und größten Anteil:

> „Und in diesem Gebiet war Haos der ganmgebel [Oberherr] über die sieben Helden. Und sie waren ihm alle untertan.“[292]

Darüber hinaus dienten alle acht Söhne dem Helden Nimrod, „[…] der der erste mep'e [König] der ganzen Erde war.“[293] Weil sie mit dieser untergebenen Stellung unzufrieden waren, erhoben sich die acht Helden gegen Nimrod und töteten ihn. Dadurch wurden sie frei und Haos machte sich selbst zum König über seine Brüder. Man kann annehmen, dass in dieser Erzählung die Erinnerung an den Übergang von einer Stammes- und Sippengemeinschaft zu einer differenzierteren Gesellschaftsform überliefert wurde. Es wäre durchaus möglich, dass die prähistorische Einführung des Königtums in Georgien auf externe Vorbilder zurückging, wie das in der Geschichte aufscheint, wonach der Titel des Königs von dem getöteten Fremdherrscher Nimrod von Haos für Georgien übernommen wurde.

---

290   Diese legendarische Genealogie lässt vermuten, dass diese Quelle erst nach der Etablierung des Christentums geschrieben wurde, da man sich auf einen biblischen Ursprung berief. In der Völkertafel von Gen 103 ist Togarma (თარგამოს/T'argamos) ein Ururenkel Noahs. Söhne von Togarma werden nicht erwähnt.

291   So erbaute z.B. Bardos die Stadt Bardavi, Movakan gründete Movakneti, Heros erbaute Heret'i nach der sein Gebiet Heret'ien genannt wurde, nach Egros aber wurde sein Machtbereich Egrisi benannt usw.

292   Eigene Übersetzung von: „და ამათ შვიდთავე გმირთა ზედა იქო განმგებელ და უფალ ჰაოს. და ესე ქოველნი იქვნეს მორჩილ ჰაოსისა.“
      Da amat' šwidt'ave gmirt'a zeda iqo ganmgebel da up'al haos. Da ese qovelni iqvnes morč'il haosisa. Zitat nach: Leonti Mroveli. C'xovreba k'art'velt'a mep'et'a. In: Qauxč'išvili, Simon (Hrsg.). a.a.O. 1955, 3–71. Hier 6. Zur Übersetzung vgl. Leben der kartwelischen Könige. In: Pätsch, Gertrud (Hrsg.) a.a.O. 1985, 51–130. Hier 54.

293   Eigene Übersetzung von: „[…] რომელი იქო პირველი მეფე ქოვლისა კუექანისა.“ [...] romeli iqo pirveli mep'e qovlisa k'ueqanisa. Zitat nach: Leonti Mroveli. C'xovreba k'art'velt'a mep'et'a. In: Qauxč'išvili, Simon (Hrsg.). a.a.O. 1955, 3–71. Hier 6. Zur Übersetzung vgl. Leben der kartwelischen Könige. In: Pätsch, Gertrud (Hrsg.) a.a.O. Leipzig. 1985, 51–130. Hier 54.

Das ist zwar eine interessante Hypothese, die es sicher wert wäre weiter verfolgt zu werden, aber eines ist festzuhalten, es ist ziemlich unwahrscheinlich, das ein solches frühes Vorbild staatlicher Organisation von den Persern übernommen wurde, was hier aber einzig von Bedeutung wäre. Schon Emile Benveniste hat darauf aufmerksam gemacht, dass das antike Persien durch die Schaffung eines Großreiches für die indoeuropäische Welt sowohl einen organisatorischen und dadurch auch einen lexikalisch-sprachlichen Sonderfall darstellte.[294] Weder das alte Georgien noch andere Landschaften der frühen Antike, wie zum Beispiel Griechenland, verfügten über einen ähnlichen Staatsaufbau, in dem ein Großkönig als König der Könige über ihm unterstellte Großfürsten bzw. „kleine Könige" gebot, daher verbot sich die Entlehnung der dafür in Persien und Iran verwendeten Begriffe von selbst, da es in Georgien niemanden gab, der damit hätte bezeichnet werden können. Aus diesem Grund ist die höchste Adelsbezeichnung Georgiens mepʻe (მეფე/König) als genuin georgisch – im Sinne von zumindest vom Persischen unabhängig aufzufassen. Das Wort mepʻe ist aus den Morphemen me (მე/ich) und upʻali (უფალი/Herr) zusammengesetzt und dadurch soviel wie Selbstherrscher bedeutet.[295] Die These von Emile Benveniste erfährt durch die georgische Chronik Kʻartʻlis Cʻxovreba weitere Untermauerung, ist dort doch der persische Titel šāhānšāh/König der Könige durch die georgische Wendung mepʻetʻ-mepʻoba (მეფეთ-მეფობა) wiedergegeben.[296]

Historisch ist der Begriff mepʻe zunächst in Westgeorgien für die Könige der Provinzen Daiaeni und Diaoxi[297] belegt, welche metʻauri (მეთაური/Anführer, Häuptling) zusammengesetzt aus me und tʻavi (თავი/Kopf) genannt wurden.[298] Die ebenfalls westgeorgische Dynastie der Kolxer trug zunächst den Namen ihres legendären ersten Königs Aet, der wohl mit dem Aietes, dem Vater der Medea, der griechischen Argonautensage identisch ist. In Kolxis sollen im 1. Jahrtausend v. Chr. die Könige Aeti bzw. Aieti und Savlaki geherrscht haben. Letzterer wurde auch als mdidari xelmcipʻe (მდიდარი ხელმწიფე/der reiche Herrscher) bezeichnet.[299] Dabei ist xelmcipʻe zusammengesetzt aus xeli (ხელი/Hand) und mcipʻe (მწიფე/erwachsen, reif). Der Titel xelmcipʻe scheint sich in Westgeorgien relativ lange erhalten zu haben, denn er wurde noch um 84 v. Chr. für Mithridates (მითრი-

---

294 Vgl. Benveniste, Emile. a.a.O. 1993, 305f.

295 Zu einer etwas komplexeren in der Tendenz aber ähnlichen Etymologie des Wortes vgl. Abulaje, Ilia (Hrsg.). Sulxan-Saba Orbeliani: ,Lekʻsikoni Kʻartʻuli' I. Tʻbilisi. 1991, 467.

296 Vgl. Sumbatʻ davitʻis-je. Cʻxovreba da ucqeba bagratoniantʻa. In: Qauxčʻišvili, Simon (Hrsg.). a.a.O. 1955, 372–386. Hier 382.

297 Sowohl Daiaeni als auch Diaoxi waren wie Kolxis frühfeudale Gemeinden bzw. altgeorgische Provinzen, die im ständigen Kampf mit Assyrern und Urartäern lagen.

298 In der altgeorgischen Provinz Daiaeni herrschte im 12. Jahrhundert v. Chr. Sieni als König. In Diaoxi einer weiteren Provinz war in der Mitte des 9. Jahrhunderts v. Chr. Asia König und zu Beginn des 8. Jahrhunderts v. Chr. regierte Utupʻursi bzw.Utupʻurš. Vgl. Lortʻkʻipʻanije, Mariam/Metreveli, Roin (Hrsg.). a.a.O. 2000, 7f.

299 Vgl. ebd.

დატე/Mit'ridate) von Pontos, sowie im 2. Jahrhundert für die Könige der Lazen, Malasa und Pakores (ბაკური/Bakuri), genutzt.[300]

Weitere westgeorgische Herrschertitel waren auch außerdem mmart'veli (მმართველი/Führer) abgeleitet vom mart'va (მართვა/führen) und mamasaxlisi (მამასახლისი/Vater des Hauses), das aus mama (მამა/Vater) und saxli (სახლი/Haus) gebildet ist.[301] Nach Getrud Pätsch war mamasaxlisi anfangs ein Begriff für das Oberhaupt einer Sippe, wurde aber später zu einer Bezeichnung von Verwaltungsämtern, so bezeichnete er im Kloster zum Beispiel den Prior.[302] In diesem Sinne eines Kirchenamtes bezeichnet die Chronik *K'art'lis C'xovreba* zum Beispiel Samara, den Onkel von König P'arnavaz, als mamasaxlisi von Mc'xet'a.[303] Allerdings wird der Titel in der Chronik auch als profaner Adelstitel verwendet.[304] Als spätere Bezeichnungen für einen Herrscher sind in Georgien mt'avari (მთავა- რი/Haupt) und mamamt'avari (მამამთავარი/Hauptvater) in der Chronik *K'ar- t'lis C'xovreba* belegt.[305] Beide sind durch ihr jeweils zweites Morphem t'avi sprachlich mit dem oben bereits besprochenen met'auri verwandt. Darüber hinaus haben sie denselben semantischen Gehalt, wie das ebenfalls bereits angeführte mma- rt'veli.[306] Angehörige einer niedrigeren Adelsklasse Altgeorgiens trugen den Titel erist'avi (ერისთავი) bzw. erismt'avari (ერისმთავარი). Diese Begriffe wurden in georgischen Texten, wie im vorigen Abschnitt aufgezeigt wurde, besonders häufig als Entsprechung für die Entlehnung pitiaxši bzw. patiaxši genutzt.[307] In der neuesten Untersuchung dieses Problems kommt Mixeil Baxtaje jedoch zu dem Schluss, dass pitiaxši und erist'avi inhaltlich nicht identisch sind.[308] Aus persischer Sicht trifft das auch ohne Zweifel zu und auch was die tatsächliche Funktionen der jeweiligen Titelträger betrifft. Es wurde ja oben darauf hingewiesen, dass z.B. für Leonti Mroveli der erist'avi eher ein militärischer Führer war, was mit der Übersetzung als Herzog durch Gertrud Pätsch korrespondiert, wogegen der pitiaxši für den georgischen Geschichtsschreiber eher ein ziviler Statthalter war. Trotzdem bleibt festzuhalten, dass beide Begriffe in den georgischen Quellen synonym verwendet wurden, demnach kam erist'avi für die Verfasser als eine mögliche Übersetzung bzw. als Synonym für das Lehn- bzw. Fremdwort pitiaxši in Frage. In jedem Fall stellen erist'a- vi und erismt'avari ebenfalls genuin georgische Komposita aus den Morphemen eri (ერი/Volk) und t'avi (თავი/Kopf) bzw. aus eri und mt'avari (მთავარი/Haupt)

---

300 Vgl. ebd., 8ff.
301 Vgl. ebd., 10ff.
302 Vgl. Pätsch, Gertrud (Hrsg.) a.a.O. 1985, 488.
303 Vgl. Leonti Mroveli. C'xovreba k'art'velt'a mep'et'a. In: Qauxč'išvili, Simon (Hrsg.). a.a.O. 1955, 3–71. Hier 20, 22.
304 Vgl. ebd., 11.
305 Vgl. z.B. Džuanšer. C'xovreba vaxtang gorgaslisa. In: Qauxč'išvili, Simon (Hrsg.). a.a.O. 1955, 139–244. Darin 197, 225f., 228 sowie 233.
306 Vgl. Qauxč'išvili, Simon. Lek'sikoni. In: ders. (Hrsg.). a.a.O. 1955, 432–461. Hier 444.
307 Vgl. dazu Kap. 8.1.3.a.
308 Vgl. Baxtaje, Mixeil. Eris'tavobis instituti sak'art'veloši. T'bilisi. 2003, 71.

dar. Demzufolge heißt erist'avi soviel wie Kopf oder Führer des Volkes und eris-mt'avari Haupt des Volkes. In diesem Sinne hat Gertrud Pätsch den Begriff erist'avi wörtlich als Herzog übersetzt, wobei sie auch darauf hinweist, daß es mit dem aufkommenden Feudalismus zu einem Bedeutungswandel von Stammesführer zu Feudalfürst kam, denn später waren die erist'aven Lehnsleute der Krone, die auch als Provinzstatthalter eingesetzt wurden.[309] Sprachlich interessant ist noch, daß die Chronik *K'art'lis C'xovreba* mit erist'avt'erist'avi (ერისთავთ-ერისთავი/Oberhaupt der Oberhäupter) eine Wendung kennt,[310] die dem persischen König der Könige ähnelt.

8.1.4 Verwendung der iranischen Lehnbegriffe unter semantischer Konkurrenz

Aus der Untersuchung der Adelstitel, die aus dem Iranischen ins Georgische entlehnt wurden, im Vergleich zu den ursprünglich georgischen sozialen Termini hinsichtlich ihrer jeweiligen Semantik und ihres Gebrauch lässt sich bilanzieren, dass es offenbar zwei unterschiedliche Klassen solcher Lehnworte gab.

Zur ersten Kategorie gehören die Entlehnungen aznauri, spaspeti und spasalari.[311] Obwohl auch für diese Begriffe georgische Entsprechungen existieren, werden sie vergleichsweise seltener durch diese ersetzt. So gibt es für den allgemeinen Adelsbegriff aznauri auch die georgische Entsprechung didebuli (დიდებული) vor. Der Begriff didebuli ist wahrscheinlich aus dem Substantiv dideba (დიდება/Ehre, Würde) und dem Suffix -uli (–ული), das eine adjektivische Endung anzeigt, gebildet und würde so etwa würdig bzw. ehrwürdig bedeuten. Er taucht in der Chronik *K'art'lis C'xovreba* erst relativ spät auf. Die erste entsprechende Textstelle findet sich erst in dem anonymen dritten Abschnitt des zweiten Teils der Chronik mit dem Titel *Matiane k'art'lisa* und lautet: „[...] die der Katholikos, die Bischöfe und alle didebulni [Würdigen] vor der Lebendigen Säule geschworen hatten."[312] Gertrud Pätsch übersetzt didebulni an dieser Stelle mit die Großen, offenbar unter Bezug auf das georgische Adjektiv didi (დიდი/groß),[313] womit inhaltlich die Adligen gemeint sind. Ansonsten treten die beiden Begriffe aznauri und didebuli an einigen Stellen sogar nebeneinander auf,[314] was dafür spräche, daß eine Analogie zu azad und wazurg, dem niedrigen und höheren Adel in Persien vorliegt. Das relativ späte Auf-

---

309 Vgl. Pätsch, Gertrud (Hrsg.). a.a.O. 1985, 489. Ähnlich dazu z.B. auch Lort'k'ip'anije, Mariam/Metreveli, Roin (Hrsg.). a.a.O. 2000, 15.

310 Vgl. Istoriani da armazni šaravandedt'ani. In: Qauxč'išvili, Simon (Hrsg.). a.a.O. 1959, 1–114. Hier 32, 188.

311 Zu den möglichen Entsprechungen von spaspeti und spasalari vgl. Kap. 8.1.3.b.

312 Eigene Übersetzung von: „[...] რომლითა ეფუცნეს წინაშე სუეტსა ცხოველსა კათალიკოსი, მღდელთ-მოძღუარნი და დიდებულნი ყოველნი."
[...] romlit'a ep'uc'nes cinaše suetsa c'xovelsa kat'alikosi, mġdelt'-mojġuarni da didebulni qovelni. Zitat nach: Matiane k'art'lisa. In: Qauxč'išvili, Simon (Hrsg.). a.a.O. 1955, 249–317. Hier 271.

313 Die Chronik Kartlis (anonym). In: Pätsch, Gertrud (Hrsg.). a.a.O. 1985, 323–394. Hier 345.

314 Vgl. z.B. Matiane k'art'lisa. In: Qauxč'išvili, Simon (Hrsg.). a.a.O. 1955, 249–317. Hier 298.

treten des Begriffes im Text spricht dafür, dass er sich auch erst später gewissermaßen als Übersetzung des Lehnwortes aznauri herausgebildet hat. Demzufolge ist didebulni meines Erachtens kein genuin georgischer Titel und wurde daher im vorigen
Abschnitt nicht mit angeführt. Trotzdem bleibt festzuhalten, dass vor allem das Wort
aznauri häufig in den georgischen Quellen verwendet wird. Diese Tatsache und
auch, dass der Terminus genauso wie spaspeti und spasalari vergleichsweise selten
durch georgische Begriffe ersetzt wurde, sprechen meines Erachtens dafür, dass
diese Lehnworte zu dem Zeitpunkt, als die jeweiligen literarischen Quellen angefertigt wurden, im Wortschatz der Schreiber verankert waren. Daraus kann weiter
geschlussfolgert werden, dass sie im Georgischen bereits gut assimiliert waren, was
für einen relativ frühen Zeitpunkt der Entlehnung spricht. Deshalb möchte ich diese
Kategorie als „vorsasanidische Lehnworte" bezeichnen, was nicht unproblematisch
ist, da uns aus dieser Zeit ja noch keine schriftlichen georgischen Quellen zur Verfügung stehen. Die Gründe für die Entlehnungen scheinen innerhalb dieser Klasse
dagegen unterschiedlich gewesen zu sein.[315] Der Begriff aznauri scheint einen sozialen Sachverhalt bezeichnet zu haben, der zum Zeitpunkt der Entlehnung in Georgien
scheinbar noch nicht bestand. Dafür sprechen wiederum seine häufige Verwendung
und das beschriebene erst späte Auftreten eines georgischen Synonyms. Meines Erachtens war die Entlehnung notwendig, weil man in Georgien eine soziale Differenzierung übernahm, für die man bis dahin noch keine eigene Begrifflichkeit entwickelt hatte. Bei den beiden anderen Lehnbegriffen spaspeti und spasalari würde
ich jedoch eher annehmen, dass die Ursache für die Entlehnung im iranisch-geor-
gischen Kulturkontakt lag. Da es sich dabei um militärische Befehlshaber handelte,
ist es meines Erachtens unwahrscheinlich, dass es zum Zeitpunkt keine möglichen
georgischen Äquivalente gab. Da das Führen von Kriegen gewissermaßen eine anthropologische Konstante zu sein scheint, ist es kaum denkbar, dass die alten Georgier
in dieser Hinsicht eine Ausnahme gebildet hätten. Bei kriegerischen Auseinandersetzungen kristallisieren sich aber mit Sicherheit auch militärische Führer heraus, die
dann auch bezeichnet werden mussten. Daher kann angenommen werden, dass die
Begriffe spaspeti und spasalari schon zum Zeitpunkt der Entlehnung in semantischer
Konkurrenz zu georgischen Worten ähnlicher Bedeutung beispielsweise mtʿavari
oder eristʿavi standen.

Die zweite Entlehnungskategorie wird nach meiner Auffassung von den Adelstiteln pitiaxši und marzapani gebildet. Ihre Einführung in das Georgische hängt eng
mit der Schaffung der Institution eines von Persien eingesetzten Statthalters im ira-
nisch-georgischen Grenzgebiet zusammen. Daher können ihre Entlehnungsgründe
wahrscheinlich nicht so klar zugeordnet werden. Einerseits war ihre Übernahme
notwendig, weil durch das Amt dieser Markgrafen Persiens eine Position existierte,
die als solche auch gekennzeichnet und benannt werden musste, andererseits war

---

315 Zu den wichtigsten Entlehnungsgründen vgl. Ibrahim Jamshid. Kulturgeschichtliche Wortforschung. Persisches Lehngut in europäiscehn Sprachen. Wiesbaden. 1991, 33ff.

diese Notwendigkeit erst durch die persische Expansion in Georgien also durch kulturellen Kontakt, entstanden. Dass die Begriffe pitiaxši und marzapani häufig durch georgische Titel mit ähnlichem Inhalt ersetzt wurden zeigt, dass es in diesem Zusammenhang mit großer Sicherheit eine starke semantische Konkurrenz gab. Weil weitgehend angenommen wird, dass der Titel marzapani frühestens nach 430, also während der Sasanidenzeit in Georgien, eingeführt wurde,[316] bezeichne ich diese Kategorie als „sasanidische Entlehnungen."

Neben dem Zeitpunkt der Entlehnung bietet aber auch die weitere Verwendung der Begriffe in den georgischen Texten die wichtigsten Hinweise auf die kulturelle Beeinflussung der georgischen durch die sasanidische Adelsschicht. Außer der bereits erwähnten, einseitigen Ersetzung aller Entlehnungen durch georgische Begriffe fällt als weiteres Phänomen ins Auge, dass in der Chronik *K'art'lis C'xovreba* die Lehntitel, gleichgültig welcher Kategorie bzw. welchen Alters, oft neben ihren georgischen Äquivalenten benutzt wurden. So schreibt zum Beispiel Leonti Mroveli an einer Stelle: „Und in der Stadt Ojrxe war ein erist'avi des Königs Armazel, einer der aznauren [...]"[317] und später berichtet er:

> „Da berief der König der Perser voller Betrübnis die mt'avart'a [Fürsten] der Länder, die pitiaxšen und eristavt'a der Länder, und hielt Rat mit ihnen."[318]

Mixeil Baxtaje meint, aus solchen Zusammenstellungen ablesen zu können, dass die persischen Lehnbegriffe den jeweiligen georgischen Amtsträgern ein noch größeres Ansehen verschaffen sollten. In dieser Hinsicht wäre beispielsweise der erist'avi von Ojrxe, der gleichzeitig ein aznauri war, ein besonders würdiger Fürst gewesen. Nach Baxtaje trifft das gleiche auch dann zu, wenn ein Adliger gleichzeitig als erist'avi und als pitiaxši bezeichnet wurde, was in der Chronik ebenfalls vorkommt.[319] Diese Hypothese ist meines Erachtens akzeptabel, denn demnach kann man auch davon ausgehen, dass dem Persischen gewissermaßen als Sprache der Sieger oder der do-

---

316 Vgl. Colditz, Iris. a.a.O. 2000, 335 sowie Asat'iani, Nodar/Lort'k'ip'anije, Mariam. Sak'art'velos istoria. T'bilisi. 1988, 74.

317 Eigene Übersetzung von: „და იყო ოჯრხეს ქალაქსა შინა ერისთავი მეფისა არმა-ზელისი, აზნაურთაგანი [...]."
Da iqo ojrxes k'alak'sa šina erist'avi mep'isa armazelisi, aznaurt'agani [...]. Zitat nach: Leonti Mroveli. C'xovreba k'art'velt'a mep'et'a. In: Qauxč'išvili, Simon (Hrsg.). a.a.O. 1955, 3–71. Hier 47. Zur Übersetzung vgl. Leonti Mroweli. Leben der kartwelischen Könige. In: Pätsch, Gertrud (Hrsg.) a.a.O. 1985, 51–130. Hier 105.

318 Eigene Übersetzung von: „მაშინ მეფემან სპარსთამან, სავსემან მწუხარებითა, მოუწოდა მთავართა სოფლებისათა პიტიახშთა და ერისთავთა სოფლები-სათა, და ყო განზრახვა."
Mašin mep'eman sparst'aman, savseman mcuxarebit'a, moucoda mt'avart'a sop'lebisat'a pitiaxšt'a da erist'avt'a sop'lebisat'a, da qo ganzraxva. Zitat nach: Leonti Mroveli. C'xovreba k'art'velt'a mep'et'a. In: Qauxč'išvili, Simon (Hrsg.). a.a.O. 1955, 3–71. Hier 60. Zur Übersetzung vgl. Leonti Mroweli. Leben der kartwelischen Könige. In: Pätsch, Gertrud (Hrsg.) a.a.O. 1985, 51–130. Hier 119.

319 Vgl. Baxtaje, Mixeil. Eris'tavobis instituti sak'art'veloši. T'bilisi. 2003, 70f.

minanten Kultur, also im Grunde genommen als Herrschaftssprache, in Georgien ein besonderes Prestige eingeräumt wurde. Die Sprache des sasanidischen Adels hätte demnach für die georgische Oberschicht eine ähnliche Bedeutung gehabt, wie beispielsweise die Sprache des französischen Hofes für die europäischen Fürstentümer des 18. Jahrhunderts. Auch Jost Gippert kam zu dem Schluss, dass die persische Sprache im sasanidischen Georgien vor allem im höfischen Bereich angewendet wurde, aber auch nach dem Untergang der Sasaniden nicht völlig aufgegeben wurde.[320]

Dass die sozialen Verhältnisse des sasanidischen Reiches eine Vorbildwirkung auf den georgischen Adel hatte, zeigt auch die bereits angeführte Textstelle aus der Chronik *K'art'lis C'xovreba*, in der von der Reorganisation Georgiens durch König P'arnavaz berichtet wird. An der Spitze seines Reiches steht der König, unter ihm steht der spaspet, dem er acht erist'avi unterstellte, denen wiederum spasalari und Tausendschaftsführer untergeordnet waren.[321] Damit finden wir eine soziale Hierarchie vor, die der in den angesprochenen sasanidischen Textstellen beschriebenen zwar nicht vollständig entspricht, aber doch eine große Ähnlichkeit mit ihnen aufweist. Die in diesem Abschnitt dargelegten Analyseergebnisse lassen die These zu, dass der georgische Hof Begriffe ähnlichen Inhalts vom Hof der Sasaniden übernahm. Diese Lehnworte wurden nicht deswegen verwendet, weil die georgische Sprache keine entsprechenden Äquivalente kannte oder die Georgier von den Sasaniden zur Übernahme dieser Begriffe gezwungen worden waren, sondern weil diese Begriffe für die adligen Schichten Georgiens als Prestigesymbol galten. Diese Theorie wird dadurch bestätigt, dass statt altpersischer Wörter entsprechende altgeorgische Termini vorkommen, oder gleichzeitig altgeorgische und altpersische Begriffe verwendet werden.

Grundsätzlich lassen die von mir untersuchten georgischen Quellen erkennen, dass sich die Rangordnung am georgischen wie auch am sasanidischen Hof hauptsächlich nach dem Geburtsadel richtete. Dabei ist gleichzeitig festzuhalten, dass der persische und der südkaukasische Raum schon seit der parthischen Zeit eine gemeinsame Kulturprovinz mit gleichen oder zumindest ähnlichen kulturellen Codes gebildet haben.[322]

---

320 Vgl. Gippert, Jost. Zum Status des Mittelpersischen im südlichen Kaukasus, 11f. (Download des bisher offenbar unveröffentlichten Artikels von der Internetseite: <http://titus.fkidg1.uni-frankfurt.de/personal/jg/pdf/jg1992b.pdf> am 18.04.2003). Ähnliche Meinungen vertreten auch Gvaxaria, Alek'sandre. Zum Ursprung der georgisch-persischen Literaturbeziehungen. In: Georgica 10. Jena/T'bilisi. 1987; ders. K'art'ul-sparsuli literaturuli urt'iertobis sat'aveebt'an. In Sparsul-k'art'uli c'dani. T'bilisi. 1987, 3–13; Gabašvili, Valerian. K'artul-sparsuli kulturuli urt'iert'obani. In: Mac'ne. Enisa da literaturis seria 4. T'bilisi. 1983, 33–43. Hier 10; ders. Sak'art'velo da aġmosavlet'i. In: Sak'art'velo da aġmosavlet'i. Ejġvneba Šot'a Mesxias xsovnas. T'bilisi. 1984, 12–35, darin besonders 23f.

321 Vgl. dazu Kap. 8.1.3.a.

322 Zum Begriff des kulturellen Codes und seiner Verwendbarkeit für die Orientalistik vgl. z.B. Beltz, Walter. a.a.O. 2003, und ders. a.a.O. 2002.

8.2 Literarische Quellen der Hofliteratur beider Kulturen

8.2.1 Das georgische Visramiani und das persische Vīs u Rāmīn

Neben den bisher untersuchten sprachlichen Verhältnissen liefert auch die säkulare Literatur Hinweise auf einen kulturellen Kontakt der Oberschichten Persiens und Georgiens. Es kann zwar nicht genau nachgewiesen werden, wie weit beide Gesellschaften alphabetisiert waren, aber vor allem für Georgien weist die geringe Zahl überlieferter schriftlicher Quellen darauf hin, dass das Lesen und Schreiben offenbar recht exklusive Fähigkeiten waren, die wahrscheinlich nur von den begüterten Oberschichten beherrscht wurden. Daraus, dass die ältesten Zeugnisse der georgischen Literatur christlich-sakraler Provenienz sind, kann geschlossen werden, dass sich auch im alten Georgien Mönche und Klosterschreiber als erste literarisch betätigten. Allerdings wandelte sich die Situation im 12. Jahrhundert, als die weltliche Literatur begann, die geistliche zurückzudrängen.[323] Den Anfang der sakralen georgischen Literatur bildet nach Heinz Fähnrich neben dem Ritterroman *Amirandaredžaniani* von Moses Xoneli die georgische Prosafassung *Visramiani* der persischen Liebesgeschichte von Vis und Ramin. Weitere Zeugnisse der feudalen höfischen Literatur bilden die Epen *Abdulmesia* (<arab. Abdu'l-) von Ioane Šavtʿeli und *Tʿamariani*, das dem Dichter Čʿaxruxaje zugeschrieben wird. Das bedeutendste Werk stellt jedoch Šotʿa Rustʿavelis *Vepʿxistqaosani* (*Der Recke im Tigerfell*[324]) dar, das zu den größten Epen der Weltliteratur gehört.[325] Die letzteren Werke sind hier nur der Vollständigkeit halber aufgeführt, auf sie soll hier auch nicht näher eingegangen werden, denn für den Kulturkontakt sind die Texte des persischen *Vīs u Rāmīn* und des georgischen *Visramiani* viel wichtiger und aussagekräftiger, liegen doch damit für beide Sprachen und Regionen zwei Quellen vorwiegend gleichen Inhalts, aber mit doch jeweils eigentümlichen Besonderheiten vor.

Die erhaltene Version des romantischen Liebesepos *Vīs u Rāmīn* wurde im 11. Jahrhundert von dem Dichter Fahr ud-Dīn Asad al-Čurğānī verfasst, der im Folgenden kurz als Gurğānī bezeichnet wird.[326] Dabei handelt es sich jedoch nach den Angaben des Autors um kein eigenes, sondern um die Nachdichtung eines viel älteren Werkes. Das Original, das wohl in der mittelpersischen Schriftsprache Pahlavī geschrieben wurde, sowie die ebenfalls von Gurğānī in seiner Einleitung erwähnte un-

---

323 Vgl. Fähnrich, Heinz. Georgische Literatur. a.a.O. 1993, 58.

324 Ob mit dem Vepʿxistqavi ein Tiger- oder ein Pantherfell, wie z.B. Fähnrich (ebd.) übersetzt, gemeint war, ist bis heute umstritten, daher erfolgte hier die im Deutschen gebräuchlichere Wiedergabe.

325 Vgl. Fähnrich, Heinz. Georgische Literatur. a.a.O. 1993, 59ff.

326 Vgl. Gippert, Jost. Towards an automatical analysis of a translated text and its original. The Persian epic of Vīs u Rāmīn and the Georgian Visramiani. In: Studia Iranica, Mesopotamica et Anatolica 1. Prag. 1994, 21–59.; Deeters, Gerhard. Die Georgische Literatur. In: Spuler, Bertold/Franke Herbert u. a. (Hrsg.) Handbuch der Orientalistik. Der Nahe und der mittlere Osten. Bd. 7: Armenisch und Kaukasische Sprachen. Leiden/Köln. 1963, 129–157. Hier 138.

zureichende vorherige Übersetzung ins Neupersische, auf die er sich auch stützte, sind im Laufe der Zeit verloren gegangen.[327] Das Alter der Pahlavī-Fassung ist kaum zu ermitteln, Jan Ripka gab zum Beispiel das 5. Jahrhundert an.[328] Innerhalb der Iranistik ist man jedoch einhellig der Meinung, dass Gurgānī den Inhalt der seiner Versdichtung zugrunde liegenden Geschichte nicht erheblich verändert hat, so dass man seine Darstellung, seit sie Mitte des 19. Jahrhunderts in Kalkutta wieder entdeckt wurde,[329] immer wieder als Quelle für die Untersuchung der altpersischen Kultur heranzog. So schrieb beispielsweise Geo Widengren, dass das neupersische Gedicht das parthische Kolorit sehr treu bewahrt habe,[330] dabei stützte er sich auf die Arbeiten von Vladimir Minorsky, der sich bemühte, den parthischen Hintergrund des *Vīs u Rāmīn* nachzuweisen.[331] Auch für seine vergleichende Untersuchung des altiranischen Feudalismus nutzte Widengren neben anderen Quellen auch den Text Gurgānīs.[332] Demzufolge gilt das persische Epos als akzeptable Quelle für die Sitten am altpersischen Königshof, obwohl es jünger ist als die Zeit, über die es berichtet.

Bei den bisherigen Editionen des persischen *Vīs u Rāmīn* und der Suche nach dem Originaltext wurde übersehen, dass durch das *Visramiani* auch eine relativ alte georgische Version des Textes existierte. Nur Alekʻsandre Gvaxaria und Magali Tʻodua[333] berücksichtigten diesen Fakt in ihrer kritischen Edition. Mit ihrer Arbeit beendeten sie nebenbei eine Jahrhunderte dauernde innergeorgische Diskussion darüber, ob das georgische *Visramiani* eine ursprünglich georgische Dichtung oder nur eine Übersetzung darstelle,[334] denn sie stellten fest, dass der georgische Text eine genaue und keine freie Übersetzung des Pahlavī-Textes ist und rekonstierten danach das verloren gegangene Original.[335] Diese Ergebnisse ermöglichten auch die äußerst innovative Studie von Jost Gippert, der computergestützt verschiedene Editionen des

---

327   Vgl. Erb, Elke. Nachwort zu: dies. (Hrsg.). Wis und Ramin. Roman einer verbotenen Liebe im alten Persien. (Aus dem Georgischen übersetzt von Amaschukeli, Nelly/Chuzischwili, Natella). Leipzig. 1991, 361–388. Hier 373.

328   Vgl. Ripka, Jan. Geschichte der persischen und tadschikischen Literatur. Moskau. 1970.

329   Vgl. Literarische Notiz. Aus: Zeitschrift der Morgenländischen Gesellschaft. Bd. 8. Leipzig. 1854. Wiederabgedruckt in: Erb, Elke (Hrsg.). a.a.O. 1991, 5f.

330   Vgl. Widengren, Geo. a.a.O. 1960, 35.

331   Vgl. Minorsky, Vladimir. Vîs-u-Râmîn, a Parthian romance (I). In: Bulletin of the School of Oriental and African Sudies XI/4. Cambridge. 1946, 741–763 sowie ders. Vîs-u-Râmîn (II). In: ebd. XII/1. 1947, 20–35.

332   Vgl. Widengren, Geo. a.a.O. 1969, 17, 40, 80, 171.

333   Aini, Kamal S. (Hrsg.). Vīs va Rāmīn of Fakhr al-dīn Gorgānī. Persian critical text composed from the Persian and Georgian oldest manuscripts by Magali A. Todua and Alexander A. Gwakharia. Tehran. 1970.

334   Auf diesen Punkt wies Ilia Čavčavaje in seinem Vorwort (Čavčavaje, Ilia/Saradžišvili, Alekʻsandre/Umikašvili, Pavle. Visramiani. Tpʻilisi. 1884.) hin, das bei Erb, Elke (Hrsg.). a.a.O. 1991, 12f. auf Deutsch abgedruckt ist. Zur wissenschaftlichen Auseinandersetzung mit dem Visramiani vgl. Elke, Erb. Nachwort. In: ebd., 361–388. Darin 370ff.

335   Vgl dazu Guram Lebanije Artikel in der Prawda vom 13.2.1970, 12 [Wiederabgedruckt in: Erb, Elke (Hrsg.). a.a.O. 1991, 16. sowie Gippert, Jost. a.a.O. 1994, 21–59. Hier 21ff.

Gurgānī-Textes unter einer sprachwissenschaftlichen Perspektive mit dem georgischen *Visramiani* verglich.[336]

Wenn jedoch dem Schreiber[337] des georgischen Textes eine Abschrift des ursprünglichen Pahlavī-Originals vorlag, dann kann man davon ausgehen, dass dieses in Georgien so weit verbreitet und auch so beliebt war, dass man sich noch zum Ende des 12. Jahrhunderts eine georgische Übersetzung wünschte. Ein weiterer Beleg dafür, dass ihre Liebesgeschichte in Georgien beliebt war, ist darin zu sehen, dass Šotʻa Rustʻaveli an einigen Stellen seines Epos *Vepʻxistqaosani* Vis und Ramin erwähnt und ihre gegenseitige Liebe als vorbildliches Beispiel anführt.[338] Diese große Popularität spricht dafür, dass die persische Originalversion auch in Georgien lange vor ihrer Übersetzung bekannt war. Da wir jedoch nicht genau wissen, wann diese tatsächlich verfasst wurde, ist es zwar nicht sicher, aber auch nicht unmöglich, dass man sie dort schon während der Sasanidenzeit rezipierte. In jedem Fall lassen sich analog zum *Vīs u Rāmīn* auch aus dem *Visramiani* verschiedene soziale Sachverhalte herausarbeiten, die auf eine kulturelle Nachahmung persischer Hofsitten durch die Georgier schließen lassen, die aber weiter zurückliegen als die tatsächliche Niederschrift des Textes.

Nach Vladimir Minorsky erschließt uns der Text Gurgānīs die historische Situation des Reiches der Parther, dem zweiten iranischen Großreich, das auf das Achämenidenreich folgte, welches Alexander der Große zerschlagen hatte. In den Texten sind der Gerechtigkeits- und der Realitätssinn besonders geprägt, die beide zentrale Grundsätze der Lehre Zarathustras sind. So wird folgerichtig die Anbetung des Feuers als damalige Religion bezeichnet. Das gilt entsprechend auch für das georgische *Visramiani*, denn der georgische Übersetzer konnte die Protagonisten seiner Erzählung kaum nachträglich zu Christen machen. Daher versetzte auch er die Handlung seiner Geschichte in die Vergangenheit der vorchristlichen Zeit.

Der Inhalt der komplexen Geschichte lässt sich nur schwer in kurzer Form wiedergeben. Zum besseren Verständnis sei hier nur angeführt, dass die schöne Fürstentochter Vis dem Šah Moabad schon vor ihrer Geburt zur Frau versprochen worden war. Nachdem sie in der Fremde bei einer Amme (bzw. Nährmutter) aufgezogen wurde, wo sich Vis und Ramin bereits in der Kindheit kennenlernten, kehrte sie ins Elternhaus zurück. Dort war man von ihrer Schönheit so begeistert, dass man das Moabad gegebene Versprechen vergaß und sie mit dem Erbfolger der Familie, ihrem Bruder Viro verheiratete, ohne an die Folgen zu denken. Als die versprochene Braut

---

336   Vgl. Gippert, Jost. a.a.O. 1994, 21–59. Einen solchen Vergleich hatte Ilia Čavčavaje schon 1884 angeregt. Vgl. in Erb, Elke (Hrsg.). a.a.O. 1991, 13.

337   Es wird angenommen, dass es sich dabei um Sargis Tʻmogveli handelt, ohne dass aber bisher belegen zu können. Vgl. z.B. Deeters, Gerhard. Die Georgische Literatur. In: Spuler, Bertold/ Franke, Herbert u. a. (Hrsg.). a.a.O. 1963, 129–157. Hier 138.

338   Vgl. Ilia Čavčavajes Einleitung zum Vorwort der ersten georgischen Ausgabe (Čavčavaje, Ilia/Saradžišvili, Alekʻsandre/Umikašvili, Pavle. Visramiani. Tpʻilisi. 1884.) auf Deutsch abgedruckt in: Erb, Elke (Hrsg.). a.a.O. 1991, 12f. Hier 12.

ausblieb, führte der Šah Krieg gegen Viro. So sahen Vis und Ramin, der der jüngste Bruder des Šahs war, sich wieder und verliebten sich ineinander. Alle weiteren Versuche Moabads, die Zuneigung Vis' zu gewinnen oder zu erzwingen, blieben erfolglos, die weiteren Ereignisse verstrickten alle Beteiligten in Schuld und Leiden. Nach wechselseitigen Treuebrüchen und selbstverschuldeten Trennungen fanden die Liebenden letztlich doch zueinander. Moabad als der größte Übeltäter fand seine gerechte Strafe, indem er betrunken auf der Jagd von einem Wildschwein getötet wurde.[339] Ramin folgte ihm auf dem Thron und heiratete seine Vis. Dennoch endet die Geschichte tragisch, Vis starb vor ihm und darüber verging Ramin vor Kummer.

Die georgische Fassung zeigt uns die handelnden Personen in unmittelbareren Beziehungen zu Gott als der Gurgānī-Text. Im *Vīs u Rāmīn* stirbt Ramin drei Jahre nach Vis und beide finden sich am märchenhaften Ende im Jenseits wieder zusammen. Im *Visramiani* dagegen fleht Vis Gott an, er möge sie sterben lassen, weil sie schwach und krank geworden sei und damit Ramin nicht leide. Gott erfüllt ihren Wunsch, woran dann auch bald Ramin zugrunde geht. Noch inniger kann man kaum an Gott glauben oder einen Menschen lieben.[340]

Weder in der persischen noch in der georgischen Mythologie gibt es eine Sage, auf die man die Geschichte von Vis und Ramin zurückführen könnte. Aufgrund erstaunlicher Ähnlichkeiten mit der Geschichte von Tristan und Isolde wurde ein gemeinsamer Ursprung beider Erzählstränge in Indien vermutet.[341] Die Gemeinsam-

---

339   Zur Erklärung des Todes Moabads, der zwar auch in der persischen Fassung enthalten ist, sollte man Neukomm zufolge berücksichtigen, dass es nach georgischen Moralvorstellungen nichts Verächtlicheres gibt, als eine Ehe zu erzwingen und nichts Unmännlicheres, als betrunken zu sein. Trunkenheit zeugt von Schwäche, dagegen gilt es als Zeichen von Manneskraft viel Wein zu vertragen. Das trifft meines Erachtens für das 12. Jahrhundert, die Zeit Königin Tʻamars und der allgemeinen Aufwertung der Frau zu, in der das Visramiani geschrieben wurde. Meines Erachtens kann der Stellenwert der Frau in der sasanidischen Epoche in Georgien keineswegs so gut gewesen sein. Vgl. dazu Neukomm, Ruth Nachwort zu: dies./Tschchenkeli, Kita (Hrsg.). Wisramiani oder die Geschichte der Liebe von Wis und Ramin. Übertragung aus dem Georgischen. Zürich. 1989, 199–221, Hier 217.

340   Das meint zumindest Ruth Neukomm in ihrem Nachwort. Vgl. Neukomm, Ruth Nachwort zu: dies./Tschchenkeli, Kita (Hrsg.). a.a.O. 1989, 199–221. Hier 212.

341   Vgl. dazu u.a. Zenker, Rudolf. Die Tristansage und das persische Epos von Wīs und Rāmīn. In: Romanische Forschungen: Vierteljahrsschrift für romanische Sprachen und Literaturen 29. Frankfurt am Main. 1911, 321–369; Schröder, Franz Rolf. Die Tristansage und das persische Epos ‚Wīs und Rāmīn'. In: Germanisch-romanische Monatsschrift 42. Heidelberg. 1961, 1–44; Haug, Walter. Die Tristansage und das persische Epos Wīs und Rāmīn. In: Germanisch-romanische Monatsschrift 54. Heidelberg. 1973, 404–423; Polak, Lucie. ‚Tristan' and ‘Vis and Ramin'. In: Romania: Revue-Consacree-a-l'Etude-des-Langues-et-des-Literatures-Romanes 95. Paris. 1974, 216–234; Baehre-Waldherr, Edna. Fakhr Ud-Din Gurgani, Vis und Ramin und G[ottfried] v[on] S[traßburg], Tristan und Isolde: Ein Vergleich. Buffalo/NY. 1977; Angelika Hartmann. Das persische Epos ‚Wis und Ramin'. Ein Vorläufer des ‚Tristan'? In: Ertzdorff, Xenja von (Hrsg.). Tristan und Isolde im Spätmittelalter. Vorträge eines interdisziplinären Symposiums vom 3. bis 8. Juni 1996 an der Justus-Liebig-Universität Gießen. (Chloe. Beihefte zum Daphnis. Bd. 29). Amsterdam. 1998, 103–139.

keiten des *Visramiani* und des Epos von Tristan und Isolde liegen vor allem im Su-
jet. So stimmt die Konstellation der drei Hauptpersonen aus König und Liebespaar
überein. In beiden Geschichten wird auch von Zaubern gesprochen, bei Tristan und
Isolde handelt es sich aber um einen Liebestrank, während bei Vis und Ramin eher
Schönheit und geschickte psychologische Menschenführung gemeint sind. Auch die
Feuerprobe oder die Heirat des jeweiligen männlichen Liebenden mit einer anderen
Frau kommt in beiden Erzählungen vor und die Liste übereinstimmender Details
ließe sich noch weiter fortsetzen. Gegen die These eines historischen Zusammen-
hangs zwischen der orientalischen Liebesgeschichte um Vis und Ramin und dem europäischen Mythos von Tristan und Isolde, wurden dagegen divergente Erzähl-
strukturen und regionale Besonderheiten – beispielsweise die Geschwisterehe in Vis
und Ramin und die keltisch-irischen Motive bei Tristan und Isolde – betont,. Außerdem wurde gegen die Ansicht eines gemeinsamen Ursprungs vorgebracht, dass die
Ähnlichkeiten zwischen beiden Legenden zufällig seien und aufgrund vergleichbarer
gesellschaftlicher Rahmenbedingungen in beiden Regionen entstanden wären.[342]
    Ein Spezifikum der persisch-georgischen Erzählung ist die Verwandtenehe zwi-
schen Vis und ihrem Bruder Viro. Wie oben ausgeführt wurde, war diese in der persischen Oberschicht weit verbreitet, sowohl unter den Achämeniden, wie den
Parthern als auch unter den Sasaniden. Aufschlussreich ist in diesem Zusammenhang, dass neben den bereits erläuterten kultischen und ökonomischen Begründungen der Verwandtenehe, die ja das Vermögen der Familie vor Teilungen
schützte, die persisch-georgische Tradition mit der Mutter von Vis, die ihre Kinder
nicht hergeben will, auch ein psychologisches Motiv anführt.[343]
    Die Geschichte von Vis und Ramin hat Ähnlichkeiten mit klassischen Tragödien.
Ihre Liebe wird als Märchen voller Zauber und Glanz, das aber mit Qual, Schuld,
Trauer und Tod nichts Menschliches vorenthält, herrlich und entsetzlich zugleich
mit aller dazugehörigen Leidenschaft aber auch mit Härte dargestellt. Besonders hart
ist jedoch das Schicksal derjenigen, die sich dieser Liebe entgegenstellen.

8.2.2 Die Erziehungssituation im alten Georgien
nach dem Visramiani und anderen Quellen

Es muss noch einmal darauf hingewiesen werden, dass sich mit dem anonymen *Visramiani* und Gurgānīs *Vīs u Rāmīn* die georgische und die persische Oberschicht
eine gemeinsame literarische und kulturelle Überlieferung teilen, die, wie aufgezeigt
wurde, weit hinter den Zeitpunkt der Niederschrift des jeweiligen Textes zurück-
reicht. Auf diese Weise stellen beide Texte an sich bereits einen Beleg für die These

---

342 Elke Erb liefert eine Zusammenfassung der Argumente für und gegen einen gemeinsamen
     Ursprung der Geschichte von Vis und Ramin mit der Legende von Tristan und Isolde. Vgl.
     Erb, Elke Nachwort. In: dies. (Hrsg.). a.a.O. 1991, 12f., 361–388. Hier 385. Vgl. dazu auch
     zu den Übereinstimmungen beider Traditionen auch Ruth Neukomms Nachwort zu: dies./
     Tschchenkeli, Kita (Hrsg.). a.a.O. 1989, 199–221. Hier 213f.
343 Vgl. Erb, Elke (Hrsg.). a.a.O., 381.

des Kulturkontaktes zwischen den herrschenden Kreisen beider Gesellschaften dar. Aber aus dem Inhalt der Überlieferungen lassen sich auch weitere gemeinsam geteilte soziale und vor allem familiäre Institutionen herausarbeiten. Neben der Verwandtenehe, auf die bereits eingegangen wurde, auf die aber auch später noch einmal Bezug genommen wird, sind hier besonders die Erziehungsmethoden im alten Georgien und in Persien anzuführen, in die uns das *Visramiani* ebenfalls Einblicke vermittelt.

Darin wird berichtet, dass Vis und Ramin gemeinsam in Xuzistan[344] bei einer jija/gamzrdeli (ძიძა, გამზრდელი/Erzieherin, Nährmutter, Amme[345]) erzogen wurden. Die georgische Quelle sagt dazu: „[Vis] wurde sofort einer Erzieherin mit guter Abstammung zur Erziehung übergegeben."[346] Vis' Beispiel bildet damit für die Zeit und die Region in der das Epos spielt eher eine Ausnahme, weil im antiken Persien meist eher die Jungen ihre Erziehung und Ausbildung in einer fremden Familie erfuhren.[347]

Geo Widengren geht davon aus, dass die im antiken Persien gebräuchliche Methode, seine Kinder in einer fremden Familie erziehen zu lassen, auch in den gehobenen Klassen des Kaukasus angewandt wurde. Insbesondere die kaukasischen Bergvölker – beispielsweise die Osseten, Tagauren und Digorier - hätten es teilweise bis zum Beginn des 20. Jahrhunderts vorgezogen, ihre Kinder nicht selbst im eigenen Hause zu erziehen.[348] Dabei bezieht er sich auf verschiedene ethnologische und anthropologische Studien,[349] von denen die Louis J. Luzbetaks[350] auch heute, nach über fünfzig Jahren, zu den umfangreichsten und einschlägigsten Standardwerken auf diesem Gebiet gehört. Aufgrund dieser Autoren kommt Widengren zu dem Schluss, dass diese Form der Erziehung nicht nur bei den Bergvölkern des Kaukasus vorkam, sondern allgemein bei den Georgien und Armeniern weit verbreitet war. Nach Mark Kosven ließ fast jede altgeorgische Familie ihre Kinder in einer anderen erziehen und nahm auch selbst fremde Kinder auf. Im Laufe der Zeit sei diese all-

---

344 Bei Xuzistan auch Khuzestan oder Chusistān, Provinz im persische Südwesten, möglicherweise sind das alte Susiana oder Elam gemeint. Vgl. ebd., 390 sowie Gvaxaria, Alekʿsandre/ Tʿodua, Magali (Hrsg.). Visramiani. Tʿbilisi. 1964, 395.

345 Der Begriff Nährmutter wird im Georgischen auch mit den Worten jija bzw. rjis macovebeli (ძიძა/რძის მაწოვებელი) wiedergegeben. Vgl. Abulaje, Ilia (Hrsg.). a.a.O. 1993, 354.

346 Eigene Übersetzung von: „[…] მაშინვე მიაბარეს კაი გვარიანს გამზრდელსა გა-სახრდელად."
   […] mašinve miabares kai gvarians gamzrdelsa gasazrdelad. Zitat nach: Gvaxaria, Alekʿsa- ndre/Tʿodua, Magali (Hrsg.). Visramiani. Tʿbilisi. 1964, 10.

347 Vgl. dazu oben Kap.III.2.2.1.

348 Vgl. Widengren, Geo. a.a.O. 1969, 64ff.

349 Z.B. Kosven, Mark Osipovic. Sovietskaja Etnografia. Moskau. 1935 oder auch Kovalewski, Maxime. Coutume contemporaine et loi ancienne. Droit coutumier ossétien éclaire par l'histoire etc. Paris. 1893 sowie ders. La famille matriarcale au Caucase. In: L'Anthropologie IV. Paris. 1893, 258–278.

350 Luzbetak, Louis J. Marriage and the Family in Caucasia. A contribution to the Study of North Caucasian Ethnology and Customary Law. Wien, 1951.

gemeine Sitte jedoch nur noch von den Fürsten und Adeligen gepflegt worden, wobei sie ihre Kinder, ähnlich wie im antiken Iran, meistens Personen übergaben, die in subordinierter Stellung zum Vater der Kinder standen und entfernt mit diesem verwandt waren.[351]

Louis J. Luzbetak unterscheidet in diesem Zusammenhang zwei verschiedene Formen künstlicher Verwandtschaftsbeziehungen: die atalyk-Institution und die jujumte (ძუძუმტე/Milchverwandtschaft). Während die erste im Grunde die Patenschaft des Pflegevaters bezeichnet, war die andere wahrscheinlich ursprünglich ein Begriff um die Beziehung des Pflegekindes zur Nährmutter zu bezeichnen, die das Kind stillte, womit sie im wortwörtlichen Sinne die Amme des Kindes gewesen wäre. Das würde aber auch bedeuten, dass die Kinder noch als Säuglinge übergeben worden waren, dafür gibt es jedoch keine Belege. Möglicherweise handelte es sich jedoch um ein uraltes Ritual, bei dem das Pflegekind die Brust der Nährmutter mit den Lippen berührte.[352] Luzbetak beschreibt exemplarisch, dass ein ossetischer Liebhaber gezwungen wurde, die Brust seiner Verlobten zu küssen, um ihre von den Eltern ungewünschte Beziehung zu beenden. Von da an galt er als ihr „Milchsohn" und damit wurde jedes weitere Verhältnis oder gar eine Ehe unmöglich, da sie als Inzest gegolten hätte. Dies galt auch für die atalyk-Institution, bei beiden Formen waren Ehen zwischen den angenommenen Kindern und den Mitgliedern der Patenfamilie verboten.[353]

Dieses Eheverbot hat sich möglicherweise erst später herausgebildet, denn Vis und Ramin verlieben sich ja auch ineinander und heiraten am Ende der Geschichte, ohne dass der anonyme Autor des *Visramiani* auf eine inzestuöse Beziehung hinweist. Sollte innerhalb des Textes jedoch eine Überlagerung mit der in Iran üblichen Blutsverwandtenehe vorliegen, gibt es noch einen weiteren Hinweis darauf, dass sich das Eheverbot zwischen atalyk- bzw. Milchverwandten auch in Georgien erst später entwickelte. So wurde ja bereits im ersten Kapitel berichtet, dass die spätere heilige Šušanik am Hof des pitiaxši Aršuša, dem Vater Varsk'ens, aufgenommen und erzogen wurde. Damit waren die beiden späteren Eheleute ja ebenfalls in einem künstlichen Verwandtschaftsverhältnis verbunden. Dass dieses ebenfalls im Hinblick auf persisch-mazdaistische Sitten übergangen wurde, kann aufgrund der Quelle ausgeschlossen werden, da ja überliefert ist, dass beide Ehepartner anfangs Christen waren.[354]

Es gibt außer dem *Visramiani* und dem *Martyrium der heiligen Šušanik* noch weitere Quellen, die ebenfalls von dieser Erziehungsinstitution berichten. Ohne Vollständigkeit zu beanspruchen, möchte ich einige Stellen anführen. Aus der

---

351 Vgl. Kosven, Mark Osipovic. a.a.O. Bd. 2. 1935, 41ff.; Widengren, Geo. a.a.O. 1969, 65f.
352 Auch T'ina Ivelašvili fand Hinweise auf das Entstehen eines künstlichen Verwandtschaftsverhältnisses in Georgien infolge der Berührung der weiblichen Brust. Vgl. dazu Ivelašvili, T'ina. Sak'orcino ces-č'veulebani sak'art'veloši. T'bilisi. 1999, 20f.
353 Vgl. Luzbetak, Louis J. a.a.O, 1951, 55ff.
354 Vgl. dazu ausführlich Kap. 4.

K'art'lis C'xovreba erfahren wir, dass König Pʿarnavaz von Kʿartli der jujumte (ძუძუმტე/Milchbruder) von Pʿarsman II Kʿveli, dem König von Kʿartli in Armazi war,[355] oder dass der Mörder des Königs Xosrov von Armenien, Anak, zwei Söhne hatte, die durch ihre mamamjujetʿa (მამამძუძეთა/Ernährer) gerettet wurden.[356] Weiter heißt es dort, dass der König von Persien seinen Sohn Mihrān als König nach Georgien sandte und ihm als Lehrer und Berater seinen ehemaligen mamamjuje (მამამძუძე/Ernährer) Mirvanoz mitgab.[357]

Vom georgischen König Vaxtang Gorgasal heißt es, dass der spaspet Saiurmag für seine sazrdotʿ (საზრდოთ/Erziehung) verantwortlich und so gemeinsam mit seinem Sohn Artavaz ein jujumte (ძუძუმტე/Milchverwandter) Vaxtangs war.[358] Džuanšer berichtet:

> „Und danach rief der König alle Vornehmen in die Stadt, und viele Tage hindurch fanden Gastmähler und Gelage statt, und die alle flehten zu Gott um das Wachstum des Knaben Vaxtang. Der Spaspet Saurmag verlangte vom König die Erziehung Vaxtangs unter dringlichen Bitten, der König aber willigte ein und übergab seinen Sohn Vaxtang dem Spaspet Saurmag zur Erziehung. Denn es bestand ein Gesetz, nach dem die Kinder von Königen im Hause Vornehmer aufwachsen sollten. Danach, im sechsten Jahr, gebar Sagduxt noch eine Tochter und gab ihr den Namen Miranduxt. Und der Spasalar von Kaspi erhob Anspruch auf ihre Erziehung, und der König übergab sie ihm; Und im zweiten Jahr danach starb König Mirdat; und Vaxtang blieb als ein Knabe von sieben Jahre zurück."[359]

---

355 Vgl. Leonti Mroveli. Cʿxovreba kʿartʿveltʿa mepʿetʿa. In: Qauxčʿišvili, Simon (Hrsg.) a.a.O. 1955, 3–71. Hier 51.

356 Vgl. ebd., 61f.

357 Vgl. ebd., 65. Der betreffende persische König war der Sasanide Šāpūr I. Vgl. dazu Widengren, Geo. a.a.O. 1969, 73.

358 Vgl. Džuanšer. Cʿxovreba Vaxtang Gorgaslisa. In: Qauxčʿišvili, Simon (Hrsg.). a.a.O. 1955, 139–244. Darin 143, 145, 156 und 177.

359 „და შემდგომად ამისა მოხადა მეფემან ყოველთა წარჩინებულთა ქალაქად; და დღეთა მრავალთა ყო პურობა და განცხრომა, და ევედრებოდეს ყოველნი ღმერთსა აღზრდისათვის ყრმისა ვახტანგისსა. მოითხოვა მეფისაგან საზრდოდ საურმაგ სპასპეტმან ვახტანგ, დიდითა ვედრებითა, ხოლო მიანიჭა მეფემან და მისცა ძე მისი ვახტანგ საურმაგს სპასპეტსა საზრდოდ. რამეთუ წესი იყო, რომელ შვილნი მეფეთანი წარჩინებულთა სახლსა შინა აღზრდიდენ. შემდგომად ამისსა, მეექუსესა წელსა, შვა საგდუხტ ასული სხუა, და უწოდა სახელი მისი მირანდუხტ. და მოითხოვა იგი საზრდოდ სპასალარმან კასპისამან, და მისცა იგი მეფემან; და წარიყვანა იგი ქალაქად კასპისა, და იზარდებოდა მუნ. შემდგომად ამისსა, წელსა მეორესა, მოკუდა მეფე მირდატ; და დარჩა ვახტანგ შვიდისა წლისა ყრმა."
Da šemdgomad amisa moxada mepʿeman qoveltʿa carčʿinebulʿta kʿalakʿad; da dǧetʿa mravaltʿa qo puroba da gancʿxroma, da evedrebodes qovelni ǧmertʿsa aqzrdisatʿvis qrmisa vaxtangissa. moitʿxova mepʿisagan sazrdod saurmag spaspetman vaxtang, diditʿa vedrebitʿa, xolo mianiča mepʿeman da miscʿa je misi vaxtang saurmags spaspetsa sazrdod. rametʿu cesi iqo,

Vaxtang Gorgasal erbaute als König außerdem dort eine Kirche, wo der Perser Ražden, der mamamjuje (Nährvater) seiner ersten Gattin, das Martyrium erlitt.[360]

Auch von der heiligen Nino wird berichtet, dass sie eine dedamjuje (დედამდუძე/Amme) hatte:

> „Und die heilige Nino begab sich mit der Frau, die aus Ephesus gekommen war, hinweg, und als sie im Königreich Ostrom das Haus der Frau erreicht hatten, deren Begleiterin sie gewesen war, fanden sie dort eine Herrin aus königlichen Geschlecht mit Namen Rip῾sime und ihre Amme Gaiane, in einem Kloster für Frauen, die wünschten, sich Christus anzugeloben, und die darauf warteten, von Jerusalem her die Taufe zu empfangen."[361]

Dass die georgische Tradition von der Kindheit und Erziehung der heiligen Nino bei der armenischen Miap῾ora berichtet, könnte ein weitere Hinweis darauf sein, dass diese Jugendzeit und das fürstliche Elternhaus als nachträgliche Idealisierung in die Überlieferung aufgenommen wurde, denn in Jerusalem, wo sich die Ereignisse abgespielt haben sollen, war die Erziehung in einem fremden Haushalt mit großer Wahrscheinlichkeit nicht so gebräuchlich, wie in Georgien. Meines Erachtens wurde hier der Heiligen nachträglich eine übliche adlige Ausbildung angedichtet.[362]

Aus allen die Erziehungsinstitutionen betreffenden Textstellen tritt meiner Meinung nach sehr stark ein feudaler Zug hervor. Es ist zu bemerken, dass für die früheste Zeit, soweit Belege vorliegen, das Aufziehen der Nachkommen bei fremden Familien bei den gehobenen Adelsschichten weit verbreitet war. Die These Mark

---

romel švilni mep῾et῾ani carč῾inebult῾a saxlsa šina ağizardon. šemdgomad amissa, meek῾usesa šelsa, šva sagduxt asuli sxua, da ucoda saxeli misi miranduxt. Da moit῾xova igi sazrdod spasalarman kaspisaman, da misc῾a igi mep῾eman; da cariqvana igi k῾alak῾ad kaspisa, da izardeboda mun. šemdgomad amissa, celsa meoresa, mokuda mep῾e mirdat; da darč῾a vaxtang švdisa clisa qrma. Zitat nach: Džuanšer. C῾xovreba vaxtang gorgaslisa. In: Qauxč῾išvili, Simon (Hrsg.). a.a.O. 1955, 139–244. Hier 143. Zur Übersetzung vgl. Dshuanscher. Das Leben Wachtang Gorgasals. In: Pätsch, Gertrud (Hrsg.). a.a.O. 1985, 201–322. Hier 206.

360   Vgl. Džuanšer. C῾xovreba vaxtang gorgaslisa. In: Qauxč῾išvili, Simon (Hrsg.). a.a.O. 1955, 139–244. Hier 199 und 201.

361   Eigene Übersetzung von: „და წარემართა წმინდა ნინო დედაკაცისა მის თანა, ეფესით მოსრულისა, და ვიდარ მიიწივნეს სამეფოსა ჰრომს სახიდ დედაკაცისა, რომლისა-იგი თანამოგზაურ იქმნა, პოვეს მუნ დედოფალი ვინმე მეფეთა ნათესავი, სახელით რიფსიმე, და დედამძუ მისი გაიანე, მონასტერსა შინა ქალწულისა, რომელთა ქრისტეს აღსარებისათვს სურიდა და ელოდეს იერუსალემით ნათლისღებასა."

Da caremart῾a cminda nino dedakac῾isa mis t῾ana, efeso t῾ mosrulisa, da vi t῾ar miicivnes samep῾osa hroms saxid dedakac῾isa, romlisa-igi t῾anamogzaur ik῾mna, poves mun dedop῾ali vinme mep῾e t῾a na t῾esavi, saxeli t῾ rip῾sime, da dedamju misi gaiane, monastersa šina qalculisa, romel t῾a k῾ristes ağsarebisa t῾ws suroda da elodes ierusalemi t῾ na t῾lisğebasa. Zitat nach: Leonti Mroveli. Ninos mier k῾art῾lis mok῾c῾eva. In: Qauxč῾išvili, Simon (Hrsg.) a.a.O. 1955, 72–138. Hier 80.

362   Vgl. dazu Kap. 3.4.

Kosvens, dies sei in der altgeorgischen Gesellschaft in allen Klassen üblich gewesen, lässt sich meines Erachtens jedoch nicht aufrechterhalten.

Dass die atalyk- und jija-Institutionen auch in Armenien bekannt waren, belegt zum Beispiel das Geschichtswerk des Pʻawstos Biwzandaçi.[363] Zwei Edelleute aus dem Hause Mamikonian, Artavazd und Vasak, die Dayeak/Snuçič (armenisch die Ernährer/die Erzieher) genannt werden, waren beauftragt den Sohn des Königs, Aršak, bei sich zu erziehen:

> „Obgleich sie die den Königssohn Aršak Erziehenden waren, verließen sie dennoch im Zorn gegen das Werk der Zeit ihren Zögling Aršak und gingen weit von dem königlichen Hoflager weg."[364]

Demnach sind diese Erziehungsinstitutionen sowohl in georgischen als auch armenischen Quellen belegt. Dabei muss jedoch darauf hingewiesen werden, dass der armenische Terminus dayeak für Ernährer offenbar aus dem Persischen entlehnt ist. Nach Geo Widengren ist es ein parthisches Lehnwort, abgeleitet von dem Begriff dāyak, das im zoroastrischen Schrifttum die Ernährerin, Amme oder Pflegemutter bezeichnet und das in der mittelpersischen Form dāšty auch während der Sasanidenzeit in der Šapurinschrift vorkommt.[365] Die georgischen Worte für diese Institutionen scheinen dagegen genuin georgisch zu sein. Außerdem deutet die Terminologie in Georgien darauf hin, dass diese Form der Erziehung dort erheblich ausdifferenzierter war. Neben den vielen verschiedenen Begriffen, die bereits angesprochen wurden, wies Sulxan-Saba Orbeliani daraufhin, dass das Wort gamzrdeli (გამზრდელი/Erzieher) ursprünglich im Georgischen den Erzieher von Jungen bezeichnete. Die Betreuer von Mädchen wurden dagegen gadia (გადია/Betreuer) genannt.[366] Heute ist nur noch der erste Begriff, unabhängig vom Geschlecht der Kinder, gebräuchlich, so dass der Ausdruck gamzrdeli in der georgischen Literatur häufig im Sinne von Amme gebraucht wird.[367]

Diese sprachliche Situation deutet darauf hin, dass sich die hier erklärten Erziehungsmethoden in Georgien relativ unabhängig von ähnlichen Verhältnissen in Persien herausbildeten, auch wenn die Georgier, wie oben dargestellt wurde, vieles gemein-iranische übernahmen.[368] Armenien wurde im Vergleich dazu ungleich stärker persisch beeinflusst. Ungeachtet dieser linguistischen Befunde dürfte diese Eziehungsintitution in Georgien meines Erachtens dennoch aus dem Persischem übernommen worden sein.

---

363 Vgl. Lauer, Max (Übers.). Faustus Byzantinus: Des Faustus von Byzanz [Byzantinus] Geschichte Armeniens. Köln. 1879.

364 „Zi tʻēpēt ew snuçanēin nokʻa zordin zarkʻayin zAršak, sakaym zçarealkʻ ənd gorc žamanakin tʻolin zsann iwreançʻ z Aršak, ew gnaçin i baç i banakēn arkʻuni". Zitat nach: ebd., 58:5ff.

365 Vgl. Widengren, Geo. a.a.O. 1969, 74f. und 77.

366 Abulaje, Ilia (Hrsg.). Sulxan-Saba Orbeliani: ‚Lekʻsikoni Kʻartʻuli' I. Tʻbilisi. 1991, 132.

367 Gabojze, Džulieta (Hrsg.). Cʻeretʻeli, Akaki. Gamzrdeli. Tʻbilisi. 2000.

368 Vgl. dazu Kap. 7.2.1.

So erwähnt denn auch das syrische Perlenlied[369] die Erzieher gleich zu Anfang:

> „Als ich ein kleines Kind war und im [Reiche], dem Hause meines Vaters wohnte und am Reichtum und der [Pracht] meiner Erzieher mich ergötzte, sandten mich meine Eltern aus dem Osten, unserer Heimat, mit einer Wegzehrung fort; [...].“[370]

Obwohl der syrische Text der Sasanidenzeit zuzurechnen ist, sind die im Perlenlied geschilderten Verhältnisse nach Geo Widengren deutlich parthisch. Seiner Meinung nach bezeugt das Lied darum diese Erziehungseinrichtungen bereits für die königliche Familie der Arsakiden.[371] Am Ende bleibt es festzuhalten, dass die alten Georgier und Perser nicht nur über gemeinsame literarische Werke verfügten, sondern dass sie auch kulturelle Muster miteinander teilten und für diese kulturellen Werte bildet das *Visramiani* nicht die einzige aber wahrscheinlich die bedeutendste Quelle, da man mit ihr beide Fragestellungen abdecken kann.

---

369 Mysterienmärchen parthisch-manichäischen Ursprungs aus den syrischen Thomas-Akten (Kap. 108–113) vermutlich 5. nachchristliches Jahrhundert. Hoffmann, [Johann] G[eorg Ernst]. Zwei Hymnen der Thomasakten. In: Zeitschrift für die neutestamentliche Wissenschaft und die Kunde des Urchristentums 4. 1903, p. 273–309.

370 Bornkamm, Günther. Thomasakten. In: Hennecke, Edgar/Schneemelcher, Wilhelm. Neutestamentliche Apokryphen in deutscher Übersetzung 2. Apostolisches Apokalypsen und Verwandtes. Tübingen. 1964, 349.

371 Vgl. Widengren, Geo. Der Iranische Hintergrund der Gnosis. In: Zeitschrift für Religions- und Geistesgeschichte IV. Leiden/Heidelberg. 1952, 98–114. Hier 106.

9. Die Folgen des persisch-georgischen Kulturkontaktes für die Frauen der georgischen Oberschicht

Ein allgemeiner Kulturkontakt zwischen dem Sasanidenreich und Georgien ist meines Erachtens evident. Nachdem aber im vorangegangenen Abschnitt anhand sprachlicher, literarischer und ethischer Hinweise aufgezeigt wurde, dass der kulturelle Einfluss der persischen auf die georgischen Oberschichten groß war, muss nun der Frage nachgegangen werden, welche Auswirkungen ein solcher Kontakt auf die Frauen der Adelsschicht im alten Georgien hatte. Am Ende des zweiten Abschnitts wurde bereits resümiert, dass die Frauen des sasanidischen Adels einerseits keine besonders hohe Wertschätzung genossen. Andererseits bildeten sich im Laufe der Zeit juristische und informelle Regelungen heraus, die die Geringschätzung der Frauen zwar nicht kompensierten, aber doch stark abmilderten. Anhand der verschiedensten Quellen konnte dargestellt werden, dass die sozialen Verhältnisse des sasanidischen Reiches für den georgischen Adel Vorbildcharakter besaßen. Somit ist wahrscheinlich, dass die georgische Adelsschicht auch die relativ negative Einstellung gegenüber dem weiblichen Geschlecht von ihren Nachbarn übernahm. Die Situation für die Frauen wurde dadurch verschärft, dass die alten Georgier zu dieser Zeit nicht über vergleichbare kodifizierte juristische Regelungen zum Schutz der Rechte der Frauen verfügten, wie sie beispielsweise im sasanidischen *Mādayān* festgelegt waren.[372] Dies hatte meines Erachtens zur Folge, dass zumindest den Frauen der georgischen Oberschicht während der Sasanidenzeit wahrscheinlich nur ein sehr geringer sozialer Status eingeräumt wurde. Insofern ist den Schlussfolgerungen von Mixeil T'axnišvili und Eva Maria Synek in ihren Exkursen über die Stellung der Frau im alten Georgien anhand des *Martyriums der heiligen Šušanik*[373] durchaus zuzustimmen allerdings und darauf ist noch einmal in aller Deutlichkeit hinzuweisen, nur für die Oberschicht und nicht, wie die genannten Autoren vermuteten, für die gesamte Gesellschaft Altgeorgiens. Hier sollen andere Belegstellen neben dem *Martyriums der heiligen Šušanik* aufgeführt werden, die eine solche Sichtweise für eine negative Stellung der Frau in der georgischen Oberschicht rechtfertigen, um dann für diesen Teil der vorliegenden Studie ein Zwischenfazit zu ziehen.

---

372   So meint Julius Aßfalg, dass die frühesten georgischen Gesetzessammlungen nicht vor dem Anfang des 12. Jahrhunderts entstanden sind. Er weist dabei insbesondere auf die Akten der Synode von Ruisi-Urbnisi von 1103 und die Katholikos-Kanones aus dem 16. Jahrhundert sowie die von Vaxtang VI. (Regierungszeit: 1703–1724) im 18. Jahundert gesammelten juristischen Texte hin. Vgl. Aßfalg, Julius. Georgische Literatur. In: ders./Krüger, Paul (Hrsg.). a.a.O. 1975, 135–137. Hier 136. Vgl. dazu auch die Editionen von Dolije, Isidore (Hrsg.). K'art'uli samart'lis jeglebi. T'bilisi I 1963, II 1965, III 1970, IV 1972, V 1975, VI 1978, VII 1981, VIII 1985.

373   Vgl. Tarchnišvili, Michael. a.a.O. 1940, 58ff.; Synek, Eva M. a.a.O. 1994, 108–111.

9.1 Die Eheschließung am königlichen Hof Georgiens

Neben dem bisher angeführten bilden die in verschiedenen Quellen belegten Verhaltensweisen bei den Eheschließungen einen Hinweis darauf, dass die georgischen Adligen in ihrer Nachahmung sasanidischer Hofsitten die negative Haltung der Perser gegenüber ihren Frauen gewissermaßen mit übernahmen. Zwei Besonderheiten der altpersischen Hochzeitssitten sind dabei besonders hervorzuheben: Erstens die Blutsverwandtenehe als Form von Endogamie und zweitens die bereits beschriebene Polygynie des sasanidischen Adels.

Schon Tacitus gab in seinen *Annales* einen Hinweis darauf, dass innerhalb der armenisch-iberischen Königsfamilien die Verwandtenehe vorkommt. Als der alte König der Iberer, Pharasmanes den König von Armenien Mithradates, seinen Bruder, vom Thron stoßen und an seiner Stelle den eigenen Sohn Rhadamistos einsetzen wollte, erschien Rhadamistos unter dem Vorwand, sich mit dem Vater überworfen zu haben, bei seinem Oheim und Schwiegervater und verhandelte im Sinne seiner Umsturzpläne mit angesehenen Armeniern. Danach überzog Pharasmanes im Jahre 52 den Bruder mit Krieg und brachte dessen Land unter die Herrschaft seines Sohnes. Daraufhin suchte Mithridates zunächst Zuflucht bei den Römern, wurde letztlich aber zusammen mit seiner Frau und seinen Kindern von Rhadamistos getötet. Entscheidend dabei ist, dass Mithridates von Armenien mit seiner Nichte, der Tochter seines Bruders Pharasmanes von Iberien vermählt war. Deren Bruder Rhadamistus war wiederum der Gatte seiner Nichte, nämlich der Tochter seiner Schwester und seines Schwagers Mithridates. Aufgrund dieser verworrenen Familienverhältnisse schätzte Theodor Mommsen die Auseinandersetzungen um den armenischen Thron im Jahre 52 als eine der entsetzlichsten Familientragödien der Geschichte ein.[374] Über die Verwandtenehe bei den Armeniern wird auch von dem armenischen Geschichtsschreiber Moses von Chorene berichtet, dass Tigranes III. seine Schwester Erato heiratete.[375]

Ein anderer außergeorgischer Gewährsmann des 10. Jahrhunderts, der byzantinische Kaiser Konstantin VII. Porphyrogennetos, schreibt in *De administrando Imperio* über die Blutsverwandtenehe in Iberien:

> „Deshalb nehmen die Archonten der Iberer [gemeint sind die Georgier] ungehindert ihre weiblichen Verwandten zu Frauen, da sie annehmen, dass sie (damit) die alte gesetzliche Ordnung bewahrten."[376]

---

374 Vgl. Mommsen, Theodor. Römische Geschichte. Achtes Buch: Länder und Leute von Caesar bis Diocletian. Oxford/MS. 2002. [Reprint des Originals: Berlin. 1902. durch das Project Gutenberg Literary Archive Foundation <http://gutenberg.net>], 318ff.

375 Vgl. Lauer, Max (Übers.). Des Moses von Chorene. Geschichte Gross-Armeniens. Regensburg. 1869, 20.

376 Vgl. Belke, Klaus/Soustal, Peter (Hrsg.). a.a.O. 1995, 216.

Tatsächlich gibt es einige Beispiele in der georgischen Geschichte, bei denen die christlichen Eheausschließlichkeitsgebote missachtet wurden.[377] Einen weiteren Beleg dafür gibt uns noch eine weitere Quelle. Die *Matiane K'art'lisa* innerhalb der *K'art'lis C'xovreba* berichtet, dass der Fürst Džuanšer eine Verwandte, die Tochter von Adarnase I. (888–923), mit Namen Latavri, heiratete:

> „Džuanšer aber führte eine Frau aus dem Geschlecht der Bagratiden heim, die Tochter Adarnases, mit Namen Latavri, und seine Mutter tadelte ihn, weil er sie zur Frau genommen hatte. Sie war keineswegs gut beraten, denn jene sind Nachkommen von David dem Propheten, der als leiblicher Vater Gottes bekannt ist. Und als sie die Frau ihres Sohnes sah, liebte sie sie, segnete sie und betete für sie."[378]

Latavris Mutter befürwortete diese Verbindung, weil sie von ihrem Verwandten, dem Propheten David, vorhergesagt worden war. Anscheinend war in der königlichen Familie die Blutsverwandtenehe möglich. Die legendäre Herkunft vom biblischen König David sollte die Ausnahme von den strengen Heiratsgesetzen rechtfertigen.[379] Diese biblisch motivierte Begründung deckt sich mit den Aussagen von Konstantin Porphyrogennetos.[380]

Eine völlig andere Erklärung für die Eheschließungen unter Blutsverwandten liefert Ivane Džavaxišvili. Er nimmt an, dass diese im Gefolge der persischen Staatsreligion, des Mazdaismus, nach Iberien gekommen ist und sie stark vom Klasseninteresse der georgischen Oberschicht abhängig war.[381] Valerian It'onašvili schließt dagegen aus, dass die Blutsverwandtenehe mit dem Mazdaismus nach Georgien ge-

---

377 Vgl. ebd., FN 475. Mit dortigem Verweis auf Toumanoff, Cyrill. The Bagratids of Iberia from the Eight to the Eleventh Century. In: Le Muséon 74. Paris. 1961, 5–42; 233–316. Hier 25 sowie ders. Iberia on the Eve of Bagratid Rule. In: Le Muséon 65. Paris. 1952, 17–49; 199–258. Hier 227ff.

378 Eigene Übersetzung von: „ხოლო ამან ჯუანშერ შეირთო ცოლი ნათესავი ბაგრა-ტიონთა, ასული ადარნასესი. სახელით ლატავრი, და აბრალა დედამან მი-სმან მოყვანება მისი ცოლად: არათურე კეთილად მეცნიერი იყო, ვითარმედ არიან იგინი ნათესავნი დავით წინასწარმეტყუელისანი, რომელი-იგი ხო-რციელად მამად ღრთისად იჩდა. და ვითარ იხილა მის ცოლი თვისი, შეუ-ყუარდა, აკურთხა და დალოცა."
Xolo aman džuanšer šeirt'o c'oli nat'esavi bagrationt'a, asuli adarnasesi. saxelit' latawri, da abrala dedaman misman moqvaneba misi c'olad; arat'ure ket'ilad mec'nieri iqo, vit'armed arian igini nat'esavni davit'. cinascarmetquelisani, romeli-igi xorc'ielad mamad ğrmt'isad icoda. Da vit'ar ixila mis c'oli t'visi, šeuqvarda, akurt'xa da daloc'a. Zitat nach: Matiane K'art'lisa. In: Qauxč'išvili, Simon. a.a.O. 1955, 249–317. Hier 251. Zur Übersetzung Vgl. Die Chronik Kartlis (anonym). In: Pätsch, Gertrud (Hrsg.). a.a.O. 1985, 323–394. Hier 325.

379 Vgl. Belke, Klaus/Soustal, Peter (Hrsg.). a.a.O. 1995, 216. FN 476. Vgl. auch Toumanoff, Cyrill. Studies in Christian Caucasian History. Georgetown. 1963, 328f., 333f., 412ff., 423ff.

380 Vgl. Belke, Klaus/Soustal, Peter (Hrsg.). a.a.O. 1995, 215f.

381 Vgl. Džavaxišvili, Ivane. T'xzulebani. Bd. 6. T'bilisi. 1982, 23, 150.

langt ist. Für ihn stehen politisch-ökonomische und damit schichtspezifische Faktoren im Vordergrund.[382]

Schon Marie Brosset wies auf den Zusammenhang zwischen Mazdaismus und Verwandtenehe hin, die im Wesentlichen auf die Oberschicht begrenzt gewesen seien.[383] Auch T'ina Ivelašvili führt die Verwandtenehe auf den sasanidischen Einfluss in der georgischen Geschichte zurück.[384] Trotz der Widersprüche in Detail bestätigen alle genannten Autoren jedoch die Existenz einer Moral, die in Georgien als vorbildlich galt, weil sie auf iranische Hofsitten zurückzuführen war, der es nachzueifern galt, weil man dadurch die Ebenbürtigkeit dokumentieren konnte. Man kann an dieser Stelle festhalten, dass die Verwandtenehe gemäß den schriftlichen Überlieferungen in den adeligen Familien Georgiens nicht verboten war.[385]

Neben der Blutsverwandtenehe ist ebenfalls recht gut bezeugt, dass es einem Mann des georgischen königlichen Hofes möglich war, mit mehreren Frauen gleichzeitig rechtmäßige Ehen einzugehen. Es stellt sich die Frage, warum georgische Könige das Recht hatten mehrere Frauen zu ehelichen, obwohl Georgien ein christliches Land war und das Christentum Polygamie verbot. Hier ist meines Erachtens analog zur Verwandtenehe der Einfluss des Mazdaismus nicht zu unterschätzen. Dabei zeigt sich, wie eng das kulturelle Codierungssystem die kaukasischen Anrainervölker verband.

In der *K'art'lis C'xovreba* kommen aber auch Gegenbeispiele vor, so lehnte König Vachtang Gorgasal das Angebot des Perserkönigs, seine Tochter zur zweiten Ehefrau zu nehmen, ab:

„Der König der Perser aber wollte Vaxtang eine Frau aus seinen Königsgeschlechtern geben. Vaxtang aber sprach: „es steht mir nicht zu, zwei Frauen zu nehmen, denn die Tochter des Kaisers wird meine Frau."[386]

Zwar wird berichtet, dass auch Vaxtang Gorgasal zwei Frauen hatte, die erste war die persische Königstochter Balenduxti,[387] und die zweite, die griechische Königstochter Elene.[388] Nach der klaren Absage an den šāhānšāh kann angenommen werden, dass diese nicht gleichzeitig, sondern nacheinander seine Gattinnen waren.

---

382 Vgl. It'onašvili, Valerian. K'artvel mt'ielta saudžaxo urt'iert'obis istoriidan. T'bilisi. 1960, 8.

383 Brosset, Marie-Félicité. Histoire de La Géorgie. Bd. 1. S.- Pétersbourg. 1849, 63. Anm. 5.

384 Vgl. Ivelašvili, T'ina. a.a.O. 1999, 14f.

385 Vgl. Džavaxišvili, Ivane. a.a.O. 1982, 150.

386 Eigene Übersetzung von: „ხოლო სპარსთა მეფე აძლევდა ვახტანგს ცოლად თÿსან მეფეთასა. ხოლო ვახტანგ რქუა; ,არა ჯერ არს ჩემგან ორთა ცოლთა პყრობა, რამეთუ მივის მე ცოლი ასული კეისრისა'."
   Xolo sparst'a mep'e ajlevda vaxtangs c'olad t'vst'an mep'et'asa. xolo vaxtang rqua; ,ara jer ars č'emgan ort'a c'olt'a pqroba, ramet'u mivis me c'oli asuli keisrisa'. Zitat nach: Džuanšer. C'xovreba vaxtang gorgaslisa. In: Qauxč'išvili, Simon. a.a.O. 1955, 139–244. Hier 196.

387 Vgl. Džuanšer. C'xovreba vaxtang gorgaslisa. In: Qauxč'išvili, Simon (Hrsg.). a.a.O. 1955, 139–244. Hier 158.

388 Vgl. ebd., 198.

Auch die These, dass die adligen georgischen Frauen gegenüber ihren sasani-dischen Geschlechtsgenossinnen schlechter gestellt waren, weil es rechtliche Nor-men wie im *Mādayān* in Altgeorgien nicht gab, lässt sich belegen. Die Töchter und Frauen des georgischen Adels wurden offenbar generell ungefragt oder gegen ihren Willen verheiratet. Im sasanidischen Persien war dies zumindest nach den Regeln des genannten Rechtsbuches nicht so ohne weiteres möglich. So schildert die Chro-nik *K'art'lis C'xovreba* die Beziehung des Königs P'arnavaz zu seinen beiden Schwestern: Er verheiratete seine Schwestern nach seinem Gutdünken und vergab sie als Geschenk.

> „Danach gab P'arnavaz seine Schwester dem König der Osseten zur Frau, und seine zweite Frau verheiratete er mit K'udži [dem erist'avi von Egrisi].“[389]

Als ein weiteres Beispiel nennt die *K'art'lis C'xovreba* den pitiaxši Bakur, mit dem der georgische König Vaxtang Gorgasal seine Schwester Xuaranje verheiratet und dessen Machtgebiet Armenien (Somxit'i[390]), war:

> „Und seine Schwester Xuaranze gab er Bakur zur Frau, dem pitiaxes von Armenien.“[391]

An anderer Stelle berichtet die Chronik, dass der König von K'art'li Arč'il II. im 5. Jahrhundert die erist'avs von K'art'li zusammenrief und ihnen seine sechs Bruder-töchter gab:

> „Eine gab er dem Sohn seines Vaterbruders, des Sohnes von Guaram Kuro-palat, der Klardžet'ien und Džavaxet'ien besaß.“[392]

Eine weitere Nichte gab er einem pitiaxši:

---

389   Eigene Übersetzung von: „მაშინ ფარნავაზ მისცა დაი თჳსი ოვსთა მეფესა ცო-ლად, და მეორე დაი თჳსი მისცა კუჯის ცოლად.“
       Mašin p'arnavaz misc'a day t'visi ovst'a mep'esa c'olad, da meore day t'visi misc'a k'udžis c'olad. Zitat nach: Leonti Mroveli. C'xovreba k'art'velt'a mep'et'a. In: Qauxč'išvili, Simon (Hrsg.). a.a.O. 1955, 3–71. Hier 24. Zur Übersetzung vgl. Leonti Mroweli. Leben der kartwe-lischen Könige. In: Pätsch, Gertrud (Hrsg.) a.a.O. 1985, 51–130. Hier 74.

390   Somxet'i/სომხეთი ist der georgische Name Armeniens. In der Vergangenheit wurde damit das Bergland nördlich von Armenien bezeichnet.

391   Eigene Übersetzung von: „და დაჳ მისი ხუარანზე მისცა ბაკურს ცოლად, პიტია-ხშსა სომხითისასა.“ Da day misi xuaranze misc'a bakurs c'olad, pitiaxssa somxit'isasa. Zitat nach: Džuanšer. C'xovreba vaxtang gorgaslisa. In: Qauxč'išvili, Simon (Hrsg.). a.a.O. 1955, 139–244. Hier 199.

392   Eigene Übersetzung von: „ერთი მისცა მამის ძმისწულსა მისსა, შვისა გუარამ კურაპალატისასა, რომელსა ჰქონდა კლარჯეთი და ჯავახეთი.“
       Ert'i misc'a mamis jmisculsa missa, švisa guaram kurapalatisasa, romelsa hk'onda klardžet'i da džavaxet'i. Zitat nach: Džuanšer. C'xovreba vaxtang gorgaslisa. In: Qauxč'išvili, Simon (Hrsg.). a.a.O. 1955, 139–244. Hier 241.

„Die zweite gab er dem pitiaxši, einem Nachkommen des Peroz, der über Trialet'i, Taširi und Aboč'ci herrschte."[393]

Dass dieser pitiaxši als nat'esavi (ნათესავი/Nachfahre) des persischen Königs Peroz bezeichnet wird, weist auf eine sasanidische Herkunft hin. Seine vier anderen Nichten gab König Arč'il auch zu vornehmen Adligen, die über großen Besitz verfügten oder sonst zur privilegierten Oberschicht gehörten:

„Die dritte gab er Nerse aus dem Geschlecht des Nerse, der ein Vornehmer König Vaxtangs gewesen war; die vierte gab er Adarnasse aus dem Geschlecht des Adarnase, und für die beiden teilte er das obere Dorf [hier Gebiet], das ist K'art'li; die fünfte gab er Varzman, und ihm gab er [das Land] von Kotmani bis K'urdis-Xevi; dieser Varzman war ein Verwandter des persischen erist'avi Bardaveli, welcher der Vater der Mutter König Vaxtangs war; die sechste gab er Džuanšer aus dem Geschlecht Džuanšers, der ein Verwandter König Mirians war, von den Söhnen Revi, und ihm teilte er Džuari und Xerki zu und ganz Mt'iulet'ien, das Tal von Manglisi und Tp'ilisi."[394]

Eine weitere Brudertochter, Guranduxti, gab König Arč'il II. Leon I., dem erist'avi von Ap'xazet'i, zur Frau.[395] Selbst heiratete er die Tochter Guaram Kuropalats, der von den Söhnen König Vaxtangs abstammte.[396] An späterer Stelle erfahren wir durch die *Matiane Kartlisa*, dass der Sult'an Arsap'aran, König von Persien, einen Gesandten zu Bagrat IV. (1027–1072), dem König Georgiens schickte und ihm

---

393 Eigene Übersetzung von: „მეორე მისცა პიტიახშსა ნათესავსა პეროზისსა, რომელი მთავრობდა თრიალეთს, ტაშირს და აბოცს."
Meore misc'a pitiaxšsa nat'esavsa perozissa, romeli mt'avrobda t'rialet's, ṭaširs da aboc's. Zitat nach: Džuanšer. C'xovreba vaxtang gorgaslisa. In: Qauxč'išvili, Simon (Hrsg.). a.a.O. 1955, 139–244. Hier 241.

394 Eigene Übersetzung von: „მესამე მისცა ნერსეს ნერსიანსა, რომელი იყო წარჩინებული ვახტანგ მეფისა; მეოთხე მისცა ადარნასეს ადარნასიანსა, და ორთავე ამატ განუყო ზენა ქართლი; მეხუთე მისცა ვარზმანს, და მისცა კოტმანითგან ქურდის-ხევამდე; იყო ესე ვარზმან ნათესავი სპარსთა ერისთავისა ბარდაველისა, რომელი იყო დედის მამა ვახტანგ მეფისა; მეექუსე მისცა ჯუანშერს ჯუანშერიანსა, რომელი-იგი იყო ნათესავი მირიან მეფისა, შვილთაგან რევისა, და მისცა ჯუარი და ხერკი, და ყოველი მთიულეთი, მანგლისის ხევი და ტფილისი."
Mesame misc'a nerses nersiansa, romeli iqo carč'inebuli vaxtang mep'isa; meot'xe misc'a adarnases adarnasiansa, da ort'ave amat' ganuqo zena k'art'li; mexut'e misc'a varzmans, da misc'a kotmanit'gan k'urdis-xevamde; iqo ese varzman nat'esavi sparst'a erist'avisa bardavelisa, romeli iqo dedis mama vaxtang mep'isa; meek'use misc'a juanšers juanšeriansa, romeli-igi iqo nat'esavi mirian mep'isa, švilt'agan revisa, da misc'a džuari da xerki, da qoveli mt'iulet'i, manglisis xevi da tp'ilisi. Zitat nach: Džuanšer. C'xovreba vaxtang gorgaslisa. In: Qauxč'išvili, Simon (Hrsg.). a.a.O. 1955, 139–244. Hier 241f.

395 Vgl. ebd., 242.

396 Vgl. ebd., 243.

Verschwägerung anbieten ließ, dafür forderte er die Schwestertochter Bagrats zur Frau:[397]

> „Der König Bagrat aber verheiratete seine Tochter Martha und gab sie dem König der Griechen. [...] Danach aber verheiratete er seine Schwestertochter und gab sie dem Sultʿan, dem König der Perser [Gemeint ist Alp Arslan (1063–1072), Sulṭān des Großseldschukenreiches]."[398]

In einer spätbyzantinische Quelle des 15. Jahrhundert schildert Phrantzes,[399] der Sekretär des letzten byzantinischen Kaisers Konstanin XI. (1449 – 29. Mai 1453), seine Verhandlung mit Georg dem König von Iberien, um eine Heirat zwischen der Tochter des König von Iberien und dem Kaiser zu vermitteln:[400]

> „Der genannte König von Iberien sprach [nämlich] zu mir so: Es ist bei uns nicht Sitte, dass die Frauen den Männern, die sie heiraten wollen, Geld geben, sondern vielmehr die Männer den Frauen [...]. Darum schließen wir den vorliegenden Ehekontrakt mit scheuer Ehrfurcht und nicht unbedacht, und ich verspreche meiner Tochter außer wertvollen Silber- und Goldgefäßen, Edelsteinen, mit Perlen, Gold und anderen Steinen besetzten μανάχια außer den verschiedenen Kleidern und Stoffen, die zu ihrem Gebrauch bestimmt sind, noch 56000 Goldstücke zu geben. Ferner soll sie jährlich weitere 3000 bekommen zur Verteilung an die Armen und wozu sie sie sonst bestimmt. Du hast, wie ich höre, zwei Kinder. Den Knaben hat der Kaiser aus der Taufe gehoben; ihm gehört er daher und wird er gehören; das Mädchen aber soll von heute an meiner Tochter gehören, die auch die Pflicht hat, sie standesgemäß zu verheiraten. Und wenn du mit Gottes Hilfe kommst, um sie zu holen, werde ich dir noch dazu vier Ladungen Seidenstoffe geben: denn jene Seide ist nicht von minderwertiger Qualität, und wie wir gehört haben, wird die Ladung mit 500 Goldstücken bezahlt."[401]

Wir erkennen, dass zumindest im 15. Jahrhundert ein Ehekontrakt üblich war, wie auch der Austausch von Hochzeitsgaben: Mitgift und Morgengabe. Allerdings scheinen sowohl in der jüngsten, wie aber auch in den älteren Quellen die Wünsche der adligen Töchter hinter dynastische Interessen zurückzustehen. Ganz offensicht-

---

397 Vgl. Matiane Kʿartʿlisa. In: Qauxčʿišvili, Simon (Hrsg.). a.a.O. 1955, 249–317. Hier 307.
398 Ebd.
399 Auch Georgios Sphrantzes genannt, lebte von 1401 bis 1477. Ab seinem 16. Lebensjahr stand er als Diplomat und Gouverneur in den Diensten der byzantinischen Kaiser. Vgl. Makris, Georgios. Sphrantzes. In: Bautz, Friedrich Wilhelm (Hrsg.). BBK (fortgeführt von Traugott Bautz). Bd. X. Herzberg. 1995, 977f.
400 Vgl. dazu auch Baum, Wilhelm. Konstantin XI. In: ebd. Bd. XX. Nordhausen. 2002, 869ff.
401 Phrantzes, Georgios. Aussteuersitten in Iberien. Zitat nach: Dieterich, Karl. Allgemeines und das Gebiet der alten Kulturvölker In: Byzantinische Quellen zu Länder- und Völkerkunde (5.–15. Jahrhundert). Bd. 1. Allgemeines und das Gebiet der alten Kulturvölker. Leipzig. 1912, 49ff.

lich war eine freiwillige Eheschließung seitens der Mädchen für die Geschichtsschreiber kein Thema gegenüber der königlichen Allmacht gewesen.

9.2 Zwischenfazit: Die Frauen der georgischen Adligen

Meines Erachtens hat sich die These eines negativen Frauenbildes innerhalb der adligen Oberschicht des alten Georgiens hinreichend bestätigt. Es scheint weiterhin
evident zu sein, dass die kulturelle Orientierung am Vorbild der höfischen Sitten und
der ethisch-moralischen Vorstellungen im Sasanidenreich, ohne die gleichzeitige
Übernahme der dort vorhandenen rechtlichen Regelungen, einen nicht unbeträcht-
lichen Beitrag zu dieser Entwicklung geleistet hat.

Andererseits muss aber darauf hingewiesen werden, dass gerade für die früheste
Zeit Altgeorgiens die Frau häufig auch als Symbol des Landesschutzes überliefert
und damit doch auch positiv bewertet wurde. Leonti Mrioveli berichtet, dass die
Frauen in Georgien oft auch Landesfürsten waren. Nachdem König K'art'los starb,
regierte seine Frau das Land, sie erbaute Städte und Burgen und verteilte das Erbe an
ihre Nachkommen.[402] Auch im *Leben des P'arnavaz* wird eine Frau von Leonti
Mroveli positiv hervorgehoben. Die Mutter des P'arnavaz, eine Perserin, zog ihn
allein auf und brachte ihn nach Mc'xet'a zurück.[403] Über die Mutter Vaxtang Gorgasals, die Prinzessin Sagduxti, wird berichtet, dass sie Iberien regierte, nachdem ihr
Mann, der König von K'art'li Mirdat V., gestorben war. Später setzte ihr Vater
Bardzabod, der erist'av von Rani war, den 15 jährigen Vaxtang als iberischen König
ein.[404] Also wurde auch den Frauen georgischer Adliger in den schriftlichen Quellen
eine gewisse Anerkennung und besondere Bedeutung nicht versagt. Sie wurden häufig als dedop'ali (დედოფალი/die Prinzessin), bezeichnet, wie beispielsweise
Sagduxti,[405] aber auch die heilige Šušanik und viele Andere. Mit diesem Titel war
anscheinend eine starke Achtung gegenüber ihrer Trägerin verbunden. Auf diese
Weise ergeben sich zahlreiche Hinweise darauf, dass die soziale Abwertung der
Frauen in der georgischen Adelsschicht, wie sie hier geschildert und analysiert
wurde, sich im Sinne des zugrunde liegenden Modells auch erst nach und nach, vor
allem unter dem kulturellen Einfluss des Sasanidenreiches herausbildete. Gemessen
an der Zahl der überlieferten Zeugnisse zu Frauengestalten im alten Georgiens
konnten im Rahmen der vorausgegangenen Analyse nur einige adlige Frauengestalten aus der georgischen literatur näher vorgestellt werden. Die vorliegende Darstellung vermittelt nach meiner Ansicht einen klaren Einblick in der Tatsache, dass es in

---

402 Vgl. dazu Leonti Mroveli. C'xovreba k'art'velt'a mep'et'a. In: Qauxč'išvili, Simon (Hrsg.).
     a.a.O. 1955, 3–71. Hier 8.
403 Ebd. 20ff.
404 Vgl. Džuanšer. C'xovreba vaxtang gorgaslisa. In: Qauxč'išvili, Simon (Hrsg.). a.a.O. 1955,
     139–244. Hier 142f., 147.
405 Ebd., 143, 145 und 196.

der georgischen Literatur eine Vielfalt von adligen Frauenbildern gibt. Die vorhandene Quellenlage bietet darüber hinaus die Möglichkeit, im folgenden Kapitel auch
die Entwicklung des allgemeinen gesellschaftlichen Status der Frau auch in den
niedrigeren Bevölkerungsschichten in die Untersuchung einzubeziehen.

Teil III: Realtypen weiblichen Lebens in Georgien
nach volkstümlichen Quellen

10. Die soziale Stellung der Frau in der georgischen Bevölkerung

In diesem Abschnitt meiner Untersuchung geht es im Gegensatz zum vorangegangenen Teil darum, die gesellschaftliche Stellung der georgischen Frauen nicht in den Oberschichten, sondern innerhalb der Durchschnittsbevölkerung, zu rekonstruieren. Im Sinne des am Ende des ersten Teils entwickelten Modells ergibt sich daraus eine doppelte Aufgabenstellung.

Im ersten Kapitel wird der Frage nachgegangen, welche Hinweise sich darauf identifizieren lassen, dass die gesellschaftliche Anerkennung der Frau im vorchristlichen Georgien nicht so dramatisch schlecht war, wie das Mixeil T'axnišvili oder Eva Maria Synek vermuteten.[1]

Die Aufgabe des zweiten Kapitels besteht hingegen darin, Indizien zu finden, die die These eines schichtspezifisch-unterschiedlichen Frauenbildes während der sasanidischen Vorherrschaft in Georgien bestätigen. Im Hintergrund steht dabei die Frage, wer die Möglichkeit und ein Interesse daran hatte, die Überlieferung an die Missionierungstätigkeit der heiligen Nino über nahezu fünf Jahrhunderte mündlich aufrechtzuerhalten und warum, bzw. auf welchen sozialen Grundlagen diese Tradition basierte. Dazu wurde am Ende des ersten Teils bereits vermutet, dass sich das Frauenbild in der adligen Oberschicht und in der Bevölkerung dahingehend unterschied, dass das letztere weitaus besser war. Folgt man also zum Teil der Argumentation Syneks und T'axnišvilis und nimmt an, dass die adlige Oberschicht die Bekehrung durch eine fremde Frau als unehrenhaft empfand und daher die diesbezügliche offizielle schriftliche Überlieferung unterdrückte, dann muss gleichzeitig unterstellt werden, dass solche Vorurteile in diesem Ausmaß in der Bevölkerung nicht bestanden, weil das Phänomen der lang andauernden oralen Tradition dieser Heiligen ansonsten nicht zu erklären wäre. Um das hier aufgestellte Forschungsprogramm zu erfüllen, wurde wiederum eine Reanalyse der vorhandenen Sekundärliteratur[2] in den infrage kommenden Bereichen vorgenommen. Daran schließt sich je-

---

1 Vgl. Tarchnišvili, Michael. Die Legende der Heiligen Nino und die Geschichte des georgischen Nationalbewusstseins. In: Byzantinische Zeitschrift 40. Leipzig/Berlin. 1940, 48–75 und Synek, Eva M. Heilige Frauen der frühen Christenheit. Zu den Frauenbildern in hagiographischen Texten des christlichen Ostens. [Das östliche Christentum; Bd. 43]. Würzburg. 1994.

2 Hier sind in chronologisch absteigender Folge vor allem Fähnrich, Heinz. Lexikon georgische Mythologie. [Kaukasienstudien – Caucasian Studies. Bd. 1]. Wiesbaden. 1999; Očiauri, T'inat'in. Odžaxis mp'arvel ġvt'aebat'a bunebisat'vis. (Saxlt'angelozi). In: Arsat'iani, Ivane/T'odua, Magali u.a. (Hrsg.). K'art'veluri memkvidreoba. Bd. II. K'ut'aisuri saubrebi. K'ut'aisi. 1998, 225–230; Watschnadse, Natela/Lortkipanidse, Mariam. Heidentum im christlichen Georgien. In: Georgica 16. Jena/T'bilisi. 1993, 57–63; Tschikowani, Micheil. Die georgische Folklore der vorliterarischen Periode. In: Georgica 4. Jena/T'bilisi. 1981, 15–19; Bardavelije, Vera. Aġmosavlet' sak'art'velos mt'ianet'is tradic'iuli sazogadoebriv-sakulto jeglebi. P'šavi. Bd. I. T'bilisi.

doch immer auch eine Auseinandersetzung mit den religiösen, historischen, kulturellen und volkstümlichen Überlieferungen der vorchristlichen Georgier an. Offensichtlich setzte die altgeorgische Folkore dem Typus des männlichen Heroen einen vergleichbaren weiblichen entgegen. Deshalb erfolgte eine verstärkte Konzentration auf literarische Quellen, wobei besonders georgische Legenden, Mythen, Märchen und Sagen in Betracht kamen.

Dazu ist wiederum dreierlei anzumerken: Erstens sind die schriftlichen Quellen weitaus jünger, als der Untersuchungszeitraum, und erlauben nur beschränkt Rückschlüsse auf diese Zeit. Zweitens stehen ansonsten kaum andere Quellen zur georgischen Mentalitätsgeschichte zur Verfügung. Drittens macht es der große Umfang der georgischen Folkore notwendig, sich in dieser Hinsicht einzuschränken.

Eine komplette Auseinandersetzung mit diesen Quellen unter den zugrunde gelegten Fragestellungen konnte hier nicht bewältigt werden, weil dazu meines Erachtens vor allem zeitliche Ressourcen notwendig wären, die für diese Arbeit nicht zur Verfügung standen. Daher beschränkte sich die Untersuchung auf Sammlungen solcher Quellen, die vor allem in deutschsprachigen Editionen[3] vorliegen. Das hat den zusätzlichen Vorteil, die Transparenz der vorgenommenen Analysen zu erhöhen, weil die Ergebnisse so auch für Orientalisten jenseits der Kaukasiologie nachvollziehbar und überprüfbar sind. Außerdem genügen einige exemplarische Beispiele in jedem Fall, um die Argumentation zumindest vorläufig zu stützen.

11. Das Frauenbild im vorchristlichen Georgien

Zunächst erscheint es sinnvoll im Zusammenhang mit der Situation im vorchristlichen Georgien auf die Argumentation Mixeil T'axnišvilis zurückzukommen, die grundlegend für viele weitere Arbeiten in dieser Richtung war, die sich seiner Meinung oft vorbehaltlos anschlossen. Ein großes Problem seiner Untersuchung besteht darin, dass er die vorchristliche Periode Georgiens unberücksichtigt lässt, weil, wie

---

1974; Pätsch, Gertrud. Über georgisches Heidentum. In: Bedi Kartlisa. Revue de Kartvélologie 31. Paris. 1973, 207–224; Makalat'ia, Sergi. P'šavi. T'bilisi. 1934 und nicht zuletzt Wesendonk, Otto G. von. Über georgisches Heidentum. Leipzig. 1924 zu nennen.

3   Genutzt wurden v.a.: Fähnrich, Heinz (Hrsg. und Übers.) Mingrelische Märchen. Jena. 2001; ders. (Hrsg. und Übers.). Georgische Sagen und Legenden. Blieskastel. 1998; ders. (Hrsg. und Übers.). Mingrelische Sagen. Jena. 1997; ders. (Hrsg. und Übers.). Lasische Märchen und Geschichten. Aachen. 1995; ders. (Hrsg. und Übers.). Märchen aus Georgien. München. 1995; ders. (Hrsg. und Übers.). Märchen aus Swanetien. Konstanz. 1992; ders. (Hrsg. und Übers.). Der Sieg von Bachtrioni. Sagen aus Georgien. Leipzig/Weimar. 1984; ders. (Hrsg. und Übers.) [unter Mitarbeit von Heinz Mode]. Georgische Märchen. Leipzig. 1980 sowie ders. (Hrsg. und Übers.). Sulchan-Saba Orbeliani: Die Weisheit der Lüge. Berlin. 1973.

er schreibt, „aus der heidnischen Epoche keine Belege dafür zur Verfügung stehen."[4] Dies war jedoch nicht ganz korrekt. Bereits sechzehn Jahre vor dem Erscheinen des Aufsatzes von T'axnišvili hatte Otto Günter von Wesendonk eine Studie zum „georgischen Heidentum"[5] vorgelegt. Sie widmete sich zwar nicht vorrangig dem Problem, der damals existierenden sozialen und religiösen Bedeutung von Frauen, aber T'axnišvili hätte ihr durchaus erste Erkenntnisse auf diesem Gebiet entnehmen können.

Zwar weist auch Wesendonk darauf hin, dass die georgischen Chroniken im Hinblick auf die historischen Abläufe der vorchristlichen Periode unzuverlässig seien und dass externe Quellen nur in geringem Ausmaß zur Verfügung ständen,[6] dennoch kommt er zu für seine Zeit durchaus beachtlichen Ergebnissen. Das größte Defizit seiner Arbeit besteht jedoch darin, dass er die religiösen und kulturellen Phänomene des vorchristlichen Georgiens aus den Gegebenheiten bei ihren Nachbarn zu erschließen versucht. Daher widmet er diesen Phänomenen bei den umliegenden Völkern der alten Georgier zwei Drittel seiner Arbeit und kommt erst ganz am Ende, wie am Rande, zum eigentlichen Kern seines Themas.

Der Verdienst seiner Arbeit besteht darin, dass er auch ethnographische Studien zur Untermauerung seiner Thesen heranzieht.[7] Damit nimmt er implizit eine Erkenntnis vorweg, die Heinz Fähnrich über siebzig Jahre später folgendermaßen auf den Punkt bringt: „Von den alten vorchristlichen Glaubensvorstellungen der Georgier ist in Gestalt von Folklorewerken, von Riten und Kultbauten manches erhalten geblieben."[8] Vor allem in den Gebirgsregionen hat sich ein religiöser Synkretismus aus Christentum und vorchristlichen Glaubensvorstellungen zum Teil bis ins 20. Jahrhundert hinein erhalten, wobei letzteren nach Fähnrich der deutlich größere Anteil zukommt. Dieser religionsphänomenologische Glücksumstand erlaubt es diese vorchristliche Religion zumindest teilweise rückwirkend zu rekonstruieren.[9] Dabei sind jedoch zwei Probleme zu beachten. Zum einen ist es laut Fähnrich fraglich, ob das mythologische System der nordostgeorgischen Gebirgsbewohner in dieser Form auch für das Tiefland gültig war; denn in den anderen Gegenden Georgiens haben sich nur Bruchstücke des ursprünglichen Glaubens erhalten, da sie schon frühzeitig durch die Konkurrenz und die Übernahme fremder religiöser Auffassungen verdrängt wurden. So soll der georgische König P'arnavaz bereits im 4. Jahrhundert v. Chr. den Kult des Gottes Armazi eingeführt haben. Solche frühen Überlagerungen erschweren die Rekonstruktion des vorchristlichen religiösen Systems der Georgier

---

4 Tarchnišvili, Michael. a.a.O. 1940, 58.
5 Wesendonk, Otto G. von. a.a.O. 1924.
6 Vgl. ebd., 58.
7 Vgl. z.B. ebd., 63. FN 3. Mit dortigem Verweis auf Zichy, Comte Eugene. Voyages au Caucase. Bd. I. Budapest. 1897.
8 Fähnrich, Heinz. a.a.O. 1999, 13.
9 Ebd., 12ff.

natürlich beträchtlich.[10] Schon Otto Günter von Wesendonk hatte darauf verwiesen, dass es in Georgien Götter gab, die von fremden Dynastien mitgebracht wurden und sich mit volkstümlichen Gestalten zu den bis in die Gegenwart bestehenden Heiligenkulten und Volksbräuchen vermischten.[11]

Ein weiteres Problem für die Rekonstruktion des vorchristlichen Glaubens entsteht aus der lange andauernden Übernahme und Durchsetzung des Christentums in Georgien. Die frühe Christianisierung Georgiens hat zu einer Verwischung der heidnischen Tradition geführt und es wird, ohne genauere Differenzierung, nur von Heidentum, Götzendienst und Feuerkult gesprochen. Schon Leonti Mroveli berichtet, dass die Bekehrungsversuche der heiligen Nino bei den Gebirgsbewohnern auf Widerstand stießen und dass sie daher den Geleitschutz und die militärische Unterstützung eines erist'avis und seiner Truppen benötigte.[12] Außerdem bemerkte der Chronist, dass viele Angehörige der Gebirgsstämme bis ins 8. Jahrhundert „Heiden" geblieben waren: „[...] und die anderen verharrten im Heidentum bis zum heutigen Tage."[13] Diese nur allmähliche und zunächst oberflächliche Christianisierung führte dazu, dass es in der Zeit der arabischen Herrschaft ab dem 7. Jahrhundert in Georgien zu einer Wiederbelebung der vorchristlichen Vorstellungen kam.[14] So behauptete auch ein 1819 von Oberst Rottiers in Rom eingereichter Bericht, erst unter David dem Erbauer (1089–1125) sei der Feuerdienst in Georgien völlig ausgerottet und der Sieg des Christentums gesichert worden. Otto Günter von Wesendonk nimmt an, dass damit wohl das polytheistische Heidentum gemeint gewesen sei, das unter der islamischen Vorherrschaft wieder erstarkte, denn die Beseitigung des Feuerkultes in Georgien wird im Allgemeinen bereits dem Kaiser Heraklius zugeschrieben.[15] Das Hauptproblem besteht dabei darin, dass diese religiöse Renaissance vorchristlicher Werte mit dem Islam, also einer weiteren nichtchristlichen Religion, einherging, wobei es selbstverständlich ebenfalls zu wechselseitigen Überlagerungen kam. Dadurch ist bei der Rekonstruktion der vorchristlichen religiösen Situation Georgiens

---

10 Vgl. ebd., 14.

11 Vgl. Wesendonk, Otto G. von. a.a.O. 1924, 17f.

12 Vgl. Leonti Mroveli. Ninos mier k'art'lis mok'c'eva. In: Qauxč'išvili, Simon (Hrsg.). K'art'lis C'xovreba (Das Leben K'art'lis). Bd. 1. T'bilisi. 1955, 72–138. Hier 124ff. Vgl. dazu auch Leonti Mroveli. Die Bekehrung König Mirians und ganz Kartlis durch unsere heilige und selige Mutter, die Apostolin Nino. In: Pätsch, Gertrud (Hrsg.) Das Leben Kartlis. Eine Chronik aus Georgien (300–1200). Leipzig. 1985, 131–199. Hier 181ff.

13 Eigene Übersetzung von: „[...] და რომელიმე მათგანი დარჩეს წარმართობასავე შინა დღეს-აქამომდე."
    [...] da romelime mat'gani darč'es carmart'obasave šina dġes-ak'amomde. Zitat nach: Leonti Mroveli. Ninos mier k'art'lis mok'c'eva. In: Quaxč'išvili, Simon (Hrsg.). a.a.O. 1955, 72–138. Hier 126. Zur Übersetzung vgl. Leonti Mroveli. Die Bekehrung König Mirians und ganz Kartlis durch unsere heilige und selige Mutter, die Apostolin Nino. In: Pätsch, Gertrud (Hrsg.) a.a.O. 1985, 131–199. Hier 182.

14 Vgl. Wesendonk, Otto G. von. a.a.O. 1924, 10.

15 Vgl. ebd., 58 unter dortigem Verweis auf Tamarati, Michel. L'église Géorgienne des origines jusqu'à nos jours. Roma. 1910, 472.

häufig nur intuitiv zu entscheiden, ob es sich um genuine Glaubensvorstellungen oder um externe Überlagerungen handelt und wenn letzteres zutrifft, welcher ursprünglichen Religion und welchem Zeitraum sie entstammen. Auf diese Weise wird die Wiederherstellung des gesamten Bildes, der im alten Georgien vorhandenen Religionen, zu einer Aufgabe, die nicht vollständig lösbar ist.

Wesendonk weist mehrfach darauf hin, dass bei der Untersuchung der vorchristlichen Religionen Georgiens drei verschiedene Schichten zu unterscheiden seien.[16] Rein mazdaistische Überlieferungen,[17] ein iranisch beeinflusster Polytheismus[18] und einheimische georgische religiöse Vorstellungen.[19] Er kommt dabei selbst zu dem Ergebnis: „Der Mazdaismus war der Glaube einer fremden herrschenden Klasse, der nur ganz allmählich ins [georgische] Volk drang, sehr große Fortschritte aber wohl zu keiner Zeit zu machen vermochte."[20] Als oberschichtspezifisches Phänomen kommt die reine mazdaistische Lehre für diesen Teil der Untersuchung, der sich explizit den unteren Bevölkerungsschichten zuwendet, also nicht in Betracht. Die Wirkung der mazdaistischen Religion auf das gesellschaftliche Bild der Frau sowohl im alten Persien als auch in Georgien wurde im vorigen Teil der Arbeit bereits skizziert. An dieser Stelle sind also nur der iranisch beeinflusste Polytheismus und die ursprünglichen Glaubensvorstellungen relevant. Da diese aber aus den bereits angesprochenen Gründen stark miteinander vermischt sind und sich im Laufe der Zeit wechselseitig durchdrangen, wird die Unterteilung Otto Günter von Wesendonks für die weitere Argumentation fallengelassen. Da schriftliche Nachrichten ebenso zu berücksichtigen sind, wie folkloristische, ethnographische oder archäologische Materialien,[21] wird stattdessen im Folgenden methodisch unterschieden zwischen Hinweisen, die aus dem folkloristischen Brauchtum und der späteren Historiographie erschlossen werden können, und materiellen Belegen, die in Form von archäologischen Artefakten vorliegen.

11.1 Das vorchristliche Frauenbild Georgiens nach der volkstümlichen und historiographischen Überlieferung

Die Geister- und Ahnenverehrung gehörte auch in Georgien, wie in vielen anderen Teilen der Welt, zu den frühesten kulturellen Elementen. Sie konnte den Hochreligionen, wie dem Mazdaismus, dem Christentum oder dem Islam, die nach- und auch nebeneinander die religiöse Vorstellungswelt der Georgier prägten, keine dauerhaften ethisch-moralischen Werte von Bedeutung entgegensetzen. Freilich haben sich

---

16 Vgl. Wesendonk, Otto G. von. a.a.O. 1924, 2, 58 sowie 102.
17 Vgl. ebd., 58ff.
18 Vgl. ebd., 77ff.
19 Vgl. ebd., 92ff.
20 Ebd., 102.
21 Vgl. Watschnadse, Natela/Lortkipanidse, Mariam. a.a.O. 1993, 57.

selbst unter dem Christentum, das sich in der Konkurrenz der Weltreligionen in Georgien letztlich durchsetzte, einige Ansichten aus der vorchristlichen Periode erhalten, die einige Rückschlüsse auf den ursprünglichen Ahnenkult erlauben.

Sowohl in den altgeschichtlichen Quellen als auch in den ethnographischen Überlieferungen Georgiens[22] kommen häufig die Worte saxlt'angelozi[23] (სახლთანგელოზი/Häuserengel) und p'ujisangelozi[24] (ფუძისანგელოზი/Wurzelengel) vor. Als Wurzelengel werden in Georgien sowohl gveli (გველი/die Schlange) als auch xbo (ხბო/das Kalb) verehrt.[25]

In der nordöstlichen Region P'šavi hat jedes Haus mindestens einen mp'arveli angelozi (მფარველი ანგელოზი/Schutzengel), dessen Sitz sich üblicherweise in irgendeiner Ecke des Hauses befand. Sie sollten die Familien schützen und sich um sie kümmern. Außerdem waren sie verantwortlich für die Gesundheit der Menschen und für das Glück der Familien, für die Vermehrung der Tiere und für die Lagerung der Lebensmittel. Die Orte mit denen die Hierophanien dieser domestizierten Kulte und Rituale verbunden waren, heißen saxlt'angelozis t'aro (სახლთანგელოზის თარო/Hausengelregal), gandžina (განჯინა/Kammer) oder kedlis xvreli (კედლის ხვრელი/Wandloch).[26] Diese häuslichen Schutzgötter stellte man sich meist als Frauen oder Jungfrauen vor. Sie waren in der Regel unsichtbar, konnten einem Familienmitglied aber im Traum erscheinen oder die Gestalt der Nachbarstochter annehmen.[27] Sie waren also üblicherweise weiblich.

In Xevsurien wird der Schutzengelstag[28] im Frühling an einem Samstag oder donnerstags gefeiert. Dazu werden besondere Backwaren hergestellt und Hühner geschlachtet. Die p'šavische Hausfrau wandte sich in besonderen Gebeten, den angelozt' loc'va (ანგელოზთ ლოცვა), an ihre Hausengel, in denen sie darum bat, ihre Familie vor Schaden zu bewahren. Bei diesen Gebeten durften keine Kerzen angezündet werden, da man annahm, die Beine der Hausengel wären aus Wachs und

---

22 Vgl. exemplarisch Fähnrich, Heinz. a.a.O. 1999, 259; Očiauri, T'inat'in. a.a.O. 1998; Bardavelije, Vera. Aġmosavlet' sak'art'velos mt'ianet'is tradic'iuli sazogadoebriv-sakulto jeglebi. P'šavi. Bd. I. T'bilisi. 1974 oder Makalat'ia, Sergi. P'šavi. T'bilisi. 1934.

23 Es handelt sich um ein Kompositum aus saxli (სახლი/Haus) und angelozi (ანგელოზი/Engel). Zur Etymologie des Wortes saxli vgl. Abašije, Irakli/Metreveli, Roin u.a. (Hrsg.). K'art'uli enis ganmartebit'i lek'sikoni. Bd. 2. T'bilisi. 1990, 881 und Abulaje, Ilia (Hrsg.). a.a.O. 1993, 76. ანგელოზი/angelozi ist ein Lehnwort jüdisch-christlicher Provenienz. Vgl. dazu Abulaje, Ilia (Hrsg.). Sulxan-Saba Orbeliani: Lek'sikoni K'art'uli I. T'bilisi. 1991, 55 und Abašije, Irakli/Metreveli, Roin u.a. (Hrsg.). a.a.O. Bd. 1. 1990, 69.

24 Dabei bedeutet das Morphem p'uje (ფუძე) soviel wie Wurzel. Zur Etymologie des Wortes vgl. Abašije, Irakli/Metreveli, Roin u.a. (Hrsg.). a.a.O. 1990, 979 und Abulaje, Ilia (Hrsg.). a.a.O. 1993, 206.

25 Vgl. Očiauri, T'inat'in. a.a.O. 1998, 229.

26 Vgl. ebd. 225f.

27 Fähnrich, Heinz. a.a.O. 1999, 259.

28 In T'ušet'i glaubte man, dass an diesem Tag die „Schutzengel" vom Himmel herabkämen, um sich bei jedem Menschen auf der Schulter niederzulassen, deshalb durfte man zwei Tage lang die Schulter nicht bewegen, um die Schutzgeister nicht zu verscheuchen. Ebd., 35.

würden durch die Hitze der Kerzenflamme schmelzen, wodurch die Schutzgeister ihre Macht und ihre Stärke verlören.[29] Von einem weiteren Tabu berichten T'inat'in und Alek'sandre Očiauri: „Wenn in der Familie eine verheiratete Tochter war, so durfte sie das heilige Gebäck nicht essen, weil sie nicht als Familienmitglied zählte."[30] Außerdem durften Frauen, die gerade geboren hatten und im Wochenbett lagen, sieben Wochen lang die Ecke des Hausengels nicht betreten.[31] Dabei ist unklar, ob dies zum Schutz der Frau und des neugeborenen Kindes oder aus Achtung vor dem Schutzgeist geschah. Die Rituale und Tabus, die mit dem Schutzengelkult zusammenhingen, wurden peinlich genau befolgt, denn wenn man den Hausengel verärgerte, konnte er gefährlich werden und der Familie Schaden zufügen.[32] Jede Familie besaß ihren eigenen Schutzengel. Wenn die Familie umzog oder sich trennte, sollten die Schutzengel auch mitgeführt werden. Dazu wurden in den unterschiedlichen Regionen Georgiens die verschiedensten Rituale durchgeführt. Wenn man beispielsweise in P'šavi umzog, dann zog auch der Hausengel mit. Dafür mussten von der Hausfrau acht k'ada (კადა[33]), das sind geheiligte Gebäckstücke, und acht Kerzen angefertigt werden. Vier Gebäcke und vier Kerzen wurden in das alte Haus gebracht und die andere Hälfte in das neue. Die Kerzen wurden mit dem Gebäck in den Ecken des alten Wohnhauses aufgestellt und angezündet, waren sie abgebrannt, dann wurden sie von den Familienmitgliedern mit drei Fingern gelöscht und das Gebäck wurde gegessen. Am Ende sagte die Familie bestimmte Psalter und ging in das neue Haus. Dort nahm man das übrige Gebäck mit süßer Milch zu sich. Dazu wurde gesagt: „Du sollst süß werden und hereinkommen, Engel unseres Hauses"![34] Die Reste der Mahlzeit wurden mit den vier übrigen Kerzen wieder in den Ecken des neuen Hauses aufgestellt und drei Tage und Nächte dort belassen.

Es gibt noch weitere georgische Belege,[35] die über Rituale beim Bezug eines neuen Hauses berichten. So lange das Haus gebaut wurde, saß der Hausengel in der Nähe auf einem Baum. Er kam erst ins Haus, wenn es überdacht war. Auf einem Tablett wurden ihm Brot, vier Kerzen, ein Glas Wein und Wasser sowie Süßigkeiten und Obst bereitgestellt. Damit lief der Hausherr oder die Hausfrau dreimal um das alte Haus herum und verstreute dabei gleichzeitig Puderzucker. In Ostgeorgien wurde dieses Ritual üblicherweise von den Frauen durchgeführt. Mit brennenden Kerzen in der Hand betrat man das neue Haus und sprach: „Mein Engel, du sollst dort sitzen, wo du möchtest!"[36]

---

29 Vgl. ebd., 259.
30 Očiauri, T'inat'in/Očiauri, Alek'sandre. K'art'uli dġesascaulebi aġmosavlet' sak'art'velos mt'i-anet'ši. K'ut'aisi. 1991, 251f.
31 Vgl. Očiauri, T'inat'in. a.a.O. 1998, 228.
32 Vgl. Fähnrich, Heinz. a.a.O. 1999, 259.
33 Zur Etymologie des Wortes k'ada vgl. Abulaje, Ilia (Hrsg.). Sulxan-Saba Orbeliani: ‚Lek'siko-ni K'art'uli' II. T'bilisi. 1993, 209.
34 Očiauri, T'inat'in. a.a.O. 1998, 226.
35 Ebd.
36 Ebd., 227.

Außerdem musste das Haus vor dem Einzug von den avi angelozi (ავი ანგე-ლოობი/bösen Engeln) befreit werden. Dazu wurde das Haus an einem Samstag dreimal nacheinander mit Feuer ausgeräuchert. Für den Feuerbrand wurden bestimmte Hölzer ausgewählt, zum Beispiel ein Hagebuttenzweig. Nach der georgischen volkstümlichen Überlieferung versuchen die bösen Engel, nach der Austreibung meistens nachts das Haus wieder zu betreten. Deshalb sollte man fremden Männern des Nachts nie die Tür öffnen.[37] Es scheint, dass man sich ursprünglich die guten Schutzengel von Haus und Familie in weiblicher Form vorstellte und die bösen Hausgeister männlicher Natur waren. Da die Schutzengelrituale und die damit zusammenhängenden Regeln und Tabus starke Ähnlichkeiten mit Ahnenkulten aufweisen, wie sie auch bei anderen frühen vorchristlichen Religionen – beispielsweise bei den alten Germanen[38] – vorkommen, korrespondiert diese Unterscheidung, gute, weibliche Hausengel und böse, männliche Hausgeister, mit Begräbnisritualen, die Otto Günter von Wesendonk von den Osseten, einem iranisch-sprachigen Bergvolk Georgiens, berichtet: „Die Osseten hingen früher die toten Männer in Häute eingenäht an heiligen Bäumen auf. Nur die Frauen wurden beerdigt."[39] Fürchteten die Osseten ihre männlichen Toten etwa mehr als die verstorbenen Frauen und verbrachten sie deshalb weit weg von ihren Siedlungen auf Bäume in heiligen Hainen oder wurden die Frauen deshalb in der Nähe der Dörfer beerdigt, um als Schutz(ahnen)geister leichter zurückkehren zu können?

Religionsgeschichtlich steht der Schutzgeisterkult offenbar in engem Zusammenhang mit dem vor- bzw. nichtchristlichen[40] georgischen Polytheismus. Heinz Fähnrich weist darauf hin,[41] dass die angelozi (ანგელოობი/Engel), die er auch als Gottheiten bezeichnet, dem Volksglauben nach vom obersten göttlichen Wesen, dem morige ġmert'i (მორიგე ღმერთი/ordnender, waltender Gott[42]), auf die Erde entsandt wurden, um die Menschen von der Bedrückung durch die devi (დევი/Ungeheuer[43]) zu befreien.

---

37 Vgl. ebd., 226.
38 Vgl. dazu z.B. Obleser, Horst. Odin. Ein Gott auf der Couch. Waiblingen. 1993, 141ff.; Golther, Wolfgang. Handbuch der germanischen Mythologie. Essen. o.J. [Reprint der fünften Auflage der Originalausgabe. Rostock. 1895], 90ff. oder Herrmann, Paul. Deutsche Mythologie. Berlin. 1994³ [zuerst 1894], 56ff.
39 Wesendonk, Otto G. von. a.a.O. 1924, 63. FN 3. Mit dortigem Verweis auf Zichy, Comte Eugene. Voyages au Caucase. Bd. I. Budapest. 1897, 72f. Auch von den Ap'xazen ist durch den Historiker und Geographen des 18. Jahrhunderts Vaxušti überliefert, dass sie ihre Toten bekleidet und bewaffnet (offenbar auch nur die Männer!) in Särgen auf Bäume stellten. Vgl. dazu Watschnadse, Natela/Lortkipanidse, Mariam. a.a.O. 1993, 60.
40 Man kann nicht ausschließlich von vorchristlichen Vorstellungen ausgehen, da sich beide Religionsphänomene, wie oben bereits beschrieben wurde wechselseitig überlagern. Der Begriff „heidnisch" ist wegen seiner klaren Abwertung jedoch weitgehend zu vermeiden.
41 Vgl. Fähnrich, Heinz. a.a.O. 1999, 34.
42 Vgl. ebd., 209.
43 Vgl. ebd., 79.

Die Existenz des morige ġmert'i als höchstem, waltendem Gott wurde immer wieder als Tendenz zum Monotheismus in der vorchristlichen Glaubenswelt der Georgier gedeutet.[44] Diese hätte die Christianisierung Georgiens begünstigt und könne außerdem erklären, wie sich das christliche Georgien gegenüber Byzantinern, Sasaniden und auch Armeniern behaupten konnte. In diesem Zusammenhang wäre aufgrund der Vermischung religiöser Elemente in der folkloristischen Tradition jedoch eine weitaus vorsichtigere Interpretation angebracht. Im Grunde genommen handelt es sich hier um eine Situation, die schon aus der älteren Edda bekannt ist. Aus dem dritten, eschatologischen Teil des Liedes *Völuspa*[45] („Der Seherin Weissagung"), in dem es um Ragnarök, den Weltuntergang durch Feuer sowie die Wiedererstehung einer neuen, gewissermaßen gereinigten, Welt geht, wurde aufgrund seiner frappierenden inhaltlichen Ähnlichkeit mit der Johannes Apokalypse häufig geschlussfolgert, dass die Nordgermanen ähnliche Endzeitvorstellungen entwickelt hätten wie die jüdisch-christliche Tradition.[46] Dem wurde aber entgegnet, dass Island im 13. Jahrhundert, in der Zeit der Entstehung der nordischen Edda bereits weitgehend christianisiert war und man es aus diesem Grunde bei Ragnarök, der „Götterdämmerung"; wohl eher mit einem Synkretismus aus christlichen und germanischen Religionselementen zu tun habe, der nicht zuletzt dazu dienen mochte, den letzten Zweiflern die Annahme des Christentums akzeptabel erscheinen zu lassen.[47]

Beim georgischen morige ġmert'i ist die Situation sogar noch komplizierter, für ihn käme nämlich nicht nur der jüdisch-christliche Herr der himmlischen Heerscharen, sondern auch der ähnlich ausgerichtete islamische Allah aber auch der sich als Hauptgott herauskristallisierende iranische Ahura Mazda als mögliche externe Vorbilder in Betracht, ganz zu schweigen von vergleichbaren orientalischen Zentralgöttern. Gegen die These eines ausgeprägten Monotheismus spricht auch die Tatsache, dass die alten Georgier neben dem Hauptgott morige ġmert'i, der im obersten Himmel herrschte, auch ihm untergebene Gottheiten kannten und verehrten.[48] Eine hervorragende Stellung unter diesen so genannten Gotteskindern nahm Kviria (Lehnwort aus dem Griechischen) ein.

„In der Vorstellung der Gläubigen ist Kwiria der Vermittler zwischen Gott und den Menschen und steht an Gottes Tür. Kwiria war ursprünglich ein

---

44 Vgl. ebd., 11 sowie Wesendonk, Otto G. von. a.a.O. 1924, 77.
45 Siehe dazu Simrock, Karl (Hrsg. und Übers.). a.a.O. 1995, 18ff.
46 Vgl. dazu Herrmann, Paul. a.a.O. 1994, 378ff. Eine etwas kritischere aber tendenziell ähnliche Meinung vertritt Golther, Wolfgang. a.a.O., 531ff.
47 Vgl. dazu Stange, Manfred. Nachwort zur eddischen Dichtung. In: Simrock, Karl (Hrsg. und Übers.). a.a.O. 1995, 357–392. Hier 365. Vgl. dazu auch Obleser, Horst. a.a.O. 1993, 253ff.
48 Vgl. dazu Fähnrich, Heinz. a.a.O. 1999, 13.

Mensch und wurde erst später zum Engel. Sein Feiertag fällt auf Ostern und den Weißen Sonntag."[49]

Aufgrund seiner Vermittlerrolle zwischen Gott und den Menschen und der Charakterisierung als wiedergeborenem und in den Himmel aufgestiegenen Menschensohn nimmt Aks Lekiašvili an, dass sich der Kviria-Kult eigentlich auf Christus bezieht. Der Christus-Kult wäre im Leben der Gebirgsbewohner stark ethnisiert worden und hätte dadurch ein „heidnisches"[50] Aussehen angenommen. Diese Meinung hat zwar einiges für sich, dennoch lassen sich einige gewichtige Einwände dagegen vorbringen.

Gemäß Heinz Fähnrich[51] ist Kviria nicht nur der Vermittler zwischen Gott und den Menschen und der Schlichter von Streitigkeiten unter den „Gottessöhnen", sondern er führt letztere auch aktiv im Kampf gegen die bösen Mächte an.[52] Außerdem wurden Kviria in Xevsuret'i vorwiegend Geweihe, Gehörne und Glocken aber keine Kreuze geopfert, denn nach Auffassung der Xevsuren duldet Kviria keine Kreuze.[53] Dies wäre für einen unterstellten Christuskult allerdings außergewöhnlich.

Ein weiterer und für unsere Fragestellung sicher interessanteste Punkt ist der, dass das Geschlecht der Gottheit gar nicht so eindeutig ist, wie man bisher aus seiner Überlieferung zu schließen meinte. Meiner Ansicht nach ist es nicht nur nicht unmöglich, sondern sogar äußerst wahrscheinlich, dass die Gottheit, die dem Kviria-Kult ursprünglich zu Grunde lag, weiblich war. Für diese Ansicht spricht, dass Kvirias Name in christlicher Zeit häufig durch den der ǧvt'ismšobeli (ღვთისმშო-ბელი/Muttergottes) ersetzt wurde.[54] Außerdem ermittelte Ivane Džavaxišvili Kviria als uralte Schutzgottheit der Fruchtbarkeit und des Gebärens.[55] Ein männlicher Schutzpatron der Gebärenden wäre aber religionsphänomenologisch weitaus ungewöhnlicher als eine kriegerische Göttin. Es genügt wohl, an dieser Stelle auf die griechische Athene sowie ihre kriegerischen Attribute, Speer, Panzer und Ägisschild, hinzuweisen.[56] Ein weiterer Hinweis auf die weibliche Natur Kvirias könnte

---

49 Lekiašvili, Aka. Der Kult der Gottheit Kwiria bei den georgischen Bergbewohnern. In: Georgica 5. Jena/T'bilisi. 1982, 72–73. Hier 73 unter Verweis auf Bardavelije, Vera. Ivris p'šavelebši (dǧiuri). In: Enimkis moambe Bd. XI. T'bilisi. 1941. Das kvirac'xoveli, das Hauptfest des Kviria, wird am Weißen Sonntag dem ersten Sonntag nach Ostern gefeiert.
50 Vgl. ebd., 73.
51 Vgl. dazu Fähnrich, Heinz. a.a.O. 1999, 163f.
52 Nun wurde Jesus Christus im Laufe der Zeit einiges unterstellt, die Rolle eines militärischen Führers gegen das Böse gehört aber im Allgemeinen nicht zu seinen üblichen Attributen.
53 Vgl. dazu Fähnrich, Heinz. a.a.O. 1999, 164.
54 Vgl. ebd., 164.
55 Vgl. Džavaxišvili, Ivane. K'art'veli eris istoria. Bd. 1. T'bilisi. 1928, 56f. sowie ders. Sak'art'velos, kavkasiisa da maxlobeli aǧmosavlet'is istoriul-et'nologiuri problemebi. T'bilisi. 1950, 201ff. Vgl. dazu auch Lekiašvili, Aka. a.a.O. 1982, 72.
56 Um Missverständnissen vorzubeugen, sei betont, dass damit nicht gemeint ist, dass die griechische Göttin ein externes Vorbild für den Kviria-Kult bildete. Das wäre zwar eine spannende Frage, mangels auswertbarer und vergleichbarer Quellen jedoch auch nicht viel mehr als das.

daraus abgelesen werden, dass dies im heutigen Sprachgebrauch ein weiblicher Vorname ist, der allerdings nicht sehr häufig verwendet wird. Die heutige männliche Namensform lautet dagegen Kvirike.

In diesem Sinne wäre morige ġmertʻi das männliche Familienoberhaupt des georgischen Pantheons und Kviria möglicherweise seine Gemahlin. Demnach wären die so genannten Gotteskinder nicht unbedingt ausschließlich aber vorrangig aus einer ehelichen Verbindung beider hervorgegangen. Auch hier ergäben sich interessante Parallelen zum griechisch-römischen Pantheon (Zeus und Hera bzw. Jupiter und Juno) oder auch zum germanischen (Wotan/Odin und Freya/Frigg). Es genügt wohl darauf hinzuweisen, dass auch die dabei genannten Göttinnen (Hera, Juno, Freya/Frigg) alle ebenfalls als Geburtspatroninnen galten. In der Lebens- und Vorstellungswelt der kriegerischen Gebirgsbewohner hätte Kviria als weibliche Gottheit demnach im Laufe der Zeit eine Transformation zum männlichen Gott erlebt, da die Vorstellung kriegerischer und kämpfender Frauen nicht mehr in ihr Weltbild passte. Aus diesem Grund wird Kviria in der georgischen Folklore üblicherweise als männlicher Krieger und Richter dargestellt.[57]

Weitere bekannte Götter des georgischen Pantheons sind die „Krieger" Beri Bukna Baaduri, der weiße Gebirgshabicht Tʻergvauli (თერგვაული), Kopala (კოპალა), Iaqsari (იაყსარი), Pirkʻuši (პირკუში), Lašari (ლაშარი) und viele andere mehr.[58] Es wäre zwar interessant auch ihren Überlieferungen nachzugehen, würde an dieser Stelle jedoch von unserem eigentlichen Thema wegführen und muss daher späteren Studien vorbehalten bleiben. Neben diesen männlichen Heroen bevölkerten auch Göttinnen die unteren Ränge der georgischen Götterhierarchie.

Besonders hervorzuheben sind dabei die svanetische Jagdgöttin Dali und ihre mingrelische Entsprechung Tqašmapʻa (ტყაშმაფა). In Georgien wurde die Jagd zwar nicht ausschließlich von Göttinnen geregelt, es gab auch männliche Jagdgottheiten, beispielsweise Očʻokočʻi (ოჩოკოჩი) bzw. Očʻopintre (ოჩოპინტრე) oder Mesepʻi (მესეფი),[59] aber die Überlieferungen von Dali und Tqašmapʻa bilden dabei einen besonderen Typus. Hierbei scheinen außer der Gleichheit des Geschlechtes keine Übereinstimmungen mit ihren antiken Äquivalenten Artemis bzw. Diana zu bestehen. Während diesen antiken, griechisch-römischen und jungfräulichen Jagdgöttinnen vorwiegend ein keuscher Lebenswandel unterstellt wird,[60] er-

---

57 Vgl. z.B. Fähnrich, Heinz (Hrsg. und Übers.). a.a.O. 1984, 206.

58 Ebd., 14.

59 Očʻokočʻi, Očʻopintre und Mesepʻi sind behaarte wilde Waldmenschen und die männlichen Hüter des Wildes. Dabei ist Očʻokočʻi ein mythisches Wesen der Mingrelier [Vgl. Fähnrich, Heinz (Hrsg. und Übers.). a.a.O. 1997, 42ff.]. Očʻopintre ist seine Entsprechung bei den Xevsuren [Vgl. Fähnrich, Heinz (Hrsg. und Übers.). a.a.O. 1984, 127]. Mesepʻi waren ursprünglich mingrelische Gottheiten des Wildes, die erst allmählich zu Waldmenschen herabstiegen [Vgl. Fähnrich, Heinz (Hrsg. und Übers.). a.a.O. 1997, 7ff. und ders. (Hrsg. und Übers.). a.a.O. 1984, 17ff.]. Vgl. dazu auch Fähnrich, Heinz. a.a.O. 1999, 195 und 230f.

60 Die Liste, der von ihnen getöteten Männer, welche ihnen nachstellten, ist lang. Dazu gehören Orion, die Zwillinge Otos und Ephialtes sowie Aktaion, der es mit dem Tode büßen musste,

scheinen die Mythen der georgischen Jagdgöttinnen demgegenüber viel ursprünglicher und weniger artifiziell. Sowohl der svanischen Dali als auch der mingrelische Tqašmapʿa wurden Liebesbeziehungen zu von ihnen bevorzugten Jägern unterstellt, dabei ist es offenbar unerheblich, ob diese bereits verheiratet waren oder nicht.[61] Dem liegt die Vorstellung zu Grunde, dass bemerkenswerter Jagderfolg, als Geschenk der Göttinnen aufgefasst wurde und diese Beschenkung musste ja in den Augen der neidischen Jagdgefährten, der Angehörigen und Dorfbewohner eine Ursache gehabt haben. Im Zusammenhang mit der Jagd und der Verehrung der Jagdgöttinnen waren wohl verschiedene Tabus zu beachten: Erstens war die Zahl der bei einer Jagd zu tötenden Tiere limitiert.[62] Zweitens galten Jagdtiere, die besondere Merkmale aufwiesen (weiße Mahle, prächtiges Geweih oder Gehörn u.ä.), als Lieblingstiere der Jagdgottheiten und waren deshalb unantastbar.[63] Drittens erschienen die georgischen Jagdgötter oft auch in Gestalt verschiedener Tiere, zum Beispiel als džixvi (ჯიხვი/Steinbock), arčʿvi (არჩვი/Gemse), šveli (შველი/Reh) oder als iremi (ირემი/Hirsch) die daher für heilig gehalten wurden. Die Knochen dieser Tiere durften nicht in der Erde vergraben werden, sondern wurden an bestimmten Plätzen gesammelt und anschließend zusammen in den Fluss geworfen, damit die Tiere

---

dass er Artemis beim Baden überraschte. Aber auch ihren Jagdgefährtinnen drohte der Tod, wenn sie den Schwur der Jungfernschaft brachen. Das prominenteste Beispiel in dieser Richtung bildet wohl die Nymphe Kallisto, die im Grunde ja nur der Liebeslust des Zeus zum Opfer gefallen und seiner Verwandlungsfähigkeit aufgesessen war. Die strenge Keuschheit der Artemis bzw. der Diana erklären antike Autoren aus dem Umstand, dass sie von den Geburtsleiden ihrer Mutter Leto, die sowohl Artemis als auch Apollon zur Welt brachte, dermaßen abgeschreckt war, dass sie sich selbst ewige Jungfräulichkeit schwor. Im Übrigen soll Artemis vor Apollon zur Welt gekommen sein und ihrer Mutter anschließend sofort bei der Geburt des Bruders hilfreich zur Seite gestanden haben, weshalb sie auch als Geburtspatronin verehrt wurde. Vgl. dazu Lücke, Hans-K./Lücke, Susanne. Antike Mythologie. Ein Handbuch. Der Mythos und seine Überlieferung in Literatur und bildender Kunst. Reinbek bei Hamburg. 1999, 137ff. sowie Fauth, Wolfgang. Artemis. In: Ziegler, Konrat/Sontheimer, Walther (Hrsg.). Der kleine Pauly. Lexikon der Antike Bd. 1. München. 1979, 618–625 und Eisenhut, Werner. Diana. In: ebd., 1510–1512.

61 Exemplarisch dafür vgl. die Sagen: Die Rache der Tqaschi mapa. In: Fähnrich, Heinz (Hrsg. und Übers.). a.a.O. 1984, 42ff.; Die Waldfrau. In: ebd., 76ff.; Betkil. In: ebd., 91ff.; Dali und der Riese In: ebd., 191 oder Burdghu und Tqaschi mapa. In: ebd., 276ff.

62 In Svanetʿi z.B. durfte ein Jäger auf einem Jagdzug nicht mehr als drei Steinböcke erlegen, wollte er sich nicht den Zorn der Jagdgöttin Dali zuziehen. Im gleichen Zusammenhang steht auch die Sitte, dass ein Gewehr vergraben wurde, nach dem damit hundert Steinböcke zur Strecke gebracht worden waren. Vgl. Fähnrich, Heinz. a.a.O. 1999, 322 und Kiknaje, Zurab. Kʿartʿuli mitʿologia Bd. 1. Džvari da saqmo. Kutʿaisi. 1996, 243. Die Einschränkung der erlaubten Jagdbeute hatte offenbar einen ganz pragmatischen Grund. Es ging darum den Jagdbestand zu erhalten und nicht durch unnötige und übermäßige Bejagung zu gefährden. In diesem Sinne hatten die georgischen Gebirgsbewohner ein ganzheitliches Naturverständnis, ähnlich wie z.B. die nordamerikanischen Ureinwohner.

63 Vgl. dazu die Erzählungen: Betkil. In: Fähnrich, Heinz (Hrsg. und Übers.). a.a.O. 1984, 91ff.; Dalis Rache. In: ebd., 158 oder Der bunte Steinbock. In: ebd., 213.

durch die göttliche Kraft der Jagdgottheiten wieder belebt werden konnten.[64] Viertens galt es für den erfolgreichen Jäger, seine intime Beziehung zur jeweiligen Jagdgöttin zu verheimlichen.[65] Daraus ist abzuleiten, dass ursprünglich wahrscheinlich ein geheimer den Jägern vorbehaltener Kult in Bezug auf die Jagd existierte, der vor Unberufenen zu verbergen war.

Die Verletzung dieser Tabus wurde von den Jagdgöttinnen überwacht und ihre Verletzung zog Strafe nach sich. Jagdfrevlern wurde entweder das Jagdglück entzogen[66] und wenn sie von ihrem falschen Tun nicht abließen oder die Verstöße zu groß waren, töteten die Göttinnen den Jäger in dem sie ihn ins Gebirge lockten und dort von Felsen stürzten.[67] Missgeschicke und Unglücke bei der Jagd konnten auf diese Weise aus einer bewussten bzw. unbewussten Verletzung der Jagdtabus durch den Jäger bzw. seine Familie erklärt werden. Einen weiteren interessanten Topos innerhalb der Jagdüberlieferungen bildet die Vorstellung, dass die Jagdgöttin den von ihr bestraften Geliebten nach dessen von ihr verursachtem tödlichen Jagdunfall aus dem Grabe wieder zu sich holte. Um dies zu verhindern, bewachten seine Freunde und Gefährten in Svanetʿi sein Grab drei Nächte lang.[68] In diesem Zusammenhang tritt uns die Jagdgöttin in ihrem dunklen, chthonischen Aspekt als Totengöttin entgegen. Darin ist wiederum keine vorrangige Übereinstimmung mit den antiken europäischen Religionen zu sehen. Meines Erachtens erklärt sich die Doppelnatur der Jagdgöttin aus ihrem Zuständigkeitsbereich. Da sie in der folkloristischen Vorstellung durch die Gewährung oder den Entzug des Jagdglückes einen sehr starken Einfluss auf das Überleben der Gemeinschaft ausübte und außerdem bereits über Tod oder Leben der jagdbaren Tiere bestimmte, lag es wohl nahe, sie auch als Lebensspenderin aber auch als Verderberin der Menschen zu begreifen. Ebenso evident ist es, dass sie für ihre „Geliebten" in der jenseitigen Welt zuständig war. Diese Zuständigkeit wurde ihr jedoch im Verlauf der Überformung durch monotheistische Religionen – sowohl Christentum, wie auch Islam – negativ ausgelegt. So dass es zu verhindern galt, dass sie sich ihre Anhänger nach deren Tod in ihr Reich holte.[69]

---

64 Očiauri, Tʿinatʿin. a.a.O. 1998, 228.

65 Vgl. dazu die Jagdsagen: Die Rache der Tqaschi mapa. In: Fähnrich, Heinz (Hrsg. und Übers.). a.a.O. 1984, 42ff.; Dali und der Jäger Almasgil. In: ebd., 219 ff.

66 Vgl. stellvertretend für diesen Topos die Erzählung: Gegi Margiani und die Dali. In: Fähnrich, Heinz (Hrsg. und Übers.). a.a.O. 1984, 121.

67 Vgl. in diesem Zusammenhang: Die Rache der Tqaschi mapa. In: Fähnrich, Heinz (Hrsg. und Übers.). a.a.O. 1984, 42ff.; Betkil. In: ebd., 91ff. sowie Dali und der Jäger Almasgil. In: ebd., 219 ff.

68 Vgl. dazu die Jagderzählungen: Betkil. In: Fähnrich, Heinz (Hrsg. und Übers.). a.a.O. 1984, 91 ff. sowie Dali und der Jäger Almasgil. In: ebd., 219 ff.

69 Wenn hier mythologische Ähnlichkeiten bestehen, dann wohl eher zur mitteldeutschen „Frau Holle" bzw. „Holde" und zur süddeutschen „Frau Perchte." Die beide das so genannte wütende Heer des wilden Jägers begleiten, der als Emanation des ursprünglichen obersten Sturm- und Kriegsgottes der Germanen Odin/Wotan identifiziert wurde. In diesem Sinne sind „Frau Holde" und „Frau Perchte" sowohl dessen Jagdgefährtinnen als auch chthonische Totengöttinnen. Außerdem leben sie wie die georgische Dali bzw. Tqašmapʿa im Gebirge. Frau Holle z.B. im

Damit die intime Beziehung der Jäger zur Jagdgöttin überhaupt vorstellbar war, dachte man sich diese als außergewöhnlich schöne Frau. Die svanische Dali trug nach volkstümlicher Ansicht ihr goldenes Haar in zwei Zöpfen geflochten, die bis zum Boden reichten. Schnitt man diese ab, so musste die Göttin sterben.[70] Die mingrelische Tqašmapʻa sah man dagegen vorwiegend mit offenem langem schwarzem Haar und nur seltener mit goldenen Zöpfen.[71] Aus den heimlichen Beziehungen der Jagdgöttin zu den Jägern gingen nach der folkloristischen Tradition auch Kinder hervor. Die bedeutendste Überlieferung in diesem Zusammenhang bilden wohl die Legenden um den georgischen Helden Amirani. Die *Amiranis tʻkʻmuleba* (ამი-რანის თქმულება/Amirani-Sage)[72] gehört zu den ältesten mythologischen Zeugnissen der Kʻartʻvelier. Nach Heinz Fähnrich geht sie mindestens bis in das 2. Jahrtausend v. Chr., also in die späte Bronze- bzw. die frühe Eisenzeit, zurück und führt tief in die ältesten Vorstellungen georgischer Mythologie hinein.[73] Als archäologische Belege für die frühe Entwicklung und Verbreitung des Amiranimythos werden der Silberbecher von Tʻrialetʻi,[74] die nackten Figuren des Schatzes von Tʻrialetʻi[75] und die Jagdkomposition auf einem Bronzegürtel aus Mcʻxetʻa-Samtʻavro angesehen.[76] Außerdem weist die *Amiranisage* einerseits zahlreiche Parallelen mit der griechischen Prometheussage[77] und andererseits mit dem sumeri-

---

Hörselberg bei Eisenach. Vgl. Quensel, Paul (Hrsg.). Thüringer Sagen. Augsburg. 1998, 194ff.; Obleser, Horst. Odin. a.a.O. 1993, 91f. Golther, Wolfgang. a.a.O., 491f. und 496 sowie Herrmann, Paul. a.a.O. 1994, 287 und 294f.

70 Vgl. Fähnrich, Heinz. a.a.O. 1999, 72.

71 Vgl. ebd., 322f. Die überlieferte Schönheit der georgischen Jagdgöttinnen bietet wiederum eine erstaunliche Parallele zur deutschen Volksmythologie. „Frau Holde" tritt als „Frau Venus" der Tannhäuserlegende ursprünglich auch als schöne junge Unterweltsgestalt auf, die sich erst im Laufe der weiteren christlich beeinflussten Überlieferung in die hässliche alte „Frau Holle" verwandelt, wie sie aus der Grimmschen Hausmärchensammlung bekannt ist. Obleser, Horst. Odin. a.a.O. 1993, 91f.

72 Vgl. Čikʻovani, Mixeil. Midžačvuli amirani. Tʻbilisi. 1947. Es liegt auch eine deutsche Edition vor: ders. (Übers.). Das Buch vom Helden Amirani. Ein altgeorgischer Sagenkreis. Leipzig/Weimar. 1978.

73 Vgl. Fähnrich, Heinz. a.a.O. 1999, 31ff.

74 Otʻar Lortʻkʻipʻanije datierte den silbernen Tʻrialetʻi-Becher in die zweite Hälfte des 2. vorchristlichen Jahrtausends. Vgl. Lordkipanidse, Otar. Archäologie in Georgien. Von der Altsteinzeit zum Mittelalter. [Quellen und Forschungen zur prähistorischen und provinzialrömischen Archäologie. Bd. 5]. Weinheim. 1991, 62ff. und (für eine Abb.) Tafel 8.

75 Sie stammen nach Otʻar Lortʻkʻipʻanije aus der Zeit zwischen dem 14. und dem 13. Jahrhundert v. Chr. Vgl. Lordkipanidse, Otar. a.a.O. 1991, Tafel 11.

76 Vgl. Tschikowani, Micheil. a.a.O. 1981, 15f.

77 Hervorzuheben sind der Kampf gegen Gott bzw. die Götter, der Raub des Feuers sowie die anschließende Bestrafung wegen der Auflehnung gegen Gott. Parallelen bilden auch Ort und Art der Bestrafung: ewige Ankettung des Heroen im kaukasischen Felsengebirge und die Überlieferung der Befreiung bzw. von Befreiungsversuchen. Neben dem griechischen Prometheusmythos drängt sich der Vergleich mit dem nordgermanischen Trickster Loki auf, der sich bekanntlich auch gegen die Asen und ihre Überheblichkeit auflehnt und zur Strafe dafür bis zum Weltenende, Ragnarök, an einen Felsen gebunden wird. Vgl. Simrock, Karl (Hrsg. und Übers.).

schen *Gilgamesch-Epos*[78] auf und ist in fast über 150 Varianten in ganz Georgien verbreitet.

Als Vater des Helden Amirani tritt der Jäger, Schmied oder Bauer namens Sulkalmaxi auf.[79] Meines Erachtens kommt er für die Vaterschaft Amiranis nur in seiner Eigenschaft als Jäger in Betracht. Es ist zu vermuten, dass die soziale Arbeitsteilung im bronzezeitlichen Georgien nicht soweit fortgeschritten war, dass er neben seiner Hauptbeschäftigung als Schmied nicht auch der Landwirtschaft und der Jagd nachgegangen wäre, um die Familie zu ernähren. In der geheimen „Jägerehe" zeugte er mit der Schutzgöttin des Wildes Dali den gemeinsamen Sohn Amirani. Aus seiner Ehe mit einer menschlichen Frau stammten die Halbbrüder Amiranis, Badri und Usipi,[80] die gemeinsam mit Amirani gegen Ungeheuer, Drachen und böse göttliche Wesen kämpften. Auf diese heroische Trinität wird im Zusammenhang mit der christlichen Überlieferung später noch einmal zurückzukommen sein.

Als Mutter des größten georgischen Helden und des Kulturheros Amirani tritt uns ein weiterer Aspekt der georgischen Jagdgöttin entgegen, denn sie erscheint dadurch auch als mütterliche Gottheit. Sie bringt ihre Kinder, also auch Amirani, in der Felsenhöhle zur Welt, in der sie lebt.[81] Dazu öffnet sie sich selbst sterbend mit ihrem goldenen Messer den Bauch, um das ungeborene Kind zu retten oder fordert den Vater des Kindes auf dies zu tun.[82] Dali opfert sich selbst, um den Helden zur Welt zu bringen. Welche Vorstellung diesem Bild zu Grunde liegt konnte bisher noch nicht ermittelt werden. Ebnet hier eine alte Gottheit einer neuen religiösen Kraft den Weg? Wie dem auch sei, der Kult der georgischen Jagdgöttin ist hoch komplex. Sie erscheint in einer dreifach gegliederten Form: Erstens als Schützerin des Wildes und Verteilerin des Jagdglückes, zweitens als Totengöttin, die die toten Jäger zu sich nimmt und drittens als Muttergottheit, die durch eigene Selbstaufopferung den georgischen Kulturheros zur Welt bringt.

Aber nicht nur der Gebirgswald Georgiens ist das Reich einer Göttin, auch Wasser und Sumpf werden von einer weiblichen Gottheit regiert. So verehrten die Mingrelier Cqarišmap'a (წყარიშმაფა), die Königin des Wassers. Sie lebte in Flüssen Bächen und im Sumpf, lenkte die Strömung des Wassers und sorgte für die

---

a.a.O. 1995, 18, 46, 91, 306ff. und 413; Obleser, Horst. a.a.O. 1993, 121ff. sowie Golther, Wolfgang. a.a.O., 378ff.

78 Ähnlichkeiten ergeben sich aus der Abstammung beider Helden. Die Natur und das Wesen ihrer Mütter sind ähnlich. Darüber hinaus bestehen Analogien in den Kämpfen und den Motiven der Helden. Weitere Parallelen bieten ihre Freundschaft mit Schmieden, die Erwähnung von Zauberkräften: z.B. bei der Heilung des Auges. Vgl. dazu Šengelia, Mixeil. Gilgamešisa da amiranianis urt'iert'obis sakit'xisat'vis. In: Mnat'obi 9. T'bilisi. 1969.

79 Vgl. Čik'ovani, Mixeil. K'art'uli eposi. Bd. 1. T'bilisi. 1959, 37, 151f., 266f.

80 Fähnrich, Heinz. a.a.O. 1999, 33; Glonti, Alek'sandre. K'art'uli zġaprebi. T'bilisi. 1975, 399.

81 In diesem Zusammenhang ist das Werk Dali gebiert im Felsen besonders hervorzuheben. Vgl. Tschikowani, Micheil. a.a.O. 1981, 16.

82 Vgl. Fähnrich, Heinz. a.a.O. 1999, 73. Vgl. auch die Erzählung: Amirani. In: ders. (Hrsg. und Übers.). a.a.O. 1984, 99ff. und Čik'ovani, Mixeil. (Übers.). a.a.O. 1978.

Vermehrung der Fische. Außerdem lauerte sie nachts an Furten und ertränkte dort Reisende, die den Fluss überqueren wollten, aber auch Fischer die ihre Ruhe störten. Auch ihr wurden intime Verhältnisse zu jungen Männern nachgesagt.[83] Im Grunde handelt es sich demnach bei Cqarišmapʿa um eine wasserbezogene Erscheinungsform der Jagdgöttin, die hier nicht für die Wildtiere, sondern für die Fische, nicht für die Jagd, sondern für den Fischfang und nicht für die auf der Jagd verunglückten und Getöteten, sondern für die Ertrunkenen zuständig war.

Der Kampf gegen die ali[84] (ალი/böse Wesen), devi[85] (დევი/Ungeheuer), gvelešapi[86] (გველეშაპი/Drachen), kʿadži[87] (ქაჯი/böse Geister) und kudiani, mzakvari, mazakvali[88] (კუდიანი, მზაკვარი, მაზაკვალი/Hexen) gehört zu den generellen Aufgaben der Helden und der Götter in den andrezi[89] (ანდრეზი/Volks-

---

83 Vgl. Fähnrich, Heinz. a.a.O. 1999, 352 sowie ders. (Hrsg. und Übers.). a.a.O. 1997, 64ff.

84 Bei der Gestalt der Ali, einer schönen, verführerischen Frau, handelt es sich offenbar um die herabgekommene Form der alten Jagdgöttin. Vgl. ebd., 29 sowie die Geschichte: Die Ali. In: Fähnrich, Heinz. (Hrsg. und Übers.). a.a.O. 1984, 212f.

85 Die devi sind riesige, behaarte, menschenähnliche Ungeheuer mit ungeheuren Kräften und häufig mehreren Köpfen. Vgl. Fähnrich, Heinz. a.a.O. 1999, 79f. sowie die Geschichten: Kopala. In: ders. (Hrsg. und Übers.). a.a.O. 1984, 57–68; Iachsari. In: ebd., 68–71; Pudsis Angelosi, Kopala und Iaqsari. In: ebd., 142f.; Pirkuschi und Zqarostauli. In: ebd., 189f. sowie Das Heiligtum der Kistaurer Iaqsari, Kopala und Pirkuschi. In: ebd., 203–212. Das Wort devi ist aus dem Armenischen entlehnt, könnte aber auch persischen Ursprungs sein. Zur Etymologie des Wortes devi vgl. auch Abašije, Irakli/Metreveli, Roin u.a. (Hrsg.). a.a.O. Bd. 1. 1990, 460 und Abulaje, Ilia (Hrsg.). Sulxan-Saba Orbeliani: ‚Lekʿsikoni Kʿartʿuli' I. Tʿbilisi. 1991, 215.

86 In der Amirani-Sage verschlingt ein Drache die Sonne und verfinstert den Tag. Vgl. Fähnrich, Heinz. a.a.O. 1999, 84 sowie Čikʿovani, Mixeil (Übers.). a.a.O. 1978, 82–101. Hierbei handelt es sich wahrscheinlich um den mythologisch verbrämten Vorgang einer Sonnenfinsternis, wie auch im Fall der germanischen Wölfe Hati und Sköll oder auch beim Fenriswolf gemutmaßt wurde, die zu Beginn von Ragnarök Sonne und Mond verschlingen. Simrock, Karl (Hrsg. und Übers.). a.a.O. 1995, 28, 37, 269, 308, 406, 423 und Golther, Wolfgang. a.a.O., 487, 524.

87 Ein kʿadži ist ein kluger, aber sehr böser Geist. Er lebt in unwegsamen Gegenden oder verlassenen Ortschaften, hat zottiges Fell, krumme Beine und Krallen. Seine Füße stehen verkehrt herum, er spricht verdreht und macht alles umgekehrt. So wird das Echo beispielsweise als Sprache der kʿadžebi gedeutet. Sie sind verwandlungsfähig und fügen den Menschen häufig Schaden zu. Sie sollen auch versuchen, die Sonne einzufangen. Vgl. Fähnrich, Heinz. a.a.O. 1999, 133f. sowie die Erzählung: Chogais mindi. In: ders. (Hrsg. und Übers.). a.a.O. 1984, 282–285. Die georgischen kʿadži ähneln gewissermaßen den deutschen Kobolden, nur sind sie nicht so liebenswürdig. Zur Etymologie des Wortes kʿadži vgl. Abašije, Irakli/Metreveli, Roin u.a. (Hrsg.). a.a.O. Bd. 2. 1990, 987 und Abulaje, Ilia (Hrsg.). a.a.O. 1993, 219.

88 Als Hexen treten in der Regel Frauen in Erscheinung, sehr viel seltener auch Männer. Sie sind geschwänzt und richten Schadenzauber an. Sie können weissagen, fressen Kinder oder die Herzen ihrer Opfer, produzieren Flugsalbe und werden auch als Wolfsreiterinnen dargestellt. Vgl. Fähnrich, Heinz. a.a.O. 1999, 84 sowie ders. (Hrsg. und Übers.). a.a.O. 1997, 157–163. Die georgischen Hexen zeigen also im Großen und Ganzen das gleiche Erscheinungsbild, wie ihre europäischen Ebenbilder. Es ist allerdings auffällig, dass das Hexenmotiv in der georgischen Folklore ungleich seltener auftritt, als in Mitteleuropa. Es könnte sich dabei durchaus um ein von dort eingeführtes Phänomen handeln.

89 Vgl. dazu Fähnrich, Heinz. a.a.O. 1999, 34.

epen). Tʻinatʻin Očiauri nahm anhand der Attribute, ihrer angeführten ethnologischen Spezifika und den mit ihnen in Verbindung gebrachten Siedlungsorten an, dass es sich vor allem bei den devi-Ungeheuern um die Angehörigen nachischer Stämme handelte, die in langen Kämpfen von den Georgiern verdrängt wurden und von denen die Georgier beispielsweise das Schmiedehandwerk erlernt hätten. In diesem Sinne würden die andrezi von lange vergangenen historischen Ereignissen berichten.[90] Hier könnte es sich um einen historisierenden Fehlschluss handeln, wie er bereits Tacitus in seiner Germania unterlief, wo er annahm, dass es sich bei den Waldgeistern, elbischen Wesen und Riesen, von denen seine germanischen Gewährsmänner berichteten, um im Osten der Germanen ansässige Nachbarvölker handelte, die mit diesen im ständigen Kampf lägen.[91] Eine vorsichtigere Deutung der devis in Richtung von schadenden Naturkräften und in diesem Sinne möglicherweise ursprünglicheren Naturgottheiten, die bzw. deren Anhänger nach und nach durch ein funktional differenziertes Götterpantheon verdrängt wurden, könnte zu neuen Einsichten führen. Dies muss hier aber unterbleiben.[92]

Für die soziale Stellung der Frau im vorchristlichen Georgien ist allerdings ein anderer Topos der andrezebi und der georgischen Volksmärchen viel aufschlussreicher. Immer wieder taucht die Schilderung auf, dass ein Sagen- oder Märchenheld, auf eine weibliche Emanation der bösen Mächte trifft – entweder auf die Anführerin der Hexen Rokapi,[93] auf die devtʻ deda[94] (დევთ დედა/Mutter der Ungeheuer) oder ein schönes devi-Mädchen – die ihm bei der Lösung einer ihm übertragenen Aufgabe helfen können. Um sich aber die Hilfe dieser allwissenden und zauberkundigen Wesen zu versichern und gleichzeitig zu verhindern, dass er von ihnen verschlungen wird, muss der Held entweder die Brust des weiblichen Unwesens berühren, die häufig als nach hinten über die Schultern hängend beschrieben wird, oder hinein beißen oder den Unhold als Mutter ansprechen. Darauf antwortet das weibliche Ungeheuer standardmäßig, wenn du dies nicht getan hättest, dann wärest du ein

---

90 Vgl. dazu Fähnrich, Heinz (Hrsg. und Übers.). a.a.=. 1984, 299f.

91 Tacitus beschreibt am Ende von Kapitel 43 die Kampfgewohnheiten eines Stammes, den er als Harii (Harier) bezeichnet. Sie griffen nur nachts an, kleideten und bewaffneten sich dabei schwarz und durch ihr gespensterhaftes Auftreten verbreiteten sie Angst und Schrecken. Vgl. Härtel, Gottfried/Woyte, Curt (Hrsg. und Übers.) Publius Cornelius Tacitus: Germania (lateinisch und deutsch). Leipzig, 1971, 66f. Paul Herrmann zeigte dagegen auf, dass es sich bei den Harii des Tacitus niemals um einen tatsächlich existierenden Germanenstamm gehandelt hatte: „Harjaz, hari ist das Heer, die nächtliche Gespensterschar, die des Nachts ihren Umzug durch die Lüfte hält, das Wutensheer, Heer des Gottes Wuotan, entstellt zu ‚wütendes Heer', schwäbisch ‚s Muotes her'." Die germanischen Gewährsmänner hätten die Jenseitswesen und ihre angeblichen Wohnorte genauso geschildert, wie ihre wirklichen Nachbarn, worauf Tacitus sie irrtümlicherweise für einen realen Volksstamm der Sueben hielt. Vgl. dazu Herrmann, Paul. a.a.O. 1994, 230ff.

92 Vgl. dazu Gippert, Jost. Daemonica Irano-Caucasica. In: Iranian and Indo-European Studies. Memorial Volume of Otakar Klima. Praha. 1994, 53–88.

93 Vgl. Fähnrich, a.a.O. 1999, 254.

94 Vgl. ebd., 80.

schmackhafter Happen geworden. So aber erkennt sie den Eindringling als Ziehsohn an und hilft ihm, seine Aufträge auszuführen.[95] Es ist evident, dass es sich bei diesem Topos um die folkloristische Verarbeitung der Institution der Milchverwandtschaft handelt, die im vorangegangen Teil bereits ausführlich besprochen wurde.[96]

Neben der georgischen Volksreligion gab es, wie bereits geschildert wurde, auch externe Religionseinflüsse in Georgien, die die Volksreligion überlagerten. Es ist allerdings davon auszugehen, dass dabei nur solche Religionselemente eine Chance hatten, sich dauerhaft zu etablieren, die an die bereits bestehenden Religionssysteme des alten Georgiens anschlussfähig waren. Daher kommen in diesem Teil meiner Untersuchung nur solche externen Überformungen in sofern in Betracht, als sie zum einen inhaltliche Bezüge zu den geschilderten frühen, vorchristlichen Vorstellungen aufweisen und andererseits sich aus ihnen das gesellschaftliche Bild, dass man in dieser Zeit von Frauen hatte, erschließen lässt. In diesem Zusammenhang kommen zwei religiöse Strömungen in Betracht, die schon Otto Günter von Wesendonk als wesentliche religiöse Einflussgrößen in Georgien identifiziert hat: Zum einen ein aus Mesopotamien übernommener Astralkult[97] und zum andern ein vor allem von der iranischen Volksreligion teilweise überformter Polytheismus.

Der Meinung, dass der Sonnen- und der Mondkult zu den allerältesten und ursprünglichsten Religionen auf dem Gebiet des heutigen Georgiens gehörten,[98] muss vehement widersprochen werden. Die Erkenntnis, dass die Gestirne, vor allem die Sonne, einen starken Einfluss auf die Vegetation und damit auf das Leben der Menschen ausüben und deshalb verehrenswürdig sind, setzt eine Lebensweise voraus, die sich frühestens nach der neolithischen Revolution, dem Wechsel zum Ackerbau, durchgesetzt hat. Sowohl Jäger und Sammler als auch nomadisierende Viehzüchter sind zwar nicht völlig aber vergleichsweise unabhängiger vom Wechsel der Jahreszeiten. Die Verehrung der Verstorbenen und heiliger Tiere dürfte nach allen Erkenntnissen der prähistorischen Forschung jedoch in soweit eine anthropologische Konstante darstellen, als ihre Herausbildung sich wohl gleichzeitig mit der Menschwerdung vollzog. Auch die Verehrung von Jagdgottheiten, die den Stamm oder die Sippe mit Fleisch und Nahrung „versorgten", scheint in eine Zeit zurück zu reichen, in der der Lebensunterhalt vorwiegend durch die Jagd bestritten wurde. Die Frage ob Mond- und Sonnenkult nun genuin georgische Entwicklungen sind oder nicht, ist damit nicht geklärt. Sie ist hier auch nur am Rande von Interesse. Im Grunde kann

---

95 Stellvertretend und exemplarisch für diesen Topos können folgende Märchen genannt werden: Zwei Brüder. In: Fähnrich, Heinz (Hrsg. und Übers.). a.a.O. 1992, 67–75; Wie das Mädchen zum Mann wurde. In: ders. (Hrsg. und Übers.) [unter Mitarbeit von Heinz Mode]. a.a.O. 1980, 49–63; Das Schilfmädchen. In: ebd., 63–75 oder Die Boshmi-Blume. In: ebd., 222–232.

96 Siehe dazu Kap. 8.2.2.

97 Vgl. Wesendonk, Otto G. von. a.a.O. 1924, 94.

98 Vgl. ebd., 9f. und 93f. Nach Ansicht von Pätsch, wird diese Auffassung in den meisten georgischen Geschichtswerken vertreten. Leider fehlen näheren Angaben, so dass ihre Aussage nicht nachzuprüfen ist. Vgl. Pätsch, Gertrud. a.a.O. 1973, 219.

man sich der Meinung Wesendonks anschließen, dass sie es sein können,[99] muss dabei aber einschränkend bemerken, dass sie das nicht notwendigerweise auch sein müssen.

Im Zusammenhang mit dem Kult der beiden Hauptgestirne, Sonne und Mond, ist ein anderes Phänomen von viel größerem Interesse. Während üblicherweise der Mond wegen der Parallelen seiner Phasen mit der weiblichen Menstruation als Göttin[100] und die Sonne häufig, beispielsweise in der griechisch-römischen, antiken Mythologie, als männliche Gottheit verehrt wurde, scheint dieses himmlische Geschlechterverhältnis in Georgien gewissermaßen auf den Kopf gestellt.

Bereits Mixeil Ceret'eli wies Otto Günter von Wesendonk darauf hin, dass mze (მზე/die Sonne) in Georgien noch heute als Göttin verstanden wird. Der mt'vare (მთვარე/Mond) sei dagegen männlich aufgefasst worden.[101] Sein Name kann mit der Bezeichnung mt'avari[102] in Verbindung gebracht werden. Demnach wäre der Mond der „Häuptling" des Himmels oder der Nacht und die Sonne wäre ihm untergeordnet. Da es im Georgischen keine Angabe für den Genus gibt, lässt sich nur gefühlsmäßig erschließen, ob ein Wort männlich oder weiblich empfunden wird, einen grammatikalischen Anhalt gibt es dafür nicht.[103] In den georgischen Überlieferungen haben mehrheitlich Frauen mit der Sonne verbundene Namen. Beispiele hierfür bilden: Gult'amze (გულთამზე/Herzenssonne), Mzek'ala, (მზექალა/Sonnenfrau), Mzek'albatoni (მზექალბატონი/Sonnenfrau), Mzia (მზია/Sonne) Mzist'vala (მზისთვალა/Sonnenauge) u.a.

Heinz Fähnrich weist darauf hin, dass die besondere Verehrung des Mondes bei den Svanen und Mingreliern aus ihren Bezeichnungen für den ihn betreffenden Wochentag, Montag, erkennbar seien. An diesem Tag begab man sich nicht auf Reisen und befand man sich bereits auf einer solchen, so nahm man an Montagen kein Wasser zu sich, weil an diesen Tagen der Mond seine gefährliche Kraft offenbare und das Wasser vergifte. Auch schwere Arbeit wurde montags vermieden. Man nahm an, dass alles Glück bzw. Leid vom Mond gesendet werde und begrüßte ihn deshalb vor allem als Neumond mit besonderen Ritualen.[104] Weiter berichtet Fähnrich, dass die Sonne im georgischen Pantheon nach dem Obergott morige ġmert'i den zweiten Rang einnahm und ihr niedere Gottheiten unterstellt waren.[105] Da man, wie ausgeführt wurde, der Sonne ein weibliches Geschlecht unterstellte, ergibt sich aus diesem Hinweis ein zusätzlicher Beleg für die oben ausgeführte Hypothese, dass auch die

99   Vgl. Wesendonk, Otto G. von. a.a.O. 1924, 93.
100   Vgl. dazu z.B. French, Marilyn. Jenseits der Macht. Frauen, Männer und Moral. Reinbek bei Hamburg. 1996, 52.
101   Vgl. Wesendonk, Otto G. von. a.a.O. 1924, 85 und K'orije, Davit'. K'art'veli k'alebi ujvelesi droidan XIX saukunemde. T'bilisi. 1976, 5ff.
102   Zu diesem Begriff siehe Kap. 8.1.3.b.
103   Vgl. Wesendonk, Otto G. von. a.a.O. 1924, 93.
104   Vgl. dazu Fähnrich, Heinz. a.a.O. 1999, 207f.
105   Vgl. ebd., 207f.

Gottheit Kviria ebenfalls weiblich und die Gattin des morige ġmertʻi war. Auch in der georgischen Volkspoesie wird die Frau oft als Sonne und der Mann als Mond bezeichnet. Beispielhaft können dafür das georgische Gesangsgedicht *mze šina* (მზე შინა/*Die Sonne zu Hause*) oder das georgische Schlaflied *iavnana* (იავნანა) angeführt werden. Darin wird die Sonne als Mutter und Mond und Sonne gemeinsam als Eltern bezeichnet: „Die Sonne ist meine Mutter, der Mond – mein Vater."[106]

Häufig herrschten in Georgien Fürsten iranischen oder halbiranischen Ursprungs über eine ihnen fremde Urbevölkerung. Sowohl die in georgischen Geschichtswerken wie die von antiken Schriftstellern überlieferten Namen tragen iranisches Gepräge. Der Name Saurmag, der in Georgien im 4. nachchristlichen Jahrhundert immer wieder auftaucht, ist dafür ein Beispiel. Auch der Name des ersten Sasaniden in Georgien Mihrān bzw. Mirian hat nach Otto Günter von Wesendonk einen Bezug zu der altiranischen Gottheit Mithra.[107]

Demnach waren die Herrscher, vielleicht auch die gesamte Oberschicht Georgiens und der angrenzenden Gebiete, iranisch geprägt und sie brachten ihre eigenen Glaubensvorstellungen mit. Bezeichnenderweise sind es gerade diese vorchristlichen „herrschaftlichen" Religionselemente über die georgische Chroniken, wie *Das Leben* oder *Die Bekehrung Georgiens*, berichten. geschichtliche Überlieferung war also auch im alten Georgien eine Historiographie der Macht bzw. der Mächtigen. Neben der Verehrung von Sonne und Mond samt den fünf Sternen/Planet, gibt es auch Hinweise auf die Verehrung Ahura Mazdas und auf die Verbreitung des Feuerkultes im vorchristlichen Georgien. König Mirian von Georgien wird sowohl als Verehrer des Feuers als auch der Götterbilder dargestellt.[108]

Im Zusammenhang mit den in den Chroniken erwähnten Kolossalstatuen iranisch geprägter männlicher Gottheiten sind vor allen Dingen Armazi, Zaden, Gacʻi und Ga zu nennen. In der Legende der heiligen Nino erzählt die von der Heiligen bekehrte Tochter des jüdischen Priesters Abiathar, Sidonia, dass König Mirian zu Nino gesagt habe, Armaz und Zaden erforschten die Geheimnisse, während Gacʻi und Ga altgeorgische Gottheiten seien:

> „[…] die großen Götter, die Beherrscher der Welt, die Verbreiter der Sonne, die Spender des Regens, […] die Götter Kʻartʻrlis, Armaz und Zaden, die Erforscher aller Geheimnisse, die alten Götter unserer Väter, Gacʻi und Gai, – sie haben den Menschen die Treue gehalten."[109] Zaden und Armaz als Hüter der Geheimnisse waren also mit Sicherheit Orakelgötter.

---

106 Eigene Übersetzung von: „მზე დედაა ჩემი, მთვარე-მამა ჩემი."
     Mze dedaa čʻemi, mtʻvare mama. Zitat nach: Čʻikʻovani, Mixeil (Hrsg.). Kʻartʻuli xalxuri poesia. Bd. 1. Mitʻologiuri lekʻsebi. Tʻbilisi. 1972, 38.
107 Vgl. Wesendonk, Otto G. von. a.a.O. 1924, 9.
108 Vgl. Brosset, Marie-Félicité. Histoire de La Géorgie II. St. Pétersbourg. 1856, 84.
109 Eigene Übersetzung von: „[…] ღმერთი დიდნი, სოფლის მპყრობელნი, მზისა მომფენელნი, წვიმისა მომცემელნი და […] ღმერთნი ქართლისანი, არმაზ და

Meines Erachtens ist es wahrscheinlich, dass die iranischen Herrscher zur besseren Erhaltung und zur Durchsetzung ihres Herrschaftsanspruches in Georgien auf bereits bestehende Glaubensvorstellungen zurückgriffen und das georgische Pantheon gewissermaßen „iranisierten" bzw. einer *interpretatio iranica* unterwarfen. Auch dies ist ein Vorgang, der aus der historischen Beziehung zwischen Römern und Germanen bekannt ist. So latinisierten bzw. romanisierten Caesar oder Tacitus die Namen der germanischen Götter durch die „interpretatio Romana", weil sie sie gar nicht anders als durch die römische Perspektive sehen und beschreiben konnten.[110] Den fremden iranischen Herren dürfte es in Georgien nicht viel anders gegangen sein. Dass es dabei zu wechselseitigen Verzerrungen kam, ist nachvollziehbar und verständlich. Am deutlichsten wird die Übernahme iranischer Götternamen bei dem Gott Armazi, der schon häufig als eine georgische Abwandlung von Ohrmazd, also Ahura Mazda, beschrieben wurde. Aus einer etymologischen Untersuchung der in den historischen Quellen überlieferten vorchristlichen Götternamen können also höchstens Rückschlüsse darauf gezogen werden, mit welchen iranischen Gottheiten sie in Verbindung gebracht wurden bzw. welche von diesen als Namenspatronen fungierten. Dass sich daraus keine unmittelbaren Erkenntnisse auf eine Gleichheit im Wesen oder in Kult und Ritus herleiten lassen, zeigt schon der Hinweis Otto Günter von Wesendonks, dass die Verehrung von Götterstandbildern im iranischen Zentrum unüblich war[111]. In Georgien gehörte sie aber nach den Quellen zu den zentralen Religionselementen. Auch die These Gertrud Pätschs, dass die alten Georgier ursprünglich keine Statuen, sondern nur Steine, Bäume und heilige Plätze verehrt hätten,[112] ist unzutreffend. Dagegen sprechen zahlreiche archäologische Funde, dabei aber vor allem eine Miniaturdarstellung eines vorchristlichen georgischen Heiligtums, die in Gamdlis-cqaro gefunden wurde,[113] Da also davon auszugehen ist, dass die Georgier bereits vor dem Eindringen iranischer Religionselemente Götterbilder verehrten, muss man wohl annehmen, dass auch bei dem iranisch beeinfluss-

---

ზადენ, ყოვლისა დაფარულისა გამომეძიებელნი, ძუელნი ოდერთნი მამათა ჩუენთანი, გაცი და გაიმ, - იგინი იყვნეს სარწმუნებლად კაცთა მიმართ." […] ġmert'i didni, sop'lis mpqrobelni, mzisa momp'enelni, cvimisa momcemelni da […] ġmert'ni k'art'lisani, armaz da zaden, qovlisa dap'arulisa gamomejiebelni, juelni ġmert'ni mamat'a č'uent'ani, gac'i da gaim, – igini iqvnes sarcmuneblad kac't'a mimart'. Zitat nach: Leonti Mroveli. Ninos mier k'art'lis mok'c'eva. In: Qauxč'išvili, Simon (Hrsg.). a.a.O. 1955, 72–138. Hier 106. Vgl. dazu auch Leonti Mroveli. Die Bekehrung König Mirians und ganz Kartlis durch unsere heilige und selige Mutter, die Apostolin Nino. In: Pätsch, Gertrud (Hrsg.) a.a.O. 1985, 131–199. Hier 161.

110 Vgl. Härtel, Gottfried. Nachwort. In: ders./Woyte, Curt (Hrsg. und Übers.) Publius Cornelius Tacitus: Germania (lateinisch und deutsch). Leipzig, 1971, 77–89. Hier 86.

111 Wesendonk, Otto G. von. a.a.O. 1924, 18f.

112 Vgl. Pätsch, Gertrud. a.a.O. 1973, 216f.

113 Vgl. Lordkipanidse, Otar. a.a.O. 1991, 82 und Tafel 11–5 sowie P'ic'xelauri, Konstantin N. Jungbronzezeitliche bis ältereisenzeitliche Heiligtümer in Ost-Georgien [Materialien zur Allgemeinen und Vergleichenden Archäologie Bd. 12]. München. 1984, 95f.

ten Polytheismus der georgische Eigenanteil erheblich größer war, als man bisher vermutet hat.

Dass auch die in Georgien ausgeprägten weiblichen Gottheiten in diesem Sinne „iranisiert" werden mussten, liegt auf der Hand. In diesem Zusammenhang ist auf die Standbilder der Göttinnen Ainina/აინინა und Danana/დანანა hinzuweisen, die angeblich König Saurmag (237–162), der Sohn von König Pʻarnavaz, bei Mcʻxetʻa errichten ließ.[114] Wesendonk bringt Ainina mit Anahid, Astarte, Ištar, Aphrodite und der kleinasiatischen Muttergottheit in Verbindung.[115] Obwohl sich meines Erachtens solche Zusammenhänge aus einer Analyse der Namen kaum erschließen lassen, ist dennoch annehmbar, dass auch in Georgien ein der Magna Mater vergleichbarer Kult weit verbreitet war.

11.2 Materielle Artefakte des vorchristlichen georgischen Frauenbildes

Im folgenden Abschnitt sollen im Gegensatz zu den bisherigen aus schriftlichen Quellen erschlossenen Zeugnissen für das Frauenbilds im vorchristlichen Georgien vor allem solche Belege diskutiert werden, die an Hand von Bodenfunden und anderen Hinterlassenschaften weitaus handgreiflicher sind und eine gewissermaßen materiellere Natur besitzen. Zunächst gilt es aber sich einer Zwischenform zwischen diesen beiden Phänomenen zuzuwenden, den religiösen Toponymen. Das sind religiöse Namen und Bezeichnungen, die mit bestimmten geographischen oder landschaftlichen Punkten verbunden sind. Dabei sind die Bezeichnungen ebenfalls nur aus Überlieferungen zu erschließen. Die topographischen Punkte, auf die sie sich beziehen, existieren aber zum größten Teil bis heute oder lassen sich zumindest relativ genau lokalisieren. Aus diesem Grund wurde diese Form von Hinweisen den „hard facts", wie man heute sagt, zugeordnet.

In der georgischen Mythologie kommen häufig die Begriffe Adgilisdeda/ადგილისდედა, bzw. adgildeda/ადგილდედა/Ortsmutter vor.[116] Viele Kultstätten in Erzo-Tʻianetʻi, Pʻšavi, Mtʻiuletʻ-Gudamaqari, Xevsurien und anderen Provinzen Nordostgeorgiens trugen diese Namen.[117] Sowohl in Mtʻiuletʻ-Gudamaqari[118] als auch in Xevsurien[119] gab es Kultstätten und Heiligtümer von Dörfern, mit dem Na-

---

114   Vgl. Leonti Mroveli. Cʻxovreba kʻartʻveltʻa mepʻetʻa. In: Qauxčʻišvili, Simon (Hrsg.). a.a.O. 1955, 3–71. Hier 27. Vgl. dazu auch Leonti Mroweli. Leben der kartwelischen Könige. In: Pätsch, Gertrud (Hrsg.). a.a.O. 1985, 51–130. Hier 78.

115   Vgl. Wesendonk, Otto G. von. a.a.O. 1924, 38f.

116   Vgl. dazu auch Kap. 5.

117   Vgl. Fähnrich, Heinz. a.a.O. 1999, 20f. unter Verweis auf z.B. Bedošvili, Giorgi. Erco-tʻianetʻis toponimia. Tʻbilisi. 1980, 66.

118   Vgl. Xornauli, Gigi. Mʻtebi da saxelebi. Tʻbilisi. 1983, 61–135.

119   Vgl. Bardavelije, Vera. Aġmosavletʻ sakʻartʻvelos mtʻianetʻis tradicʻiuli sazogadoebriv-sakulto jeglebi. Bd.1. Pʻšavi. Bd. 2. Xevsuretʻi. Tʻbilisi. 1974 bzw. 1982.

men Adgilis deda. Sie war demnach als lokale georgische Schützgöttin die Herrin eines Ortes. Diese Orte konnten ein Berg, ein Hügel, eine Schlucht, jedes Fleckchen Erde oder auch ein ganzes Dorf sein. Heinz Fähnrich identifizierte 47 derartige Kultstätten im heutigen Georgien.[120] Eine Zahl die an sich bereits beeindruckend ist, in früheren Jahrhunderten aber mit Sicherheit noch weitaus größer war. Die Ortsmutter sorgte für das Dorf und dessen Umgebung, für die Ernte und das Vieh. Man bat sie um Fruchtbarkeit der Felder, die Vermehrung der Herden, um Kindersegen und ganz allgemein um Wohlstand und Mehrung des Rinderbestands. Wurden Reisende oder Jäger unterwegs von der Nacht überrascht, zogen sie einen Kreis um sich und baten: „Adgilis deda, beschütze mich"![121] Die Jäger opferten ihr nach der Jagd das Geweih bzw. das Gehörn der erlegten Tiere. Das rückt die Ortsmutter sowohl inhaltlich als auch dem Ritus nach in die Nähe der altgeorgischen Jagdgöttinnen. Im Allgemeinen stand Adgilis deda den Menschen bei und achtete auf die Einhaltung der religiösen Bräuche. Missachteten die Menschen diese kultischen Gebräuche und Sitten, dann strafte sie sie durch Missernten oder Viehseuchen. Selten schrieb man ihr von vornherein schädliche Eigenschaften zu. Man ist versucht zu vermuten, dass es sich dabei um spätere monotheistisch[122] beeinflusste Überformungen und Propaganda gegen die alte Volksgöttin handelt. Diese Frage ist aber, wie so viele andere, nicht endgültig zu beantworten.

In späterer christlicher Zeit kam es darüber hinaus häufig zur Verknüpfung mit der Figur der Muttergottes oder auch zu einer Gleichsetzung mit der volkstümlich verehrten Königin Tʻamar.[123] Gerade bei der Gleichsetzung mit der Königin Tʻamar könnte es sich um Spuren eines urtümlicheren religiösen Codes handeln, dessen ursprüngliche Bedeutung jedoch wahrscheinlich im Laufe der Zeit in Vergessenheit geraten war. Laut Heinz Fähnrich war adgilis dedopʻali (ადგილის დედოფალი/ Königin oder Prinzessin des Ortes) ein weiteres Synonym für die georgische Schutzgöttin eines Ortes.[124] Es ist nicht entscheidbar, wie alt diese Titulatur tatsächlich ist. Wenn man annimmt, dass sie aus vorchristlicher Zeit stammt, dann ergibt sich ein erstaunlicher Zusammenhang.

Das Wort dedopʻali (დედოფალი/Königin bzw. Prinzessin[125]) ist ein Kompositum aus den Morphemen deda (დედა/Mutter) und upʻali (უფალი/Herr aber auch Gott[126]). Demnach könnte eine genauere Übertragung des Begriffes entweder Mutter-Gott, Mutter-Herr oder auch Hohe bzw. Große Mutter lauten. Dadurch ergibt

---

120 Vgl. Fähnrich, Heinz. a.a.O. 1999, 21ff.
121 Zitat nach: ebd., 21.
122 Ob christlich oder islamisch, kann und sollte hier offen bleiben.
123 Vgl. Fähnrich, Heinz. a.a.O. 1999, 21.
124 Vgl. ebd., 26.
125 Zur Etymologie vgl. Abulaje, Ilia (Hrsg.). Sulxan-Saba Orbeliani: Lekʻsikoni Kʻartʻuli I. Tʻbilisi. 1991, 215 und Abašije, Irakli/Metreveli, Roin u.a. (Hrsg.). a.a.O. Bd. 1. 1990, 460.
126 Zur doppelten Bedeutung von upʻali sowohl als Gott als auch als Herrscher vgl. Abašije, Irakli/Metreveli, Roin u.a. (Hrsg.). a.a.O. Bd. 2. 1990, 945.

sich ein interessanter Bezug zum altorientalischen Mutterkult. Außerdem ergäbe sich, wenn unsere Ausgangshypothese zutrifft, durch die Bezeichnung der georgischen Königinnen als dedop'ali die nicht unwahrscheinliche Möglichkeit, dass die vorchristlichen Herrscherinnen zeitgleich auch die obersten Priesterinnen eines Kultes der Magna Mater oder zumindest einer mit ihr vergleichbaren Muttergottheit gewesen wären. Ähnlich wie die georgische Chronik berichtet, dass ihre Männer, die Könige – beispielsweise Mirian – die Oberpriester des obersten Gottes Armazi waren.[127] Falls diese Argumentation richtig ist, dann hätte sich die nachträgliche Verknüpfung dieser Muttergöttin mit der christlichen Muttergottes Maria in Georgien quasi naturwüchsig aufgedrängt.

Eine weitere Form lokaler Hierophanie im alten Georgien war die Verehrung von Steinen und Bäumen.[128] In der Chronik *Mok'c'evay k'art'lisay* gibt es darauf zwei verschiedene Anspielungen, die beide mit bitteren Klagen der heiligen Nino über die in ihren Augen verdammenswerten, „heidnischen" Riten der Georgier verbunden sind.[129] Ob es sich hierbei um die Verehrung von Göttern in Form von heiligen Steinen und Bäumen – also um eine Form von einfachem Totemismus – handelte oder ob diese nur bestimmte heilige Plätze markierten, an denen die Gläubigen mit der transzendenten Welt in Verbindung traten, kann an dieser Stelle völlig offen bleiben. Möglich ist beides und die dargestellte Reihenfolge entspricht mit Sicherheit in der Tendenz der tatsächlichen dynamischen Entwicklung der vorchristlichen Religion Georgiens.

Wichtig ist bei diesen Naturriten dagegen, dass es offenbar zu interessanten mehrfachen Überlagerungen zwischen ihnen und dem eingeführten Christentum kam. Dass christliche Kirchen auch in Georgien häufig an solchen heiligen Plätzen errichtet wurden, belegt nicht zuletzt die Legende von der Heiligen Säule. Dabei geht es ja erklärtermaßen darum, dass ein solcher heiliger Baum nur durch das Gebet der heiligen Nino und ihrer „Jüngerinnen" zum tragenden Grundstein der Sveti C'xoveli-Kathedrale in Mc'xet'a werden konnte und dass sich der Baum von selbst, wie von Geisterhand getragen, vom Berg herab an seinen Bestimmungsort begab.[130]

---

127 Vgl. dazu z.B. Mroveli, Leonti. Ninos mier k'art'lis mok'c'eva. In: Qauxč'išvili, Simon (Hrsg.). a.a.O. 1955, 72–138. Hier 88ff. und Leonti Mroweli. Die Bekehrung König Mirians und ganz Kartlis durch unsere heilige und selige Mutter, die Apostolin Nino. In: Pätsch, Gertrud (Hrsg.) a.a.O. 1985, 131–199. Hier 144–147.

128 Zum Baumkult im vorchristlichen und auch im christianisierten Georgien vgl. Watschnadse, Natela/Lortkipanidse, Mariam. a.a.O. 1993.

129 Vgl. dazu z.B. Mroveli, Leonti. Ninos mier k'art'lis mok'c'eva. In: Qauxč'išvili, Simon (Hrsg.). a.a.O. 1955, 72–138. Hier 87 und 90. Vgl. dazu auch Leonti Mroweli. Die Bekehrung König Mirians und ganz Kartlis durch unsere heilige und selige Mutter, die Apostolin Nino. In: Pätsch, Gertrud (Hrsg.) a.a.O. 1985, 131–199. Hier 144 und 146.

130 Vgl. Leonti Mroweli. Ninos mier k'art'lis mok'c'eva. In: Qauxč'išvili, Simon (Hrsg.). a.a.O. 1955, 72–138. Hier 111–119. Vgl. dazu auch Leonti Mroweli. Die Bekehrung König Mirians und ganz Kartlis durch unsere heilige und selige Mutter, die Apostolin Nino. In: Pätsch, Gertrud (Hrsg.) a.a.O. 1985, 131–199. Hier 166–174.

Außerdem ist die Anknüpfung an alte heilige Orte eine gängige Praxis bei der Christianisierung gewesen. Es würde überhaupt keinen Sinn machen, anzunehmen, dass das alte Georgien dabei eine Ausnahme gebildet hätte. Nach Otto Günter von Wesendonk befanden sich die offiziellen Kultstätten im alten Georgien häufig auf Bergkuppen, wo eigenartig geformte Steinblöcke und vor allem heilige Bäume verehrt wurden. Noch zu seiner Zeit fanden sich im Volksglauben Spuren dieses frühen Baumkultes, weil Bäume neben Kirchen und Wallfahrtsorten oft mit Früchten und bunten Tüchern geschmückt wurden. An den alten Baumkultstätten auf den Berggipfeln errichteten die frühen christlichen Glaubensboten die ersten christlichen Gotteshäuser und schmückten sie mit dem Kreuz, dass als Symbol des Lebensbaumes auf Wurzeln zurückblickt, die in einem ähnlichen Kontext verankert sind.[131] Nat'ela Vač'naje und Mariam Lort'k'ip'anije weisen darüber hinaus daraufhin, dass in den 20er Jahren des 20. Jahrhunderts in Oberačara die Stellen, an denen früher Kirchen gestanden hätten, dadurch erkennbar seien, dass die Anwohner dort wieder heilige Wälder verehrten, die niemand anzutasten wagte.[132] Es ist davon auszugehen, dass sich dort zunächst heilige Orte oder sogar heilige Haine befanden, die durch eine christliche Kirche verdrängt wurden und an deren Stelle nach ihrem Verfall oder ihrer Zerstörung wieder heilige Wälder traten.

Neben den Toponymen gibt es allerdings auch archäologische Bodenfunde, die Rückschlüsse auf die soziale Stellung der Frauen der vorchristlichen Periode zulassen. Zunächst ist anzumerken, dass Frauen bereits im Neolithikum, der Jungsteinzeit, bei religiösen Riten und Kulthandlungen eine wichtige Rolle gespielt haben dürften. Darauf deuten 50 Frauenstatuetten[133] aus ungebranntem Ton hin, die in den siebziger Jahren bei Ausgrabungen in Xramis Didi-Gora entdeckt wurden.

Nach Ot'ar Lort'k'ip'anije sind diese Figuren nicht höher als 5 cm und sowohl durch Plastizität als auch Ausdruckskraft gekennzeichnet. Alle stellen sitzende, nackte Frauen mit besonders betonten Geschlechtsmerkmalen, wie Brüsten, Gesäß und Schenkeln, dar. Dabei gibt es zwei Typen: Erstens Sitzende mit angewinkelten Beinen und angehobenen Knien und zweitens Sitzende mit ausgestreckten, geschlossenen oder gespreizten Beinen.[134] Bisher wurde nur eine dieser Statuen vollständig restauriert, die anderen sind nur fragmentarisch erhalten.[135] Da man 17 dieser Figürchen in einer Feuerstelle zusammen mit „Fladenimitationen" aus grauem Ton sowie Knochen von Opfertieren fand, nimmt man an, dass es sich dabei um

131 Vgl. Watschnadse, Natela/Lortkipanidse, Mariam. a.a.O. 1993, 58f.

132 Vgl. ebd., 60 mit Bezug auf Bakradze, Dimitri. Kratkij očerk Gurii, Čuruk-su i Adžarii. In: Izvestija Kavkazskogo Otdela Imp. Russkogo Geografičeskogo Obščestva 2. Petersburg. 1874, 205 und Lomia, V[axtang]. Xis kulti sak'art'veloši. In: Sak'art'velos muzeumis moambe 3. T'bilisi. 1926, 169.

133 Vgl. Ğlonti, L[ia] I./Džavaxišvili, Aleksandre I. u.a. Antropomorfnye figurki Chramis Didi-Gora. In: Sak'art'velos saxelmcip'o muzeumis moambe 31. T'bilisi. 1975, 85–97.

134 Vgl. Lordkipanidse, Otar. a.a.O. 1991, 39.

135 Vgl. ebd., Tafel 4,1.

schematische und symbolische Darstellungen der „Großen Mutter" handele, die dem Stil nach nordmesopotamischen Denkmälern entsprächen.[136] Neben den Funden aus Xramis Didi-Gora sind vergleichbare Frauendarstellungen auch in Imiris-Gora und Šulaveris-Gora ausgegraben worden. Da man sie leider in umgelagerten Bodenschichten fand, konnten sie zeitlich bisher nicht eindeutig zugeordnet werden. Aufgrund ihrer Ähnlichkeit mit denen aus Xramis Didi-Gora hält man sie aber auch für jungsteinzeitlich.[137]

Die Verwendung kleiner Frauenstatuen bei Kulthandlungen war ein religiöses Element, das sich auch in der Bronzezeit fortsetzte. Belege dafür bilden sieben Bronzestatuetten, die in der ostgeorgischen bronzezeitlichen Kultstätte Meligele I[138] gefunden wurden. Nach Annahme von Konstantin N. P'ic'xelauri stellen sie ebenfalls die große Mutter Natur und alles Existierende dar.[139] Daneben fand man auch Darstellungen von nackten Frauen, die auf den Henkeln von Tongefäßen aufmodelliert waren.[140]

> „Chronologisch ist der Komplex von Meligele I in die zweite Hälfte des 2. Jahrtausends v. Chr. einzuordnen, d. h. in die Phase, die der Früheisenzeit unmittelbar vorangeht."[141]

Auch im religiösen System des vorchristlichen antiken Kolxis war der Kult der „Magna Mater" in vielen Varianten weit verbreitet[142]. Besonders wertvoll und aufschlussreich ist dafür der außergewöhnliche Fund von Ureki.[143] Dort fand man in einem Kollektivgrab des 7. vorchristlichen Jahrhunderts Bronzeskulpturen von Panthern, Rehen, Stieren, Vögeln und einer auf einem Thron sitzenden weiblichen Gestalt, welche ein Kind an die Brust drückt.[144] Diese Frauenfigur wird ebenfalls als Darstellung der chthonischen, allesgebärenden Göttin der Erde bzw. der Großen Mutter gedeutet. Ot'ar Lort'k'ip'anije meint dazu: „Dieser einzigartige Fund spiegelt nicht nur mythologische Vorstellungen wider, sondern vor allem einen fortgeschrittenen, institutionalisierten Ackerbaukult."[145] Weitere Funde vor allem aber

---

136 Vgl. ebd., 39; Ĝlonti, L[ia] I./Džavaxišvili, Aleksandre I. u.a. a.a.O. 1975 und Džavaxišvili, Givi I. Ant'ropomorp'uli plastika carmart'uli xanis sak'art'veloši. T'bilisi. 1984, 12ff.
137 Vgl. Lordkipanidse, Otar. a.a.O. 1991, 39.
138 Für eine genaue Lokalisierung siehe die Karte in: ebd., 71.
139 Vgl. dazu ausführlich P'ic'xelauri, Konstantin N. a.a.O. 1984, 22 und 33f. Vgl. dazu auch ders. Vostočnaja, Gruzija v konce bronzovogo veka. T'bilisi. 1979, 51f. und ders. Aĝmosavlet' sak'art'velos tomt'a istoriis jirit'adi problemebi. T'bilisi. 1973, 112ff.
140 Vgl. Lordkipanidse, Otar. a.a.O. 1991, 89 und 92 sowie P'ic'xelauri, Konstantin N. a.a.O. 1984, 22 und 33.
141 P'ic'xelauri, Konstantin N. a.a.O. 1984, 25.
142 Vgl. Lordkipanidse, Otar. a.a.O. 1991, 118; Mik'elaje, T'eimuraz K. Kolxe'tis adrerkinis xanis samarovnebi. T'bilisi. 1985, 2–65 und Kuftin, Boris. A. Materialy po archeologii Kolchidy. Tbilisi. 1949–1950, 243ff.
143 Für eine genaue Lokalisierung siehe die Karte in: Lordkipanidse, Otar. a.a.O. 1991, 94.
144 Vgl. ebd., 118f. und Mik'elaje, T'eimuraz K. a.a.O. 1985, 59ff.
145 Vgl. Lordkipanidse, Otar. a.a.O. 1991, 118.

Darstellungen der Großen Göttermutter auf Ohrringen, Schmuckgehängen und Schnallen belegen darüber hinaus, dass ihr Kult auch in späterer Zeit bis hinein ins 2. bzw. 3. nachchristliche Jahrhundert, also bis zur Christianisierung, im westgeorgischen Kolxis verbreitet war.[146]

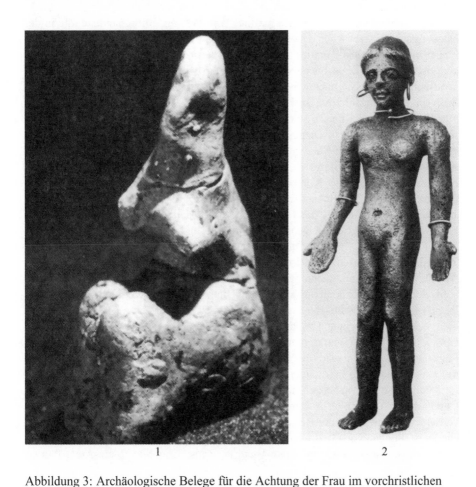

1   2

Abbildung 3: Archäologische Belege für die Achtung der Frau im vorchristlichen
             Georgien (1: weibliche Tonstatuette aus Xramis-Gora, Neolithikum;
             2: weibliche Bronzestatuette aus Vani, späte Bronzezeit)
             Quelle: Lordkipanidse, Otar. Archäologie in Georgien. Von der Altsteinzeit zum
             Mittelalter. [Quellen und Forschungen zur prähistorischen und provinzialrömi-
             schen Archäologie Bd. 5]. Weinheim. 1991, Tafel 4/1 und Tafel 29/2.

---

146 Vgl. ebd., 118 und Lortʿkʿipʿanije, Otʿar/Mikʿelaje, Tʿeimuraz K. u.a. Gonios ganji. Tʿbilisi.
     1980, 71.

Strabon erwähnte in seiner Beschreibung der Kolchis[147] das reiche Heiligtum der Göttin Leukothea. Lort'k'ip'anije vermutet, dass es sich im Tempelbezirk der antiken Stadt Vani befunden habe. Weiter nimmt er an, dass es sich dabei um den Tempel einer westgeorgischen Göttin gehandelt habe, die den griechischen Geschichtsschreiber an die „weiße Meeresgöttin" seiner Heimat erinnerte.[148] Es ist möglich, dass es sich dabei um eine weitere marine Form der Jagdgöttin handelte, die in der ostgeorgisch-mingrelischen Überlieferung Cqarišmap'a genannt wurde. Dies wäre immerhin ein Hinweis darauf, dass eine Herrscherin des Wassers auch an der westgeorgischen Küste des schwarzen Meeres verehrt wurde, wo sie ihrem Wesen nach ja offenbar auch eher hinzugehören scheint, als in das ostgeorgische Sumpfland. Dass die Tempelstadt Vani zu Ehren einer Göttin errichtet wurde, belegt eine Inschrift am Postament dieser Schutzgöttin an den Stadttoren: „Ich bete zu dir, Herrscherin."[149] Unter griechischem Einfluss während der Zeit des Hellenismus wurden in Kolxis auch profane Frauendarstellungen angefertigt. Eines der schönsten Beispiele dafür bildet ein Grabfries aus Marmor, der 1953 bei Soxumi gefunden wurde. Er zeigt eine dreifigurige Komposition: Die Verstorbene sitzt auf einem Stuhl, mit dem Arm umfasst sie einen nackten Knaben, vermutlich ihren Sohn, und vor ihr steht ein junges Mädchen. Das Bildnis wird als Abschiedsszene der Toten gedeutet. Es zeigt eindeutig griechisch-ionische Einflüsse und wird in das 5. vorchristliche Jahrhundert datiert.[150] Schon Otto Günter von Wesendonk wies bereits darauf hin, dass kolxische Münzen einen Frauenkopf zeigen, den er mit der iranischen Göttin Anahid in Verbindung brachte. Die Rückseite der Münze zeigt dagegen einen Stierkopf, der nach Wesendonk auf Mithra hindeuten könnte.[151] Auch im ostgeorgischen Iberien fanden sich kultische Frauendarstellungen aus der Zeit der Antike. So enthielt beispielsweise eine Holztruhe, die in einem Tempel der alten Felsenstadt Up'lisc'ixe gefunden wurde, unter anderem die Terrakottafigur einer halb liegenden Frau. Dabei handelt es sich nach Ot'ar Lort'k'ip'anije um eine griechische Arbeit des 3. vorchristlichen Jahrhunderts.[152]

Auch verschiedene Siegel, die in der Zeit nach Christi Geburt in Georgien aufkamen und mit denen Ot'ar Lort'k'ip'anije die Herausbildung des Privateigentums verbindet, da mit ihnen der Besitz des Eigentümers markiert wurde, weisen zahlreiche Darstellungen von Göttinnen auf. „Man findet Darstellungen der Tyche-Fortuna, Fortuna-Isis, Athene-Minerva, Nike-Victoria, Zeus, Appollon, Mars-Ares, Pluton,

---

147   Vgl. Forbiger, Albert (Hrsg. und Übers.). Strabo's Erdbeschreibung. Bd. 5: (Buch 11 und 12). Stuttgart. 1858, XI: Kap. 3, Vers 17.
148   Vgl. Lordkipanidse, Otar. a.a.O. 1991, 145.
149   Zitat nach: Qauxč'išvili, T'inat'in S. Venis berjnuli carcerebi. In: Sak'art'velos mec'nierebat'a akademiis moambe 18. Nr. 1. T'bilisi. 1967. Vgl. Lordkipanidse, Otar. a.a.O. 1991, 145.
150   Vgl. Lordkipanidse, Otar. a.a.O. 1991, 126f sowie Tafel 25.
151   Vgl. Wesendonk, Otto G. von. a.a.O. 1924, 87.
152   Vgl. Lordkipanidse, Otar. a.a.O. 1991, 162.

Asklepios und andere."[153] Auch in diesem Zusammenhang scheint es in Georgien einen bedeutenden Schwerpunkt bei der bildlichen Darstellung von Göttinnen gegeben zu haben. Neben dem Kult der Großen Mutter zeigen Fundstücke aus der frühen Bronzezeit auch die Spuren eines weiteren religiösen Rituals, das gleichfalls mit der sozialen Stellung der Frauen in Georgien im Zusammenhang steht. Es handelt sich dabei um den weit verbreiteten Kult des häuslichen Herdes.[154] Da über und um die Herde männliche Tonfiguren oder steinerne Phalli sowie in deren Lehmbestrich Weizenkörner gefunden wurden, nimmt man an, dass der Herd die Idee der Fruchtbarkeit verkörperte und wegen seiner Hitze die höchste weibliche Gottheit in Form der Sonne symbolisierte.[155] Außerdem verkörperten die Darstellungen männlicher Symbole die Befruchtung des häuslichen Herdes durch den Mann, was eine dominierende Stellung des Mannes in der Familie anzeigen würde.[156] Darüber hinaus nimmt Otʿar Lortʿkʿipʿanije an, dass die fest installierten, eingebauten Herde auch dazu dienten, darauf ein „Ewiges Feuer" zu unterhalten.[157] Falls dies richtig ist, dann hätten die alten Georgier bereits in der Bronzezeit und damit vor dem Einfluss des iranischen Mazdaismus das Feuer verehrt, wodurch es selbstverständlich in späterer Zeit für die persische Staatsreligion einfacher wurde, sich auch in Georgien zu etablieren.

In dieser Hinsicht ergeben sich neben den bisher ausgeführten archäologischen Hinweisen auf die soziale Stellung der Frauen Altgeorgiens auch architektonische Belege. Viele religiöse Rituale und kultische Handlungen fanden im heimischen Hause statt, wobei offenbar die räumliche Anordnung im traditionellen georgischen Wohnhaustyp, dem darbazi-Haus, eine gewichtige Rolle spielte. Die Architektur des darbazi-Hauses als georgisches Wohnhaus geht auf uralte Traditionen zurück. Die erste erhaltene Beschreibung architektonischer Einzelheiten liefern die *Zehn Bücher über Architektur* des Vitruv[158] aus dem 1. vorchristlichen Jahrhundert.[159]

Das Zentrum des georgischen Wohnhauses bildeten bereits in der Jungsteinzeit der häusliche Herd und eine Säule, die in der Regel die Dachkonstruktion trug.[160]

---

153 Vgl. ebd., 176.
154 Vgl. Kikvije, Abel I. Micatʿmokʿmedeba da samicatʿmokʿmedo kulti jvel sakʿartʿveloši. Tʿbilisi. 1976, 152–180.
155 Vgl. Lordkipanidse, Otar. a.a.O. 1991, 51 und Kikvije, Abel I. Micatʿmokʿmedeba da samicatʿmokʿmedo kulti jvel sakʿartʿveloši. Tʿbilisi. 1976, 164.
156 Vgl. Lordkipanidse, Otar. a.a.O. 1991, 51; Kikvije, Abel I. a.a.O. 1976, 169 Čʿubinišvili, Tariel N. Amiranis gora. Tʿbilisi. 1963, 66 und Džavaxišvili, Alekʿsandre. I./Ġlonti, L[ia] I. Urbnisi I. Tʿbilisi. 1962, 52.
157 Vgl. Lordkipanidse, Otar. a.a.O. 1991, 51.
158 Fensterbusch, Curt (Hrsg. und Übers.). Vitruv: Zehn Bücher über Architektur Bd. 2. Berlin, 1964.
159 Vgl. dazu z.B. Nickel, Heinrich L. Kirchen, Burgen, Miniaturen. Armenien und Georgien wähend des Mittelalters. Berlin. 1974, 45.
160 Vgl. Lordkipanidse, Otar. a.a.O. 1991, 36f.

Abbildung 4: Rekonstruktion des neolithischen Wohnhauses 8 in Imiris-gora
          Quelle: Lordkipanidse, Otar. Archäologie in Georgien. Von der Altsteinzeit zum
          Mittelalter. [Quellen und Forschungen zur prähistorischen und provinzialrömi-
          schen Archäologie Bd. 5]. Weinheim. 1991, 37.

Diese Mittelsäule wurde in Georgien, da dieser Haustyp über Jahrtausende charakteristisch war,[161] als dedaboji (დედაბოძი/Muttersäule) bezeichnet. Im Zusammenhang mit dem Herd, dem, wie schon erwähnt, ein eigener Kult gewidmet war, ist anzunehmen, dass diese Zentralsäule neben der obligatorischen Wandnische, als Auf-
stellungsort von Ritualstatuen, der Sitz des Schutzgeistes der Familie war.

---

161 Ot'ar Lort'k'ip'anije bezeichnet das darbazi-Haus beispielsweise als charakteristisch für die
     späte Bronze- und frühe Eisenzeit in Georgien. Vgl. Lordkipanidse, Otar. a.a.O. 1991, 88.
     Dass sich diese Architekturform jedoch bis in die Antike ja zum Teil sogar bis in die Gegen-
     wart erhielt, zeigt auch die Untersuchung von Giorgi Ležava. Vgl. dazu Ležava, Giorgi.
     Antikuri xanis sak'art'velos ark'itek'turuli jeglebi. T'bilisi. 1978.

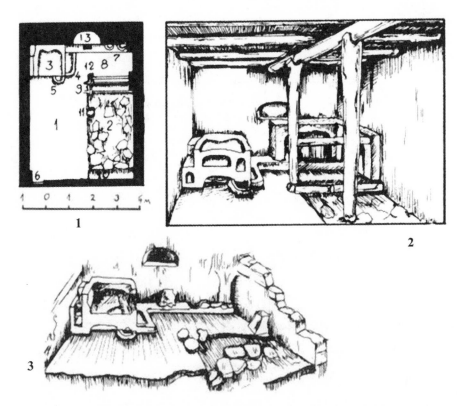

Abbildung 5: Spätbronze-/früheisenzeitliches Haus: 1 Grundriss (1 Wohnraum, 2
Stall, 3 Ofen, 4–5 Aschegruben, 6 Tür, 7 Herd, 8 Regale, 9 Krippe, 10
Ablaufkanal, 11 dedaboji (Zentralpfosten), 13 Nische) 2 Skizze des
Inneren, 3 Grabungsbefund
Quelle: Lordkipanidse, Otar. Archäologie in Georgien. Von der Altsteinzeit zum
Mittelalter. [Quellen und Forschungen zur prähistorischen und provinzialrömi-
schen Archäologie Bd. 5]. Weinheim. 1991, 87.

Dass religiöse Vorstellungen mit der Muttersäule verbunden waren, zeigt ihre häufige Verzierung mit religiösen Ornamenten. Die tragende Mittelsäule des darbazi-
Hauses war demnach sowohl das architektonische wie auch das kultisch-religiöse
Zentrum des altgeorgischen Familienhaushaltes. Die Bezeichnung Muttersäule legt
die Vermutung nahe, dass auch mit ihr ein Ritus verbunden war, der eng mit dem
verbreiteten Mutterkult verknüpft war. Darüber hinaus ist zu vermuten, dass die
räumliche Aufteilung der darbazi-Architektur die Weltordnung repräsentieren sollte,
wie sie sich die alten Georgier vorstellten.

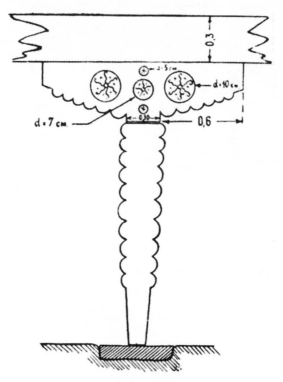

Abbildung 6: Details der Verzierung einer dedaboji
Quelle: Mšvenieraje, Domenti M. Stroitelnoe delo v drevnej Gruzii. Tbilisi. 1952,
Tafel 54.

Gemäß Heinz Fähnrich glaubten die Georgier, dass die Welt in drei Schichten auf-
gebaut sei. Die oberste Schicht war zeskneli (ზესკნელი/der Oberhimmel), der
Aufenthaltsort der Götter. Darunter befand sich šuaskneli (შუასკნელი/die Mittel-
welt, Erde), das Reich der Menschen. In k'veskneli (კვესკნელი/der Unterwelt)
war nach altgeorgischer Vorstellung der Platz der toten Seelen sowie der bösen
Geister und Drachen.[162] Meines Erachtens repräsentierte die dedaboji die häusliche
Verbindung zwischen diesen drei Welten. War sie ein Symbol für den religionsphänomenologisch weit verbreiteten Mythos des Welten- oder Lebensbaumes?[163]

---

162 Vgl. Fähnrich, Heinz. a.a.O. 1999, 161, 294 und 298. Vgl. dazu auch C'anava, Apolon. K'a-
     rt'uli p'olkloris sakit'xebi. T'bilisi. 1990, 18.

163 Auch hier ergeben sich interessante Parallelen zum Weltbild der Nordgermanen. Sie stellten
     sich ihre Welt im groben auch dreifach gegliedert vor: Asgard, das Reich der Asengötter,
     Midgard, die Welt der Menschen und Udgard, das Reich der Toten, der Trolle und der Rie-
     sen. Die Weltenesche Yggdrasil verband gemäß der isländischen Edda alle diese drei Welten.

Abbildung 7: Schnitt durch ein darbazi-Haus
Quelle: Nickel, Heinrich L. Kirchen, Burgen, Miniaturen. Armenien und Georgien
während des Mittelalters. Berlin. 1974, 46.

In späterer Zeit wandelte sich der Gebrauch der darbazi-Häuser offenbar. Waren sie anfangs vorwiegend Wohnhäuser, so wurden sie später vor allem in den ostgeorgischen Bergregionen für religiöse, kultische und soziale Zwecke genutzt. In ihnen wurden rituelle Handlungen vollzogen, Gericht gehalten oder Fragen von öffentlichem Interesse innerhalb der Dorfgemeinschaft diskutiert.[164] Die architektonischen Merkmale dieses altgeorgischen Haustyps blieben davon jedoch unbeeinflusst. In der Zeit der frühen Christianisierung stellte die darbazi-Konstruktion das Vorbild für zahlreiche frühe Kirchenbauten dar. Beispiele für dieses Phänomen bilden: Die Džvari-Kirche bei Mc'xet'a aus dem 6. Jahrhundert, die Samcverisi-Kirche, die Ateni-Kirche in Gori und die Martvili-Kirche, alle drei aus dem 7. Jahrhundert.[165]

Vgl. Obleser, Horst. Odin. a.a.O. 1993, 69ff.; Golther, Wolfgang. a.a.O., 527ff. oder Herrmann, Paul. a.a.O. 1994, 374ff.

164 Vgl. Fähnrich, Heinz. a.a.O. 1999, 74f.

165 Mšvenieraje, Domenti. M. Stroitelnoe delo v drevnej Gruzii. Tbilisi. 1952, 62f.

11.3 Zwischenfazit

In diesem Kapitel wurde eine Vielzahl von philologischen, archäologischen und architektonischen Hinweisen zusammengetragen, die in ihrer Gesamtheit belegen, dass der Kult von weiblichen bzw. mütterlichen Gottheiten im vorchristlichen Georgien bereits seit dem Neolithikum bis zur Christianisierung in der Mitte des 4. Jahrhunderts weit verbreitet war und allgemein befolgt wurde.

Überreste der alten Mutterkulte haben sich auch in der Sprache manifestiert. Im Georgischen gibt es den Ausdruck dedamica (დედამიწა/Muttererde[166]). Das war wahrscheinlich eine alte Gottheit, die der adgilis deda (ადგილის დედა/Ortsmutter) entsprochen haben könnte.[167] Außerdem gibt es noch dedasamšoblo (დედასა-მშობლო/Mutterheimat), dedaena (დედაენა/Muttersprache), dedaazri (დედა-აზრი/Muttermeinung) oder dedak'alak'i (დედაქალაქი/Mutterstadt[168]), was sinngemäß Hauptstadt bedeutet.[169] Nun kann das Bestehen eines Mutterkultes allein noch kein Hinweis auf eine besondere gesellschaftliche Hochachtung der Frauen im vorchristlichen Georgien sein. Darum ging es hier, um es noch einmal zu wiederholen, auch gar nicht. Es dürfte nämlich weitestgehend evident sein, dass sich aus der Vielzahl von Belegen kaum ableiten lässt, dass die Frauen im alten Georgien in der vorchristlichen Periode sich nahezu auf dem selben sozialen Niveau befanden wie die Sklaven, wie das von Mixeil T'axnišvili oder Eva Maria Synek postuliert wurde.[170] Es dürfte hingegen ein Fehlschluss sein, wollte man behaupten, dass die Georgierinnen in der Zeit vor der Christianisierung soweit emanzipiert gewesen wären, dass man von einer Gleichstellung der Geschlechter sprechen könnte. Das war mit Sicherheit nicht der Fall. Auch das alte Georgien war meiner Ansicht nach eine patriarchalische Männergesellschaft, wie viele andere auch. Jedoch wohl mit dem wesentlichen Unterschied, dass sich die beiden Geschlechter anscheinend wechselseitig respektierten. Dabei wurden traditionelle Rollenverhältnisse als religiös vorgegeben und verankert angesehen und befolgt. Frauen und Männer übernahmen die ihnen gesellschaftlich zugewiesenen Aufgaben, ohne sich allzu sehr in die Belange des jeweils anderen Geschlechtes einzumischen.

Legenden, wie zum Beispiel über Medeia (Μήδεια), die Tochter des Heliossohnes Aietes, des Königs von Aia, und der Okeanide Idyia, geben ein etwas anderes Bild. Diese Geschichte berichtet, dass man auf der ganzen Welt keinen anderen der-

---

166   Zur Etymologie des Wortes dedamica vgl. Abašije, Irakli/Metreveli, Roin u.a. (Hrsg.). a.a.O. Bd. 1. 1990, 459.

167   Vgl. Fähnrich, Heinz. a.a.O. 1999, 78 unter Verweis auf Džavaxišvili, Ivane. K'art'veli eris istoria. Bd. I. T'bilisi. 1960, 92.

168   Zur Etymologie des Wortes dedak'alak'i vgl. Abašije, Irakli/Metreveli, Roin u.a. (Hrsg.). a.a.O. 1990, 459.

169   Vgl. dazu u.a. Čavčavaje, Ilia. T'xzulebani. Bd. 3. T'bilisi. 1988, 427f.

170   Vgl. Tarchnišvili, Michael. a.a.O. 1940, 48–75 und Synek, Eva M. a.a.O. 1994.

art wissenden und geschickten Mensch finden könne, wie Medeia.[171] Darüber hinaus ist es ja eigentlich nur dem tatkräftigen Eingreifen von Medeia zu verdanken, dass Jason und die Argonauten ihren Zug nach dem „Goldenen Vlies" erfolgreich abschließen konnten. Sie stattet Jason mit den Zaubermitteln aus, so dass er die Aufgaben ihres Vaters erfolgreich und vor allem lebend absolvieren kann. Sie betäubt den Drachen, damit das Vlies entwendet werden kann, als ihr Vater sein Versprechen nicht einhält und sie ist es auch, die den eigenen Bruder, der sie und die Argonauten verfolgt, in den Hinterhalt lockt, was im gemeinschaftlich verübten Mord an ihm gipfelt. Im alten Griechenland erschien Medeia als Typus der zauber- und pflanzenkundigen Frau.[172]

Selbst der Tragöde Exile (526–456) schrieb, dass Kolxis ein Land des Kampfes sei, in dem die Frauen im Krieg kämpften und keine Angst hätten.[173] Das hängt wohl damit zusammen, dass man in der Antike glaubte, die legendären Amazonen würden das Gebiet zwischen schwarzem und kaspischem Meer kontrollieren. Auch wenn meines Erachtens die Fälle, in denen Frauen selbst zur Waffe griffen, auch im vorchristlichen Georgien eher Ausnahmen gebildet haben dürften, so ist dieser Teil der Arbeit dennoch ein guter Beleg für die religions-, kultur- und sozialgeschichtliche Theorie von der *longue durée*. Georgien, so zeigt sich, hat das – seit dem antiken Mythos von den Amazonen und der Medeia mit der Kolxis verbundene – Bild der tatkräftigen Frau aufgegriffen und ganz offensichtlich keine Schwierigkeiten gehabt, die Entstehungsgeschichte des Christentums in Georgien mit dem Schicksal einer Frau zu verbinden, deren Historizität über fünf Jahrhunderte lediglich mündlich tradiert wurde. Was die Waffenfähigkeit der georgischen Frauen anbetrifft so ist eher dem griechischen Feldherrn und Geschichtsschreiber Xenophon zu vertrauen, der aus eigener Ansicht den Kriegszug gegen eine taoxische Stadt im Jahre 401 v. Chr. schilderte. Nachdem den Griechen deren Einnahme gelang, schleuderten georgische Mütter zum Entsetzen der Eroberer ihre eigenen Kinder von Felsen in den Tod und stürzten sich selbst hinterher. Die Männer taten das gleiche. Der Selbstmord und die Tötung der eigenen Kinder war ein Weg der schmachvollen Knechtschaft zu entkommen. Da dies ein in georgischen Legenden häufig vorkommender Topos ist,[174] wirft dies wiederum ein anderes bezeichnendes Licht auf das Ende der Medeia-Legende. Man ist versucht zu vermuten, dass die Protagonistin ihre Kinder tötet, um sie einerseits dem Vater zu entziehen und andererseits zu verhindern, dass eine fremde Frau bei ihnen die Mutterstellung übernimmt. Ihr eigenes Auffahren in einem von Drachen gezogenen Wagen könnte dann als dichterische Darstellung eines

---

171 Vgl. Medeia. In: Ziegler, Konrat/Sontheimer, Walther (Hrsg.). a.a.O. Bd. 3. München. 1979, 1126–1128. Hier 1126.

172 Vgl. Welcker, Friedrich Gottlieb. Medea und die Kräuterkunde bei den Frauen. In: ders. Kleine Schriften zu den Alterthümern der Heilkunde bei den Griechen, Griechische Inschriften, zur alten Kunstgeschichte. Theil III. Bonn. 1850, 20–27.

173 Vgl. K'orije, Davit'. In: Mnat'obi 7. T'bilisi. 1970, 188f.

174 Zu dieser Überlieferung Xenophons vgl. Tschikowani, Micheil. a.a.O. 1981, 18.

einer großen Zauberin würdigen Freitodes interpretiert werden. Im Grunde steht die Kernaussage die Xenophon über die georgischen Frauen trifft, der sehr nahe, die Tacitus Jahrhunderte später von den Germaninnen beschreibt:

> „Manche Schlachtreihe, die schon ins Wanken geraten war und zurückflutete, brachten Frauen, wie es heißt, wieder zum Stehen: Sie bestürmen die Krieger unablässig mit Bitten, hielten ihnen ihre entblößte Brust entgegen und wiesen auf die unmittelbar drohende Gefangenschaft hin, die die Germanen viel leidenschaftlicher für ihre Frauen fürchteten."[175]

Es sind mit den Schilderungen kriegerischer Ereignisse durch Xenophon beredte Zeugnisse auf uns überkommen, die neben religösen Kulten auch ganz profane Einsichten in die bessere soziale Stellung von Frauen im vorchristlichen Georgien vermitteln. Da es sich aber dabei um militärische Ausnahmesituationen handelte, sei noch ein weiteres Beispiel aus dem altgeorgischen Alltag angeführt. Eine goldene Gürtelschnalle aus dem 2. nachchristlichen Jahrhundert, trägt eine schön gearbeitete Granateinlage, die mit folgenden Worten beschriftet ist: *„Sewach ist mein Leben, Karpak."*[176]

Abbildung 8: Goldene Gürtelschnalle, 2. Jh. n. Chr.
> Quelle: Lordkipanidse, Otar. Archäologie in Georgien. Von der Altsteinzeit zum Mittelalter. [Quellen und Forschungen zur prähistorischen und provinzialrömischen Archäologie Bd. 5]. Weinheim. 1991, Tafel 58/1.

---

175   Vgl. Härtel, Gottfried/Woyte, Curt (Hrsg. und Übers.) Publius Cornelius Tacitus: Germania (lateinisch und deutsch). Leipzig, 1971, 16ff.

176   „Καρπακ, ξευάχης ζωη μος." Zitat nach: Lordkipanidse, Otar. a.a.O. 1991, 173.

Da Ot'ar Lort'k'ip'anije annimmt, dass Sewach die Gemahlin des Karpak war, wirft auch dies ein bezeichnendes Licht auf die Beziehung zwischen Eheleuten im vorchristlichen Georgien. In einer patriarchalischen Gesellschaft, die zudem noch Frauen verachtet, wie Synek und T'axnišvili unterstellen, wäre eine solche Inschrift, die man noch dazu auf dem Körper quasi vor sich her trug, wohl kaum möglich gewesen. Sie hätte als Schwäche und der Mann damit in einer solchen Männergesellschaft als Schwächling gegolten.

Wir können an dieser Stelle festhalten, dass das gesellschaftliche Bild der Frau im vorchristlichen Georgien nun erwiesenermaßen weitaus besser war als Mixeil T'axnišvili und Eva-Maria Synek einzugestehen bereit waren. Es gab zwar keine Geschlechtergleichheit, aber es kann begründet angenommen werden, dass die relative soziale Stellung der Frauen in dieser Zeit sich in einer mittleren Position zwischen absoluter Unterdrückung und völliger Emanzipation bewegte. Bleibt noch die Frage offen, ob und wie sich das Frauenbild der georgischen Unterschichten nach oder vielleicht auch durch die allmähliche Annahme und Durchsetzung der christlichen Religion veränderte. Dass sich unterschwellig viele Vorstellungen aus der Zeit vor der Christianisierung bis in die Gegenwart erhalten haben, davon legt wohl die Kolossalstatue k'art'lis deda (ქართლის დედა/Mutter Georgiens) in den Bergen um T'bilisi wohl das aller beredteste Zeugnis ab.

12. Die Entwicklung des Frauenbildes in den georgischen Unterschichten nach der Christianisierung bis zur arabischen Fremdherrschaft

12.1 Die näheren Umstände der Christianisierung

Vor dem Hintergrund der bisher zusammengetragenen Informationen ist es erst an dieser Stelle möglich, ein differenziertes Bild vom Verlauf der Bekehrung Georgiens zu liefern als dies im zweiten Teil der Arbeit möglich war, der sich vorrangig auf die hagiographischen Überlieferungen dieses historischen Ereignisses stützte, die gemäß ihrem Quellencharakter natürlich eine etwas verzerrend-einseitige und idealisierende Perspektive aufweisen.

Nachdem im vorigen Kapitel aufgezeigt wurde, dass die gesellschaftliche Stellung der Frauen im vorchristlichen Altgeorgien gar nicht so schlecht war, wie bisher angenommen wurde, wird auch verständlicher, dass die heilige Nino mit ihren neuen Ideen eine derartige Wirkung auf die königliche Familie erzielen konnte, dass sie als Landfremde einen revolutionären sozialen, religiösen und kulturellen Wandel auslösen konnte. Im dritten Teil der Arbeit wurde zwar herausgearbeitet, dass die georgische Oberschicht durch ihre Orientierung am iranisch-sasanidischen Vorbild Vorstellungen entwickelte, durch die sich ihr schichtspezifisches soziales Bild der Frau im Laufe der Zeit allmählich verschlechterte. Zu Anfang des 4. Jahrhunderts war der dafür notwendige Einfluss des sasanidischen auf den georgischen Adel jedoch noch nicht ausgeprägt genug, um die Mission der heiligen Nino zu verhindern und die Heilige nicht zur Bekehrerin, sondern zur Märtyrerin werden zu lassen. Wie bereits ausgeführt wurde, war der iranische Einfluss auf Armenien in diesem Sinne größer. Vor dem Hintergrund dieser Aussage kann auch das Schicksal der heiligen Rhipsime und ihrer Gefährtinnen in Armenien ebenfalls in einem neuen Licht gesehen werden. Es ist annehmbar, dass aufgrund der stärkeren und formelleren Anbindung Altarmeniens an das Sasanidenreich diese heiligen Frauen dort im Grunde keine Chance hatten und ihr tödliches Schicksal von der sozialen Situation vorgeprägt bzw. vorgegeben war und dass darum mit Gregor dem Erleuchter nur ein Mann in der Lage war, die Idee des Christentums in Armenien zu verbreiten. Andererseits hat die zwar nicht absolute aber relativ größere Unabhängigkeit Altgeorgiens vom sasanidischen Persien nicht allein aber entscheidend dazu beigetragen, dass hier die Schilderung der Missionierung durch eine Frau möglich wurde.

Um die verhältnismäßig positive Sicht der Frauen in Georgien nicht von vornherein überzubewerten und damit einen hermeneutischen Zirkel aufzubauen, in dem im Grunde das in dieser Studie zu Erklärende – nämlich die Stellung der Frau – als Ausgangsprämisse der Argumentation herangezogen wird, sei angemerkt, dass auch noch weitere Faktoren in Frage kommen, um die Tatsache, dass sich von verschiedenen in und um Georgien konkurrierenden Weltreligionen letztlich das Christentum durchsetzte, zu erklären. Dabei ist meines Erachtens vor allen Dingen hervorzuheben, dass auch das Christentum in der Lage war an zahlreiche vorchristliche religiöse Vorstellungen anzuknüpfen.

Diese These kann vor allem durch den bereits mehrfach zitierten Synkretismus zwischen Christentum und vorchristlichen Glaubensvorstellungen, der nach Heinz Fähnrich teilweise bis in die Gegenwart eine große Rolle im religiösen System Georgiens spielt,[177] begründet werden. Es scheint sinnvoll, neben den im vorigen Kapitel geschilderten, noch weitere Elemente dieses Synkretismus auszuführen, die einen stärkeren Bezug zum Christentum aufweisen, um die These noch weiter argumentativ zu unterlegen.

Im Zusammenhang mit der heiligen Nino kann dabei auf Minani (მინანი), eine weibliche Protagonistin eines xevsurischen andrezi, hingewiesen werden. Fähnrich zufolge, wird sie darin als erste Seherin eines Heiligtumes in Likoki geschildert, mit der die Einwohner jedoch nicht einverstanden waren und die sie deshalb töten wollten. Das Heiligtum erhob sich darauf hin in die Luft und wechselte seinen Standort und Minani folgte ihm durch Xevsuret'i und Tušet'i, wobei sie den Willen der Gottheit des Heiligtums verkündete. Dabei gründete sie weitere Kultstätten und setzte

---

177 Vgl. Fähnrich, Heinz. a.a.O. 1999, 12ff.

religiöse Feste ein. Weiter ist überliefert, dass sie keine Monatsblutungen hatte und unverheiratet blieb.[178] Gerade letztere Schilderung rückt Minani nahe an traditionelle Darstellungen von weiblichen christlichen Heiligen heran. Es ist zu vermuten, dass es sich bei dem geschilderten Volksepos um eine folkloristische Verarbeitung der Legende der heiligen Nino und ihrer Schwierigkeiten bei den dem Christentum wenig aufgeschlossenen Gebirgsbewohnern Ostgeorgiens handeln könnte.[179] Dass die volkstümliche Überlieferung schildert, dass Minani dort in ihrem Heiligtum begraben sei, wo es sich endgültig niederließ,[180] entspricht typologisch der überlieferten Grablegung der heiligen Nino in Bodbe.[181]

Wichtiger noch als die heilige Nino ist im Synkretismus der nordostgeorgischen Bergvölker bis heute Maria, die Mutter Gottes. Immer wieder wurde betont, dass in ihrer Verehrung christliche Elemente mit dem Glauben an alte vorchristliche Muttergottheiten verbunden seien.[182] In zahlreichen folkloristischen Erzählungen tritt die Verbindung der christlichen und vorchristlichen Auffassungen hervor.[183] Dass der ethnisierte Kult der heiligen Maria mit dem alten Kult der adgilis deda verbunden wurde, belegen die 36 Kultstätten, die Heinz Fähnrich in Ostgeorgien identifizierte und die zumindest dem Namen nach entweder mit dedaġvt'ismšobeli bzw. ġvt'ismšobeli[184] (დედაღვთისმშობელი, ღვთისმშობელი/Muttergottes) oder auch mit cminda Mariam (წმინდა მარიამი/die heilige Maria) verbunden sind, ansonsten aber die selben Riten zeigen wie die Kultstätten der adgilis deda.[185]

Ein weiteres und wohl das bedeutendste Element des Synkretismus zwischen christlicher Symbolik und vorchristlichem Polytheismus bildet wohl die Verehrung des heiligen Georg. Er ist der am meisten verehrte christliche Heilige Georgiens, wie auch europäische Quellen der Kreuzfahrerzeit berichten.[186] Im Hinblick auf seine

---

178 Vgl. dazu ebd, 201; Očiauri, T'inat'in. Mit'ologiuri gadmoc'emebi aġmosavlet' sak'art'velos mt'ianetši. T'bilisi. 1967, 65, 90 sowie ders. K'art'velt'a ujvelesi sarcmunoebis istoriidan T'bilisi. 1954, 59f. und 99.

179 Auch Fähnrich verbindet Minani mit Nino. Vgl. dazu Fähnrich, Heinz. a.a.O. 1999, 227.

180 Vgl. ebd., 201.

181 Vgl. dazu Leonti Mroveli. Ninos mier k'art'l'is mok'c'eva. In: Qauxč'išvili, Simon (Hrsg.). a.a.O. 1955, 72–138. Hier 128. Vgl. dazu auch Leonti Mroveli. Die Bekehrung König Mirians und ganz Kartlis durch unsere heilige und selige Mutter, die Apostolin Nino. In: Pätsch, Gertrud (Hrsg.). a.a.O. 1985, 131–199. Hier 184.

182 Fähnrich, Heinz. a.a.O. 1999, 77ff. und 110ff.

183 Exemplarisch kann dazu die Sage: Die Muttergottes und das Ungeheuer. In: Fähnrich, Heinz (Hrsg. und Übers.). a.a.O. 1984, 128 – angeführt werden.

184 In der georgischen Orthodoxie ist ġvt'ismšobeli ein Epithet von Maria, der Mutter Jesu Christi. Vgl. dazu: Abašije, Irakli/Metreveli, Roin u.a. (Hrsg.). a.a.O. Bd. 2. 1990, 1001.

185 Vgl. dazu Fähnrich, Heinz. a.a.O. 1999, 77f., 109ff. und 183ff.

186 Pätsch weist darauf hin, dass der französische Kreuzfahrer De Bois im 13. Jahrhundert als Erster den Namen Georgien in einem Brief an den Erzbischof von Besançon benutzte. Vgl. dazu Pätsch, Gertrud (Hrsg.) a.a.O. 1985, 5. Da Pätsch nichts Genaueres dazu ausführt, konnte die Quelle nicht genau identifiziert werden. Es ist aber zu vermuten, dass es sich beim Schreiber des Briefes möglicherweise um den fanzösischen Autor Pierre Dubois (ca. 1250/

besondere Verehrung in diesem Gebiet, wurde das Land zwischen schwarzem und kaspischen Meer daraufhin Georgien genannt.[187] Eine Bezeichnung die bis heute in Mittel- und Westeuropa gebräuchlich ist, während sich die Georgier selbst als K'art'veler und ihr Land als K'art'li bzw. Sak'art'velo bezeichnen.[188]

Um die besonders starke Verehrung des heiligen Georgs in Georgien zu erklären,[189] wurden die verschiedensten Hypothesen entwickelt. Immer wieder wird darauf hingewiesen, dass der Kult des heiligen Georg mit dem Ritus des altgeorgischen Mondgottes verschmolz.[190] Dies kann und soll zwar nicht bestritten werden, jedoch ist dazu anzumerken, dass es sich bei dieser Tatsache um das Ergebnis einer lang andauernden Entwicklung handelte, die sich letztlich in dieser spezifischen Form des allgemeinen Synkretismus niederschlug. Als Ursache, die diese Entwicklung verständlich machen könnte, kommt diese Annahme jedoch nicht in Frage. Ähnlich stellt sich auch die Theorie Otto Günter von Wesendonks dar, dass der heilige Georg in Georgien deshalb so hoch geachtet würde, weil die Aspekte seines Kultes, die sich bereits außerhalb Georgiens entwickelten, selbst auf „heidnische Wurzeln" zurückgingen.[191] Zwar ist auch diese Tatsache wohl unbestreitbar, kommt jedoch für die Erklärung der innergeorgischen Entwicklung des Ritus dieses „ritterlichen Heiligen" ebenfalls nicht in betracht; denn das würde voraussetzen, dass den Georgiern die Entfaltung des außergeorgischen Ritus des heiligen Georg bekannt gewesen wäre. Da dies aber höchst unwahrscheinlich ist, kommt die außergeorgische Entwicklung und deren Übereinstimmung mit den vorchristlichen Grundlagen Georgiens höchstens als ein begünstigender aber nicht als grundsätzlich erklärender Faktor für den dortigen Synkretismus, der mit dem heiligen Georg verbunden ist, in Frage. Entscheidender scheint mir dagegen eine Parallele zu sein, die sich aus der christlichen Überlieferung des heiligen Georg und ihrer Übereinstimmung mit der

---

51–1321) gehandelt haben könnte. Vgl. Oexle, Otto G. Dubois, Pierre. In: Bautier, Robert Henri/Auty, Robert (Hrsg.). Lexikon des Mittelalters. Bd. 3. München/Zürich. 1989, 1433f.

187 Vgl. Pätsch, Gertrud (Hrsg.) a.a.O. 1985, 5f.

188 Die russische Bezeichnung lautet dagegen bekanntlich Gruzija, was wahrscheinlich auf die persisch-türkische Bezeichnungen Gurdšistan bzw. Gurdši zurückgeht, deren Etymologie jedoch bisher ungeklärt ist. Vgl. ebd., 5.

189 Die Verehrung des heiligen Georg in Georgien ist kein vorrangiges Thema der vorliegenden Arbeit. Es musste jedoch dennoch mit aufgenommen werden, um von dieser Basis aus weiter argumentieren zu können. Trotzdem kann und soll hier keine vollständige Darstellung der Entwicklung seiner Hagiographie in Georgien geliefert werden. Weiterführende Angaben können z.B. aus der umfangreichen Studie: Gabijašvili, Enriko. Cminda Giorgi jvel k'art'ul mcerlobaši. T'bilisi. 1991 – entnommen werden.

190 Die Verbindung zwischen Georg und dem Gott des Mondes tritt besonders in seinem Epithet t'et'ri Giorgi (თეთრი გიორგი/Weißer Georg) zu tage. Vgl. Fähnrich, Heinz. a.a.O. 1999, 207f. und 317. Vgl. dazu u.a. auch Erist'avi, Rap'iel. P'olklorul-et'nograp'iuli cerilebi. T'bilisi. 1986, 71; Pätsch, Gertrud (Hrsg.) a.a.O. 1985, 5; dies. a.a.O. 1973, 207; Džavaxišvili, Ivane. K'art'veli eris istoria. Bd. 1. T'bilisi. 1960, 51ff. oder Wesendonk, Otto G. von. a.a.O. 1924, 93.

191 Vgl. Wesendonk, Otto G. von. a.a.O. 1924, 96ff.

Amirani-Sage als wichtigstem altgeorgischem Volksepos ergibt.[192] Der heilige Georg ist bekanntlich der Drachentöter und wird in der Ikonographie in der Regel als gewappneter Reiter, der mit seiner Lanze das Untier erlegt, dargestellt. Nun kann daran erinnert werden, dass auch der altgeorgische Kulturheros Amirani ein Bekämpfer der bösen und unheilstiftenden Naturkräfte in Form von Drachen und devi-Ungeheuern war. Es ist nicht anzunehmen, dass der heilige Georg seine Wandlung zum Drachentöter erst durch den Einfluss der georgischen Volksmythologie erfuhr.[193] Meiner Ansicht nach ist es viel wahrscheinlicher, dass mit dem christlichen Heiligen, Georg; und dem volkstümlichen Helden, Amirani, in Georgien ein kultureller Code in zwei verschiedenen Ausprägungen entwickelte, die ungewöhnlich große Ähnlichkeiten miteinander aufwiesen. Aus diesem Grund ist es nicht verwunderlich, dass der heilige Georg an die Vorstellungs- und Lebenswelt des vorchristlichen Georgien vergleichsweise anschlussfähiger war, als andere Elemente des Christentums. Ein weiteres entscheidendes Argument für diese Sichtweise bildet die Tatsache, dass der heilige Georg in den orthodoxen Ostkirchen häufig gemeinsam mit dem heiligen Demetrius und dem heiligen Theodor verehrt wird.[194]

„Diese Schilderung entspricht der [westeuropäischen] Georgsdichtung aus dem 12. Jahrhundert, die die Rolle des Helden betont, der die Kreuzfahrer unterstützt. Hier kommen Demetrius und Theodor als seine Brüder vor, die ihm in einer älteren Überlieferung zur Seite stehen und neben Georg die meistverehrten Heiligen der Ostkirche sind."[195] Die Trinität dreier heiliger Brüder erinnert doch sehr an die oben bereits erwähnte georgische Heldentrias aus Amirani und seinen Halbbrüdern, Badri und Usipi.[196] Nachdem sich auf diese Weise der Drachentöteraspekt des heiligen Georgs durch die Verschmelzung mit dem georgischen Amirani-Mythos weiter verfestigt hatte, war es nicht verwunderlich das der Heilige und seine Hagiographie im Gefolge der Kreuzzüge bzw. der heimkehrenden Kreuzfahrer, die diese Geschichte nach Westeuropa brachten, auch dort in kurzer Zeit volkstümlich wurde.[197] So war

---

192   Parallelen zwischen Amirani und Sankt Georg gesteht auch Wesendonk ein – zumindest in der Ikonographie. Vgl. ebd., 96.

193   Gemäß Wesendonk lässt sich die Verbindung des heiligen Georg mit dem Drachen bis ins 6. Jahrhundert zurückverfolgen. Vgl. ebd., 95. Da Georgien erst im 4. Jahrhundert christianisiert wurde, ist kaum anzunehmen, dass in knapp 200 Jahren der Einfluss der georgischen Volksreligion so groß war, derart prägend auf seine Legende einzuwirken.

194   Über die Tatsache, dass in Georgien auch die Heiligen, Demetrius und Theodor als „Reiterheilige" dargestellt und verehrt wurden berichtet bereits Wesendonk. Dabei weist er u.a. auf ein Bildnis über dem Südportal der Kirche von Nikorcminda hin, auf dem zwei Reiter im Kampf abgebildet sind. Der eine tötet einen Menschen und wurde von Wesendonk als heiliger Georg identifiziert, der andere soll den heiligen Theodor verkörpern und durchbohrt einen Drachen. Vgl. Wesendonk, Otto G. von. a.a.O. 1924, 95f.

195   Schäfer, Joachim. Georg, der Märtyrer. In: ders. Ökumenisches Heiligenlexikon. 2004, 15.06.2004, <http://www.heiligenlexikon.de/BiographienG/Georg_der_Maertyrer.htm>.

196   Vgl. dazu Kap. 7.1.

197   Zu dem Phänomen, dass die heimkehrenden Kreuzfahrer die Legende des Märtyrers Georg mit zurück nach Westeuropa brachten vgl. z.B. Bautz, Friedrich Wilhelm. Georg, Märtyrer.

der Heilige im Spätmittelalter beispielsweise der Schutzpatron Englands, obwohl er seiner Hagiographie nach mit Britannien rein gar nichts zu tun hatte.[198] Die Verbindung des Heiligen mit dem früheren georgischen Mondgott stellt dagegen meines Erachtens eine weitere Aufwertung des Heiligen im georgischen Volksglauben dar.

Der heilige Georg wird im volkstümlichen Christentum als Stellvertreter Gottes angesehen. Er rangiert in der Hierarchie der Heiligen sogar vor Jesus Christus.[199] Diese Tatsache wird besonders anschaulich durch eine verbreitete georgische Volksüberlieferung verdeutlicht, die in zahlreichen verschiedenen Varianten vorliegt.[200] Der Kern der Geschichte ist jedoch immer derselbe: Elias, Christus und der heilige Georg kommen einzeln und nacheinander zu einem Hirten und bitten ihn um ein Schaf, dass sie schlachten wollen, um sich für ihre irdische Wanderung zu stärken. Elias und Christus erhalten nichts, dem heiligen Georg bietet der Schäfer jedoch bereitwillig die gesamte Herde an. Nach dem folgenden Mahl der drei Heiligen schüttelt Jesus Christus seine Serviette aus mit dem Segenswunsch, dass das Fleckchen Erde, auf dem sie gespeist hatten, eine besonders reiche Ernte geben solle. Der heilige Georg, erfreut über die Achtung und Verehrung des Hirten, teilt dies dem Schäfer mit, inklusive des Rates, das Stück Land für sich zu erwerben. Als Jesus und Elias davon erfahren sind sie erbost und Jesus befiehlt Elias, das Land und die Ernte des Hirten durch Hagel zu verderben. Auch dies verrät ihm der heilige Georg und gibt ihm den Rat, das Feld wieder zu veräußern. Als die Heiligen wieder in die Gegend kommen, weist Jesus den heiligen Georg darauf hin, dass die Ernte des Schäfers nun verloren sei. Worauf Georg ihm mitteilt, dass das Feld nicht mehr dem Hirten gehöre. Darauf befiehlt Jesus Elias das Korn wieder aufzurichten, um keinen Unschuldigen zu bestrafen. Wiederum rät der heilige Georg seinem Schützling, dass Land zurückzukaufen. Was auch relativ preiswert gelingt, da außer dem durch den Beistand des Heiligen gewitzten Schäfers ja niemand ahnt, was sich ereignen wird. Auf diese Weise foppen der Schäfer und der heilige Georg Elias und Jesus Christus noch einige Male und der Schäfer erzielt eine prächtige Ernte.

In: ders. (Hrsg.). Biographisch-Bibliographisches Kirchenlexikon. Bd. 2. Hamm, 1990, 208f.; Pollems, K[atrin]/Restle, M[arcell]. Georg (heiliger Märtyrer). In: Bautier, Robert Henri/ Auty, Robert (Hrsg.). Lexikon des Mittelalters. Bd. 4. München/Zürich. 1989, 1273–1275 sowie Wesendonk, Otto G. von. a.a.O. 1924, 95. Volkstümlich wurde er dort durch die Legenda aurea des Jacobus da Voragine. Vgl. Nickel, Rainer (Hrsg.). Jacobus de Voragine: Legenda aurea (lateinisch/deutsch). Stuttgart. 1994.

198   Neben England waren auch Aragon, Frankreich, Katalonien, Portugal, Russland, Schweden, Ungarn und andere Länder europäische Gemeinwesen, die den heiligen Georg als Schutzpatron verehrten. Vgl. dazu auch Pollems, K[atrin]/Restle, M[arcell]. Georg (heiliger Märtyrer). In: Bautier, Robert Henri/Auty, Robert (Hrsg.). Lexikon des Mittelalters. Bd. 4. München/ Zürich. 1989, 1273–1275 und Wesendonk, Otto G. von. a.a.O. 1924, 95.

199   Vgl. Wesendonk, Otto G. von. a.a.O. 1924, 99f. Wesendonk behauptet sogar, dass die Svanen den heiligen Georg sogar mehr verehrten als den Schöpfergott und ihn auch für mächtiger hielten. Vgl. ebd., 100.

200   Typisch dafür ist z.B. die Sage: Elias, Christus und der heilige Georg. In: Fähnrich, Heinz (Hrsg. und Übers.). a.a.O. 1984, 112–114.

Diese Volkssage lässt den Schluss zu, dass der heilige Georg besonders von den Hirten in den Gebirgsregionen verehrt wurde.[201] Der heilige Elias wurde dagegen eher von den Bauern der Niederungen um gutes Wetter für ihre Ernten angefleht.[202] Die These Gertrud Pätschs, dass Elias seine Verehrung in Georgien seiner im Alten Testament erwähnten Himmelfahrt in einem feurigen Wagen verdanke,[203] die ihn in die Nähe des Sonnengottes gerückt hätte und dessen Stellvertreter er später als Heiliger geworden sei,[204] muss entschieden zurückgewiesen werden. Es wurde bereits aufgezeigt, dass die Sonne im vorchristlichen Georgien als Göttin verehrt wurde. Außerdem erscheint Elias in den folkloristischen Erzählungen immer etwas unbeholfen gewissermaßen bäuerlich, was ebenfalls kaum zu einer hohen Himmelsgottheit zu passen scheint. Wenn überhaupt, dann stellt er einen untergeordneter Diener der Sonne dar.[205] Jesus Christus scheint dagegen drittens nach seiner herrscherlichen Charakterisierung in dieser Erzählung möglicherweise eher als Heiliger der befehlsgewohnten Oberschichten angesehen worden zu sein.

Otto Günter von Wesendonk schrieb dazu: „Wie in Armenien hingen dem Christentum in Georgien anscheinend hauptsächlich das Königshaus und der Adel an, während das Volk dem Heidentum zuneigte."[206] Beim jetzigen Stand der Analyse kann dieses Bild stärker differenziert werden. Meines Erachtens ist annehmbar, dass es vor allem der Christuskult war, der den breiten Volksschichten zunächst fremd blieb, während andere Elemente des Christentums wie die Heiligenverehrung und vor allem auch der Marienkult anschlussfähiger waren. Aber ein weiterer Grund für die ablehnende Haltung der georgischen Gebirgsbewohner gegen die Bekehrungsversuche der heiligen Nino kommt noch viel stärker in den Blick.

Gertrud Pätsch weist darauf hin, dass die vorchristlichen Götter Georgiens vor allen Dingen Lokalgötter waren.[207] Daran änderte sich auch durch den Einfluss des Mazdaismus und des geschilderten iranisch geprägten Polytheismus nichts. Auch wenn möglicherweise die jeweils höchsten Götter zumindest im direkten Machtbereich Mc'xet'as alle Armazi hießen, so reichte ihr Zuständigkeitsbereich wahrscheinlich nicht sehr viel weiter als vorher – nämlich höchstens soweit, wie ein

---

201　Dass v.a. die georgischen Schäfer den heiligen Georg als höchstes Wesen anerkennen, berichtet schon Wesendonk, Otto G. von. a.a.O. 1924, 99.

202　Die Zuständigkeit Elias' für das Wetter ergibt sich nicht nur aus den bereits erwähnten Geschichten in denen der heilige Georg Jesus Christus und ihn an der Nase herumführen. Sie wird auch durch andere Erzählungen gestützt z.B.: Die Tochter der Sonne. In. Fähnrich, Heinz (Hrsg. und Übers.) [unter Mitarbeit von Heinz Mode]. a.a.O. 1980, 241–253. Die georgische volkstümliche Vorstellung vom Charakter Elias' gleicht der, die man in Deutschland vom heiligen Petrus hat, der hier für das „Wetter" zuständig ist.

203　Vgl. 2. Könige Kap. 2, 11.

204　Vgl. Pätsch, Gertrud. a.a.O. 1973, 207.

205　Vgl. zu dieser Charakterisierung nochmals das Märchen: Die Tochter der Sonne. In. Fähnrich, Heinz (Hrsg. und Übers.) [unter Mitarbeit von Heinz Mode]. a.a.O. 1980, 241–253.

206　Wesendonk, Otto G. a.a.O. 1924, 81.

207　Vgl. Pätsch, Gertrud. a.a.O. 1973, 219 und 220.

Gläubiger vom Heiligtum aus sehen konnte.[208] Dann begann das Gebiet eines anderen Gottes, dass bzw. ob dieser wiederum Armazi hieß, war dabei relativ unerheblich. Das Problem bestand jedoch darin, dass der iranisch aufgesetzte Polytheismus nicht geeignet war, ein identitätsstiftendes Moment auf dem Weg Georgiens zur nationalen Einigung darzustellen; denn im Grunde ist religiöse Intoleranz ein Phänomen, das polytheistischen Religionssystemen ihrem Wesen nach zutiefst fremd ist.[209] Pätsch führt dazu am Ende aus: „Eine Religionsform, wie sie durch die heidnischen Götter in Moksevay Kartlisay repräsentiert wird, vermag sich nur in einer relativ kleinen und überdies homogenen Gemeinschaft zu halten."[210]

Vor diesem Hintergrund können nun die näheren Umstände der „Bekehrung" Georgiens näher nachvollzogen werden, als das bisher möglich war. Es ist anzunehmen, dass der Übertritt des georgischen Königspaares Mirian und Nana das Ergebnis eines wohlüberlegten, zweckrationalen Entscheidungsprozesses war. Nachdem das Christentum in ihrem Land bereits von einer fremden Frau verbreitet wurde und zunächst in den Städten bei den unteren Bevölkerungsschichten großen Zulauf hatte, wie man den hagiographischen Überlieferungen entnehmen kann,[211] erkannte die Krone wahrscheinlich rasch das integrative Potential dieser neuen Religion.

Nach der Chronik *K'art'lis C'xovreba* hatte der König P'arnavaz den Kult des Gottes Armazi zusammen mit einer am persischen Vorbild orientierten Reichsorganisation in Ostgeorgien eingeführt.[212] Wenn auch sicher nicht alle Details dieser Überlieferung gänzlich richtig sind – vor allem was die historischen Abläufe und die Chronologie anbetrifft, so darf wohl doch angenommen werden, dass sie zumindest tendenziell auf einem wahren Kern basierte. Daraus folgt, dass die Einführung formaler zentralisierender Institutionen und eines gemeinsamen polytheistischen Götterkultes nach einigen Jahrhunderten noch keine entsprechenden Ergebnisse erbracht hatte.[213] Iberien war in der Zeit der heiligen Nino genauso zerrissen und zersplittert, wie das die Chronik von der vorp'arnavazidischen Zeit schildert. Möglicherweise erkannte das Königspaar, dass es nicht genügte, allein externe staatliche Instituti-

---

208   Zum Wesen des vorchristlichen Götterpantheons – gleichgültig welcher Provenienz – vgl. ebd., 217ff.

209   Hier wird an die Auffasung von Pätsch angeschlossen. Vgl. ebd., 217.

210   Ebd., 224.

211   Vgl. Leonti Mroveli. Ninos mier k'art'lis mok'c'eva. In: Qauxč'išvili, Simon (Hrsg.). a.a.O. 1955, 72–138. Hier 93f., 95 und 103. Vgl. dazu auch Leonti Mroweli. Die Bekehrung König Mirians und ganz Kartlis durch unsere heilige und selige Mutter, die Apostolin Nino. In: Pätsch, Gertrud (Hrsg.) a.a.O. 1985, 131–199. Hier 149f., 151 und 157.

212   Vgl. Leonti Mroveli. C'xovreba k'art'velt'a mep'et'a. In: Qauxč'išvili, Simon (Hrsg.). a.a.O. 1955, 3–71. Hier 24f. Vgl. dazu auch Leonti Mroweli. Leben der kartwelischen Könige. In: Pätsch, Gertrud (Hrsg.) a.a.O. 1985, 51–130. Hier 74f.

213   Ob es sich nun tatsächlich um die cirka 8 Jahunderte handelte, die rein rechnerisch zwischen P'arnavaz und der heiligen Nino lagen, oder ob der Zeitraum etwas kürzer war, ist hier unerheblich. Fest steht, dass der Zeitraum lang genug gewährt haben dürfte, um größere Erfolge zu zeitigen.

onen einzuführen, sondern dass es ein gemeinsames sinnstiftendes Element im Inneren geben musste, wenn man das Land einigen wollte. Da dies einerseits von den iranisch geprägten Götterkulten aufgrund ihrer Toleranz gegenüber den lokal geprägten Elementen altgeorgischer Religion nicht geleistet werden konnte und andererseits das Christentum in Gestalt der heiligen Nino und ihrer ersten Anhänger gegen jede Form von Polytheismus eiferte,[214] so lag es wohl auf der Hand, dass sich das Herrscherpaar nach einer gewissen Überlegungsphase entschloss, die Seiten zu wechseln und Christen zu werden. Dass dies nicht quasi über Nacht geschah, sondern ein langwieriger Prozess war, kann den georgischen Quellen direkt entnommen werden. Dass hinter dieser Konversion aber offensichtlich Macht- und Herrschaftsinteressen gesteckt haben könnten, verschweigen die hagiographischen Quellen natürlich vornehm. Stattdessen werden mythologische Erklärungen göttlicher Intervention sowie der streng religiöse Lebenswandel der Heiligen und deren Vorbildwirkung angeführt, um den Übertritt des Königspaares zu erklären.[215] Wie bereits gesagt, war auch die hagiographische Geschichtsschreibung des frühen georgischen Christentums eine Historiographie der Macht und der Mächtigen. Außerdem konnte man es sich wahrscheinlich auch als christlicher Schreiber kaum leisten, den Machtanspruch der Herrschenden zu gefährden, wenn man überleben wollte.[216]

Wenn hier behauptet wurde, dass es keine Belege dafür gibt, dass zweckrationale Machtinteressen dazu führten, dass Mirian und Nana sich für das Christentum entschieden, so ist auch dies nur zum Teil richtig. Zwar gibt es aus den genannten Gründen keine direkten Belege dafür, aber es lassen sich solche indirekt aus den Legenden der heiligen Nino erschließen: Nach ihrer „Bekehrung" sind es den Chroniken zufolge vor allem der König und die Königin, die die Initiative zur weiteren Verbreitung des Christentums ergreifen. Sie lassen die cvetic'xoveli-Kathedrale

---

214   Vgl. z.B. Leonti Mroveli. Ninos mier k'art'lis mok'c'eva. In: Qauxč'išvili, Simon (Hrsg.). a.a.O. 1955, 72–138. Hier 106. Vgl. dazu auch Leonti Mroveli. Die Bekehrung König Mirians und ganz Kartlis durch unsere heilige und selige Mutter, die Apostolin Nino. In: Pätsch, Gertrud (Hrsg.). a.a.O. 1985, 131–199. Hier 161.

215   Bei der Königin Nana war es angeblich ihre Heilung von einer sonst unheilbaren Krankheit durch das Gebet der heiligen Nino, die die Königin veranlasst haben sollen sich dem Christentum zuzuwenden. Bei Mirian war es sogar eine noch direktere göttliche Intervention, die dies bewirkte. Er verirrte sich auf der Jagd und wurde durch göttliche Führung wieder zu den seinen zurückgebracht, worauf er gelobte selbst Christ zu werden. Vgl. Leonti Mroveli. Ninos mier k'art'lis mok'c'eva. In: Qauxč'išvili, Simon (Hrsg.). a.a.O. 1955, 72–138. Hier 104 ff. und 109f. Vgl. dazu auch Leonti Mroveli. Die Bekehrung König Mirians und ganz Kartlis durch unsere heilige und selige Mutter, die Apostolin Nino. In: Pätsch, Gertrud (Hrsg.) a.a.O. 1985, 131–199. Hier 158ff. und 164f. Dass dies idealisierende Bekehrungsüberlieferungen sind, dürfte offensichtlich sein.

216   Zum christlichen Märtyrer hätte man, selbst wenn man es gewollt hätte, ja kaum werden können; denn das Königspaar war ja selbst, wenn anfangs aber auch höchstwahrscheinlich nur nominell, ebenfalls christlich.

bauen, wobei Nino noch die tragende, lebende Säule an ihren Platz beten darf.[217] Sie senden Gesandte nach Byzanz, um dort Priester für die Taufe anzufordern.[218] Sie ließen das verehrungswürdige Kreuz bei Mcʻxetʻa errichten, wo im Anschluss zahlreiche Wunder geschahen.[219] Sie standen mit dem christlichen Kaiser in Konstantinopel in Verbindung, berichten ihm von den Wundern, die sich in ihrem Herrschaftsbereich vollzogen und ließen sich dafür vom Kaiser mit christlichen Symbolen und kostbaren Reliquien beschenken.[220] Den wichtigsten Hinweis auf eine herrschaftsbezogene Motivation für die Annahme des Christentums, bildet wohl der Hinweis in der Chronik *Mokʻcʻevay Kʻartʻlisay*, dass Mirian und Nana ihren Schwiegersohn Peroz (er trägt einen persischen Namen) und die georgischen Bergbewohner mit Gewalt zwingen wollten, sich ebenfalls zum Christentum zu bekennen.[221] Die Einwände des aus Byzanz angereisten Bischofs Johannes und der heiligen Nino, dass dies nicht der richtige Weg sei,[222] fruchteten offenbar nicht viel, denn ihre Expedition ins Gebirge fand in Begleitung bewaffneter Truppen und eines eristʻavis als militärischem Führer statt.[223] Leonti Mroveli berichtet:

> „Und sie predigten ihnen die wahre christliche Religion, die zum ewigen Leben führt. Sie aber wollten sich nicht taufen lassen. Dann half der eristʻavi

---

217 Vgl. dazu Leonti Mroveli. Ninos mier kʻartʻlis mokʻcʻeva. In: Qauxčʻišvili, Simon (Hrsg.). a.a.O. Tʻbilisi. 1955, 72–138. Hier 111–119. Vgl. dazu auch Leonti Mroweli. Die Bekehrung König Mirians und ganz Kartlis durch unsere heilige und selige Mutter, die Apostolin Nino. In: Pätsch, Gertrud (Hrsg.). a.a.O. Leipzig. 1985, 131–199. Hier 166–174.

218 Vgl. Leonti Mroveli. Ninos mier kʻartʻlis mokʻcʻeva. In: Qauxčʻišvili, Simon (Hrsg.). a.a.O. 1955, 72–138. Hier 111. Vgl. dazu auch Leonti Mroweli. Die Bekehrung König Mirians und ganz Kartlis durch unsere heilige und selige Mutter, die Apostolin Nino. In: Pätsch, Gertrud (Hrsg.) a.a.O. 1985, 131–199. Hier 165f.

219 Vgl. dazu Leonti Mroveli. Ninos mier kʻartʻlis mokʻcʻeva. In: Qauxčʻišvili, Simon (Hrsg.). a.a.O. 1955, 72–138. Hier 119–124. Vgl. dazu auch Leonti Mroweli. Die Bekehrung König Mirians und ganz Kartlis durch unsere heilige und selige Mutter, die Apostolin Nino. In: Pätsch, Gertrud (Hrsg.) a.a.O. 1985, 131–199. Hier 175–180.

220 Vgl. dazu Leonti Mroveli. Ninos mier kʻartʻlis mokʻcʻeva. In: Qauxčʻišvili, Simon (Hrsg.). a.a.O. 1955, 72–138. Hier 117. Vgl. dazu auch Leonti Mroweli. Die Bekehrung König Mirians und ganz Kartlis durch unsere heilige und selige Mutter, die Apostolin Nino. In: Pätsch, Gertrud (Hrsg.) a.a.O. 1985, 131–199. Hier 172f.

221 Vgl. dazu Leonti Mroveli. Ninos mier kʻartʻlis mokʻcʻeva. In: Qauxčʻišvili, Simon (Hrsg.). a.a.O. 1955, 72–138. Hier 125. Vgl. dazu auch Leonti Mroweli. Die Bekehrung König Mirians und ganz Kartlis durch unsere heilige und selige Mutter, die Apostolin Nino. In: Pätsch, Gertrud (Hrsg.) a.a.O. 1985, 131–199. Hier 181.

222 Vgl. dazu Leonti Mroveli. Ninos mier kʻartʻlis mokʻcʻeva. In: Qauxčʻišvili, Simon (Hrsg.). a.a.O. 1955, 72–138. Hier 125. Vgl. dazu auch Leonti Mroweli. Die Bekehrung König Mirians und ganz Kartlis durch unsere heilige und selige Mutter, die Apostolin Nino. In: Pätsch, Gertrud (Hrsg.) a.a.O. 1985, 131–199. Hier 181f.

223 Vgl. dazu Leonti Mroveli. Ninos mier kʻartʻlis mokʻcʻeva. In: Qauxčʻišvili, Simon (Hrsg.). a.a.O. 1955, 72–138. Hier 125f. Vgl. dazu auch Leonti Mroweli. Die Bekehrung König Mirians und ganz Kartlis durch unsere heilige und selige Mutter, die Apostolin Nino. In: Pätsch, Gertrud (Hrsg.) a.a.O. 1985, 131–199. Hier 182.

des Königs ein wenig mit dem Schwert nach und es gelang, ihre Götzen zu vernichten."[224]

Als sich die Mehrzahl der Bergbewohner dennoch nicht bekehrte, erhöhte ihnen der König die Steuern, wie der Chronist berichtet.[225] Ein noch eindeutigerer Beleg für die Tatsache, dass die neue Religion als Herrschaftsinstrument benutzt wurde, wird man in der Chronik jedoch vergeblich suchen.

Die heilige Nino vom Königspaar, den neuen griechischen Priestern und dem Lauf der Ereignisse mehr und mehr an den Rand der Bedeutungslosigkeit gedrängt, begab sich nach Rani, um dort den noch nicht bekehrten Schwiegersohn des Königspaares, Peroz, aufzusuchen und ihn ebenfalls zur Annahme des Christentums zu bewegen. So berichtet es zumindest der Chronist.[226] Wahrscheinlicher ist jedoch, dass sie sich dort bei dem noch „heidnischen" Fürsten möglicherweise eine freundlichere Aufnahme erhoffte, als in Mc'xet'a, wo man sie von den kirchlichen und religiösen Aufgaben mehr und mehr verdrängt hatte. Es ist ebenfalls annehmbar, dass sie für sich eine neue Berufung darin sah, den jungen Fürsten auch zu christianisieren, dabei aber die Fehler, welche sie offenbar bei Mirian und Nana begangen hatte, zu vermeiden suchte. In jedem Falle berichtet Leonti Mroveli, dass sie auf dem Weg nach Rani erkrankte.[227] Ob es sich um ein physisches oder psychisches Leiden handelte, verschweigt der Chronist vornehm. Aber nach dem bis dahin Vorgefallenen scheint es nicht ganz unwahrscheinlich, dass Schuldgefühle, Unzufriedenheit und Zurücksetzung durch Mirian und Nana bei der Heiligen eine Art Gemütskrankheit ausgelöst hätten. Gemäß der Chronik sandte das Königspaar, als es davon erfuhr,

---

224 Eigene Übersetzung von: „და უკადაგეს მათ სჯული ქრისტიანეთა ჯეშმარიტი, მიმყვანებელი ცხოვრებად საუკუნოდ. ხოლო მათ არა ინებეს ნათლისღება. მაშინ ერისთავმან მეფისამან მცირედ წარმართა მახვილი მათ ზედა, და ძლევით შემუსრა კერპნი მათნი."
     Da uk'adages mat' sdžuli k'ristianet'a češmariti, mimqvanebeli c'xovrebad saukunod. Xolo mat' ara inebes nat'lisġeba. Mašin erist'avman mep'isaman mc'ired carmart'a maxvili mat' zeda, da jlevit' šemusra kerpni mat'ni. Zitat nach: Ninos mier k'art'lis mok'c'eva. In: Qauxč'išvili, Simon (Hrsg.). a.a.O. 1955, 72–138. Hier 125. Vgl. dazu auch Leonti Mroveli. Die Bekehrung König Mirians und ganz Kartlis durch unsere heilige und selige Mutter, die Apostolin Nino. In: Pätsch, Gertrud (Hrsg.) a.a.O. 1985, 131–199. Hier 182.

225 Vgl. dazu Leonti Mroveli. Ninos mier k'art'lis mok'c'eva. In: Qauxč'išvili, Simon (Hrsg.). a.a.O. 1955, 72–138. Hier 126. Vgl. dazu auch Leonti Mroveli. Die Bekehrung König Mirians und ganz Kartlis durch unsere heilige und selige Mutter, die Apostolin Nino. In: Pätsch, Gertrud (Hrsg.). a.a.O. 1985, 131–199. Hier 182.

226 Vgl. dazu Leonti Mroveli. Ninos mier k'art'lis mok'c'eva. In: Qauxč'išvili, Simon (Hrsg.). a.a.O. 1955, 72–138. Hier 126. Vgl. dazu auch Leonti Mroveli. Die Bekehrung König Mirians und ganz Kartlis durch unsere heilige und selige Mutter, die Apostolin Nino. In: Pätsch, Gertrud (Hrsg.). a.a.O. 1985, 131–199. Hier 182.

227 Vgl. dazu Leonti Mroveli. Ninos mier k'art'lis mok'c'eva. In: Qauxč'išvili, Simon (Hrsg.). a.a.O. 1955, 72–138. Hier 126. Vgl. dazu auch Leonti Mroveli. Die Bekehrung König Mirians und ganz Kartlis durch unsere heilige und selige Mutter, die Apostolin Nino. In: Pätsch, Gertrud (Hrsg.). a.a.O. 1985, 131–199. Hier 182.

den Bischof Johannes aus: „[…] um die heilige Nino fortzubringen, sie aber ließ es nicht zu."[228] Diese Meinungsverschiedenheit zwischen der Heiligen und dem Königspaar deutet wohl kaum auf ein besonders positives Verhältnis zwischen ihnen hin. Auch der Bericht des Chronisten, dass die Heilige vor ihrem Tod von zwei Adligen, Salome von Užarma – einer weiteren Schwiegertochter Mirians und Nanas – und Perožavri von Sivniet'i, aufgesucht wird, die sie befragten und ihr Vermächtnis notierten,[229] könnte ein Hinweis darauf sein, dass man versuchte die Heilige vor ihrem Tod noch mit dem Königspaar auszusöhnen und wieder auf die Linie der neuen Staatsreligion einzuschwören. Dass diese meiner Meinung nach ganz offensichtlich kaum etwas mit den christlichen Glaubensvorstellungen der heiligen Nino gemein hatte, sei an dieser Stelle noch einmal ganz explizit unterstrichen. Die Begegnung blieb demzufolge auch entsprechend frostig. Während die Besucherinnen von Nino zu wissen begehrten, warum sie, die sie doch soviel Anerkennung erhalte, sich nach wie vor als Gefangene und Sklavin bezeichnete,[230] antwortete Nino – nach Leonti Mroveli:

„[…] Prinzessinnen […] und ihr wollt meine, der armen Magd, Wege kennenlernen."[231]

---

228 Eigene Übersetzung von: „[…] წარმოყვანებად წმიდისა ნინოსსა, ხოლო წმინდა ნინო არა ერჩდა."
   […] carmoqvanebad cmidisa ninossa, xolo cminda nino ara erč'da. Zitat nach: Leonti Mroveli. Ninos mier k'art'lis mok'c'eva. In: Qauxč'išvili, Simon (Hrsg.). a.a.O. 1955, 72–138. Hier 126. Vgl. zur Übersetzung auch Leonti Mroveli. Die Bekehrung König Mirians und ganz Kartlis durch unsere heilige und selige Mutter, die Apostolin Nino. In: Pätsch, Gertrud (Hrsg.) a.a.O. 1985, 131–199. Hier 182f.

229 Vgl. dazu Leonti Mroveli. Ninos mier k'art'lis mok'c'eva. In: Qauxč'išvili, Simon (Hrsg.). a.a.O. 1955, 72–138. Hier 126f. Vgl. dazu auch Leonti Mroveli. Die Bekehrung König Mirians und ganz Kartlis durch unsere heilige und selige Mutter, die Apostolin Nino. In: Pätsch, Gertrud (Hrsg.) a.a.O. 1985, 131–199. Hier 183f.

230 Vgl. dazu Leonti Mroveli. Ninos mier k'art'lis mok'c'eva. In: Qauxč'išvili, Simon (Hrsg.). a.a.O. 1955, 72–138. Hier 127. Vgl. dazu auch Leonti Mroveli. Die Bekehrung König Mirians und ganz Kartlis durch unsere heilige und selige Mutter, die Apostolin Nino. In: Pätsch, Gertrud (Hrsg.). a.a.O. 1985, 131–199. Hier 183.

231 Eigene Übersetzung von: „[…] დედოფალნო […] და გნებავს გზათა ჩემთა ცნობა, გლახაკისა მკევლისათა."
   […] dedop'alno […] da gnebavs gzat'a č'emt'a c'noba, glaxakisa mkevlisat'a. Zitat nach: Leonti Mroveli. Ninos mier k'art'lis mok'c'eva. In: Qauxč'išvili, Simon (Hrsg.). a.a.O. 1955, 72–138. Hier 127. Vgl. zur Übersetzung auch Leonti Mroweli. Die Bekehrung König Mirians und ganz Kartlis durch unsere heilige und selige Mutter, die Apostolin Nino. In: Pätsch, Gertrud (Hrsg.) a.a.O. 1985, 131–199. Hier 183.
   Die Heilige bezeichnete sich nach wie vor als Dienerin und die Gäste als Prinzessinnen, also als Herrinnen. Eine Verständigung über diesen Gegenstand schien demnach kaum möglich gewesen zu sein. Die übrigen Worte des Schreibers geben dem Satz zwar zugegebenermaßen einen positiveren Anstrich. Da sie meiner Meinung nach aber genau dazu dienen sollten, dass Geschehen gemäß der hagiographische Überlieferung, der Vermittlung des Christentums durch Nino an die Königsfamilie, zu idealisieren, die wohl unbestreitbar darauf angewiesen

Nino empfahl in ihrem Vermächtnis, den Priester Jakob zum Nachfolger des griechischen Bischofs Johannes zu machen.[232] Hätte sie als ursprüngliche Einführerin des Christentums nicht von vornherein ein größeres Mitspracherecht bei der Einsetzung geistlicher Würdenträger verdient? Des Weiteren wünschte sie aus Demut, wie der Chronist behauptet, in Bodbe begraben zu werden, weil dieser Ort sehr verachtet gewesen sei.[233] Die Schilderung Leonti Mrovelis, dass der König und die Edlen diesen Wunsch, wenn auch betrübt erfüllten,[234] muss nicht zwangsläufig bedeuten, dass selbst, wenn dieser Bericht wahr sein sollte, er auch den tatsächlichen Gemütszustand der betroffenen Personen darstellte. Wenn die bisher getroffenen Hypothesen richtig sind, was an dieser Stelle einmal unterstellt sei, so wäre es möglich, dass die Adligen innerlich durchaus zufrieden damit waren, die renitente Heilige nach ihrem Tod so weit wie möglich entfernt vom Zentrum ihres Reiches zu wissen. Damit dort nicht möglicherweise noch ein ihr gewidmetes Heiligtum entstände, dem möglicherweise noch größere Wunder zugeschrieben würden, als denen von der königlichen Familie gegründeten. Ein dermaßen unterstelltes Zerwürfnis zwischen dem Herrscherhaus und der von ihm repräsentierten Staatskirche einerseits und der Heiligen andererseits könnte ebenfalls zumindest teilweise erklären, dass man die Heilige in den folgenden Jahrhunderten von Seiten der georgischen Oberschicht erst einmal totschwieg, bis sozusagen Gras über die Angelegenheit gewachsen war und sie in Vergessenheit geriet. Es würde auch keinen Widerspruch darstellen, dass der georgische Fürst Pakores (ბაკურ/Bak'ur) dem byzantinischen Chronisten Rufinus dennoch eine so vollständige Schilderung der Ereignisse lieferte.[235] Entweder war er über die die Heilige betreffende Staatsräson in seinem Exil nicht vollständig informiert oder er wollte sich von Byzanz aus für in Georgien erlittene Unbill rächen. Beide Ursachen sind gleichermaßen möglich, welche davon zutrifft, kann hier unbeantwortet bleiben, da sie in der Tendenz erwartungsgemäß zum gleichen Ergebnis

---

war, ein gutes Verhältnis zwischen beiden Parteien zu zeichnen, können diese hier auch weggelassen werden.

232   Vgl. dazu Leonti Mroveli. Ninos mier k'art'lis mok'c'eva. In: Qauxč'išvili, Simon (Hrsg.). a.a.O. 1955, 72–138. Hier 127. Vgl. dazu auch Leonti Mroweli. Die Bekehrung König Mirians und ganz Kartlis durch unsere heilige und selige Mutter, die Apostolin Nino. In: Pätsch, Gertrud (Hrsg.) a.a.O. 1985, 131–199. Hier 184.

233   Vgl. dazu Leonti Mroveli. Ninos mier k'art'lis mok'c'eva. In: Qauxč'išvili, Simon (Hrsg.). a.a.O. 1955, 72–138. Hier 128. Vgl. dazu auch Leonti Mroweli. Die Bekehrung König Mirians und ganz Kartlis durch unsere heilige und selige Mutter, die Apostolin Nino. In: Pätsch, Gertrud (Hrsg.) a.a.O. 1985, 131–199. Hier 184. Vielleicht wollte sie aber auch weder lebendig noch tot in die ungeliebte Hauptstadt Mc'xet'a zurückkehren.

234   Vgl. dazu Leonti Mroveli. Ninos mier k'art'lis mok'c'eva. In: Qauxč'išvili, Simon (Hrsg.). a.a.O. 1955, 72–138. Hier 128. Vgl. dazu auch Leonti Mroweli. Die Bekehrung König Mirians und ganz Kartlis durch unsere heilige und selige Mutter, die Apostolin Nino. In: Pätsch, Gertrud (Hrsg.) a.a.O. 1985, 131–199. Hier 184.

235   Rufinus von Aquileia. Historia Ecclesiastica I. Kap. 10. In: Migne, Jacques-Paul (Hrsg.). Patrologia Latina 21. Paris. 1878, 480–482. Eine deutsche Übersetzung liefert Reißner, Ilma. Georgien. Geschichte – Kunst – Kultur. Freiburg/Basel/Wien. 1989, 24–26.

geführt hätten. Wie dem auch sei offensichtlich ist ja, dass die griechisch-byzanti-
nischen Quellen des 4., 5. und 6. Jahrhunderts weitaus besser über die Ereignisse in
Georgien berichten und informiert zu sein scheinen als die georgischen.

Wenn die These zutrifft, dass das Christentum von dem nach Macht, nationaler
Einigung und Zentralisierung strebenden Königspaar als Herrschaftsinstrument
missbraucht wurde, dann kann vor diesem Hintergrund der Widerstand der Gebirgsbewohner gegen diese neue Religion ebenfalls in einem neuen Licht gesehen werden. Wie bereits gezeigt wurde, schloss das Christentum trotz seiner starken monotheistischen Ausrichtung den Einbezug vorchristlicher georgischer Religionselemente nicht von vornherein aus, das war ja gerade ein Grund dafür, dass es sich
überhaupt in Georgien etablieren konnte. Außerdem widerspricht der gegenteiligen
Ansicht auch der nachweisbare, sich mittlerweile über anderthalb Jahrtausende er-
haltende Synkretismus in den ostgeorgischen Gebirgsregionen. Demzufolge können
es auch nicht so sehr religiöse Motive gewesen sein, die dazu führten, dass sich die
Bergvölker gegen die neue Religion wehrten. Die Ursache ist wohl eher darin zu suchen, dass in diesen Regionen das Interesse an einer allmächtigen Zentralgewalt und
die Bereitschaft die eigene Unabhängigkeit aufzugeben wohl relativ gering war.
Dass dieser Freiheitsdrang vor allem in Svanet'i besonders stark ausgeprägt war,
belegen zahlreiche regionale Sagen, die vom Freiheitskampf der „freien Svanen" bis
in die Neuzeit zum Teil sogar gegen svanische Herrenfamilien berichten.[236]

Dass sich die religiöse Entwicklung in den georgischen Niederungen anders
vollzog, liegt mit großer Sicherheit an den dort herrschenden, andersartigen sozialen
Bedingungen. Ot'ar Lort'k'ip'anije zeigt auf, dass schon in antiker Zeit seit dem 5.
vorchristlichen Jahrhundert im Tal des Mtkvari eine Vielzahl von Städten entstand.
Demzufolge spricht er von einer Periode des „urbanistischen Aufbruchs" in Iberien.[237] Diese Städte existierten zum größten Teil auch noch zu Lebzeiten der heiligen Nino. Da Handwerk und Handel in diesen befestigten Orten blühten, waren ihre
Bewohner im Gegensatz zu den unabhängigen Viehzüchtern und Gebirgsbauern
wohl viel stärker daran interessiert, dass Sicherheit und Ordnung, die die Grundvor-
aussetzungen ihres Wirtschaftens bildeten, im Lande gewährleistet waren. Sie dürften also ein viel größeres Interesse an einer nationalen Vereinigung gehabt haben,
um dem Handel ungehinderter nachgehen zu können. Auch eine starke Zentralgewalt, die ihr Eigentum vor dem Übergriff von Dieben aber auch zu besitzergrei-
fenden Adligen schützen wollte und konnte, wäre für die städtischen Mittelschichten
vorstellbarer und wünschenswerter gewesen. Wenn dies bedeutete, den alten Glauben aufzugeben und die neue Staatsreligion anzunehmen, so war das in diesen Städten und dem von ihnen abhängigen Umland wohl sehr viel eher zu erwarten, als bei

---

236   Beispiele für die volkstümliche Erinnerung an den Unabhängigkeitsdrang und den Freiheits-
      kampf der Svanen bilden die Erzählungen: Wizbil und Mazbil. In: Fähnrich, Heinz (Hrsg.
      und Übers.). a.a.O. 1984, 164–168; Lebsuqw Dshatschwlan. In: ebd., 225–232 und Die
      Rache der Uschguler. In: ebd., 272f.
237   Vgl. Lordkipanidse, Otar. a.a.O. 1991, 148ff.

den Bewohnern der Gebirgsregionen, die wahrscheinlich zur damaligen Zeit ohnehin höchstens nominell Untertanen des Königs in Mcʿxetʿa waren. Das bedeutet nicht, dass sich der religiöse Wandel in den Städten völlig reibungslos vollzog, eher im Gegenteil. Es ist aber anzunehmen, dass hier weitaus weniger Generationen nötig waren, um das Christentum im Glauben der Menschen zu verankert. Was auch darin zum Ausdruck kommt, dass sich die vorchristlichen Glaubensvorstellungen in den georgischen Niederungen derart verwaschen haben, dass sie eben kaum mehr zu rekonstruieren sind.[238]

Ein weiterer Grund, dass die neue Religion in den Niederungen auf weniger Widerstände stieß, könnte auch darin liegen, dass die Einführung neuer Religionselemente durchaus nichts Ungewöhnliches war. Wenn wir den späteren Quellen Glauben schenken dürfen, dann beschränkten sich die Kulte des iranisch geprägten Polytheismus mit der Verehrung von Armazi, Zaden, Gacʿi, Ga, Ainina und Danana auch mehr auf diese Regionen.[239] Man war es gewissermaßen gewohnt, dass neue Herrschergeschlechter hin und wieder neue Glaubensrichtungen einführten und wenn Mirian tatsächlich der erste Sasanide in Georgien war, wie behauptet wird, dann war die Einführung einer neuen Religion ein Ereignis, das möglicherweise sogar von ihm erwartet wurde.

Wie dem auch sei fest steht, dass sich relativ schnell eine Identifizierung zwischen Christentum und georgischer Identität entwickelte. Ein guter Georgier war eben auch ein guter Christ und fremde Religionselemente wurden zumindest in der Bevölkerung weitestgehend abgelehnt. Auch das zeitweilige oberschichtsspezifische Phänomen des dort erstarkenden Mazdaismus konnte daran nichts ändern. Daher wird der pitiaxš Varskʿen im *Martyrium der Heiligen Šušanik* wahrscheinlich als der Rohling und der gewalttätige Mensch dargestellt, der er ja offensichtlich auch war, obwohl er zur privilegierten Adelsschicht gehörte. Dass sich der Mazdaismus nicht durchsetzen konnte, liegt meines Erachtens daran, dass er trotz aller in ihm vorhandenen monotheistischen Tendenzen nicht stark genug war, die nach wie vor unterschwellig vorhandenen lokal geprägten vorchristlichen Religionen zu absorbieren oder zu unterdrücken und so eine einheitliche und integrierende ethisch-moralisch-religiöse Basis zu schaffen. Das monotheistische Potential von Judentum und Islam war zu groß, um sich dauerhaft und generell zu etablieren. Beide Hochreligionen legen großen Wert auf das alttestamentarische Bilderverbot. Meines Erachtens war es vor allem diese Tatsache, die diese Religionen in Georgien so wenig anschlussfähig machten. Die Georgier waren seit vielen Jahrtausenden – seit dem Neolithikum – nahtlos daran gewöhnt, Ritualdarstellungen bei ihren religiösen Kulten zu verwenden. Glaubensbekenntnisse, die von ihnen verlangten, darauf zu verzichten und die dieses Gebot, wie der Islam, auch noch mit Gewalt durchzusetzen versuchten, hatten

---

238 Vgl. Fähnrich, Heinz. a.a.O. 1999, 14.
239 Vgl. Qauxčʿišvili, Simon (Hrsg.). a.a.O. 1955, 8ff., 13, 19f., 25ff., 29, 39, 43, 45, 50, 85, 88f. 92, 106, 112, 159, 180, 202, 208, 223 und 373.

wenig Chancen auf eine breite, tatsächlich überzeugte Anhängerschaft zu stoßen. Von Phänomenen individueller Selbsterhaltung und Opportunismus, die es in diesem Zusammenhang sicher gab, kann hier ruhig abgesehen werden, denn es ist anzunehmen, dass die Mehrzahl solcher Konvertiten wieder zu ihrem ursprünglichen Glauben zurückkehrte, wenn der äußere Druck wieder entfiel.

Vor diesem Hintergrund wird deutlich, dass der Versuch Mirians und Nanas, das Christentum in ganz Georgien mit Gewalt durchzusetzen, äußerst disfunktional war. Was ihnen Nino und der Bischof Johannes – wahrscheinlich jedoch eher aus moralischen Gründen – auch nahe gelegt haben mögen.[240] Eine behutsame und freiwillige auf Überzeugungsarbeit aufbauende tatsächliche Bekehrung der Gesamtbevölkerung hätte den Prozess der Christianisierung mit Sicherheit ungemein beschleunigt und begünstigt. Dies wäre aber mit größerem ideologischem Aufwand verbunden gewesen. Diese Aussage ist jedoch weder moralisch noch historisch wertend aufzufassen, es wäre sicher auch zuviel verlangt, zu fordern, dass die damals Herrschenden derartig weitsichtig in die Zukunft blicken sollten. Es scheint ein generelles Phänomen der Macht zu sein, dass sie, sobald man auf Widerstand stößt, auch gewaltsam angewendet wird. Trotzdem sollte aus dem bisher ausgeführten der Schluss gezogen werden dürfen, dass von allen überhaupt in Frage kommenden monotheistischen Religionen es einzig das Christentum war, das sich dauerhaft in Georgien etablieren konnte. Die ihm immanenten Elemente der Engel- und der Heiligenverehrung ermöglichten es einerseits, Aspekte des vorchristlichen Götterpantheons aufzunehmen. Vor allem in seiner orthodoxen Form schuf eine ausgeprägte Ikonographie andererseits die Möglichkeit einer weitergehenden Ehrerweisung gegenüber religiösen Bildwerken. Weiterhin war die christliche Religion intolerant und dogmatisch genug, um die lokale Götteranbetung zurückzudrängen und dadurch als integratives Sinnelement die Grundlage für die spätere Entstehung des georgischen Nationalstaates zu schaffen. Natürlich passte auch das Christentum nicht perfekt und nahtlos zu den vorchristlichen Glaubensvorstellungen der Georgier, aber im Vergleich zu Mazdaismus, Judentum und Islam erwies es sich als am anschluss- und anpassungsfähigsten und damit in der Terminologie der Luhmannschen Systemtheorie als am funktionalsten für die georgischen Verhältnisse. Denn Funktionalität ist emergent und evolutionär, das heißt sie erweist sich immer erst im Nachgang.[241] Funktional ist immer das, was auch funktioniert hat und in dieser Hinsicht dürfte man die Symbiose aus Christentum und georgischem Nationalbewusstsein doch mit Sicherheit als äußerst gelungenes Beispiel systemischer Funktionalität betrachten.

---

240   Vgl. dazu Leonti Mroveli. Ninos mier k'art'lis mok'c'eva. In: Qauxč'išvili, Simon (Hrsg.). a.a.O. 1955, 72–138. Hier 125. Vgl. dazu auch Leonti Mroweli. Die Bekehrung König Mirians und ganz Kartlis durch unsere heilige und selige Mutter, die Apostolin Nino. In: Pätsch, Gertrud (Hrsg.) a.a.O. 1985, 131–199. Hier 181f.

241   Vgl. dazu Luhmann, Niklas. Soziale Systeme. Grundriss einer allgemeinen Theorie. Frankfurt. 1996⁶, 463ff.

12.2 Der Einfluss des Christentums auf das volkstümliche Frauenbild

12.2.1 Zwischen Kämpferin und Verräterin. Frauenbilder in georgischen Sagen, Legenden und Volksepen

Die Zeit zwischen der Missionstätigkeit der heiligen Nino und dem Einfall der Araber (ab 642/643[242]) in Georgien war geprägt von zahlreichen Kämpfen. Vor allem das byzantinische und das sasanidische Reich stritten weiter um die Vorherrschaft und um den Besitz der kaukasischen Gebiete. Dass Armenien aber auch Georgien besonders darunter zu leiden hatte, liegt auf der Hand. Diese unruhigen Zeiten brachten eine Vielzahl von Heldensagen um die Rettung und Bewahrung der georgischen Identität hervor. Die Entstehungszeit dieser Volkserzählungen kann heute kaum mehr erschlossen werden, da ihre systematische Sammlung auch in Georgien frühestens im 19. Jahrhundert begann.[243] Aus den handelnden Personen sollte nicht vorschnell auf das tatsächliche Alter der folkloristischen Überlieferungen geschlossen werden. Wenn eine Sage beispielsweise von der Zeit des legendären Königs Pʻarnavaz berichtet, so heißt das nicht automatisch, dass sie im 4. vorchristlichen Jahrhundert entstanden sein muss. Umgekehrt darf auch nicht davon ausgegangen werden, dass eine Erzählung in der die heilige Königin Tʻamar des 13. Jahrhunderts oder der kaxetische König Erekle II. (1744–1798) erwähnt werden, so jung sein muss, wie sie zumindest äußerlich erscheint. Es ist durchaus möglich, dass sich eine Vielzahl volkstümlicher Überlieferungen über lange Zeit im kollektiven Bewusstsein des georgischen Volkes erhielten, dass sie aber immer wieder auf berühmte Persönlichkeiten übertragen wurden, die der Zeit des jeweiligen Erzählers viel näher standen als die, auf die diese Überlieferung ursprünglich zurückging. Gerade bei dem beschriebenen Genre von Heldensagen ist dies umso wahrscheinlicher, weil das Milieu militärischer Auseinandersetzungen externer Mächte und der Einfall fremder Truppen sowie die Einsetzung verschiedener Fremdherrschaften typische, immer wiederkehrende Ereignisse der georgischen Geschichte waren.

An dieser Stelle soll nur solchen Erzählungen nachgegangen werden, die die aktive Rolle georgischer Frauen beinhalten. Dabei lassen sich im Wesentlichen zwei verschiedene Typen weiblicher folkloristischer Darstellungen identifizieren. Auf der einen Seite stehen georgische Frauen, die ihre Heimat, Familie oder Ehre auf ver-

---

242 Für diese Datierung vgl. Fähnrich, Heinz. Geschichte Georgiens von den Anfängen bis zu Mongolenherrschaft. Aachen. 1993, 179. Die arabische Expansion im vorderen Orient beendete auch die Herrschaft der Sasaniden in Persien und markiert somit das Ende des eigentlichen Untersuchungszeitraumes.

243 Vgl. dazu Čikovani, Michail J./Glonti, Alexandr. Georgier. In: Brednich, Rolf W. (Hrsg.). Enzyklopädie des Märchens. Handwörterbuch zur historischen und vergleichenden Erzählforschung. Bd. 5. Göttingen. 1987, 1040–1050. Hier 1043; Virsalaje, Elene. Skazka. In dies. (Hrsg.). Gruzinskoe narodnoe poėtičeskoe tvorčestvo. Tbilisi. 1972, 228–267. Hier 237ff.; Čikovani, Michail. Kratkaja istorija sobiranija i izučenija gruzinskogo narodnogo poėtičeskogo tvorčestva. In: ebd., 43–114.

schiedenste Art und Weise verteidigen. Sie stellen den kämpferischen Frauentyp der georgischen Volksüberlieferung dar.

Die erste bedeutende Frauengestalt, die bei diesem Typus in den Blick gerät, ist die Mutter des legendären Königs Pʻarnavaz, von der allerdings kein Name überliefert ist. Von ihr berichtet Leonti Mroveli in seiner Chronik *Cʻxovreba kʻartʻveltʻa mepʻetʻa*. Nun stellt diese Geschichtsschreibung alles andere als eine folkloristische Überlieferung dar. Dagegen kann jedoch eingewendet werden, dass der Chronist seinen Bericht frühestens im 8. bzw. spätestens im 11. Jahrhundert verfasst haben kann.[244] Das lässt in jedem Fall den Schluss zu, dass Leonti Mroveli für seine Schilderung des Lebens des Pʻarnavaz' auf eine seiner Zeit weit verbreitete und bekannte Volksüberlieferung zurückgriff. Als „Kämpferin" kommt Pʻarnavaz' Mutter in dreifacher Hinsicht in Betracht: Erstens warnte sie ihren Sohn, nicht allzu vertrauensselig gegenüber dem griechischen Fremdherrscher Azon zu sein und ihm nicht alle Fähigkeiten preiszugeben, damit dieser sich durch den georgischen Fürsten nicht bedroht fühlte und riet ihm auch aus Kʻartʻli zu fliehen.[245] Zweitens half sie ihrem Sohn, gemeinsam mit seinen Schwestern, den Schatz zu heben, dessen Versteck Pʻarnavaz im Traum offenbart wurde.[246] Drittens begleitet sie ihren Sohn und ihre Töchter ins Exil, wo mit dem gefundenen Gold und neuen Verbündeten der Gegenschlag gegen Azon und seine Truppen vorbereitet wurde. In der Folge konnte Pʻarnavaz als siegreicher Feldherr zurückkehren und schwang sich zum König über ganz Kʻartʻli auf.[247] Die Mutter ist zwar nicht die Hauptperson dieser Geschichte, aber sie spielt eine wichtige Nebenrolle. Hinter einem erfolgreichen Sohn steht in diesem Fall eine energische und hilfreiche Mutter.

Der Topos der helfenden älteren Frau, die mit ihrer Erfahrung, ihrem Mutterwitz und ihrer Wachsamkeit dazu beiträgt, dass ein individueller Gegner oder auch Feinde der Gemeinschaft besiegt werden können, ist nicht nur für Herrscherinnen, sondern auch in weiten Kreisen der Bevölkerung verbreitet: Sie entdecken den

---

244   Im Allgemeinen wird Leonti Mroveli dem 11. Jahrhundert zugeordnet. Vgl. Rapp, Stephen H. Studies in medieval Georgian Historiography. Early Texts and Eurasian Context. [Corpus Scriptorum ChristianorumOrientalum. Vol. 601. Subsidia Tomus 113]. Louvain. 2003, 159; Fähnrich, Heinz. Georgische Literatur. Aachen. 1993, 63f. oder Aßfalg, Julius. Georgische Literatur. In: ders./Krüger, Paul (Hrsg.). a.a.O. 1975, 135–137. Hier 136. Eine Ausnahme bildet hier Mixeil Tʻarxnišvili. Er meint, dass das schriftstellerische Werk Mrovelis in die Zeit vor der zweiten Hälfte des 8. Jahrhunderts fiel. Vgl. Tarchnišvili, Michael/Aßfalg, Julius. a.a.O. 1955, 92.

245   Vgl. Leonti Mroveli. Cʻxovreba kʻartʻveltʻa mepʻetʻa. In: Qauxčʻišvili, Simon (Hrsg.). a.a.O. 1955, 3–71. Hier 21. Vgl. dazu auch Leonti Mroweli. Leben der kartwelischen Könige. In: Pätsch, Gertrud (Hrsg.). a.a.O. 1985, 51–130. Hier 70.

246   Vgl. Leonti Mroveli. Cʻxovreba kʻartʻveltʻa mepʻetʻa. In: Qauxčʻišvili, Simon (Hrsg.). a.a.O. 1955, 3–71. Hier 21f. Vgl. dazu auch Leonti Mroweli. Leben der kartwelischen Könige. In: Pätsch, Gertrud (Hrsg.). a.a.O. 1985, 51–130. Hier 71f.

247   Vgl. Leonti Mroveli. Cʻxovreba kʻartʻveltʻa mepʻetʻa. In: Qauxčʻišvili, Simon (Hrsg.). a.a.O. 1955, 3–71. Hier 22ff. Vgl. dazu auch Leonti Mroweli. Leben der kartwelischen Könige. In: Pätsch, Gertrud (Hrsg.). a.a.O. 1985, 51–130. Hier 72ff.

Feind, der zu einer strategisch günstigen Stunde angreift, weil alle Dorfbewohner nach einem großen Volksfest angetrunken schlummern, und nur eine alte Frau noch wach ist. Sie weckt die Krieger und sorgt so für die Niederlage des Feindes.[248] Manchmal gibt sie auch einem Betrogenen einen Rat, mit dessen Hilfe er seinen Betrüger ebenfalls betrügen und so der Lächerlichkeit preisgeben kann.[249] Häufiger wird jedoch berichtet, dass ein junges Mädchen mit ihrer Klugheit und Geschicklichkeit in die Vorbereitung des Kampfes oder durch aufmunternden und klugen Zuspruch indirekt in die Auseinandersetzung eingreift.[250] Meist will sie dabei ihrem nichtstandesgemäßen Geliebten zum strahlenden Sieg über den heranrückenden Feind verhelfen.[251] Dazu ist zweierlei zu vermuten: Entweder wollten georgische Krieger, wenn überhaupt, dann doch lieber durch eine junge und schöne Prinzessin unterstützt und geliebt werden, als auf eine hässliche Alte angewiesen zu sein. Viel wahrscheinlicher ist aber, dass dieser Topos in Georgien uralt ist. Er kommt in der Amirani-Tradition immer wieder vor. Darin entführt der Held die schöne Tochter des Geisterherrschers, deren Vater ihn sofort mit all seinen Geistern verfolgt. Der Held kann das böse Wesen nur dadurch töten, dass er sein Schwert nicht von oben nach unten, sondern umgekehrt von unten nach oben führt, was ihm seine Braut zuruft. Der Vater ist verärgert, es nützt ihm aber nichts mehr, er wird getötet und die Liebenden heiraten auch gegen seinen Willen.[252]

Eine weitere bedeutende „Kämpferin" für Georgien ist die allseits beliebte und verehrte Königin Tʻamar (1184–1213). Sie kommt an dieser Stelle nur am Rande in Betracht, da bereits betont wurde, dass mit ihrer Überlieferung vorchristliche Vorstellungen altgeorgischer Göttinnen verschmolzen wurden. Als profane weibliche Sagengestalt stellt sie dagegen den Typ der kämpfenden und siegreichen Königin dar.[253]

---

248 Vgl. dazu: Die Eroberung von Diklo und Schenako. In: Fähnrich, Heinz (Hrsg. und Übers.). a.a.O. 1984, 45f. oder Beros Frau. In: ebd., 155.

249 Für den Typus der alten weisen bzw. listigen Frau kann auf folgende Erzählungen hingewiesen werden: Brolisachari. In: Fähnrich, Heinz (Hrsg. und Übers.). a.a.O. 1984, 114f.; Die findige Alte. In: ebd., 117–119 sowie Der See von Abudelauri. In: ebd., 156.

250 Eine allgemeine Darstellung dieses Topos liefert die Erzählung: Asmats Quelle. In: Fähnrich, Heinz (Hrsg. und Übers.). a.a.O. 1998, 164f. (Darin findet das Mädchen Asmat eine Möglichkeit, eine belagerte georgische Festung mit Wasser zu versorgen, bis der Feind unverrichteter Dinge abziehen muss.)

251 Das Muster weiblicher Hilfe für den vom Vater verachteten Geliebten findet sich z.B. in den Legenden: Lekartscha. In: Fähnrich, Heinz (Hrsg. und Übers.). a.a.O. 1984, 137–142 oder Lazundara. In: ebd., 232–235.

252 Vgl. dazu Die Geschichte von Amirani. In: Fähnrich, Heinz (Hrsg. und Übers.). a.a.O. 1984, 5–15; Amirani. In: ebd., 99–112 sowie Die Geschichte von Badri, Usipi und Amirani. In: ebd., 170–189. Vgl. dazu auch Čikʻovani, Mixeil. Midžačvuli amirani. Tʻbilisi. 1947 bzw. ders. (Übers.). a.a.O. 1978.

253 Einen breiten Überblick über das Spektrum georgischer Volksüberlieferung zur Königin Tʻamar bietet: Fähnrich, Heinz (Hrsg. und Übers.). a.a.O. 1998, 80–112.

Aber auch einfache Frauen kommen als „Kämpferinnen" im eigentlichen Sinn des Wortes in der georgischen Folklore vor. Entweder verkleiden sich die Protagonisten solcher Volksepen zu diesem Zweck und ziehen als „Männer" in den Kampf. Dabei werden sie meist erst nach ihrem Heldentod oder durch Verwundungen als Frauen erkannt und entsprechend geehrt.[254] Oder aber sie kämpfen offen und bekanntermaßen sowie hoch geachtet als Kriegerinnen im Heer der Georgier gegen eindringende Feinde, welche die Heimat bedrohen, oder ziehen sogar mit auf Eroberungszüge in das Gebiet eines Gegners.[255] Zwar sind die angeführten Belege alle viel jünger als der Untersuchungszeitraum. Dass es sich bei dem Topos der kämpfenden Frauen um einen ältere Erzähltradition gehandelt haben könnte, ergibt sich jedoch aus den antiken Mythen um die Amazonen im Kaukasusgebiet. Meines Erachtens handelt es sich dabei dennoch um Ausnahmen, die so auffällig waren, dass man jeden neueren Fall berichtete. Es scheint jedoch, dass dadurch ähnliche zwischenzeitliche Überlieferungen desselben Themas immer verdrängt wurden. Einen weiteren Anhaltspunkt für die Annahme, dass es sich bei den Kriegsheldinnen eher um Einzelfälle gehandelt hat, ergibt sich aus der Tatsache, dass dieser Topos im Vergleich mit der Darstellung männlicher Krieger quantitativ verschwindend gering ist. Qualitativ bestehen jedoch kaum Unterschiede zwischen den Schilderungen von Kriegern oder Kriegerinnen. Die Frauen werden nicht abgewertet, weil sie nicht wüssten, wo ihr Platz sei, im Gegenteil, ihre Opferbereitschaft und ihr Mut werden zumindest von den Erzählern voll anerkannt. Wenn überhaupt, dann kann man sagen, dass die Kriegerinnen sogar mehr als die Männer geehrt wurden. Was meines Erachtens

---

254 Als exemplarische Beispiele für diesen Topos der „verkappten Kämpferin" können folgende Erzählungen betrachtet werden: Giorgi Saakadse und Zaro Tschrdileli. In: Fähnrich Heinz (Hrsg. und Übers.). a.a.O. 1998, 151–156. (Darin begleitet die junge Cʿaro den aus der ferne verehrten und einseitig von ihr geliebten Helden Giorgi Saakaje als Jüngling in sein Exil nach Persien. Wo sie im Dienste des šahs zahlreiche Heldentaten vollbringt.); Maia von Zqneti. In: ebd., 232–236. (Maia war eine georgische Bauerntochter des 18. Jahrhunderts, einer politisch schwierigen Zeit, in der Ostgeorgien häufig angegriffen wurde. Sie verkleidete sich als „Krieger" und unterstütze so König Erekle II. bei seinen Abwehrkämpfen.)

255 Beispiele für den Typ der offen Waffen tragenden und gebrauchenden Frau bilden die Sagen: Giorgi Saakadse und das Mädchen aus Nasarlebi. In: Fähnrich Heinz (Hrsg. und Übers.). a.a.O. 1998, 158–163. Hier v.a. 162; Tamro Waschlowaneli. In: ebd., 238–240. (Ihre Darstellung ähnelt sehr der von Maia Cqnetʿeli, mit dem Unterschied, dass sie sich nicht als männlicher Krieger verkleidet); Tina von Zawkisi. In: ebd., 242–243. (Sie gehörte auch zu den heldenhaften Bauerntöchtern des 18. Jahrhunderts. Von Persern zusammen mit anderen Mädchen entführt, stachelt sie ihre Gefährtinnen zum Aufruhr gegen die Entführer an, die gemeinschaftlich erschlagen werden. Durch diese Tat fällt sie Erekle II. auf, der sie an seinen Hof holt, wo sie sich als weiblicher Heerführer große Verdienste erwirbt. Aber sie hat auch einen mütterlichen Aspekt, indem sie dem König in der Ehe mit einem georgischen Krieger zwei weitere junge Helden schenkt) oder Tamarul Tschintscharauli. In: ders. (Hrsg. und Übers.). a.a.O. 1984, 157–158. (Tʿamarul war eine xevsurische Heldin, die beim Überfall auf ihr Dorf allein 32 Feinde getötet haben soll und sich anschließend dem Gegenschlag der männlichen Dorfkrieger anschloss. Dafür bringen die Xevsuren bis heute ehrende Trinksprüche auf sie aus).

ebenso darauf hinweist, dass es sich dabei auch in Georgien um Sonderfälle handelte, die aber nicht als negativ, sondern als positiv von der sozialen Norm abweichend betrachtet wurden.

Nach den ausgewerteten Volkssagen und Legenden bestand der typische Beitrag von Frauen zur Landesverteidigung auch in Georgien allerdings darin, künftige Soldaten zu gebären und sie später im schlimmsten Fall zu betrauern.[256] Dabei wurde ihre individuelle Trauer häufig als Trauer um das ganze Vaterland dargestellt. So sagte der georgische Held Giorgi Saakaje zu einem kleinen Mädchen, dessen Mutter um ihren Mann und ihre Söhne, die im Krieg fielen, trauerte:

> „Weine nicht mein Kind. [...] Was sie bedrückt, das ist der Schmerz aller georgischen Mütter. Schon in alten Zeiten war es so: Wenn die Heimat in Not war, vergaßen die Mütter ihr eigenes Leid und trauerten um das Schicksal des Landes. Wenn du jetzt nach Hause gehst, heitere sie auf und sage ihr, dass Georgien wieder frei ist. Ich weiß, das wird ihr Herz erfreuen, und vielleicht ist das die Arzenei, die sie wieder gesund macht."[257]

Frauen opferten sich nach der georgischen Folklore auch auf andere Weise für das Vaterland auf. Auffällig ist dabei eine Sage, die die Opferung eines Kindes zur stärkeren und dauerhaften Befestigung einer Grenzfestung schildert. Ein Wahrsager gibt an, dass ein ganz bestimmtes Kind in die Wand der Festung eingemauert werden müsse, damit diese nie erobert werden könne. Das Kind wird gefunden und seine Mutter gibt es schweren Herzens heraus, weil der Feind vor den Grenzen der Heimat steht. Sie ist während der ganzen Prozedur anwesend und beruhigt ihren Sohn. Anschließend bricht sie weinend zusammen.[258] Diese Überlieferung steht ganz offensichtlich mit früheren rituellen Menschenopfern im Zusammenhang, die für das vorchristliche Georgien häufig behauptet werden.[259] Da aus dieser Tatsache und ihren Überlieferungen jedoch kaum Rückschlüsse auf die soziale Stellung der Frauen in dieser Zeit gezogen werden können, wurde dieses Phänomen in Bezug auf die Rekonstruktion der frühen, vorchristlichen georgischen Religion nicht näher betrachtet. Interessant ist jedoch, dass dieser Topos auch in der westeuropäischen Folklore

---

256 Belege dafür bilden die z.B. Erzählungen: Giorgi Saakadse und das Mädchen aus Nasarlebi. In: Fähnrich Heinz (Hrsg. und Übers.). a.a.O. 1998, 158–163 oder Zchrazqaro. In: ders. (Hrsg. und Übers.). a.a.O. 1984, 221.

257 Giorgi Saakadse und das Mädchen aus Nasarlebi. In: Fähnrich, Heinz (Hrsg. und Übers.). a.a.O. 1998, 158–163. Hier 162.

258 Vgl. dazu die Geschichte: Die Burg von Surami. In: Fähnrich, Heinz (Hrsg. und Übers.). a.a.O. 1984, 30–32.

259 Zu Menschenopfern im alten Georgien äußern sich z.B. Pätsch, Gertrud. a.a.O. 1973 oder Wesendonk, Otto G. von. a.a.O. 1924, 79f. und 100ff. Eine der wichtigsten Quellen für vorchristliche Menschenopfer bildet: Leonti Mroveli. Ninos mier k'art'lis mok'c'eva. In: Qauxč'išvili, Simon (Hrsg.). a.a.O. 1955, 72–138. Hier 112. Vgl. dazu auch Leonti Mroveli. Die Bekehrung König Mirians und ganz Kartlis durch unsere heilige und selige Mutter, die Apostolin Nino. In: Pätsch, Gertrud (Hrsg.) a.a.O. 1985, 131–199. Hier 167.

vorkommt. Die dabei aber typische Elemente, wie der Verkauf des Kindes oder das spätere „(herum-)spuken" der im Nachhinein wahnsinnig gewordenen Mutter und des verratenen Kindes, die auf eine starke Abwertung des Geschehens durch den Erzähler hindeuten, unterbleiben in der vorliegenden georgischen Version völlig. Hier wird das freiwillige Opfer der Mutter im Gegenteil positiv dargestellt.

Der Einfluss des Christentums auf den Topos der „Kämpferin" in der georgischen Volksüberlieferung wird vor allem durch darin erhaltene Märtyrerinnendarstellungen verdeutlicht. Besonders hervorzuheben sind dabei die heilige Königin K'et'evan[260] und die Fürstin Salome.[261] K'et'evan ist eine historische Gestalt des 17. Jahrhunderts. Sie wurde als Geisel an den Hof des persischen Šahs gesandt und als sie sich weigerte zum Islam zu konvertieren, erlitt sie dort 1624 den Foltertod.[262] Die schöne Fürstin Salome ist dagegen keine reale Person der georgischen Geschichte. Nach Heinz Fähnrich, nahm Korneli Kekelije an, dass ihre volkstümliche Legende auf das *Martyrium der Jungfrau Euphrasia* zurückging.[263] In der Erzählung wird sie als Kriegsbeute einem arabischen Feldherren übergeben; bevor sie von ihm jedoch missbraucht werden kann, macht sie dem Abergläubischen weis, dass sein Dolch verzaubert sei und ihn töten werde. Sie bietet sich an, die Waffe zu entzaubern und zum „Beweis" seiner dadurch hervorgebrachten Ungefährlichkeit stößt sie sich den Dolch selbst ins Herz. Bevor der Übertölpelte eingreifen kann, stirbt die georgische Fürstin in seinen Armen. Der Freitod war die einzige Möglichkeit der drohenden Schande und Entehrung zu entgehen, damit steht die Legende der Fürstin in einem engen Zusammenhang mit dem Verhalten, das bereits Xenophon von den gefangenen taoxischen Frauen schilderte.[264] Sie wählten lieber den Tod als die Gefangenschaft. Dieser Topos kommt auch in der folkloristischen Überlieferung immer wieder vor. Gefangene bzw. entführte Frauen stürzen sich auf dem Marsch in die Knechtschaft lieber von Felsen oder Brücken als versklavt zu werden.[265]

Es ist leicht ersichtlich, dass alle bisher dargestellten volkstümlichen Frauengestalten ihren jeweiligen Anteil zur Verteidigung des georgischen Vaterlandes leisten. Dazu gibt es noch ein weiteres volkstümliches Muster weiblichen Mutes, das in zwei verschiedenen der ausgewerteten Quellen deutlich wird. Im einen Fall verweigert ein

---

260 Vgl. dazu die Erzählung: Königin Ketewan. In: Fähnrich, Heinz (Hrsg. und Übers.). a.a.O. 1998, 176–178.

261 Vgl. dazu die Legende: Die schöne Fürstin Salome. In: Fähnrich, Heinz (Hrsg. und Übers.). a.a.O. 1998, 245f.

262 Vgl. Fähnrich, Heinz (Hrsg. und Übers.). a.a.O. 1998, 175.

263 Vgl. ebd., 244.

264 Vgl. dazu Kap. 7.3.

265 Ein gutes Beispiel für dieses Sujet bildet die Geschichte: Aslans Tochter. In: Fähnrich, Heinz (Hrsg. und Übers.). a.a.O. 1984, 254–256. Zwar wird darin berichtet, dass das Mädchen sich in einer plötzlich entstandenen Höhle unter der Kirche vor ihren moslemischen Entführern verbirgt und alljährlich einmal in der Umgebung des Heiligtums erscheint. Das läßt aber den Schluss zu, dass es sich bei dem Element des „Versteckens in der Höhle" um eine erzählerische Umschreibung der Selbsttötung durch den Sturz in eine Felsspalte zu.

kleines Mädchen, vom Helden Giorgi Saakaje darum gebeten, diesem trotzig einen erfrischenden Trunk aus ihrem Wasserkrug, als der Held aus der Schlacht heimkehrt. Er hatte sich mit einem erbeuteten feindlichen Kleidungsstück aus der Kriegsbeute bekleidet und wurde deshalb von der Kleinen für einen feindlichen Krieger gehalten, so dass sie sogar ihren Krug auf den Boden wirft, um ihn zu zerstören. Von den Begleitern des Helden darauf hingewiesen, wen sie vor sich habe, schämt sie sich, wird aber wegen ihrer Tapferkeit und ihres georgischen Stolzes von dem Helden, der sich des Beutestückes, dass das Missverständnis verursachte, schnell entledigt, gelobt und mit einem Geschenk belohnt.[266] Ähnliches wird von König Erekle II. berichtet, der, als er in persischer Kleidung unter einem Baum hindurch reitet, von einem darauf sitzenden Mädchen mit Wildpflaumen beworfen wird, weil auch sie ihn für einen Fremden hielt. Auch dieses Missverständnis wird aufgeklärt und der Herrscher ist nicht verärgert, sondern hoch erfreut und beschenkt das Mädchen für ihr mutiges Handeln.[267] In beiden Fällen rechtfertigen die jungen Frauen ihr abweisendes Handeln damit, dass sie fragen, warum die beiden Männer denn die Kleider der Fremden trügen, wo sie doch angeblich als georgische Große gelten wollten. Worauf sich die so Getadelten lachend entschuldigen und Besserung geloben. Das Ende der Geschichten deutet darauf hin, dass das Erzählmuster frühestens in der Zeit des Niederganges des georgischen Feudalsystems entstand. Es ist nicht anzunehmen, dass die soziale Kontrolle der niederen Bevölkerung vom frühen bis zum Spätmittelalter so groß war, dass man sich eine solche respektlose Haltung gegenüber der Adelsschicht erlaubt hätte. Da dies aber nicht mit absoluter Sicherheit zu sagen ist, wurde diese Darstellung weiblichen Heldentums am Ende auch noch erwähnt.

Neben diesen positiven Frauenbildern in der georgischen Folklore gibt es darin negativere Darstellungen weiblicher Gestalten. Vor dem Hintergrund permanenter militärischer Heimatverteidigung entwickelte sich auch der Typus der „verräterischen Frau." Die erste volkstümliche Figur, die dabei in den Blick gerät, ist die Frau des k'art'velischen Königs Vaxtang Gorgasal. In verschiedenen Legenden wird behauptet, dass sie dem Feldherrn eines heranrückenden Heeres verriet, wie ihr Mann zu töten sei.[268] Entweder, weil sie sich in den jungen Angreifer verliebte und ihn ihrem alternden aber immer noch starken Gemahl vorzog, oder, weil der Eindringling ein Gefährte ihrer Jugendzeit war. Von der untreuen Gattin beraten, lockte der Feind den georgischen König Vaxtang in einen Hinterhalt und erschoss ihn dort mit einem vergifteten Pfeil. Die Strafe für den Verrat blieb nicht aus. Statt die Verräterin, wie versprochen, zu heiraten, erschlug sie der feindliche Feldherr mit der Begründung, wenn sie schon den viel wertvolleren georgischen König verriet, wie

---

266 Vgl. dazu die Erzählung: Giorgi Saakadse und das Mädchen aus Nasarlebi. In: Fähnrich, Heinz (Hrsg. und Übers.). a.a.O. 1998, 158–163. Hier 159ff.

267 Vgl. dazu die Sage: König Erekle und die Bauerntochter. In: ebd., 212.

268 Vgl. dazu die Legenden: Wachtang Gorgasal. In: Fähnrich, Heinz (Hrsg. und Übers.). a.a.O. 1998, 31–33 und Gorgasals Burg. In: ebd., 34–37.

könne er da sicher sein, dass sie mit ihm bei passender Gelegenheit nicht genauso verfahren würde.[269]

Die dargestellte Gestalt soll offenbar die historische Person der zweiten Frau Vaxtang Gorgasals, die griechische Prinzessin Elene, darstellen. In der Chronik *K'art'lis C'xovreba* berichtet der Historiograph Džuanšer davon, dass König Vaxtang von einem persischen Pfeil verwundet wurde, woran der georgische Feldherr kurz danach verstarb.[270] Einen Hinweis auf ein Eingreifen oder gar die Verantwortung seiner Frau für diese Verwundung gibt es in der historischen Quelle allerdings nicht. Daraus kann geschlussfolgert werden, dass die volkstümliche Überlieferung wohl vor allem den georgischen Kriegern dazu diente, sich den schmachvollen Tod ihres ruhmreichen und unbesiegten Anführers zu erklären. Seine legendäre Rüstung zu der auch der legendäre Wolfshelm gehörte, dem er seinen Beinahmen Gorgasali (გორგასალი/Wolfshaupt) verdankte,[271] hätte ihn doch ihrer Meinung nach davor schützen müssen, vor einer schwachen Fernwaffe, wie einem Pfeil, getötet zu werden. Da dies dennoch geschah, musste ihrer Meinung nach Verrat im Spiel gewesen sein. Eine Rolle spielte dabei wahrscheinlich auch der Altersunterschied des Ehepaares, da der relativ alte König eine sehr junge Frau geheiratet hatte[272]. Demzufolge nahm man wohl an, dass sie seine Manneskraft zu sehr geschwächt hatte und gab ihr ursprünglich offenbar die Mitschuld an seinem Tod. Im Laufe der Zeit und in der Entwicklung der volkstümlichen Überlieferung wurde aus dieser unterstellten Mitschuld die alleinige Verantwortung der „bösen verräterischen Gattin" konstruiert. Zumindest in einigen Details scheint diese volkstümliche Geschichte nicht unbedingt georgischen Ursprungs gewesen zu sein. Vor allem das Element, dass Vaxtang in seiner Rüstung nur an der ungeschützten Achsel verletzt werden konnte, was dem Feind von seiner Ehefrau verraten wurde, die auch dafür sorgte, dass er den Arm heben musste und so dem Gegner mehrfach die Gelegenheit zum gezielten Schuss gab,[273] erinnert stark an den europäischen Siegfried-Mythos. Dort ist es Kriemhild,

---

269   Vgl. dazu: Wachtang Gorgasal. In: ebd., 31–33. Hier v.a. 33.

270   Vgl. dazu Džuanšer. C'xovreba vaxtang gorgaslisa. In: Qauxč'išvili, Simon (Hrsg.). a.a.O. 1955, 139–244. Hier 202ff. Vgl. dazu auch Dshuanscher. Das Leben Wachtang Gorgassals. In: Pätsch, Gertrud (Hrsg.). a.a.O. 1985, 201–322. Hier 271ff.

271   Vgl. u.a. Fähnrich, Heinz (Hrsg. und Übers.). a.a.O. 1998, 29. Siehe dazu auch Kap. 2.3.

272   Kurz nachdem er von der Heirat Vaxtangs mit der griechischen Prinzessin Elene berichtet hatte, vermeldet der Chronist Džuanšer, dass Vaxtang ungefähr das Alter von sechzig Jahren erreicht habe. Vgl. Džuanšer. C'xovreba vaxtang gorgaslisa. In: Qauxč'išvili, Simon (Hrsg.). a.a.O. 1955, 139–244. Hier 198 und 200. Vgl. dazu auch Dshuanscher. Das Leben Wachtang Gorgassals. In: Pätsch, Gertrud (Hrsg.). a.a.O. 1985, 201–322. Hier 267 und 269.

273   Die verräterische Gattin gibt dem Pferd des Königs Salz zu fressen. Beim täglichen Ausritt zum Fluss säuft es daher soviel, dass Vaxtang dreimal vergeblich versucht, seinen Kopf aus dem Wasser zu reißen. Dabei entblößt er dreimal die ungeschützte Achsel, so dass der im Ufergebüsch versteckt lauernde Gegner in aller Ruhe zielen kann und zum erfolgreichen Schuß kommt. Damit die Wunde auch tödlich sei, ist der Pfeil auf den Rat der Frau vergiftet worden. Vgl. dazu die Legenden: Wachtang Gorgasal. In: Fähnrich, Heinz (Hrsg. und Übers.). a.a.O. 1998, 31–33. Hier 32f. und Gorgasals Burg. In: ebd., 34–37. Hier 36f.

die in Sorge um ihren Mann Hagen verrät, wo Siegfried an der Schulter verwundbar ist, so dass der Mörder ihn an der Quelle hinterrücks erschlagen kann. Aufgrund dieser Parallele ist anzunehmen, dass zumindest dieses Erzählelement durch Begegnung mit europäischen Kreuzfahrern und deren Geschichten entweder im heiligen Land oder in Georgien selbst dazu führte, dass dieser Topos Eingang in die georgischen Volksepen fand. Es ergab sich demnach in der Zeit der Kreuzzüge ein wechselseitiger, kultureller Einfluss. Während die Kreuzfahrer den Kult des heiligen Georgs mit zurück nach Europa brachten, hinterließen sie den Georgiern auch Elemente ihrer eigenen Ritter- und Heldenepen.

Dass die Darstellung der „verräterischen Fürstin" volkstümlich war, zeigen zwei weitere der untersuchten georgischen Sagen und Legenden ziemlich deutlich.[274] In ihnen wird im Großen und Ganzen die gleiche Geschichte erzählt, nur dass sie sich nicht auf Vaxtang Gorgasal beziehen, sondern auf eher unbedeutende Befehlshaber einer Stadt und einer Grenzfestung und ihre Ehefrauen. Das Element des hinterhältigen Schusses in die einzig verwundbare Stelle entfällt hier ebenfalls. Dies ist aber relativ leicht erklärlich, diese Schilderung macht nur Sinn, wenn sie von einer mythologischen fast vollständigen Unverwundbarkeit bzw. Unbesiegbarkeit – entweder durch das Bad im Drachenblut bei Siegfried oder durch die undurchdringliche Rüstung Vaxtang Gorgasals – begleitet ist. Bei subalternen Heerführern, wie sie in den beiden genannten Legenden beschrieben werden, war ein solcher Topos natürlich sinnlos.

Aber nicht nur adlige Frauen verrieten ihre Heimat in den georgischen Legenden. Interessant ist eine Erzählung, in der eine alte Frau, die vor den Feinden nicht schnell genug fliehen konnte, von diesen gezwungen wurde, die Verteidiger aus der Fluchtburg herauszulocken, in dem sie rief, dass die Gegner abgezogen seien. Viele georgische Krieger wurden auf diese Weise getötet. Nachdem der Feind tatsächlich abgezogen war, rächten sich die Dorfbewohner und erschlugen die Verräterin ohne Mitleid.[275] Das Verhalten der Dorfbewohner ist zwar verständlich, aber insofern moralisch problematisch, als die Greisin in die für sie ausweglose Situation nicht gekommen wäre, wenn man sich rechtzeitig um sie gekümmert und auf der Flucht mitgenommen hätte. Die moralischen Grundsätze, die in den volkstümlichen Überlieferungen deutlich werden, waren jedoch streng und Verrat an der Gemeinschaft wurde schlimmer bewertet als individuelles Leiden.

Die Typen der „kämpferischen, opferbereiten Heldin" auf der einen und der „Landesverräterin" auf der anderen Seite bilden die beiden Pole auf dem Kontinuum von weiblichen Darstellungen volkstümlicher georgischer Überlieferungen im Zusammenhang mit der Verteidigung der Heimat. Dies scheint das Themenfeld zu sein, welches das georgische Volk am meisten beschäftigte und mit dem man am häu-

---

274 Vgl. dazu: Tmogwi und Damkali. In: Fähnrich, Heinz (Hrsg. und Übers.). a.a.O. 1984, 149f. und Pinasta Kalaki. In: ebd., 256f.
275 Vgl. dazu die Sage: Die Leute von Chachabo. In: Fähnrich, Heinz (Hrsg. und Übers.). a.a.O. 1984, 222f.

figsten folkloristische Überlieferungen widmete. Betrachtet man die Tatsache, dass Georgien in seiner gesamten Geschichte wohl immer das Aufmarsch- und Durchzugsgebiet fremder Heere sowie das Streifgebiet feindlicher Gebirgsstämme von Norden und Süden her bildete, dann ist die Häufigkeit solcher Erzählungen jedoch kaum verwunderlich. Die beiden als Pole bezeichneten Typen bilden dabei aber nicht die einzigen Formen weiblicher Darstellungen, das volkstümliche Bild der Frau war nicht dualistisch, sondern viel komplexer. Zunächst bewegt sich auf dem Kontinuum weiblicher Darstellung im Hinblick auf die Bedrohung der Heimat zwischen beiden Polen noch ein weiterer Typ weiblicher Gestalten, für den wohl die Bezeichnung der „leidenden Gefangenen" am geeignetsten erscheint. Auch in den georgischen Volksepen verteidigten nicht alle Georgierinnen ihre Heimat mit der Waffe in der Hand oder brachten den Mut auf, sich angesichts der drohenden Gefangenschaft selbst zu töten. Viele wurden auch klagend in die Sklaverei getrieben, wo sie körperlich oder seelisch leidend lebten oder von wo aus sie nach einer gewissen Zeit nach Hause zurückkehrten.[276] Ein wesentlicher Charakterzug dieses Frauentyps in der Volkssage ist das Heimweh und das die Protagonistinnen auch in der Gefangenschaft an georgischen Traditionen und Werten festhielten. Dazu ist noch eine andere Erzählung von besonderem Interesse.[277] Darin werden neben anderen Mädchen zwei besonders schöne Zwillingsschwestern nach Persien verschleppt, wo sie aufgrund ihrer Schönheit in den Harem des Šahs gebracht werden. Obwohl sie dort auf Atlas und Brokat gebettet und in Samt und Seide gekleidet wurden, weinten sie jede Nacht in ihre Kopfkissen und klagten: „Ach, unser Stroh aus Karaleti."[278] Als der persische Herrscher den an seinem Hof weilenden georgischen Helden Giorgi Saakaje fragte, was diese Worte zu bedeuten hätten, klärte der ihn darüber auf, dass die Mädchen sich nach ihrem heimischen Strohbett sehnten. Gefangene georgische Frauen lebten in der Sicht des Erzählers dieser Geschichte also lieber arm aber frei in der Heimat, als im „goldenen Käfig" in der Sklaverei. Der Typus der „leidenden Gefangenen" steht insofern gewissermaßen zwischen dem Typ der „Kämpferin und dem der „Verräterin" als diese Frauengestalten sich in keiner Weise aktiv an der Landesverteidigung beteiligten. Andererseits verrieten sie ihre Heimat dabei auch

---

276 Hier sind folgende Legenden hervorzuheben: Anas Entführung. In: Fähnrich, Heinz (Hrsg. und Übers.). a.a.O. 1984, 121–123. (Ana war ein junges Mädchen aus Tʿušetʿi, die von Didoern, Angehörigen eines nordkaukasischen Gebirgsvolkes, entführt wurde. Ihre Befreiung scheiterte, so dass sie erst nach sieben Jahren aus der Gefangenschaft heimkehren konnte.) oder Der See von Abuldelauri. In: ebd., 156f. (Hier erzieht eine von Türken verschleppte Xevsurin ihren Sohn in georgischem Sinne und sorgt so dafür, dass er bei einem Kriegszug gegen Georgien an dem er gezwungenermaßen teilnehmen muss, als einziger nicht getötet wird. Er wird sogar als Landsmann erkannt und schließt sich den georgischen Kriegern an).

277 Vgl. die Erzählung: Hätten wir doch unser Stroh aus Karaleti. In: Fähnrich, Heinz (Hrsg. und Übers.). a.a.O. 1998, 147f.

278 Hätten wir doch unser Stroh aus Karaleti. In: Fähnrich, Heinz (Hrsg. und Übers.). a.a.O. 1998, 147f. Hier 147.

nicht, sondern bewahrten ganz im Gegenteil deren kulturelle und sittliche Normen auch in der Fremde.

Die Darstellung von Frauen in den georgischen Volksüberlieferungen erschöpft sich jedoch nicht ausschließlich in der Illustration militärischer Ereignisse. Obwohl dem Thema der Kriegshandlungen aufgrund der historischen Situation Georgiens wohl eindeutig das Übergewicht zukommt, werden auch ganz alltägliche Inhalte geschildert. Besonders zum Geschlechterverhältnis in der Ehe kann den Volksepen einiges an Information entnommen werden.

Im engen Zusammenhang mit dem Typus der „verräterischen Fürstin" steht ein Erzählmuster, das man als „untreue Ehefrau" bezeichnen könnte. Die wichtigste Sagengestalt in diesem Zusammenhang ist wohl die Ehefrau des legendären georgischen Dichters Šotʿa Rustʿaveli. In einer der untersuchten Erzählungen wird ihr unterstellt, dass sie ihren Mann mit einem arabischen Diener betrog.[279] Rustʿaveli erfuhr davon durch seine ehemalige Geliebte, der er vor seiner Heirat die Ehe versprochen hatte und die ihn immer noch liebte. Sie hatte sich zu diesem Zweck als Mann verkleidet und führte ihn zu seinem Haus, wo er seine Frau inflagranti ertappte. Ohne ein Wort zu sagen, verließ er seine Wohnung wieder, weil er aber annehmen musste, „der Fremde" mache sich über seine familiären Probleme lustig, erstach er ihn. Da erst erkannte er, dass er seine frühere Geliebte vor sich hatte. Ihre Gestalt steht der Charakterisierung nach eindeutig unter dem Einfluss des Typus der „verkappten Kämpferin." Schockiert durch die Ereignisse berief er selbst einen Gerichtstag ein, auf dem er seine untreue Frau bloßstellte und sich von ihr lossagte. Sie wurde daraufhin auch von ihrer Familie verstoßen, da es unverständlich und inakzeptabel sei, dass sie einen fremden Diener dem berühmten Georgier vorzöge. Danach bezichtigte sich der Dichter selbst des Mordes an der früheren Geleibten, sprach sich selbst das Urteil und ging in die Verbannung.

Über den georgischen Dichter Šotʿa Rustʿaveli ist wenig bekannt,[280] so dass unmöglich gesagt werden kann, ob diese Erzählung auf einer wahren Begebenheit beruhte oder nicht. Der volkstümlichen Überlieferung ist dabei relativ wenig zu vertrauen, denn es gibt auch die gegenteilige Darstellung der Ehefrau des Dichters. Darin soll sie als „treue Frau" ihrem vertriebenen Mann in die Fremde gefolgt sein.[281] Dabei verkleidete sie sich als „Krieger", um bei der Reise weniger aufzufallen. Im fremden Land angekommen, trifft sie als erstes auf ihren Mann, der in dem ihm „fremden" Georgier einen Spion bzw. Häscher zu erkennen glaubte und ihn sofort attackierte. Beide kämpften miteinander und fielen. Es ist evident, dass auch diese Frauendarstellung im Zusammenhang mit dem Typ der „verkappten Kämpferin" steht.

---

279 Vgl. die Sage: Schota Rustaweli und seine Frau. In: ebd., 120–126.
280 Vgl. Fähnrich, Heinz (Hrsg. und Übers.). a.a.O. 1998, 113.
281 Vgl. dazu die Erzählung: Schota Rustawelis Herkunft. In: ebd., 117f.

In einer dritten Legende trifft der Dichter, als er von seiner Hochzeit nach Hause zurückkehrt, mit seiner neuen Frau auf seine ehemalige Geliebte, die ihm auflauert und ihn zur Rede stellt.[282] Er hatte ihr zuerst die Ehe versprochen, aber seinen Schwur nicht eingehalten. Sie begehrt zu wissen, ob die neue Frau schöner sei als sie und kündigt an, falls dies nicht der Fall sein sollte, sowohl ihn wie auch die Frau zu töten. Rust'aveli lüftet den Schleier und es stellt sich heraus, die Ehefrau ist schöner. Darauf verzeiht ihm die Eifersüchtige und erschlägt nur das Pferd der Braut, auch ihre Brüder vergeben dem großen Dichter daraufhin. Auch hier ist die frühere Geliebte als „Kämpferin" dargestellt, dadurch dass alle drei Erzählungen zumindest in diesem Element übereinstimmen, ist es immerhin möglich, dass sich ein ähnliches Ereignis im realen Leben Šot'a Rust'avelis abgespielt hat. In welcher der drei genannten Varianten ist jedoch nicht mehr rekonstruierbar.

Fest steht jedoch, dass die Darstellung der „treuen Gattin" in der georgischen Sage viel verbreiteter gewesen zu sein scheint, als die anderen Typen. In den Blick gerät dabei beispielsweise eine Erzählung über die Frau Giorgi Saakajes, die sich das Leben nahm, als ihr Mann von den Persern hingerichtet wurde.[283] Die georgischen Volksepen loben aber nicht nur die Beständigkeit bedeutender Gattinnen, auch die Treue durchschnittlicher Georgierinnen wird immer wieder hervorgehoben.[284] Frauen, die üblicherweise ihr Heimatland ehrten, wurde wohl nicht zugetraut bzw. zugemutet, dass sie ihre Gatten betrogen.

Ein weiteres folkloristisches Muster bei der Darstellung von Frauengestalten ist das der „zurückgewiesenen Verführerin." Hierfür kommen vor allem Schilderungen des Lebens des georgischen Helden Giorgi Saakaje in Persien in Betracht. Von den georgischen Fürsten angefeindet, weil er zum Schwager des iberischen Königs geworden war, musste er aus Georgien fliehen und fand als Heerführer und Reichsverweser Aufnahme am Hof des Šahs von Persien.[285] Dessen Frau versuchte ihn zu verführen, als er ihr Angebot ablehnte, wollte sie ihn ermorden lassen.[286] Diese Absicht misslang jedoch und die persische Königin nahm sich das Leben. Bei diesem

---

282   Von diesen Vorgängen berichtet die Legende: Schota Rustawelis Bräute. In: ebd., 127–128.

283   Vgl. dazu: Giorgi Saakadses Tod. In: Fähnrich, Heinz (Hrsg. und Übers.). a.a.O. 1998, 173.

284   Ein Beispiel dafür bildet die Geschichte: Ghurbela. In: Fähnrich, Heinz (Hrsg. und Übers.). a.a.O. 1984, 247–249.

285   Die Feindschaft der georgischen Fürsten gegen Giorgi Saakaje sowie seine Flucht nach Persien sind beliebte Legendenmotive in Georgien und bilden den Stoff folgender Sagen: Giorgi Saakadse und die Edlen des Königs. In: Fähnrich, Heinz (Hrsg. und Übers.). a.a.O. 1998, 140; Giorgi Saakadse. In: ebd., 143; Giorgi Saakadses Leben. In: ebd., 144; Giorgi Saakadse und Schah Abbas. In: ebd., 145f.; Giorgi Saakadses Kampf mit den Löwen. In: ebd., 149f.; Giorgi Saakdse und Zaro Tschrdileli. In: ebd., 151–156; Besser ein guter Mensch als eine hohe Persönlichkeit. In: ebd., 166f. (Hierin wird erzählt, wie die Fürsten versuchen, den Helden Giorgi Saakaje bei einem Festmahl zu vergiften.); Giorgi Saakadse und die Polizeibeamten des Königs. In: ebd., 168–170; Schah Abbas und der Mann aus Ertazminda. In: ebd., 171f. sowie Giorgi Saakadses Tod. In: ebd., 173.

286   Dies berichten zwei der insgesamt untersuchten Geschichten. Vgl. Giorgi Saakdse und Zaro Tschrdileli. In: ebd., 151–156. Hier 154ff. und Giorgi Saakadses Tod. In: ebd., 173.

Topos besteht eine auffällige Ähnlichkeit zu der alttestamentlichen Darstellung Josephs am Hofe des Pharao, wo die Frau des Potiphar, seines Herren, den hebräischen Diener verführen will. Joseph flieht, wird von der Verführerin verleumdet und ins Gefängnis geworfen.[287] Die überraschende Parallelität mit der georgischen Überlieferung deutet darauf hin, dass deren Wurzeln in der jüdisch-christlichen Tradition liegen. Es lässt sich nicht sicher sagen, in welcher Zeit diese Tradition mit der georgischen Volkssage verschmolz, weil es vor der Christianisierung bereits eine jüdische Diaspora in Georgien gab.[288]

Ein weiterer Hinweis auf die außergeorgischen Wurzeln des Topos der „verschmähten Verführerin" kann auch einer Erzählung entnommen werden, die über das Verhältnis zwischen der Königin Tʻamar und ihrem Dichter Šotʻa Rustʻaveli berichtet.[289] Die Königin soll sich in den Poeten verliebt haben und versuchte, ihn für sich zu gewinnen. Als ihr das nicht gelingt, weil Rustʻaveli seine Frau sehr liebte, versucht sie diese Ehe zu zerstören und schickt beauftragte Verführer zu ihr. Dieses Vorhaben gelingt, aber es erzielt nicht das gewünschte Ergebnis, denn der Dichter verachtet die Königin mehr als früher. Er flieht nach Griechenland und verbirgt sich dort als Mönch. Er wird jedoch erkannt, geköpft und sein Kopf wird nach Tʻbilisi gebracht. Diese Darstellung erinnert nicht nur an die alttestamentarische Gestaltung von Josephs Keuschheit, sondern, dadurch dass der Königin das Haupt des Dichters auf dem Silbertablett gebracht wird, auch an die neutestamentarische Schilderung von Salome und dem abgeschlagenen Kopf Johannes' des Täufers.[290]

Eine Liebesbeziehung zwischen Tʻamar und Šotʻa Rustʻaveli wird von den georgischen volkstümlichen Quellen zwar häufig unterstellt,[291] aber dies ist die einzige Legende, in der die Gestalt der Königin Tʻamar derart negativ ausgestaltet ist. Die Schilderung passt auch so gar nicht zu der Tatsache, dass Tʻamar sogar als Heilige der georgisch-orthodoxen Kirche verehrt wird.[292] Es muss demnach angenommen werden, dass hier möglicherweise jüdisch-christliche Propaganda gegen eine nicht mehr existente Überlieferung möglicherweise im Zusammenhang mit dem altgeorgi-

---

287 Vgl. Genesis, Kap. 39.

288 Der Legende nach soll es eine hebräische Exilgemeinschaft schon vor der Kreuzigung Christi in Mcʻxetʻa gegeben haben. Der legendäre georgische Jude Elioz soll in dieser Zeit in Jerusalem gewesen sein sowie Jesus Mantel erworben und mit nach Hause gebracht haben. Der Mantel wurde angeblich mit der Schwester Elioz' begraben. An dieser Stelle ließ sich der Legende nach die heilige Nino nieder als sie nach Mcʻxetʻa kam. Vgl. Leonti Mroveli. Ninos mier kʻartʻlis mokʻcʻeva. In: Qauxčʻišvili, Simon (Hrsg.). a.a.O. 1955, 72–138. Hier 97–108. Vgl. dazu auch Leonti Mroweli. Die Bekehrung König Mirians und ganz Kartlis durch unsere heilige und selige Mutter, die Apostolin Nino. In: Pätsch, Gertrud (Hrsg.) a.a.O. 1985, 131–199. Hier 153–163.

289 Vgl. die Legende: Schota Rustawelis Grab. In: Fähnrich, Heinz (Hrsg. und Übers.). a.a.O. 1998, 129.

290 Vgl. Mark. Kap. 6, 22–29.

291 Vgl. die Legenden: Schota Rustawelis Herkunft. In: Fähnrich, Heinz (Hrsg. und Übers.). a.a.O. 1998, 117f. oder Schota Rustawelis Selbstmord. In: ebd., 130.

292 Vgl. dazu z.B. ebd., 81f.

schen Mutterkult vorlag. Dass, wie bereits dargestellt wurde, solche Überlieferungen später mit der Gestalt der heiligen Königin verbunden wurden, könnte dazu geführt haben, dass im Lauf der Entwicklung auch dieser Aspekt auf Tʿamar übertragen wurde, obwohl er sonst so gar nicht zu ihrer volkstümlichen und hoch geehrten Gestalt passt.

Ein weiteres Beispiel für eine Überformung der georgischen Volksmythologie durch externe Elemente zeigt sich in einer der beliebtesten Sagenkreise Georgiens, der Geschichte von Abesalom [bzw. Absalom] und Etʿeri.[293] Dieser Stoff liegt in über sechzig Varianten in den verschiedensten georgischen Dialekten (Mingrelisch, Lazisch und Svanisch) vor.[294] Abesalom war ein Fürst, der die schöne Etʿeri unsterblich liebte, sein arabischer Diener Murman aber ebenso. Er drängte sich zwischen die Liebenden und verkaufte sogar seine Seele dem Teufel, um die beiden zu trennen. Das gelingt auch und er heiratet Etʿeri. Abesalom aber verfällt nach der Trennung von ihr zusehends und stirbt, nachdem er sie ein letztes Mal gesehen hatte. Die Schöne nimmt sich das Leben und wird Seite an Seite mit Abesalom begraben. Aus ihren Gräbern erheben sich Rosen und Veilchen, die miteinander verwachsen. Doch selbst im Tod gönnte der neidische Murman den Liebenden die Gemeinschaft nicht. Er hob eine Grube zwischen beiden Gräbern aus, legte sich hinein und tötete sich selbst. Aus seinem Grab wuchs ein Dornenstrauch, der sich zwischen die Blumen drängte.[295]

Dieser Sagenstoff muss nach Heinz Fähnrich etwa im 10. Jahrhundert entstanden sein, wobei er auch darauf hinweist, dass es Ähnlichkeiten mit dem dem höfischen Roman von Tristan und Isolde sowie dem Epos *Wisramiani* aufweist.[296] Parallelen zu Tristan und Isolde sind besonders augenfällig, wobei besonders auf das Element der aus den Gräbern wachsenden Pflanzen hinzuweisen ist. Auch hier ist es wahrscheinlich, dass französische oder britische Kreuzfahrer die Georgier mit diesem keltischen Sagenstoff vertraut machten. Dass es einen nicht zu unterschätzenden Einfluss ausländischer Sagenkreise auf die georgische Folklore gab und vor allem gibt, musste auch der Ethnograph und Geschichtensammler Adolf Dirr feststellen. Ein tušetʿischer Hirte erzählte ihm 1904 bei einer seiner Expeditionen die Geschichte von Wilhelm Tell als volkstümliche Erzählung seiner Heimat. Der verschmitzte Schäfer war erst nach mehrmaliger Nachfrage bereit, zuzugeben, dass er sich dabei an ein Buch erinnerte, welches er in seiner Jugend in der Dorfschule gelesen hatte.[297] Man stelle sich vor, was anderenfalls für eine Blamage dadurch entstan-

---

293   Vgl. Abesalom und Eteri. In: Fähnrich, Heinz (Hrsg. und Übers.). a.a.O. 1984, 22–30.

294   Vgl. dazu Čikovani, Michail J./Ġlonti, Alexandr. a.a.O. 1987, 1041 und Fähnrich, Heinz (Hrsg. und Übers.). a.a.O. 1984, 300f.

295   Vgl. Abesalom und Eteri. In: Fähnrich, Heinz (Hrsg. und Übers.). a.a.O. 1984, 22–30. Hier v.a. 29f.

296   Vgl. ebd., 300.

297   Vgl. Čikovani, Michail J./Ġlonti, Alexandr. a.a.O. 1987, 1045.

den wäre, hätte man die Sensation verkündet, dass es auch im georgischen Bergland den klassischen Schuss auf den Apfel gegeben hätte.

Im Übrigen gibt es eine ähnliche Überlieferung von der legendären Königin T'amar.[298] Sie hält bei einem Bogenschussturnier einen Apfel in die Höhe, mit der Versicherung, dass derjenige den ersten Preis verdiene und erhalte, der diesen Apfel mit einem Pfeil durchbohren könne. Keiner der Anwesenden wagte zu schießen, um die geliebte Königin ja nicht zu verletzen. Nur Šot'a Rust'aveli, der gewitzte Dichter, war in der Lage, das Rätsel der Königin zu lösen. Er nimmt einen Pfeil, tritt auf sie zu, hält ihre Hand mit dem Apfel mit seiner linken Hand fest und durchbohrt den Apfel mit dem Pfeil in seiner Rechten. Dabei erwidert er lachend auf die Frage der staunenden Umstehenden, dass die Königin nur vom Durchbohren gesprochen habe, davon, dass der Pfeil abgeschossen werden müsse, sei nie die Rede gewesen, was alle Anwesenden auch einräumen mussten.

Abschließend kann festgehalten werden, dass sich christliche Einflüsse auf die georgischen Volkssagen und Legenden, wenn überhaupt, dann eher in den negativen Frauendarstellungen und dabei beim Topos der „verschmähten Verführerin" finden lassen. Zusammenhänge mit bzw. die Übernahme von Kreuzfahrererzählungen kommt dabei jedoch kaum in Betracht, denn hierbei handelt es sich vorrangig um profane westeuropäische Sagen- und Mythenkreise.[299] Diese stehen zwar unter dem Eindruck dort verbreiteter Sitten und Gebräuche und demnach auch einer weitaus negativeren Sicht der Frau, deren Inhalte aber nur stark vermittelt und sicher auch äußerst selektiv von der georgischen Volksepik aufgenommen wurden.

Auch für diese Entwicklung können Ursachen benannt werden. In einem Genre, das so sehr auf mündliche Überlieferung angewiesen war, wie die Volksmythologie, wurde wohl darauf geachtet, dass die Wiedergabe sich streng an den üblichen und bereits bekannten Erzählungen und deren Elementen, Sujets und Mustern orientierte. Abweichungen vom Bekannten wurden nicht ohne weiteres hingenommen, so dass Neuerungen im Bereich mythologischer Erzählungen nur in sehr begrenztem Ausmaß möglich waren. Nur auf diese Art und Weise konnte gewährleistet werden, dass sich die Linie der mythischen Tradition, die zumindest zu Anfang auch rituellen Charakter hatte, möglichst rein erhielt und ethisch-moralische Vorstellungen, religiöse Riten sowie alltägliche Sitten und Gebräuche über Generationen hinweg überliefert und erhalten werden konnten.

---

298   Vgl. Die Geschichte: Das Turnier zu Ehren Rustawelis. In: Fähnrich, Heinz (Hrsg. und Übers.). a.a.O. 1998, 114–116.

299   Die Diskussion darüber, welche Funktion Georgien und der gesamten Kaukasusregion beim Ost-West-Austausch von Sagen- und Märchenstoffen zukommt, ist noch längst nicht abgeschlossen. Stith Thompson geht davon aus, dass die Region eine Brücke zwischen Orient und Okzident bildete. Walter Anderson nimmt dagegen an, dass sie eine kaum durchdringliche Barriere darstellte. Am wahrscheinlichsten ist jedoch die Position von Isidor Levin, der für das Kaukasusgebiet eine Filterfunktion in diesem Zusammenhang postulierte. Vgl. Čikovani, Michail J./Glonti, Alexandr. a.a.O. 1987, 1046.

Dass sich die Form oraler Überlieferung in Georgien bis zum heutigen Tag sehr gut erhalten hat, obwohl die Alphabetisierungsrate in Georgien relativ hoch ist, kann aus den seht stark ritualisierten Tischsitten erschlossen werden. Bei einem typischen georgischen Gastmahl wird zunächst ein tʻamada (თამადა) gewählt, der die Tischsitten überwacht und die Themen der in Georgien äußerst langen und ausführlichen Trinksprüche vorgibt.[300] Besonders in gebildeten Kreisen ist es nicht ungewöhnlich, wenn bei diesen Trinksprüchen ganze Passagen aus Šotʻa Rustʻavelis *Recken im Tigerfell*, aus dem *Wisramiani* oder anderen volkstümlich gewordenen Werken aus dem Gedächtnis rezitiert werden. Dabei eventuell auftretende Fehler werden in der Regel durch den tʻamada berichtigt und gerügt. Da auch ihm der Text nicht schriftlich vorliegt, setzt das jedoch eine breite Kenntnis der einschlägigen Texte voraus. Daher wird bei einem traditionellen Gelage meist der älteste oder angesehendste Anwesende zum tʻamada bestimmt.[301]

An dieser Stelle scheinen noch einige Bemerkungen zur mündlichen Überlieferung der Legende der heiligen Nino vom 4. bis zum 9. Jahrhundert angebracht. Der amerikanische Ethnologe und Linguist Adam Millman Parry hat durch ein Experiment zweifelsfrei nachgewiesen, dass es in einer vorwiegend schriftlosen Gesellschaft durchaus möglich ist, historische Ereignisse über einen langen Zeitraum weitgehend unverzerrt und gleichbleibend zu tradieren.[302] Er sammelte dazu zu Beginn des 20. Jahrhunderts die Berichte serbischer Geschichtenerzähler über die Schlacht auf dem Amselfeld am 15. Juni des Jahres 1389. Er stellte dabei fest, dass sich diese in verschiedenen Regionen gesammelten Überlieferungen weitgehend glichen und dass sie überraschend genau mit den historischen Quellen dieses Ereignisses übereinstimmten. Zwar ging es Adam Millmann Parry darum, aufzuzeigen, dass Homers Darstellung des Trojanischen Krieges vertrauenswürdiger sein könnte, als man bis dahin angenommen hatte. Man hatte aus der Tatsache, dass Homers Werk frühestens fünf Jahrhunderte nach den geschilderten Ereignissen geschrieben worden sein konnte, geschlussfolgert, dass die dichterischen Freiheiten in diesem Werk es als historische Quelle weitgehend wertlos machen würden.

Dieses Argument wurde durch Millmans Experiment weitgehend entkräftet.[303] Auch der deutsche Abenteurer und Hobbyarchäologe Heinrich Schliemann hatte mit

---

300   Hierfür ließe sich eine große Zahl ethnographischer bzw. ethologischer Belege anführen.

301   Mixeil J. Čikʻovani und Alekʻsandre Glonti berichten im Anschluss an A[rkadi] Ceretʻeli, dass es im feudalen Georgien auch üblich war, Abgaben an den Grundherrn in Form von Geschichten zu bezahlen. Mancher Hirte oder Bauer wurde von der Fron freigestellt, um seinen Herrn und dessen Familie sowie gegebenenfalls auch anwesende Gäste bei Tisch mit Legenden, Märchen und Witzen zu unterhalten. Vgl. dazu Čikovani, Michail J./Glonti, Alexandr. a.a.O. 1987, 1045 sowie Ceretʻeli, A[rkadi]. Gancʻxadebisatʻvis. In: Kvali 6. Tʻbilisi. 1895.

302   Vgl. dazu Parry, Adam Millman. The Language of Achilles and other papers. [Classical philology. Bd. 1]. Oxford. 1989.

303   Vgl. dazu besonders Parry, Adam Millman. Have we Homer's Iliad? (Kap. 10). In: ders. The Language of Achilles and other papers. [Classical philology. Bd. 1]. Oxford. 1989, 104–140.

einem beachtlichen Erfolg das antike Troja aber auch andere historische Stätten Griechenlands ausgegraben, indem er Homers Texte so wörtlich nahm, wie sie geschrieben waren.[304] Die Möglichkeit einer derart langen Überlieferung gilt jedoch nicht nur für Griechenland oder Serbien, sondern generell und damit auch für Georgien. Zumal dann, wenn, wie aufgezeigt wurde, sich dort Spuren der Tradition mündlicher Überlieferung bis in die Gegenwart erhalten haben. Es wäre also vorschnell zu behaupten, dass die georgische Nino-Tradition nur deshalb schon historisch unglaubwürdig sei, weil sie erst Jahrhunderte nach dem Leben und Wirken dieser Heiligen aufgezeichnet wurde.

Aufgrund der großen Beständigkeit der Volksmythologie, der Sagen und der Legenden, auf deren genaue Wiedergabe geachtet wurde, sind fremde Einflüsse in ihnen nicht nur schwerer nachzuweisen, sie treten mit Sicherheit auch relativ selten auf und bildeten wenn überhaupt dann nur neue Stoffe und Topoi, welche so vorher nicht vorhanden waren. Für den Nachweis des christlichen Einflusses bietet sich daher ein anderes folkloristisches Genre sehr viel stärker an, das gewissermaßen von der erzählerischen und der inhaltlichen Ausgestaltung lebt, weil es nicht wie die Sagen und Legenden der Überlieferung, sondern vorrangig der Unterhaltung diente: Das Georgische Volksmärchen. Diesem sowie seiner Beeinflussung und Veränderung unter dem Einfluss christlicher Moralvorstellungen widmet sich daher das folgende Kapitel.

12.2.2 Die Frauenrollen in den georgischen Volksmärchen

Die frühesten auf uns überkommenen Aufzeichnungen georgischer Märchen stammen aus dem 17. Jahrhundert und sind mit dem italienischen Missionar Bernarde von Neapel verbunden.[305] Die Verwendung des Terminus zġapari[306] (ზღაპარი/ Märchen) in georgischen Bibelübersetzungen[307] des 5. und 7. Jahrhunderts im Sinne von erfundenen Geschichten bzw. Lügen deutet jedoch auf eine viel ältere Folkloretradition dieses Genres hin.[308] Eine weitere frühe Sammlung georgischer Märchen stellt das Werk des georgischen Universalgelehrten, Diplomaten und Mönches Sulxan-Saba Orbeliani (1658–1725) *Sibrjne sic'ruisa* (*Die Weisheit der Lüge*) dar, die in die folgende Analyse mit aufgenommen wurde.

Allerdings erfolgte die systematische Sammlung georgischer Volksmärchen wie in Deutschland so auch in Georgien erst ab dem 19. Jahrhundert.[309] Sie ist untrenn-

---

304 Vgl. Stoll, Alexander Heinrich (Hrsg.). Auf den Spuren der Antike. Heinrich Schliemanns Berichte über seine Entdeckungen in der griechischen Welt. Mit Beiträgen von Rudolf Virchow und Wilhelm Dörpfeld. Berlin. 1975.

305 Vgl. Čikovani, Michail J./Glonti, Alexandr. a.a.O. 1987, 1042 sowie T'amarašvili, Mixeil. Istoria katolikobisa k'art'velta šoris. T'bilisi. 1902.

306 Vgl. Virsalaje, Elene. a.a.O. 1972, 231ff.

307 Z.B. in Jesaja Kap. 8, 19.

308 Vgl. Čikovani, Michail J./Glonti, Alexandr. a.a.O. 1987, 1041f.

309 Vgl. ebd., 1043; Virsalaje, Elene. a.a.O. 1972, 237ff. sowie Čikovani, Michail. a.a.O. 1972, 43–114.

bar mit den Namen der georgischen Schriftsteller Ilia Čavčavaje (1837–1907), Akaki Ceret'eli (1840–1901) und dem Folkloristen Pavle Umikašvili (1838–1904) verbunden.[310] Die wichtigsten wissenschaftlichen Märchensammler des 20. Jahrhunderts sind dagegen die Georgier Mixeil Čik'ovani[311], K'senia. Sixarulije[312], Elene Virsalaje[313] und Aleksandre Ġlonti[314] sowie die Deutschen Robert Bleichsteiner[315] und Adolf Dirr[316]. Der wichtigste Übersetzer deutschsprachiger Editionen des 20. und 21. Jahrhunderts dürfte dagegen anerkanntermaßen Heinz Fähnrich[317] sein, dessen Ausgaben hier ausgiebig analysiert wurden.

Es gibt eine Vielzahl verschiedener Typologien der vergleichenden Märchenforschung. Die bekannteste und einschlägigste davon stammt wohl von Antti Aarne und Stith Thompson[318]. Diese wurden hier nicht verwendet, denn es schien nicht sinnvoll, die für die angestrebte Analyse untersuchten Texte in bereits vorgegebene Muster einzuordnen. Zum einen könnten dabei typisch georgische Besonderheiten verloren gehen[319] und zum anderen bot es sich nicht an, Märchen- bzw. Märchenfigurentypologien zu nutzen, um die verschiedenen Aspekte weiblicher Motive in diesem Genre herauszuarbeiten. Es soll darauf hingewiesen werden, dass Frauen in diesen Erzählungen nicht sehr häufig die zentralen Figuren in den herangezogenen Quellen sind. Häufig agieren sie sogar nur indirekt, vor allem in verschiedenen Schwankmärchen, in denen über das Verhalten von einer Frau oder von Frauen im

---

310 Vgl. Čikovani, Michail J./Ġlonti, Alexandr. a.a.O. 1987, 1043.

311 Čik'ovani, Mixeil. K'art'uli xalxuri zġaprebi. Bd.1. T'bilisi. 1938 und ders. Xalxuri sitqviereba. Bde. 2–5. T'bilisi. 1952–1956.

312 Sixarulije, K'senia. Xalxuri zġaprebi. T'bilisi. 1938; dies. Sabavšvo p'olklori. T'bilisi. 1939 und dies. K'art'uli sitqvierebis k'restomatia. T'bilisi. 1956.

313 Virsalaje, Elene. Rčeuli k'art'uli xalxuri zġaprebi. Bde. 1 und 2. T'bilisi. 1949 und 1958.

314 Ġlonti, Alek'sandre. Guruli p'olklori. Bd. 1. T'bilisi. 1937; ders. K'art'uli zġaprebi da legendebi. T'bilisi. 1948; ders. Gruzinskie narodnye novelly. Stalinir. 1956; ders. K'art'uli zġaprebi. T'bilisi. 1974 und ders. Xalxuri sibrjne. Bde. 1 und 2. Tbilisi. 1963 und 1964.

315 Bleichsteiner, Robert. Kaukasische Forschungen. Bd. 1: Georgische und Mingrelische Texte. Wien. 1929.

316 Dirr, Adolf. Kaukasische Märchen. [Märchen der Weltliteratur]. Jena. 1922. Zu dieser Aufzählung vgl. auch Čikovani, Michail J./Ġlonti, Alexandr. a.a.O. 1987, 1044.

317 Fähnrich, Heinz (Hrsg. und Übers.) a.a.O. 2001; ders. (Hrsg. und Übers.). a.a.O. 1998; ders. (Hrsg. und Übers.). a.a.O. 1997; ders. (Hrsg. und Übers.). Lasische Märchen. a.a.O. 1995; ders. (Hrsg. und Übers.). Märchen aus Georgien. a.a.O. 1995; ders. (Hrsg. und Übers.). a.a.O. 1992; ders. (Hrsg. und Übers.). a.a.O. 1984; ders. (Hrsg. und Übers.) [unter Mitarbeit von Heinz Mode]. a.a.O. 1980 sowie ders. (Hrsg. und Übers.). a.a.O. 1973.

318 Aarne, Antti/Thompson, Stith. The Types of Folktale. A Classification and Bibliography. Helsinki. 1961. Es gibt georgische Typologien, die sich an Aarne und Thompson orientieren. Z.B. von Kurdovanidze, Teimutaz L. Sjujety i motivy volšebnich skazok. Sistematičeskij ukazatel' po Aarne-Tompsonu. In: Literaturnye vzaimosvjazi 6. Moskva. 1976, 240–263.

319 Aus diesem Grunde nahm Heinz Fähnrich bei seinen Ausgaben georgischer Märchen ebenfalls Abstand von der Typologie, die Aarne/Thompson vorgeschlagen hatten. Vgl. Fähnrich, Heinz (Hrsg. und Übers.) [unter Mitarbeit von Heinz Mode]. a.a.O. 1980, 23.

Allgemeinen zwar gesprochen wird, sie selbst aber überhaupt nicht als handelnde Personen in den Texten auftreten.

In diesem Abschnitt sollen jedoch die in den georgischen Volksmärchen direkt oder indirekt geschilderten Aktivitäten weiblicher Figuren untersucht werden, um daraus rekonstruieren zu können, welche Verhaltensweisen als opportun galten und den ethisch-moralischen Maßstäben des alten Georgien entsprachen und welche dagegen verstießen. Aus der jeweiligen Anzahl eher positiver bzw. eher negativer Darstellungen kann auch geschlussfolgert werden, welche Einstellung gegenüber weiblichen Figuren in der georgischen Folklore überwog. Dazu wird angenommen, dass ein Übergewicht auf einer der beiden Seiten anzeigt, wie die allgemeine Sichtweise auf Frauen war.

Außerdem kann auf diese Weise auch der Frage nachgegangen werden, wie sich die sittlichen Vorstellungen des Christentums auf diese volkstümliche Gattung auswirkten. Dies kann hier aus zweierlei Gründen nur skizzenhaft und holzschnittartig erfolgen. Weil die Untersuchung erstens nicht durch eine qualitative Analyse unterfüttert werden kann, denn dazu wäre zweitens eine annähernd vollständige Studie sämtlicher Varianten aller dazu greifbarer Quellen nötig gewesen. Dies wäre aber eine so umfangreiche Aufgabenstellung, dass sie hier unterbleiben und späteren Arbeiten vorbehalten bleiben musste. Hier konnte nur eine Auswahl bearbeitet werden, die sich vor allem auf deutschsprachige Editionen stützt, was es auch nichtkaukasiologischen Märchenforschern möglich macht, die hier selbstständig erarbeitete Typologie nachzuvollziehen. Diese versteht sich explizit nur als erweiterbarer und keineswegs endgültiger Vorschlag, mit dem man meines Erachtens trotzdem recht gut arbeiten kann. Um die Gruppierung der weiblichen Märchenfiguren nicht nur allein von den Quellen abhängig zu machen, wurde versucht, sie an die Typologie von Elfriede Moser-Rath in der Enzyklopädie des Märchens zurück zu binden[320]. Diese erwies sich in vielerlei Hinsicht als ergiebiger als andere Vorschläge, dennoch geht der hier erarbeitete Vorschlag noch über sie hinaus.

Der erste ermittelte Frauentyp des georgischen Volksmärchens steht in starker Verbindung mit dem Typus der „verkappten Kämpferin", der bereits bei den georgischen Volkssagen behandelt wurde. Hier sind es vor allen Dingen Töchter, die von ihren Vätern ausgesandt werden, um im Heer des Königs oder an seinem Hofe zu dienen; in der Regel liegt die Ursache für dieses Verhalten in einem allgemeinen Heeresbann, nach dem jede Familie einen Krieger stellen muss. Der Vater ist aber schon zu alt und Söhne sind entweder nicht vorhanden oder bereits verstorben bzw. gefallen. Häufig prüft der Vater seine Töchter, wenn es sich um mehrere Schwestern handelt, wenn sich diese einzeln und nacheinander auf den Weg machen. Dazu stellte er sich ihnen unerkannt als Wegelagerer entgegen. Die älteren Schwestern ergreifen die Flucht und reiten nach Hause. Nur die jüngste stellte sich ihm mutig zum

---

320   Vgl. Moser-Rath, Elfriede. Frau. In: Brednich, Rolf W. (Hrsg.). a.a.O. 1987, 100–137.

Kampf und besiegt den Vater, der sie dann beruhigt ziehen lässt.[321] Auffällig bei der Gestaltung dieses Motivs ist, dass in den Volksmärchen fast ausschließlich nur der Typ der verkleideten Kriegerin vorkommt.[322] Er wird sogar gestalterisch noch so überhöht, dass durch Einwirkung zauberischer Mächte, das tapfere Mädchen tatsächlich zum Manne wird. Daher ist anzunehmen, dass die kämpfende Frau nach den herrschenden moralischen Vorstellungen tatsächlich eine Ausnahme und eine Abweichung von ihrer sozialen Rolle darstellte.

Üblicherweise waren Männer die Krieger der Gemeinschaft, daher erschien es dem Märchenerzähler nötig zu sein, dass die mannhafte Jungfrau sich nicht nur äußerlich, sondern auch tatsächlich in einen Mann verwandelte.[323] Das deutet daraufhin, dass die Rolle der Frau auch in Altgeorgien auf Haus, Hof sowie die Kindererziehung eingeschränkt war und dass es sich um eine patriarchalische Männergesellschaft handelte.

Diesen Schluss legen auch zwei weitere Märchentypen nahe. Beim ersten geht es darum, dass ein Mann sich in eine Frau verwandelt. In seinem weiblichen Zustand zeugt er sogar Kinder, am Ende verwandelt er sich wieder zurück und berichtet von seinem Leben als Frau. Dabei wird deutlich, dass ihm dieser Zustand wenig behagte und er ihn gewissermaßen als schmählich empfand.[324]

Die zweite Gruppe bilden verschiedene Schwankmärchen. Sie erhielt den programmatischen Titel: „Der Mann sei der Frau nicht untertan!" Hierbei geht es darum, dass sich ein Mann über seine Frau beklagt, die herrschsüchtig und böse sei. Ein Tierhelfer oder ein Diener, in jedem Fall aber eine untergeordnete Person, gibt Rat durch ein Rätsel. Sie fragt den Betroffenen, ob es seiner Meinung nach mehr Frauen oder mehr Männer auf der Welt gäbe. Als der so Gefragte darauf nicht antworten kann, wird ihm gesagt, es gäbe mehr Frauen, denn Männer wie er, die sich von ihrer Gattin herumkommandieren ließen, seien so weibisch, dass man sie auch

---

321   Der Typus der „verkappten Märchenkriegerin" wurde aus folgenden Geschichten gebildet: Beinasars Tochter. In: Fähnrich, Heinz (Hrsg. und Übers.). Märchen aus Georgien. a.a.O. 1995, 115–136; Die Räuber. In: ebd., 146–150; Der Jäger und seine Tochter. In: ebd., 243–248; Wie das Mädchen zum Manne wurde. In: ders. (Hrsg. und Übers.). [unter Mitarbeit von Heinz Mode]. a.a.O. 1980, 49–63 und Msekala und Msewarda. In: ebd., 104–114.

322   Die einzige Ausnahme bildet die Geschichte: Die Räuber. In: Fähnrich, Heinz (Hrsg. und Übers.). a.a.O. 1995, 146–150.

323   Für den speziellen Typ der sich in einen Mann verwandelnden Kriegerin stehen: Beinasars Tochter. In: Fähnrich, Heinz (Hrsg. und Übers.). a.a.O. 1995, 115–136 und Wie das Mädchen zum Manne wurde. In: ders. (Hrsg. und Übers.). [unter Mitarbeit von Heinz Mode]. a.a.O. 1980, 49–63.

324   Der Typus vom „Mann, der in eine Frau verwandelt wird" wird durch die beiden folgenden Märchen repräsentiert: Die drei Brüder. In: Fähnrich, Heinz (Hrsg. und Übers.) a.a.O. 2001, 124–126 und Schawkaza. In: ders. (Hrsg. und Übers.). a.a.O. 1992, 193–197.

zu den Frauen zählen müsse.[325] Implizit wird damit der Rat erteilt, die ungehorsame Frau zu züchtigen.

Die körperliche Bestrafung ist auch das Thema anderer Märchen über eheliche Auseinandersetzungen. Dabei sind mehrere Typen zu unterscheiden. Zunächst geht es um die Bestrafung allgemeinen Ungehorsams oder sonstigen unliebsamen Verhaltens von Frauen.[326] Die Bestrafung erfolgt entweder durch den Vater oder den Ehemann und besteht meist in Schlägen. Daneben existiert noch ein Mischtyp aus der „Bestrafung der Frau" und dem Typen „Der Mann unterwerfe sich nicht der Frau." Darin wird geschildert, dass ein Mann auf geheimnisvolle Weise die Sprache der Tiere erlernt; das geschieht auf unterschiedliche Arten, ist aber an dieser Stelle nicht weiter von Belang. Wichtig ist dagegen, dass er nicht verraten darf, dass er die Tiere verstehen kann, sonst muss er sterben. Nun erfährt aber seine Frau dennoch davon. In einem Märchen zum Beispiel dadurch, dass er mit seiner schwangeren Frau einen Ausflug unternimmt. Dabei reitet seine Frau auf einer trächtigen Stute, wobei das einjährige Fohlen hinterherläuft. Das Fohlen bleibt zurück und ruft seiner Mutter zu, sie möge warten. Darauf weist es die Stute zurecht, es solle sich schämen, sie müsse drei tragen und käme trotzdem ganz gut zurecht und das junge Fohlen könne nicht einmal ledig schnell genug hinterherkommen. Der Mann, der das Gespräch natürlich versteht, beginnt zu lachen, denn er begreift auch, was die Stute damit meint, dass sie drei tragen müsse. Da sind zunächst die Frau, dann ihr ungeborenes Kind und zuletzt das Fohlen, mit dem die Stute trächtig ist. Die Frau, die von allem kein Wort verstand, sie spricht ja die Sprache der Tiere nicht, begehrt zu wissen, warum ihr Mann gelacht hatte. Da er weiß, dass er sterben wird, wenn er es ihr sagt, kann die Auskunft zwar hinauszögern, muss aber versprechen, es der Frau am Abend vor dem Schlafen noch mitzuteilen. Als er nach Hause kommt, ist er bedrückt und die Tiere seines Hofes bedauern ihn. Außer dem Hofhahn, der sagt zu ihm, er solle nicht so dumm sein und sich an ihm ein Beispiel nehmen. Er habe nicht nur eine, sondern viele Frauen (Hühner) und dennoch wage es keine von ihnen, etwas gegen seinen Willen zu unternehmen. Der Mann nimmt sich den Rat zu Herzen und, als seine Frau in ihn dringt und nun endlich wissen will, warum er am Tage gelacht hatte, verprügelt er sie, ohne sie jedoch so gefährlich zu verletzen, dass sie das Kind verliert. Die Frau ist eingeschüchtert und denkt sich, dass sie selbst schuld sei, so neugierig zu sein. Insofern ist meines Erachtens der Name „bestrafte weibliche Neu-

---

325 Für diesen Typ stehen die Märchen: Warum sich die Eule fürchtet. Fähnrich, Heinz (Hrsg. und Übers.). Lasische Märchen. a.a.O. 1995, 69f. und Der Kaiser und seine boshafte Frau. In: ders. (Hrsg. und Übers.). a.a.O. 1992, 84–86.

326 Den Typ „Bestrafung von Frauen" bilden die Geschichten: Das launische Mädchen. In: Fähnrich, Heinz (Hrsg. und Übers.). Märchen aus Georgien. a.a.O. 1995, 173f; Falsche Tränen: In: ders. (Hrsg. und Übers.) [unter Mitarbeit von Heinz Mode]. a.a.O. 1980, 162f. und Die Pappel aus der Schlangenhaut. In: ebd., 178–184. Hier 184.

gier" für dieses Motiv ganz passend.[327] Im Verlauf sind die betreffenden Märchen unterschiedlich. Das Motiv der Beratung durch einen Hahn und das Ende der Geschichte sind jedoch immer wieder gleich.

Die Unterordnung der Frau unter den Mann tritt auch im Typ der „gehorsamen Frau" deutlich zu Tage. Dabei kommt ein männlicher Märchenheld, der eine geheimnisvolle unbekannte Schöne sucht, nacheinander zu drei alten Männern, die er um Rat fragt. Auffällig ist dabei, dass ihn die ersten beiden immer zum jeweils älteren Bruder schicken, der älteste der drei, zu dem er zuletzt kommt, hat jedoch das jugendlichste Aussehen. Als er an dessen Haus ankommt, begrüßt ihn die Frau des Hauses und sagt ihm, er möge leise sein, da ihr Mann schlafe. Er eröffnet ihr seine Frage und teilt ihr mit, dass er von ihren Schwägern hierher verwiesen wurde. Darauf geht sie ins Haus, um ihren Mann sehr behutsam zu wecken. Der Mann lädt den Fremden zum Essen und schickt seine Frau, die hochschwanger ist, mehrmals in den Keller, um eine dort gelagerte Melone heraufzuholen. Es fällt ihr sichtlich schwer, aber sie geht jedoch ohne zu klagen. Als sie wieder zurückkehrt, ist ihr Mann mit der gebrachten Frucht unzufrieden und schickt sie wieder in den Keller zurück, eine andere zu bringen. Das wiederholt sich mehrfach, wobei der Frau jeder Gang zunehmend schwerer fällt. Der junge Mann, dem das auffällt, spricht den Alten darauf an und bittet ihn doch auf die Melone zu verzichten. Der antwortet ihm, dass er davon nichts verstehe. Er tue das, um seine Frau zu bestrafen, weil sie ihn unerlaubt geweckt habe. So etwas sei überhaupt noch nie vorgekommen. Seine Frau wisse das auch ganz genau, denn sie hätten nur diese eine Melone im Keller. Außerdem wäre der Mann doch bei seinen jüngeren Brüdern vorbeigekommen und ob er sich nicht wundere, dass die dreimal so alt aussähen wie er. Das läge daran, dass sie Ehefrauen hätten, die sich nicht ordentlich um sie kümmerten und ihnen nur Sorgen bereiten würden. Bei diesem Typ der „gehorsamen Frau", der immer nur in einer Nebenhandlung vorkommt,[328] wird deutlich, was man in Altgeorgien von einer guten Hausfrau erwartete, sie sollte die Hausarbeit völlig allein erledigen, ihrem Mann gehorchen und ihrem heimischen „Pascha" ansonsten seine Ruhe lassen.

Ähnliche Verhaltensmuster propagieren auch zwei weitere Untergruppen zum gleichen Thema. Da gibt es zum einen unter den georgischen Zaubermärchen den Typus: „Die gute Schwiegertochter." Darin wird die Braut von ihrem verzauberten Gatten zu seinen Eltern gebracht. Er klärt sie auf, wie sie sich zu verhalten habe. Sie soll nicht auf den vor der Tür ausgelegten „roten Teppich" treten, sondern auf den Boden daneben. Sie solle sich nicht auf den goldenen Sessel in der Stube setzen, auch wenn er ihr angeboten würde, sondern einen Holzschemel wählen. Drittens

---

327 Beispiele für diesen Mischtyp bilden: Puldu Kaldanis Frau. In: Fähnrich, Heinz (Hrsg. und Übers.). a.a.O. 1984, 144–146; Die Schlange und der Mann. In: ders. (Hrsg. und Übers.). [unter Mitarbeit von Heinz Mode]. a.a.O. 1980, 167–170 und Der Mann der bösen Frau. ders. (Hrsg. und Übers.). a.a.O. 1973, 214–217.

328 Vgl. z.B. Schilfmädchen. In: Fähnrich, Heinz (Hrsg. und Übers.) [unter Mitarbeit von Heinz Mode]. a.a.O. 1980, 63–75. Hier 63ff.

solle sie sich anbieten, die Kühe zu melken und wenn man ihr dafür einen goldenen Melkeimer gäbe, auf einem Holzeimer bestehen. Dies alles befolgend sind die Schwiegereltern von der Braut natürlich sehr angetan.[329] Eine gute Schwiegertochter musste sich in Georgien bei den Schwiegereltern also als fleißig und arbeitsam sowie als relativ anspruchslos einführen, um dort akzeptiert zu werden. Sie war demnach wahrscheinlich meist nicht viel mehr als eine zusätzliche billige Arbeitskraft.[330]

Im gleichen Kontext steht auch ein Märchen vom weltweit verbreiteten Typ „die Faule wird geheilt." Darin stellt sich eine Braut nach der Hochzeit als faul und selbstsüchtig heraus. Ihr Ehemann bringt sie durch Schläge allerdings schnell dazu, ihr Verhalten aufzugeben.[331] Die Darstellung der „Heilung von der Faulheit" betrifft in Georgien allerdings nicht nur Frauen. Es wird auch der umgekehrte Fall berichtet, dass eine Ehefrau ihren bequemen Gatten mit Witz und intelligenten Einfällen dazu bringt, seine Faulheit zu überwinden.[332] Schläge sind demnach kein adäquates Mittel der georgischen Frauen, um das Verhalten ihrer Männer zu beeinflussen. Das steht allerdings im Widerspruch zu ihrem in Legenden häufig dargestellten kämpferischen Charakter.

Waren die bisher dargestellten Märchenfiguren eher positiv oder zumindest indifferent in ihrer moralischen Wertung des weiblichen Geschlechtes, so gibt es in den georgischen Volksmärchen auch von vornherein negative Frauendarstellungen. Sie sind anscheinend inspiriert vom Sagentopos der „Verräterin."

Zunächst ist dabei der Typ der „untreuen Verwandten" zu beachten. Hierbei verliebt sich die Mutter oder die Schwester des Märchenhelden während dessen Abwesenheit in eine ihm feindliche Gestalt: Einen Räuber, Riesen, Waldmenschen oder ähnliches. Sie verhilft dem Gegner zum Sieg über den eigenen Sohn bzw. Bruder. Er wird jedoch durch externe Hilfe, von seiner Braut, seiner treuen Schwester oder von Tierhelfern wieder belebt und rächt sich am Verführer und der Verräterin, meist tötet er beide.[333]

---

329 Vgl. dazu z.B. Die Schlange. In: Fähnrich, Heinz (Hrsg. und Übers.). a.a.O. 1992, 177–180.

330 Wie eine Schwiegertochter nicht sein sollte, zeigt das Schwankmärchen: Die Braut. In: Fähnrich, Heinz (Hrsg. und Übers.). [unter Mitarbeit von Heinz Mode]. a.a.O. 1980, 163f. Es ist demnach ein Beispiel für den negativen Typ der „schlechten Schwiegertochter."

331 Vgl. dazu die Geschichte: Das launische Mädchen. In: Fähnrich, Heinz (Hrsg. und Übers.). Märchen aus Georgien. a.a.O. 1995, 173.

332 Vgl. Der Faulpelz. In: Fähnrich, Heinz (Hrsg. und Übers.). [unter Mitarbeit von Heinz Mode]. a.a.O. 1980, 157–162.

333 Zum Typ der „verräterischen Verwandten" vgl. König Musarbi. In: Fähnrich, Heinz (Hrsg. und Übers.) a.a.O. 2001, 17–23; Bruder und Schwester. In: ebd., 46–53; Mgelkaza. In: ders. (Hrsg. und Übers.). Märchen aus Georgien. a.a.O. 1995, 178–200; Mama-Mursa. In: ders. (Hrsg. und Übers.). a.a.O. 1992, 102–111; Schamschiat, der Sohn des roten Wildapfels. In: ebd., 126–135; Der Sohn des Adlers. In: ders. (Hrsg. und Übers.). [unter Mitarbeit von Heinz Mode]. a.a.O. 1980, 76–82 und Der lahme Büffel. In: ebd., 278–294. Hier 282ff. sowie auch die Sage: Chetagani und Dewtagani. In: ders. (Hrsg. und Übers.). a.a.O. 1984, 84–90.

Der ebenfalls weit verbreitete Typ der „bösen Stiefmutter"[334] steht im georgischen Volksmärchen offenbar ebenfalls im engen Zusammenhang mit dem Typ der „Verräterin." Eines dieser Märchen ähnelt sehr dem deutschen Goldmarie und Pechmarie-Muster.[335] Andere gleichen dagegen eher dem Schneewittchen-Typos oder dem Goldvogel-Muster, wo die „böse Stiefmutter" dem Stiefkind nach dem Leben trachtet.[336]

Daneben gibt es den Typ der „untreuen Ehefrau" nach dem biblischen Vorbild – Potiphars Weib – auch in den georgischen Märchen. Sie tauchen bei den untersuchten Märchen jedoch nur in der Sammlung Sulxan-Saba Orbelianis auf, was den Schluss nahe legt, dass sie entweder späteren Ursprungs oder gänzlich außerhalb Georgiens entstanden sind und sie der Diplomat in der Fremde aufgezeichnet hat.[337] In den dafür angeführten Märchen werden die Frauen für ihre begangenen Ehebrüche nicht bestraft.

Zum Thema der „bestraften Untreue" gibt es verschiedene Untervarianten. Am wichtigsten ist wohl ein Typus, der nach den häufig als Märchenelement verwendeten Worten als Typ „Sulambara und Gulambara" zu bezeichnen ist. Dabei dreht es sich um die Nebenhandlung eines offensichtlich recht beliebten Rätselmärchen-Sujets. Eine schöne aber herzlose Prinzessin stellt darin allen Bewerbern um ihre Hand die Frage, was die Worte Sulambara und Gulambara bedeuteten, könnten sie dies nicht innerhalb einer bestimmten Frist herausfinden, werden sie hingerichtet. Dem männlichen Märchenhelden gelingt es, durch externe Hilfe, beispielsweise einer weisen Nähr- bzw. Ziehmutter, eines Tierhelfers oder eines starken Heldenbruders, das Rätsel zu lösen.

Sulambara war die untreue Ehefrau eines reichen Mitglieds der Oberschicht, eines Fürsten oder eines Kaufmannes, und Gulambara war dessen Diener, mit dem ihn seine Frau betrog. Nachdem sie beide inflagranti ertappt wurden, erschlug der betrogene Gatte beide in rasender Eifersucht[338]. Aber er bewahrt ihre Schädel auf, versteckt sie in seinem Haus und wenn ihn jemand nach der Lösung des Rätsels fragt oder unberufen zu ihm kommt, dann holt er sie hervor und züchtigt sie symbolisch noch nach dem Tode vor den Augen des Gastes. Dem nützt es aber meist nichts, dass er das Rätsel nun gelöst hat, denn der Hausherr erschlägt auch ihn, weil er sich

---

334   Man denke z.B. an Schneewittchen, Aschenputtel, die zwölf Monate oder Goldmarie und Pechmarie.

335   Vgl. Das Mädchen mit dem goldenen Haar. In: Fähnrich, Heinz (Hrsg. und Übers.) a.a.O. 2001, 98–104.

336   Hier sind zu nennen: Tschakutscha. In: Fähnrich, Heinz (Hrsg. und Übers.). a.a.O. 1995, 99–101; Zikaria. In: ders. (Hrsg. und Übers.) [unter Mitarbeit von Heinz Mode]. a.a.O. 1980, 98–104 und Der lahme Büffel. In: ebd., 278–294.

337   Vgl. dazu: Der Herzog und der Adlige. In: Fähnrich, Heinz (Hrsg. und Übers.). a.a.O. 1973, 28–31; Der Sohn des Großherzogs. In: ebd., 54f.; Der persische Großkaufmann. In: ebd., 57–59; Der lebendig Begrabene und die riesengroßen Menschen. In: ebd., 164–171 und Der Mann der Hexe. In: ebd., 209–213.

338   In einigen Varianten auch nur den Mann.

seiner Tat schämt und nur er und die stolze Prinzessin davon wissen. Sie ist ihrer Freiheit auf diese Weise doppelt sicher; denn zum einen ist es ziemlich unwahrscheinlich, dass jemand in das Geheimnis des gehörnten Ehemannes eindringt und zum anderen sollte es durch Zufall doch jemandem gelingen, so wurde er von diesem getötet. Der Märchenheld entkommt jedoch der tödlichen Falle und löst das Rätsel.[339] Es ist anzunehmen, dass es im alten Georgien für einen Mann höchst peinlich war, wenn ein Außenstehender davon erfuhr, dass ihn seine Frau betrog. Es galt offenbar als so große Schande, dass die Betrogenen dafür töteten und zwar bezeichnender Weise denjenigen, der von diesem familiären Geheimnis erfuhr. Da dieses Motiv nicht nur bei den Märchen, sondern in Bezug auf Šotʻa Rustʻavelis Frau auch innerhalb der Volkepen auftritt,[340] ist es meines Erachtens generalisierbar für die gesamte Männergesellschaft Altgeorgiens.

Eine andere Form der Bestrafung der untreuen Frau konnte durch Verzauberung geschehen. In diesen Zaubermärchen wird zumeist erst der betrogene Ehemann von der Frau oder ihrem Liebhaber in ein Tier verwandelt. Als es ihm gelingt sich zu befreien, findet er jemanden der ihn zurückverwandelt und ihm hilft, nun seinerseits die Peiniger in Tiere, meist Rinder oder Esel also in Zugtiere, zu verwandeln. Er quält den Verführer und seine Frau dadurch, dass er sie vor seinen Pflug spannt und mit ihnen das Feld bestellt. Sie müssen ihn also nun ernähren.[341]

Aber der Typ der „untreuen Gattin" steht nicht isoliert. Auch hier existiert wiederum eine gegenteilige also positive Darstellung von Frauen. So existiert noch der Typ, der „treuen, wandernden Frau, die ihren Mann rettet", welcher zum Beispiel dem Grimmschen Märchen vom singenden, klingenden Löweneckerchen oder dem antiken Mythos von Amor und Psyche ähnelt. Die Frau macht sich auf den Weg in die Anderswelt, zum Beispiel zur Sonne oder in den Himmel, um ein Heilmittel für ihren kranken oder bereits gestorbenen Mann zu finden, was ihr auch gelingt und wodurch sie ihren Mann sowie ihre Ehe rettet.[342]

Dicht daran schließt sich der Typus der „klugen Frau, die sich und ihren Mann rettet" an. In diesen Märchen gewinnt meist ein einfacher Mann, ein Bauer, Fischer,

---

339 Zum „Sulambara und Gulambara"-Motiv vgl. Der Herrscher Tschaismeni und sein Sohn Dshimscher. In: Fähnrich, Heinz (Hrsg. und Übers.) a.a.O. 2001, 23–28; Der arme Bauer. In: ders. (Hrsg. und Übers.). Lasische Märchen. a.a.O. 1995, 108–112; Der blaue Fisch. In: ders. (Hrsg. und Übers.). [unter Mitarbeit von Heinz Mode]. a.a.O. 1980, 193–196; Elf Brüder. In: ebd., 196–209; Djisi Gurgen. In: ders. (Hrsg. und Übers.). a.a.O. 1973, 149–152.

340 Vgl. Schota Rustaweli und seine Frau. In: Fähnrich, Heinz (Hrsg. und Übers.). a.a.O. 1998, 120–126.

341 Beispiele für die „zauberische Bestrafung der untreuen Gattin" bilden: Wundersam. In: Fähnrich, Heinz (Hrsg. und Übers.). Lasische Märchen. a.a.O. 1995, 70–74 oder Der Zauberstein. In: ders. (Hrsg. und Übers.). a.a.O. 1992, 226–231.

342 Vgl. dazu: Der Schlangenmann. In: Fähnrich, Heinz (Hrsg. und Übers.). a.a.O. 1995, 37–42; Die Paradiesblume. In: ders. (Hrsg. und Übers.). Märchen aus Georgien. a.a.O. 1995, 101–106; Tagsüber tot. In: ders. (Hrsg. und Übers.). [unter Mitarbeit von Heinz Mode]. a.a.O. 1980, 32–41 sowie Msetschabuki. In: ebd., 82–87.

Hirte oder Jäger, eine wunderschöne Frau, die meist sogar noch aus einer anderen Welt, beispielsweise aus dem Himmel oder aus dem Meer stammt. Als er sie nach Hause bringt, wird ihm die Schöne geneidet, entweder vom Herrscher des Landes, einem Riesen oder einem sonstigen feindlichen Unhold. Dieser versucht sich durch Gewalt oder durch List in den Besitz der Frau zu bringen. Diese berät ihren Mann aber so, dass er den Gegner besiegen kann.[343] Es ist evident, dass der Typ der klugen Beraterin große Ähnlichkeit mit Elementen des Amirani-Mythos aufweist. Das erklärt wohl auch die anscheinend recht große Zahl von Märchen, die sich diesem Thema widmeten.

Anhand der bisher vorgestellten Typen weiblicher Märchenfiguren lässt sich noch relativ schlecht angeben, ob im alten Georgien die moralisch wertende Betrachtung von Frauen nun überwiegend positiv oder negativ war. Auch über den Wandel des gesellschaftlichen Frauenbildes durch den Einfluss christlicher Werte lässt sich an dieser Stelle noch relativ wenig sagen. Fest steht jedoch eines, eine Abwertung oder gar Ablehnung von Frauen, wie sie aus kirchlichen aber auch volkstümlichen Texten des europäischen Mittelalters und der frühen Neuzeit bekannt sind, scheint es in Georgien zumindest in der Bevölkerung nicht gegeben zu haben. Dass Frauenbild in den georgischen Legenden und Sagen aber auch in den Märchen ist viel differenzierter, statt vor allen Dingen ablehnend zu sein. Mit negativen oder nur lächerlichen Darstellungen von Frauen korrespondieren häufig genug auch ähnliche typisch männliche Motive.

Ausgenommen davon ist jedoch der Topos der ehelichen Untreue. Daraus kann der Schluss gezogen werden, dass man es durchaus als verwerflich ansah, wenn Frauen ihre Männer betrogen haben. Auf die Untreue von Männern wird aber in dem untersuchten Material gar nicht Bezug genommen. Sie kommt darin nicht vor. Nun ist es höchst unwahrscheinlich, dass die altgeorgischen Männer monogamer und treuer waren als ihre Frauen. Stattdessen ist zu vermuten, dass es für den Mann durchaus nicht ehrenrührig war, seine Gattin hin und wieder zu betrügen. Doch auch hier galt wohl: „Quod licet jovi, non licet bovi.“[344] Mit anderen Worten in Bezug auf die eheliche Treue wurde wohl auch im alten Georgien mit zweierlei Maß gemessen.

Dass der Mann das Recht und in gewisser Hinsicht sogar die Pflicht hatte, die eigene Ehefrau oder seine Töchter, wenn es nötig war, zu züchtigen und zu strafen,

---

343   Folgende Geschichten sind Beispiele für dieses Motiv: Roschapi und Rokapi. In: Fähnrich, Heinz (Hrsg. und Übers.) a.a.O. 2001, 93–98; Das wunderschöne Mädchen. In: ders. (Hrsg. und Übers.). Märchen aus Georgien. a.a.O. 1995, 150–154; Die Tochter des Himmels. In: ebd., 209–216; Die Tochter des Meeres. In: ebd: 237–243; Usundara. In: ebd., 254–259; Der Sohn des Herrschers und sein Pferd. In: ebd., 216–225; Die Boshmi-Blume. In: ders. (Hrsg. und Übers.). [unter Mitarbeit von Heinz Mode]. a.a.O. 1980, 222–232; Der Herrscher und seine neun Söhne. In. ebd., 232–241; Die Tochter der Sonne. In: ebd., 241–253; Das Wunderliche. In: ebd., 259–273; Der Sohn des Jägers. In: ebd., 273–279 und Das Zauberhemd. In: ebd., 320–331.

344   Lateinisches Sprichwort, etwa mit der Bedeutung: „Was Juppiter gestattet ist, darf sich der kleine Mann noch lange nicht erlauben.“

geht aus dem untersuchten Material recht eindeutig hervor. Insofern trifft es wohl zu, wenn Eva Maria Synek oder Mixeil Tʻaxnišvili vermuten, dass die Züchtigung der heiligen Šušanik durch ihren Ehemann ein generelles Phänomen im alten Georgien darstellte.[345] Dazu muss jedoch einschränkend bemerkt werden, dass das Recht der körperlichen Bestrafung der Gattin, wenn auch nicht einklagbar, so aber doch offenbar gewohnheitsmäßig, nicht uneingeschränkt galt. Darüber hinaus ist das einzige Vergehen, das als todeswürdig angesehen wird, der durch die Frau begangene Ehebruch. Diese Strafe war wohl auch gesellschaftlich akzeptiert und zog keine Konsequenzen, wohl nicht einmal die Blutrache durch die Verwandten der überführten Gattin, nach sich.

Daraus wird auch klar, dass sich niemand in die Züchtigung der heiligen Šušanik durch ihren Ehemann Varskʻen einmischte. Dass diese Bestrafung jedoch so hart ausfiel, dass die Frau daran verstarb, galt wohl auch im alten Georgien als Frevel und als tadelnswert. Da die Heilige als Waise keine Verwandten mehr hatte, die sie als einzige berechtigterweise hätten rächen können, blieb das Verhalten Varskʻen jedoch zunächst ungestraft. Man könnte vermuten, dass Vaxtang Gorgasal die Hinrichtung des unter persischem Einfluss stehenden Fürsten damit begründete, dass er als König und damit als höchste weltliche Rechtsinstanz die Rache der Heiligen an ihm vollzog. Da sich die Quellen dazu jedoch nicht äußern, muss dies reine Spekulation bleiben, die zwar nicht begründet werden kann, meiner Ansicht nach aber dennoch ein erhellendes Licht auf die historischen Abläufe wirft.

Dass die christliche Vorstellung von der generell sündhaften Frau, die ja nach christlicher Tradition die Hauptschuld an der Erbsünde trägt, in den georgischen Volksschichten nicht ohne weiteres übernommen wurde, zeigt eine volkstümliche Version der Genesis.[346] Hier ist es keine Schlange, sondern der in eine Ziege verwandelte gefallene Engel[347] Samuel (bzw. Sammael oder Samiel, Name für den Satan[348]), welcher Eva verführt vom Baum der Erkenntnis zu essen. Es heißt dort aber auch:

> „Hätten Adam und Eva nicht auf Samuel gehört und den Apfel nicht gegessen, wären ihre Nachkommen glücklich, und sie bekämen Speise, Trank und Kleidung, ohne arbeiten zu müssen."[349]

In dem Zitat werden Adam und Eva als gleichermaßen schuldig bezeichnet. Die geringere Durchsetzung christlicher Vorstellungen von der grundsätzlich sündigen

---

345   Vgl. dazu Kap. 4 und 5.

346   Vgl. dazu die Legende: Die Erschaffung der Welt. In: Fähnrich, Heinz (Hrsg. und Übers.). a.a.O. 1984, 35–39.

347   Zum generellen Engelsglauben vgl. Klauser, Theodor. Engel. In: ders. (Hrsg.). Reallexikon für Antike und Christentum. Bd. 5: Endelichus-Erfinder. Stuttgart. 1962, 53–322.

348   Vgl. dazu Schwab, Moïse. Vocabulaire de l'Angélogie. Paris. 1897, 199.

349   Vgl. Die Erschaffung der Welt. In: Fähnrich, Heinz (Hrsg. und Übers.). a.a.O. 1984, 35–39. Hier 37.

Frau zeigt sich auch in dem letzten hier zu behandelnden weiblichen Märchenmotiv der „Hexe." Dieses kommt in den untersuchten folkloristischen Quellen nur selten vor. Außerdem lässt die Darstellung der Anführerin der Hexen, Rokapi, in einer der Geschichten den Schluss zu, dass es sich zumindest bei dieser speziellen Darstellung um eine wahrscheinlich durch die christliche Mission negativ gezeichnete und auf diese Weise herabgekommene ehemalige Naturgöttin handelt.[350] Die Vorstellung, dass Hexen Menschenfleisch äßen und Menschenblut tränken,[351] geht wohl auf mit die alten Mutterkulte zurück, denen man Menschenopfer zuschrieboder ihnen später unterstellte. Wahrscheinlich musste das frühe Christentum noch relativ lange Zeit zumindest in den Bergregionen Georgiens gegen die ursprünglichen Naturreligionen konkurrieren. Dass deren Riten und Kulte dabei so negativ wie möglich dargestellt wurden, liegt auf der Hand. Im Grunde scheint diese negative Haltung der frühen Missionare aus den vom 17. bis zum 20. Jahrhundert gesammelten folkloristischen Materialien noch immer hervor. Dass der Typus der kinderfressenden, wolfsreiten-den Schadenszauberin[352] jedoch nicht georgischen Ursprungs sein kann, ist einem weiteren Zusammenhang zu entnehmen.

Wie recht gut belegt ist, kannten beispielsweise die alten Germanen den Typus der Hexe als schadensbringendem Zauberwesen bereits vor der Christianisierung.[353] Frühe mittelalterliche Texte geißelten die Vorstellung von Hexen daher auch als heidnischen Aberglauben.[354] Nachdem sich in Westeuropa jedoch im 13. Jahrhun-

350   Vgl. Roschapi und Rokapi. In: Fähnrich, Heinz (Hrsg. und Übers.) a.a.O. 2001, 93–98.

351   Vgl. Fähnrich, Heinz. a.a.O. 1999, 125 und 255f.

352   Vgl. ebd., 125.

353   Zum Hexenglauben der alten Germanen vgl. Hexen. In: Golther, Wolfgang. Handbuch der germanischen Mythologie. Essen. o.J. [Reprint der fünften Auflage der Originalausgabe. Rostock. 1895], 116–122 sowie Zauberei und Hexerei. (Kap. 6) In: Herrmann, Paul. Deutsche Mythologie. Berlin. 1994³ [zuerst 1894], 66–86. Vgl. auch Weiser-Aall. Hexe. In: Hoffmann-Krayer, E. u.a. (Hrsg.). Handwörterbuch des Deutschen Aberglaubens. Bd. 3. [Handwörterbuch zur Deutschen Volkskunde. Abteilung 1: Aberglauben]. Berlin/Leipzig. 1930/ 1931, 1827–1920.

354   Der Abt Regino von Prüm schrieb im Jahre 906 in seinem Canon Episcopi: „Es darf nicht außer acht gelassen werden, was einige verdorbene Weiber, vom Teufel und dämonischen Bildern und Vorspiegelungen verführt glauben und bekennen, dass sie zur nächtlicher Zeit mit Diana, der Göttin der Heiden, und einer großen Schar Weibern auf gewissen Tieren reiten, weite Strecken Landes in der Stille tiefer Nacht überwinden, ihren Befehlen, als sei sie ihre Herrin, gehorchen und in bestimmten Nächten zu ihrem Dienst gerufen werden." Zitat nach: Wolf, Hans-Jürgen. Geschichte der Hexenprozesse. Schwarze Messen, Kinderhexen, Zeitdokumente, Hexenwahn bis heute. Hamburg. 1995, 49. Bei dem Bischof Burchard von Worms heißt es dagegen im 11. Jahrhundert unter anderem: „Hast du je geglaubt oder Teil gehabt an jenen, die sagen, sie könnten durch Verzauberung Wetter machen oder die Gesinnung der Menschen bewegen. Hast du geglaubt oder teilgehabt an jenem Wahn, dass ein Weib sei, dass mittels gewisser Zaubereien und Beschwörungen die Gesinnungen der Menschen, so Haß in Liebe und Liebe in Haß zu verwandeln oder die Butter der Menschen durch ihre Blendwerke zu rauben vermöge? Wenn du dies geglaubt oder daran teilgenommen hast, hast du ein Jahr Buße zu tun." Zitat nach: Herrmann, Paul. a.a.O. 1994, 73.

dert die Inquisition durchgesetzt hatte und das Christentum mit dem erhaltenen Aberglauben eine sehr unheilige Verbindung eingegangen war, kam es im Spätmittelalter und vor allem in der frühen Neuzeit zu einer Hexenphobie, die einer großen Zahl von Frauen, gelegentlich auch männern das leben kostete.[355] Dass der Bereich der gesamten Ostkirche und damit auch Georgien von solchen Hexenverfolgungen verschont blieb, macht deutlich, dass es dort die Vorstellung der grundsätzlich bösen Frau vor der Einführung des Christentums nicht gegeben haben kann, denn soziale Vorurteile brauchen meines Erachtens einen sehr langen Zeitraum, um zu einer derartigen Ausschreitung, wie den Hexenverbrennungen, zu führen.

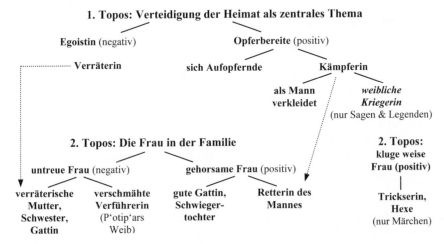

Abbildung 9: Frauenfiguren in georgischen Überlieferungen nach verschiedenen Topoi
Quelle: eigene Grafik

Dass jüdisch-christliche Moralvorstellungen in Georgien auch die Vorstellungswelt der Volksschichten beeinflussten, zeigt vor diesem Hintergrund auch die Tatsache, dass in den Märchen der Typus der Kämpferin nur in ihrer verkleideten Form bekannt ist. Da davon auszugehen, dass Märchenerzähler als Unterhalter darauf angewiesen waren, ihre Geschichten immer wieder in neue Gestalt zu kleiden, um das Publikum nicht zu langweilen, ist nachvollziehbar, dass dieses volkstümliche Genre für soziale Veränderungen viel offener war, als dagegen die Epen, Sagen und Le-

---

355 Die negative Beurteilung der Zauberei durch die Kirche war im 13. Jahrhundert bereits abgeschlossen. Ihren ersten Höhepunkt erreichte die Hexenverfolgung jedoch mit bzw. durch den Hexenhammer, ein Buch des katholischen Theologen Jacob Sprenger aus dem Jahre 1486. Darin wurden die damals etwa 400 Jahre alten Auffassungen des Canon Episcopi bewußt ignoriert und übergangen. Vgl. dazu Wolf, Hans-Jürgen. a.a.O. 1995, 49 und 56f.

genden. Deren Funktion bestand nicht darin zu unterhalten, sondern darin, die Erinnerung an bedeutende historische Ereignisse und die Überlieferung überkommener Traditionen zu gewährleisten. Sie waren daher sehr viel stärker der glorreichen Vergangenheit als der Gegenwart verpflichtet. Daher gelang es wohl auch nicht, den Typus der auch offensichtlich als Frau kämpfenden Heldin aus ihnen zu verdrängen, obwohl er selbst wahrscheinlich längst anachronistisch oder vom moralisch-sittlichen Standpunkt aus nicht mehr tragbar war.

12.3 Die Frau in der georgischen Familie

12.3.1 Georgische Frauen im Alltag

Eine georgische Volkssage sagt: „Die Mutter ist der Anfang des Lebens."[356] Wie bereits gezeigt wurde, war der Mutterkult bereits im vorchristlichen Georgien weit verbreitet und erhielt sich in Spuren bis in die heutige Gegenwart. Aus der untersuchten georgischen Folklore wurde bereits erschlossen, dass es zu den wichtigsten Aufgaben der Mütter gehörte, die Kinder zu erziehen. Die Mütter waren es, die die Kinder mit der sozialen Überlieferung und den gemeinschaftlichen Sitten und Gebräuchen vertraut machten. Sobald ein kleines Kind zu sprechen begann, brachten die Mütter ihm Psalmen sowie andere Texte und Geschichten bei. „Sie sangen ihren Kindern die ‚Nana'[357] vor, sie kannten auch Psalmen, Großvatersgeschichten und andere Lieder und Gedichte."[358] Bevor in Georgien die allgemeine Schulpflicht eingeführt wurde, gehörte auch die Ausbildung im Schreiben und Lesen zu den Aufgaben der Mütter. In der Regel waren die Mütter mit der Erziehung des Kindes bis zu dessen sechstem bzw. siebenten Lebensjahr beschäftigt.[359] In Großfamilien halfen dabei meist auch die Großeltern mit. Die Mädchen begannen etwa ab dem zehnten Lebensjahr, im Haushalt zu helfen. Sie lernten nähen, stricken und die Geheimnisse der Volksmedizin. Nach Anleitung ihrer Mütter oder Großmütter sammelten sie dazu die notwendigen Heilpflanzen und erlernten zum Beispiel die Herstellung natürlicher Heilcremes. Der Vater war üblicherweise nur in die Erziehung der Jungen im Alter von etwa sieben bis zehn Jahren eingebunden. Er brachte ihnen vor allem praktische, handwerkliche oder landwirtschaftliche Verrichtungen bei: beispielsweise die Versorgung der Hoftiere, Reiten, Jagen und ähnliche Tätigkeiten.[360]

Nach der georgischen Überlieferung hatten die einfachen georgischen Frauen im Haushalt die Hauptlast der Arbeit zu tragen. Nach einem Volksmärchen, das hier bisher noch nicht erwähnt wurde, teilten die Ehefrauen häufig die Entbehrungen, denen ihre Männer und Söhne als Hirten oder als Jäger in den Gebirgsregionen ausge-

---

356   T'aqaišvili, Ek'vt'ime. K'art'uli sitqviereba. Bd. I. T'bilisi. 1965, 242.
357   Nana (ნანა) oder Iavnana (იავნანა) sind georgische Schlaflieder.
358   Čičinaje, Zurab. Muslimani k'art'veloba da mat'i sop'lebi ačaraši. T'bilisi. 1913, 63.
359   Melik'išvili, Lia. Konp'lik'turi situac'iebi poliet'nikur sazogadoebaši. T'bilisi. 1998, 224.
360   Vgl. ebd.

setzt waren.[361] Sie versorgten zum Beispiel die Nutztiere. Sie stellten Milchprodukte, wie Butter, Käse und Quark her. Im Herbst brachten sie gemeinsam mit den Männern der Familie die Ernten ein. Sie bearbeiteten die Wolle der Schafe, was häufig genug ein volles halbes Jahr dauerte, bis sie verarbeitet werden konnte. Dann erst konnten sie aus der gewonnenen Wolle Kleidung, wie Socken, Mützen und anderes für jedes Familienmitglied stricken bzw. nähen. Natürlich bestand ihre Aufgabe auch darin, die Mahlzeiten her- und auch anzurichten. Alles in allem waren es vor allem die georgischen Frauen, die die Familie kleideten und ernährten. Es bestand aber offenbar ein hoher Grad geschlechtsspezifischer Arbeitsteilung.[362]

In den verschiedenen Regionen Georgiens hatten die Familien unterschiedliche und jeweils recht spezifische Charaktere. Hinzu kommt, dass sich die soziale Situation zwischen Land und Staat sehr stark unterschied. In den ländlichen Gebieten lebten oft bis zu fünf Generationen unter einem Dach. In solchen Fällen hatten die älteste Frau und auch der älteste Mann eine Sonderstellung inne. In der georgischen Großfamilie hat vor allem die älteste Frau eine große Rolle gespielt. Wenn die Männer für längere Zeit nicht zu Hause anwesend waren, übernahm diese Älteste das Regiment und organisierte die Arbeit im Haushalt.[363] Auch in dem Fall, dass ein männliches Familienoberhaupt starb, übernahm die älteste Frau die Führung der Familie. Die Funktion, die sie dabei inne hatten wurde als diasaxlisi bzw. deda sax-lisa (დიასახლისი, დედა სახლისა/Mutter des Hauses[364]) bezeichnet. Wenn die Älteste nach Hause kam, mussten sich die anderen Familienmitglieder erheben und ihren Befehlen war gehorsam zu leisten. Widerspruch dagegen galt als nicht opportun. Der Familienführer bzw. die Führerin setzten sich zuerst an den Tisch und erst danach nahmen die anderen Familienangehörigen Platz. Die Leiter der Familie nahmen dabei die besten am Feuer gelegenen Plätze ein. Meistens war es die Aufgabe der jüngsten Schwiegertochter sich um die Familienältesten zu kümmern.[365]

Da es im ländlichen Altgeorgien häufig Großfamilien gab, waren Fälle, in denen zwei oder mehr Schwiegertöchter mit im Haushalt lebten, nicht ungewöhnlich. In diesen ländlichen Gebieten durften die Schwiegertöchter ohne die Erlaubnis ihres Mannes oder ihrer Schwiegermutter das Haus nicht verlassen und ohne zu fragen nirgendwo hingehen.[366] In der volkstümlichen Literatur kommt das Motiv, dass die Schwiegermutter ihre Schwiegertochter frustrierte, relativ häufig vor. Wie man sich eine ideale Schwiegertochter vorstellte, wurde bereits im vorigen Abschnitt ange-

---

361 Vgl. dazu: Wer öffnet die Tür zum Paradies. In: Fähnrich, Heinz (Hrsg. und Übers.). Lasische Märchen. a.a.O. 1995, 107f.

362 Zur Arbeitsteilung zwischen Mann und Frau in der georgischen Familie vgl. Luzbetak, Louis J. Marriage and the Family in Caucasia. A contribution to the Study of North Caucasian Ethnology and Customary Law. Wien. 1951, 158f.

363 Vgl. Melik'išvili, Lia. a.a.O. 1998, 221.

364 Zur Etymologie des Wortes diasaxlisi vgl. Abašije, Irakli/Metreveli, Roin u.a. (Hrsg.). a.a.O. Bd. 1. 1990, 463 und Abulaje, Ilia (Hrsg.). a.a.O. 1991, 220.

365 Vgl. Melik'išvili, Lia. a.a.O. 1998, 229.

366 Vgl. ebd.

deutet. In den Städten gab es häufig auch kleinere Familien, die nur aus der Ehefrau und ihrem Mann sowie ihren unverheirateten Kindern bestanden. Hier gab es in der Familie wahrscheinlich weniger solcher Probleme.

Die Funktionen und Aufgaben, die georgische Frauen innerhalb der Familie zu erfüllen hatten, waren altersspezifisch verteilt. Die unverheirateten Töchter wurden oft als eine Art Sklavin der Familie ausgenutzt. Die Versorgung der Hof- und Haustiere war üblicherweise die Aufgabe der jüngeren und unverheirateten bzw. kinderlosen Frauen. Die Schwiegertöchter hatten außerdem so genannten Wochendienst, an dem die Töchter der Familie in der Regel nicht beteiligt waren. Die Garten- und Feldarbeit war die Aufgabe der mittleren und älteren Frauen. Im Winter waren die Frauen allerdings gemeinsam vorwiegend zu Hause beschäftigt, das war wohl auch die Zeit, in der die meisten familiären Spannungen zwischen den Frauen des Hauses auftraten.[367]

Die Autorität einer Frau war abhängig davon, wie treu, ergeben und ehrlich sie sich gegenüber ihrem Mann und ihren Kindern verhielt, wie das auch bereits aus der georgischen Folklore aufschien. Im Allgemeinen war die Meinung der Frau für ihre direkten Angehörigen relativ wichtig, weil sie als Mutter auch die Erzieherin der Kinder war. Seine Ehrerbietung zeigte ein georgischer Mann gegenüber einer Frau zum Beispiel dadurch, dass er ihr gegenüber mit dem Kopf nickte.[368]

Ein weiterer Beleg für die relativ hohe gesellschaftliche Achtung, die man Frauen auch nach der Christianisierung entgegenbrachte, ergibt sich daraus, dass es die alten Georgier häufig den Frauen überließen Unterhandlungen mit einem kriegerischen Feind zu führen, weil sie am besten ausgleichen und vermitteln könnten.[369] Es ist anzunehmen, dass georgische Frauen ihre diplomatischen Fähigkeiten auch im Laufe ihrer familiären Erziehung und sicher vor allem während der Zeit ihrer unter die Schwiegermutter untergeordneten Stellung erwarben. Aufbegehren gegen die Mutter des Ehemannes galt wohl nicht nur als unschicklich, sie wäre auch sinnlos gewesen und hätte wohl nur zu Zank und Streit oder zum Verstoßen der ungeliebten Schwiegertochter bzw. Ehefrau geführt. Dass Frauen bei militärischen Auseinandersetzungen als Unterhändlerinnen tätig wurden, berichtet auch die georgische Folklore. Wenn eine Frau ihr Kopftuch zwischen zwei Kämpfer warf, hörte der Kampf zwischen beiden aus Achtung vor der Frau sofort auf.[370] Dieses Motiv kommt auch in einer der hier analysierten Sagen vor,[371] ist darüber hinaus aber auch sonst ein häufiges Motiv volkstümlicher Texte. In dem angesprochenen Beispiel geht es

---

367   Zur alterspezifischen Verteilung der Tätigkeiten unter den Frauen eines altgeorgischen Haushaltes vgl. v.a. Bek'aia, Mzia. Jveli da axali sak'orcino tradic'iebi ačaraši. Bat'umi. 1974, 24.
368   Vgl. Melik'išvili, Lia. a.a.O. 1998, 219.
369   Die vermittelnde Funktion von Frauen betont auch Louis J. Luzbetak, der sie als besonderes soziales Recht der Frauen hervorhebt. Vgl. dazu Luzbetak, Louis J. a.a.O. 1951, 160.
370   Vgl. dazu z.B. K'orije, Davit'. a.a.O. 1976, 13.
371   Vgl. dazu die Legende: Torghwa Prangischwili. In: Fähnrich, Heinz (Hrsg. und Übers.). a.a.O. 1984, 158f.

darum, dass zwischen einem Gast und seinem Gastgeber ein Streit entbrennt. Als dieser droht in eine ernsthafte, handgreifliche Auseinandersetzung umzuschlagen, kommt die Frau des Hauses dazu und riss ihr Tuch vom Kopf und warf es zwischen die Streitenden. Darauf sprach der Gast:

> „Deiner Frau und ihrem Kopftuch zuliebe schone ich dich. Sonst hätte ich dich auf der Stelle in Stücke gehauen."[372]

Daraus wird ersichtlich, dass die georgischen Frauen nicht nur zwischen ihren streitenden oder kämpfenden Männern vermittelten, sie waren auch für die viel gerühmte georgische Gastfreundschaft zuständig. T'edo Saxokia meint dazu in Bezug auf die Ačarier: „Der Ačarier spart nicht für den Gäste, der reich oder arm."[373] Die besondere Rolle der georgischen Frau als Hüterin und Wahrerin des Gastrechtes wird aber auch in einer weiteren volkstümlichen Quelle deutlich.[374] Darin wird erzählt, dass ein Mann mit einem Bären Brüderschaft schloss und ihn zu sich nach Hause einlud. Die Hausfrau sollte den geladenen Gast begrüßen und ihm den Begrüßungskuss geben. Da sie sich aber vor dem Bären fürchtete, sagte sie, dass sie einen Gast, der so aus dem Maul rieche, wie der Bär, nicht ertragen könne. Der Bär bat darauf den Mann, ihm den Schädel mit einem Beil zu verletzen, der weigerte sich zuerst, tat es auf drängendes Bitten aber dann doch. Als sich die beiden ungleichen Freunde einige Zeit wieder trafen, sprach der Bär zu dem Mann:

> „Bruder, mein Kopf, den du mir mit dem Beil gespalten hast ist wieder geheilt, nicht aber mein Herz, das von der Zunge deiner Frau verwundet worden ist."[375]

Hier ist das Element der weiblichen Zuständigkeit gewissermaßen negativ gewendet, in dem Sulxan-Saba Orbeliani die Verletzung des Gastrechtes schildert und dies auch negativ kommentiert, wird deutlich, dass man von einer georgischen Frau erwartete selbst einen Bären als Gast freundlich zu empfangen.

12.3.2 Hochzeitsbräuche und andere familiäre Rituale

Georgische Überlieferungen berichten, dass die Eltern im alten Georgien oft den zukünftigen Mann ihrer Tochter auswählten. Worüber sich die Töchter häufig genug beklagten. Oft wollten sie sich auch das Leben nehmen und träumten davon, dass der von den Eltern ausgesuchte Mann sie nicht heiraten würde.

Ein wesentlicher Unterschied in den kulturellen Bräuchen im Vergleich zum sasanidischen Iran bestand in der ablehnenden Haltung gegenüber der Verwandtenehe.

---

372   Ebd., 159.
373   Saxokia, T'edo. Mogzaurobani. T'bilisi. 1950, 137 und vgl. dazu auch Umikašvili, Pavle. Osmalo sak'art'velo, k'obulet'i. In: Iveria. Bd. 20. T'bilisi. 1877.
374   Vgl. dazu die Erzählung: Durch eine Zunge verwundet. In: Fähnrich, Heinz. (Hrsg. und Übers.). a.a.O. 1973, 45f.
375   Ebd., 46.

In den Unterschichten des alten Georgien war die Verwandtschaft der entscheidende Faktor für ein Verbot der Eheschließung. Heiraten innerhalb der Familie waren üblicherweise erst ab dem achten Verwandtschaftsgrad gestattet.[376] In den georgischen Überlieferungen kommen aber einzelne Beispiele vor, nach denen Verwandtenehen in den Unterschichten dennoch auftraten. Ein Volksgedicht aus Kaxet'i, einem Ort in Ostgeorgien, erzählt, dass sich eine kaxet'ische Frau umbrachte, als sie erfuhr, dass sie ihren Cousin geheiratet hatte.[377] Wenn die Heirat zwischen relativ entfernt verwandten Familienmitgliedern schon so schreckliche Folgen hatte, wie soll dann in den unteren Volksschichten Georgiens die Geschwisterehe, wie sie aus Persien bekannt ist, möglich gewesen sein? Ein weiteres Beispiel für dieses Phänomen bilden die beiden ostgeorgischen Sippen Ciklauri und Bek'auri aus Gudamaqari. Beide waren nach Heinz Fähnrich miteinander verwandt und um die Eheschließung zwischen ihren Mitgliedern dennoch zu ermöglichen, trennten sie sich voneinander, in dem sie einen Hund, der in Georgien als unreines Tier galt, in zwei Teile zerrissen. Sobald die Familienmitglieder zwischen diesen Teilen hindurch geschritten waren, war die Verwandtschaft zwischen ihnen rituell aufgehoben.[378] Im Übrigen wurden in Georgien auch die Trauzeugen und Taufpaten zu den engeren Verwandten gezählt. Unter ihnen bzw. ihren Nachkommen waren Eheschließungen erst nach dreizehn Generationen wieder möglich.[379]

Wie bereits dargestellt wurde, gibt es in georgischen Chroniken aber Belege dafür, dass die Verwandtenehe in den Familien der Oberschicht allerdings durchaus möglich war. Wie ebenfalls im dritten Teil der Arbeit ausgeführt wurde, war allerdings auch die Institution der Erziehung in einer fremden Familie bzw. bei einer Amme auch im alten Georgien sehr weit verbreitet.[380] Allerdings war dabei die Heirat zwischen der Amme und den Verwandten ihrer Zöglinge streng verboten. Dieses Heiratsverbot wurde dadurch verstärkt, dass die Betroffenen meist unterschiedlichen Gesellschaftsschichten angehörten. Die soziale Herkunft, das heißt, vor allem die gesellschaftliche Schicht, der die Brautleute entstammten, bzw. die Abstammung ihrer Familien, haben bei der Eheschließung im alten Georgien eine wichtige Rolle gespielt. Die armen Bevölkerungsschichten bevorzugten die Verwandtschaft mit ihresgleichen, genauso wie auch die adelige Oberschicht. Ausnahmen von dieser ungeschriebenen Regel kamen nur sehr selten vor.

Daneben war auch die Heirat der Zöglinge, die Milchverwandte waren, untereinander nicht gestattet. Diese Milchverwandtschaft war in Georgien so stabil und dauerhaft, dass sich in altgeorgischen Rechtsbüchern dazu speziell der Punkt findet:

---

376   Vgl. Dolije, Isidore (Hrsg.). K'art'uli samart'lis jeglebi. Bd. 2. T'bilisi. 1965, 140ff.
377   Vgl. Ivelašvili, T'ina. Sak'orcino ces-č'veulebani sak'art'veloši. T'bilisi. 1999, 9.
378   Vgl. dazu Fähnrich, Heinz. a.a.O. 1999, 334 und 343 sowie Kiknaje, Zurab. K'art'uli mit'ologia I. Džvari da saqmo. K'ut'aisi. 1996, 115.
379   Vgl. Dolije, Isidore (Hrsg.). a.a.O. 1965, 162.
380   Vgl. dazu Kap. 12.2.2.

„Die Ehe von Milchgeschwistern ist nicht gerecht und niemandem erlaubt."[381] Vor diesem Hintergrund wird deutlich, dass bereits die Hochzeit zwischen dem pitiaxši Varsk'en und der heiligen Šušanik eigentlich gegen diese Sitte verstieß, denn die Eltern Varsk'ens waren auch die Näheltern der Heiligen. Die Ehe war aber nur zwischen Milchgeschwistern verboten, dies galt aber nicht für die Verwandten der Milchgeschwister. Ihnen war die Heirat miteinander erlaubt.[382]

Solche Eheausschlussgebote waren im alten Georgien jedoch sehr different. Einen starken Sonderfall bildete die westgeorgische Provinz Ačarien. Im Unterschied zu anderen Regionen Georgiens war in Ačarien die Ehe innerhalb der weiteren Verwandtschaft durchaus möglich. In der Forschung gibt es darüber unterschiedliche Ansichten. Mzia Bek'aia deutet beispielsweise an, dass die Heirat zwischen Cousins und Cousinen ersten Grades, der Familie das gemeinsame Erbe erhielt. Man nimmt darüber hinaus auch an, dass die Verwandtenehe in Ačarien auf muslimische Einflüsse zurückgeht, da hier die Osmanen drei Jahrhunderte lang herrschten.[383] Da dies einerseits ein nachvollziehbares Argument ist und andererseits die Expansion des Islam außerhalb des Untersuchungszeitraumes liegt, soll diesen ačarischen Besonderheiten hier nicht im Einzelnen nachgegangen werden.

In Svanetien, Mingrelien, Rača-Leč'xumi, Guria aber auch in Ačarien und auch in vielen anderen Teilen Georgiens war die Milchgeschwisterehe besonderes streng verboten. Eine Mutter nahm oft ein Kind an die Brust, um eine zukünftige Hochzeit dieses Kindes mit ihren eigenen Kindern vorbeugend zu verhindern. Die Verwandtschaft der Milchgeschwister hatte also auch in Ačarien eine stärkere Bedeutung als die Blutverwandtschaft.[384]

Auch die Religion war ein weiterer sehr wichtiger Faktor für die Hochzeit. Wenn ein Ehepaar nicht der gleichen Religion angehörte, war es in der Regel mit einer gemeinsamen Ehe etwas schwierig.[385] Daneben konnte auch ein territoriales Prinzip dafür entscheidend sein, ob eine Heirat stattfand oder nicht. Besonderes in den Bergregionen Georgiens war die Endogamie relativ weit verbreitet.[386] In P'šavi hat es Ehen üblicherweise nur zwischen den Bewohnern desselben Dorfes gegeben. In Mt'iulet'-Gudamaqari, Xevsuret'i[387] und Xevi[388] kam diese Form der Endogamie dagegen seltener vor.

---

381 Eigene Übersetzung von: „ერთი ძუძუნაწონვი ქალ-ვაჟის დაქორწინება არ არს მართებული და ნურავინც იქს."
    Ert'i jujunacovi k'al-važis dak'orcineba ar ars mart'ebuli da nuravinc' ik's. Zitat nach: Dolije, Isidore (Hrsg.). a.a.O. 1965, 163.
382 Vgl. Ivelašvili, T'ina. a.a.O. 1999, 21.
383 Vgl. Bek'aia, Mzia. Odžaxis ganvit'arebis soc'ialuri problemebi. T'bilisi. 1980, 82.
384 Bek'aia, Mzia. Jveli da axali sak'orcino tradic'iebi ačaraši. Bat'umi. 1974, 22.
385 Vgl. Džavaxišvili, Ivane. T'xzulebani. Bd. 8. T'bilisi. 1977, 267.
386 Zur Endogamie in georgischen Gebirgsregionen vgl. Luzbetak, Louis J. a.a.O. 1951, 51ff.
387 Vgl. Čqonia, Ilia. K'orcinebis instituti mt'iulet'ši. Bd. 1. T'bilisi. 1955, 34.
388 Vgl. T'edoraje, Giorgi. Xut'i celi p'šav-xevsuret'ši. T'bilisi. 1939, 122.

Im alten Georgien hatte fast jeder Ort seine eigenen Regeln und Hochzeitsbräuche, daher können hier nur einige generalisierbare Aussagen zusammengefasst werden. Die Brautleute heirateten üblicherweise zwischen dem 14. und dem 25. Lebensjahr.[389] Die Ehepartner wurden, wie gesagt, meist von ihren Familien ausgesucht. Gleichzeitig kam es aber auch vor, dass sich Männer und Frauen nach eigenem Entschluss verheirateten. In Xevsuret'i gab es die Institution der scorp'roba (სწორობა). Dabei suchten sich junge Mädchen und Burschen nach freiem Willen und wechselseitigem Gefallen einen Partner zum platonischen Liebesspiel. Man tauschte Grüße und Geschenke aber auch Zärtlichkeiten aus. Über harmlose Küsse und Umarmungen durfte jedoch nicht hinausgegangen werden. Konnte man sich dennoch nicht beherrschen und übte unerlaubterweise dennoch den direkten Verkehr aus, so durfte dies nicht bekannt werden. Offenbar sollten Bräute auch in Georgien möglichst jungfräulich in die Ehe gehen, dass erscheint etwas doppelbödig, denn andererseits wusste wohl auch jeder Xevsure, welche Folgen die scorp'roba unter Umständen haben konnte. Kam es beim scorp'roba zu einer ungewollten Schwangerschaft, was allerdings relativ selten vorkam, so galt dies als große Schande und beide scorp'eris, also nicht nur das Mädchen, wurden aus der Dorfgemeinschaft ausgestoßen. Eine Heirat zwischen scorp'roba-Partnern war ursprünglich nicht vorgesehen.[390]

Aufschlussreich sind im Hinblick auf die Hochzeitsvorbereitungen auch die sozialen Normen und Gebräuche, die mit der Mitgift und mit Hochzeits- oder Brautgeschenken im Zusammenhang stehen. Aus ethnographischen Studien[391] ist bekannt, dass Frauen bei der Heirat von ihrer eigenen Familie nur ihre Privatsachen und eine kleine mzit'viebi (მზითვი/Aussteuer) erhielten.[392] Meist geschah dies in Form einer Truhe, die die Kleidung, Handtücher und Bettwäsche des Mädchens enthielt. Je reicher die Familie der Braut war, desto reichhaltiger war auch die Aussteuer. Es kam in der besitzenden Oberschicht nicht selten vor, dass man der Tochter Vieh, beispielsweise eine Kuh oder Schafe mitgab. Konnte die Familie des Bräutigams diese zusätzlichen Tiere nicht ernähren oder unterbringen, dann wurden sie verkauft und Erlös wurde für die ganze Familie des Bräutigams verwendet.[393] Nach georgischer Überlieferung war der Bräutigam verpflichtet, seiner Braut und nicht deren Familie, Geschenke zu machen. Ein Beispiel vermittelt Ivane Džavaxišvili:

---

389 Zum Eheeintrittsalter vgl. die Übersicht bei Luzbetak, Louis J. a.a.O. 1951, 67. Table 8: The Usual Marriage Age.

390 Vgl. zur scorp'roba Fähnrich, Heinz. a.a.O. 1999, 309; Kiknaje, Zurab. K'art'uli mit'ologia I. Džvari da saqmo. K'ut'aisi. 1996, 125f. und 200f. sowie Makalat'ia, Sergi. Xevsuret'i. Tp'ilisi. 1935, 167ff.

391 Nižaraje, Besarion. Istoriul-et'nograp'iuli nacerebi. T'bilisi. 1965; Xizanišvili, Nikoloz. Et'nograp'iuli č'anacerebi. T'bilisi. 1940.

392 Vgl. Nadareišvili, Giorgi. Jveli k'art'uli saodžaxo samart'ali. T'bilisi. 1974, 224.

393 Vgl. Džavaxišvili, Ivane. T'xzulebani. Bd. 6. T'bilisi. 1982, 216.

„[Er] versendete an die Frau nach seiner Möglichkeit, wertvollen Schmuck als Hinweis [für ihrer beider Verlobung] [...]."[394]

Wann sich die Aussteuerbräuche in Georgien etablierten, ist schwierig einzuschätzen. Nach der Ansicht Revaz Xarajes sind sie schon sehr alt und entstammt der Zeit, in der sich die patriarchalische Familie durchsetzte.[395] Da er allerdings nicht nachweisen konnte, ob und wann sich ein solcher sozialer Wandel vollzogen haben soll, lassen sich aus seiner Aussage dennoch keine chronologischen Angaben ableiten. Damit korrespondiert auch die Annahme von Valerian It'onašvili, der bemerkt, dass die Aussteuer in Georgien einen sehr individuellen Charakter trug, der sich in unterschiedlichen Regionen und sogar von Familie zu Familie stark voneinander unterschied.[396]

In den stärker islamisch geprägten Regionen Samcʿxe-Džavaxetʿi und Ačara gaben die Eltern ihren Töchtern nur eine kleine Aussteuer, beispielsweise Bettwäsche, Kleidung, Geschirr und andere häusliche Kleinigkeiten, in die Ehe mit. In diesen Gegenden spielten zusätzliche Geschenke eine untergeordnete Rolle. Da die Frauen dort als Eigentum ihrer Familie betrachtet wurden, war die eigene Tochter selbst das wertvollste Geschenk, das man ihrem Ehemann und seiner Familie machen konnte.[397] Anderes stellt sich die Situation in den christlichen Gebieten dar, in Ostgeorgien zum Beispiel in Kʿartʿli oder Kaxetʿi bzw. in Westgeorgien in Imeretʿi, Guria und Samegrelo. Hier waren Familiegeschenke bei der Heirat der Tochter sehr wichtig. Man zog vorher genaue Erkundigungen darüber ein, was sich die Familie für ihre Tochter leisten konnte bzw. wollte. Dafür gab es ein spezielles mzitʿvis cigni (მზითვის წიგნი/Aussteuerbuch).[398] Darin wurden alle Ausgaben und Aufwendungen ihrer Familie aufgelistet. Wenn die Tochter in der Ehe und in der fremden Familie starb, dann konnte ihre Ursprungsfamilie anhand dieses Buches ihre Aussteuer wieder zurückfordern, da sie als Teil des Familienerbes galt. Ansonsten hatten Frauen keinen Anteil am Vaterschaftserbe ihrer eigenen Familie. Sie konnten nur einen kleinen Teil davon im voraus als Aussteuer in die Ehe mitnehmen. Ethnographischen Materialien ist allerdings zu entnehmen, dass es in Kaxetʿi üblich war

---

394 Eigene Übersetzung von: „წარუგზავნიდა ქალსა მას შეძლებისდაგვარად ნიშნად სამკაულთა ძვირფასთა [...]."
Carugzavnida kʿalsa mas šejlebisdagvarad nišnad samkaultʿa jvirpʿastʿa [...]. Zitat nach: Džavaxišvili, Ivane. a.a.O. 1982, 134.
395 Vgl. Xaraje, Revaz. Didi odžaxis gadmonaštebi svanetʿši. Tpʿilisi. 1939, 54.
396 Vgl. Itʿonašvili, Valerian. Kʿartʿvel mtʿieltʿa saodžaxo urtʿiertʿobis istoriidan. Tʿbilisi. 1960, 335. siehe auch dazu: Mačʿabeli, Nunu. Kʿartʿveli xalxis saodžaxo urtʿiertʿobis istoriidan. Mzitʿvis instituti sakʿartʿveloši. Tʿbilisi. 1966, 83.
397 Vgl. Xaraje, Revaz. a.a.O. 1939, 97.
398 Leider kann man sich die älteren Ausgaben dieser mzitʿvis cigni, nur in den Landesmuseen in einigen Orten Georgiens ansehen. Diese Bücher wurden bereits von Nunu Mačʿabeli untersucht. Vgl. Mačʿabeli, Nunu. Kʿartʿveli xalxis saodžaxo urtʿiertʿobis istoriidan. Mzitʿvis instituti sakʿartʿveloši. Tʿbilisi. 1966: Eine neuere Studie bildet: Mamulia, Guram. Masalebi sakʿartʿvelos ekonomiuri istoriisatʿvis. Mzitʿevis cignebi. Tʿbilisi. 1974.

einer verheirateten Tochter ein Weingrundstück zu schenken. Im eher moslemischen Samcʻxe-Džavaxetʻi kam dies nur in Ausnahmefällen vor, wenn nämlich diese Tochter das einzige Kind der Familie war. In diesem Fall musste der Schwiegersohn aber bei der Familie seiner Ehefrau wohnen und auch deren Namen annehmen.[399] Dadurch zeigte er einerseits symbolisch an, dass er sich somit zur Familie seiner Frau gehörig fühlte und andererseits wurde auf diese Weise deren Familienbesitz gewahrt, denn es blieb ja zumindest formell alles in der eigenen Familie. In der volkstümlichen georgischen Literatur kommt es häufig vor, dass Familiennamen von der mütterlichen Seite herkommen.[400] In der Regel zeigt dies eine besondere Achtung gegenüber den betreffenden Frauen an. So unterschiedlich die Aussteuersitten in den einzelnen Regionen des alten Georgiens waren, so verschieden waren auch die dafür verwendeten Begriffe. So wurde zum Beispiel in Samcʻxe-Džavaxetʻi und in Ačara an Stelle des georgischen mzitʻvi das arabische Wort džeiz verwendet.[401]

Es wäre aber zumindest für die christlichen Regionen Georgiens falsch, anzunehmen, dass die Töchter von ihren Familien in die Ehe verkauft wurden. Die Aussteuer sowie die Hochzeitsgaben, waren Geschenke der Brauteltern sowohl an die neue junge Familie, als auch an die Familie des Bräutigams, mit denen man anzeigte, was man sich leisten konnte bzw. was man glaubte, sich und seiner sozialen Reputation schuldig zu sein. Sie waren demnach Statussymbole, genau wie die Hochzeitsfeierlichkeiten, die oft genug von den Eltern beider Partner ausgerichtet wurden. Je reicher und angesehener diese waren, desto glanzvoller fielen auch die Feiern aus. In den georgischen Märchen wurde dazu häufig die Wendung gebraucht, dass nicht einmal Vogelmilch bei solchen Feiern fehlte.[402] Diese Redewendung war so allgemein und wurde inhaltlich immer mit exquisiten Genüssen verbunden, dass man eine beliebte Süßigkeit, die seit den 60er Jahren des 20. Jahrhunderts in Georgien produziert wurde, auch unter dem Namen čʻitis rje (ჩიტის რძე/Vogelmilch) verkaufte.

In ethnographischen Studien wird auch berichtet, dass es auch im alten Georgien eine Art der Leviratsehe, der Heirat zwischen einem Schwager und der Witwe seines Bruders aber auch umgekehrt, gab.[403] Valerian Itʻonašvili führte dazu aus:

„Die Reichen nehmen zwei und drei Frauen zur Ehe und die Niederen [Hier sind die unteren Volksschichten gemeint.] – nur eine, aber wenn einem Bru-

---

399   Vgl. Dolije, Isidore (Hrsg.). a.a.O. 1965, 143.
400   Als Beispiele dafür können die Familiennamen Anašvili, Tʻamarašvili, Elizabedašvili, Lola-
        švili u.a. angeführt werden. Der Suffix -švili bezeichnet dabei das Kind von. Hier also z.B.
        das Kind von Ana, Tʻamara, Elizabed, Lola usw.
401   Vgl. Orbeliani, Sulxan-Saba. Sitqvis kona. Bd. 1. Tʻbilisi. 1966, 493.
402   Vgl. dazu z.B: Die Helden Christagan und Beltagan. In: Fähnrich, Heinz (Hrsg. und Übers.)
        a.a.O. 2001, 28–46. Hier 46.
403   Zur Leviratsehe in Altgeorgien vgl. Luzbetak, Louis J. a.a.O. 1951, 72.

der die Frau gestorben ist, dann nahm der zweite Bruder die Ehefrau seines Bruder zur Frau, weil [er] damit die Familie der Frau verehrt [...]."[404]

12.3.3 Das Geschlechterverhältnis in der Ehe

In dem Zitat am Ende des letzten Abschnittes wird auch sehr deutlich die Möglichkeit der Polygamie in Georgien angesprochen. Allerdings dürfte hier Louis J. Luzbetak zuzustimmen sein, der postulierte, dass sie sich nur in solchen Regionen erhielt, in denen der Einfluss des Islam in späterer Zeit über einen langen Zeitraum groß war,[405] also vor allem in Ačara und anderen Grenzregionen zu moslemischen Nachbarstaaten. Meines Erachtens scheint es sinnvoll, anzunehmen, dass die unteren Volksschichten Georgiens der Vielehe gegenüber eher negativ eingestellt waren. Vor diesem Hintergrund rückt die Ablehnung des Angebotes des persischen Großkönigs durch den georgischen König Vaxtang Gorgasal, eine persische Prinzessin zur zweiten Ehefrau zu nehmen, auch in ein anderes Licht. Es ist nicht anzunehmen, dass der georgische König ein großer Frauenfeind war. Vielmehr dürfte es so gewesen sein, dass die abweisende Haltung des König Vaxtang strategisch motiviert war.[406] Er wollte sich wohl für die weitere Auseinandersetzung mit dem sasanidischen Persien die Unterstützung seiner Untertanen sichern und gab sich deshalb mit seinem Plädoyer für die Monogamie besonders volkstümlich.

Die Spezifik des familiären Lebens in Georgien war stark abhängig von ideologischen Faktoren, vor allem Tradition und Religion spielten in den ländlichen georgischen Großfamilien dabei eine große Rolle. In der altgeorgischen Familie hatte der Mann nahezu unbeschränkte Rechte und wurde als up'rosi mamakac'i (უფროსი მამაკაცი/Oberherr) genannt.[407] Als solcher war er der pater familias seines Hauses. In den ländlichen Großfamilien mussten die jüngeren Generationen seine Anweisungen ohne Widerspruch akzeptieren. Es lässt sich nicht genau sagen, ob das Recht des Hausherrn soweit ging, dass er alle Mitglieder seiner Familie auch selbst bestrafen durfte. Anhand des herausgearbeiteten Märchentypos der „bestraften Ehefrau" lässt sich das nur für die Frauen des Hauses behaupten. Es ist jedoch anzunehmen, dass sich dieses Recht auch auf die männlichen Haushaltsmitglieder erstreckte. Einen Anhaltspunkt dafür bietet die Tatsache, dass es in ländlichen Regionen die Position des so genannten sop'lis mmart'veli (სოფლის მმართველ/

---

404   Eigene Übersetzung von: „შეირთავენ მდიდარნი ორსა და სამსა ცოლსა და და-ბალნი – ერთსა, არამედ თუ მოკუდეს ძმა ერთი, შეირთავს მეორე ძმა თვი-სსა ძმის ცოლსა, ვინაიდან მისცემენ პატივსა ქალის სახლეულს [...]."
       Šeirt'aven mdidarni orsa da samsa c'olsa da dabalni – ert'sa, aramed t'u mokudes jma ert'i, šeirtavs meore jma t'vissa jmisa c'olsa, vinaidan misc'emen pativsa k'alis saxleuls [...]. Zitat nach: It'onašvili, Valerian. K'art'vel mt'ielt'a saodžaxo urt'iert'obis istoriidan. T'bilisi. 1960, 168.

405   Zur Polygamie in Georgien vgl. v.a. die Übersicht bei Luzbetak, Louis J. a.a.O. 1951, 43. Table 5: Polygamy in Caucasia.

406   Vgl. dazu Kap. 9.1.

407   Zum Oberherrn der Familie vgl. Ivelašvili, T'ina. a.a.O. 1999, 160ff.

Dorfführers) gab, dem die niedere Gerichtsbarkeit in seinem Dorf oblag.[408] Nimmt man an, dass sich die Organisation der Dorfgemeinschaft am Vorbild der altgeorgischen Familiestruktur ausrichtete, was durchaus nicht ungewöhnlich wäre, dann ergibt sich daraus im Umkehrschluss, dass auch der up'rosi mamakac'i die oberste Rechtsinstanz in der Familie war. Eine ähnliche Funktion gab es auch in Armenien. Dort wurde sie tantikon genannt. In der Dorfversammlung, die wohl hauptsächlich aus den Hausherren der ansässigen Familien bestand, hatte der Dorfführer das ausschlaggebende letzte Wort, wenn es um wichtige Entscheidungen der Gemeinschaft ging. Häufig griff er auch in familiäre Auseinandersetzungen ein oder vermittelte bei Verwandtschaftsproblemen.[409] Die Hausherren seines Dorfes waren dem Dorfführer daher wohl genauso untergeordnet, wie sich ihnen selbst ihre männlichen Angehörigen unterzuordnen hatten.

Daneben gab es aber in den Familien auch Frauen, die als up'rosi k'ali (უფროსი ქალი/Oberfrau) bezeichnet wurden. Sie hatte innerhalb des Hauses bestimmte Aufgaben. Sie verwahrten beispielsweise die Kammerschlüssel der Familienmitglieder oder teilten das Brot zwischen den Hausangehörigen auf.[410] Jede Gemeinde hatte neben ihrem sop'lis mmart'veli auch eine dieser Oberfrauen als Dorfführerin. Sie war in die Arbeit der eigenen Familie relativ wenig eingebunden und organisierte dagegen meist die gemeinschaftlichen Arbeiten des weiblichen Teils der Dorfbevölkerung. Außerdem hatte sie in religiösen, ethisch-moralischen und erzieherischen Fragen eine unbestrittene Führungsposition inne, womit auch eine sehr große Autorität verbunden war. Diese Führerin des Dorfes wurde häufig ebenfalls als mmart'veli (მმართველი/Führerin) bezeichnet.[411]

Die Stellung der Oberfrau wurde auch von den Männern der Familie sehr geachtet. Sie war eine zentrale Figur der traditionellen georgischen Familie. Innerhalb der Familie kontrollierte und regulierte auch sie die auftretenden Streitigkeiten. Ohne die Oberfrau war es unvorstellbar familiäre Konflikte zu regeln. Wurde die Oberfrau zu alt für die Erfüllung ihrer umfangreichen Aufgaben, dann konnte sie ihre Stelle einer jüngeren Frau der Familie abtreten.

Neben den organisatorischen Aufgaben als Haus- bzw. als Dorfälteste hatten Frauen sowohl in der Familie wie auch in der dörflichen Gemeinschaft vor allen Dingen religiöse Funktionen inne. So gab es beispielsweise in Svanetien den so genannten k'ora limzir (ქორა ლიმზირ/Mezir[412]-Kult). Dieses Ritual war den

---

408 Zum männlichen Dorfoberhaupt vgl. ebd., 161.
409 Vgl. Nižaraje, Besarion. Istoriul-et'nograp'iuli nacerebi. T'bilisi. 1965, 187.
410 Vgl. Smirnova, Jaroslava. Položenij staršej zenšiny u narodov kavkaza i ego usmoričeskoe istolkovanij. Moskva. 1984, 31.
411 Vgl. zum weiblichen Dorfoberhaupt Ivelašvili, T'ina. a.a.O. 1999, 161 sowie Melik'išvili, Lia. Konp'lik'turi situac'iebi poliet'nikur sazogadoebaši. T'bilisi. 1998, 229.
412 Der Mezir war der heimliche Hüter des Wohlstandes und des Hauses bei den Svanen. Er trat in verschiedenen Erscheinungen als Maus, Frosch, Schlange, Huhn, Hahn, Kalb o.ä. in Erscheinung, durfte aber nicht gesehen oder beobachtet werden, da dies Unglück bedeutete. Durch diesen Charakterzug hat er sehr viel Ähnlichkeit mit den deutschen Heimchen oder

Frauen vorbehalten und wurde von ihnen vor ihren Männern und Kindern geheim gehalten. Es bestand in der rituellen Opferung von heiligem Gebäck für den Mezir, wobei sich die Männer des Haushaltes in der entsprechenden Zeit zu entfernen hatten. Erst nach dem Vollzug des Rituals durften die Männer und die Kinder das Haus wieder betreten.[413] Es gibt eine Vielzahl von Schilderungen von weiteren Feiern und Ritualen der ostgeorgischen Gebirgsbewohner.[414] Ein gemeinsames immer wieder kehrendes Element dieser Schilderungen ist dabei die strenge Trennung der männlichen und weiblichen Gläubigen. Aus den Darstellungen wird jedoch relativ schnell ersichtlich, dass bei dieser geschlechtsspezifischen Unterscheidung keine moralische Ablehnung der Frauen vorliegt. Sie haben im Gegenteil sehr viele rituelle Funktionen bei den geschilderten Riten zu erfüllen. Die Trennung der Anwesenden nach den Geschlechtern war offenbar vielmehr eine Folge empirischer Erfahrungen. Da sich diese Feste oft über mehrere Tage hinzogen und gleichzeitig in der Regel an heiligen Orten außerhalb der Ortschaften vollzogen wurden war es nötig, dass die Familien dazu natürlich die schützende Umgebung ihrer Häuser verlassen mussten. In der so entstehenden Lagerromantik kam es wohl häufig zu Annäherungsversuchen der jungen Männer gegenüber den unverheirateten Töchtern, die in der normalen Umgebung und unter der dort besser möglichen Kontrolle von deren Familien wohl unterblieben wäre. Da solche amourösen Annäherungsversuche wohl häufig den Anlass zu Streitigkeiten und handgreiflichen Auseinandersetzungen zwischen den Eltern und den „Freiern" oder auch unter den Jünglingen selbst führten, die weder dem festlichen Anlass noch seinem religiösen Hintergrund angemessen waren, versuchte man solche Situationen gar nicht erst entstehen zu lassen. Daher war es nicht der Familienvater, der über die Ehre und die Reinheit der Töchter wachte, sondern in dieser Situation übernahm der Dorfführer diese Aufgabe. Männer und Frauen lagerten getrennt voneinander, damit es nicht zu übel Nachrede oder zu ähnlichen unliebsamen Überraschungen kam und es wurden sogar Posten aufgestellt, die verhindern sollten, dass sich Mitglieder des einen den Mitgliedern des anderen Lagers näherten. Dass es hier wahrscheinlich galt, vor allem die Frauen vor den Männern zu beschützen, liegt wohl auf der Hand.[415]

Ein gegenüber Frauen restriktives Element innerhalb der ostgeorgischen Volksreligion bildet wohl dagegen die Tatsache, dass Wöchnerinnen nach der Geburt als

---

Heinzelmännern. Vgl. Fähnrich, Heinz. a.a.O. 1999, 195f.; Nižaraje, Besarion. Istoriul-et'no-grap'iuli cerilebi I. T'bilisi. 1962, 76f. sowie Bardavelije, Vera. Svanur xalxur dḡeobat'a kalendari. T'bilisi. 1939, 162.

413 Zum Ritual des k'ora limzir vgl. Fähnrich, Heinz. a.a.O. 1999, 195f., 152f.

414 Vgl. z.B. ebd., 15f.; Tuite, Kevin/Buxrašvili, Paata: Binarität und Komplementarität in Nordostgeorgien. Die Vorstellung von Jungen und Mädchen bei dem Iaqsari-Heiligtum. In: Georgica 22. Jena/T'bilisi. 1999, 59–72; Wesendonk, Otto G. von. a.a.O. 1924, 100f. und Margwelaschwili, Titus von. Colchis, Iberien und Albanien um die Wende des I. Jahrhunderts v. Chr. mit besonderer Berücksichtigung Strabo's: Phil. Diss. Halle, 1914, 62ff.

415 Zu dieser Schilderung nach einem Bericht von Sergi Makalat'ia vgl. besonders Fähnrich, Heinz. a.a.O. 1999, 15f.

unrein galten. Sie mussten sich sogar in einem abgelegenen Haus, das bo-seli/ბოსელი[416] genannt wurde, aufhalten, welches ebenfalls als unrein galt und dem sich daher kein Mann nähern durfte. Nahrung wurde den Wöchnerinnen durch den Rauchfang des boseli-Hauses gereicht. Man sprach mindestens zwei Wochen lang nicht mit ihnen, der religiöse Führer schwieg ihnen gegenüber sogar einen ganzen Monat. Auch ihre Familie wurde unrein und durfte einen Monat lang nicht zum Heiligtum gehen. Alle Dinge, die die Wöchnerin im boseli berührte galten als unrein und wurden dort zurückgelassen, bis auf ihre Kleidung, auf die sie ja schlecht verzichten konnte. Sie musste sorgfältig gewaschen und drei bis vier Tage vor dem Haus ausgelüftet werden, bevor sie wieder angelegt werden durfte. Der Vorgang der Geburt selbst führte zur kultischen Unreinheit, die als ansteckend bzw. als leicht übertragbargalt, so dass er nicht einmal im boseli, sondern außerhalb des Dorfes vollzogen werden musste. Dort gebaren die Frauen in einem provisorischen Unterstand oder gänzlich im Freien, wo sie die ersten Tage verbringen mussten, bevor sie ins boseli gehen durften.[417]

Die Tatsache, dass Frauen innerhalb ihrer Menstruation ebenfalls als unrein galten,[418] bleibt davon allerdings unberührt. Wie berichtet wird, mussten auch sie während der Regelblutung das boseli-Haus aufsuchen.[419] Allerdings dürften sie dort nicht so lange verblieben sein, wie die Wöchnerinnen, weil die georgischen Frauen ansonsten bis in ein relativ hohes Alter beim Eintritt der Wechseljahre das boseli-Anwesen kaum verlassen hätten können, auch ein familiäres Zusammenleben sowie die Zeugung und Erziehung von Kindern und damit der Bestand des georgischen Volkes wären so kaum möglich gewesen. Dass Frauen in der Zeit der Monatsblutung jedoch als unrein oder die Regel selbst als geheimnisvoll und unerklärlich galt, ist nicht nur ein Element der auf die jüdische Tradition zurückgehenden Hochreligionen. Es ist im Gegenteil soweit in anderen Religionen und Kulturkreisen verbreitet, dass man wohl mit ruhigem Gewissen von einer anthropologischen Konstante sprechen kann. Das bedeutet aber auch, dass es zumindest möglich ist und nicht a priori ausgeschlossen werden sollte, dass diese Tabu-Vorstellungen in Georgien ihre eigenen kulturren Wurzeln besitzt.

---

416 Zur Etymologie des Wortes boseli vgl. Abulaje, Ilia (Hrsg). a.a.O. 1991, 111.

417 Über die bosloba informieren z.B. Fähnrich, Heinz. a.a.O. 1999, 57 und Xizanišvili, Nikoloz. Et'nograp'iuli č'anacerebi. T'bilisi. 1940, 29ff. Ich konnte vor etwa 20 Jahren selbst einige solcher Gebärhäuser in Svanetien noch besichtigen.

418 In Xevsureti gelten Frauen in der Menstruation und Männer, die die Totenrituale ausführten als unrein. Vgl. dazu Fähnrich, Heinz. a.a.O. 1999, 224 und K'eč'ikišvili, I. Ġmert'ebi, mit'ebi, ritualebi. T'bilisi. 1990, 179.

419 Vgl. Fähnrich, Heinz. a.a.O. 1999, 57 und Xizanišvili, Nikoloz. Et'nograp'iuli č'anacerebi. T'bilisi. 1940, 29ff.

12.3.4 Ehescheidung und Erbrecht

Eine Ehescheidung kam in Georgien relativ selten vor. Jedenfalls war sie sehr viel schwerer als im alten Persien. Hier haben offenbar ebenfalls christliche Werte und das darin explizit enthaltene Verbot der Scheidung eine große Rolle gespielt. Kam es dennoch zur Trennung der Ehepartner, wurden von beiden Seiten die Verwandten angerufen, die versuchten, noch ein letztes Mal vermittelnd einzugreifen. War auch dies vergeblich, dann wurde die von der Frau in der Familie geleistete Arbeit, der ihr zustehende Erbteil, beispielsweise in Form der Hoftiere, sowie der ihr zustehende Anteil von allem Besitz ausgerechnet und dieser Anteil wurde ihr übergeben. Die Kinder wurden nach den Wünschen der Eltern aufgeteilt, meistens kamen sie in die Obhut der Mutter. Besonders die Schwiegermutter als Hausherrin, die in dieser Funktion als k'albatoni (კალბატონი/wörtlich Frau-Herr) verehrt wurde,[420] hatte auf den Verlauf der Scheidung ihres Sohnes großen Einfluss und ihr Sohn gehorchte ihr in diesem Zusammenhang auch oft bzw. gern. Häufig schalteten sich aber auch die *uxuc'esi* (უხუცესი/Dorfführer)[421] in solche familiären Trennungen ein.[422]

Louis J. Luzbetak meint, dass einer der häufigsten Scheidungsgründe im alten Georgien darin bestand, dass sich die Braut als nicht so fleißig, arbeitsam und anständig herausstellte, wie das vor allem ihre Schwiegermutter von ihr erwartete. Stellte sich die Gattin als unfähig heraus, einen eigenen Haushalt zu führen oder konnte ihr das unterstellt werden, so hatte der Mann das Recht sich wieder von ihr zu trennen und sie nach Hause zurückzuschicken.[423] Hatte die Frau bereits einen Sohn, dann war es wohl schwieriger für den Mann, sich scheiden zu lassen.[424] Natürlich war das Recht auf Ehescheidung für Mann und Frau auch in Georgien nicht gleich, während der Mann sich relativ leicht scheiden lassen konnte, war das für die Ehefrauen nicht ohne weiteres möglich. Das georgische Rechtsbuch führt aus, dass die Scheidung auf Betreiben der Frau sogar verboten war. Die einzige Ausnahme bildete wohl eheliche Grausamkeit seitens des Ehemannes. Lief eine Frau ihrem Ehemann dennoch davon, so durfte sie sich nach den Bestimmungen des Rechtsbuches nicht eher wieder verheiraten, als bis sie ihrem Gemahl eine Auslöse gezahlt hatte, die dem Blutpreis entsprach, der zu leisten wäre, wenn sie ihn getötet hätte, und der vom sozialen Rang des einstigen Gatten abhängig war.[425] Dies bedeutete praktisch, dass sich eine davongelaufenen Frau nie wieder verheiraten konnte, denn

---

420   Vgl. dazu z.B. K'orije, Davit'. a.a.O. 1976, 14.
421   Vgl. zum männlichen Dorfführer Ivelašvili, T'ina. a.a.O. 1999, 51, 161.
422   Zur Scheidung im alten Georgien vgl. v.a. Makalatija, Sergi. I. Iz starogo narodnago Pšavov. In: Sovetskaja Etnografia 1. Moskva. 1938, 98–117.
423   Vgl. Luzbetak, Louis J. a.a.O, 1951, 135 und Seidlitz, Nikolai. Gemeinde und Familienleben der Chewsuren. In: Das Ausland 17. Berlin. 1891, 336.
424   Vgl. ebd., 135. FN 33 sowie Makalatija, Sergi. I. Iz starogo narodnago Pšavov. In: Sovetskaja Etnografia 1. Moskva. 1938, 98–117. Hier 109.
425   Vgl. Luzbetak, Louis J. a.a.O. 1951, 136.

der geforderte Blutpreis hätte finanzielle Mittel erfordert, über die keine Frau verfügte, wie Louis J. Luzbetak dazu weiter ausführt.[426]

Das Familienerbe wurde üblicherweise nur zwischen Brüdern, also den Söhnen der Familie, aufgeteilt. Der Anteil der Töchter bestand üblicherweise in ihrer Aussteuer. Einen rechtlichen Anspruch auf ein Pflichtteil, wie er im sasanidischen *mādayān* festgelegt war,[427] bestand im alten Georgien nicht, da es solche Rechtswerke nicht gab. Ob ein gewohnheitsmäßiger oder ein moralischer Anspruch bestand, lässt sich vom heutigen Standpunkt aus nicht mehr rekonstruieren. Dass die Eltern der Braut aber auch nach der Hochzeit regen Anteil am weiteren Leben ihrer Töchter nahmen, zeigt ein georgisches Schwankmärchen, das in dieser Untersuchung ebenfalls analysiert wurde.[428] Darin verheiratete ein georgischer Bauer seine beiden Töchter. Die eine gab er einem jungen Bauern und die andere einem Töpfermeister zur Frau. Eines Tages machte er sich auf den Weg, um sich nach ihrem Wohlergehen zu erkundigen. Zuerst suchte er den Schwiegersohn auf, der Bauer war, und erkundigte sich, wie es ihm und seiner Familie gehe. Der antwortete, noch ginge es allen gut, aber wenn es in dieser Woche nicht regnete, würde die Ernte vertrocknen und er und seine Frau müssten wohl zu Grunde gehen. Dann kam er zum Töpfer und legte ihm dieselbe Frage vor. Der Schwiegersohn hatte gerade Keramik hergestellt, die vor dem Haus in der Sonne trocknete. Der Töpfer sagte, dass es ihm und seiner Frau gut gehe, aber wenn es in der nächsten Zeit regnete, würde seine Arbeit zu nichte und er und seine Frau müssten dann wahrscheinlich verhungern. Als der Vater nach Hause kam, fragte ihn seine Frau, wie es ihren Kindern gehe. Darauf antwortete der Mann: „In dieser Woche werden wir eines von beiden verlieren."[429] Damit spielte er wohl darauf an, dass ganz gleich welches Wetter eintreten würde, es einem seiner Schwiegersöhne und somit der mit ihm verheirateten Tochter schaden würde.

Was die Verteilung des elterlichen Besitzes anbetraf, so war es in ländlichen Gebieten üblich, dass die Eltern immer mit ihrem jüngstem Sohn in ihrem alten Haus blieben. Den anderen Söhnen wurde auf dem Grund und Boden der Eltern ein Platz zum Hausbau und das dazu nötige Geld überlassen. Aus diesem Grund erbten die Schwiegertöchter, die die älteren Söhne heirateten, nichts aus dem Besitz der Schwiegereltern, außer höchstens einigen privaten Dingen, da sie ihren Anteil bereits für den Bau des Hauses ihrer Familien erhalten hatten.[430] Wie die Erbschaftsangelegenheiten in den georgischen Städten geregelt wurden, entzieht sich unserer Kenntnis. Es ist jedoch zu vermuten, dass auch in Altgeorgien die erstgeborenen

---

426 Vgl. ebd.
427 Vgl. dazu Kap. 7.2.
428 Vgl. dazu die Geschichte: Sonne und Regen. In: Fähnrich, Heinz (Hrsg. und Übers.) [unter Mitarbeit von Heinz Mode]. a.a.O. 1980, 165f. Hier 166.
429 Vgl. dazu die Geschichte: Sonne und Regen. In: Fähnrich, Heinz (Hrsg. und Übers.) [unter Mitarbeit von Heinz Mode]. a.a.O. 1980,165f. Hier 166.
430 Vgl. dazu Bekʻaia, Mzia. Jveli da axali sakʻorcino tradicʻiebi ačaraši. Batʻumi. 1974, 22ff.

Nachkommen einen höheren Anspruch auf das väterliche Erbe besaßen. So wird auch die Existenz des georgischen Märchentopos der „bösen Schwiegermutter" verständlich. Er wäre gewissermaßen als Reaktion auf die realen gesellschaftlichen Zustände entstanden. Man kann annehmen, dass die Schwiegermutter die Kinder ihres Mannes aus erster Ehe unter Umständen mit allem Hass, zu dem sie fähig war, verfolgten, um die Erbansprüche ihrer eigenen Kinder zu steigern und damit auch die eigene Versorgung im Alter gewährleisten zu können.

Anhand der ausgewerteten georgischen Zeugnisse scheint die Ehe demnach vornehmlich materielle Bedeutung gehabt zu haben.[431] Es gibt aber auch andere Ansichten, in denen der wechselseitige Austausch von Geschenken als Gutmütigkeit oder als Verehrung der Ehepartner füreinander ausgelegt wird.[432] Das Eherecht ist weithin frei von religiosen Elementen. Zeugnisse für eine frühe kirchliche Wertschätzung der Ehe liegen nicht vor.

12.4 Zwischenresümee

An dieser Stelle der Untersuchung können einige Schlussfolgerungen über den Einfluss des Christentums auf die Entwicklung des Frauenbildes im alten Georgien gezogen werden. Zunächst ist noch einmal die Theorie zu betonen, dass die christliche Religion in Georgien wohl den stärksten Faktor für den Wandel sozialer Normen und Wertvorstellungen gebildet hat. Zu einer ähnlichen Schlussfolgerung kam auch der amerikanische Kaukasiologe und Ethnograf Louis J. Luzbetak.[433] Dass er in den Ergebnissen seiner Studie das Christentum zu den nachgeordneten historischen Einflussgrößen im Kaukasusgebiet zählte, liegt meiner Ansicht nach vor allem daran, dass sich seine Untersuchung dem gesamten kaukasischen Raum und dabei vor allem den turko-tatarischen nordkaukasischen Gebirgsstämmen widmete. Da sich letztere bis heute zum Islam bekennen, ist es nicht verwunderlich, dass diese Religion für Louis Luzbetak einen viel höheren Stellenwert einnahm, als ihr von ihm eingeräumt worden wäre, wenn er sich allein mit dem südkaukasischen Georgien beschäftigt hätte.

Dass sich das Frauenbild im alten Georgien nach der Christianisierung verschlechterte haben ja schon Eva-Maria Synek, Peter Hauptmann und Mixeil

---

431 Ähnliche Auffassungen vertreten: Mač'abeli, Nunu. K'orcinebis instituti k'art'lši. T'bilisi. 1978; Č'ik'ovani, Mixeil (Hrsg.) K'art'uli xalxuri Poezia. Bd. 5. T'bilisi. 1978; Nadareišvili, Giorgi. K'art'uli samart'lis istoriis narkvevebi. T'bilisi. 1971; Dolije, Isidore (Hrsg.). Sak'art'velos č'veulebrivi sdžuli. T'bilisi. 1960; It'onašvili, Valerian. K'art'vel mt'ielt'a saodžaxo urt'iert'obis istoriidan. T'bilisi. 1960, 177, 183; Saxokia, T'edo. Et'nograp'iuli č'anacerebi. T'bilisi. 1955 oder Xaraje, Revaz. Didi odžaxis gadmonašt'ebi svanet'ši. Tp'ilisi. 1939.

432 Vgl. It'onašvili, Valerian. a.a.O. 1955, 51.

433 Vgl. Luzbetak, Louis J. a.a.O. 1951, 191.

T'arxnišvili erarbeitet.[434] Ihren Begründungen, beispielsweise dem sprachlichen Wandel des gebräuchlichen Begriffes für Eltern von mama-deda (მამა-დედა/Vater-Mutter) zum gegenteiligen ded-mama im 11. Jahrhundert oder dem Fehlen nach weiblichen Heiligen benannten Wochentage, können nun noch umfangreichere und differenziertere Belege beigefügt werden.

Die Entwicklung von die Weiblichkeit abwertenden Frauenfiguren in georgischen Volksmärchen – vor allem des Typus der Hexe, hinter dem ganz offensichtlich ein in Folge christlicher Propaganda negativierter Kult einer alten Naturgöttin steht – kann dafür genauso angeführt werden, wie die Tatsache, dass in diesen Volksmärchen nur der Typus der „verkleideten kämpfenden Frau" aufscheint, während die *andrezi*, die Volksepen, auch den Typus der „unverkleideten Kriegerin" kennen. Es wurde bereits die These entwickelt, dass die Märchen als Genre der Unterhaltungskultur weitaus offener für neue moralische Vorstellungen waren, als die Legenden, die sich als Teil der folkloristischen Tradition und Überlieferung sehr viel unberührter von solchen Einflüssen zeigten. Weitere Belege für die These einer Verschlechterung der sozialen Stellung von Frauen im Zuge der Christianisierung bilden daneben Phänomene des Brauchtums und des familiären Alltags im alten Georgien. Der geschlechtsspezifische Umgang mit der Möglichkeit zur Ehescheidung ist dabei wohl als eindeutigster und wichtigster Sachverhalte hervorzuheben.

Daraus lässt sich ableiten, dass auch in den sozialen Unterschichten des alten Georgien ein Wertewandel stattfand, der die Frauen aus ihrer in der vorchristlichen Periode demgegenüber relativ hohen Stellung im Kontext der Christianisierung herabsinken ließ. Dabei ist zu betonen, dass daraus noch kein eindeutiger kausaler Zusammenhang, sondern zunächst nur ein chronologisches Zusammenfallen dieser historischen Entwicklungen ermittelt werden kann. Es wurde bereits darauf hingewiesen, dass es vor allem im Zusammenhang mit von außen in das georgische Brauchtum und die georgische Vorstellungswelt eindringenden Religionselementen mehrere Schichten gab, die sich wechselseitig überlagerten. Welche davon die letztlich ausschlaggebende war, lässt sich mit dem gewählten Untersuchungsdesign nicht beantworten und war daher auch keine zentrale Fragestellung dieser Studie. Um dieses Problem bearbeiten zu können, müssten sehr viele, nach Möglichkeit alle volkstümlichen Quellen, auf Spuren der in Frage kommenden religiösen Vorstellungen aus Christentum, Mazdaismus und Islam hin untersucht werden und die gewonnenen Ergebnisse einer sowohl qualitativ wie quantitativ vergleichenden Reanalyse unterworfen werden. Dass eine solche Aufgabenstellung in dieser Arbeit nicht auch noch gelöst werden konnte und daher ferneren Studien vorbehalten bleibt, dürfte evident sein.

---

434   Vgl. dazu Synek, Eva M. a.a.O. 1994, 87; Hauptmann, Peter. Unter dem Weinrebenkreuz der heiligen Nino. In: Stupperich, Robert u.a. (Hrsg.). Kirche im Osten. Studien zur osteuropäischen Kirchengeschichte und Kirchenkunde. Bd. 17. Göttingen. 1974, 9–41. Hier 18; Tarchnišvili, Michael. a.a.O. 1940, 48–75. Hier 62 sowie Kap. 3.3.

Am Rande sei noch darauf hingewiesen, dass derjenige, der sich in Zukunft einer solchen Aufgabenstellung widmet, nicht davon ausgehen sollte, es sei dafür sinnvoll, weiteres ethnografisches Material in Georgien zu sammeln. Die Gefahren, die dabei für eine klare Zurechenbarkeit dieser Quellen entstehen könnten, wurden ja bereits an dem Beispiel Adolf Dirrs deutlich, der wie dargestellt wurde, von einem georgischen Schäfer die Sage Wilhelm Tells als angeblich genuines Element der georgischen Folklore erzählt bekam.[435] Vor dem Hintergrund der heute bestehenden globalen Erreichbarkeit und der Tatsache, dass es heute selbst für georgische Gebirgsbewohner durchaus nichts ungewöhnliches mehr darstellt, ins Kino zu gehen oder Fernsehsendungen zu empfangen und sich auch in Georgien eine Vorliebe für Unterhaltungsprodukte nordamerikanischer Provenienz entwickelt hat, wäre es nicht unwahrscheinlich, dass in einigen Jahren Spielfilmhelden des modernen Informations- und Medienzeitalters auch die ostgeorgische Sagenwelt bevölkern werden und Kopala oder Pirkuši zum Beispiel mit Conan dem Barbaren in den Kampf gegen die devi-Ungeheuer ziehen, die auch unerwartete Unterstützung durch Graf Dracula oder ähnliche Figuren Hollywoods erhalten könnten.

Das bestehende und untersuchte folkloristische Quellenmaterial ist bereits mit solchen modernistischen Elementen kontaminiert, wie sich an der anachronistischen Verwendung von Bezeichnungen für Gebrausgegenstände und anderen Begriffen deutlich wird.[436] Aufgrund derartiger Überlagerungen sollte man sich eher auf die bereits vorhandenen umfangreichen Sammlungen volkstümlicher Überlieferungen stützen, wenn man daraus die soziale Situation früherer Zeiten rekonstruieren will und nicht versuchen diese durch neue Sammlungen zu ergänzen. Zu den älteren Überlagerungsschichten kämen dann nämlich neue hinzu, die nicht mehr ohne weiteres von den früheren zu trennen wären.

Wie dem auch sei, wie aus den untersuchten Quellen allerdings auch sehr deutlich zu Tage tritt, war die auch in den georgischen Unterschichten erfolgte Entwicklung des Niederganges der sozialen Stellung der Frau keineswegs einheitlich und eindeutig. Neben den oben bereits angeführten Belegen für einen solchen Niedergang, gibt es auch Anzeichen dafür, dass sich zahlreiche vorchristliche Ansichten und Gebräuche in Bezug auf den weiblichen Teil der Gesellschaft auch nach der Christianisierung relativ stabil erhielten. Die wichtigsten Beispiele für eine solche Stabilität der sozialen Normen und Werte im Zusammenhang mit Frauen sind wohl die differenzierten Frauenbilder in den georgischen Märchen aber vor allem in den Volksepen. Daneben kommt auch die vermittelnde Rolle von georgischen Frauen als

---

435 Vgl. dazu Čikovani, Michail J./Ġlonti, Alexandr. a.a.O. 1987, 1045.

436 In einem der untersuchten mingrelischen Märchen eilen der Held und sein märchenhafter Helfer in einem Automobil in den Kampf gegen die sie bedrohenden bösen Mächte. Hier wurde wohl das alte Statussymbol, eines guten und schnellen Pferdes durch ein neues ausgetauscht. In diesem Märchen wird daneben auch eine moderne Nähmaschine erwähnt, die auch als solche bezeichnet ist. Vgl. dazu das Märchen: Ale. In: Fähnrich, Heinz (Hrsg. und Übers.) a.a.O. 2001, 69–82. Hier 75 (Nähmaschine) und 81f. (Auto).

Unterhändlerinnen bei Kämpfen und kriegerischen Auseinandersetzungen und das hohe Ansehen der älteren Frauen in der altgeorgischen Familie in Betracht. Vor diesem Hintergrund kann sehr viel differenzierter argumentiert werden, dass im Zuge der Christianisierung es zwar auch in den georgischen Unterschichten eine zeitweilige Abwertung von Frauen gab, dass diese aber einerseits nicht so weit ging, wie dies für den von der sasanidischen Oberschicht geprägten georgischen Adel ermittelt wurde. Aus diesem Grund war der anschließende nachweisbare Wandel hin zu einer annähernden Emanzipation im 12. und 13. Jahrhundert, der mit der allseits verehrten Königin T'amar verbunden war, ebenfalls wohl nicht so stark ausgeprägt wie beim Adel.

Die Ursache für diese beiden Entwicklungen ist wohl darin zu suchen, dass die Männer der niedern Bevölkerungsschichten wohl ein pragmatisches und alltäglicheres Verhältnis zu den Frauen ihres Haushaltes hatten, als die besitzenden Klassen der altgeorgischen Gesellschaft. In den Unterschichten spielten die Frauen eine wichtige Rolle bei der Organisation und der Arbeitsteilung innerhalb der ländlichen Großfamilie. Daher waren die altgeorgischen Männer wohl darauf angewiesen zumindest ein wohlwollendes und auf gegenseitigem Respekt basierendes Verhältnis zu ihren Frauen herzustellen, wenn sie wollten, dass ihr Haushalt, um den sie sich kaum selbst kümmerten, funktionierte.

Da die adligen Frauen im alten Georgien dagegen wahrscheinlich kaum weniger bequem waren als ihre Männer und in den königlichen und fürstlichen Palästen die Arbeit wohl vorrangig von Dienerinnen und Dienern übernommen wurde, waren solche Rücksichten in der adligen Oberschicht nicht zwingend erforderlich. Für den Adligen war es wohl funktionaler ein gutes Arbeitsverhältnis zu seinem Personal zu haben als zu seiner Frau, zumindest was die anfallende Arbeit und die Organisation seines Hausstandes anbetraf.

Weil die Männer der unteren Volksschichten auf diese Weise eine pragmatischere und von der alltäglichen Erfahrung geprägte Einstellung zu ihren Frauen hatten, war es wohl sehr unwahrscheinlich, dass sie die extremen, extern hervorgerufenen Abweichungen von den überkommenen Wertvorstellungen in gleicher Art und in gleichem Maße nachvollzogen, wie ihre Herren.

Daraus wird verständlich, dass es die niederen Volksschichten waren, die die Erinnerung an die Mission der heiligen Nino im georgischen Volk über eine lange Zeit wach hielten. Anhand des Experiments von Adam Millman Parry[437] konnte gezeigt werden, dass eine so lange mündliche Tradierung von historischer Überlieferung nicht nur möglich war, sondern auch sehr zuverlässig sein konnte.

Als weiteres Ergebnis dieser Arbeit konnte auch ein differenziertes Bild der Christianisierung Georgiens entworfen werden, als dies anhand der historischen und hagiographischen Quellen allein möglich gewesen wäre. Meines Erachtens ist es

---

437   Vgl. dazu Parry, Adam Millman. The Language of Achilles and other papers. [Classical philology. Bd. 1]. Oxford. 1989.

sehr wahrscheinlich, dass das Königspaar Mirian und Nana und der sie beratende Adel das Potential der neuen Religion, die sie durch die Vermittlung der fremden heiligen Frau kennen lernten, recht schnell erkannten und beschlossen, die sich daraus ergebenden Möglichkeiten in ihrem eigenen Sinne zu verwenden. Dazu versuchten sie das Christentum gewissermaßen von oben herab und wenn nötig mit Gewalt durchzusetzen. Wenn ihnen das auch in den georgischen Niederungen wohl recht gut gelang, so stießen sie mit diesem Vorhaben in den Gebirgsregionen dagegen auf hartnäckigen Widerstand, der meiner Meinung nach weniger religiös motiviert war und sich stattdessen viel mehr gegen den universalen Machtanspruch aus Mcʻxetʻa richtete. Diese Christianisierung von oben und auf Befehl war wohl der Grund dafür, dass sich die christlichen Werte zunächst nicht fest im Bewusstsein der Georgier festsetzen konnten und dass es im Verlauf der arabischen Expansion zu einem Rückfall in vorchristliche Religionsmuster kam.

Der Druck, den die arabischen Eroberer auf die Bevölkerung ausübten, führte im Verlauf der weiteren Entwicklung wohl dazu, dass die Georgier auf identitätsstiftende Ideen rekurrierten, die in der Lage waren, dem Islam adäquate Werte entgegenzusetzen. Da die Volksreligion dazu wohl kaum das nötige Potential besaß, besann man sich auf die vorhandenen christlichen Werte und es kam zu einer nachträglichen Christianisierung der Bevölkerung gewissermaßen von unten nach oben. Da einerseits die Erinnerung an die heilige Nino in den Unterschichten wach gehalten wurde, die gleichzeitig der Träger der erneuten christlichen Bewegung in Georgien war, ist es wohl nachzuvollziehen, dass der heiligen Nino auf diese Weise erst nach Jahrhunderten auch in den schriftlichen Belegen die Stellung zuerkannt wurde, die ihr historisch wohl auch zukam: Die Bekehrerin Georgiens zum Christentum zu sein. Auf diese Weise zeigt diese Studie auch gut, dass der Begriff der Bekehrung für Georgien nicht zutreffend ist, denn er rekurriert auf ein singuläres historisches Ereignis. Stattdessen ist jedoch anzunehmen, dass sich die Annahme des Christentums in Georgien sehr langsam und in mindestens zwei Wellen, einer von oben angeordneten, die sich aber nicht endgültig durchsetzte, und einer von den Massen getragenen, religiösen Bewegung, vollzog.

Aus diesem Grund kann auch behauptet werden, dass Mixeil Tʻaxnišvilis These, dass das vor dem Hintergrund der arabischen Fremdherrschaft und der gleichzeitigen Emanzipation von der armenischen Kirche geweckte georgische Nationalbewusstsein dazu geführt haben, dass die heilige Nino ihre notwendige Anerkennung erhielt und damit letztlich auch das Ansehen der Frauen in Georgien aufgewertet wurde, auf einem kausalen Fehlschluss beruht.[438] Stattdessen liefen die Prozesse wohl in der entgegengesetzten Richtung ab. Die erneute Erstarkung des Christentums aus einer sozialen Massenbewegung sowie das Wiederaufleben des Kultes der heiligen Nino waren wechselseitig voneinander abhängig und führten erst nach ihrer Etablierung dazu, dass die Entstehung und Entwicklung eines nationalen georgi-

---

438 Vgl. Tarchnišvili, Michael. a.a.O. 1940 und Synek, Eva M. a.a.O. 1994.

schen Bewusstseins möglich wurde. Die Aufwertung des Frauenbildes wurde meines Erachtens wohl durch die Wiederentdeckung der heiligen Nino unterstützt, lief
aber im Wesentlichen parallel dazu ab. Tʿaxnišvili schloss wohl aus der Gleichzeitigkeit, der auf diese Weise abgelaufenen Prozesse, auf kausale Zusammenhänge
zwischen ihnen, solche haben meiner Ansicht nach jedoch in dieser Weise nie bestanden.

13. Schlussbetrachtungen

13.1 Zusammenfassende Darstellung der Ergebnisse

Wie ausführlich dargestellt wurde, erklärt Mixeil T'arxnišvili die Tatsache, dass die heilige Nino als Apostelin in der historischen Überlieferung Georgiens fast fünf Jahrhunderte lang verschwiegen wurde, vor allem mit einer untergeordneten, um nicht zu sagen, unterdrückten sozialen Stellung der Frau in dieser Gesellschaft.[1] In dieser Argumentation sind ihm bisher zahlreiche Orientalisten gefolgt.[2] Der Erfolg dieser Erklärung liegt sicher in ihrer Plausibilität begründet, erscheint doch ein negatives Bild der gesellschaftlichen Stellung der Frau für eine patriarchalisch geprägte Gesellschaft, wie sie auch das frühchristliche Georgien darstellte, am wahrscheinlichsten. Ob die plausibelste Interpretation historischer Quellen auch die richtigste ist, kann in dem Fall begründet bezweifelt werden, wenn so viele Fragen ungeklärt bleiben, wie bei der Argumentation T'arxnišvilis.

Wenn die soziale Stellung der Frauen im alten Georgien derartig marginalisiert und unterdrückt war, wie es von T'arxnišvili und anderen bisher angenommen wurde, wie ist dann zu erklären, dass

– eine Frau, die die heilige Nino ja unzweifelhaft war, einen derartigen Einfluss auf das georgische Königshaus, das Volk und die Gesellschaft gewinnen konnte, dass man ihr religiöses Bekenntnis als das eigene übernahm;

– trotz aller Bemühungen der offiziellen Geschichtsschreibung, das Gedenken an diese Frau zu tilgen, ihr Wirken im Volk über einen langen Zeitraum tradiert[3] wurde, so dass

– in der Zeit eines ansteigenden georgischen Nationalbewusstseins und der Abspaltung von der armenischen Kirche, die Ursprünge des Christentums, die mit dieser Frau verknüpft werden konnten,[4] erstmalig als Erklärungsmuster benutzt wurden.

---

1 Vgl. Tarchnišvili, Michael. Die Legende der Heiligen Nino und die Geschichte des georgischen Nationalbewusstseins. In: Byzantinische Zeitschrift 40. Leipzig/Berlin. 1940, 48–75. Siehe dazu Kap. 3.

2 Hauptmann, Peter. Unter dem Weinrebenkreuz der heiligen Nino. In: Stupperich, Robert u.a. (Hrsg.). Kirche im Osten. Studien zur osteuropäischen Kirchengeschichte und Kirchenkunde. Bd. 17. Göttingen. 1974, 9–41 und Synek, Eva M. Heilige Frauen der frühen Christenheit. Zu den Frauenbildern in hagiographischen Texten des christlichen Ostens. In: Das östliche Christentum. Bd. 43. Würzburg. 1994.

3 Diesem Argument T'arxnišvilis ist durchaus zuzustimmen.

4 Was umso bemerkenswerter ist, als gerade in der Übergangszeit neben dem armenischen Erleuchter Gregor zahlreiche andere Heilige, wie z.B. die syrischen Väter, mit Nino um die Ehre konkurrierten, Georgien bekehrt zu haben. Es hätte also durchaus männliche Alternativen gegeben, auf die man die Einführung des Christentums hätte zurückführen können, wenn man eine Frau für a priori ungeeignet gehalten hätte.

– die verspätete Anerkennung dieser Heiligen zu einer allgemeinen Veränderung des gesellschaftlichen Leitbildes von Frauen in Georgien führte.

Ein weiteres Problem der Argumentation T'arxnišvilis besteht darin, dass er die vorchristliche Periode Georgiens unberücksichtigt lässt, weil, wie er schreibt, „aus der heidnischen Epoche keine Belege dafür zur Verfügung stehen."[5]

Nun wurde in dieser Arbeit eine Vielzahl philologischer, archäologischer und architektonischer Belege dafür zusammengetragen, dass der Kult von weiblichen bzw. mütterlichen Gottheiten im vorchristlichen Georgien bereits seit dem Neolithikum bis zur Christianisierung in der Mitte des 4. Jahrhunderts weit verbreitet war und allgemein befolgt wurde. Die religiöse Führungsrolle der Frau war demnach ein alter Code. Es dürfte jedoch evident sein, dass sich aus der Gesamtheit der genannten Belegen kaum ableiten lässt, dass die Frauen sich während dieser Zeit nahezu auf demselben sozialen Niveau befunden hätten, wie die Sklaven, was von Mixeil T'axnišvili oder Eva Maria Synek postuliert wurde.[6]

Trotzdem wäre es wohl ein Fehlschluss, wollte man behaupten, dass die Georgierinnen in der Zeit vor der Christianisierung soweit emanzipiert gewesen wären, dass man von einer Gleichstellung der Geschlechter sprechen könnte. Das war mit Sicherheit nicht der Fall. Auch das alte Georgien war eine patriarchalische Männergesellschaft. Dabei wurden traditionelle Rollenverhältnisse auch in den religiösen Sektor der Kultur übertragen und befolgt. Frauen und Männer übernahmen die ihnen gesellschaftlich zugewiesenen Aufgaben, ohne sich allzu sehr in die Belange des jeweils anderen Geschlechtes einzumischen. Die vorchristliche georgische Kultur war insgesamt nicht geschlechtsspezifisch strukturiert. An dieser Stelle kann also festgehalten werden, dass das gesellschaftliche Bild der Frau im vorchristlichen Georgien erwiesenermaßen weitaus besser war, als Mixeil T'axnišvili und Eva-Maria Synek einzugestehen bereit waren. Es gab keine Geschlechtergleichheit. Die soziale Stellung der Frauen in dieser Zeit lag nach den Zeugnissen auf einer mittleren Position zwischen absoluter Unterdrückung und völliger Emanzipation (siehe Abb. 3).

Dass sich das Frauenbild im alten Georgien nach der Christianisierung veränderte, haben ja schon Eva-Maria Synek, Peter Hauptmann und Mixeil T'axnišvili erarbeitet.[7] Ihren Begründungen, beispielsweise dem sprachlichen Wandel des gebräuchlichen Begriffes für Eltern von mama-deda (მამა-დედა/Vater-Mutter) zum gegenteiligen ded-mama im 11. Jahrhundert oder dem Fehlen nach weiblichen Heiligen benannter Wochentage, können nun noch umfangreichere und differenziertere Belege beigefügt werden.

Zunächst ist noch einmal zu betonen, dass die christliche Religion in Georgien einen wichtigen Faktor für den Wandel sozialer Normen und Wertvorstellungen gebildet hat. Zu einer ähnlichen Schlussfolgerung kam auch der amerikanische Kauka-

---

5   T'arxnišvili, Michael. a.a.O. 1940, 58.
6   Vgl. ebd. und Synek, Eva M. a.a.O. 1994.
7   Vgl. dazu Synek, Eva M. a.a.O. 1994, 87; Hauptmann, Peter. a.a.O. 1974, 18; Tarchnišvili, Michael. a.a.O. 1940, 62 sowie Kap. 3.3 in der vorliegenden Arbeit.

siologe und Ethnograf Louis J. Luzbetak.[8] Allerdings schrieb Otto Günter von Wesendonk dazu: „Wie in Armenien hingen dem Christentum in Georgien anscheinend
hauptsächlich das Königshaus und der Adel an, während das Volk dem Heidentum
zuneigte."[9] Diese Aussage kann nach der vorliegenden Analyse noch präzisiert werden. Meines Erachtens war der Christuskult, an dem das Herrscherhaus gemäß seiner kulturell fundierten Position besonders interessiert war, den breiten Volksschichten zunächst fremd geblieben, während andere Elemente des Christentums,
wie die Heiligenverehrung und vor allem auch der Marienkult in der Volksfrömmig-
keit verankert waren. Diese selektive Inkulturation und differenzierte Anpassung des
Christentums an die bereits existierenden vorchristlichen Wertvorstellungen erklärt,
dass in der Frühphase der Christianisierung die neue Religion als Herrschaftsinstrument genutzt bzw. missbraucht wurde. Diese gesellschaftliche Stratifizierung des
Christentums führte dazu, dass die heilige Nino mehr und mehr an den Rand der Bedeutungslosigkeit gedrängt wurde. Belege für diese These konnten sowohl aus der
georgischen Chronik *K'art'lis C'xovreba* als auch aus verschiedenen folkloristischen Quellen herausgearbeitet werden. Die Entfremdung zwischen der herrschenden Oberschicht und der Heiligen kann als weiterer, erklärender Faktor dafür benannt werden, dass die heilige Nino den herrschenden Oberschichten für mehrere
Jahrhunderte als Apostelin ihres Landes nicht opportun erschien.

Gesamtgesellschaftlich entscheidender dürfte jedoch der Einfluss der persischen
Staatsreligion auf die georgische Oberschicht gewesen sein. Auch hier kam schon
Otto von Wesendonk zu der Erkenntnis: „Der Mazdaismus war der Glaube einer
fremden herrschenden Klasse, der nur ganz allmählich ins [georgische] Volk drang,
sehr große Fortschritte aber wohl zu keiner Zeit zu machen vermochte."[10] Nicht nur
der Titel der Arbeit, sondern auch die Tatsache, dass die südkaukasischen und die
persischen Regionen im Untersuchungszeitraum einen gemeinsamen Kulturraum
bildeten, legten es nahe, den iranisch-sasanidischen Kultureinfluss als Hauptfaktor
für die postulierte Entwicklung anzusehen. Dem liegt die systemtheoretische Vorstellung zu Grunde, dass das Herrscherhaus der Sasaniden das kulturelle Zentrum
des gemeinsamen Kulturraums bildete, das eine nicht zu unterschätzende Vorbildwirkung auf seine kulturelle Peripherie ausübte, zu der damals eben auch Georgien
gehörte. Anhand vergleichender sprachwissenschaftlicher Untersuchungen der im
alten Georgien gebräuchlichen Adelsprädikate konnte dargestellt werden, dass diese
Vorbildwirkung des sasanidischen auf den georgischen Adel nicht unerheblich war.
Die georgische Oberschicht nutzte persische Lehnbegriffe zur Bezeichnung ihrer
Ränge, obwohl für die meisten bereits eigene, genuin georgische Begriffe vorlagen.
Diese semantische Konkurrenz deutet offensichtlich darauf hin, dass der georgische
Adel bestrebt war, das sasanidische Hofzeremoniell nachzuahmen. Eine soziokultu-

---

8 Vgl. Louis J. a.a.O. 1951, 191.
9 Wesendonk, Otto G. von. a.a.O. 1924, 81.
10 Ebd., 102.

relle Ausdifferenzierung der georgischen aus der südkaukasischen Oberschicht fand nicht statt.

Es liegt wohl auf der Hand, dass sich die Beibehaltung von kulturellen Mustern des persischen durch den georgischen Adel nicht nur auf die dort üblichen Titel beschränkte. Es ist hochgradig wahrscheinlich, dass man sich auch in den Einstellungen gegenüber den Frauen am sasanidischen Vorbild orientierte. Dass die Stellung der Frauen im sasanidischen Iran und nach persischem Recht anders war, als im vorchristlichen Georgien, wurde unzweifelhaft nachgewiesen. Allerdings war das Rollenbild der adligen, persischen Frauen von verschiedenen formalisierten Normen, die vor allem im Rechtsbuch *Mādayān* erhalten sind, stark eingeschränkt. Es ist zu vermuten, dass die Übernahme der negativen Einstellung gegenüber dem weiblichen Geschlecht durch die georgische Oberschicht ohne die Schaffung gleichwertiger, formalisierter und einklagbarer, rechtlicher Regelungen, dazu führte, dass sich die Situation der adligen Frauen in der altgeorgischen Gesellschaft dramatisch verschlechterte (siehe Abb. 3). Dieser Prozess der sozialen Abwertung der Frau vor allem im georgischen Adel lässt das Martyrium, das die heilige Šušanik im 5. Jahrhundert durch ihren Gatten Varsk'en erlitt, verständlicher werden. Allerdings galt diese Abwertung nicht generell und gesamtgesellschaftlich, wie Mixeil T'arxnišvili und Eva-Maria Synek annahmen, sondern war in dieser Form und in dieser Stärke auf die georgische Oberschicht beschränkt (siehe Abb. 3).

Allerdings fand auch in den sozialen Unterschichten des alten Georgien ein Wertewandel statt, der die Frauen aus ihrer relativ hohen Stellung in der vorchristlichen Periode in Folge der Christianisierung allmählich herabsinken ließ. Dabei ist zu betonen, dass daraus noch kein eindeutiger kausaler Zusammenhang, sondern zunächst nur ein chronologisches Zusammenfallen von historischen Entwicklungen ermittelt werden kann. Es wurde darauf hingewiesen, dass es vor allem im Zusammenhang mit von außen in das georgische Brauchtum und die georgische Vorstellungswelt eindringenden Religionselementen mehrere Schichten gab, die sich wechselseitig überlagerten. Welche davon die letztlich ausschlaggebende war, lässt sich mit dem gewählten Untersuchungsdesign nicht beantworten und war daher auch keine zentrale Fragestellung dieser Studie. Wie dem auch sei, aus den untersuchten Quellen tritt deutlich zu Tage, dass dieser Niedergang der sozialen Stellung der Frau keineswegs einheitlich und eindeutig war. Es gibt auch Anzeichen dafür, dass sich zahlreiche vorchristliche Ansichten und Gebräuche in Bezug auf den weiblichen Teil der Gesellschaft auch nach der Christianisierung vor allem in den Gebirgsregionen relativ stabil erhielten.

Vor diesem Hintergrund kann sehr viel differenzierter argumentiert werden, dass es im Zuge der Christianisierung zwar auch in den georgischen Unterschichten eine zeitweilige Abwertung von Frauen gab. Diese ging aber einerseits nicht so weit, wie dies für den von der sasanidischen Oberschicht geprägten georgischen Adel ermittelt wurde (siehe Abb. 3). Aus diesem Grund war der anschließende nachweisbare Wandel hin zu einer annähernden Emanzipation im 12. und 13. Jahrhundert, der mit der

allseits verehrten Königin T'amar verbunden war, ebenfalls wohl nicht so stark ausgeprägt wie beim Adel. Die Ursache für diese beiden Entwicklungen ist wohl darin
zu suchen, dass die Männer der niedern Bevölkerungsschichten ein pragmatischeres
und alltäglicheres Verhältnis zu den Frauen ihres Haushaltes hatten, als die besitzenden Klassen der altgeorgischen Gesellschaft.

In den Unterschichten spielten die Frauen, wie folkloristische Quellen und ethnologische Studien zeigen, eine wichtige Rolle bei der Organisation und der Arbeitsteilung innerhalb der ländlichen Großfamilie. Daher beharrten die unteren
Volksschichten stärker auf den überkommenen Wertvorstellungen, als ihre Herren
und bewahrten so in höherem Masse die traditionellen Einstellungen gegenüber ihren Frauen, während sich die Oberschicht viel mehr auf externe Einflüsse und neue
Werte bezog, die nicht immer zum Vorteil der georgischen Frauen ausfielen (siehe
Abb. 3). So ist es wohl auch evident, dass es die niederen Volksschichten waren, die
die Erinnerung an die Mission der heiligen Nino im georgischen Volk über eine
lange Zeit wach hielten.

Mit dem Experiment von Adam Millman Parry[11] wurde gezeigt, dass eine so
lange mündliche Tradierung von historischer Überlieferung nicht nur möglich, sondern auch sehr zuverlässig sein konnte.

Anhand dieser Ergebnisse konnte ein Modell der zyklischen und schichtspezifischen Entwicklung der sozialen Stellung der Frau in der altgeorgischen Gesellschaft
erarbeitet werden (siehe Abb. 3). Dieses Modell vermeidet nicht nur die historischen
Brüche, die den Annahmen Mixeil T'arxnišvilis immanent waren (siehe dazu Abb.
1). Es ist auch in der Lage, die Fragen, die sich aus der Argumentation T'arxnišvilis
in Bezug auf die Missionstätigkeit der heiligen Nino ergaben, zu beantworten. Dass
sich die dynamischen Entwicklungsprozesse der Frauenbilder der georgischen Ober-
und Unterschichten sowohl voneinander, als auch von dem Bild, das T'arxnišvili
entwickelte unterscheiden, wird in der unten stehenden Abbildung sehr deutlich.

---

11 Vgl. Parry, Adam Millman. The Language of Achilles and other papers. [Classical philology.
    Bd. 1]. Oxford. 1989.

Tabelle 4: Ergebnisse der Quellenanalyse

Zeitlicher Bezug	exemplarische Quellen	schicht-spezifischer Geltungsbereich	Grad der Anerkennung von Frauen	Einordnung in das Kategorienschema
vorchristliche Periode	- Mutterkulte (Nina und Ajnina, Dali, adgilis deda) - deda-boji im darbazi-Wohnhaus - rituelle Frauenfiguren, Gürtelschnalle	gesamtgesellschaftlich (Differenzierung der Quellen nicht möglich)	eher positiv	mittlere Stellung
Christianisierung (um 330)	- historischer Kern der Nino-Tradition (byzantinische Quellen des 5. Jahrhunderts)	gesamtgesellschaftlich (Differenzierung der Quellen nicht möglich)	noch eher positiv	noch mittlere Stellung
4.–12. Jh.	- mündliche Überlieferungen (Märchen, Sagen, Legenden) - Brauchtum, Tradition	nichtadlige Bevölkerung	sowohl positiv als auch negativ	niedrige Stellung
zwischen 472 (Šušanik †) und 484 (Varsk'en †)	- Martyrium der heiligen Šušanik	Adel	eher negativ	niedrigste Stellung
8./9. Jh.	- Bekehrung Georgiens - Chronik „Das Leben K'art'lis" - Beginn der schriftlichen Nino-Tradition	Adel	eher positiv	wieder mittlere Stellung
Königin T'amar (1184–1213)	- Šota Rust'aveli - Visramiani	Adel	eindeutig positiv	höchste Stellung

Quelle: eigene Darstellung.

Außerdem gelang es in dem ausgearbeiteten Modell recht gut, belegte und datierbare historische Ereignisse mit sozialgeschichtlichen Abläufen – also zeitlich statische und dynamische Geschichtsbilder – miteinander zu verknüpfen und damit eine alte Forderung des französischen Sozial- und Mentalitätshistorikers Fernand Braudel an eine solche Geschichte der *longue durèe* (der langen Zeitläufe) weitgehend zu erfüllen.[12] Darin liegt natürlich auch ein erheblicher methodischer Ertrag der vorliegenden Arbeit.

---

12 Vgl. Braudel, Fernand. Geschichte und Sozialwissenschaften – Die „longue durée" (aus dem Französischen von B. Classen). In. Wehler, Hans-Ulrich (Hrsg.). Geschichte und Soziologie. Königstein. 1984, 189–215. [Französische Originalfasung: Histoire et Sciences Sociales. La Longue Durée. In: Annales 13. Paris. 1958, 725–753].

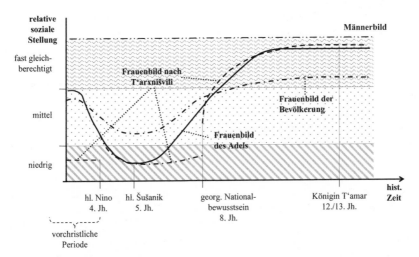

Abbildung 10: Zyklische und schichtspezifische Entwicklung des Frauenbildes im
alten Georgien
Quelle: eigene Darstellung

Neben der Darstellung der sozialen Entfaltung des weiblichen Geschlechts im alten
Georgien konnten auch einige andere religions-, kultur- und sozialgeschichtliche
Fragen beantwortet werden. Das alte Georgien hat den seit dem antiken Mythos von
den Amazonen und das – mit Medea von Kolxis verbundene – Bild der Frau aufgegriffen und ganz offensichtlich keine Schwierigkeiten gehabt, die Entstehungsgeschichte des Christentums in Georgien mit dem Schicksal von Frauen zu verbinden,
deren Historizität nur literarisch bezeugt ist. Dass kulturelle Codes – hier im Sinne
von Einstellungsmustern – sich auch über soziale und religiöse Brüche hinweg fortsetzen können, dürfte anhand der vorliegenden Untersuchung klar und deutlich zu
Tage treten.

Darüber hinaus konnte aufgezeigt werden, dass bei der Inkulturation des Christentums in Georgien dessen orientalische Leibfeindlichkeit nicht assimiliert wurde,
sondern eine sehr stark selektive Integration dieser neuen Religion – aber auch anderer Glaubensrichtungen, wie Mazdaismus und Islam – stattgefunden hat und dass
dieses die Voraussetzung für die Behauptung der eigenen georgischen kulturellen
Identität war.

Weiterhin konnte in dieser Arbeit, auf Grund einer breiten Quellenbasis, auch ein
differenzierteres Bild der Christianisierung Georgiens entworfen werden, als dies
anhand der historischen und hagiographischen Quellen allein möglich gewesen
wäre. Meines Erachtens ist es sehr wahrscheinlich, dass das Königspaar Mirian und
Nana und der sie beratende Adel das Potential der neuen Religion, die sie durch die

Vermittlung der fremden heiligen Frau kennen lernten, recht schnell erkannten und beschlossen, die sich daraus ergebenden Möglichkeiten in ihrem eigenen Sinne zu verwenden. Dazu versuchten sie das Christentum gewissermaßen von oben herab und wenn nötig mit Gewalt durchzusetzen. Wenn ihnen das auch in den georgischen Niederungen wohl recht gut gelang, so stießen sie mit diesem Vorhaben in den Gebirgsregionen dagegen auf hartnäckigen Widerstand, der meiner Meinung nach, weniger religiös motiviert war und sich stattdessen viel mehr gegen den universalen Machtanspruch aus Mcʻxetʻa richtete. Diese Christianisierung von oben und auf Befehl war wohl der Grund dafür, dass sich die christlichen Werte zunächst nicht fest im Bewusstsein der Georgier festsetzen konnten und dass es im Verlauf der arabischen Expansion zu einem Rückfall in vorchristliche Religionsmuster kam. Der Druck, den die arabischen Eroberer auf die Bevölkerung ausübten, führte im Verlauf der weiteren Entwicklung wohl dazu, dass die Georgier auf identitätsstiftende Ideen rekurrierten, die in der Lage waren, dem siegreichen Islam adäquate Werte entgegenzusetzen. Da die Volksreligion dazu wohl kaum das nötige Potential besaß, besann man sich auf die latent vorhandenen christlichen Werte und es kam zu einer intensiven Christianisierung der gesamten Bevölkerung, gewissermaßen von unten nach oben. Da einerseits die Erinnerung an die heilige Nino in den Unterschichten wach gehalten wurde, die gleichzeitig Träger der erneuten christlichen Bewegung in Georgien waren, ist es wohl nachzuvollziehen, dass der heiligen Nino auf diese Weise erst nach Jahrhunderten auch in den schriftlichen Belegen die Stellung zuerkannt wurde, die ihr historisch wohl auch zukam: Die Bekehrerin Georgiens zum Christentum zu sein.

Auf diese Weise zeigt die Studie, dass der Begriff der Bekehrung für Georgien nicht ganz zutreffend ist, denn er rekurriert auf ein einziges historisches Ereignis. Stattdessen ist jedoch anzunehmen, dass sich die Annahme des Christentums in Georgien sehr langsam und in mindestens zwei Wellen, einer von oben angeordneten, die sich aber nicht endgültig durchsetzte, und einer von den Massen getragenen, religiösen Bewegung, vollzog. Demzufolge war die Inkulturation des Christentums ein langwieriger Prozess, der gleichzeitig ebenfalls die Rezeptionsgeschichte der heiligen Nino in der altkirchlichen georgischen Literatur erklärt.

13.2 Offene Fragen und Ausblick

Natürlich bietet auch die vorliegende Studie keine endgültigen, sondern nur vorläufig geltende Antworten. Dies ergibt sich bereits aus der Methodologie des kritischen Rationalismus, auf dem sie basiert. Dieser lässt nur eine vorläufige Bestätigung von getroffenen Hypothesen zu, aber neue Erkenntnisse, das Auftauchen neuer Quellen oder neue aufsehenerregende Funde können jederzeit dazu führen, dass die hier zusammengetragenen Erkenntnisse einer Überarbeitung, Ergänzung oder Berichtigung bedürfen. Dies ist aber wissenschaftstheoretisch kein Problem. Wissenschaftliche

Erkenntnis kann sich in der heutigen Zeit wohl nur aus einem interdisziplinären Diskurs heraus entwickeln, der weniger darauf beruht, an althergebrachten Erkenntnissen festzuhalten, als an neuen anschlussfähigen Forschungen anzuknüpfen.

Darüber hinaus bleiben auch einige spannende Forschungsprobleme in dieser Studie unbeantwortet. Viele Fragen mussten aufgrund der gewählten Thematik und dem damit zusammenhängenden Untersuchungszeitraum aus der vorliegenden Arbeit ausgeklammert werden. Hier wäre einerseits zum Beispiel die Frage zu nennen, wie sich das Frauenbild in anderen angrenzenden Regionen Georgiens vor allem aber in Armenien entwickelte und welche Rückwirkungen diese Prozesse möglicherweise auf die soziale Stellung der Frauen in Georgien hatten. Das Thema dieser Dissertation war aber auf das weibliche Geschlecht in Georgien und nicht dezidiert auf einen Vergleich zwischen den verschiedenen Regionen des südlichen Kaukasus' in dieser Hinsicht zugeschnitten. Auch das Problem des islamischen Einflusses auf die soziale Stellung der georgischen Frauen konnte nur am Rande angerissen werden, da die arabische Expansion und damit auch die Ausbreitung des Islam in Georgien sowohl das Ende der Sasanidenzeit, als auch gleichzeitig das Ende des eigentlichen Untersuchungszeitraumes markiert.

Natürlich ist auch die Entwicklung des Frauenbilde nach dem Ende dieses Untersuchungszeitraumes bis zur Gegenwart eine interessante Forschungsfrage. Hier bilden aber die vorhandenen Quellen eine gewisse Barriere für weitere Studien. Während die schriftlichen Zeugnisse im Verlauf des hohen und späten Mittelalters immer mehr zu nehmen, verschwimmt die georgische Folklore immer stärker. Andere als die genutzten folkloristischen Quellen dürften für diese Zeit auch nicht zur Verfügung stehen. Noch problematischer ist aber, dass die archäologische Forschung, die die mittelalterliche Periode betrifft, in Georgien noch an ihren Anfangsgründen steht. Hinter der prähistorischen und antiken Archäologie liegt sie noch weit zurück, dabei dürften Untersuchungen mittelalterlicher Gräberfelder bis hin zu medizinhistorischen Forschungen noch interessante Ergebnisse für die historische Geschlechterforschung und für die relative soziale Stellung der Frauen im alten Georgien erwarten lassen.

Auch die aufgedeckten interessanten Parallelen zwischen der georgischen und der altgermanischen Überlieferung könnten sowohl ein interessantes religions- und kulturwissenschaftliches Forschungsfeld, als auch eines der vergleichenden Märchen- und Sagenforschung bilden. Hier könnte abseits von überholten idealisierten Vorstellungen und auf Grund moderner wissenschaftlicher Methoden den Fragen nachgegangen werden, ob die alten Georgier und die Germanen vor oder vielleicht auch während der Völkerwanderungszeit Nachbarn waren oder welchen Stellenwert der südliche Kaukasus beim kulturellen Ost-West-Transfer von folkloristischen Motiven gespielt hat. Diese Fragen bleiben jedoch späteren Forschungsarbeiten vorbehalten, da sie in keinem direkten Zusammenhang zu der hier behandelten Forschungsproblematik stehen. Es bleibt zu hoffen, dass es der vorliegenden Arbeit gelingt, das wissenschaftliche Augenmerk auf solche Zusammenhänge zu lenken und so eine Anregung für weitere Forschungsarbeiten zu bilden.

Anhang

1. Georgische Adelsprädikate erist῾avi und mt῾avari nach K῾art῾lis C῾xovreba

Adelstitel	Bedeutung und Belege[1]	Beispiele mit Umschrift und Übersetzung
ერისთავთა მთავარი/ erist῾avt῾a mt῾avari	Herrscher – als sozialer Status DŽ 205/2	და არა ეწოდა მათ მეფედ, არამედ ერისთავთა მთავრად da ara ecoda mat῾ mep῾ed, aramed erist῾avt῾a mt῾avrad und sie wurden nicht mep῾e (König), sondern Herrscher genannt
ერისთავთა-მთავარი/ erist῾avt῾a-mt῾avari	Herrscher – als sozialer Status DŽ 222/10	მეორმოცე ერისთავთა-მთავარი meormoc῾e erist῾avt῾a-mt῾avari der vierzigste Herrscher
ერისთავთა-მთავრად/ erist῾avt῾a-mt῾avrad	Herrscher – als sozialer Status DŽ 222/13	ერისთავთა-მთავრად erist῾avt῾a-mt῾avrad als Herrscher
ერისთავი/ erist῾avi	Kopf oder Haupt des Volkes – als sozialer Status C῾K῾M 24/5	და დაამტკიცა იგი ერისთავად da daamtkica igi erist῾avad und er wurde als Haupt des Volkes bestätigt
ერისთავი/ erist῾avi	Kopf oder Haupt des Volkes – als sozialer Status MK῾ 289/13	ერისთავნი და აზნაურნი ტაოელნი erist῾avni da aznaurni taoelni die Häupter des Volkes und die Adligen aus Tao
ერისთავი/ erist῾avi	Haupt des Volkes zur Zeit P῾arnavaz῾s – als sozialer Status C῾K῾M 24/8–25/8	მეფე; mep῾e (König) სპასპეტი; spaspeti (spaspet) რვა ერისთავი; rva erist῾avi (acht Herrscher) სპასალარნი – ათასისთავნი spasalar(n)i (spasalar) – at῾asist῾avni (Oberhaupt, Kopf von Tausenden)
ერისთა(ვ)ობა/ erist῾a(v)oba	Haupt des Volkes – als sozialer Status C῾DUB 374/20	ერისთა(ვ)ობდა ძე მისი erist῾a(v)obda je misi Haupt des Volkes war sein Sohn
ერისთაობა(ცა)/ erist῾aobac῾a	Haupt des Volkes – als sozialer Status IDAŠ 12/3	ერისთაობაცა ეპყრა ჰერეთს erist῾aobac῾a epqra heret῾s als Haupt des Volkes herrschte in Heret῾i

---

1 Die Quelle: Titel (Sigeln: siehe Übersicht am Ende des Anhangs) Seite/Vers.

Adelstitel	Bedeutung und Belege	Beispiele mit Umschrift und Übersetzung
ერისთაობა(ცა)/ erist'aoba(c'a)	Haupt des Volkes – als sozialer Status IDAŠ 34/6	ჰერეთის ერისთაობა; და სამცხის ერისთავად heret'is erist'aoba; da samc'xis erist'avad die Häupter des Volkes aus Heret'i ; und der erist'av aus Samc'xe
ერისთა(ვ)ობა/ erist'a(v)oba	Haupt des Volkes – als Titel AK'C' 439/27f.; 298/21	ქართლის ერისთა(ვ)ობა k'art'lis erist'a(v)oba Haupt des Volkes von Georgien
ერისთა(ვ)ობა/ erist'a(v)oba	Haupt des Volkes – als Titel MK' 298/21	და უბოჯა მეფემ ქართლის ერისთაობა da uboja mep'em k'art'lis erist'aoba und der König ernannte die Häupter des Volkes von K'art'li
ერისთავთ – ერისთავი/ erist'avt' – erist'avi	Oberhaupt der Oberhäupter IDAŠ 32/5	ქართლისა ერისთავთ – ერისთავისა k'art'lisa erist'avt' – erist'avisa Oberhaupt der Oberhäupter von Georgien
ერისთავთ – ერისთავი/ erist'avt' – erist'avi	Oberhaupt der Oberhäupter IDAŠ 188/16	ერისთავთა – ერისთავნი erist'avt'a – erist'avni die Oberhäupter der Oberhäupter
ერისთავ(ნ)ი/ erist'av[n]i	Oberhaupt – als höchster Titel C'MMT' 19/4	ერისთავნი სამეფოსი erist'avni samep'osi Oberhäupter des Königreiches
ერისთაობა/ erist'aoba	Oberhaupt – als höchster Titel AK'C' 406/3	და ეპქრა ჯესა მისსა ზურაბს ერისთაობა da epqra jesa missa zurabs erist'aoba und sein Sohn Zurab herrschte als Haupt des Volkes
ერისკაც(ნ)ი/ eriskac'(ni)	Haupt/Mann des Volkes AK'C' 478/25	ერისკაცნი eriskac'ni Häupter des Volkes
ერისკაც(ნ)ი/ eriskac'(ni)	Haupt/Mann des Volkes AK'C' 509/10, 20	მოხუცებულნი ერისკაცნი moxucebulni eriskac'ni die ältesten Häupter des Volkes
ერისმთავარი/ erismt'avari	Haupt des Volkes ŽA 207/9; 212/1	თითოეული ერისმთავარი t'it'oeuli erismt'avari einzelne Haupt des Volkes
ერისმთავარ(თა)/ erismt'avar(t'a)	Haupt des Volkes ŽA 184/3	ოთხთა ერისმთავართა ot'xt'a erismt'avart'a vier Häupter des Volkes
მთავარი/ mt'avari	Oberhaupt des Volkes DŽ 225/6f.; 228/9f.; 233/8	მთავარი ქართლისა mt'avari k'art'lisa Oberhaupt von K'art'li

Adelstitel	Bedeutung und Belege	Beispiele mit Umschrift und Übersetzung
მთავარ(სა)/ mt'avar(sa)	Oberhaupt des Volkes DŽ 226/2	მთავარსა მას სტეფანოზს mt'avarisa mas step'anozs zum Oberhaupt Step'anoz
უმთავრესი/ umt'avresi	höchster Würdenträger/ Fürst des Landes DŽ 197/5	უმთავრესისა შენისა umt'avresisa šenisa dein höchstes Oberhaupt
მთავრობა(სა)/ mt'avroba(sa)	Haupt des Landes DŽ 161/12; 162/9; 168/15; C'K'M 25/1 als Verb – führen DŽ 197/15; 223/15; C'DUB 375/23;375/25	მთარობასა ზედა დადგენილ ხართ mt'arobasa zeda dadgenil xart' seid ihr als Häupter des Landes bestätigt
მთავრობს/ mt'avrobs	Haupt des Landes und als Verb – führen DŽ 197/15	რამეთუ მთავრობს ramet'u mt'avrobs weil er regiert
მთავრობა/ mt'avroba	Haupt des Landes DŽ 223/16	მთავრობა სპარსთა და არაბთა mt'avroba sparst'a da arabt'a die Regierung der Perser und Araber
მთავრობდა/ mt'avrobda	Haupt des Landes und als Verb – führen C'DUB 375/23	და მთავრობდა ქართლს იგივე სტეფანოზ დიდი da mt'avrobda k'art'ls igive step'anoz didi und regierte in K'art'li derselbe Step'anoz der Große
მთავრობდა/ mt'avrobda	Haupt des Landes und als Verb – führen C'DUB 375/23	და შემდგომად მისსა მთავრობდა ადარნასე da šemdgomad missa mt'avrobda adarnase und nach ihm regierte Adarnase
მთავრ(ისასა)/ mt'avr(isasa)	Haupt des Landes DŽ 226/6	ადარნასე მთავრისასა adarnase mt'avrisasa von dem Haupt des Landes Adarnase
მთავარ(ნ)ი/ mt'avar(n)i	Oberhäupter/ Edle des Volkes ŽA 289/18; 296/6	მეფე და მთავარ(ნ)ი მისნი mep'e da mt'avar(n)i misni der König und seine Oberhäupter
მთავარ(ნ)ი/ mt'avar(n)i	Oberhäupter/ Edle des Volkes ŽA 266/15; 305/11	და სხუანი მთავარნი da sxuani mt'avart'ni und andere Oberhäupter
მთავართა/ mt'avart'a	Oberhäupter/ Edle des Volkes ŽA 290/20	მთავართა საქართველოსათა mt'avart'a sak'art'velosat'a Oberhäupter Georgiens

Quelle: eigene Darstellung.

2. Adelsprädikate und Ämter am sasanidischen Hof[1] (einschließlich sozialer Gruppen)

Adelstitel	Bedeutung	Seite	Anmerkungen[2]
āzād	1. Adliger (soz. Status) 2. edel, wohlgeboren 3. frei (Rechtsstatus, im Mitteliranischen)	59	3 verschiedene Bedeutungen – Grundbedeutung schon in altiran. Zeit: vornehm, edel, wohlgeboren durch Geburt bzw. Abstammung (syr. ḥērā = frei)
āzād gozārdan	freilassen	61	
āzād hištan	als Freien entlassen	59	freilassen
āzād kardan	zu einem Freien machen	59	befreien
Āzādān (pl.)	unterste Adelsklasse	60	syr. ḥērē
āzādīh	der Adel	76	
āzād-mard	der Edelmann	75	
āzād-mardān	die Edelleute	73	
āzād-tōhmag	von nobler Abstammung	74	
āzāut'iwn	Erbschaft, Erbe (armen.)	63	sasanidisches Vorbild aber Sonderentwicklung im Armenischen
bandakān	die Schuldner, Gefolgsleute und Dienstmänner	74	Antonym zu āzādān
bayaspān (parth.)	Königsbote	33	
dahibed	Herr des Landes		
darpat	Herr der Pforte		eigentl. Türhüter
dipīr/dibīr	Schreiber		
duxš (mp.)	Prinzessin	368	duxt – parthisch
ehrebed	Priester		
ganzwār, ganzbar	Schatzmeister		syr. gizzaḇrā, rame. gazzabar, mand. ganzibrā
karapan	Priester	81	Gruppe von Priestern, die Zarathustra feindlich gegenüberstand
κομιτᾶτον	Gefolge = Begleiter des Großkönigs auf Reisen und Feldzügen	34	Mani gehört z.B. zum κομιτᾶτον (lat. comitatus), d.h. zum Gefolge, des Großkönigs
Kušānšāh	der Kušān-König	33	den sasanidischen Teil d. ehemaligen Kušān-Reiches verwaltete meist ein enger Verwandter des Königs (z.B. Šāpurs Bruder Pērōz)
Mayar	Mundschenk	?	mittelpers., eigentl. Weinhalter

---

1 Nach: Colditz, Iris. Zur Sozialterminologie der iranischen Manichäer: Eine semantische Analyse im Vergleich zu den nichtmanichäischen iranischen Quellen. [Iranica. Bd. 5]. Wiesbaden. 2000.

2 Eigene Anmerkungen in Klammern.

Adelstitel	Bedeutung	Seite	Anmerkungen
magu; mog	(einfacher) Magier	?	
mōbed; mōbad; mōgbed	Obermagier	?	eigentl. Magierherr bzw. Herr der Magier [magupat]
nar	Mann, Krieger	173	Avestisch (in der Gāthās)
patrōnus	Schutzherr	211	(lat.)
pus i wāspuhr	Thronerbe, Prinz	341	
šābuhr šah abesrōgān masišt (parth.)	Šabuhrs oberste Sängerin	33	
šāh	König	72	
šāh ud āzādān	„König und Adel"	72	
šahrðār (parth.)	Fürst/Herrscher	33	
Šahrðārān (pl.)	Herrscher	72	
sāstārīh	Tyrannei	81	
ἐλεύθερος, ἐλεύθερα	männl., weibl. Freie	34	in kopt. Manichaica gelegentlich Synonym von āzād
tarkumān (mp.)	Dolmetscher	33	königlicher Bediensteter
tāwag	vermögend	222	
tāwagān	die Reichen	72	
Tūrān-šāh	König von Turan	34	Titel des Herrschers bzw. Statthalters von Turan
tuwān, tuwānīg, tuwāngar	die Reichen	216	Bezeichnungen einer sozial hoch stehenden Gruppe
Waručān-šāh	König von Waručan	34	Waručan = Iberien, Georgien (?)
wāspuhr/wispuhr	Prinz	341	eigentl. = Sohn des Hauses (das in Inschriften benutzte Ideogramm BRBYT' enspr. aram. bar baytā = Sohn des Hauses und ist ein calque zu wā(i)spuhr)
Wispuhrān (pl.)	oft: Angehörige des Herrscherhauses	324	
wispuhrān, widuxtān (pl.)	Prinzen, Prinzessinnen	338	
wuzurg/warzug	groß = hochadelig	34	In Inschriften kommt der Singular nur als Ideogramm vor: RB'
Wuzurgān (pl.)	Große, Magnaten, Hochadel	72	syr./aram. rabbā, als Lehnübersetzung im Syrischen: raurbānē
wuzurg-xwāstag	edler Mann von großem Reichtum	265	
xwadāy; xwadawān	Herr	68	meist militärische Würdenträger

Quelle: eigene Darstellung.

3. Von den Sasaniden „entlehnte" Adelsprädikate und Funktionen ihrer Träger im georgischen Hofstaat nach Kʻartʻlis Cʻxovreba

Adelstitel	Bedeutung und Belege[1]	Beispiele mit Umschrift und Übersetzung
ამირსპასა-ლარი/ amirspasalari	Kriegsminister IDAŠ 110/7; ŽA 293/17; LGDM 370/25	ამირსპასალარი amirspasalari
აზნაურ(თ)ა/ aznaur(tʻ)a	edel – als sozialer Status IDAŠ 5/9	დიდებულთა და აზნაურთა didebultʻa da aznaurtʻa die Edlen und die Adligen
აზნაურ(თა)-თა/ aznaur(tʻa)-tʻa	edel – als sozialer Status IDAŠ 6/15	დიდებულთა და აზნაურთათა didebultʻa da aznaurtʻatʻa die Edlen und die Adligen
აზნაურ(თ)ა/ aznaur(tʻ)a	edel – als sozialer Status IDAŠ 9/16	ხელმწიფეთა და დიდებულთა აზნაურთა xelmcipʻetʻa da didebultʻa aznaurtʻa die Führer und die edlen Adligen
აზნაურ(ნ)ი/ aznaur(n)i	würdig – als sozialer Status IDAŠ 10/2	დიდებულ(ნ)ი და აზნაურ(ნ)ი didebul(n)i da aznaur(n)i die Würdigen und die Adligen
აზნაურ(ნ)ი/ aznaur(n)i	würdig – als sozialer Status IDAŠ 10/16	თავად(ნ)ი, დიდებულ(ნ)ი და აზნაურ(ნ)ი tʻavad(n)i, didebul(n)i da aznaur(n)i die Führer, die Würdigen und die Adligen
აზნაურ(ნ)ი/ aznaur(n)i	edel – als sozialer Status IDAŠ 34/11	გადიდებულდეს აზნაურ(ნ)ი gadidebuldes aznaur(n)i werden die Adligen noch edler
აზნაურ-(თაგან)ი/ aznaur-(tʻagan)i	Stellvertreter des Königs CʻKʻM 48/4	და იყო კლარჯეთს ერისთავი არკოზ მეფისა, აზნაურთაგანი da iqo klarjetʻs eristʻavi arkoz mepʻisa, aznaurtʻagani und war in Klarjetʻi das Oberhaupt von König Arzok, [einer der] Stellvertreter des Königs
აზნაურ(ნ)ი/ aznaur(n)i	Adel – als sozialer Status CʻKʻM 135/25	აზნაურ(ნ)ი და ყოველი ერი ქართლისა. aznaur(n)i da qoveli eri kʻartʻlisa. die Adligen und alles Volk von Kʻartʻli
აზნაურ(ნ)ი/ aznaur(n)i	Adel – als sozialer Status CʻVG 139/11	აზნაურ(ნ)ი ქართლისანი aznaur(n)i kʻartʻlisani die Adligen aus Kʻartʻli
აზნაურ(ნ)ი/ aznaur(n)i	Adel – als sozialer Status MKʻ 267/4	სხუანი მრავალნი აზნაურ(ნ)ი sxuani mravalni aznaur(n)i andere viele Adlige

---

1 Die Quelle: Titel (Sigeln: siehe Übersicht am Ende des Anhangs) Seite/Vers.

Adelstitel	Bedeutung und Belege	Beispiele mit Umschrift und Übersetzung
აზნაურ(ნ)ი/ aznaur(n)i	Adel – als sozialer Status MK 267/10	აზნაურ(ნ)ი საზუერელნი aznaur(n)i sazuerelni die Adligen aus Sazuereli
აზნაურ(ნ)ი/ aznaur(n)i	Adel – als sozialer Status MK' 268/1	აზნაურ(ნ)ი, რომელნი დგეს ციხესა შინა aznaur(n)i, romelni dges c'ixesa šina die Adligen, die in der Burg wohnten
აზნაურ(ნ)ი/ aznaur(n)i	Adel – als sozialer Status MK' 268/5	აზნაურ(ნ)ი გარდაბანელნი aznaur(n)i gardabanelni die Adligen aus Gardabani
აზნაურთა/ aznaurt'a	Adel – als sozialer Status K' 268/11	აზნაურთა ქართველთა aznaurt'a k'art'velt'a die Adligen von Georgiern.
აზნაურ(ნ)ი/ aznaur(n)i	Adel – als sozialer Status MK' 274/7	ქართველნი აზნაურ(ნ)ი k'art'velni aznaur(n)i die georgischen Adligen
აზნაურთა/ aznaurt'a	Adel – als sozialer Status MK' 274/13	ქართლისა აზნაურთა k'art'lisa aznaurt'a die Adligen von K'art'li
აზნაურ(თა)/ aznaur(t'a)	Adel/edel/vornehm/Haupt des Volkes – als sozialer Status MK' 275/10	დიდებულთა და ერისთავთა და აზნაურთა აფხაზეთისა didebult'a da erist'avt'a da aznaurt'a ap'xazet'isa die Würdigen und die Oberhäupter und die Adligen aus Ap'xazien
აზნაურ(თა)/ aznaur(t'a)	Adel – als sozialer Status MK' 276/4	აზნაურთა ქართლისათა aznaurt'a k'art'lisat'a die Adligen von K'art'li
აზნაურ- (თათა)/ aznaur(t'at'a)	Adel – als sozialer Status MK' 284/6	ღადრობითა აზნაურთათა ġadrobit'a aznaurt'at'a durch die Unzuverlässigkeit der Adligen
აზნაურ(თა)/ aznaur(t'a)	Adel – als sozialer Status MK' 288/7	პირველ გაეცნეს აზნაურთა pirvel gaec'nes aznaurt'a haben zuerst sich den Adligen vorgestellt
აზნაურ(ნ)ი/ aznaur(n)i	Haupt – als sozialer Status MK' 289/13	ერისთავ(ნ)ი და აზნაურ(ნ)ი ტაოელნი erist'av(n)i da aznaur(n)i taoelni die Oberhäupter und die Adligen aus Tao
აზნაურ(ნ)ი/ aznaur(n)i)	Adel – als sozialer Status MK' 291/12	წარვიდეს აზნაურ(ნ)ი ტაოელნი საბერძნეთს carvides aznaur(n)i taoelni saberjnet's die Adligen aus Tao sind nach Griechenland gegangen
აზნაურ(თა)/ aznaur(t'a)	Adel – als sozialer Status MK' 291/13	აზნაურთა ტაოელთა aznaurt'a taoelt'a die Adligen aus Tao

Adelstitel	Bedeutung und Belege	Beispiele mit Umschrift und Übersetzung
აზნაურ(ნ)ი/ aznaur(n)i	Adel – als sozialer Status MK' 292/3	სხუანიცა აზნაურ(ნ)ი sxuanic'a aznaur(n)i andere Adlige
აზნაურ-(თაგან)/ aznaur(t'agan)	Adel – als sozialer Status MK' 295/7	და აზნაურთაგან იყო მათ შუა მი-და-მო საუბარი da aznaurt'agan iqo mat' šua mi-da-mo saubari und durch die Adligen kam es zwischen ihnen zum Gespräch
აზნაურ(ნ)ი/ aznaur(n)i	edel, vornehm – als sozialer Status MK' 298/14	დიდებულ(ნ)ი და აზნაურ(ნ)ი didebul(n)i da aznaur(n)i die Würdigen und die Adligen
აზნაურ(ნ)ი/ aznaur(n)i	Adel – als sozialer Status MK'301/15	აზნაურ(ნ)ი მესხნი aznaur(n)i meschini mesxische Adlige
აზნაურ(ნ)ი/ aznaur(n)i	würdig – als sozialer Status ŽA 301/21	დიდებულ(ნ)ი და აზნაურ(ნ)ი didebul(n)i da aznaur(n)i die Würdigen und die Adligen
აზნაურ(ნ)ი/ aznaur(n)i	würdig – als sozialer Status ŽA 304/12	დიდებულ(ნ)ი აზნაურ(ნ)ი didebul(n)i aznaur(n)i die würdigen Adligen
აზნაურ(ნ)ი/ aznaur(n)i	Adel – als sozialer Status ŽA 305/16	აზნაურ(ნ)ი ქართველნი და სომხითარნი aznaur(n)i k'art'velt'ani da somxit'arni georgische und armenische Adlige
აზნაურ(ნ)ი/ aznaur(n)i	Adel – als sozialer Status MK'306/17	მესხნი აზნაურ(ნ)ი meschini aznaur(n)i mesxische Adlige
აზნაურ(ნ)ი მცირედ(ნ)ი/ aznaur(n)i mc'ired(n)i	niederer Adel – als sozialer Status MK' 310/21	ერისთავი ყუელისა, და მათ თანა სხუანიცა აზნაურ(ნ)ი მცირედ(ნ)ი erist'avi quelisa, da mat' t'ana sxuanic'a aznaur(n)i mc'ired(n)i der Oberhaupt von allen, und mit ihm andere niedere Adlige
აზნაურ(სა)/ aznaur(sa)	Adel – als sozialer Status MK' 311/22; 312/1	აზნაურსა მესხსა aznaursa mesxsa zu den mesxischen Adligen
აზნაურ(თა)/ aznaur(t'a)	Adel – als sozialer Status MK' 317/2	ყოველთა აზნაურთა qovelt'a aznaurt'a alle Adlige
აზნაურ(ნ)ი/ aznaur(n)i	Adel – als sozialer Status C'MMD 318/11	აზნაურ(ნ)ი შავნი aznaur(n)i šavni schwarze Adlige

Adelstitel	Bedeutung und Belege	Beispiele mit Umschrift und Übersetzung
აზნაურ(ნ)ი/ aznaur(n)i	Adel – als sozialer Status ŽA 319/4	მრავალნი აზნაურ(ნ)ი mravalni aznaurni viele Adlige
აზნაურ(ნ)ი/ aznaur(n)i	Adel – als sozialer Status C'MMD 324/16	სხუანიცა აზნაურ(ნ)ი sxuanic'a aznaur(n)i andere Adlige
აზნაურ(ნ)ი/ aznaur(n)i	Adel – als sozialer Status C'MMD 345/15	აზნაურ(ნ)ი მესხნი aznaur(n)i mesxni mesxische Adlige
აზნაურ(თა)/ aznaur(t'a)	Adel – als sozialer Status C'DUB 373/20; 21	[...]ქართლისა აზნაურთა k'art'lisa aznaurt'a die Adligen von K'art'li
აზნაურ(ნ)ი/ aznaur(n)i	Adel – als sozialer Status C'DUB 385/32f.	აზნაურ(ნ)ი ბაგრატისნი aznaur(n)i bagratisni die Adligen von Bagrat
აზნაურ(ნ)ი/ aznaur(n)i	Adel – als sozialer Status C'DUB 385/23, 24, 25	აზნაურ(ნ)ი ტაოელნი aznaur(n)i taoelni die Adligen aus Tao
აზნაური/ aznauri	Adel – als sozialer Status C'DUB 386/4	შავშეთის აზნაურ(ი) šavšet'is aznaur(n)i die Adligen aus Šavšeti
აზნაურ-შვილი/ aznauršvili	Adel – als sozialer Status AK'C' 497/21; 519/17	და მისნი აზნაურშვილი [...]da misni aznauršvili und seinem Kind eines Adligen
აზნაურის შვილ(თ)ა/ aznauris švil(t')a	Adel – als sozialer Status AK'C' 512/14	აზნაურის შვილთა aznauris švilt'a den Kindern eines Adliger
პატიახშ(თა)/ patiaxš(t'a)	Oberhaupt des Dorfes/ der Provinz C'K'M 60/6	მთავართა სოფლებისათა პატიახშთა mt'avart'a sop'lebisat'a patiaxšt'a die adligen Oberhäupter der Dörfer
პატიახშ-(ისა)/ patiaxš(isa)	Oberhaupt des Landes DŽ 185/9	სომეხთა პატიახშისა somext'a patiaxšisa die Adligen Armeniens
პატიახშ(სა)/ patiaxš(sa)	Oberhaupt des Landes DŽ 199/18	პატიახშსა სომხითისასა patiaxšsa somexit'isasa der Adel aus Armenien.
პატიახშ(ნ)ი/ patiaxš(n)i]	Oberhaupt des Landes DŽ 202/5	პატიახშ(ნ)ი და სპასპეტი patiaxš(n)i da spaspeti die Adligen und der spaspet
პატიახშ(ნ)ი/ patiaxš(n)i]	Oberhaupt des Volkes/des Landes C'MMD 234/3	მთავარ(ნ)ი და პატიახშ(ნ)ი mt'avar(n)i da patiaxš(n)i die Oberhäupter und die Adligen

Adelstitel	Bedeutung und Belege	Beispiele mit Umschrift und Übersetzung
პატიახშთა/ patiaxš t'a	Oberhaupt des Volkes/des Landes C'MMD 237/5	ერისთავთა და პატიახშთა eristavt'a da patiaxšt'a den Häuptern und den Adligen
პატიახშსა/ patiaxš sa	Oberhaupt des Volkes/des Landes C'MMD 241/19	მისცა პატიახშსა misc'a patiaxšsa hat [es] dem Adligen gegeben
პატიახშ(ნ)ი/ pitiaxš(n)i	Adel – als sozialer Status AK'C' 342/5	პატიახშ(ნ)ი ლორისა, კახეთისა, შირვანისა და სამცხისა patiaxš(n)i lorisa, kaxet'isa, širvanisa da camc'xisa die Adligen aus Lori, Kaxet'i, Širvani und Samc'xe
პატიახშ(ნ)ი/ pitiaxš(n)i	Adel – als sozialer Status AK'C' 477/11	ლორისა პატიახშ(ნ)ი lorisa patiaxš(n)i die Adligen aus Lori
სპასალარ-(ნ)ი/ spasalar(n)i	Oberkommandierender IDAŠ 5/9; DŽ 196/10; C'MMT' 119/4	ყოველნი სპასალარ(ნ)ი qovelni spasalar(n)i alle spasalare
სპასალარ-(მან)/ spasalar(man)	Oberhaupt DŽ 143/18	სპასალარმან კასპისამ spasalarman kaspisam der spasalar aus Kaspi
სპასპეტი/ spaspeti	Oberhaupt C'K'M 24/25; 25/1	სპასპეტი იყო შემდგომადვე წინაშე მეფისა spaspeti iqo šemdgomadve cinaše mep'isa nach dem König war der spaspeti der erste Mann
სპასპეტ(თა)/ spaspet(t')	Oberhaupt IDAŠ 5/9	სპასალარ(თ)ა და სპასპეტ(თ)ა, შინაურ(თ)ა და გარეშე(თ)ა, spasalar(t')a da spaspet(t')a, šinaur(t')a da gareše(t')a, den spasalaren und den spaspeten, den heimischen und den fremden,
სპასპეტ(სა)/ spaspet(sa)	Oberhaupt DŽ 143/15	საურმაგ სპასპეტსა saurmag spaspetsa zum spaspet Saurmag
სპასპეტ(სა)/ spaspet(sa)	Oberhaupt ŽA 316/15	სპასპეტსა მისსა spaspetsa missa zu seinem spaspet
სპასპეტ(ნ)ი/ spaspet(n)i	Oberhaupt DŽ 202/5	და სპასპეტ(ნ)ი da spaspet(n)i und die Oberhäupter
სპასპეტ(სა)/ spaspet(sa)	Oberhaupt DŽ 149/17	ჯუანშერ სპასპეტსა Džuanšer spaspetsa zum spaspet Džuanšer

Adelstitel	Bedeutung und Belege	Beispiele mit Umschrift und Übersetzung
სპასპეტი/ spaspeti	Oberhaupt DŽ 145/8	და მოკუდა საურმაგ სპასპეტი da mokuda saurmag spaspeti und [es] starb der spaspet Saurmag
სპასპეტი/ spaspeti	Oberhaupt DŽ 145/9	სხუა სპასპეტი sxua spaspeti andere Oberhäupter
სპასპეტი/ spaspeti	Oberhaupt DŽ 185/12	პირველად ჯუანშერ სპასპეტი, მპყრობელი შიდა ქართლისა და ყოველთა ერისთავთა pirvelad džuanšer spaspeti, mpqrobeli šida k'art'lisa da qovelt'a erist'avt'a zuerst der spaspet Džuanšer, der Herrscher Mittel-K'art'lis und alle Oberhäupter
მარზაპან-(თა)/ marzapan(t'a)	Stellvertreter des Königs C'K'M 67/6	მარზაპანთა სპარსეთისათა marzapant'a sparset'isat'a die Stellvertreter des Königs aus Persien
მარზაპან-(თა)/ marzapan(t'a)	Stellvertreter des Königs ŽA 168/18	ყოველთა მარზაპანთა და ერისთავთა qovelt'a marzapant'a da erist'avt'a alle Stellvertreter des Königs und die Oberhäupter
მარზაპან-(თა)/ marzapan(t'a)	Stellvertreter des Königs DŽ 184/11	მარზაპანთა ჩემთა marzapant'a č'emt'a meinen Stellvertretern des Königs
მობიდან(ი)/ mobidan(i)	Bischof von k'art'li DŽ 142/15, 16, 18	ეპისკოპოსი, რომელსა ერქუა მობიდან episkoposi, romelsa erk'ua mobidan der Bischof, der sich mobidan nannte
მობიდანი-(სი)/ mobidani(si)	Bischof von k'art'li DŽ 142/18	უსჯულოება მობიდანისი usdžuloeba mobidanisi die Ungläubigkeit des mobidani
მობიდანი/ mobidani	Bischof von k'art'li DŽ 145/16	მობიდან ეპისკოპოსი mobidan episkoposi Bischof mobidan
მობიდან(ი)/ mobidan(i)	Stellvertreter des Königs DŽ 184/1	საკუთარი მობიდანი sakut'ari mobidani eigene Stellvertreter des Königs

Quelle: eigene Darstellung.

Bibliographie

Siglen der verwendeten Quellen

AKʻCʻ   *Axali Kʻartʻlis Cʻxovreba.* In: Qauxčʻišvili, Simon (Hrsg.). *Kʻartʻlis Cʻxovreba* (*Das Leben Kʻartʻlis*). Bd. 2. Tʻbilisi. 1959.

CʻDUB   Cʻxovreba da ucqeba bagrationtʻa. In: Qauxčʻišvili, Simon (Hrsg.). Kʻartʻlis Cʻxovreba (Das Leben Kʻartʻlis). Bd. 1. Tʻbilisi. 1955.

CʻKʻM   *Cʻxovreba kʻartʻvel mepʻetʻa.* In: Qauxčʻišvili, Simon (Hrsg.). *Kʻartʻlis Cʻxovreba* (*Das Leben Kʻartʻlis*). Bd. 1. Tʻbilisi. 1955.

CʻMMD   Cʻxovreba mepʻetʻa-mepʻisa davitʻisi. In: Qauxčʻišvili, Simon (Hrsg.). Kʻartʻlis Cʻxovreba (Das Leben Kʻartʻlis). Bd. 1. Tʻbilisi. 1955.

CʻMMTʻ   Cʻxovreba mepʻeta mepʻisa tʻamarisi. In: Qauxčʻišvili, Simon (Hrsg.). Kʻartʻlis Cʻxovreba (Das Leben Kʻartʻlis). Bd. 2. Tʻbilisi. 1955.

CʻVG   Cʻxovreba Vaxtang Gorgaslisa. In: Qauxčʻišvili, Simon (Hrsg.). Kʻartʻlis Cʻxovreba (Das Leben Kʻartʻlis). Bd. 1. Tʻbilisi. 1955.

DŽ   *Džuanšer.* In: Qauxčʻišvili, Simon (Hrsg.). *Kʻartʻlis Cʻxovreba* (*Das Leben Kʻartʻlis*). Bd. 1. Tʻbilisi. 1955.

IDAŠ   Istoria da armazni šaravandedtʻani. In: Qauxčʻišvili, Simon (Hrsg.). Kʻartʻlis Cʻxovreba (Das Leben Kʻartʻlis). Bd. 2. Tʻbilisi. 1959.

LGDM   Laša-giorgis droindeli mematiane. In: Qauxčʻišvili, Simon (Hrsg.). Kʻartʻlis Cʻxovreba (Das Leben Kʻartʻlis). Bd. 1. Tʻbilisi. 1955.

MKʻ   *Matiane kʻartʻlisa.* In: Qauxčʻišvili, Simon (Hrsg.). *Kʻartʻlis Cʻxovreba.* (*Das Leben Kʻartʻlis*). Bd. 1. Tʻbilisi. 1955.

ŽA   Žamtʻa aġmcereli. In: Qauxčʻišvili, Simon (Hrsg.). Kʻartʻlis Cʻxovreba (Das Leben Kʻartʻlis). Bd. 2. Tʻbilisi. 1959.

Lexika und Nachschlagewerke

Abašije, Irakli/Metreveli, Roin u.a. (Hrsg.). Kʻartʻuli enis ganmartebitʻi lekʻsikoni. Bde. 1, 2. Tʻbilisi. 1990.

Abulaje, Ilia (Hrsg.). Sulxan-Saba Orbeliani: ‚Lekʻsikoni Kʻartʻuliʻ. Bde. 1, 2. Tʻbilisi. 1991, 1993.

Aßfalg, Julius/Krüger, Paul (Hrsg.). Kleines Wörterbuch des christlichen Orients. Wiesbaden. 1975.

Axvlediani, Giorgi. Zogadi pʻonetikis šesavali. Tʻbilisi. 1956.

Back, Michael. Die sassanidischen Staatsinschriften. Studien zur Orthographie und Phonologie des Mittelpersischen der Inschriften zusammen mit einem etymologischen Index des mittelpersischen Wortgutes und einem Textcorpus der behandelten Inschriften [Acta Iranica 18]. Téhéran-Liège/Leiden. 1978.

Balz, Horst Robert/Hall, Stuart G. u.a. (Hrsg.). Theologische Realenzyklopädie. Bd. XII. Berlin/New York. 1984.

Bartholomae, Christian. Altiranisches Wörterbuch. Strassburg. 1904.

Bautier, Robert Henri/Auty, Robert (Hrsg.). Lexikon des Mittelalters. Bde. 3, 4. München/Zürich. 1989.

Bautz, Friedrich Wilhelm (Hrsg.). (seit 1993 fortgeführt von Traugott Bautz). Biographisch-Bibliographisches Kirchenlexikon. (verschiedene Bde.). Hamm u.a. 1989ff.

Bellinger, Gerhard J. Knaurs Lexikon der Mythologie. Über 3000 Stichwörter zu den Mythen aller Völker. Augsburg. 2000.

Bocian, Martin/Kraut Ursula u.a. (Hrsg.). Lexikon der biblischen Personen. Mit ihrem Fortleben in Judentum, Christentum, Islam, Dichtung, Musik und Kunst. Stuttgart. 1989.

Brednich, Rolf W. (Hrsg.). Enzyklopädie des Märchens. Handwörterbuch zur historischen und vergleichenden Erzählforschung. Bd. 5. Göttingen. 1987.

Brockelmann, Carl. Lexicon Syriacum. Editio secunda aucta et emendata. Hildesheim. 1982.

Č'ik'obava, Arnold/Abašije, Irakli u.a. (Hrsg.). K'art'uli enis ganmartebit'i lek'sikoni. Bd. 1, 2. T'bilisi. 1990.

Cancik, Hubert (Hrsg.). Der neue Pauly. Enzyklopädie der Antike. Bd. 4. Altertum. Stuttgart. 1998.

Fähnrich, Heinz. Kurze Grammatik der georgischen Sprache. Leipzig u.a. 1993.

— Lexikon georgische Mythologie. [Auch, Eva-Maria/Motika, Raoul u.a. (Hrsg.). Kaukasienstudien – Caucasian Studies. Bd. 1]. Wiesbaden. 1999.

Ferdinand, Justi. Iranisches Namenbuch. Marburg. 1895.

Frisk, Hjalmar. Griechisches Etymologisches Wörterbuch. Bd. 2. Heidelberg. 1970.

Frye, Richard N[elson]. The History of Ancient Iran. [Handbuch der Altertumswissenschaft III. 7]. München. 1985.

Ghirshman, Roman. Iran. Parther und Sasaniden. München. 1962.

Glück, Helmut (Hrsg.). Metzler Lexikon Sprache. (Elektronische Ausgabe der zweiten, überarbeiteten und erweiterten Auflage. Digitale Bibliothek. Bd. 34). Berlin. 2000.

Göbl, Robert. Sasanian Numismatics [Manuals of Middle Asian Numismatics. Vol. 1]. Braunschweig. 1971 [Sasanidische Numismatik. (Handbücher der mittelasiatischen Numismatik. Bd. 1)]. Braunschweig. 1968.

Goetz, Hans-Werner. Proseminar Geschichte: Mittelalter. Stuttgart. 1993.

Golther, Wolfgang. Handbuch der germanischen Mythologie. Essen. o.J. [Reprint der fünften Auflage der Originalausgabe. Rostock. 1895].

Höfer, Josef/Rahner, Karl (Hrsg.). Lexikon für Theologie und Kirche 4. Freiburg. 1957–1965.

Hoffmannn-Krayer, E. u.a. (Hrsg.). Handwörterbuch des Deutschen Aberglaubens. Bd. 3. [Handwörterbuch zur Deutschen Volkskunde. Abteilung 1: Aberglauben]. Berlin/Leipzig. 1930/1931.

Hofmann, Johann Baptist (Hrsg.). Etymologisches Wörterbuch des Griechischen. München. 1930.

Hübschmann, Heinrich. Armenische Grammatik. Bd. 1. Leipzig/Darmstadt/Hildesheim. 1897, 1962, 1972 und 1992.

Jedin, Hubert (Hrsg.). Handbuch der Kirchengeschichte. Bd. II/1. Freiburg. 1985.

Jensen, Hans. Altarmenische Grammatik. Heidelberg. 1959.

Justi, Ferdinand. Iranisches Namenbuch. Marburg. 1895.

Kaegi, Adolf (Hrsg.). Benselers Griechisch-Deutsches Wörterbuch. Mit einem alphabetischen Verzeichnis zur Bestimmung seltener und unregelmäßiger Verben. Leipzig. 1990.

Kasper, Walter/Baumgartner, Konrad u.a. (Hrsg.). Lexikon für Theologie und Kirche. Bde. 7, 9, 10. Freiburg/Basel/Rom/Wien. 1998, 2000, 2001.

Katholische Universität Eichstädt. Prosopographische Frauenliste des christlichen Ostens; 12.02.2004, <http://www1.ku-eichstaett.de/KTF/KiGe/sdoku.htm>.

Klauser, Theodor. (Hrsg.). Reallexikon für Antike und Christentum. Bd. 5: Endelichus-Erfinder. Stuttgart. 1962.

Lücke, Hans-K./Lücke, Susanne. Antike Mythologie. Ein Handbuch. Der Mythos und seine Überlieferung in Literatur und bildender Kunst. Reinbek bei Hamburg. 1999.

Mayrhofer, Manfred. Etymologisches Wörterbuch des Altindoarischen. Heidelberg. 1986.

Menge, Hermann. Enzyklopädisches Wörterbuch der lateinischen und deutschen Sprache. Teil 1. Lateinisch-deutsch mit besonderer Berücksichtung der Etymologie. Berlin-Schöneberg. 1950.

Müller, Gerhard/Balz, Horst u.a. (Hrsg.). Theologische Realenzyklopädie. Bd. 4. Berlin. 1979.

Nyberg, Henrik S. A Manual of Pahlavi II. Ideograms, Glossary, Abbreviations, Index, Grammatical Survey, Corrigenda to Part I. Wiesbaden. 1974.

Orbeliani, Sulxan-Saba. Sitqvis kona. Bd. 1. T'bilisi. 1966.

Reicke, Bo/Rost, Leonhard (Hrsg.). Biblisch-Historisches Handwörterbuch. Bd. 3. Göttingen. 1966.

Schäfer, Joachim. Ökumenisches Heiligenlexikon. 2004; 15.06.2004, <http://www.heiligen-lexikon.de/BiographienG/Georg_der_Maertyrer.htm>.

Sleumer, Albert. Kirchenlateinisches Wörterbuch. Hildesheim/Zürich/New York. 1990.

Spuler, Bertold/Franke Herbert u. a. (Hrsg.) Handbuch der Orientalistik. Der Nahe und der mittlere Osten. Bd. 4: Iranistik. Linguistik, Bd. 7: Armenisch und Kaukasische Sprachen. Leiden/Köln. 1958, 1963.

Stowasser, Josef M./Petschenig, Michael/Skutsch, Franz. Lateinisch-deutsches Schulwörterbuch. München. 1998.

Thome, Helmut. Grundkurs Statistik für Historiker. Teil 1: Deskriptive Statistik. [Historical Research – Historische Sozialforschung. An International Journal for the Application of Formal Methods to History. Supplement/Beiheft. No. 2 (1989)]. Köln. (Neudruck im Dezember) 1995.

Wissowa, Georg/Kroll, Wilhelm (Hrsg.). Paulys Real-Encyclopädie der classischen Altertumswissenschaft. Bd. 16. Stuttgart. 1935.

Yarshater, Ehsan (Hrsg.). Encyclopaedia Iranica. Vol. 3: Ātaš-Bayhaqī. London/New York. 1989.

Zgusta, Ladislav. Kleinasiatische Personennamen. Prag. 1964.

Ziegler, Konrat/Sontheimer, Walther (Hrsg.). Der kleine Pauly. Lexikon der Antike Bde. 1, 3, 4. München. 1979.

Quellen und Literatur

Aarne, Antti/Thompson, Stith. The Types of Folktale. A Classification and Bibliography. Helsinki. 1961.
Abulaje, Alekʿsandre (Hrsg.). Somxetʿis istoria. Tʿbilisi. 1984.
Abulaje, Ilia (Hrsg.). Jveli kʿartʿuli agiograpʿiuli literaturis jeglebi. Bde. 1, 3. Tʿbilisi. 1963, 1971.
— Martvilobay Šušanikisi/Vkayabanowtʿiwn Šowšankay. Tʿbilisi. 1978.
Abulaje, Ilia u.a. (Hrsg.). Iakob Cʿurtaveli: Martvilobay Šušanikisi. Tʿbilisi. 1938.
— Kʿartʿlis Cʿxovreba. Tʿbilisi. 1952.
Abulaje, Ilia. Kʿartʿuli da somxuri literaturuli urtʿirtʿoba IX-X saukuneebši. Tʿbilisi. 1944.
Ačaṙyan, Hracʿya. Hayerēn Armatakan Baṙaran. Erevan. 1971–1979.
— Hayocʿ anjnanownneri baṙaran. Erevan. 1948.
Aini, Kamal S (Hrsg.). Vīs va Rāmīn of Fakhr al-dīn Gorgānī. Persian critical text composed from the Persian and Georgian oldest manuscripts by Magali A. Todua and Alexander A. Gwakharia. Tehran. 1970.
Altheim, Franz/Stiehl, Ruth. Ein asiatischer Staat. Feudalismus unter den Sasaniden und ihren Nachbarn. Wiesbaden. 1954.
— Geschichte Mittelasiens im Altertum. Berlin. 1970.
Andronikašvili, Mzia. Narkvevebi iranul-kʿartʿuli enobrivi urtʿiertʿobidan. Bd. 1. Tʿbilisi. 1966.
Asatʿiani, Nodar. Sakʿartʿvelos istoria ujvelesi droidan XIX saukunemde. Tʿbilisi. 2001.
Asatʿiani, Nodar/Lortʿkʿipʿanije, Mariam. Sakʿartʿvelos istoria. Tʿbilisi. 1988.

Baehre-Waldherr, Edna. Fakhr Ud-Din Gurgani, Vis und Ramin und G[ottfried] v[on] S[traßburg], Tristan und Isolde: Ein Vergleich. Buffalo/NY. 1977.
Bakʿraje, Dimitri. Kʿartʿveli kʿalebi. Istoriuli mimoxilva. Tpʿilisi. 1891.
Bakradze, Dimitri. Kratkij očerk Gurii, Čuruk-su i Adžarii. In: Izvestija Kavkazskogo Otdela Imp. Russkogo Geografičeskogo Obščestva 2. Petersburg. 1874.
Baramije, Revaz. Die Anfänge der georgischen Literatur. („Das Leben des Parnawas"). In: Georgica 10. Jena/Tʿbilisi. 1987, 39–43.
Bardavelije, Vera. Aġmosavletʿ sakʿartʿvelos mtʿianetʿis tradicʿiuli sazogadoebriv-sakulto jeglebi. Bd. 1: Pʿšavi. und Bd. 2: Xevsuretʿi. Tʿbilisi. 1974, 1982.
— Ivris pʿšavelebši (dġiuri). In: Enimkis moambe Bd. 11. Tʿbilisi. 1941.
— Svanur xalxur dġeobatʿa kalendari. Tʿbilisi. 1939.
Bartholomae, Christian. Beiträge zur Kenntnis des sasanidischen Rechts. In: Wiener Zeitschrift für die Kunde des Morgenlandes 27. Wien 1913, 347–374.
— Der Verbalkontrakt im sasanidischen Recht. In: Zur Kenntnis der mitteliranischen Mundarten 2. (Sitzungsberichte der Heidelberger Akademie der Wissenschaften, Philosophisch-Historische Klasse 4). Heidelberg. 1917, 3–15.
— Die Frau im sasanidischen Recht. (Rede, gehalten beim Stiftungsfest der Heidelberger Akademie der Wissenschaften am 11. Mai 1924). In: Kultur und Sprache. Bd. 5. Heidelberg. 1924.

— Über ein sasanidisches Rechtsbuch. In: Sitzungsberichte der Heidelberger Akademie der Wissenschaften, Philosophisch-Historische Klasse 11. Heidelberg. 1910, 1–25.

— Zum sasanidischen Recht I–V. In: Sitzungsberichte der Heidelberger Akademie der Wissenschaften, Philosophisch-Historische Klasse. Heidelberg. I, 1918. II, 1918. III, 1920. IV, 1922. V, 1923.

Baxtaje, Mixeil. Eris'tavobis instituti sak'art'veloši. T'bilisi. 2003.

Bedošvili, Giorgi. Erco-t'ianet'is toponimia. T'bilisi. 1980.

Bek'aia, Mzia. Jveli da axali sak'orcino tradic'iebi ačaraši. Bat'umi. 1974.

— Odžaxis ganvit'arebis soc'ialuri problemebi. T'bilisi. 1980.

Belke, Klaus/Soustal, Peter (Hrsg.). Die Byzantiner und ihre Nachbarn: Die ‚De administrando imperio' genannte Lehrschrift des Kaisers Konstantinos [VII] Porphyrogennetos für seinen Sohn Romanos. In: Byzantinische Geschichtsschreiber. Bd. 19. Wien. 1995.

Beltz, Walter. Gemeinsame kulturelle Codes in koexistierenden Religionsgemeinschaften, dargestellt und untersucht an Beispielen der Messiasdiskurse in den Reisetagebüchern des Institutum Judaicum et Muhammedicum J.H. Callenbergs. In: ders./Pietruschka, Ute/Tubach, Jürgen (Hrsg.). Sprache und Geist. Peter Nagel zum 65. Geburtstag. [Hallesche Beiträge zur Orientwissenschaft, 35]. Halle. 2003, 1–29

— Religionswissenschaft und Orientalistik. In: ders./Günther, Sebastian (Hrsg.). Erlesenes. Sonderheft der Halleschen Beiträge zur Orientwissenschaft anlässlich des 19. Kongresses der Union Européenne d' Arabisants et Islamisants. Halle. 1998, 19–29.

— Systemtheoretische Ansätze in der Religionswissenschaft. Anmerkungen zum Thema regionale Systeme koexistierender Religionsgemeinschaften. In: ders./Tubach, Jürgen (Hrsg.). Regionale Systeme koexistierender Religionsgemeinschaften. [Hallesche Beiträge zur Orientwissenschaft, 34]. Halle. 2002, 99–112.

Benveniste, Emile. Indoeuropäische Institutionen: Wortschatz, Geschichte, Funktionen. (Original. Le vocabulaire des institutions indoeuropéennes. Aus dem Französischen von Bayer, Wolfram. Hrsg. von Zimmer, Stefan). Frankfurt/New York. 1993.

Beridse, Wachtang/Neubauer, Edith. Die Baukunst des Mittelalters in Georgien vom 4. bis zum 18. Jahrhundert. Berlin. 1980.

Berjenišvili, Niko. Dokumentebi sak'art'velos soc'ialuri istoriidan. Bd. 2. T'bilisi. 1963.

Berjenišvili, Nikoloz. Sak'art'velos istoriis narkvevebi. Bd. 3. T'bilisi. 1979.

Biedermann, Hermenegild Maria. 1500 Jahre Autokephalie Georgiens. Vortrag von Mixeil T'arxnišvili. In: Ostkirchliche Studien 33. Würzburg. 1984, 315–328.

Bielmeier, Roland. Zu iranischen Lehnwörtern im Georgischen und Armenischen. In: Sprachwissenschaftliche Forschungen. Festschrift für Johann Knobloch. Innsbruck. 1985, 33–42.

Bihlmeyer, Karl/Tüchle, Hermann. Kirchengeschichte. Bd. 1. Paderborn. 1966.

Bleichsteiner, Robert. Kaukasische Forschungen. Bd. 1: Georgische und Mingrelische Texte. Wien. 1929.

Bopp, Franz. Über das Georgische in sprachverwandtschaftlicher Beziehung. Berlin. 1848. In: Die Kaukasischen Glieder des Indoeuropäischen Sprachstammes (gelesen in der Akademie der Wissenschaften 11. Dezember 1842). Berlin. 1847.

Bornkamm, Günther. Thomasakten. In: Hennecke, Edgar/Schneemelcher, Wilhelm. Neutestamentliche Apokryphen in deutscher Übersetzung. Bd. 2: Apostolisches Apokalypsen und Verwandtes. Tübingen. 1964.

Braudel, Fernand. Geschichte und Sozialwissenschaften – Die „longue durée" (aus dem Französischen von B. Classen). In. Wehler, Hans-Ulrich (Hrsg.). Geschichte und Soziologie. Königstein. 1984, 189–215. [Französische Originalfasung: Histoire et Sciences Sociales. La Longue Durée. In: Annales 13. Paris. 1958, 725–753].

Brosset, Marie. Introduction à l'Histoire de la Georgie. Bd. 1. Sankt Petersburg. 1858.

Brosset, Marie-Félicité. Histoire de La Géorgie. Bd. 1, 2. St. Pétersbourg. 1849, 1856.

C'anava, Apolon. K'art'uli p'olkloris sakit'xebi. T'bilisi. 1990.

Č'idžavaje, Šot'a. Ert'i istoriul-mxatwruli personažis namdvili saxelis sakit'xisat'vis. In: Iakob gogebašvilis saxelobis t'elavis saxelmcip'o pedagogiuri institutis šromebi. Bd. 2. T'bilisi. 1957.

Č'ik'ovani, Mixeil (Hrsg.). K'art'uli xalxuri poezia. Bde. 1, 5. T'bilisi. 1972, 1978.

Č'ik'ovani, T'amar. K'art'uli xalxuri sac'xovrebeli. T'bilisi. 1960.

Č'inč'alaje, Lilija. K'alisadmi pativisc'emis k'art'uli tradic'ia. In: Tradic'ia da t'anamedroveoba 26. T'bilisi. 1990, 3–52.

C'k'itišvili, Ot'ar/Vač'naje, Nat'ela. Axlo ağmosavlet'i da sak'art'velo. Bd. 2. T'bilisi. 1999.

Č'ubinišvili, Tariel N. Amiranis gora. T'bilisi. 1963.

Č'xartišvili, Mixeil. K'art'uli hagiograp'iis cqarot'mc'odneobit'i šescavlis problemebi. T'bilisi. 1987.

Č'xeije, T'eo. Termin pitiaxšis šesaxeb. In: C'k'itišvili, O'tar/Vač'naje, Nat'ela u.a. (Hrsg.). Axlo ağmosavlet'i da sak'art'velo II. T'bilisi. 1999, 195–202.

Čavčavaje, Ilia. T'xzulebani. Bd. 3. T'bilisi. 1988.

Čavčavaje, Ilia/Saradžišvili, Alek'sandre/Umikašvili, Pavle. Visramiani. Tp'ilisi. 1884

Čchartišvili, Marina S. (Hrsg.). Obraščenie Gruzii. [Istocniki po istorii Gruzii. Bd. 59 bzw. Pamjatniki gruzinskoj istoriceskoj literatury. Bd. 7]. Tbilisi. 1989.

Ceram, C[urt] W. [Mit Zeichnungen und einer Vorbemerkung von Heinz Mode]. Götter, Gräber und Gelehrte. Roman der Archäologie. Berlin. 1987[3].

Ceret'eli, A[rkadi]. Ganc'xadebisat'vis. In: Kvali 6. T'bilisi. 1895.

Ceret'eli, Giorgi. Armazskaja bilingva. Dvuchjazičnaja nadpis, naidennaja pri archeologi-českich raskopkach v Mccheta – Armazi. T'bilisi. 1941.

Ceret'eli, Konstantine. Šenišvnebi armazis bilingvis arameul texstze. T'bilisi. 1992.

Chabot, Jean Baptiste. Chronique de Michel le Syrien Patriarche Jacobite d'Antioche (1166–1199). Bd. 4. Paris. 1910.

Chachanašvili (Chachanov), Aleksandre (Hrsg.). Materiali po gruzinskoj agiologii. o.O., o.J.

Chalatjantz, Grigor. Armenisches Epos in der Geschichte Armeniens von Moses von Chorene. Moskau. 1896.

Christensen, Arthur [Emanuel]. L'Iran sous les Sassanides [AMG]. Copenhague/Paris. 1936, 1944[2]. [Reprint] Osnabrück. 1971.

Čičinaje, Zurab. Muslimani k'art'veloba da mat'i sop'lebi ačaraši. T'bilisi. 1913.

Čik'ovani, Mixeil (Übers.). Das Buch vom Helden Amirani. Ein altgeorgischer Sagenkreis. Leipzig/Weimar. 1978.

— K'art'uli eposi. Bd. 1. T'bilisi. 1959.

— K'art'uli xalxuri zğaprebi. Bd. 1. T'bilisi. 1938.

— Midžačvuli amirani. T'bilisi. 1947

— Xalxuri sitqviereba. Bde. 2–5. T'bilisi. 1952–1956.

— Kratkaja istorija sobiranija i izučenija gruzinskogo narodnogo poētičeskogo tvorčestva. In: Virsalaje, Elene. (Hrsg.). Gruzinskoe narodnoe poētičeskoe tvorčestvo. Tbilisi. 1972, 43–114.

Colditz, Iris. Zur Sozialterminologie der iranischen Manichäer: Eine semantische Analyse im Vergleich zu den nichtmanichäischen iranischen Quellen. In: Macuch, Maria (Hrsg.). Iranica. Bd. 5. Wiesbaden. 2000.

Čqonia, Ilia. K'orcinebis instituti mt'iulet'ši. Bd. 1. T'bilisi. 1955.

Deeters, Gerhard. Die Georgische Literatur. In: Spuler, Bertold/Franke Herbert u. a. (Hrsg.) Handbuch der Orientalistik. Der Nahe und der mittlere Osten. Bd. 7. Armenisch und Kaukasische Sprachen. Leiden/Köln. 1963, 129–157.

Delehaye, Hippolyti. Synaxarium Ecclesiae Constantinopolitanae e codice Sirmondiano nunc Berolinensi adiectis synaxariis selectis. Brüssel. 1902.

Demaria, Serena. Die griechischen Entlehnungen in den koptischen manichäischen Texten: [Phil. Diss. bisher unveröffentlicht]. Halle/Bologna. 1993.

Dieterich, Karl. Allgemeines und das Gebiet der alten Kulturvölker In: Byzantinische Quellen zu Länder- und Völkerkunde (5.–15. Jahrhundert). Bd. 1. Allgemeines und das Gebiet der alten Kulturvölker. Leipzig. 1912.

Dirr, Adolf. Kaukasische Märchen. [Märchen der Weltliteratur]. Jena. 1922.

Dolije, Isidore (Hrsg.). K‘art‘uli samart‘lis jeglebi. Bde. I–VIII. T‘bilisi. 1963, 1965, 1970, 1972, 1975, 1978, 1981, 1985.

— (Hrsg.). Sak‘art‘velos č‘veulebrivi sdžuli. T‘bilisi. 1960.

Dvornik, Francis. Byzanz und die römische Primat. Stuttgart. 1966.

Džanašia, Nikoloz (Hrsg.). Šušanikis cameba. Bd. 1. T‘bilisi. 1980.

Džanašia, Simon. Šromebi. Bd. 1. T‘bilisi. 1949.

Džanašia, Simon/Berjenišvili, Nikoloz (Hrsg.). Sak‘art‘velos istoria. Sakit‘xavi cigni. T‘bilisi. 1980.

Džanašvili, Mixeil. Homilie unserer hl. Mutter Nino, die in K‘art‘li Christum, den aus der hl. Jungfrau Maria geborenen, verkündet hat. In: Istoria gruzinskoi zerkvi. Tbilisi. 1898, 80–86.

— Lesung für die Taufe unseres Herrn Jesus Christus. In: Istoria gruzinskoi zerkvi. Tbilisi. 1898, 86–93.

Džavaxišvili, Alek‘sandre. I./Ġlonti, L[ia] I. Urbnisi I. T‘bilisi. 1962.

Džavaxišvili, Givi I. Ant‘ropomorp‘uli plastika carmart‘uli xanis sak‘art‘veloši. T‘bilisi. 1984.

Džavaxišvili, Ivane. Jveli k‘art‘uli saistorio mcerloba. T‘bilisi. 1945.

— K‘art‘uli da kavkasiuri enebis t‘avdapirveli buneba da nat‘esaoba. T‘bilisi. 1937.

— K‘art‘uli samart‘lis Istoria. Bd. 1. T‘bilisi. 1928.

— K‘art‘veli eris istoria. Bd. 1. T‘bilisi. 1951.

–. K‘art‘veli eris istoria. Bd. 1. T‘bilisi. 1960.

— K‘art‘veli eris istoria. Bde. 1, 2. Tp‘ilisi. 1913.

— Sak‘art‘velos, kavkasiisa da maxlobeli aġmosavlet‘is istoriul-et‘nologiuri problemebi. T‘bilisi. 1950.

— T‘xzulebani. Bde. 6, 8. T‘bilisi. 1982, 1977.

Džavaxišvili, Ivane/Harnack, Adolf. Das Martyrium des heiligen Eustatius von Mc‘xet‘a. In: Sitzungsberichte der Königlich Preußischen Akademie der Wissenschaften 38. Berlin. 1901, 875–902.

Emin, Mkrtič‘ean. Izsledovanija i statii N. O. Emina po armjanskoj mifologii, archeologii, istorii i istorii literatury (Forschungen und Artikel aus der armenischen Mythologie, Archäologie, Geschichte und Literaturgeschichte). Moskau. 1896.

Erb, Elke (Hrsg.). Wis und Ramin. Roman einer verbotenen Liebe im alten Persien. (Aus dem Georgischen übersetzt von Amaschukeli, Nelly/Chuzischvili, Natella). Leipzig. 1991.

Erist‘avi, Rap‘iel. P‘olklorul-et‘nograp‘iuli cerilebi. T‘bilisi. 1986.

Fähnrich Heinz (Hrsg. und Übers.). Georgische Sagen und Legenden. Blieskastel. 1998.
— (Hrsg. und Übers.). [unter Mitarbeit von Heinz Mode]. Georgische Märchen. Leipzig. 1980.
— (Hrsg. und Übers.). Der Sieg von Bachtrioni. Sagen aus Georgien. Leipzig/Weimar. 1984.
— (Hrsg. und Übers.). Lasische Märchen und Geschichten. Aachen. 1995.
— (Hrsg. und Übers.). Märchen aus Georgien. München. 1995.
— (Hrsg. und Übers.). Märchen aus Swanetien. Konstanz. 1992.
— (Hrsg. und Übers.). Mingrelische Märchen. Jena. 2001.
— (Hrsg. und Übers.). Mingrelische Sagen. Jena. 1997.
— (Hrsg. und Übers.). Sulchan-Saba Orbeliani: Die Weisheit der Lüge. Berlin. 1973.
— Georgische Literatur. Aachen. 1993.
— Geschichte Georgiens von den Anfängen bis zur Mongolenherrschaft. Aachen. 1993.
Fensterbusch, Curt (Hrsg. und Übers.). Vitruv: Zehn Bücher über Architektur. Bd. 2. Berlin. 1964.
Forbiger, Albert (Hrsg. und Übers.). Strabo's Erdbeschreibung. Bd. 5: (Buch 11 und 12). Stuttgart. 1858.
French, Marilyn. Jenseits der Macht. Frauen, Männer und Moral. Reinbek bei Hamburg. 1996.

Gabašvili, Valerian. K'artul-sparsuli kulturuli urt'iert'obani. In: Mac'ne. Enisa da literaturis seria 4. T'bilisi. 1983, 33–43.
Gabašvili, Valerian. Sak'art'velo da aġmosavlet'i. In: Sak'art'velo da aġmosavlet'i. Ejġvneba Šot'a Mesxias xsovnas. T'bilisi. 1984, 12–35.
Gabijašvili, Enriko. Cminda Giorgi jvel k'art'ul mcerlobaši. T'bilisi. 1991.
Gabojze, Džulieta (Hrsg.). Akaki Ceret'eli: Gamzrdeli. T'bilisi. 2000.
Gamqrelije, T'amaz/Ivanov, Vjačeslav. Indoevropuli ena da indoevropelebi. Bde. 1, 2. T'bilisi. 1984.
Gamsaxurdia, T'amar. Pitiaxšis institutis sakit'xisat'vis. In: Mac'ne 6. T'bilisi. 1970.
Garsoïan, Nina. Armenien. In: Mayeur, Jean-Marie/Pietri, Charles und Luce u.a. (Hrsg.). Die Geschichte des Christentums. Religion, Politik, Kultur. Bd. 3. Der Lateinische Westen und der Byzantinische Osten (431–642). Freiburg u.a. 2001, 1187–1230.
— Persien: Die Kirche des Ostens. In: Mayeur, Jean-Marie/Pietri, Charles und Luce u.a. (Hrsg.). Die Geschichte des Christentums. Religion, Politik, Kultur. Bd. 3. Der Lateinische Westen und der Byzantinische Osten (431–642). Freiburg u.a. 2001, 1161–1186.
Gigineišvili, Bak'ar/Giunašvili, Elene (Hrsg.). Šatberdis krebuli X saukunisa. Mok'c'evay K'art'lisay. T'bilisi. 1979.
Gippert, Jost. Daemonica Irano-Caucasica. In: Iranian and Indo-European Studies. Memorial Volume of Otakar Klima. Praha. 1994, 53–88.
— Die Glottaltheorie und die Frage urindogermanisch-kaukasischer Sprachkontakte. In: Rasmussen, Jens Elmegárd (unter Mitwirkung von Benedicte Nielsen) (Hrsg.). In honorem Holger Pedersen. Kolloquium der Indogermanischen Gesellschaft vom 26. bis 28. März 1993 in Kopenhagen. Wiesbaden. 1994, 107–123.
— Iranica Armeno-Iberica. Studien zu den iranischen Lehnwörtern im Armenischen und Georgischen. Philosophisch-historische Klasse Sitzungsberichte 606. Wien. 1993.
— Marginalien zur Nino-Tradition. In: Stimme der Orthodoxie. Sonderheft: Festschrift für Fairy von Lilienfeld. 3. Berlin. 1997, 126–130.

— Rezension: Thomas V. Gamkrelidze – Vjačeslav V. Ivanov. Indo-European and the Indo-Europeans. A Reconstruction and Historical Analysis of a Proto-Language and a Proto-Culture. Berlin/NewYork. 1995. In: Beiträge zur Namensforschung. 33/1. 1998, 39–54

— Towards an automatical analysis of a translated text and its original. The Persian epic of Vīs u Rāmīn and the Georgian Visramiani. In: Studia Iranica, Mesopotamica et Anatolica 1. Prag. 1994, 21–59.

— Zum Status des Mittelpersischen im südlichen Kaukasus. (Download des bisher offenbar unveröffentlichten Artikels von der Internetseite: <http://titus.fkidg1.uni-frankfurt.de/personal/jg/pdf/jg1992b.pdf> am 18.04.2003).

Gladigow, Burkhard. Elemente einer Longue Durée in der mediterranen Religionsgeschichte. [Vortrag beim Leucorea-Kolloquium 2003: Gemeinsame kulturelle Codes bei koexistierenden Religionsgemeinschaften]. Im Druck.

Ġlonti, Alekʻsandre. Gruzinskie narodnye novelly. Stalinir. 1956.

— Guruli pʻolklori. Bd. 1. Tʻbilisi. 1937.

— Kʻartʻuli zġaprebi da legendebi. Tʻbilisi. 1948.

— Kʻartʻuli zġaprebi. Tʻbilisi. 1974.

— Kʻartʻuli zġaprebi. Tʻbilisi. 1975.

— Xalxuri sibrjne. Bde. 1, 2. Tʻbilisi. 1963, 1964.

Ġlonti, L[ia] I./Džavaxišvili, Aleksandre I. u.a. Antropomorfnye figurki Chramis Didi-Gora. In: Sakʻartʻvelos saxelmcipʻo muzeumis moambe 31. Tʻbilisi. 1975, 85–97.

Gogolaje, Dermiša. Satʻavados pʻeodaluri sakutʻrebis pʻormebis sakitʻxisatʻvis. In: Dumbaje, Mixeil/Čʻxatareišvili, Ketʻevan u.a. (Hrsg.). Sakʻartʻvelos pʻeodaluri xanis istoriis sakitʻxebi V. Tʻbilisi. 1986, 39–44.

Gorgaje, Simon. Šušanikis cameba. Tʻbilisi. 1917.

Greppin, John A. C. On the Theory of Armenian Loans in the Caucasian Languages. London. 1990.

Güldenstädt, Johann Anton. Giuldenstedtis mogzauroba sakʻartʻveloši. [Gelašvili, G. (Hrsg. u. Übers.). Ucʻxouri cqaroebi sakʻartʻvelos šesaxeb 14]. Tʻbilisi. 1960–1964.

— Reisen durch Russland und im caucasischen Gebürge. [Hrsg. von S[imon] P[eter] Pallas]. Teil 1, 2. Sankt Petersburg 1787, 1791.

Gvaxaria, Alekʻsandre. Kʻartʻul-sparsuli literaturuli urtʻiertobis satʻaveebtʻan. In Sparsul-kʻartʻuli cʻdani. Tʻbilisi. 1987, 3–13.

— Zum Ursprung der georgisch-persischen Literaturbeziehungen. In Georgica 10. Jena/Tʻbilisi. 1987, 44–47.

Gvaxaria, Alekʻsandre/Tʻodua, Magali (Hrsg.). Visramiani. Tʻbilisi. 1964.

Härtel, Gottfried. Nachwort. In: ders./Woyte, Curt (Hrsg. und Übers.) Publius Cornelius Tacitus: Germania (lateinisch und deutsch). Leipzig, 1971, 77–89.

Hartmann, Angelika. Das persische Epos ‚Wis und Ramin'. Ein Vorläufer des ‚Tristan'? In: Ertzdorff, Xenja von (Hrsg.). Tristan und Isolde im Spätmittelalter. Vorträge eines interdisziplinären Symposiums vom 3. bis 8. Juni 1996 an der Justus-Liebig-Universität Giessen. (Chloe. Beihefte zum Daphnis. Bd. 29). Amsterdam. 1998, 103–139.

Haug, Walter. Die Tristansage und das persische Epos Wīs und Rāmīn. In: Germanisch-romanische Monatsschrift 54. Heidelberg. 1973, 404–423.

Hauptmann, Peter. Unter dem Weinrebenkreuz der heiligen Nino. In: Stupperich, Robert u.a. (Hrsg.). Kirche im Osten. Studien zur osteuropäischen Kirchengeschichte und Kirchenkunde. Bd. 17. Göttingen. 1974, 9–41.

Heiser, Lothar. Die georgische orthodoxe Kirche und ihr Glaubenszeugnis. Trier. 1989.

Henning, Hans v. d. Osten. Die Welt der Perser. Essen. 1999.

Henninger, Joseph. Neue Forschungen zum Problem der Polyandrie in Arabien. [Meqor Hajjim. Festschrift für Georg Molin zu seinem 75. Geburtstag. Herausgegeben von Irmtraut Seybold]. Graz. 1983.

Herrmann, Paul. Deutsche Mythologie. Berlin. 1994³ [zuerst 1894].

Hinz, Walter. Altiranische Funde und Forschungen. Berlin. 1969.

Hoffmann, [Johann] G[eorg Ernst]. Zwei Hymnen der Thomasakten. In: Zeitschrift für die neutestamentliche Wissenschaft und die Kunde des Urchristentums 4. 1903, 273–309.

Ibrahim Jamshid. Kulturgeschichtliche Wortforschung. Persisches Lehngut in europäiscehn Sprachen. Wiesbaden. 1991.

Ingoroqva, Pavle. Jveli k'art'uli matiane 'mok'c'evay k'art'lisay' da antikuri xanis iberiis mep'et'a sia. In: Sak'art'velos saxelmcipo muzeumis moambe. T'bilisi. 1941.

It'onašvili, Valerian. K'art'vel mt'ielt'a saodžaxo urt'iert'obis istoriidan. T'bilisi. 1960.

Ivelašvili, T'ina. Sak'orcino ces-č'veulebani sak'art'veloši. T'bilisi. 1999.

K'eč'ikišvili, I. Ġmert'ebi, mit'ebi, ritualebi. T'bilisi. 1990.

K'orije, Davit'. K'art'veli k'alebi ujvelesi droidan XIX saukunemde. T'bilisi. 1976

Kakabaje, Simon (Hrsg.). Saistorio moambe. Bd. 3. T'bilisi. 1928.

Kammerzell, Frank. Glottaltheorie. Sprachkontakte und Verwandtschaftsmodelle. In: Indogermanische Forschungen 104. o.O. 1999, 234–271.

Kekelije, Korneli. Die Bekehrung Georgiens zum Christentum. In: Morgenland. Heft 18. Leipzig. 1928.

— Literarische Quellen von Leonti Mroveli. In: Moambe 3. T'bilisi. 1923, 27–56.

— Pamjatniki drevnegruzinskoj agiografičeskoj literaturi. T'bilisi. 1956.

Kekelije, Korneli/Baramije, Aleksandre. Jveli k'art'uli literaturis istoria. T'bilisi. 1969.

Kiknaje, Zurab. K'art'uli mit'ologia Bd. 1: Džvari da saqmo. Kut'aisi. 1996.

Kikvije, Abel I. Micat'mok'medeba da samicat'mok'medo kulti jvel sak'art'veloši. T'bilisi. 1976.

Klaproth, [Heinrich] Julius von. Reise in den Kaukasus und nach Georgien: unternommen in den Jahren 1807 und 1808, auf Veranstaltung der Kaiserlichen Akademie der Wissenschaften zu St. Petersburg, enthaltend eine vollständige Beschreibung der kaukasischen Länder und ihrer Bewohner. Bde. 1, 2. Halle/Berlin/Leipzig 1812, 1814, 1970.

Klarji, Giorgi. Cminda sak'art'velos žamt'aaġcera. T'bilisi. 2001.

Klima, Otakar. Mazdak. Geschichte einer sozialen Bewegung im sassanidischen Persien [Sekce Jazyka a Literatury: Monografie orientálniho ústavu 17]. Praha 1957 [Mazdak. Geschichte einer sozialen Bewegung im sassanidischen Persien (Ancient Economic History). New York 1979] und ders., Beiträge zur Geschichte des Mazdakismus (Dissertationes Orientales 37). Praha. 1977.

— Ruhm und Untergang des Alten Iran. Leipzig. 1975.

Kosven, Mark Osipovic. Sovietskaja Etnografia. Moskau. 1935.

Kotetišvili, Vaxtang (Hrsg.). Xalxuri poezia. T'bilisi. 1937.

Kovalewski, Maxime. Coutume contemporaine et loi ancienne. Droit coutumier ossétien éclaire par l'histoire etc. Paris. 1893.

— La famille matriarcale au Caucase. In: L'Anthropologie IV. Paris. 1893.

Kuftin, Boris. A. Materialy po archeologii Kolchidy. Tbilisi. 1949–1950.

Kurdovanidze, Teimutaz L. Sjujety i motivy volšebnich skazok. Sistematičeskij ukazatel' po Aarne-Tompsonu. In: Literaturnye vzaimosvjazi 6. Moskva. 1976, 240–263.

Lang, David Marshall. A Modern History of Georgia. London. 1962.

— Lives and Legends of the Georgian Saints. In: Ethical and Reliogious Classics of the East and West 15. London. 1956.

Lauer, Max (Übers.). Des Moses von Chorene Geschichte Gross-Armeniens. Regensburg. 1869.

— (Übers.). Faustus Byzantinus: Des Faustus von Byzanz [Byzantinus] Geschichte Armeniens. Köln. 1879.

Lekiašvili, Aka. Der Kult der Gottheit Kwiria bei den georgischen Bergbewohnern. In: Georgica 5. Jena/T'bilisi. 1982, 72–73.

Lemm, Oscar von. Zur Geschichte der Bekehrung der Iberer zum Christentum. Mitteilungen der Akademie der Wissenschaft. Bd. 10. Nr. 5. Berlin. 1899.

Ležava, Giorgi. Antikuri xanis sak'art'velos ark'itek'turuli jeglebi. T'bilisi. 1978.

Lilienfeld, Fairy von. Amt und geistliche Vollmacht der heiligen Nino, „Apostel und Evangelist" von Ostgeorgien, nach den ältesten georgischen Quellen. In: Kohlbacher, Michael/Lesinski, Markus (Hrsg). Horizonte der Christenheit, Festschrift für Friedrich Heyer zu seinem 85. Geburtstag. Oikonomia. Bd. 34. Erlangen. 1994, 224–249.

Lomia, V[axtang]. Xis kulti sak'art'veloši. In: Sak'art'velos muzeumis moambe 3. T'bilisi. 1926.

Lort'k'ip'anije, Ot'ar/Mik'elaje, T'eimuraz K. u.a. Gonios ganji. T'bilisi. 1980.

Lordkipanidse, Otar. Archäologie in Georgien. Von der Altsteinzeit zum Mittelalter. [Kossack, Georg/Martin, Max u.a. (Hrsg.). Quellen und Forschungen zur prähistorischen und provinzialrömischen Archäologie. Bd. 5]. Weinheim. 1991.

Lort'k'ip'anije, Mariam. Adrep'eodaluri xanis k'art'uli saistorio mcerloba. T'bilisi. 1966.

— Ra aris k'art'lis c'xovreba. T'bilisi. 1989.

Lort'k'ip'anije, Mariam/Metreveli, Roin (Hrsg.). Sak'art'velos mep'eebi. T'bilisi. 2000.

Lort'k'p'anije, G[iorgi] (Hrsg.). Kultiris, istoriisa da t'eoriis sakit'xebi. Bd. 9. T'bilisi. 2000.

Luhmann, Niklas. Soziale Systeme. Grundriss einer allgemeinen Theorie. Frankfurt. 1996[6].

Luzbetak, Louis J. Marriage and the Family in Caucasia. A contribution to the Study of North Caucasian Ethnology and Customary Law. Wien. 1951.

Mač'abeli, Nunu. K'art'veli xalxis saodžaxo urt'iert'obis istoriidan. Mzit'vis instituti sak'art'veloši. T'bilisi. 1966.

Mač'abeli, Nunu. K'orcinebis instituti k'art'lši. T'bilisi. 1978.

Macuch, Maria. Das sasanidische Rechtsbuch „Mātakdān ī hazār dātistān". Teil II. Wiesbaden. 1981.

— Die Konstruktion der Wirklichkeit im sasanidischen Recht. In: Proceedings of the Second European Conference of Iranian Studies held in Bamberg, 30th September to 4th October 1991, by the Societas Iranologica Europaea. Rom. 1995, 415–424.

— Herrschaftskonsolidierung und sasanidisches Familienrecht. Zum Verhältnis von Kirche und Staat unter den Sasaniden. In: Reck, Christiane/Zieme, Peter (Hrsg.). Iran und Turfan. Beiträge Berliner Wissenschaftler, Werner Sundermann zum 60. Geburtstag gewidmet. In: Iranica 2. Wiesbaden. 1995, 149–167.

— Rechtskasuistik und Gerichtspraxis zu Beginn des siebenten Jahrhunderts in Iran. Die Rechtssammlung des Farroḥmard i Wahrāmān. Wiesbaden. 1993.

Makalat'ia, Sergi. P'šavi. T'bilisi. 1934.

— Xevsuret'i. Tp'ilisi. 1935.

— I. Iz starogo narodnago Pšavov. In: Sovetskaja Etnografia 1. Moskwa. 1938, 98–117.

Mamulia, Guram. Masalebi sak'art'velos ekonomiuri istoriisat'vis. Mzit'evis cignebi. T'bilisi. 1974.

Margwelaschwili, Titus von. Colchis, Iberien und Albanien um die Wende des I. Jahrhunderts v. Chr. mit besonderer Berücksichtigung Strabo's. Halle. 1914.

Markwart Josef. Die Bekehrung Iberiens und die beiden ältesten Dokumente der iberischen Kirche. In: Caucasica 7. Leipzig. 1931.

Marr, Niko. Iz poezdki na Athon. In: Žurnal ministerstva narodnogo prosveščenija. Bd. 332. Mart. 1899.

— Lexiceskie armenizmi. Sankt Petersburg. 1904.

Marrou, Henri-Irenèe. Die Ausbreitung des Christentums außerhalb der römischen Welt. In: Rogier, Ludwig Jakob u.a. (Hrsg.). Geschichte der Kirche. Von der Gründung der Kirche bis zu Gregor dem Großen. Bd. 1. Einsiedeln. 1963.

Martin-Hisard, Bernadette. Das Christentum und die Kirche in der georgischen Welt. In: Mayeur, Jean-Marie/Pietri, Charles und Luce u.a. (Hrsg.). Die Geschichte des Christentums. Religion, Politik, Kultur. Bd. 3. Der Lateinische Westen und der Byzantinische Osten (431–642). Freiburg u.a. 2001, 1231–1305.

Mazaheri, Aly. La famille Iranienne aux temps anté-islamiques. Paris. 1938.

Melik'išvili, Lia. Konp'lik'turi situac'iebi poliet'nikur sazogadoebaši. T'bilisi. 1998.

Melikišvili, G[iorgi]. Istorija Gruzii. Bd. 1. Tbilisi. 1968.

Mesxia, Šot'a. Sak'art'velos istoriis narkvevebi. Bd. 2. T'bilisi. 1973.

Mik'elaje, T'eimuraz K. Kolxe'tis adrerkinis xanis samarovnebi. T'bilisi. 1985.

Minorsky, Vladimir. Vîs-u-Râmîn, a Parthian romance (I). In: Bulletin of the School of Oriental and African Sudies XI/4. Cambridge. 1946, 741–763.

— Vîs-u-Râmîn (II). In: Bulletin of the School of Oriental and African Sudies XII/1. Cambridge. 1947, 20–35.

Mommsen, Theodor. Römische Geschichte. Achtes Buch: Länder und Leute von Caesar bis Diocletian. Oxford/MS. 2002. [Reprint des Originals: Berlin. 1902. durch das Project Gutenberg Literary Archive Foundation; 12.04.2004, <http://gutenberg.net>], 318ff.

Mšvenieraje, Domenti. M. Stroitelnoe delo v drevnej Gruzii. Tbilisi. 1952.

Müller, C[aspar] Detlef G[ustav]. Geschichte der orientalischen Nationalkirchen. In: Moeller, Bernd (Hrsg.). Die Kirche in ihrer Geschichte. Ein Handbuch. Bd. 1. Göttingen. 1981.

Musxelišvili, Levan. Samšvilidis sionis carcerebi da ašenebis t'ariġi. In: Enimkis moambe 13. T'bilisi. 1942, 85–106.

Nadareišvili, Giorgi. Jveli k'art'uli saodžaxo samart'ali. T'bilisi. 1974.

— K'art'uli samart'lis istoriis narkvevebi. T'bilisi. 1971.

Neukomm, Ruth/Tschchenkeli, Kita (Hrsg.). Wisramiani oder die Geschichte der Liebe von Wis und Ramin. Übertragung aus dem Georgischen. Zürich. 1989.

Nickel, Heinrich L. Kirchen, Burgen, Miniaturen. Armenien und Georgien während des Mittelalters. Berlin. 1974

Nickel, Rainer (Hrsg.). Jacobus de Voragine: Legenda aurea (lateinisch/deutsch). Stuttgart. 1994.

Nižaraje, Besarion. Istoriul-et'nograp'iuli cerilebi I. T'bilisi. 1962.

— Istoriul-et'nograp'iuli nacerebi II. T'bilisi. 1965.

Obleser, Horst. Odin. Ein Gott auf der Couch. Waiblingen. 1993.

Očiauri, T'inat'in. K'art'velt'a ujvelesi sarcmunoebis istoriidan T'bilisi. 1954.

— Mit'ologiuri gadmoc'emebi aġmosavlet' sak'art'velos mt'ianetši. T'bilisi. 1967.

— Odžaxis mpʻarvel ġvtʻaebatʻa bunebisatʻvis. (Saxltʻangelozi). In: Arsatʻiani, Ivane/Tʻodua, Magali u.a. (Hrsg.). Kʻartʻveluri memkvidreoba. Bd. II. Kʻutʻaisuri saubrebi. Kʻutʻaisi. 1998, 225–230.

Očiauri, Tʻinatʻin/Očiauri, Alekʻsandre. Kʻartʻuli dġesascaulebi aġmosavletʻ sakʻartʻvelos mtʻianetʻši. Kʻutʻaisi. 1991.

Pʻeraje, G[iorgi]. Die Anfänge des Mönchtums in Georgien. In: Zeitschrift für Kirchengeschichte. Bd. 46. Gotha. 1927, 34–75.

Pʻicʻxelauri, Konstantin N. Jungbronzezeitliche bis ältereisenzeitliche Heiligtümer in Ost-Georgien [Müller-Karpe, Herrmann (Hrsg.). Materialien zur Allgemeinen und Vergleichenden Archäologie Bd. 12]. München. 1984.

Parry, Adam Millman. The Language of Achilles and other papers. [Classical philology. Bd. 1]. Oxford. 1989.

Patmicʻ, Jowansêr. Hama·rôt patmowtʻiwn vracʻ. In: Matenagrowtʻiwnkʻ naxneacʻ. Venetik. 1884.

Pätsch, Gertrud (Hrsg.) Das Leben Kartlis. Eine Chronik aus Georgien (300–1200). Leipzig. 1985, 489.

— (Übers.) Die Bekehrung Georgiens. Mokcevay Kartlisay. (Verfasser unbekannt). In: Bedi Kartlisa. Revue de Kartvélologie 33. Paris. 1975, 288–337.

— Über georgisches Heidentum. In: Bedi Kartlisa. Revue de Kartvélologie 31. Paris. 1973, 207–224.

Peeters, Paul. Les débuts du christianisme en Géorgie d'après les sources hagiographiquues. In: Delehaye, Hippolytus u.a. (Hrsg.). Analecta Bollandiana: revue critique d'hagiographie 50. Bruxelles. 1932.

— Sainte Shoushanik, Martyre en Arméno-Géorgie († 13 décembre 482/484). In: Analecta Bollandiana 53. Bruxelles. 1935.

Perikhanian, Anahit. Iranian Society and Law. In: Cambridge History of Iran. Vol. 3 (2). Cambridge. 1983, 627–680.

— Notes sur lexique iranien et arménien. In: Revue des Études Arméniennes 5. Paris. 1968, 10–30.

— Obščestvo i pravo Irana v pafjanskij i sasanidskij periody. Moskva. 1983.

— Sasanidskij Sudebnik. Kniga sudebnyx rešenij (Mātakdān ī hazār dātastān). Erevan. 1973.

— The book of a thousand judgements. (a Sasanian law book). Costa Mesa, CA. u.a. 1997.

Polak, Lucie. ‚Tristan' and ‛Vis and Ramin'. In: Romania: Revue-Consacree-a-l'Etude-des-Langues-et-des-Literatures-Romanes 95. Paris. 1974, 216–234.

Qauxčʻišvili, Simon (Hrsg.). Kʻartʻlis Cʻxovreba (Das Leben Kʻartʻlis). Bde. 1, 2. Tʻbilisi. 1955, 1959.

Qauxčʻišvili, Tʻinatʻin S. Venis berjnuli carcerebi. In: Sakʻartʻvelos mecʻnierebatʻa akademiis moambe 18. Tʻbilisi. 1967.

Qubaneišvili, Simon. Mokʻcʻevay Kʻartʻlisays čelišuri redakʻcʻia. In: Universitetis šromebi. Tʻbilisi. 1940.

Qubaneišvili, Solomon. Jveli kʻartʻuli literaturis kʻrestomatʻia. Bd. 1. Tʻbilisi. 1946.

Quensel, Paul (Hrsg.). Thüringer Sagen. Augsburg. 1998.

Rapp, Stephen H. Studies in medieval Georgian Historiography. Early Texts and Eurasian Context. [Coulie, Bernd. Corpus Scriptorum Orientalum. Vol. 601. Subsidia Tomus 113]. Louvain. 2003.

Ratiani, Zurab. Msaxurt'a klasobrivi vinaobis gagebisat'vis. In: Mac'ne: istoriis seria 5. T'bilisi. 1974, 139–152.

Reißner, Ilma. Georgien. Geschichte-Kunst-Kultur. Freiburg/Basel/Wien. 1989.

Riabinin, Michel. Notes de lexicographie géorgienne. Examen du matériel emprunté. In: Mémoires de la Société de Linguistique 10. Paris. 1897, 12–23.

Ripka, Jan. Geschichte der persischen und tadschikischen Literatur. Moskau. 1970.

Rogier, Ludwig Jakob u.a. (Hrsg.). Geschichte der Kirche. Von der Gründung der Kirche bis zu Gregor dem Großen. Bd. 1. Einsiedeln. 1963.

Rufinus von Aquileia: Historia Ecclesiastica I. Buch 10. Kap. 11. In: Migne, Jacques-Paul (Hrsg.). Patrologia Latina 21, Paris. 1878, 480–482 = Rufinus von Aquileia: Historia Ecclesiastica I. Buch 10. Kap. 11. In: Die griechischen christlichen Schriftsteller der ersten drei Jahrhunderte 9. Leipzig. 1903, 973–976.

Sabinini, Gordon Mixeil. Sak'art'velos samot'xe. St. Petersburg. 1882.

Sak'art'velos eklesiis kalendari. Cminda nino. T'bilisi. 1979.

Sardžvelaje, Zurab u.a. (Hrsg.). Iakob Xuc'esi. Šoušanikis cameba. Giorgi Merč'ule. Grigol xanjt'elis c'xovreba. T'bilisi. 1999.

Saxokia, T'edo. Et'nograp'iuli č'anacerebi. T'bilisi. 1955.

Saxokia, T'edo. Mogzaurobani. T'bilisi. 1950.

Schäffter, Ortfried. Eigenzeiten. In: ders. (Hrsg.): Das Fremde. Erfahrungsmöglichkeiten zwischen Faszination und Bedrohung. Opladen. 1991, 11–42.

Schieder, Theodor. Der Typus in der Geschichtswissenschaft. In: ders. Staat und Gesellschaft im Wandel unserer Zeit. Studien zur Geschichte des 19. und 20. Jahrhunderts. München. 1970³, 172–185.

Schippmann, Klaus. Gründzüge der Geschichte des sasanidischen Reiches. Darmstadt. 1990.

Schröder, Franz Rolf. Die Tristansage und das persische Epos ‚Wīs und Rāmīn'. In: Germanisch-romanische Monatsschrift 42. Heidelberg. 1961, 1–44.

Schwab, Moïse. Vocabulaire de l'Angélogie. Paris. 1897

Schwartz, Eduard (Hrsg.). Eusebius, Werke Bd. 2. Die Kirchengeschichte. Leipzig. 1908.

Seidlitz, Nikolai. Gemeinde und Familienleben der Chewsuren. In: Das Ausland 17. Berlin. 1891.

Šengelia, Mixeil. Gilgamešisa da amiranianis urt'iert'obis sakit'xisat'vis. In: Mnat'obi 9. T'bilisi. 1969.

Sidler, Nikolaus. Zur Universalität des Inzesttabu. Eine kritische Untersuchung der These und der Einwände. Stuttgart. 1971.

Simrock, Karl (Hrsg. und Übers.). Die Edda. Götterlieder, Heldenlieder und Spruchweisheiten der Germanen. Augsburg. 1995.

Sixarulije, K'senia (Hrsg.). K'art'uli xalxuri saistorio sitqviereba. Bd. 1. T'bilii. 1961.

— K'art'uli sitqvierebis k'restomatia. T'bilisi. 1956.

— Sabavšvo p'olklori. T'bilisi. 1939.

— Xalxuri zġaprebi. T'bilisi. 1938.

Smirnova, Jaroslava. Položenij staršej zenšiny u narodov kavkaza i ego usmoričeskoe istolkovanij. Moskva. 1984.

Sokrates: Historia Ecclesiastica I. 20. In: Migne, Jacques-Paul (Hrsg.). Patrologia Graeca 67. Paris. 1877–1886, 129–134.

Sozomenos: Historia Ecclesiastica II. 7. In: Die griechischen christlichen Schriftsteller der ersten drei Jahrhunderte 50. Berlin. 1960, 59–61

Stoll, Alexander Heinrich (Hrsg.). Auf den Spuren der Antike. Heinrich Schliemanns Berichte über seine Entdeckungen in der griechischen Welt. Mit Beiträgen von Rudolf Virchow und Wilhelm Dörpfeld. Berlin. 1975.

Suxitašvili, Dimitri (Hrsg.). Kvartʿi kʿristesi. Tʿbilisi. 1999.

Svanije, A[lekʿsandre]. Kʿartʿuli ġmertʿebi – Ainina da Nina. In: Ganatʿleba 3. Tʿbilisi. 1914.

Synek, Eva M. Heilige Frauen der frühen Christenheit. Zu den Frauenbildern in hagiographischen Texten des christlichen Ostens. In: Das östliche Christentum. Bd. 43. Würzburg. 1994.

Tʿamarašvili, Mixeil. Istoria katʿolikobisa kʿartʿvelta šoris. Tʿbilisi. 1902.

— Kʿartʿuli eklesia dasabamidan dġemde. In: ders. Kʿartʿuli eklesiis istoria. Masalebi da gamokvlevebi. Bd. 3. Tʿbilisi. 1995, 231–233.

Tʿedoraje, Giorgi. Xutʿi celi pʿšav-xevsuretʿši. Tʿbilisi. 1939.

Tʿopʿuria, Varlam. Pʿonetikuri dakvirvebani kʿartʿvelur enebši. ṗ da x sibilant-aprikatebtʿan mezoblobaši 3. In: Sakʿartʿvelos arkʿivi 2. Tʿbilisi. 1927.

Tamarati, Michel. L'Église géorgienne des origines jusqu`à nos jours. Rom. 1910.

Tʿaqaišvili, Eʿkvtʿime (Hrsg.). Axali varianti cm[inda] ninos cʿxovrebisa anu meore nacili kʿartʿlis mokʿcʿevisa. Tpʿilisi. 1891.

— Kʿartʿuli sitqviereba. Bd. I. Tʿbilisi. 1965.

— Sami istoriuli kʿronika. (Kʿartʿlis-mokʿcʿevisa, sumbatisa bagrationebis šesaxeb da mesxuri davitʿnisa). Pirveli nacili kʿartʿlis cʿxovrebisa. Tpʿilisi. 1890.

Taqaišvili, Eʿkvtʿime (Hrsg.). Opisanie rukopisei obščestva rapastranenja gramotnosti sredi Gruzin. In: Sbornik materialov dlja opisanja mestnostei i plemen Kavkaza 41. Tpʿilisi. 1910.

— (Hrsg.). Opisanie rukopisei obščestva rapastranenja gramotnosti sredi Gruzin. In: Sbornik materialov dlja opisanja mestnostei i plemen Kavkaza 42. Tpʿilisi. 1912.

Tʿarxnišvili, Mixeil. Die Legende der heiligen Nino. Tʿbilisi. 1955.

Tarchnišvili, Michael. Die Legende der heiligen Nino und die Geschichte des georgischen Nationalbewußtseins. In: Dölger, Franz (Hrsg.) Byzantinische Zeitschrift 40. Leipzig/Berlin. 1940, 48–75.

— Die Widersprüche in den georgischen Geschichtswerken. In: Bedi Kartlisa. Revue de Kartvélologie 19. Paris. 1955, 10–14.

— Les récentes découvertes épigraphiquea et littéraires en géorgien. In: Le Museon 63. Paris. 1950.

— À propos de la plus ancienne version géorgienne des Actes des Apôtres. In: Le Muséon 69. Louvain. 1956, 347–368.

— Die Entstehung und Entwicklung der kirchlichen Autokephalie Georgiens. In: Kyrios V. Tʿbilisi. 1940–1941.

— Die heilige Nino, Bekehrerin von Georgien. In: Analecta Ordinis S. Basilii Magni. Series 2. Sectio 2. Vol. 1/4. Rom. 1953.

Tarchnišvili, Michael/Aßfalg, Julius. Geschichte der kirchlichen georgischen Literatur. Auf Grund des ersten Bandes der georgischen Literaturgeschichte von K[orneli] Kekelije. Città del Vaticano. 1955.

Tēr-Minasean, E. (Hrsg.). Ełiše: Ełišēi vasn Vardanay ew Hayocʿ paterazmin. Erevan. 1957.

Tēr-Mkrtčʿean, Galowst/Malxaseancʿ, Stepʿan (Hrsg.). Łazar Pʿarpecʿi: Patmutʿiwn Hayocʿ. Tiflis. 1913.

Theodoretos von Kyros: Historia Ecclesiastica I. 24. In: Die griechischen christlichen Schriftsteller der ersten drei Jahrhunderte 19. Leipzig. 1911, 74–76.

Thomson, Robert, W. Elishē: History of Vardan and the Armenian War. Cambridge, M.A. 1982.

— W. Łazar Pʻarpecʻi. History of Armenia. Atlanta. 1991

Toumanoff, Cyrill. Iberia on the Eve of Bagratid Rule. In: Le Muséon 65. Paris. 1952.

— Studies in Christian Caucasian History. Georgetown u.a. 1963.

— The Bagratids of Iberia from the Eight to the Eleventh Century. In: Le Muséon 74. Paris. 1961.

Tschikowani, Micheil. Die georgische Folklore der vorliterarischen Periode. In: Georgica 4. Jena/Tʻbilisi. 1981, 15–19.

— Die georgische Folklore der vorliterarischen Periode. In: Georgica 4. Jena/Tʻbilisi. 1981, 15–19.

Tsoulaje, Serge. Le martyre de la sainte reine Chouchanik. In: Bedi Kʻartʻlisa 36. Paris. 1978.

Tubach, Jürgen. Im Schatten des Sonnengottes. Der Sonnenkult in Edessa, Ḥarrān und Ḥaṭrā am Vorabend der christlichen Mission. Wiesbaden. 1986.

Tuite, Kevin/Buxrašvili, Paata. Binarität und Komplementarität in Nordostgeorgien. Die Vorstellung von Jungen und Mädchen bei dem Iaqsari-Heiligtum. In: Georgica 22. Jena/Tʻbilisi. 1999, 59–72.

Umikašvili, Pavle. Osmalo sakʻartʻvelo, kʻobuletʻi. In: Iveria. Bd. 20. Tʻbilisi. 1877.

Umikašvili, Petre (Hrsg.). Xalxuri Sitqviereba. Bd. 1. Tʻbilisi. 1937.

Unvala, Jamshedji M. (Hrsg.). Der Pahlavī-Text „Der König Husrav und sein Knabe" (Husrau-i-Kavātān v rētakē). Wien. 1917.

Virsalaje, Elene. Rčeuli kʻartʻuli xalxuri zġaprebi. Bde. 1, 2. Tʻbilisi. 1949, 1958.

— Skazka. In ders. (Hrsg.). Gruzinskoe narodnoe poėtičeskoe tvorčestvo. Tbilisi. 1972, 228–267.

Wardrop, Oliver. Visramiani. The Story of the Loves of Vis and Ramin. London. 1914.

Wardrop, Oliver/Conybeare, Frederick C. The life of St. Nino. In: Studia Biblica ecclesiastica. Bd. 5. Oxford. 1900.

Watschnadse, Natela/Lortkipanidse, Mariam. Heidentum im christlichen Georgien. In: Georgica 16. Jena/Tʻbilisi. 1993, 57–63.

Weber, Max. Gesammelte Aufsätze zur Wissenschaftslehre. Tübingen. 1985[6].

Weber, Simon. Ausgewählte Schriften der armenischen Kirchenväter I. München. 1927.

Welcker, Friedrich Gottlieb. Medea und die Kräuterkunde bei den Frauen. In: ders. Kleine Schriften zu den Alterthümern der Heilkunde bei den Griechen, Griechische Inschriften, zur alten Kunstgeschichte. Theil III. Bonn. 1850, 20–27.

Wesendonk, Otto G. von. Über georgisches Heidentum. Leipzig. 1924.

Widegren, Geo. Der Iranische Hintergrund der Gnosis. In: Zeitschrift für Religions- und Geistesgeschichte IV. Heft 2. Leiden/Heidelberg. 1952, 97–114.

— Der Feudalismus im alten Iran. Männerbund – Gefolgswesen – Feudalismus in der iranischen Gesellschaft im Hinblick auf die indogermanische Verhältnisse. In: Arbeitsgemeinschaft für Forschung des Landes Nordrhein-Westfalen. Geisteswissenschaften 40. Köln. 1969.

— Die Religionen Irans. In: Die Religionen der Menschheit. Bd. 14. Stuttgart. 1965, 241.

— Iran der große Gegner Roms: Königsgewalt, Feudalismus, Militärwesen. In: Temporini, Hildegard/Haase, Wolfgang (Hrsg.). Aufstieg und Niedergang der Römischen Welt. Geschichte und Kultur Roms im Spiegel der neueren Forschung II. Bd. 9: Principat. (1.

Halbband: Provinzen und Randvölker: Mesopotamien, Armenien, Iran, Südarabien, Rom und der ferne Osten). Berlin/New York. 1976, 219–306.
— Iranisch-semitische Kulturbegegnung in parthischer Zeit. In: Arbeitsgemeinschaft für Forschung des Landes Nordrhein-Westfalen. Geisteswissenschaften 70. Köln/Opladen. 1960.
Wiesehöfer, Josef. Das antike Persien. Zürich. 1993.
Wolf, Hans-Jürgen. Geschichte der Hexenprozesse. Schwarze Messen, Kinderhexen, Zeitdokumente, Hexenwahn bis heute. Hamburg. 1995.

Xaraje, Revaz. Didi odžaxis gadmonašt'ebi svanet'ši. Tp'ilisi. 1939.
Xizanišvili, Nikoloz. Et'nograp'iuli č'anacerebi. T'bilisi. 1940.
Xornauli, Gigi. M'tebi da saxelebi. T'bilisi. 1983.

Zenker, Rudolf. Die Tristansage und das persische Epos von Wīs und Rāmīn. In: Romanische Forschungen: Vierteljahrsschrift für romanische Sprachen und Literaturen 29. Frankfurt am Main. 1911, 321–369.
Zichy, Comte Eugene. Voyages au Caucase. Bd. I. Budapest. 1897.

Index